Vorläufige Kontopfändungen

Schriften zum Verfahrensrecht

Herausgegeben von

Jens Adolphsen, Christoph Althammer, Peter Gottwald und Ulrich Haas

Band 62

PETER LANG

Thomas Lukas Sikorski

Vorläufige Kontopfändungen

Europäisches, deutsches und polnisches Recht im Vergleich

PETER LANG

Bibliografische Information der Deutschen Nationalbibliothek
Die Deutsche Nationalbibliothek verzeichnet diese Publikation in der Deutschen Nationalbibliografie; detaillierte bibliografische Daten sind im Internet über http://dnb.d-nb.de abrufbar.

Zugl.: Regensburg, Univ., Diss., 2018

D 355
ISSN 1619-344X
ISBN 978-3-631-77385-7 (Print)
E-ISBN 978-3-631-77389-5 (E-PDF)
E-ISBN 978-3-631-77390-1 (EPUB)
E-ISBN 978-3-631-77391-8 (MOBI)
DOI 10.3726/b14897

Peter Lang – Berlin · Bern · Bruxelles · New York ·
Oxford · Warszawa · Wien

Diese Publikation wurde begutachtet.

www.peterlang.com

Vorwort

Die vorliegende Arbeit wurde von der Fakultät für Rechtswissenschaft der Universität Regensburg als Dissertation angenommen. Die Arbeit ist im November 2016 abgeschlossen und eingereicht worden; das im Anschluss mit Wirkung zum 18.01.2017 in Kraft getretene Gesetz zur Durchführung der Verordnung (EU) Nr. 655/2014 sowie zur Änderung sonstiger zivilprozessualer, grundbuchrechtlicher und vermögensrechtlicher Vorschriften und zur Änderung der Justizbeitreibungsordnung (EuKoPfVODG) vom 21.11.2016 (BGBl. 2016 I, S. 2591 ff.) wurde einschließlich der damit verbundenen themenbezogenen Änderungen des deutschen Rechts vor der Veröffentlichung eingearbeitet.

Bei meinem Doktorvater, Herrn Professor Dr. Dr. h.c. Peter Gottwald, bedanke ich mich ganz herzlich für die Anregung des Themas, die wertvollen Ratschläge und die mir gewährten Freiheiten bei der Ausfertigung der Arbeit. Die Zeit an seinem Lehrstuhl werde ich immer in schöner Erinnerung behalten.

Professor Dr. Michael Heese danke ich für die Erstellung des Zweitgutachtens.

Außerdem bedanke ich mich bei Professor Dr. Frank Maschmann, der mich als wissenschaftlichen Mitarbeiter nach meinem Referendariat herzlich an seinem Lehrstuhl aufgenommen sowie mit Rat und Tat unterstützt hat.

Herrn Dr. Nikolaus Wank danke ich vielmals für die Korrekturarbeit.

Ganz besonderer Dank gebührt meinen lieben Eltern, Christoph und Beata Sikorski. Ohne ihren steten Rückhalt wäre diese Dissertation nicht entstanden. Meiner langjährigen Lebensgefährtin, Ildiko Lüdeking, danke ich zutiefst für die liebevolle Unterstützung, ihre aufmunternden Worte, ihre Geduld und das mir geschenkte Vertrauen. Ferner bedanke ich mich bei meinem Bruder, Marco Sikorski, der für mich immer ein offenes Ohr hat.

München, Juli 2018

Thomas Lukas Sikorski

Gliederung

Abkürzungsverzeichnis

a.E.	am Ende
a.F.	alte Fassung
aA	andere Ansicht
ABl.	Amtsblatt der Europäischen Union
Abs.	Absatz
Abschn.	Abschnitt
AcP	Archiv für die civilistische Praxis
ADD	Addendum
AEUV	Vertrag über die Arbeitsweise der Europäischen Union
AG	Amtsgericht
Alt.	Alternative
Anh.	Anhang
AnwBl	Anwaltsblatt
AP	Arbeitsrechtliche Praxis
ArbG	Arbeitsgericht
Art.	Artikel
AsylVfG	Asylverfahrensgesetz
Aufl.	Auflage
AUG	Auslandsunterhaltsgesetz
AVAG	Anerkennungs- und Vollstreckungsausführungsgesetz
AWD	Außenwirtschaftsdienst des Betriebs-Beraters
BAG	Bundesarbeitsgericht
BauR	Baurecht
BayObLG	Bayerisches Oberstes Landesgericht
BB	Betriebsberater
Bd.	Band
BeckOK	Beck'scher Online-Kommentar
BeckRS	Beck online Entscheidungsdatenbank
Beschl. v.	Beschluss vom
BFH	Bundesfinanzhof
BGB	Bundesgesetzbuch
BGBl.	Bundesgesetzblatt
BGH	Bundesgerichtshof
BIC	Business Identifier Code
BKR	Zeitschrift für Bank- und Kapitalmarktrecht
BRAK	Bundesrechtsanwaltskammer
BR-Drs.	Bundesrat-Drucksache
BT-Drs.	Bundestag-Drucksache
BVerfG	Bundesverfassungsgericht
BVerfGE	Sammlung der Entscheidungen des BVerfG

bzgl.	bezüglich
bzw.	beziehungsweise
CEPEJ	European Commission for the Efficiency of Justice
d.h.	das heißt
ders.	derselbe
DGVZ	Deutsche Gerichtsvollzieher Zeitung
dies.	dieselbe
DRiZ	Deutsche Richterzeitung
DStR	Deutsches Steuerrecht
DVBl	Deutsche Verwaltungsblätter
Dz. U.	Dziennik Ustaw (Gesetzblatt)
DZWIR	Deutsche Zeitschrift für Wirtschaftsrecht
EAPO	European Account Preservation Order
ECFR	European Company and Financial Review
ECLI	European Case Law Identifier
EG	Europäische Gemeinschaft
EGInsO	Einführungsgesetz zur Insolvenzordnung
EGMR	Europäischer Gerichtshof für Menschenrechte
Einl.	Einleitung
EMRK	Europäische Menschenrechtskonvention
endg.	endgültig
Erg.-Lfg.	Ergänzungslieferung
ErwG	Erwägungsgrund
etc.	et cetera
EU	Europäische Union
EuGFVO	Verordnung (EG) Nr. 861/2007
EuGH	Europäischer Gerichtshof
EU-GRCharta	Charta der Grundrechte der Europäischen Union
EuGVO	EU-Verordnung Nr. 1215/2012
EuGVÜ	Übereinkommen über die gerichtliche Zuständigkeit und die Vollstreckung gerichtlicher Entscheidungen in Zivil- und Handelssachen
EuInsVO	Verordnung (EG) Nr. 1346/2000
EuKpfVO	Verordnung (EU) Nr. 655/2014
EuMVVO	Verordnung (EG) Nr. 1896/2006
Euratom	Europäische Atomgemeinschaft
EuUnthVO	Verordnung (EG) Nr. 4/2009
EuVTVO	Verordnung (EG) Nr. 805/2004
EuZVO	Verordnung (EG) Nr. 1393/2007
EuZW	Europäische Zeitschrift für Wirtschaftsrecht
EWG	Europäische Wirtschaftsgemeinschaft
EWiR	Entscheidungen zum Wirtschaftsrecht
EWS	Europäisches Wirtschafts- und Steuerrecht
f	Folgende

FamFG	Gesetz über das Verfahren in Familiensachen und in den Angelegenheiten der freiwilligen Gerichtsbarkeit
FamRZ	Zeitschrift für das gesamte Familienrecht
ff	fortfolgende
FG	Festgabe
Fn.	Fußnote
FoVo	Forderung und Vollstreckung
FPR	Familie, Partnerschaft, Recht
FS	Festschrift
GG	Grundgesetz
ggf.	gegebenenfalls
GPR	Zeitschrift für Gemeinschaftsprivatrecht
GRUR	Gewerblicher Rechtsschutz und Urheberrecht
GRUR Int	GRUR international
GRUR-Prax	GRUR Praxis im Immaterialgüter- und Wettbewerbsrecht
GRUR-RR	GRUR-Rechtsprechungs-Report
GVG	Gerichtsverfassungsgesetz
GVGA	Geschäftsanweisung für Gerichtsvollzieher
HGB	Handelsgesetzbuch
HGÜ	Haager Übereinkommen über Gerichtsstandsvereinbarungen
hM	herrschende Meinung
hrsg. v.	herausgegeben von
HS.	Halbsatz
i.H.v.	in Höhe von
i.R.d.	im Rahmen des
i.S.	im Sinne
i.S.d.	im Sinne des
i.S.v.	im Sinne von
i.V.m.	in Verbindung mit
IBAN	International Bank Account Number
InsO	Insolvenzordnung
InVo	Insolvenz und Vollstreckung
IPR	Internationales Privatrecht
IPRax	Praxis des internationalen Privat- und Verfahrensrechts
IPRG	IPR-Gesetz
IPRspr.	Die deutsche Rechtsprechung auf dem Gebiet des internationalen Privatrechts
JA	Juristische Arbeitsblätter
JBl	Juristische Blätter
JPIL	Journal of Private International Law
JurBüro	Das Juristische Büro
JuS	Juristische Schulung
JW	Juristische Wochenschrift

JZ	Juristenzeitung
Kap.	Kapitel
KC	Kodeks cywilny (Zivilgesetzbuch)
KG	Kammergericht
KKZ	Kommunal-Kassen-Zeitschrift
KOM	Kommission
KP	Kodeks pracy (Arbeitsgesetzbuch)
KPC	Kodeks postępowania cywilnego (Zivilverfahrensgesetzbuch)
KRO	Kodeks rodzinny i opiekuńczy (Familien- und Vormundschaftsgesetzbuch)
KWG	Gesetz über das Kreditwesen
LG	Landgericht
lit.	Litera
LMK	Kommentierte BGH-Rechtsprechung
m. Anm.	mit Anmerkung
m.w.N.	mit weiteren Nachweisen
MDR	Monatsschrift für Deutsches Recht
MoP	Monitor Prawniczy (Zeitschrift)
n.F.	neue Fassung
NCPC	Nouveau Code de Procédure Civile
NdsRpfl	Niedersächsische Rechtspflege
NJ	Neue Justiz
NJOZ	Neue Juristische Online-Zeitschrift
NJW	Neue Juristische Wochenschrift
NJWE-WettbR	NJW-Entscheidungsdienst Wettbewerbsrecht
NJW-RR	NJW-Rechtssprechung-Report
Nr.	Nummer
NVwZ	Neue Zeitschrift für Verwaltungsrecht
NVwZ-Beil.	NVwZ-Beilage
NVwZ-RR	NVwZ-Rechtsprechungs-Report
NZA	Neue Zeitschrift für Arbeitsrecht
NZFam	Neue Zeitschrift für Familienrecht
NZG	Neue Zeitschrift für Gesellschaftsrecht
NZI	Neue Zeitschrift für Insolvenzrecht
NZM	Neue Zeitschrift für Miet- und Wohnungsrecht
NZV	Neue Zeitschrift für Verkehrsrecht
ÖJZ	Österreichische Juristenzeitung
OLG	Oberlandesgericht
OLGR	OLG-Report
OLGZ	Entscheidungen der Oberlandesgerichte in Zivilsachen
OSNC	Orzecznictwo Sądu Najwyższego Izba Cywilna (Entscheidungen der Zivilkammer des Obersten Gerichtshofs)
OVG	Oberverwaltungsgericht

Pal.	Palestra (Zeitschrift)
PiP	Państwo i Prawo (Zeitschrift)
P-Konto	Pfändungsschutzkonto
PLN	Złoty, polnische Währung
Pos.	Position
PPC	Polski Proces Cywilny (Zeitschrift)
PPE	Przegląd Prawa Egzekucyjnego (Zeitschrift)
PR.BANK	Prawo bankowe (Bankrecht)
Pr.Bank	Prawo Bankowe (Zeitschrift)
PS	Przegląd Sądowy (Zeitschrift)
RabelsZ	Rabels Zeitschrift für ausländisches und internationales Privatrecht
RDV	Recht der Datenverarbeitung
RegUrzędSàdPowsz	Regulamin urzędowania sàdów powszechnych (Geschäftsordnung der ordentlichen Gerichtsbarkeit)
RGBl.	Reichsgesetzblatt
RGZ	Sammlung der Entscheidungen des Reichsgerichts in Zivilsachen
RIW	Recht der internationalen Wirtschaft
RL	Richtlinie
Rn.	Randnummer
Rom II-VO	Verordnung (EG) Nr. 864/2007
RP	Radca Prawny (Zeitschrift)
RPfleger	Der Rechtspfleger
S.	Seite / Satz
s.	siehe
s.o.	siehe oben
SchiedsVZ	Zeitschrift für Schiedsverfahren
sec.	section
SEPA	Single Euro Payments Area
StIGH	Ständiger Internationaler Gerichtshof
str.	strittig
TPP	Transformacje Prawa Prywatnego (Zeitschrift)
TranspR	Transportrecht
u.	und
u.U.	unter Umständen
UAbs.	Unterabsatz
UKSE	Ustawa o komornikach sądowych i egzekucji (Gerichtsvollzieher- und Zwangsvollstreckungsgesetz)
Urt. v.	Urteil vom
Var.	Variante
VersR	Versicherungsrecht
vgl.	vergleiche
VO-E	Verordnungsentwurf
Vor.	Vorbemerkung

VW	Versicherungswirtschaft
WiRO	Wirtschaft und Recht in Osteuropa
WM	Wertpapier-Mitteilungen
WRP	Wettbewerb in Recht und Praxis
WuB	Entscheidungssammlung zum Wirtschafts- und Bankrecht
WuM	Wohnungswirtschaft und Mietrecht
z.B.	zum Beispiel
ZEuP	Zeitschrift für Europäisches Privatrecht
ZInsO	Zeitschrift für das gesamte Insolvenzrecht
ZIP	Zeitschrift für Wirtschaftsrecht
ZMR	Zeitschrift für Miet- und Raumrecht
ZPO	Zivilprozessordnung
ZRP	Zeitschrift für Rechtspolitik
ZVglRWiss	Zeitschrift für vergleichende Rechtswissenschaft
ZZP	Zeitschrift für Zivilprozeß
ZZPInt	Zeitschrift für Zivilprozess International

§ 1 Einführung

Jedes Urteil ist wertlos, wenn seine Vollstreckung nicht gewährleistet ist.[1] Dieser markante Satz beschreibt ein zentrales Praktikabilitätsproblem der Juristerei. Mag eine Partei den Prozess noch so gut geführt haben, das Urteil vollkommen fehlfrei begründet sein, so versinkt all das in der Bedeutungslosigkeit, wenn der Partei ihr eigentliches Begehr am Ende faktisch verwehrt bleibt. Nicht von ungefähr heißt es: Recht haben und Recht bekommen sind zweierlei. Ein Justizsystem – und mithin das staatliche Gewaltenmonopol – kann nur funktionieren, wenn es effektiv ist. Beschreitet der Bürger ein (regelmäßig) langwieriges Gerichtsverfahren, um seine Ansprüche durchzusetzen, muss der Schutz seiner Interessen auch bis zur endgültigen Durchsetzung der Entscheidung sichergestellt werden.

Aus dem Anspruch auf Zugang zum Recht (Art. 6 EMRK) und dem Recht auf ein unparteiisches Gericht (Art. 47 Abs. 2 EU-GRCharta) folgt daher das Recht auf effektive Zwangsvollstreckung.[2] Von einer effektiven Vollstreckung kann allerdings nur gesprochen werden, wenn ein System besteht, das nicht nur auf dem Papier, sondern auch praktisch wirksam ist und die Vollstreckung rechtskräftiger Gerichtsentscheidungen ohne unangemessene Verzögerung sicherstellt.[3] Die Mitgliedstaaten sind verpflichtet, ausreichende Maßnahmen des einstweiligen Rechtsschutzes zu ermöglichen, um den Schutz der Rechte zu gewährleisten, die aus dem Gemeinschaftsrecht herrühren.[4] Bisher wird dieser Schutz weitgehend nach Maßgabe einzelstaatlichen Rechts gewährleistet. Alle Mitgliedstaaten sehen prozessuale Instrumente vor, um eine Forderung gegenüber einem vermeintlichen Schuldner vorübergehend zu sichern.[5] Umgekehrt

---

1 Hess, DGVZ 2010, 45, 46.

2 Zu Art. 6 EMRK EGMR, ECLI:CE:ECHR:2011:0113JUD003271506 Rn. 60 – Kübler; ECLI:CE:ECHR:2010:0422JUD003879807 Rn. 35 – Gulmammadova; ECLI:CE:ECHR:2004:1130JUD003509102 Rn. 51 – Mykhaylenky; ECLI:CE:ECHR:1999:0728JUD002277493 Rn. 63 – Immobiliare Saffi; ECLI:CE:ECHR:1997:0319JUD001835791 Rn. 40 – Hornsby; zu Art. 47 EU-GRCharta: Jarass, Art. 47 EU-GRCharta, Rn. 47; Meyer/Eser, Art. 47 EU-GRCharta, Rn. 28; Bruns, in: Stürner, Comparative Studies, S. 183.

3 EGMR, ECLI:CE:ECHR:2005:0607JUD007118601 Rn. 84 – Fuklev v. Ukraine.

4 EuGH, ECLI:EU:C:2007:163 Rn. 67 – Unibet; ECLI:EU:C:2001:14 Rn. 19 –Siples; ECLI:EU:C:1990:257 Rn. 21 – Factortame; Jarass, Art. 47 EU-GRCharta, Rn. 28; Calliess/Ruffert/Blanke, Art. 47 EU-GRCharta, Rn. 1.

5 Hess, Study, S. 118 ff.

ist aber darauf zu achten, den vermeintlichen Schuldner vor ungerechtfertigter Inanspruchnahme zu schützen. Schließlich steht in aller Regel erst am Ende eines Rechtsstreits fest, ob der verfolgte Anspruch besteht.

Die widerstreitenden Interessen ausgewogen zu berücksichtigen, ist bisher weitgehend den nationalen Gesetzgebern überlassen und dementsprechend allein auf das jeweils eigene Verfahrensrecht zugeschnitten. Aus der konkreten Gestaltung der Rechtsschutzsysteme ergeben sich im grenzüberschreitenden Vergleich erhebliche Abweichungen zwischen den Rechtsordnungen. Ein Gläubiger, der Vermögenswerte seines Schuldners sichern will, sieht sich je nach Mitgliedstaat unterschiedlichen Erlassbedingungen und prozessualen Hürden ausgesetzt. Nationale Prozessordnungen können etwa eine mehr oder weniger hohe Gefährdung der späteren Vollstreckung erfordern oder ein unterschiedliches Beweismaß verlangen, um den Anspruch der Gläubiger oder dessen Gefährdung nachzuweisen.[6] Die Mitgliedstaaten entscheiden selbst, ob einstweilige Maßnahmen nur nach vorheriger Beteiligung des Gegners am Verfahren erlassen werden dürfen. Während Eilmaßnahmen etwa in Frankreich, Luxemburg, den Niederlanden und Österreich regelmäßig ex parte ergehen, ist die Hürde hierfür beispielsweise in Spanien, Portugal und Griechenland deutlich höher.[7]

Der Gläubiger ist dementsprechend gezwungen, sich mit den Einzelheiten des ausländischen (und oft fremdsprachigen) Verfahrensrechts zu befassen, wozu er in aller Regel auf Hilfe eines ausländischen Rechtsbeistands angewiesen sein wird. Die hieraus resultierenden, erhöhten Rechtsverfolgungskosten werden zudem durch weitreichende Übersetzungserfordernisse im grenzüberschreitenden Verkehr gesteigert.[8] Dennoch bleibt das Vorgehen für Gläubiger oftmals ein Risikospiel. Selten werden sie tieferen Einblick in die Vermögenswerte des Schuldners in einem oder gar mehreren Mitgliedstaaten haben. Um das Vermögen des Schuldners aufzudecken, ist der Gläubiger auf die unterschiedlichen nationalen Informationsinstrumente angewiesen. Damit gehen die gleichen Probleme einher, wie auch hinsichtlich des einstweiligen Verfahrens selbst: Voraussetzungen und Reichweite einzelstaatlicher Aufklärungsmaßnahmen weichen deutlich voneinander ab.[9] Während einige Mitgliedstaaten solche

---

6 Europäische Kommission, Commission Staff Working Paper, Impact Assessment, SEC(2011) 937 final, S. 15 f; Hess, Study, S. 128 ff.

7 Europäische Kommission, Commission Staff Working Paper, Impact Assessment, SEC(2011) 937 final, S. 16.

8 Europäische Kommission, Commission Staff Working Paper, Impact Assessment, SEC(2011) 937 final, S. 17 f.

9 Vgl. Hess, Study, S. 20 ff.

Maßnahmen etwa auch aufgrund von einstweiligen Entscheidungen zulassen, fordern andere einen endgültigen, vollstreckbaren Titel.[10] Ebenso können sich die Mittel unterscheiden, auf die ein Gläubiger zurückgreifen kann. Sie können sich auf die Selbstauskunft des Schuldners beschränken oder z.B. eine Bankenauskunft gestatten.

Doch auch ganz praktische Hürden können Gläubiger davon abhalten, eine einstweilige Maßnahme im Ausland zu erwirken oder dort zu vollstrecken. Dies gilt insbesondere für die unterschiedliche Effektivität des einzelstaatlichen Justizsystems. Zwar liegen keine gesicherten Daten vor, wie lange es in den Mitgliedstaaten jeweils dauert, um eine in- oder ausländische einstweilige Entscheidung durchzusetzen. Allerdings zeigte eine Untersuchung von 18 Mitgliedstaaten erhebliche Unterschiede bei der Dauer, bis eine Person mit gleichem (Wohn-) Sitz wie das Gericht über die Entscheidung, mit der die Forderung eingetrieben werden soll, benachrichtigt wird. In acht Staaten lag der Wert bei 1-5 Tagen, in fünf Staaten bei 6-10 Tagen, in vier Staaten bei 11-30 Tagen und in einem Fall sogar bei über 30 Tagen.[11] Die Europäische Kommission sieht hierin ein Indiz für die (divergierende) Dauer bis zur Vollziehung einer einstweiligen Maßnahme.[12] Auch die deutlich abweichende Zahl der Richter pro Einwohner kann ein Anzeichen hierfür sein.[13]

Auf europäischer Ebene existierte für zivil- und handelsrechtliche Forderungen bisher kein originäres System des einstweiligen Rechtsschutzes. Zwar sieht Art. 35 EuGVO einen einstweiligen Rechtsschutz vor, doch statuiert die Vorschrift selbst kein eigenständiges Instrumentarium, sondern verweist hinsichtlich Voraussetzungen, Verfahren und Wirkung auf die jeweiligen Vorschriften der einzelnen Mitgliedsstaaten.[14] Die Verordnung regelt vielmehr den Rahmen und die Voraussetzungen, unter denen einstweilige (nationale) Entscheidungen grenzüberschreitend anerkannt und vollstreckt werden können (vgl. Art. 2

10 Vgl. Hess, Study, S. 34 f.

11 CEPEJ, Study on the functioning of judicial systems in the EU Member States, CEPEJ (2014) 4 final, S. 76; zugrunde liegende Daten beziehen sich auf das Jahr 2012.

12 Europäische Kommission, Commission Staff Working Paper, Impact Assessment, SEC (2011) 937 final, S. 18 f.

13 Vgl. zur Anzahl der Richter pro Einwohner: Europäische Kommission, Communication from the Commission to the European Parliament, the Council, the European Central Bank, the European Economic and Social Committee and the Committee of the Regions COM(2018) 364 final, The 2018 EU Justice Scoreboard, S. 31.

14 MüKoZPO/Gottwald, Art. 31 EuGVO a.F. Rn. 1; Geimer/Schütze/Pörnbacher, Internationaler Rechtsverkehr, Nr. 540, Art. 31 VO (EG) Nr. 44/2001 Rn. 1.

lit. a UAbs. 2, Art. 36 ff, Art. 39 ff EuGVO). Erfüllen sie die Kriterien, genießen diese Entscheidungen grenzüberschreitende Freizügigkeit. Die Anforderungen hieran sind jedoch hoch. Insbesondere muss der Schuldner eine Möglichkeit gehabt haben, sich am Verfahren zu beteiligen, sofern, ihm die einstweilige Entscheidung nicht zumindest vor dem Vollstreckungszugriff zugestellt wird. Der Schuldner ist also entweder im einstweiligen Verfahren zu hören oder vor bzw. mit der Vollziehung über die einstweilige Entscheidung zu informieren. Während einzelstaatliche Prozessrechtsordnungen vielfach ein einseitiges Verfahren ermöglichen, um einen effektiven Rechtsschutz zu gewährleisten, schließt diese Vorwarnung auf europäischer Ebene einen Überraschungszugriff in aller Regel aus. Dem Schuldner steht dadurch die Möglichkeit offen, seine Vermögenswerte beiseite zu schaffen und der anschließenden Vollstreckung das Zugriffsobjekt zu entziehen.

Als besonders problematisch stellt sich vor diesem Hintergrund die Sicherung der späteren Vollstreckung durch Beschlagnahme des Kontoguthabens eines Schuldners dar. Neben der Lohnpfändung stellt die Pfändung von Bankkonten im unionsweiten Vergleich die wichtigste Vollstreckungsart von Geldansprüchen dar.[15] Dementsprechend bedarf es auf der Ebene des einstweiligen Rechtsschutzes geeignete Instrumente, gerade diese Vollstreckungsart angemessen abzusichern. Die grenzüberschreitende Kontopfändung spielte aber lange weder als Teil des Zwangsvollstreckungsrechts noch im Bereich des einstweiligen Rechtsschutzes eine gewichtige Rolle bei den europäischen Reformbestrebungen und das, obwohl der europäische Gesetzgeber sie, insbesondere als Mittel zur vorläufigen Sicherung, schon seit einiger Zeit kritisch beäugt (dazu sogleich). Gelder auf Bankkonten können heute innerhalb weniger Augenblicke transferiert und damit einem drohenden Vollstreckungszugriff entzogen werden.[16] § 675s Abs. 1 S. 1 HS. 1 BGB verpflichtet die Banken eine SEPA-Überweisung in Euro spätestens bis zum Ende des folgenden Geschäftstags auszuführen. In praxi gibt es daneben bereits jetzt zahlreiche Anbieter von „Blitz"- oder „Sofortüberweisungen". Die Schnelligkeit des Zahlungsverkehrs soll dabei in den kommenden Jahren stetig ausgebaut werden. Ein Echtzeitzahlungssystem auf SEPA-Basis ist keine Zukunftsmusik mehr und soll innerhalb der nächsten

---

15 Hess, Study, S. 60.

16 Kommission der Europäischen Gemeinschaften, Grünbuch zur effizienten Vollstreckung von Urteilen in der Europäischen Union, Vorläufige Kontenpfändung, KOM(2006) 618 endgültig, S. 3; Europäische Kommission, KOM(2011) 445 endgültig, S. 3.

Jahre eine sekundenschnelle Abwicklung der Transfers ermöglichen.[17] Auf der am 18.11.2014 in Brüssel vom Europäischen Wirtschafts- und Sozialausschuss durchgeführten Konferenz über die neuen Herausforderungen im Bereich der Retail-Finanzierung und Verbraucherpolitik zählte der Ausbau von Echtzeitzahlungen sowohl bei traditionellen Überweisungen als auch im mobilen P2P (peer-to-peer) Sektor dementsprechend zu den am weitest verbreiteten Zielvorstellungen der Teilnehmer.[18] Die Entwicklung hin zu immer schnelleren internationalen Transfermöglichkeiten darf an der Rechtsordnung aber nicht spurlos vorübergehen, möchte man den effektiven Rechtsschutz nicht entwerten. Schon jetzt – so schätzt die Europäische Kommission – schreiben kleine und mittelständische Unternehmen jährlich bis zu 600 Mio. € unnötigerweise ab, weil sie davor zurückschrecken, Forderungen im EU-Ausland einzutreiben.[19] Ohne ein effektives Sicherungsverfahren dürfte sich diese Zahl wohl kaum verringern – im Gegenteil.

A. Eine neue europäische Maßnahme

Bereits 1997 wies die Kommission der Europäischen Gemeinschaft in einer Mitteilung an den Rat und an das Europäische Parlament auf die Defizite bei grenzüberschreitenden Forderungspfändungen hin und betonte die besondere Flüchtigkeit von Bankguthaben als wesentliches Problem.[20] Mangels ausreichenden Schutzes auf europäischer Ebene sei es notwendig den einstweiligen Rechtsschutz in diesem Bereich gesondert zu regeln.[21] Gleiches gelte für Vorschriften

---

17 http://www.it-finanzmagazin.de/geldtransfer-in-sekunden-die-payment-revolution-kommt-mit-sepa-instant-payment-14394; vgl. zum Einsatz von Echtzeitzahlungssystemen auch das White paper: The Global Adoption of Real-Time Retail Payments Systems (RT-RPS), online abrufbar unter: https://www.swift.com/assets/swift_com/documents/products_services/White_Paper_Real_Time_Payments.pdf.

18 Abschlussbericht zur Konferenz vom 18.11.2014, Emerging challenges in retail finance and consumer policy, S. 46, online abrufbar unter: http://ec.europa.eu/internal_market/conferences/2014/1118-retail-finance/docs/141118-retail-finance-final-report_en.pdf.

19 Europäische Kommission, Pressemitteilung vom 6.12.2013, IP/13/1209, S. 2.

20 Mitteilung der Kommission an den Rat und an das Europäische Parlament, Wege zu einer effizienteren Erwirkung und Vollstreckung von gerichtlichen Entscheidungen in der Europäischen Union, KOM(97) 609 endg., Rn. 46; ABl. C 33 vom 31.1.1998, S. 3

21 Mitteilung der Kommission an den Rat und an das Europäische Parlament, Wege zu einer effizienteren Erwirkung und Vollstreckung von gerichtlichen Entscheidungen in der Europäischen Union, KOM(97) 609 endg., Rn. 10, 22 ff; ABl. C 33 vom 31.1.1998, S. 3

zur Vermögenstransparenz als Voraussetzung eines effektiven Rechtsschutzes.[22] In seinem Maßnahmenprogramm zur Umsetzung des Grundsatzes der gegenseitigen Anerkennung gerichtlicher Entscheidungen in Zivil- und Handelssachen griff der Rat diese Ausführungen auf und schlug (unter anderem) die Einführung von Sicherungsmaßnahmen auf europäischer Ebene vor, um „die Sachen dieses Schuldners vorsorglich in einem anderen Mitgliedstaat sofort einfrieren zu lassen, ohne ein zusätzliches Verfahren anstrengen zu müssen".[23] Ausdrücklich vorgeschlagen wurde hierzu eine Erleichterung der grenzüberschreitenden Beschlagnahme von Bankguthaben mittels eines europaweiten Rechtsbehelfs. Eine im Jahre 2003 von Hess veröffentlichte Studie untersuchte im Auftrag der Kommission die unterschiedlichen Vollstreckungsrechte der (damals 16) Mitgliedstaaten umfangreich.[24] Sie bildete die Grundlage für zwei darauf folgende Grünbücher der EG-Kommission, welche die vorläufige Kontenpfändung[25] und die Transparenz des Schuldnervermögens[26] zum Gegenstand hatten. Der Rechtsausschuss des Europaparlaments begrüßte die Schaffung einer europäischen Maßnahmenregelung zur vorläufigen Kontenpfändung.[27] Hinsichtlich der Regelungsmodalitäten herrschte zu Beginn Unschlüssigkeit, ob die Materie in einer eigenständige Verordnung zusätzlich zu den bereits vorhandenen nationalen Rechtsschutzmöglichkeiten kodifiziert werden sollte oder ob die autonomen mitgliedsstaatlichen Vorschriften mittels Richtlinie harmonisiert

22 Mitteilung der Kommission an den Rat und an das Europäische Parlament, Wege zu einer effizienteren Erwirkung und Vollstreckung von gerichtlichen Entscheidungen in der Europäischen Union, KOM(97) 609 endg., Rn. 48 ff; ABl. C 33 vom 31.1.1998, S. 3.

23 Maßnahmenprogramm zur Umsetzung des Grundsatzes der gegenseitigen Anerkennung gerichtlicher Entscheidungen in Zivil- und Handelssachen, ABl. C 2001/12, S. 1, 5.

24 Hess, Study No.JAI/A3/2002/02 on making more efficient the enforcement of judicial decisions within the European Union: Transparency of a Debtor's Assets, Attachment of Bank Accounts, Provisional Enforcement and Protective Measures.

25 Kommission der Europäischen Gemeinschaften, Grünbuch zur effizienten Vollstreckung von Urteilen in der Europäischen Union, Vorläufige Kontenpfändung, KOM(2006) 618 endg.

26 Kommission der Europäischen Gemeinschaften, Grünbuch effiziente Vollstreckung gerichtlicher Entscheidungen in der Europäischen Union, Transparenz des Schuldnervermögens, KOM(2008) 128 endg.

27 Europäisches Parlament, Bericht über das Grünbuch zur effizienteren Vollstreckung von Urteilen in der Europäischen Union, Vorläufige Kontenpfändung, A6-0371/2007.

werden könnten.[28] Die Mehrheit der Mitgliedsstaaten, Regierungsorganisationen, Rechtswissenschaftler und Nichtregierungsorganisationen sowie der sonstigen Beteiligten favorisierte die Regelung der Materie in einer eigenständigen Verordnung neben dem nationalen Recht.[29] Begründet wurde dies teilweise mit der Dauer und dem erheblichen Aufwand einer Harmonisierung nationaler Regelungen,[30] aber auch mit dem Bedürfnis einer europaweit einheitlichen Auslegung der Vorschriften.[31] Eine weitere durch die Kommission beauftragte Studie des CSES (Centre for Strategy & Evaluation Services) vom 5.1.2011 untersuchte schließlich die möglichen Auswirkungen eines Verordnungsentwurfs auf Kontenpfändungen.[32]

---

28 Vgl. Kommission der Europäischen Gemeinschaften, Grünbuch zur effizienten Vollstreckung von Urteilen in der Europäischen Union, Vorläufige Kontenpfändung, KOM(2006) 618 endg., S. 4, Frage 1.

29 Vgl. auch Europäische Kommission, Summery of contributions to the public consultation, Annex II zum Commission Staff Working Paper – Impact Assessment, SEC(2011) 937 final, S. 60; Europäischer Wirtschafts- und Sozialausschuss, Stellungnahme vom 15.1.2008, Abl. EU 2008/C 10/02, S. 2 ff, der allerdings auch kritisch anmerkt, dass dasselbe Ergebnis auch durch Ergänzung der EuGVO erreich werden könnte; aA Stellungnahme Niederlande, S. 6, abrufbar unter http://ec.europa.eu/justice/news/consulting_public/judgements/contributions/national_governments/netherlands_en.pdf (16.09.2016); Stellungnahme Bar Council of England and Wales, S. 3, abrufbar unter http://ec.europa.eu/justice/news/consulting_public/judgements/contributions/others/bar_council_of_england_wales_en.pdf (16.09.2016); Deutscher Anwaltsverein, Stellungnahme, S. 12 f, abrufbar unter https://anwaltverein.de/de/newsroom/id-2007-09?file=files/anwaltverein.de/downloads/newsroom/stellungnahmen/2007/2007-09.pdf (16.09.2016).

30 Civil Justice Council, Stellungnahme Nr. 9/07, S. 2 f, abrufbar unter http://ec.europa.eu/justice/news/consulting_public/judgements/contributions/other_authorities/civil_justice_council_en.pdf (16.09.2016); Österreichischer Rechtsanwaltskammertag, Stellungnahme Zl. 21/06/178, S. 4, abrufbar unter http://ec.europa.eu/justice/news/consulting_public/judgements/contributions/others/der_osterreichische_rechtsanwaltskammertag_de.pdf (16.09.2016); vgl. zur Dauer auch: Chancery Bench of England and Wales, Stellungnahme, S. 3, abrufbar: http://ec.europa.eu/justice/news/consulting_public/judgements/contributions/other_authorities/chancery_bench_england_wales_en.pdf (16.09.2016).

31 Stellungnahme des österrreichischen Bundesministeriums für Justiz, BMJ-B12.107/0002-I 6/2007, S. 1.

32 Europäische Kommission, Study for an Impact Assessment on a Draft Legislative Proposal on the Attachment of Bank Accounts, online abrufbar unter http://ec.europa.eu/justice/civil/files/bank_attachments_en.pdf (16.09.2016).

Die Ergebnisse mündeten im Verordnungsvorschlag KOM(2011)445 der Europäischen Kommission.[33] Nach zahlreichen Änderungen beschlossen das Europäische Parlament und der Rat auf dieser Grundlage die Verordnung (EU) Nr. 655/2014 vom 15. Mai 2014 zur Einführung eines Verfahrens für einen Europäischen Beschluss zur vorläufigen Kontenpfändung im Hinblick auf die Erleichterung der grenzüberschreitenden Eintreibung von Forderungen in Zivil- und Handelssachen (im Folgenden „EuKpfVO").[34] Sie stützt sich auf die Rechtssetzungskompetenz aus Art. 81 Abs. 1, 2 lit. a, e und f AEUV und gilt seit dem 18.1.2017 (Art. 54 EuKpfVO).[35]

Konkret geht es um die Einführung eines Europäischen Beschlusses zur vorläufigen Kontenpfändung (vgl. Art. 1 EuKpfVO) und die Schaffung einheitlicher Standards im Bereich der Vermögenstransparenz von Bankkonten (vgl. Art. 14 EuKpfVO), um diesen Zugriff zu ermöglichen. Ziel ist es, einem Zustand entgegenwirken, der Gläubiger davon abhält, Maßnahmen des einstweiligen Rechtsschutzes in grenzüberschreitenden Fällen der Forderungseintreibung in Anspruch zu nehmen.[36] Damit einhergehend sollen Risiken des grenzüberschreitenden Handels vermindert, das Vertrauen der Händler gestärkt, die Zahlungsmoral von Schuldnern in Fällen mit grenzüberschreitendem Bezug verbessert

---

33 Europäische Kommission Vorschlag für eine Verordnung des Europäischen Parlaments und des Rates zur Einführung eines Europäischen Beschlusses zur vorläufigen Kontenpfändung im Hinblick auf die grenzüberschreitende Eintreibung von Forderung in Zivil- und Handelssachen, KOM(2011) 445 endgültig, (im Folgenden EuKpfVO-E genannt).

34 ABl. Nr. L 189, S. 59.

35 Zur Erforderlichkeit i.S.v. Art. 81 Abs. 2 AEUV: Häcker, WM 2012, 2180, 2183; Cristofaro, in: Kengyel/Harsági, S. 301, 304 ff; bereits gegen das Grünbuch KOM(2006) 618 wurden Zweifel vorgebracht. Kritiker warfen der Kommission vor, ein Problem bei der grenzüberschreitenden Forderungsbeitreibung im europäischen Binnenmarkt zu unterstellen, ohne es mit empirischen Beweisen zu belegen; eine entsprechende Studie legte die Kommission am 5.1.2011 nach: Europäische Kommission, Study for an Impact Assessment on a Draft Legislative Proposal on the Attachment of Bank Accounts, online abrufbar unter http://ec.europa.eu/justice/civil/files/bank_attachments_en.pdf (16.09.2016).

36 Europäische Kommission, Begründung zum Vorschlag für eine Verordnung des Europäischen Parlaments und des Rates zur Einführung eines Europäischen Beschlusses zur vorläufigen Kontenpfändung im Hinblick auf die grenzüberschreitende Eintreibung von Forderung in Zivil- und Handelssachen, KOM(2011) 445 endgültig, S. 3.

und die grenzüberschreitende Wirtschaftstätigkeit gefördert werden.[37] Einer Schätzung der Europäischen Kommission nach sollen im Idealfall – das heißt, wenn die europäische Kontenpfändung in grenzüberschreitenden Fällen ebenso häufig in Anspruch genommen wird, wie vergleichbare inländischen Maßnahmen – bis zu 600 Millionen Euro an jährlichen Unternehmensforderungen vor einer Abschreibung bewahrt werden können.[38] Aber auch Verbraucher und Familien (insbesondere Unterhaltsgläubiger) sollen von der Verordnung profitieren.[39]

Unmittelbar verfolgt die Verordnung daher drei konkrete Ziele:[40] 1. Die Schaffung eines unionsweiten einheitlichen einstweiligen Rechtsbehelfs zur vorläufigen Kontenpfändung; 2. Die Verbesserung der Kontentransparenz und damit Erleichterung der Informationsbeschaffung; 3. Eine Kostenreduktion bezüglich Beschlusserwirkung und Vollstreckung einer vorläufigen Kontenpfändung.

Zwar gilt die EuKpfVO in den Mitgliedstaaten unmittelbar. Ihre Durchführung muss aber von einzelstaatlichen Vorschriften ergänzt werden. Der deutsche Gesetzgeber hat hierfür nunmehr das Gesetz zur Durchführung der Verordnung (EU) Nr. 655/2014 sowie zur Änderung sonstiger zivilprozessualer, grundbuchrechtlicher und vermögensrechtlicher Vorschriften und zur Änderung der Justizbeitreibungsordnung (EuKoPfVODG) vom 21.11.2016 (BGBl. I S. 2591) erlassen. Dabei wurde insbesondere das 8. Buch der Zivilprozessordnung um einen neuen Abschnitt mit der amtlichen Bezeichnung „Grenzüberschreitende vorläufige Kontenpfändung" ergänzt.

37 Europäische Kommission, Begründung zum VO-E KOM(2011) 445 endgültig, S. 4; vgl. auch Europäische Kommission, Arbeitsdokument der Kommissionsdienststellen, SEK(2011) 938 endg., S. 5.

38 Europäische Kommission, Summery of contributions to the public consultation, Annex II zum Commission Staff Working Paper – Impact Assessment, SEC(2011) 937 final, S. 35, abrufbar unter http://eur-lex.europa.eu/LexUriServ/LexUriServ.do?uri=SEC:2011:0937:FIN:EN:PDF (16.09.2016).

39 Vgl. Europäische Kommission, Summery of contributions to the public consultation, Annex II zum Commission Staff Working Paper – Impact Assessment, SEC(2011) 937 final, S. 5, 23 f, abrufbar unter http://eur-lex.europa.eu/LexUriServ/LexUriServ.do?uri=SEC:2011:0937:FIN:EN:PDF (16.09.2016).

40 Europäische Kommission, Begründung zum EuKpfVO-E KOM(2011) 445 endgültig, S. 4.

B. Untersuchungsgegenstand

Der europäische Beschluss zur vorläufigen Kontenpfändung ergänzt die nationalen Maßnahmen zur vorläufigen Pfändung eines Bankkontos (Art. 1 Abs. 2 EuKpfVO). Anders als der Name vermuten lässt, handelt es sich dabei aber nicht um eine reine Vollstreckungsmaßnahme. Der Beschluss ergeht vielmehr auf Grundlage einer summarischen Prüfung: Der Gläubiger muss hinreichend nachweisen, dass ihm eine Forderung gegen den Schuldner zusteht und die Vollstreckung aus einem vorhandenen oder hypothetischen Titel hierüber gefährdet ist. Über den (Hauptsache-) Anspruch des Gläubigers selbst entscheidet das Gericht dagegen nicht. In der Sache geht es um eine vorübergehende Maßnahme zur Sicherung der späteren Hauptsachevollstreckung. Diese europäische Sicherungsmaßnahme kann sowohl vor und während eines laufenden Hauptsacheverfahrens erlassen werden, als auch in Fällen, in denen der Gläubiger bereits einen vollstreckbaren Titel erwirkt hat – somit in allen denkbaren Verfahrensphasen. Wie schon die Bezeichnung nahelegt, statuiert die EuKpfVO zugleich Regeln, wie die einstweilige Entscheidung zu vollstrecken ist. Sie ermöglicht nur den Zugriff auf ein schuldnerisches Bankkonto, nicht dagegen auf weitere Vermögenswerte (vgl. Art. 1 Abs. 1 und Kapitel 3 EuKpfVO). Eine endgültige Befriedigung ist damit nicht verbunden, stattdessen ermöglicht die Verordnung lediglich eine vorläufige, d.h. vorübergehende Sicherungsmaßnahme (Art. 1 Abs. 1 und ErwG 5 EuKpfVO). Der europäische Beschluss zur vorläufigen Kontenpfändung tritt dabei neben die einzelstaatlichen Maßnahmen zur vorläufigen Pfändung (Art. 1 Abs. 2 EuKpfVO).

Im Rahmen dieser Arbeit soll der europäische Beschluss zur vorläufigen Kontenpfändung mit den einzelstaatlichen Maßnahmen in Deutschland und Polen sowie deren Überlagerung durch Unionsrecht verglichen werden, die eine vorübergehende Sicherung des schuldnerischen Bankguthabens ermöglichen.

Eine Kontopfändung ergeht in Deutschland und Polen als Vollstreckungsmaßnahme stets nur auf Grundlage eines vollstreckbaren Titels. Vor oder während des Hauptsacheverfahrens wird der europäische Kontenpfändungsbeschluss in Deutschland daher mit dem dinglichen Arrest nach § 916 ff ZPO und in Polen mit dem einer Sicherung nach Art. 730 ff KPC[41] verglichen. Hat der Gläubiger bereits einen vollstreckbaren Titel erwirkt, werden stattdessen teilweise Parallelen zur Sicherungsvollstreckung durch einfachen Pfändungsbeschluss oder zur Vorpfändung gezogen. Im Folgenden werden anhand einzelner Themenbereiche

---

41 Polnischer Zivilverfahrensgesetzbuch (Kodeks postępowania cywilnego) vom 17.11.1964, im Folgenden „KPC".

zunächst die entsprechenden Regelungen der jeweiligen nationalen Maßnahmen in Deutschland und Polen sowie ggf. deren Besonderheiten im grenzüberschreitenden Verkehr dargestellt und mit den Regelungen der EuKpfVO verglichen.

Dabei soll auch auf grenzüberschreitende Besonderheiten eingegangen werden. Da Zwangsmaßnahmen vom Prinzip der Territorialität und dem lex fori Grundsatz durchsetzt sind, werden zunächst diese Prinzipien kurz erläutert (§ 2). Anschließend wird unter § 3 der Anwendungsbereich der neuen Verordnung abgesteckt. Da der Schwerpunkt der neuen europäischen Sicherungsmaßnahme klar auf der Schaffung eines überraschenden Zugriffs liegt und die Verordnung daher in erster Linie auf das Verfahrensstadium abzielt, in dem der Gläubiger noch keinen vollstreckbaren Titel erwirkt hat, soll dieser Verfahrensabschnitt im Zentrum der Untersuchung stehen. Dazu wird unter § 4.A. das Verfahren zum Erlass des europäischen Beschlusses vor und während eines laufenden Hauptsacheverfahrens mit den Vorschriften zum deutschen Arrestbefehl und zum polnischen Sicherungsbeschluss verglichen. Ergänzend werden sub § 4.B. die Besonderheiten dargestellt, soweit bereits ein vollstreckbarer Hauptsachetitel vorliegt. § 5 behandelt anschließend die Anerkennung und Vollstreckbarkeit ausländischer einstweiliger Maßnahmen. Das Vollstreckungsverfahren der einzelnen Sicherungsmaßnahmen wird unter § 6 erörtert. Anschließend werden in § 7 die Rechtsbehelfe gegen die einstweiligen Entscheidungen und gegen ihre Vollstreckung untersucht. Ergeht eine Sicherungsmaßnahme vor einer abschließenden Entscheidung über den Hauptsacheanspruch, stellt dies für den Schuldner stets das Risiko eines ungerechtfertigten Eingriffs in seine Rechte dar. Unterliegt der Gläubiger im Hauptsacheverfahren, kann er u.U. zum Ersatz des Schadens verpflichtet sein, der durch die Kontopfändung verursacht wurde. Solche haftungsrechtlichen Ansprüche werden unter § 8 beleuchtet. Um überhaupt festzustellen, wo sich ein pfändbares Konto befindet, statuiert die EuKpfVO zugleich unterschiedliche Instrumente zur Vermögenstransparenz. Diese Transparenzvorschriften werden in § 9 behandelt und mit den einzelstaatlichen Aufklärungsmöglichkeiten verglichen. Die Arbeit endet mit einem abschließenden Fazit (§ 10).

§ 2 Grundprinzipien grenzüberschreitender Verfahren

Einstweilige Maßnahmen, insbesondere ihr Vollzug durch Pfändung von Bankkonten, werden vom völkerrechtlichen Prinzip der Territorialität (A.) und aus kollisionsrechtlicher Sicht vom Grundsatz der lex fori (B.) bestimmt. Um das Erfordernis einer neuen Maßnahme des einstweiligen Rechtsschutzes zu bewerten, ist es zunächst erforderlich, die Grundprinzipien der grenzüberschreitenden Vollstreckung, insbesondere das der Kontenpfändung an sich, zu beleuchten und die damit verbundenen Probleme zu erfassen.

A. Territorialitätsprinzip

> „Now the first and foremost restriction imposed by international law upon a State is that – failing the existence of a permissive rule to the contrary – it may not exercise its power in any form in the territory of another State. In this sense jurisdiction is certainly territorial, it cannot be exercised by a State outside its territory except by virtue of a permissive rule derived from international custom or from a convention."[42]

Diese Aussage des Ständigen Internationalen Gerichtshofs ist zwar als Teil der Begründung einer strafrechtlichen Entscheidung ergangen, sie spiegelt jedoch einen allgemein anerkannten Grundsatz des Völkergewohnheitsrechts wieder – das Territorialitätsprinzip.[43] Demnach ist die Gerichtsbarkeit, insbesondere Vollstreckungsgewalt eines jeden Staates, grundsätzlich auf sein eigenes Staatsgebiet beschränkt.[44] Gerichtsbarkeit in diesem Sinne stellt die staatliche Befugnis zur Ausübung rechtsprechender Gewalt dar (facultas iurisdictionis).[45]

---

42 StIGH Série A Nr. 10, S. 18.

43 Rehbinder, S. 336 f; Bertele, S. 78 ff; Lange, S. 149.

44 BGH NJW-RR 2006, 198, 199; Berglund, S. 12 f; Bertele, S. 65, 82; Sonnabend, S. 43; Stöber, Rn. 38; Marquordt, S. 8; Furtak, S. 68; Gottwald, IPRax 1991, 285, 288; Hök, MDR 2005, 306, 307.

45 Marquordt, S. 8.

Diese territoriale Beschränkung wird heute als direktes Korrelat der Staatensouveränität verstanden.[46] Sie verbietet nach heutigem Verständnis[47] zwar nicht, einen Sachverhalt mit Auslandsanknüpfung zu erfassen und diesbezüglich eine Regelung auch außerhalb des eigenen Staatsgebiets zu treffen, jedoch darf keine unmittelbare extraterritoriale Zwangswirkung damit einhergehen.[48] Die Wirkung solcher Maßnahmen beschränkt sich auf das Staatsgebiet des Erlassstaates. Es bleibt Sache des ausländischen Staates, inwieweit er die Maßnahme anerkennt und die Wirkung gegebenenfalls auf seinem Territorium eintreten lässt.[49]

B. Grundsatz der lex fori

Nach dem Grundsatz der lex fori wendet jedes Gericht bei Verfahrensfragen auch in Fällen mit Auslandsberührung stets nur das eigene, nationale Prozessrecht an (forum regit processum).[50] Der gewohnheitsrechtliche bzw. allgemein anerkannte Grundsatz wird heute größtenteils auf Praktikabilitätsgründe zurückgeführt.[51] Für das internationale Verfahrensrecht wird die lex fori zwar nicht mehr als unumstößliches Dogma gesehen, so dass in bestimmten Konstellationen einzelner Verknüpfungen materieller Rechtspositionen mit Verfahrensregeln eine Anwendung bzw. Modifikation durch ausländisches Verfahrensrecht geboten sein kann.[52] Die lex fori verbleibt jedoch der Grundsatz, von dem auszugehen ist und von dem nur ausnahmsweise abzuweichen ist.[53] Das Prinzip gilt unabhängig von den zugrundeliegenden materiellen Ansprüchen, gleichgültig, ob in der Sache ausländisches Recht anzuwenden ist.[54] Die lex fori stützt sich im Grunde auf die Trennung des Verfahrens- und des materiellen Rechts.[55]

---

46 Bertele, S. 68 ff; Meng, S. 32.

47 Vgl. zum Wandel der Auslegung des Territorialitätsprinzips: Bertele, S. 71 ff.

48 Geimer, IZPR, Rn. 408; Lange, S. 150 f, 163 f; Rehbinder, S. 338; Schack, IPRax 1997, 318, 319.

49 Lange, S. 165 f; Schack, IPRax 1997, 318, 319.

50 BGH NJW 1985, 552, 553; NJW 1981, 126, 127; WM 1977, 793, 794; MüKoZPO/Rauscher, Einl. Rn. 454; Leipold, S. 25 ff; Geimer, IZPR, Rn. 319; Linke/Hau, Rn. 50; Roth, FS Stree und Wessels, S. 1045, 1046.

51 MüKoBGB/Sonnenberger, 5. Aufl. 2010, Einl. IPR, Rn. 429; Geimer, IZPR, Rn. 322; Arnold, S. 52 ff; vgl. auch dies., S. 48 ff, bzgl. einer Übersicht über die vertretenen Begründungsmodelle; kritisch: Schack, IZVR, Rn. 45 ff m.w.N.; aA Leipold, S. 29 f.

52 Linke/Hau, Rn. 53; Schack, IZVR, Rn. 49; Furtak, S. 69.

53 Linke/Hau, Rn. 53; Jaeckel, S. 202 ff; Leipold, S. 27 f.

54 Sonnabend, S. 36.

55 Leipold, S. 28 f.

Problematisch daran ist, dass jeder Staat selbst qualifiziert, welche Regeln formelles Verfahrensrecht darstellen und welche materiell-rechtlicher Natur sind, mithin kollisionsrechtlich zu beurteilen sind.[56] Konsequenterweise finden sich je nach Staat unterschiedliche Qualifikationen bezüglich einzelner Rechtsinstitute, wie etwa der Verjährung, Aufrechnung oder im Beweisrecht sowie bei der prozessualen „remedy", etc.[57] Andenas stellt dazu fest: Keine der Prozessordnungen ist identisch, die Probleme, die den Gläubigern daraus erwachsen, sind indes überall gleich.[58]

56 MüKoBGB/ Sonnenberger, 5. Aufl. 2010, Einl. IPR, Rn. 432; Geimer, IZPR, Rn. 319; Schack, IZVR, Rn. 52; Arnold, S. 54 ff; Lange, S. 240.

57 MüKoBGB/Sonnenberger, 5. Aufl. 2010, Einl. IPR, Rn. 505; Geimer, IZPR, Rn. 334 ff; Schack, IZVR, Rn. 52 f.

58 Andenas/Hess/Oberhammer, Enforcement Agency Practice in Europe, S. 9.

§ 3 Anwendungsbereich der EuKpfVO

Um die Europäische Kontenpfändungsverordnung (EuKpfVO) zu untersuchen, muss zunächst der Rahmen bestimmt werden, in dem überhaupt ein vorläufiger europäischer Kontenpfändungsbeschluss ergehen darf.

Der Anwendungsbereich des Europäischen Beschlusses zur vorläufigen Kontenpfändung wird durch Art. 2 EuKpfVO abgesteckt. Die Regel legt fest, welche Forderungen durch einen europäischen Beschluss zur vorläufigen Kontenpfändung gesichert werden dürfen. Gemäß Art. 2 Abs. 1 S. 1 EuKpfVO gilt die Verordnung nur für Geldforderungen in Zivil- und Handelssachen mit grenzüberschreitendem Bezug unabhängig von der Art der Gerichtsbarkeit. Hiervon macht der Gesetzgeber mehrere Ausnahmen, zum einen anhand der rechtlichen Einstufung der zu sichernden Forderung und zum anderen hinsichtlich des Zugriffsobjekts, d.h. dem zu pfändenden Konto.

A. Sachlicher Anwendungsbereich

I. Zivil- und Handelssachen

Dem sachlichen Anwendungsbereich der EuKpfVO unterfallen nur Geldforderungen (Art. 4 Nr. 5 EuKpfVO) in Zivil- und Handelssachen (Art. 2 Abs. 1 S. 1 EuKpfVO).

Die Beschränkung auf Zivil- und Handelssachen, unabhängig von der Art des angerufenen Gerichts, entspricht derjenigen in Art. 1 Abs. 1 S. 1 EuGVO, Art. 2 Abs. 1 S. 1 EuMVVO, Art. 2 Abs. 1 S. 1 EuGFVO und Art. 2 Abs. 1 S. 1 EuVTVO. Der „Gleichklang"[59] der Formulierung lässt darauf schließen, dass die zur EuGVO aufgestellten Grundsätze auch zur Bestimmung dieser Begriffe im Rahmen der EuKpfVO herangezogen werden können.[60] Im Rahmen der EuGVO sind einstweilige Maßnahmen aufgrund der Vielseitigkeit ihrer Einsatzmöglichkeiten nicht nach ihrer Rechtsnatur als solcher, sondern nach dem durch sie gesicherten Ansprüchen zu kategorisieren.[61] Dem Begriff der Handelssache kommt

59 Vgl. Cranshaw, DZWIR 2012, 399, 400.

60 Rauscher/Rauscher/Wiedemann, Art. 2 EU-KPfVO Rn. 2; vgl. zum Rückgriff auf die EuGVO: Rauscher/Varga, Art. 2 EG-Bagatell-VO Rn. 2; Rauscher/Gruber, Art. 2 EG-MahnVO Rn. 4 ff; Rauscher/Pabst, Art. 2 EG-VollstrTitelVO Rn. 5; Hüßtege, FS Jayme, S. 371, 372.

61 Vgl. EuGH ECLI:EU:C:1979:83 – De Cavel; Geimer/Schütze, Art. 1 EuGVVO Rn. 95.

dabei keine eigenständige Bedeutung zu, da dieser nur einen Unterfall der Zivilsache darstellt.[62] Eine eigene Definition des Begriffs „Zivil – und Handelssache" und seiner Reichweite fehlt sowohl bei der EuKpfVO als auch in den anderen EU-Verordnungen.[63] Seine Auslegung folgt – wie die aller unbestimmter Rechtsbegriffe in Unionsrechtsakten– einer unionsautonomen Bestimmung.[64] Demnach ist nicht das Recht irgendeines der beteiligten Staaten maßgebend, sondern die Zielsetzungen und die Systematik des Übereinkommens sowie die allgemeinen Rechtsgrundsätze, die sich aus der Gesamtheit der innerstaatlichen Rechtsordnungen ergeben.[65] Eine Bestimmung nach der lex fori oder der lex causae ist unzulässig.[66] Der Begriff der Zivilsache ist weit zu verstehen:[67] Es kommt entscheidend darauf an, dass es im Kern um einen materiell-zivilrechtlichen Anspruch geht,[68] der Streitgegenstand also seiner Natur nach dem Privatrecht zuzuordnen ist.[69] Wie die Streitigkeit in das einzelstaatliche Rechtswegsystem

---

62 Vgl. zur EuGVO bzw. EuGVÜ: Geimer/Schütze, Art. 1 EuGVVO Rn. 24; Rauscher/Mankowski, Art. 1 Brüssel Ia-VO Rn. 1; Soltész, S. 80.

63 Vgl. EuGH ECLI: EU: C:2007:102 – Lechouritou.

64 Zur autonomen Auslegung vgl. EuGH ECLI:EU:C:1976:137– LTU/Eurocontrol = NJW 1977, 489, mit Anmerkung Geimer; ECLI:EU:C:1980:291 – Rüffer = IPRax 1981, 169, mit kritischer Anmerkung Schlosser, S. 154 f; ECLI:EU:C:1993:144 – Sonntag = IPRax 1994, 37, mit Anmerkung Hess, S. 10; ECLI:EU:C:2002:656 – Baten; ECLI:EU:C:2003:282 – Préservatrice Foncière TIARD; ECLI:EU:C:2007:102 – Lechouritou; ECLI:EU:C:2006:330 – ČEZ; vgl. auch Kropholler/v.Hein, Art. 1 EuGVO Rn. 3; Nagel/Gottwald, § 3 Rn. 23; Geimer, IPRax 2003, 512, 514; ausführlich Soltész, Der Begriff der Zivilsache im Europäischen Zivilprozeßrecht, 1998.

65 St. Rspr. seit EuGH ECLI:EU:C:1976:137– LTU/Eurocontrol = NJW 1977, 489, 490.

66 Hess, IPRax 1994, 10, 11; vgl. auch Rauscher/Mankowski, Art. 1 Brüssel Ia-VO Rn. 2; der EuGH ging in der Sache Rüffer (EuGH ECLI:EU:C:1980:291 – Rüffer = IPRax 1981, 169) dennoch in einem Zwei-Stufen-Verfahren vor und griff in einem ersten Schritt auf die einzelstaatliche Einordnung zurück; erst in einem weiteren Schritt wurde dieses Ergebnis anhand eines autonomen Verständnisses überprüft – in der Sache Sonntag (EuGH ECLI:EU:C:1993:144 – Sonntag = IPRax 1994, 37) ist ein derartiges, gespaltenes Vorgehen bereits nicht mehr ersichtlich; trotzdem wird dieses Vorgehen als zulässig erachtet, vgl. Kropholler/v.Hein, Art. 1 EuGVO Rn. 4; Hess, IPRax 1994, 10, 13.

67 Geimer/Schütze, Art. 1 EuGVVO Rn. 20 f; Schlosser, Art. 1 EuGVVO Rn. 10; Kropholler/v.Hein, Art. 1 EuGVO Rn. 14; Nagel/Gottwald, § 3 Rn. 23.

68 Rauscher/Mankowski, Art. 1 Brüssel Ia-VO Rn. 1, 20; Kropholler/v.Hein, Art. 1 EuGVO Rn. 11; Rellermeyer, RPfleger 2005, 389, 391; vgl. zur Einordnung der Bürgschaft für öffentlich-rechtliche Forderungen: Geimer, IPRax 2003, 512, 514 f; Lorenz/Unberath, IPRax 2004, 298; Freitag, IPRax 2004, 305; Pfeiffer, BauR 2005, 1541, 1543.

69 Soltész, S. 78.

eingeordnet wird, spielt keine Rolle.[70] Ausgeschlossen sind dagegen öffentlichrechtliche Ansprüche, „insbesondere" steuer-, zoll- und verwaltungsrechtliche Forderungen (Art. 2 Abs. 1 S. 2 EuKpfVO), ebenso Staatshaftungsforderungen. Durch den Begriff „insbesondere" wird deutlich, dass es sich nur um die wichtigsten Beispielsfälle handelt und diese nur formale Aufzählung nicht abschließend ist.[71]

II. Ausnahmen

Hinsichtlich der Ausnahmen vom Anwendungsbereich ist zwischen den Bezugsobjekten zu unterscheiden. Während die Tatbestände des Absatzes 2 sich auf die rechtliche Kategorisierung der Forderung, die gesichert werden sollen (also den Erlassanspruch[72]) beziehen, betreffen die Absätze 3 und 4 jeweils die vollstreckungsrechtliche Seite und spezifizieren das Bankkonto als zulässiges Zugriffsobjekt.

1. Beschränkung aufgrund der materiellrechtlichen Zuordnung der zu sichernden Forderung

Die Verordnung gilt ausdrücklich nicht für eheliche (und ihnen gleichgestellte) Güterstände (Art. 2 Abs. 2 lit. a EuKpfVO), erbrechtliche Ansprüche (Art. 2 Abs. 2 lit. b EuKpfVO), wenn gegen den Schuldner ein Insolvenzverfahren, Vergleiche und ähnliche Verfahren (Art. 2 Abs. 2 lit. c EuKpfVO) eröffnet wurden, ebenso wenig für den Bereich der sozialen Sicherheit (Art. 2 Abs. 2 lit. d EuKpfVO) und für Schiedssprüche (Art. 2 Abs. 2 lit. e EuKpfVO). Auch diese Einschränkungen entsprechen denjenigen der EuGVO (Art. 1 Abs. 2 lit. b-d) und finden sich genauso in anderen unionsrechtlichen Verordnungen wieder (vgl.

---

70 Vgl. EuGH ECLI:EU:C:2013:545 – Sunico = EuZW 2013, 828, mit zustimmender Anmerkung Arnold, LMK 2013, 352012; EuGH ECLI:EU:C:1993:144 – Sonntag = IPRax 1994, 37 = NJW 1993, 2091 Rn. 16; Rauscher/Mankowski, Art. 1 Brüssel Ia-VO Rn. 2; Nagel/Gottwald, § 3 Rn. 23; Kropholler/v.Hein, Art. 1 EuGVO Rn. 12; Geimer, IPRax 2003, 512, 514 Soltész, S. 77; zur Anwendbarkeit des EuKpfVO-E auf Arbeitseinkommen: Schimrick, S. 276; Max Planck Working Group, ECFR 2007, 252, 256; zum weiten Anwendungsbereich: Arnold, ZEuP 2012, 315.

71 Vgl. Rauscher/Mankowski, Art. 1 Brüssel Ia-VO Rn. 18; Rauscher/Gruber, Art. 2 EG-MahnVO Rn. 7; bzgl. der Unnötigkeit eines solch expliziten Ausschlusses vgl. Kormann, S. 58; Tschütscher/Weber, ÖJZ 2007, 303, 306.

72 Dazu § 4 A VII 3 b).

Art. 2 Abs. 2 lit. b-d EuVTVO).[73] Daher kann zur Ausfüllung der Begriffe ebenso auf die bestehenden Verordnungen, insbesondere auf die EuGVO zurückgegriffen werden.[74] Anders als bei der Aufzählung in Absatz 1 Satz 2 handelt es sich hier um echte Ausnahmen auf dem Gebiet des Zivilrechts. Die EuKpfVO ist aber nicht vollkommen deckungsgleich mit der EuGVO. Hervorgehoben sei insbesondere die Besonderheit im Familien- und Erbrecht.

Der sachliche Anwendungsbereich der Verordnung schließt eheliche Güterstände und solche, denen mit der Ehe vergleichbare Wirkung zukommen soll aus (Art. 2 Abs. 2 lit. a EuKpfVO).[75] Gleiches gilt für testamentarische und erbrechtliche Ansprüche einschließlich der Unterhaltsansprüche, die mit dem Tod entstehen (Art. 2 Abs. 2 lit. b EuKpfVO). Erfasst bleiben damit etwa passiv vererbliche Unterhaltspflichten, also solche, die auf die Erben des Unterhaltsschuldners übergehen.[76] Während hinsichtlich des erbrechtlichen Tatbestands eine Kongruenz mit der EuGVO besteht (vgl. Art. 1 Abs. 2 lit. f EuGVO), weicht die EuKpfVO hinsichtlich der familien-/verwandschaftsrechtlichen Ansprüche ab. Nicht ausgeschlossen sind Unterhaltspflichten, die auf einem Familien-, Verwandtschafts- oder eherechtlichen Verhältnis oder auf Schwägerschaft beruhen (vgl. Art. 1 Abs. 2 lit. e EuGVO).

Zu Recht wird die Vorschrift als zu weitgehend kritisiert.[77] Die gesetzliche Grundlage (vgl. Art. 81 Abs. 3 AEUV) erfordert zur unionsrechtlichen Regelung dieser Materie grundsätzlich ein Einstimmigkeitsverfahren und nicht nur ein Mitentscheidungsverfahren (wie im Fall der EuKpfVO, vgl. Präambel sowie ErwG 2 EuKpfVO). Zwar wurde auch schon im Laufe des Erlassverfahrens der EuUnthVO versucht, Unterhaltssachen als rein schuldrechtliche Ansprüche einzuordnen (und dadurch ein Mitentscheidungsverfahren herbeizuführen), da familienrechtliche Aspekte, insbesondere Statusfragen, davon nicht berührt seien. Diese Ansicht konnte sich jedoch nicht durchsetzen, wie nunmehr aus der erlassenen EuUnthVO deutlich wird.[78] Das einstweilige Verfahren nach

73 Zur Bezugnahme auf die EuGVO hinsichtlich der Ausnahmen: Europäische Kommission, Begründung zum Komissionsentwurf, KOM(2011) 445 endgültig, S. 6.

74 Cranshaw, DZWIR 2012, 399, 402, spricht vom Gleichlauf mit den Bereichsausnahmen der EuGVO; Rauscher/Rauscher/Wiedemann, Art. 2 EU-KPfVO Rn. 4 ff; beispielhaft zum Rückgriff auf die EuGVO im Rahmen der EuVTVO: Rauscher/Pabst, Art. 2 EG-VollstrTitelVO Rn. 8.

75 Vgl. Sujecki, EWS 2011, 414, 415.

76 Rauscher/Rauscher/Wiedemann, Art. 2 EU-KPfVO Rn. 4.

77 Rauscher/Rauscher/Wiedemann, Art. 2 EU-KPfVO Rn. 15.

78 Näher dazu Martiny, FPR 2008, 187, 188; Wagner, FamRZ 2006, 979, 981; vgl. auch Dethloff/Hauschild, FPR 2010, 489, 491.

der EuKpfVO stellt auch keine reine Vollstreckungsmaßnahme dar, sondern beinhaltet ein summarisches Erkenntnisverfahren. Zwar liegt das übergeordnete Ziel letztlich in der Schaffung eines europäischen Zivilrechtsraums im Bereich der Vollstreckung,[79] es wird aber zumindest vorläufig über den materiellrechtlichen Anspruch entschieden.[80]

Trotz dieser unzulässigen Ausweitung auf Unterhaltssachen ist der sachliche Anwendungsbereich der EuKpfVO insgesamt aber wesentlich restriktiver ausgestaltet als noch die Entwurfsfassung der Europäischen Kommission. Diese umfasste ausdrücklich Ansprüche im Rahmen ehelicher Güterstände, Güterstände eingetragener Lebenspartnerschaften und von Nachlasssachen, soweit hierfür eine unionsrechtliche Regelung die Zuständigkeit, das anwendbares Recht sowie die Anerkennung und Vollstreckung bestimmt hätte (Art. 2 Abs. 4 EuKpfVO-E). Das Europäische Parlament sah diese Teilbereiche dagegen nicht als schwerpunktmäßige Problemfelder an und erachtete eine eigenständige Folgenabschätzung für unabdingbar.[81]

2. *Beschränkung aufgrund des Bankkontos*

Die EuKpfVO findet keine Anwendung auf Bankkonten, die nach nationalem Recht nicht gepfändet werden dürfen (Art. 2 Abs. 3 EuKpfVO). Hierunter fallen Konten, die Immunitätsschutz genießen, nicht aber solche, bei denen eine Pfändung nur eingeschränkt möglich ist, wie etwa ein in Deutschland geführtes Pfändungsschutzkonto (§ 850k ZPO). Letzteres ist nicht generell unpfändbar, sondern schützt nur das darauf befindliche Guthaben in bestimmter Höhe.[82] Abzustellen ist dabei auf das Rechts des Mitgliedstaats, in dem das Konto geführt wird. Drittstaatliche Konten können mittels eines europäischen Pfändungsbeschlusses nicht gepfändet werden (Art. 4 Nr. 4 EuKpfVO; vgl. auch ErwG 48).

Der Vergleich mit Art. 1 Abs. 2 EuGVO zeigt, dass eine entsprechende Regelung dort fehlt. Dies bedeutet aber nicht, dass Immunitätsfragen für die Eröffnung des sachlichen Anwendungsbereichs der EuGVO unbeachtlich wären. Vielmehr wird die Problematik als vorgelagertes Problem der Gerichtsbarkeit behandelt.[83]

---

79 Europäische Kommission, Begründung, KOM (2011) 445 endg., S. 4.

80 Rauscher/Rauscher/Wiedemann, Art. 2 EU-KPfVO Rn. 15.

81 Europäisches Parlament, Begründung zum Entwurf einer legislativen Entschließung des Europäischen Parlaments zu dem Vorschlag KOM(2011)445, A7-0227/2013, S. 13 u. 65.

82 Vgl. dazu § 6 C III.

83 Im Ergebnis: EuGH ECLI:EU:C:2007:102 – Lechouritou, mit Anmerkung Stürner, GPR 2007, 300, 301 f; vgl. auch Grovit v. De Nederlandsche Bank NV [2006] 1 WLR

In Art. 2 Abs. 3 EuKpfVO selbst geht es konkret um die Vollstreckungsimmunität und nicht um die Immunität im Erkenntnisverfahren.[84] Die EuKpfVO stellt dabei auf das anwendbare Recht des Mitgliedstaats, also auf die nationale Regelung ab. Ob ein Vermögensgegenstand einem hoheitlichen Zweck dient und Immunitätsschutz genießt, richtet sich danach, ob er für eine hoheitliche Tätigkeit verwendet werden soll (acta iure imperii).[85] Selbst in Fällen, in denen ein Vollstreckungstitel über ein nicht-hoheitliches Verhalten (acta iure gestionis) ergangen ist, muss die Immunität auf Vollstreckungsebene selbstständig geprüft werden, da zwischen Immunität im Erkenntnis- und im Vollstreckungsverfahren keine Kongruenz besteht.[86] Aufgrund von Abgrenzungsschwierigkeiten und Missbrauchsmöglichkeiten zieht das allgemeine Völkerrecht den Schutzbereich zugunsten des fremden Staates sehr großzügig und fordert nur eine typisch abstrakte Gefahr.[87] Hoheitlichen Zwecken dienen so etwa Forderungen aus dem Botschaftsbankkonto eines fremden Staates bei einer inländischen Bank, das zur Deckung der Kosten der Botschaft bestimmt ist.[88] Gleiches gilt für Währungsreserven eines ausländischen Staates auf inländischen Bankkonten, unabhängig davon, ob die Währungsreserven dabei auf selbstständige Zentralbanken übertragen wurden.[89] Letzteres entspricht der nunmehr ausdrücklichen Regelung in Art. 2 Abs. 4 EuKpfVO. Demnach bleiben Konten vom Anwendungsbereich der EuKpfVO unberührt, die von oder bei Zentralbanken geführt werden, wenn diese als Währungsbehörde tätig werden.

Für einstweilige Maßnahmen nach nationalem Recht gelten die eben dargelegten Grundsätze ebenso.[90] Eine Ausnahme bildet die britische Regelung des sec. 13 (2) (a) (3) State Immunity Act 1978, die den Schutz der Immunität bei Sicherungsmaßnahmen ausweitet. Dies ändert nichts an der allgemeinen Regel

---

3323, 3332 ff (QBD, Tugenhadt J); Rauscher/Mankowski, Art. 1 Brüssel Ia-VO Rn. 9; Stürner, IPRax 2008, 197, 203; Geimer, IPRax 2008, 225, 226.

84 Cranshaw, DZWIR 2012, 399,402.

85 BVerfG NJW 2012, 293, 295; BGH NJW 2010, 769, 770 Rn. 24; WM 2013, 1496, 1470.

86 BVerfG NJW 1978, 485; BGH NJW-RR 2006, 198, 200; Geimer, IZPR, Rn. 562, 590; Krauskopf/Steven, WM 2000, S. 269, 272.

87 Geimer, IZPR, Rn. 594.

88 BVerfGE 46, 342 = NJW 1978, 485, 494; Geimer, IZPR, Rn. 594; Cranshaw, S. 76, Rn. 89.

89 BGH WM 2013, 1469 Rn. 13 ff m.w.N.; vgl. in diesem Zusammenhang zur Vollstreckungsimmunität von Staatsunternehmen: Pullen, S. 223 ff.

90 Vgl. BVerfGE 64, 1, 36 ff = NJW 1983, 2766; BGH WM 2013, 1469 Rn. 9 ff; siehe auch Geimer, IZPR, Rn. 613 m.w.N.; Damian, S. 190; Wefelscheid, S. 174 f; Krauskopf/Steven, WM 2000, 269, 272.

des Völkerrechts, wonach Maßnahmen zur Anspruchssicherung grundsätzlich nicht gegen den Immunitätsgrundsatz verstoßen, solange die betroffenen Vermögensgegenstände nicht-hoheitlichen Zwecken dienen.[91] Demnach bedarf einstweiliger Rechtsschutz der schriftlichen Zustimmung des betroffenen Staates. Allerdings ist weiter zu beachten, dass ein einstweiliges Verfahren nach nationalem Recht darüber hinaus auch durch etwaige völkerrechtliche Verträge eingeschränkt werden kann. So sieht das Europäische Übereinkommen über Staatenimmunität[92] aus dem Jahre 1972 in Art. 23 vor, dass in *„einem Vertragsstaat [..] gegen das Vermögen eines anderen Vertragsstaats weder eine Zwangsvollstreckung durchgeführt noch eine Sicherungsmaßnahme getroffen werden [darf], außer in dem Fall und in dem Ausmaß, in denen der Staat selbst ausdrücklich in Schriftform zugestimmt hat"*. Dieses Übereinkommen wurde bisher von Belgien, Deutschland, Großbritannien, Luxemburg, den Niederlanden, Österreich, der Schweiz und Zypern ratifiziert.[93] Allerdings wird diese absolute Vollstreckungsimmunität wiederum durch Art. 26 des Übereinkommens hinsichtlich der acta iure gestionis eingeschränkt, sofern ein Vertragsstaat eine Erklärung gemäß Art. 24 des Übereinkommens abgegeben hat.[94] Derartige Erklärungen wurden bisher bis auf Österreich und Zypern von allen Staaten abgegeben, die das Übereinkommen ratifiziert haben.[95] Vergleicht man folglich den nationalen einstweiligen Rechtsschutz bzw. nationale Sicherungsmaßnahmen mit der EuKpfVO, so lässt sich feststellen, dass die Rechtsinstrumente bezüglich der Vollstreckungsimmunität regelmäßig zwar gleichlaufen, dies aber nicht zwingend in allen Mitgliedstaaten der Fall sein muss. Abweichungen ergeben sich immer dann, wenn ein Mitgliedstaat den einstweiligen Rechtsschutz in Fällen der Staatenimmunität strikter regelt als die allgemeine Vollstreckungsimmunität. Dies gilt ebenso, wenn zwischen Staaten ein völkerrechtlicher Vertrag besteht. Im Anwendungsbereich des Europäischen Übereinkommens über Staatenimmunität gilt dies derzeit nur für Österreich und Zypern.

---

91 Vgl. ausführliche Herleitung BVerfGE 46, 342 = NJW 1978, 485, 487 ff; Geimer, IZPR, Rn. 615; Damian, S. 189 f, führt die britische Regelung auf eine politische Zielsetzung und nicht auf völkerrechtliche Gründe zurück.

92 BGBl. II 1990, 34.

93 Ratifikationsstand abrufbar unter: http://conventions.coe.int/Treaty/Commun/ChercheSig.asp?CL=GER&CM=&NT=074&DF=05/12/2013&VL= (5.12.2013).

94 Vgl. dazu Wefelscheid, S. 77 f.

95 Übersicht der abgegebenen Erklärungen einsehbar unter: http://conventions.coe.int/Treaty/Commun/ListeDeclarations.asp?NT=074&CM=8&DF=05/12/2013&CL=GER&VL=1 (5.12.2013).

Eine weitere Ausnahme von der Anwendbarkeit sieht Art. 2 Abs. 3 EuKpfVO für Bankkonten vor, die im Zusammenhang mit dem Betrieb eines Systems gemäß Art. 2 lit. a RL 98/26/EG stehen. Der Kommissionsentwurf sah bisher eine Beschränkung auf Wertpapierliefer- und Abrechnungssysteme vor, die von den Mitgliedstaaten gemäß Art. 10 der Richtlinie 98/26/EG angegeben wurden. Die Ausweitung auf alle Konten, die für die in der Richtlinie 98/26/EG (Abrechnungs- und Zahlungssysteme von Anlageinstrumenten) aufgeführten Systeme angelegt wurden, geht zurück auf einen entsprechenden Vorschlag des Ausschusses für Wirtschaft und Währung des Europäischen Parlaments.[96]

B. Räumlicher Anwendungsbereich

Räumlich findet die EuKpfVO in allen Mitgliedstaaten mit Ausnahme des Vereinigten Königreichs und Dänemark Anwendung (vgl. ErwG 50, 51 EuKpfVO). Insbesondere die britische Enthaltung löste schon früh Kritik aus. Der Wirtschafts- und Sozialausschuss betonte in einer Stellungnahme, dass ein vergleichbares Rechtsinstrument im Vereinigten Königreich nicht bestehe und diese Lücke im angelsächsischen Rechtssystem gerade eine der wichtigsten in der Debatte im Rahmen des Grünbuchs aufgeworfenen Bedenken war.[97] Dagegen hat sich Irland für die EuKpfVO entschieden (ErwG 49 EuKpfVO).

C. Räumlich-persönlicher Anwendungsbereich

I. Grenzüberschreitender Bezug

Der räumlich-persönliche Anwendungsbereich der Verordnung ist auf Sachverhalte mit grenzüberschreitendem Bezug begrenzt (Art. 3 EuKpfVO). Diese Einschränkung geht auf die beschränkte Rechtsetzungskompetenz der europäischen Rechtssetzungsorgane nach Art. 81 Abs. 1 AEUV zurück.[98] Rein nationale Sachverhalte sollen dadurch vom Anwendungsbereich ausgeschlossen werden.[99]

---

96 Europäisches Parlament, Ausschuss für Wirtschaft und Währung, Stellungnahme vom 1.3.2012, A7-0227/2013, Änderungsantrag 6, S. 74.

97 Europäischer Wirtschafts- und Sozialausschuss, Stellungnahme vom 29.4.2012, ABl. C 191/57, Ziff. 3.10.

98 Weitz, in: Kengyel/Harsági, S. 327, 332; BR-Drs. 426/1/11, S. 2; BR-Drs. 754/06 (Beschluss), S. 2; vgl. zu grenzüberschreitendem Bezug als Kompetenzvoraussetzung auch das Gutachten des Juristischen Dienstes des Rates der Europäischen Union vom 04.06.2004, Dokument Nr. 10107/07, S. 7 Rn. 20 ff.

99 Weitz, in: Kengyel/Harsági, S. 327, 332; vgl. auch Calliess/Ruffert/Rossi, Art. 81 AEUV Rn. 5.

Eine Definition des grenzüberschreitenden Bezugs liefert Art. 3 Abs. 1 EuKpfVO eigenständig. Dieser liegt immer dann vor, wenn das bzw. die zu pfändenden Bankkonten in einem anderen Mitgliedstaat geführt werden, als in dem Mitgliedstaat des nach Art. 6 EuKpfVO zuständigen Gerichts, bei dem die vorläufige Pfändung beantragt wurde (lit. a) oder als in dem Wohnsitzmitgliedstaat des Gläubigers (lit. b). Anknüpfungspunkt stellt somit das Bankkonto des Schuldners dar, auf das sich die vorläufige Pfändung beziehen soll. Es muss zwingend in einem Mitgliedstaat geführt werden. In welchem Mitgliedstaat es konkret geführt wird, bestimmt sich gemäß Art. 4 Nr. 4 lit. a EuKpfVO anhand der internationalen Kontonummer (IBAN). Ist eine solche nicht vorhanden, wird auf den Hauptsitz der kontoführenden Bank oder – sollte das Konto bei einer Zweigniederlassung geführt werden – auf den Mitgliedstaat, in dem sich die Zweigniederlassung befindet, abgestellt. Dahingegen bleibt der Wohnsitz des Schuldners bei der Beurteilung außen vor.

Der ursprüngliche Kommissionsentwurf sah dagegen eine abweichende Definition des grenzüberschreitenden Bezugs vor. Er sollte immer dann bestehen, wenn der Sitz des Gerichts, in dem der europäische Kontenpfändungsbeschluss beantragt wurde, der Wohnsitz der Parteien und der Belegenheitsort der vorläufig zu pfändenden Bankkonten in einem Mitgliedstaat nicht zusammentrafen.[100] Die negative Formulierung war an die Definition eines internationalen Sachverhalts gemäß Art. 1 Abs. 2 HGÜ[101] angelehnt.[102] Sie impliziert eine Vermutung für das Vorliegen eines grenzüberschreitenden Bezugs.[103] Eine solche Vermutungswirkung wäre indes nicht ohne weiteres mit der positiv formulierten Kompetenzgrundlage in Art. 81 Abs. 1 S. 1 AEUV vereinbar.[104] Darüber hinaus schränkt die jetzige Formulierung deutlich konsequenter bestimmte Fälle mit Drittstaatenbezug vom Anwendungsbereich aus. So war es einem Gläubiger aus einem Drittstaat zuvor möglich, einen europäischen Kontenpfändungsbeschluss zu beantragen, was ungeklärte Missbrauchs- und Haftungsfragen nach sich gezogen hätte.

---

100 Gegen eine solche und für eine positive Lösung vgl. etwa Max Planck Working Group, ECFR 2007, 252, 253, 255.

101 Haager Übereinkommen über Gerichtsstandsvereinbarungen vom 30.06.2006, ABl. 2009 Nr. L 133, S. 3.

102 Europäische Kommission, Begründung zu KOM(2011) 445 endgültig, S. 6.

103 Vgl. zur Beweislast für die Nichtanwendbarkeit des HGÜ Schulz, S. 7; Eichel, S. 239; Bläsi, S. 15.

104 Rauscher/Rauscher/Wiedemann, Art. 3 EU-KPfVO Rn. 2.

Möchte der Gläubiger mehrere Konten mit einem europäischen Beschluss pfänden lassen, muss der grenzüberschreitende Bezug für jedes von ihnen gesondert geprüft und bejaht werden. Unzulässig ist es daher, die Verordnung auf Konten mit rein inländischem Bezug anzuwenden, nur weil zusätzlich auch ein ausländisches Konto existiert – selbst wenn dieses mitgepfändet werden soll. Der Gläubiger muss in diesen Fällen zwei separate Anträge stellen, einen auf Erlass einer nationalen Maßnahme bezüglich des inländischen Kontos und einen auf Erlass des europäischen Beschlusses zur Pfändung des ausländischen Kontos (ErwG 10 EuKpfVO).

Der europäische Gesetzgeber hatte bereits in anderen Verordnungen den Begriff des grenzüberschreitenden Bezugs festzulegen. Die EuMVVO und die EuGFVO beschränken ihren Anwendungsbereich ebenfalls auf grenzüberschreitende Rechtssachen (Art. 2 Abs. 1 S. 1 EuMVVO, 2 Abs. 1 S. 1 EuGFVO). Beide definieren den Begriff selbstständig in Art. 3 Abs. 1 EuMVVO bzw. Art. 3 Abs. 1 EuGFVO. Demnach liegt eine grenzüberschreitende Rechtssache vor, wenn mindestens eine der Parteien ihren Wohnsitz oder gewöhnlichen Aufenthalt in einem anderen Mitgliedstaat als dem des befassten Gerichts hat (Art. 3 Abs. 1 EuMVVO). Beide Verordnungen schließen damit ihre Anwendbarkeit aus, wenn die Parteien ihren Wohnsitz in Dänemark[105] bzw. in einem Drittstaat haben oder wenn ein rein innerstaatlicher Sachverhalt vorliegt.[106] Die Verfahren scheiden in solchen Fällen sogar dann aus, wenn eine ausschließliche innergemeinschaftliche Zuständigkeit etwa nach Art. 22 EuGVO bestünde oder wenn sich allein das Schuldnervermögen im Ausland befindet.[107] Durch die primäre Anknüpfung an das Bankkonto geht die EuKpfVO einen anderen Weg und weicht, trotz der ebenfalls positiven Formulierung, von diesen Definitionen ab. So wird auch eine kritisierte Inkonsequenz im Rahmen der EuMVVO und EuGFVO vermieden.[108]

---

105 Vgl. Art. 2 Abs. 3 EuMVVO, 2 Abs. 3 EuGFVO.

106 Rauscher/Gruber Art. 3 EG-MahnVO Rn. 5; Rauscher/Varga, Art. 3 EG-BagatellVO Rn. 6 f; Leible/Freitag, Forderungsbeitreibung in der EU, § 4 Rn. 232; Kormann, S. 51 ff.

107 Leible/Freitag, Forderungsbeitreibung in der EU, § 4 Rn. 232; Kormann, S. 51 f; Kropholler/v. Hein, Art. 3 EuMVVO Rn. 7; Heger, DStR 2009, 435, 436; kritisch dazu: Stellungnahme der Kommission zu den Abänderungen des Parlaments, abgedruckt in der Begründung vor der Verordnung des Europäischen Parlaments und des Rates zur Einführung eines Europäischen Mahnverfahrens, KOM (2006) 57, S. 4, Abänderung 39.

108 Die Regelung wurde als zu eng bezüglich des Drittstaatenbezugs erachtet, vgl.: Stellungnahme der Kommission zu den Abänderungen des Parlaments, abgedruckt in der Begründung vor der Verordnung des Europäischen Parlaments und des Rates zur

Dort kann ein Gläubiger, der in einem Drittstaat domiziliert, kein Verfahren nach diesen Verordnungen vor einem Gericht im Mitgliedstaat des Schuldners einleiten; liegt das Gericht in einem anderen Mitgliedstaat als der Mitgliedstaat des Schuldnerwohnsitzes, ist ein Verfahren (die internationale Zuständigkeit unterstellt) wiederum möglich und zwar auch dann, wenn der Antragsteller in einem Drittstaat wohnhaft ist.[109] Gemäß Art. 4 Nr. 6 EuKpfVO muss der Gläubiger, der einen europäischen Kontenpfändungsbeschluss beantragt, dahingegen stets in einem Mitgliedstaat wohnhaft sein.

II. Maßgeblicher Zeitpunkt

Der grenzüberschreitende Bezug muss im Zeitpunkt vorliegen, in dem der Gläubiger den Pfändungsantrag einreicht (Art. 3 Abs. 2 EuKpfVO). Ein späterer Wegfall ist unbeachtlich. Andernfalls könnte der Schuldner durch einen nachträglichen Wohnsitzwechsel den grenzüberschreitenden Bezug und somit die Anwendbarkeit der Verordnung beseitigen und dadurch eine Aufhebung erwirken (vgl. Art. 33 Abs. 1 lit. a EuKpfVO).

Einführung eines Europäischen Mahnverfahrens, KOM (2006) 57, S. 4 f, Abänderung 39; Mitteilung der Kommission an das Europäische Parlament gemäß Art. 251 Abs. 2 UAbs. 2 EG-Vertrag über den gemeinsamen Standpunkt des Rates im Hinblick auf den Erlass einer Verordnung des Europäischen Parlaments und des Rates zur Einführung eines Europäischen Mahnverfahrens vom 04.07.2006, KOM (2006) 374 endg., S. 4; Rauscher/Gruber, Art. 3 EG-MahnVO Rn. 6, 8; Hess, S. 561; Leible/Freitag, Forderungsbeitreibung in der EU, § 3 Rn. 232, § 4 Rn. 278; Kormann, S. 51 ff; Brokamp, S. 17 f; Hess/Bittmann, IPRax 2008, 305, 306.

109 Rauscher/Gruber, Art. 3 EG-MahnVO Rn. 6, 8; Kropholler/v. Hein, Art. 3 EuMVVO Rn. 5 ff; vgl. auch Wagner, EuZW 2006, 424, für den umgekehrten Fall, dass Gläubiger und befasstes Gericht im selben Mitgliedstaat sind, der Schuldner aber im Drittstaat; ebenso Einhaus, IPRax 2008, 323, 325.

§ 4 Anordnungsverfahren

Gemäß Art. 1 Abs. 1 EuKpfVO soll ein Gläubiger mittels eines europäischen Beschlusses zur vorläufigen Kontenpfändung die spätere Vollstreckung seiner Forderung sichern können, indem Überweisungen und Abhebungen vom Bankkonto des Schuldners verhindert werden. Gegenstand des Verfahrens ist also nicht die Forderung des Gläubigers gegenüber dem Schuldner, sondern deren vorläufige Sicherung. Das Verfahren bis zum Erlass eines europäischen Beschlusses zur vorläufigen Kontenpfändung regelt die EuKpfVO in Kapitel 2 weitgehend eigenständig. Einen solchen Beschluss kann der Gläubiger grundsätzlich in allen Verfahrensphasen erwirken, d.h. sowohl bevor er ein Verfahren in der Hauptsache in einem Mitgliedstaat einleitet und während eines solchen Verfahrens (Art. 5 lit. a EuKpfVO) als auch nachdem er eine gerichtliche Entscheidung, einen gerichtlichen Vergleich oder eine öffentliche Urkunde erwirkt hat, mit der bzw. dem der Schuldner aufgefordert wird, die Forderung des Gläubigers zu erfüllen (Art. 5 lit. b EuKpfVO). Dabei sieht die Verordnung grundsätzlich ein einheitliches Verfahren für alle Verfahrenssituationen vor, das punktuell modifiziert wird.

Die endgültige Fassung der Verordnung weicht damit vom gespaltenen Verfahren ab, wie es der Kommissionsentwurf vorsah. Danach war das Erlassverfahren in Abschnitte aufgeteilt. Abschnitt 1 (Art. 6 bis 13 EuKpfVO-E) sollte einerseits für Fälle gelten, in denen der Antragsteller einen europäischen Kontenpfändungsbeschluss vor Einleitung oder während des gerichtlichen Verfahrens in der Hauptsache beantragt (Art. 5 Abs. 1 lit. a EuKpfVO-E), und andererseits für Fälle in denen der Antragsteller zwar einen im Ursprungsmitgliedstaat (Art. 4 Nr. 11 EuKpfVO-E) vollstreckbaren Titel erwirkt hat, dieser aber im Vollstreckungsmitgliedstaat noch nicht für vollstreckbar erklärt wurde, sofern eine solche Erklärung dort nötig gewesen wäre (Art. 5 Abs. 1 lit. b EuKpfVO-E). Abschnitt 2 (Art. 14, 15 EuKpfVO-E) sollte dagegen Fälle erfassen, in denen der Antragsteller gegen den Antragsgegner bereits einen im Vollstreckungsmitgliedstaat vollstreckbaren Titel erlangt hat (Art. 5 Abs. 2 EuKpfVO-E).

Im Folgenden sollen nun zunächst die zentralen Punkte auf dem Weg zum Erlass eines europäischen Beschlusses zur vorläufigen Kontenpfändung vor oder während des Hauptsacheverfahrens (Art. 5 lit. a EuKpfVO) dargestellt und mit den jeweils entsprechenden Verfahren für einstweilige Maßnahme des einzelstaatlichen deutschen und polnischen Rechts, d.h. dem Arrestverfahren nach der deutschen Zivilprozessordnung und dem Sicherungsverfahren nach dem polnischen Kodeks postępowania cywilnego (KPC), verglichen werden. Dazu werden die Ausführungen zu den nationalen Regelungen jeweils vorangestellt. Die Besonderheiten für den Erlass, wenn bereits ein Hauptsachetitel vorliegt (Art. 5 lit. b EuKpfVO), werden im Anschluss daran aufgegriffen.

A. Verfahren vor Erwirkung eines vollstreckbaren Titels

I. Internationale Zuständigkeit

1. Zuständigkeit für Erlass eines deutschen Arrestbefehls

Anders als in einigen anderen Mitgliedstaaten wird in Deutschland die völkerrechtliche Reichweite staatlicher Hoheitsgewalt (facultas iurisdictionis) eigenständig unter dem Begriff Gerichtsbarkeit gefasst und als eigenständige Prozessvoraussetzung geprüft.[110] Während die Gerichtsgewalt die Frage beantwortet, wann ein Richter entscheiden darf, beschränkt die internationale Zuständigkeit diese Befugnis.[111] Ob und in welchem Umfang ein Staat seine Hoheitsgewalt nutzt, bleibt ihm selbst überlassen.[112] Soweit die Gerichtsbarkeit eröffnet ist, regelt die internationale Zuständigkeit daher, ob ein Richter entscheiden muss.[113] Ihr kommt insoweit eine Verteilungs- und Zuweisungsfunktion zu.[114] Soweit ein Sachverhalt Inlandsbezug aufweist, ist der Staat aufgrund des grundgesetzlich verankerten Justizgewährungsanspruchs verpflichtet, seine Gerichte zu öffnen.[115]

a) Doppelfunktionalität der örtlichen Zuständigkeit

Die deutsche Zivilprozessordnung kennt generell keine besondere Regelung der internationalen Zuständigkeit; sie wird vielmehr von der örtlichen Zuständigkeit indiziert.[116] Diese „Doppelfunktionalität" gilt ebenso für Verfahren des

110 Schack, IZVR, § 6 Rn. 155; anders etwa in Polen: dazu § 4 A I 2 a); Österreich: s. Garber, S. 43 f.
111 Nagel/Gottwald, § 3 Rn. 402; Spellenberg, JA 1978, 1, 2 f; Gronstedt, S. 9.
112 Nagel/Gottwald, § 3 Rn. 402; Schack, IZVR, § 6 Rn. 155; Spellenberg, JA 1978, 1, 2 f.
113 Schack, IZVR, § 6 Rn. 155.
114 Gronstedt, S. 9.
115 Nagel/Gottwald, § 3 Rn. 405.
116 BGH NJW 2011, 2056 Rn. 13; NJW-RR 2010, 1554 Rn. 10; NJW 1965, 1665; Musielak/Heinrich, § 12 ZPO Rn. 17; Nagel/Gottwald, § 3 Rn. 419; Mankowski/Hölscher/Gerhardt, in: Rengeling, § 38 Rn. 47; Berger/Berger, Kap. 3 Rn. 27; Berger/Otte, Kap. 18 Rn. 98; Kofmel Ehrenzeller, S. 122; Eilers, S. 5; Wannenmacher, S. 89.

einstweiligen Rechtsschutzes.[117] Bei einstweiligen Maßnahmen kann der Gläubiger folglich zwischen dem Gericht des Mitgliedstaats, bei dem die Hauptsache anhängig ist oder anhängig zu machen wäre (§ 919 Alt. 1 ZPO), und dem Gericht des Mitgliedstaats, in dem sich der mit Arrest zu belegende Gegenstand befindet (§ 919 Alt. 2 ZPO), gemäß § 35 ZPO entscheiden.[118]

b) *Hauptsachezuständigkeit*

Ist die Hauptsache noch nicht anhängig, besteht im Rahmen von § 919 Alt. 1 ZPO hinsichtlich der örtlichen – und damit mittelbar hinsichtlich der internationalen –Zuständigkeit ein Wahlrecht zwischen den nach §§ 12 ff ZPO in Betracht kommenden Hauptsachegerichtsständen.[119] Unter dem Begriff der Hauptsache ist die Geldforderung zu verstehen, die mit dem Arrest gesichert werden soll.[120] Auf die Hauptsachezuständigkeiten der EuGVO wird i.R.d. § 919 Alt. 1 ZPO nicht abgestellt. Wie sich aus Art. 35 EuGVO ergibt, gilt das einzelstaatliche Zuständigkeitsregime für einstweilige Rechtsschutzverfahren unabhängig und parallel zu den unionsrechtlichen Vorschriften.[121] Die unterschiedlichen Zuständigkeitsregime beeinflussen aber die grenzüberschreitende Vollstreckbarkeit der Entscheidungen (dazu sogleich).

Die bloße Verbrauchereigenschaft des Klägers begründet nach autonomem deutschem Recht nicht die Zuständigkeit deutscher Gerichte. Als besonders wichtig gilt vielmehr der Gerichtstand des (Inlands-) Vermögens (§ 23 ZPO). Er bereitet hinsichtlich seiner Reichweite und Voraussetzungen Schwierigkeiten. Seinem Wortlaut nach eröffnet die Norm eine örtliche Zuständigkeit am Belegenheitsort des Vermögens. Inländische Gerichte wären dementsprechend stets dann international zuständig, wenn sich irgendein Vermögensgegenstand des Schuldners im Inland befindet. Es soll dabei nicht auf den Wert, die Befriedigungsaussicht durch die Vollstreckung oder die Pfändbarkeit des Vermögensteils ankommen.[122] Als Vermögensgegenstand kann auch auf eine Forderung

---

117 OLGR Frankfurt 2009, 419 f; OLG Karlsruhe MDR 2002, 231; Nagel/Gottwald, § 17 Rn. 30; Berger/Berger, Kap. 3 Rn. 27 f; Kofmel Ehrenzeller, S. 123; Eilers, S. 5 f; Wannenmacher, S. 89 f.

118 Nagel/Gottwald, § 17 Rn. 30; Kofmel Ehrenzeller, S. 123; Eilers, S. 6.

119 Nagel/Gottwald, § 17 Rn. 32; Bertele, S. 591; Wannenmacher, S. 90.

120 Musielak/Voit/Huber, § 919 ZPO Rn. 3; MüKoZPO/Drescher, § 919 ZPO Rn. 5.

121 Näher dazu § 4 A I 3.

122 BGH NJW 1997, 325, 336 m. Anm. Schlosser, JZ 1997, 364; IPRax 1992, 240, 241; IPRax 1990, 990, 992; WM 1980, 410, 412; MüKoZPO/Patzina, § 23 ZPO Rn. 8, 15; Schack, IZVR, Rn. 370 ff; ders., ZZP 97 (1984), 46, 61 f; kritisch/ablehnend: OLG Hamburg NJW-RR 1996, 203; Stein/Jonas/Roth, § 23 Rn. 13 ff; Zöller/Vollkommer,

abgestellt werden (vgl. § 23 S. 2 ZPO, zum Problem der Forderungsbelegenheit sogleich unter § 4 A. I. 1. c).

Dem dadurch eröffneten weiten Anwendungsbereich der Vorschrift ist der BGH nach einer kontroversen Diskussion in der Lehre[123] entgegengetreten und verlangt nunmehr einen hinreichenden Inlandsbezug des Rechtsstreits als sinnvollen Anknüpfungspunkt (sog. „genuine link"), ohne jedoch zu definieren, wann ein solcher genau anzunehmen ist.[124] Diese Einschränkung ist in der Literatur wiederum selbst vermehrt auf Kritik gestoßen.[125] Während einige Stimmen dem Kriterium des Inlandsbezugs zuschreiben, durch die Unbestimmtheit zur Rechtsunsicherheit beizutragen und dementsprechend eine klarere Formulierung fordern,[126] wollen andere eine Einschränkung herbeiführen, indem sie de lege ferenda die Vollstreckbarkeit aus solchen Urteilen begrenzen.[127] Versucht man die generalklauselartige Voraussetzung dennoch zu füllen, stellt sich die Frage, was hierfür schon bzw. noch ausreichend ist. So soll bereits genügen, wenn sich die Hauptmasse des Vermögens im Inland befindet oder wenn für die streitgegenständliche vertragscharakteristische Leistung in Deutschland ein Erfüllungsort besteht oder vom Gesetzgeber in vertretbarer Weise hätte begründet werden können.[128] Gleiches gilt bei aktiver Teilnahme des Beklagten am Geschäftsleben in Deutschland[129] oder wegen fehlender

§ 23 ZPO Rn. 7; Nagel/Gottwald, § 3 Rn. 437; Bittighofer, S. 151 ff; Geimer, JZ 1984, 979, 981; Schumann, ZZP 93 (1980),408, 432; offengelassen: BGH NJW 1991, 3092, 3093.

123 Schack, ZZP 97 (1984), 46, 55 ff; Fricke, NJW 1992, 3066 f.

124 BGH NJW 1991, 3092, 3093 ff, m. Anm. Geimer, S. 3072 und Fricke, NJW 1992, 3066 sowie Lüke, ZZP 105 (1992), 321; nunmehr hM vgl.: BGH NJW 2013, 386, 387; WM 2013, 333, 334; NJW 1999, 1395, 1396; 1996, 2096; BAG NZA 2002, 334, 336; 1997, 1182, 1183 f; OLG Frankfurt a.M. WM 2011, 2360, 2362 f; Amort, NZG 2013, 859, 860 f; vgl. zur Übersicht auch Bittighofer, S. 169 ff,

125 Musielak/Heinrich, § 23 ZPO Rn. 3; Geimer, IZPR, Rn. 1172, 1347; Schack, IZVR, Rn. 371 ff; ders., FS Nakamura, S. 491, 495 f, 507 f; Roth, JZ 2003, 201; Bittighofer, S. 188 ff.

126 Musielak/Heinrich, § 23 ZPO Rn. 3; Pfeiffer, IPRax 1996, 205, 209; Schlosser, IPRax 1992, 140, 142.

127 Schack, IZVR, Rn. 371; ders., ZZP 97 (1984), 46, 64 ff; vgl. auch Otte, ZZP 110 (1997), 119, 132 f.

128 Schlosser, IPRax 1992, 140, 142; Schack, FS Nakamura, S. 491, 509 ff; aA Bittighofer, S. 231.

129 BGH NJW-RR 1991, 423, 424 f; MüKoZPO/Patzina, § 23 ZPO Rn. 15; Mark/Ziegenhain, NJW 1992, 3062, 3064 f.

Vollstreckungsmöglichkeit ausländischer Titel in inländisches Vermögen, weil diese hier nicht anerkannt werden,[130] wenn deutsches Recht anzuwenden ist oder ein sonstiges Interesse an einer inländischen Entscheidung besteht.[131] Der Bundesgerichtshof sieht einen genuine link jedenfalls dann als gegeben, wenn der Kläger seinen Wohnsitz im Inland hat und deutscher Staatsangehöriger ist.[132] Das Erfordernis des hinreichenden Inlandsbezugs wirkt über den Hauptsachegerichtsstand des § 919 Alt. 1 ZPO mittelbar auch im Arrestverfahren, sofern die Zuständigkeit über § 23 ZPO begründet werden soll.[133]

Eine bereits anhängige Hauptsacheklage wirkt sich ebenso einschränkend auf die Wahl des Hauptsachegerichts i.R.d. § 919 Alt. 1 ZPO aus, wie in rein nationalen Fällen: Das Gericht, bei dem das Hauptverfahren, schwebt ist Hauptsachegericht i.S.v. § 919 Alt. 1 ZPO.[134] Auf die Zuständigkeit eines anderen hypothetischen Hauptsachegerichts kann sich der Antragsteller hingegen nicht stützen.

c) Zuständigkeit am Belegenheitsort

Daneben ist die Arrestzuständigkeit auch am Belegenheitsort des mit Arrest zu belegenden Gegenstands begründet. Dieser Zuständigkeitsregel nach § 919 Alt. 2 ZPO kam bisher in Fällen mit Auslandsberührung eine praktisch besonders wichtige Rolle zu.[135] Mit der Neuregelung der EuGVO dürfte sich dies in Zukunft innerhalb der EU allerdings deutlich ändern. Gemäß Art. 2 lit. a UAbs. 2 S. 1, Art. 36 ff, 39 ff EuGVO genießen nur noch solche einstweiligen Entscheidungen die weitgehende Titelfreizügigkeit, die von einem nach der EuGVO in der Hauptsache zuständigen Gericht erlassen wurden. Eine Zuständigkeit am

130 Nagel/Gottwald, § 3 Rn. 435; Mark/Ziegenhain, NJW 1992, 3062, 3065.

131 OLG Stuttgart IPRax 1990, 179, 181.

132 Ausführlich auch zum Unterschied zu § 32 ZPO: OLG Frankfurt a.M. WM 2011, 2360, 2362 f, bestätigt durch BGH NJW 2013, 386, 387, zustimmend Däubler, NJW 2013, 282; vgl. auch MüKoZPO/Patzina, § 23 ZPO Rn. 15; Schack, FS Nakamura, S. 491, 509 f; Mark/Ziegenhain, NJW 1992, 3062, 3064; für Anknüpfung an Wohnsitz bereits BGH NJW 1989, 1341; aA Bittighofer, S. 230; Geimer, NJW 1991, 3072, 3074; Schlosser, IPRax 1992, 140, 142.

133 Nagel/Gottwald, § 17 Rn. 32; Bertele, S. 593; Bittighofer, S. 187; Wannenmacher, S. 90; Hornung, ZVglRWiss 95 (1996), 305, 310 ff; aA Gronstedt, S. 28 ff; Wollenschläger, IPRax 2002, 96, 99 f; Mark/Ziegenhain, NJW 1992, 3062, 3065.

134 Berger/Otte, Kap. 18 Rn. 99; Eilers, S. 7; Kofmel Ehrenzeller, S. 123 f; aA Wieczorek/Schütze/Thümmel, § 919 Rn. 10; Stein/Jonas/Grunsky, § 919 ZPO Rn. 4, 9.

135 Nagel/Gottwald, § 17 Rn. 32; Walker, Rn. 265.

Belegenheitsort sieht die EuGVO in diesem Zusammenhang nicht vor. Die einzelstaatlichen Zuständigkeitsvorschriften bleiben daneben aber auch weiterhin bestehen.[136]

Unabhängig von einer anderweitigen Hauptsachezuständigkeit ist nach § 919 Alt. 2 ZPO das Amtsgericht am Belegenheitsort selbst dann international zuständig, wenn eine Hauptsachezuständigkeit im Inland gar nicht in Betracht kommt.[137] Der Gläubiger kann frei zwischen § 919 Alt. 1 und Alt. 2 ZPO wählen (§ 35 ZPO). Selbst bei einer Derogation der deutschen Gerichtszuständigkeit in der Hauptsache bleibt es dadurch bei der Zuständigkeit am Vermögensgerichtsstand nach § 919 Alt. 2 ZPO (vgl. § 802 ZPO).[138] Die sachliche Zuständigkeit des Amtsgerichts gilt dabei streitwertunabhängig.

Obwohl § 919 Alt. 2 ZPO an den Gegenstand anknüpft, der mit dem Arrest belegt werden soll, folgt hieraus keine Beschränkung auf ein bestimmtes Vollstreckungsobjekt. Der Gläubiger kann die Entscheidung am Vermögensgerichtsstand in das gesamte Schuldnervermögen vollziehen (vgl. §§ 930 Abs. 1, 931, 932 ZPO). Es genügt demnach, wenn ein beliebiger Gegenstand des Schuldners im Amtgerichtsbezirk vorhanden ist, um den Arrestbefehl auf außerhalb dieses Bezirks befindliches Vermögen zu erstrecken.[139]

Der Belegenheitsort eines Gegenstands, der beschlagnahmt werden soll, lässt sich bei körperlichen Sachen unproblematisch bestimmen. Soll das Konto des Schuldners gepfändet werden, handelt es sich aber um eine Forderung des Antragsgegners gegenüber seinem Kreditinstitut. An welchem Ort eine Forderung belegen ist, lässt sich nicht tatsächlich, sondern nur rechtlich wertend festlegen; ihrer Natur als immaterielle Sache nach befindet sie sich grundsätzlich „überall und nirgends".[140] Mangels einer einheitlichen, verbindlichen

---

136 Dies folgt aus Anerkennungsproblematik, vgl. dazu § 5.

137 Baumbach/Lauterbach/Albers/Hartmann, § 919 ZPO Rn. 9; Stein/Jonas/Grunsky, § 919 ZPO Rn. 12; Zöller/Vollkommer, § 919 ZPO Rn. 10.

138 BeckOK ZPO/Mayer, § 919 ZPO Rn. 14; Zöller/Vollkommer § 919 ZPO Rn. 2; ob darüber hinaus auch eine Derogation der Belegenheitszuständigkeit möglich sein soll, ist in Hinblick auf § 802 ZPO umstritten: dafür OLGR Frankfurt 2009, 419; Eilers, S. 36; Kienle, S. 85; Schack, IZVR, Rn. 477 f; Wieczorek/Schütze/Thümmel, § 919 ZPO Rn. 22; Geimer, IZPR, Rn. 1719, 1755a, 877a; dagegen MüKoZPO/Drescher, § 919 ZPO Rn. 4; Stein/Jonas/Grunsky, § 919 ZPO Rn. 1.

139 Gaul/Schilken/Becker-Eberhard, § 77 Rn. 5; Dunkl/Dunkl, Teil A Rn. 137; Thümmel, NJW 1985, 472 f; Bertele, S. 591.

140 BGH WM 2013, 333 Rn. 18; NJW-RR 2006, 198, 199 f; Geimer, IZPR, Rn. 406, 3211 f; Nagel/Gottwald, § 19 Rn. 79; Lange, S. 173; Marquordt, S. 19; Schack, RPfleger 1980, 175; Hök, MDR 2005, 306, 310; Kotrschal/Stalberg, BKR 2009, 38, 40.

völkerrechtlichen Regelung ist diese Bestimmung nach der lex fori zu treffen.[141] In Deutschland wird auch bei der Bestimmung des Arrestgerichts nach § 919 Alt. 2 ZPO auf § 23 S. 2 ZPO bzw. den Rechtsgedanken hieraus zurückgegriffen.[142] Danach ist bei Forderungen der Wohnsitz des Schuldners ausschlaggebend (Var. 1). Haftet für die Forderung eine Sache als Sicherheit, kommt daneben auch der Ort, an dem sich die Sache befindet in Betracht (Var. 2). Letzteres spielt für die Kontopfändung in Deutschland keine Rolle.[143] Zur Bestimmung des Belegenheitsortes der zu pfändenden Forderung ist somit auf den Sitz des Drittschuldners abzustellen.[144] Auf das Forderungsstatut kommt es nicht an.[145] Entscheidend ist bei Bankguthaben folglich der (inländische) Sitz der Bank, bei der das Guthaben besteht.[146] Konkret wird dabei auf den Hauptsitz des Kreditinstituts und nicht auf die kontoführende Zweigniederlassung abgestellt.[147] Dies entspricht der Vorgehensweise, wenn es sich nicht um Bankguthaben handelt.[148] Problematisch ist dies insbesondere, wenn die Bank zwar ihren Sitz im Ausland hat, im Inland aber eine (unselbstständige) Zweigstelle führt. Letztere ist dabei nur Teil der juristischen Person und stellt selbst kein Unternehmen dar.[149] Zwar gilt die inländische Zweigstelle einer ausländischen Bank nach § 53 Abs. 1 KWG als eigenständiges Kreditinstitut. Jedoch fingiert die Vorschrift eine solche Verselbstständigung im Inland zunächst nur für Aufsichtsrechtsmaterien des KWG

141 BGH NJW-RR 2006, 198, 199 f; OLG Frankfurt BeckRS 2007, 19085; Geimer, IZPR, Rn. 3211; Hök, MDR 2005, 306, 310; Kotrschal/Stalberg, BKR 2009, 38, 40; Riebold, S. 95, 98 f.

142 BeckOK ZPO/Mayer, § 919 ZPO Rn. 13; Schuschke/Walker/Walker, § 919 ZPO Rn. 11; Dunkl/Dunkl, Teil A Rn. 137; Thümmel, NJW 1985, 472.

143 Riebold, S. 96.

144 BGH WM 2013, 333 Rn. 18; NJW 2002, 2389, 2390; OLG Frankfurt BeckRS 2007, 19085; OLG Saarbrücken IPRax 2001, 456; Marquordt, S. 20 f; MüKoZPO/Drescher, § 919 ZPO Rn. 11.

145 Nagel/Gottwald, § 19 Rn. 84.

146 BGH NJW-RR 1988, 172, 173; BAG AP ZPO § 38 Internationale Zuständigkeit Nr. 12 sub B II. 2.; OLG Düsseldorf WM 1989, 50, 54; OLG Frankfurt a.M. WM 1987, 276; OLG Hamburg MDR 1977, 759.

147 BAG RIW 1984, 316, 318; OLG Düsseldorf WM 1989, 50, 54; OLG Hamburg MDR 1977, 759; Geimer, IZPR, Rn. 1373b; Riebold, S. 189; Schack, IPRax 1990, 19 Fn. 6; Schwampe, VW 2010, 999; Musielak/Heinrich, § 23 ZPO Rn. 11; offen gelassen von OLG Frankfurt IPRax 1999, 247.

148 Vgl. zu Ruhegeldansprüchen BGH WM 2013, 333 Rn. 18.

149 Vgl. Boos/Fischer/Schulte-Mattler/Vahldiek, § 53 KWG Rn. 8; Hanten/München, WM 2011, 1925, 1926.

und wirkt darüber hinaus nur durch einen gesetzgeberischen Anwendungsbefehl.[150] Eine weitergehende Aussage zur Zuständigkeit am Vermögensgerichtsstand kann aus der Vorschrift nicht abgeleitet werden.[151] In der Literatur wird teilweise dennoch eine Pfändung am Sitz der kontoführenden Niederlassung für möglich gehalten.[152]

Da die Vollziehung des Arrestbefehls aber auch bei § 919 Alt. 2 ZPO in das gesamte Vermögen zulässig ist, bleibt eine Pfändung von Forderungen gegen ausländische Schuldner grundsätzlich möglich, soweit sich nur anderweitiges Vermögen im Inland befindet.[153] Beim Inlandsvermögen kann es sich dabei auch um eine Forderung des Schuldners gegen den Gläubiger selbst handeln.[154] Hierdurch werden im Grunde die gleichen Probleme eröffnet wie im Rahmen des §§ 919 Alt. 1, 23 ZPO. Dementsprechend erscheint es sinnvoll, einen hinreichenden Inlandsbezug auch i.R.d. § 919 Alt. 2 ZPO zu verlangen, soweit mit der Vollziehung auch im Ausland belegenes Vermögen erfasst werden soll.[155]

d) Maßgeblicher Zeitpunkt der Zuständigkeitsbegründung

Ist das Hauptsacheverfahren noch nicht anhängig oder stützt der Antragsteller die Zuständigkeit auf den Belegenheitsort (§ 919 Alt. 2 ZPO), muss das Gericht die Zuständigkeit von Amts wegen feststellen. Den maßgeblichen Zeitpunkt hierfür stellt der Eingang des Gesuchs dar.[156] Auf die Zustellung an den Schuldner kommt es der Natur des einstweiligen Rechtsschutzes nach nicht an.[157] Anschließende Änderungen führen nicht zum Entfallen der Arrestzuständigkeit (perpetuatio fori, § 261 Abs. 3 Nr. 2 ZPO).[158] Nichts anderes gilt, wenn sich die Zuständigkeit aus der anhängigen Hauptsache ableitet. Die Zuständigkeit entfällt weder durch Verweisung oder Abgabe noch durch Abweisung des

---

150 Boos/Fischer/Schulte-Mattler/Vahldiek, § 53 KWG Rn. 40; Hanten/München, WM 2011, 1925, 1927.

151 Gronstedt, S. 33.

152 Stein/Jonas/Roth, § 23 ZPO Rn. 27, im Widerspruch zu Stein/Jonas/Roth, § 17 ZPO Rn. 1; Nagel/Gottwald, § 19 Rn. 96.

153 Bertele, S. 593; zur Pfändung bei ausländischem Drittschuldner vgl. § 6 A I 1 a) bb).

154 Schack, IZVR, Rn. 475; Eilers, S. 8 f.

155 Bertele, S. 593; aA Hornung, ZVglRWiss 95 (1996), 305, 310 ff; Berger/Otte, Kap. 18 Rn. 100 f.

156 MüKoZPO/Drescher, § 919 Rn. 9, 11; Stein/Jonas/Grunsky, § 919 ZPO Rn. 10.

157 Musielak/Voit/Huber, § 916 ZPO Rn. 9; Geimer, IZPR, Rn. 1831.

158 Stein/Jonas/Grunsky, § 919 ZPO Rn. 10.

Hauptverfahrens wegen Unzuständigkeit.[159] Andernfalls würde der zuständigkeitsbegründende Zeitpunkt des Hauptsacheverfahrens – zumindest vor Erlass einstweiliger Maßnahmen – auf das einstweilige Rechtsschutzverfahren durchschlagen.

Dieser Grundsatz der perpetuatio fori gilt auch hinsichtlich der internationalen Zuständigkeit.[160] Aus der EuGVO ergeben sich diesbezüglich keine Besonderheiten. Die Verordnung regelt nicht ausdrücklich, in welchem Zeitpunkt die zuständigkeitsbegründenden Umstände vorliegen müssen und welche Folge eine nachträgliche Änderung hat. Der EuGH nimmt an, dass eine einmal begründete Zuständigkeit nicht nachträglich durch Änderung der begründenden Umstände wieder entfällt, wenn dadurch die Ziele der Effizienz und Wirksamkeit verfehlt würden.[161] Maßgeblich ist der Zeitpunkt der Antragstellung. Dem europäischen Einheitsgedanken steht dies nicht entgegen.[162] Ansonsten drohe die Gefahr der Verfahrensverzögerung, da der Gläubiger immer wieder dort gegen den Schuldner vorgehen müsste, wo sich dieser niederlässt.[163] Die überwiegende Ansicht in der deutschen Rechtsprechung und Literatur wendet daher den in § 261 Abs. 3 Nr. 2 ZPO statuierten Grundsatz der perpetuatio fori ebenso auf die internationale Zuständigkeit an, insbesondere auch im Anwendungsbereich der EuGVO.[164] Eine einmal begründete internationale Zuständigkeit soll erhalten bleiben, wenn die Umstände, auf die sie sich stützt, im Laufe des Rechtsstreits wegfallen.[165] Das

159 Baumbach/Lauterbach/Albers/Hartmann, § 919 ZPO Rn. 8; Wieczorek/Schütze/Thümmel, § 919 ZPO Rn. 13; Zöller/Vollkommer, § 919 ZPO Rn. 8; aA MüKoZPO/Drescher, § 919 Rn. 7; Stein/Jonas/Grunsky, § 919 ZPO Rn. 5.

160 BGH NJW 2011, 2515 Rn. 22 ff; OLG Köln BeckRS 2009, 14010; LAG Düsseldorf EuZW 2008, 740, 742; Saenger/Dörner, Art. 4 EuGVVO Rn. 4; Geimer/Schütze/Geimer, Art. 2 EuGVVO Rn. 137; MüKoZPO/Gottwald, Art. 2 EuGVO a.F. Rn. 21; Rauscher/Mankowski, Art. 2 Brüssel Ia-VO Rn. 6; Kropholler/v.Hein, vor Art. 2 EuGVO Rn. 14; BeckOK ZPO/Bacher, § 261 Rn. 19; Schlosser/Hess, vor Art. 2 EuGVVO Rn. 7; Geimer, IZPR, Rn. 1830 ff; Löser, S. 108 ff; Gampp, S. 120 ff; Bläsi, 30 f; aA Damrau, FS Bosch, S. 103, 106 ff m.w.N.; Thorn, IPRax 2004, 354 f.

161 EuGH ECLI:EU:C:2006:39 – Staubitz-Schreiber = NZI 2006, 153 Rn. 24 ff, zu Art. 3 EuInsVO m. Anm Mankowski; ECLI:EU:C:2004:74 – DFDS Torline = IPRax 2006, 161 Rn. 35 ff, zu Art. 5 Nr. 3 EuGVÜ.

162 Schlosser/Hess, vor Art. 2 EuGVVO Rn. 7.

163 BGH NJW 2011, 2515 Rn. 24; vgl. auch Mankowski, NZI 2005, 368, 369.

164 Umstritten bleibt dabei, ob es sich dabei um einen Rückgriff auf die lex fori oder einen ungeschriebenen unionsrechtlichen Grundsatz handelt, vgl. dazu Löser, S. 108 ff.

165 BGH NJW 2013, 2597 Rn. 20; NJW 2011, 2515 Rn. 22 ff; OLG Frankfurt a.M. BeckRS 2013, 15628; OLG Köln BeckRS 2009, 14010; LAG Düsseldorf EuZW 2008, 740, 742; Saenger/Dörner, Art. 4 EuGVVO Rn. 4; Geimer/Schütze/Geimer, Art. 2 EuGVVO

berechtige Vertrauen des Klägers auf die Gewährung des einmal begründeten Anspruchs auf gerichtliches Gehör darf nach Rechtshängigkeit nicht unterlaufen werden.[166]

2. *Zuständigkeit für Erlass eines polnischen Sicherungsbeschlusses*

a) *Begriff der „jurysdykcja krajowa“*

Das polnische Zivilverfahrensrecht unterscheidet nicht zwischen den Begriffen Gerichtsbarkeit und internationale Zuständigkeit. Es verwendet ausschließlich den Begriff „inländische Gerichtsbarkeit“[167] („jurysdykcja krajowa“) und regelt diese im ersten Buch des vierten Teils des KPC (Art. 1097 ff KPC). Die „jurysdykcja krajowa“ wird als Manifestation der territorialen Hoheitsgewalt eines Staates verstanden, der eigenständig die Zuständigkeit seiner Gerichte festlegen kann.[168] Was sich aber genau dahinter verbirgt, ist im polnischen Recht umstritten. Aus dem reinen Wortlaut lassen sich grundsätzlich keine tieferen Schlussfolgerungen ableiten. Er ist historisch[169] bedingt und wurde im selben Kontext vielfach unterschiedlich verwendet; teils wurde etwa von „polnischer Gerichtsbarkeit“ oder „internationaler Gerichtsbarkeit“, andererseits wieder von „territorialer/staatlicher Zuständigkeit“ oder „Zuständigkeit polnischer Gerichte“ gesprochen.[170] Teilweise wird der Begriff in der polnischen Literatur als einzelnes Rechtsinstitut im Sinne einer internationalen Entscheidungszuständigkeitsregel verstanden.[171] Weitz weist allerdings darauf hin, dass das polnische Verständnis des Begriffs

---

Rn. 137; MüKoZPO/Gottwald, Art. 2 EuGVO a.F. Rn. 23; Rauscher/Mankowski, Art. 4 Brüssel I-VO Rn. 6; Kropholler/v.Hein, vor Art. 2 EuGVO Rn. 14; BeckOK ZPO/Bacher, § 261 Rn. 19; Musielak/Voit/Heinrich § 12 ZPO Rn. 17; Wannenmacher, S. 279; Schlosser/Hess, vor Art. 2 EuGVVO Rn. 7; Geimer, IZPR, Rn. 1830 ff; ausführlich Gampp, S. 120 ff; Schack, IZVR, Rn. 451; Adolphsen, S. 91 Rn. 71; Bläsi, 30 f; aA. Damrau, FS Bosch, S. 103, 106 ff; Thorn, IPRax 2004. 354 f.

166 Rauscher/Mankowski, Art. 4 Brüssel Ia-VO Rn. 6; Bläsi, S. 30; vgl. auch Mankowski, NZI 2005, 368, 369.

167 Zum Begriff: Weitz, Jurysdykcja krajowa, S. 463; DKB/Piasecki, Band 4, Einl. Rn. 99.

168 Jagieła, PiP 2003, 67, 68.

169 Von Gerichtsbarkeit („jurysdykcja“) sprach bereits Słotwiński, O jurysdykcji cywilnej zewenętrznej, Krakau, 1838.

170 Ausführlich Weitz, Jurysdykcja krajowa, S. 35 ff m.w.N.; sowie Ereciński, Międzynarodowe, S. 60 ff.

171 Jodłowski, PiP 1974, 95, 101; auch Kapitel 2 EuGVO verwendet in polnischer Sprachfassung nicht den Begriff „Zuständigkeit“ („Właściwość“, vgl. zum Begriff ferner Köbler, Rechtspolnisch; ebenso Banaszak/Brünneck/de Vries/Krzymuski, Rechts- und Wirtschaftswörterbuch, Band 2), sondern „Gerichtsbarkeit“ („jurysdykcja“);

nicht auf ein Rechtsinstitut beschränkt ist. Vielmehr wird damit zugleich eine Zuständigkeitsregel für das Verhältnis von polnischen zu ausländischen Gerichten festgelegt, als auch die Reichweite der Hoheitsgewalt umschrieben, d.h. inwieweit polnische Staatsorgane völkerrechtlich überhaupt befähigt sind, eine Angelegenheit im Verhältnis zu anderen Staaten zu regeln bzw. zu entscheiden (facultas iurisdictionis).[172] Damit vereint das polnische Recht unter der inländischen Gerichtsbarkeit zwei Rechtsinstitute: die Gerichtsgewalt einerseits und die Entscheidungs- sowie Anerkennungszuständigkeit polnischer Gerichte andererseits.[173] In ihrer Funktion als Zuständigkeitsregel bestimmt die „jurysdykcja krajowa", wann ein polnisches Gericht in der Sache entscheiden muss.[174]

b) Eigenständiges Zuständigkeitsregime

Die Vorschriften zur internationalen Zuständigkeit in Zivilsachen sind in den Art. 1097 ff KPC kodifiziert. Hierauf ist aber nur zurückzugreifen, soweit nicht vorrangige europäische Vorschriften einschlägig sind (vgl. den Anwendungsvorrang gemäß Art. 91 Abs. 2 der polnischen Verfassung).[175]

Nach autonomem Recht ist die internationale Zuständigkeit im einstweiligen Rechtsschutzverfahren grundsätzlich eigenständig und unabhängig vom Hauptsacheverfahren zu bestimmen. Sie findet sich in den Vorschriften des Kapitels III und IV (Teil 4 Buch 1) des KPC (Art. 1110^3 § 1 S. 1 KPC)[176] und bestimmt sich weitgehend nach den Vorschriften zum Hauptsacheverfahren in Art. 1103 ff KPC. Von den allgemeinen Regeln aus Kapitel I (Teil 4 Buch 1 KPC) sind nur die

---

Schwierskott-Matheson übersetzt den Begriff „jurysdykcja krajowa" in diesem Zusammenhang stattdessen mit „Zuständigkeit der nationalen Gerichtsbarkeit" (vgl. Schwierskott-Matheson, IPR, Art. 1097 ff KPC).

172 Weitz, Jurysdykcja krajowa, S. 80 ff, 124 ff, der das polnische System sogleich im internationalen Vergleich einordnet; vgl. auch Ereciński/Ereciński, Band 5, Art. 1097 KPC Rn. 5.

173 Vgl. dazu Weitz, Jurysdykcja krajowa, S. 464.

174 Weitz, Jurysdykcja krajowa, S. 124.

175 DKB/Piasecki, Band 4, Art. 1110(3) KPC Rn. 2; ausführlich zum Verhältnis der unionsrechtlichen Vorschrift zum nationalen Recht: Weitz, PS 10/2003, 11; vgl. auch Jankowski/Muliński, Art. 730 KPC Nr. 4.

176 Die internationale Zuständigkeit wurde für das Sicherungsverfahren erst mit der Gesetzesänderung vom 5.12.2008 gesetzlich normiert (Dz. U. Nr. 234, Pos. 1571); allerdings wurde sie schon vorher vielfach als ungeschriebene Zulässigkeitsvoraussetzung gesehen, vgl. Szczurek, S. 48 f; Zawiślak, PS 2002, 17, 25 ff; Jagieła, PiP 2003, 67, 68 f.

Art. 1097 und 1099 KPC anwendbar.[177] Der Verweis auf die Vorschriften über die Zuständigkeit in der Hauptsache bezieht sich dabei nur auf die nationalen und nicht auf die unionsrechtlichen Normen. Bestimmt sich die Hauptsachezuständigkeit nach der EuGVO, ist der Verweis in Art. 1110^{3} KPC nicht auf die Art. 4 ff EuGVO, sondern weiterhin auf die Art. 1103 ff KPC zu verstehen.[178]

Obwohl Art. 1110^{3} § 1 S. 1 KPC die Vorschriften des Hauptsacheverfahrens auch für einstweilige Verfahren für anwendbar erklärt, ist grundsätzlich unerheblich, ob und ggf. wo ein Hauptsacheverfahren tatsächlich anhängig ist.[179] Auch wenn das Hauptsacheverfahren vor einem ausländischen Gericht anhängig ist, kann die Zuständigkeit zum Erlass der Sicherung dennoch bei demjenigen polnischen Gericht liegen, das hypothetisch für die Klage in Polen zuständig wäre.[180] Aus der (positiven) örtlichen Zuständigkeit nach Art. 734 S. 1 KPC i.V.m. Art. 13 § 2, 15 – 46 KPC[181] dürfen keine Schlüsse auf die internationale Zuständigkeit gezogen werden.[182]

Die internationalen Zuständigkeitsregeln sollen einen tatsächlichen Anknüpfungspunkt zum Staatsgebiet oder zu dessen Rechtsordnung aufweisen.[183] Die Konnexität wird etwa über den (Wohn-) Sitz oder den gewöhnlichen Aufenthalt (vgl. etwa Art. 1103, 1103^{6} KPC), den Erfüllungsort aus einem Rechtsgeschäft oder den Deliktsanspruch (Art. 1103^{7} Nr. 1, 2 KPC) abgeleitet.[184] Es finden sich im polnischen Recht aber auch exorbitante Gerichtsstände,[185] so insbesondere in Art. 1103^{7} Nr. 4 KPC. Danach genügt zur Begründung der internationalen Zuständigkeit, dass sich Vermögen des Beklagten auf polnischem Staatsgebiet befindet, sofern es in der Sache um vermögensrechtliche Ansprüche geht. Allerdings greift die Anknüpfung nur ein, wenn es das inländische Vermögen

---

177 Ereciński/Weitz, Band 5, Art. 1110(3) KPC Rn. 3.

178 Weitz, PS 10/2003, 11, 31 f.

179 Ereciński/Weitz, Band 5, Art. 1110(3) KPC Rn. 2.

180 Oberster Gerichtshof, Beschl. v. 6.4.2001 – V CO 3/01, OSNC 2001, Nr. 12 Pos. 175; Gołaczyński/Woźniak, Art. 734 KPC Rn. 4.

181 Zur örtlichen Zuständigkeit für den Erlass der Sicherung: Gołaczyński/Woźniak, Art. 734 KPC Rn. 1; Romańska/Leśniak, Art. 734 KPC Rn. 2; Zawistowski, Art. 734 KPC Rn. 1, 3.

182 Ereciński/Ereciński, Band 5, Art. 1097 KPC Rn. 5; DKB/Piasecki, Band 4, Einl. Rn. 107.

183 Ereciński/Ereciński, Band 5, Vor. zu Art. 1103 KPC Rn. 1; DKB/Piasecki, Band 4, Einl. Rn. 134.

184 Zur Übersicht aller Anknüpfungspunkte vgl. DKB/Piasecki, Band 4, Einl. Rn. 135 ff.

185 Vgl. dazu etwa Ereciński, Międzynarodowe, S. 73.

im Verhältnis zum Streitgegenstandswert einen bedeutenden[186] Wert aufweist. In der Literatur wird die Vorschrift häufig kritisch gesehen, weil sie zu einer ausufernden Zuständigkeitsbegründung führen kann; andere halten sie gerade wegen der damit verbundenen Effektivität für unerlässlich, weshalb sie wohl auch im jüngsten Novellierungsprozess nicht gestrichen wurde.[187]

Hervorzuheben ist zudem Art. 1103^6 KPC. Darin wird ein forum actoris für Verbraucher begründet, die ihren Wohnsitz oder gewöhnlichen Aufenthalt in Polen haben. Der Begriff des Verbrauchers ist dabei nach Art. 22^1 KC zu bestimmen.[188] Erfasst werden dem Wortlaut nach nur vertragliche Forderungen. Dabei spielt es aber keine Rolle, um welche Vereinbarung es sich konkret handelt.[189] Umgekehrt werden Klagen gegen den Verbraucher nicht fixiert.

c) Belegenheitszuständigkeit

Zusätzlich zu den Vorschriften des Hauptsacheverfahrens ist die internationale Zuständigkeit für einstweilige Verfahren vor polnischen Gerichten auch dann begründet, wenn die Maßnahme in Polen durchgeführt wird oder dort zu Rechtsfolgen führen kann (Art. 1110^3 § 2 KPC).[190] Die Sicherung wird in Polen durchgeführt, wenn nach Art. 743 § 1 oder 2 KPC im Inland vollstreckt werden kann.[191] Dazu muss sich das Vollstreckungsobjekt innerhalb der Grenzen des polnischen Staatsgebiets befinden. Eine Forderung kann aber nur fiktiv an einem Ort belegen sein. Bei der Pfändung des Kontoguthabens wird deshalb generell an das zugehörige Bankkonto bzw. die kontoführende Bank angeknüpft. Das jeweilige Bankkonto muss bei einer Bank innerhalb der Staatsgrenzen geführt werden, andernfalls ist es dem unmittelbaren Zugriff polnischer Zwangsvollstreckungsorgane entzogen.[192] Dabei kommt es nicht auf den Hauptsitz der Bank, sondern auf die kontoführende Organisationseinheit an.[193] Der Zugriff auf ein extraterritoriales Konto ist nach polnischem Recht in jedem Fall ausgeschlossen.

---

186 Schwierskott-Matheson spricht von „großem Wert“ (Schwierskott-Matheson, IPR, Art. 1103(7) KPC).

187 Ereciński/Ereciński, Band 5, Art. 1103(7) KPC Rn. 7.

188 Ereciński/Weitz, Band 5, 1103(6) KPC Rn. 7.

189 Ereciński/Weitz, Band 5, 1103(6) KPC Rn. 8.

190 So schon vor der Kodifikation Jagieła, PiP 2003, 67, 68.

191 DKB/Piasecki, Band 4, Art. 1110(3) KPC Rn. 6.

192 Sikorski, S. 93; DKB/Piasecki, Band 4, Art. 1110(3) KPC Rn. 6; Ereciński/Weitz, Band 5, Art. 1110(3) KPC Rn. 8.

193 Näheres dazu in § 6 A II 1.

Die positive internationale Zuständigkeit sagt nichts darüber aus, welches Gericht innerhalb des Staatsgebiets örtlich zuständig ist. Dies folgt erst aus Art. 734 S. 1 KPC i.V.m. mit den allgemeinen Zuständigkeitsregeln der Hauptsache (s.o.). Kann trotz internationaler Zuständigkeit kein örtlich zuständiges Gericht bestimmt werden, sieht § 734 S. 2 KPC eine Auffangregelung vor. Die Zuständigkeit fällt dann demjenigen Gericht zu, in dessen Bezirk die Vollstreckung betrieben werden soll. Kommen hierfür mehrere Gerichte in Betracht, liegt die Zuständigkeit beim Amtsgericht Warschau (Art. 734 S. 2 KPC). Solche Konstellationen resultieren aus der Entkoppelung der internationalen von der örtlichen Zuständigkeit.[194]

d) Maßgeblicher Zeitpunkt

Der zuständigkeitsbegründende Zeitpunkt im Rahmen des polnischen Sicherungsverfahrens ist derjenige, in dem der Sicherungsantrag bei Gericht eingeht (Art. 15 § 1 i.V.m. Art. 13 § 2 KPC). Dies ergibt sich aus den allgemeinen Vorschriften zum Hauptsacheverfahren.[195] Ist das Gericht bei Antragseingang zuständig, so bleibt die Zuständigkeit auch dann bestehen, wenn die zuständigkeitsbegründenden Umstände im Laufe des Verfahrens entfallen.[196] Treten diese Umstände erst im Laufe des Verfahrens ein, darf ein zunächst unzuständiges Gericht sich nicht mehr für unzuständig erklären (Art. 15 § 2 i.V.m. Art. 13 § 2 KPC).

Hinsichtlich der internationalen Zuständigkeit ist dies in Art. 1097 KPC kodifiziert. Art. 1097 § 1 KPC schreibt dabei eine perpetuatio fori im Zeitpunkt der Verfahrenseinleitung fest; nachträgliche Veränderungen berühren die Zuständigkeit nicht. Das Gericht darf einen nachträglichen Wegfall nicht feststellen (Art. 1097 § 2 KPC). Die Vorschrift gilt über Art. 1110^3 § 1 KPC auch im einstweiligen Rechtsschutzverfahren. Entfallen jedoch die zuständigkeitsbegründenden Umstände im Rahmen des Hauptsacheverfahrens bevor ein Sicherungsverfahren eingeleitet wurde, kann ein Sicherungsverfahren nicht auf deren Perpetuierung (hinsichtlich des Hauptsacheverfahrens) gestützt werden.[197]

---

194 Ignaczewski/Uliasz, S. 36 f; Ereciński/Ereciński, Band 3, Art. 734 KPC Rn. 2.

195 Romańska/Leśniak, Teil B I. 3, S. 126; Ignaczewski/Uliasz, S. 36.

196 Ignaczewski/Uliasz, S. 36.

197 Jankowski/Muliński, Art. 730 KPC Rn. 4.

3. *Besonderheiten im Anwendungsbereich der EuGVO*

a) *Paralleles Zuständigkeitsregime*

In der EuGVO finden sich keine eigenständigen Regeln zur Bestimmung der internationalen Zuständigkeit für den Erlass einstweiliger Maßnahmen. Der Vorschlag im Rahmen der Brüssel-I Reform eine unionsrechtlich einheitliche Regelung zu schaffen, konnte sich nicht durchsetzen.[198] Dennoch kommt dem Unionsrecht im Rahmen der Zuständigkeit für den Erlass einstweiliger Entscheidungen Bedeutung zu. Art. 2 lit. a UAbs. 2 EuGVO erklärt zwar indirekt, aber doch eindeutig – im Unterschied zur alten Rechtslage[199] – die Hauptsachegerichtsstände der Art. 4 ff EuGVO auch für Verfahren des einstweiligen Rechtschutzes für anwendbar. Dadurch werden die einzelstaatlichen Zuständigkeitsregeln aber nicht ausgeschlossen. Parallel dazu eröffnet Art. 35 EuGVO einen Rückgriff auf das nationale Recht, unabhängig davon, ob das Hauptsachegericht nach der EuGVO zuständig ist.

Dem Gläubiger steht ein Wahlrecht zwischen den Hauptsachezuständigkeiten nach der EuGVO und den autonomen einzelstaatlichen Zuständigkeitsregeln des einstweiligen Rechtsschutzes zu.[200] Dies gilt selbst dann, wenn die EuGVO eine ausschließliche Zuständigkeit statuiert.[201] Die Öffnung nationaler Gerichtsstände wurde allerdings mit der Novellierung der EuGVO auf der Ebene der grenzüberschreitenden Anerkennung deutlich entschärft. Zwar bleibt es auch weiterhin bei dem dualen Zuständigkeitensystem von EuGVO und autonomem Prozessrecht, die Freizügigkeit einstweiliger Entscheidungen, ist im Anwendungsbereich der EuGVO aber ausgeschlossen, wenn das Gericht seine internationale Zuständigkeit auf einzelstaatliches Recht stützt.[202] Solche Entscheidungen fallen schon nicht unter den Entscheidungsbegriff des Art. 2 lit. a EuGVO.

Ist ein Gericht nach Art. 4 ff EuGVO in der Hauptsache zuständig oder wäre es zumindest hypothetisch zuständig, so ist es auch unbeschränkt im Eilverfahren zuständig.[203] Besonders zu erwähnen sind die Verbrauchergerichtsstände in Art. 17 ff EuGVO. Diese wurden durch die Novellierung der EuGVO noch einmal gestärkt.[204] Gemäß Art. 18 Abs. 1 EuGVO steht dem Verbraucher ein

---

198 Mankowski/Hölscher/Gerhardt, in: Rengeling, § 38 Rn. 49.

199 Vgl. hierzu Garber, S. 87 ff m.w.N.; Wannenmacher, S. 204 ff.

200 Berger/Otte, Kap. 18 Rn. 20; Rauscher/Leible, Art. 35 Brüssel Ia-VO Rn. 17.

201 MüKoZPO/Gottwald, Art. 31 EuGVO a.F. Rn. 8.

202 Zur Anerkennung vgl. § 5.

203 EuGH ECLI:EU:C:1999:202 – Mietz, Rn. 46; ECLI:EU:C:1998:543 – Van Uden Rn. 19; Berger/Otte, Kap. 18 Rn. 15 f; Nagel/Gottwald, § 17 Rn. 8; Garber, S. 87 ff.

204 Mankowski, RIW 2014, 625 ff.

Wahlrecht bezüglich des Gerichtsstands zu. Er kann eine Hauptsacheklage (und damit auch ein einstweiliges Verfahren) sowohl im Wohnsitzmitgliedstaat des Vertragspartners, als auch im Mitgliedstaat führen, in dem er selbst wohnhaft ist (Art. 18 Abs. 1, 17 Abs. 1 EuGVO). Die ausschließliche passive Zuständigkeitsregelung für Klagen gegen den Verbraucher (Art. 18 Abs. 2, 17 Abs. 1 EuGVO) kann dagegen angesichts der Regelung in Art. 35 EuGVO keine beschränkende Wirkung entfalten.

b) Rückgriff auf einzelstaatliches Zuständigkeitsregime

Lässt sich die Zuständigkeit der Gerichte eines Mitgliedstaats über die Hauptsachegerichtsstände der EuGVO begründen, kann es für den Gläubiger dennoch sinnvoll sein, den Arrest bei einem nach Art. 35 EuGVO i.V.m. den einzelstaatlichen Vorschriften zuständigen Gericht zu beantragen, insbesondere, wenn er beabsichtigt, den Vollstreckungszugriff auf diesen Mitgliedstaat zu beschränken. Verweist das autonome Recht auf das in der Hauptsache zuständige Gericht, ist dies auch nicht als eine Art Rückkopplung auf Art. 4 ff EuGVO n.F. (Art. 2 EuGVO a.F.) zu verstehen.[205] Die Bestimmung dieses Hauptsachegerichts muss nach autonomen nationalen Vorschriften erfolgen.[206] Art. 35 EuGVO n.F. (Art. 31 EuGVO a.F.) stellt klar, dass im Verfahren des einstweiligen Rechtsschutzes, die nationalen Zuständigkeitsvorschriften unbeschränkt bleiben.[207] Andernfalls liefe die Regelung weitgehend leer.[208] Weder Wortlaut noch Zweck des Art. 35 EuGVO gebieten zudem eine Beschränkung der Verweisung auf Eilgerichtsstände.[209] Dementsprechend muss auch die Frage nach einem Ausschluss exorbitanter Gerichtsstände i.S.v. Art. 5 EuGVO beantwortet werden.

---

205 So noch: OLG Koblenz IPRax 1991, 241, 242; NJW 1976, 2081; LG München IPRax 1992, 321; Eilers, S. 200 ff; Gronstedt, S. 18 ff; Hornung, ZVglRWiss 95 (1996), 305, 309 ff; Roth, IPRax 1990, 161.

206 Die Klarstellung bzgl. exorbitanter Gerichtsstände in EuGH ECLI:EU:C:1998:543 – Van Uden Rn. 42 wäre ansonsten nicht nötig; OLG Karlsruhe RIW 2002, 151; OLG Köln NJW-RR 1997, 59 f; OLG Düsseldorf NJW 1977, 2034; LG Frankfurt a.M. IPRax 1990, 177; Musielak/ Huber § 943 ZPO Rn. 8; MüKoZPO/Gottwald, Art. 31 EuGVO Rn. 11; Nagel/Gottwald, § 17 Rn. 10 ff; Berger/Otte, Kap. 18 Rn. 19; Schack, IZVR, Rn. 484; Bertele, S. 592; Eisermann, S. 182; Wannenmacher, S. 247 ff; Dalhuisen, FS Riesenfeld, S. 1, 9; Dittmar, NJW 1978, 1720, 1721.

207 Vgl. dazu EuGH ECLI:EU:C:1998:543 – Van Uden Rn. 42; OLG Frankfurt a.M. IPRax 1983, 227; Dittmar, NJW 1978, 1720, 1721; Otte, ZIP 1991, 1048, 1050.

208 Berger/Otte, Kap. 18 Rn. 21; Nagel/Gottwald, § 17 Rn. 10 ff.

209 Garber, S. 111 ff; Wannenmacher, S. 250 f; Rauscher/Leible, Art. 35 Brüssel Ia-VO Rn. 24.

Der deutsche exorbitante Gerichtsstand des Vermögens (§ 23 ZPO) – welcher im Rahmen des Hauptsacheverfahrens nach Art. 5 Abs. 2 EuGVO ausgeschlossen ist – kann im einstweiligen Rechtsschutzverfahren ebenso herangezogen werden wie der polnische Vermögensgerichtsstand aus Art. 1103^7 Nr. 4 KPC, soweit sich die Zuständigkeit auf einzelstaatliche Vorschriften stützt.[210]

Exorbitante Gerichtsstände sollen im Anwendungsbereich der EuGVO aber nicht unbeschränkt bestehen. Der EuGH verlangt eine reale Verknüpfung zwischen dem Gegenstand der beantragten Maßnahme und der gebietsbezogenen Zuständigkeit des Vertragsstaats des angerufenen Gerichts, wenn sich die einstweilige Maßnahme auf rein nationale Zuständigkeitsnormen stützt.[211] Dies gilt ausdrücklich nur, wenn die Zuständigkeit ausschließlich über die nationalen Normen begründet werden kann. Die maßgebliche Entscheidung „van Uden“ erfolgte zwar in Zusammenhang mit einer Leistungsverfügung, jedoch gilt die erweiterte Voraussetzung auch für andere Verfahren des einstweiligen Rechtsschutzes, unter anderem für den Arrest i.S.d. §§ 916 ff ZPO.[212] Dadurch soll das grundlegende Prinzip des möglichst sachnahen Gerichts in den Art. 4 ff EuGVO gewahrt und ein forum shopping eingeschränkt werden.[213] Bereits in seiner Entscheidung zur Rechtssache „Denilauler/Couchet Frères“ deutete der EuGH darauf hin, die Gerichte des Vertragsstaates, in dem sich die von der beantragten Maßnahme betroffenen Gegenstände befänden, seien am besten in der Lage, über den Antrag auf Erlass einer Eilmaßnahme zu entscheiden.[214] Was unter dieser qualifizierten Anforderung zu verstehen ist, ließ das Gericht aber weitgehend offen.[215]

Diese reale Verknüpfung soll dann vorliegen, wenn ein Vollstreckungsbezug besteht.[216] Ein solcher kommt den Gerichten desjenigen Mitgliedstaats zu, in

---

210 EuGH ECLI:EU:C:1998:543 – Van Uden Rn. 42; Musielak/Heinrich, § 23 ZPO Rn. 19; Schlosser/Hess, Art. 31 EuGVVO Rn. 18; Nagel/Gottwald, § 17 Rn. 10; Berger/Otte Rn. 22; Garber, S. 111 ff; Eisermann, S. 176.

211 EuGH ECLI:EU:C:1998:543 – Van Uden Rn. 22, 39 ff; ECLI:EU:C:1999:202 – Mietz Rn. 43 f.

212 Vgl. EuGH ECLI:EU:C:1998:543 – Van Uden Rn. 40; Berger/Otte, Kap. 18 Rn. 42; Nagel/Gottwald, § 17 Rn. 16; Wannenmacher, S. 238 f.

213 Rauscher/Leible Art. 35 Brüssel Ia-VO Rn. 26; Nagel/Gottwald, § 17 Rn. 16.

214 EuGH ECLI:EU:C:1980:130 – Denilauler Rn. 16, vgl. dazu auch Schulz, ZEuP 2001, 805, 815.

215 Vgl. hierzu ausführlich Garber, S. 153 ff; Wannenmacher, S. 234 ff; Schulz, ZEuP 2001, 805, 815 ff; Stadler, JZ 1999, 1089, 1093 f; Wolf, EWS 2000, 11, 16.

216 Rauscher/Leible Art. 35 Brüssel Ia-VO Rn. 28; Berger/Otte, Kap. 18 Rn. 43; Schack, IZVR, Rn. 486; Wannenmacher, S. 238 ff; Eisermann, S. 177 f; Stadler, JZ 1999, 1089, 1093; aA Kofmel Ehrenzeller, S. 256 stellt auf einen Sachbezug ab.

dem die einstweilige Maßnahme vollzogen werden soll.[217] Bei Eilmaßnahmen, die sich auf Vermögensgegenstände beziehen oder in solche vollzogen werden, liegt dies vor, wenn ein geographischer Bezug zum konkreten Vermögensgegenstand als Vollstreckungsobjekt, also die Belegenheit des Vollstreckungsgegenstands im Erlassstaat, besteht.[218] Dabei genügt die bloße Aussicht, der Schuldner werde künftig Vermögen im Vollstreckungsstaat haben, ebenso wenig, wie die Möglichkeit einer späteren, erfolgsversprechenden Vollstreckung im Zweitstaat.[219] Der Antragsgegner muss also im betreffenden Staat ein zur Sicherung des Geldzahlungsanspruchs ausreichendes Vermögen aufweisen – der Vollzug der Maßnahme dementsprechend erfolgsversprechend sein.[220] Das Vorliegen der realen Verknüpfung und damit auch das Vorhandensein hinreichenden Vermögens ist vom Antragsteller darzulegen, bzw. in Deutschland (vgl. §§ 920 Abs. 2, 936 ZPO) glaubhaft zu machen; nichts anderes kann aus der Formulierung „befinden müsste", die der EuGH wählt, geschlossen werden.[221] Ist der Gläubiger dazu nicht imstande, muss er seinen Antrag auf den voraussichtlich im jeweiligen Mitgliedstaat vollstreckbaren Betrag begrenzen.[222] Nicht zu verwechseln ist die „reale Verknüpfung" mit dem zu § 23 ZPO geforderten „hinreichenden Inlandsbezug".[223] Letzterer ist verfahrens- und nicht vollstreckungsbezogen zu bestimmen.[224] Bezogen auf Kontopfändungen ist eine reale Verknüpfung folglich

217 Rauscher/Leible Art. 35 Brüssel Ia-VO Rn. 28; Wannenmacher, S. 239 ff; Hess/Vollkommer, IPRax 1999, 220, 224 f.

218 Wannenmacher, S. 239 ff; Kofmel Ehrenzeller, S. 256 f; Spellenberg/Leible, ZZPInt 4 (1999), 221, 230; Willeitner, S. 119 ff; Schulz, ZEuP 2001, 805, 818; Stadler, JZ 1999, 1089, 1093.

219 Hess/Vollkommer, IPRax 1999, 220, 224 f; Stadler, JZ 1999, 1089, 1094; aA Consolo, ZZPInt 6 (2001), 49, 53 f, wonach ein zukünftiges Vermögen im Vollstreckungsstaat genügt.

220 Rauscher/Leible Art. 35 Brüssel Ia-VO Rn. 28; Berger/Otte, Kap. 18 Rn. 48; Spellenberg/Leible, ZZPInt 4 (1999), 221, 231; Hess/Vollkommer, IPRax 1999, 220, 225; vgl. auch Garber, S. 160 f, der einen im Vergleich zum Streitgegenstandswert unverhältnismäßig geringeren Vermögenswert fordert.

221 Berger/Otte, Kap. 18 Rn. 48; Spellenberg/Leible, ZZPInt 4 (1999), 221, 231; Hess/Vollkommer, IPRax 1999, 220, 224; vgl. auch Garber, S. 159 f, 173.

222 Rauscher/Leible Art. 35 Brüssel Ia-VO Rn. 29; Berger/Otte, Kap. 18 Rn. 48; Heinze, S. 252 Fn. 338.

223 Berger/Otte, Kap. 18 Rn. 43; vgl. auch Garber, S. 154 ff, der durch eine Gleichstellung der Begrifflichkeiten erhebliche Rechtsunsicherheiten befürchtet.

224 Schack, IZVR, Rn. 486; Rauscher/Leible Art. 35 Brüssel Ia-VO Rn. 28; Berger/Otte, Kap. 18 Rn. 43.

an den Belegenheitsort der zu sichernden Forderung geknüpft.[225] Da die (fiktive) Belegenheit von Forderungen aber weder gesetzlich geregelt ist noch ein völkerrechtlicher Konsens hierüber besteht, wird sie unterschiedlich bestimmt. Eine reale Verknüpfung zum (Wohn-) Sitz des Drittschuldners soll bei Kontopfändungen daher zu dem Mitgliedstaat bestehen, in dem die kontoführende Bank ihren Sitz hat.[226] Andere stellen entsprechend Art. 2 lit. g Gedankenstrich 3 EuInsVO auf den Mittelpunkt der hauptsächlichen Interessen (COMI) ab.[227]

Ob es nach der Neuregelung der EuGVO noch auf die Voraussetzung einer realen Verknüpfung ankommt, ist zweifelhaft. Die grenzüberschreitende Anerkennungsfähigkeit und Vollstreckbarkeit nach Unionsrecht ist für einstweilige Maßnahmen im Anwendungsbereich der EuGVO gänzlich entfallen, soweit die Zuständigkeit des Gerichts über Art. 35 i.V.m. nationalem Recht begründet wird. Der Zweck der bisherigen Rechtsprechung lag aber gerade darin, die grenzüberschreitende Vollstreckbarkeit und damit zusammenhängend ein forum shopping auszuschließen.[228] Diese Gefahr besteht nach aktueller Rechtslage nicht mehr.[229] Solche Maßnahmen können mit dem neuen Entscheidungsbegriff nur noch im jeweiligen Mitgliedstaat vollstreckt werden, in dem sie erlassen wurden. Eine grenzüberschreitende Anerkennung bzw. Vollstreckung kommt daneben nur nach autonomem einzelstaatlichem Recht in Betracht (vgl. ErwG 33 EuGVO). Dieses will die EuGVO ausdrücklich nicht einschränken. Zumindest für den Arrest sollte daher zukünftig auf das Erfordernis der realen Verknüpfung verzichtet werden.[230]

c) *Folgen der Rechtshängigkeit des Hauptsacheverfahrens für die Wahlmöglichkeit*

Grundsätzlich wird die Möglichkeit, über Art. 35 EuGVO auf die nationalen Zuständigkeitsregelungen zurückzugreifen, nicht durch die tatsächliche An-/ Rechtshängigkeit des Hauptsacheverfahrens eingeschränkt.[231] Nicht ganz klar ist

225 Garber, S. 157; Willeitner, S. 119 ff.

226 Willeitner, S. 121 m.w.N.

227 Garber, S. 157.

228 Nagel/Gottwald, § 17 Rn. 16; Rauscher/Leible, Art. 35 Brüssel Ia-VO Rn. 26.

229 Domej, RabelsZ 78 (2014), 508, 543 f; Rauscher/Leibe, Art. 35 Brüssel Ia-VO Rn. 27.

230 Domej, RabelsZ 78 (2014), 508, 544; dies., in Bonani/Schmid, S. 105, 127 f; zweifelnd Rauscher/Leible, Art. 35 Brüssel Ia-VO Rn. 27; aA Saenger/Dörner, Art. 35 EuGVVO Rn. 7; Wagner, TranspR 2015, 45, 52; v. Hein, RIW 2013, 97, 107; Weller, GPR 2012, 34, 43 f (noch zum Entwurf).

231 EuGH ECLI:EU:C:1998:543 – Van Uden Rn. 29, 34; Garber, S. 96, 175 f.

dies dagegen bezüglich der hypothetischen Hauptsachegerichte, die zwar nach der EuGVO zuständig wären, jedoch in einem bereits anhängigen Hauptsacheverfahren nicht angerufen wurden.[232]

Der EuGH hat sich zu dieser Frage – soweit ersichtlich – bisher nicht geäußert. Im Rahmen der Altfassung der Verordnung sprach für die Zulässigkeit solcher fiktiver Hauptsachegerichtsstände, dass so empfindliche Rechtschutzlücken im nicht harmonisierten, einstweiligen Rechtschutz geschlossen werden könnten.[233] Mit der Neufassung der EuGVO hat der Gesetzgeber die Anerkennungsvoraussetzungen für einstweilige Maßnahmen aber angeglichen. Es stellt sich die Frage, ob zumindest nunmehr eine Beschränkung des Wahlrechts auf das angerufene Hauptsachegericht anzunehmen ist.

Aus den Entscheidungen „Van Uden/Deco-Line“[234] und „Mietz/Intership Yachting“[235] schlossen Teile der Literatur bisher auf die Bestrebung des EuGH, das tatsächlich angerufene Hauptsachegericht zu verteidigen bzw. zu stärken. Dementsprechend sollten einstweilige Maßnahmen anderer, ergänzender Gerichte ausschließlich im Gerichtsstaat des rechtshängigen Hauptsacheverfahrens, nicht aber im Ausland erlassen werden können, sofern sie grenzüberschreitend anerkannt und vollstreckbar sein sollen.[236] Dem EuGH geht es in seiner Rechtsprechung aber primär um die Schaffung von Sachnähe.[237] Der Zuständigkeitenkatalog der Art. 4 ff EuGVO n.F. (Art. 2 ff EuGVO a.F.) bietet bereits ein Instrument zur Differenzierung hinsichtlich Sachnähe.[238] Andernfalls wäre einem Gläubiger bei rechtshängigem Hauptsacheverfahren der Weg zu einem nach der EuGVO potentiell zuständigen Gericht im Eilverfahren versagt, während er sich sehr wohl auf die potentiell zuständigen Gerichte nach dem autonomen Recht über Art. 35 EuGVO n.F. (Art. 31 EuGVO a.F.) berufen könnte. Dies scheint widersprüchlich zum verfolgten Ziel des europäischen Gesetzgebers,

---

232 Dafür: Saenger/Dörner Art. 31 EuGVVO Rn. 9; Garber S. 96 ff; Grabinski, GRUR Int 2001, 199, 211; Heinze RIW 2003, 922, 926; Hess/Vollkommer, IPRax 1999, 220, 224; Rauscher/Leible Art. 35 Brüssel Ia-VO Rn. 20; Spellenberg/Leible, ZZPInt 4 (1999), 221, 228; dagegen: Kropholler/v. Hein Art. 31 EuGVO Rn. 11; Schulz, ZEuP 2001, 805, 814; Wolf, EWS 2000, 11, 18.

233 Hess/Vollkommer, IPRax 1999, 220, 224.

234 EuGH ECLI:EU:C:1998:543 – Van Uden.

235 EuGH ECLI:EU:C:1999:202 – Mietz.

236 Vgl. Kropholler/v.Hein Art. 31 EuGVVO a.F. Rn. 11; Schulz, ZEuP 2001, 805, 814.

237 Vgl. auch EuGH ECLI:EU:C:2005:255 – St. Paul Dairy Rn. 14.

238 Spellenberg/Leible, ZZPInt 4 (1999), 221, 228; Tsikrikas, ZZPInt 17 (2012), 293, 303 f; vgl. auch Domej, in: Bonomi/Schmid, S. 105, 129.

dem Zuständigkeitensystem der Art. 4 ff EuGVO eine gestärkte Rolle auch für einstweilige Verfahren zukommen zu lassen, um so dem Forum-Shopping entgegenzuwirken.[239] Gegen eine solche Argumentation kann freilich angeführt werden, dass Entscheidungen von Gerichten, die ihre Zuständigkeit auf Art. 35 EuGVO stützen, umgekehrt keine Titelfreizügigkeit genießen.[240]

Würde man eine Rechtshängigkeitssperre bezüglich anderer potentieller Hauptsachezuständigkeiten nach den Vorschriften der EuGVO annehmen, könnte der effektive Rechtsschutz des Gläubigers allerdings erheblich erschwert werden. Durch eine negative Feststellungsklage des Schuldners in einem Mitgliedstaat, der für ihn eine günstigere Ausgestaltung des einstweiligen Rechtsschutzes bietet, wären einstweilige Maßnahmen leicht zu unterlaufen.[241] Der Gläubiger wäre dann auf einstweilige Verfahren nach Art. 35 EuGVO i.V.m. einzelstaatlichem Recht beschränkt, die keine Titelfreizügigkeit genießen können (vgl. zur Anerkennung und Vollstreckbarkeit § 5), wenn er einstweilige Maßnahmen in einem anderen Mitgliedstaat als demjenigen, in dem die Hauptsache betrieben wird, beantragen wollte. Eine solch einseitige Determinierung des Schutzniveaus durch ein sogenanntes „forum running“[242] des Schuldners beeinträchtigt unangemessen den Anspruch des Gläubigers auf effektiven Rechtsschutz.

4. *Zuständigkeit für Erlass eines europäischen Beschlusses zur vorläufigen Kontenpfändung*

Die Zuständigkeitsregelungen der unionsrechtlichen Kontenpfändungsverordnung sind in Art. 6 EuKpfVO niedergelegt. Es ist danach zu unterscheiden, ob der Antragsteller bereits eine gerichtliche Entscheidung, einen gerichtlichen Vergleich oder eine vollstreckbare öffentliche Urkunde erlangt hat. Eine Legaldefinition der einzelnen Begriffe enthält Art. 4 Nr. 8–10 EuKpfVO.

Soweit Art. 6 EuKpfVO von Zuständigkeit spricht, ist damit die internationale Zuständigkeit gemeint (vgl. ErwG 13).[243] Die örtliche, sachliche und funktionale

---

239 Europäische Kommission, Begründung zum Vorschlag für eine Verordnung des Europäischen Parlaments und des Rates über die gerichtliche Zuständigkeit und die Anerkennung und Vollstreckung von Entscheidungen in Zivil- und Handelssachen (KOM (2010) 748 endgültig, S. 10.

240 Ebenso: Heinze, RabelsZ 75 (2012), 581, 608.

241 Garber, S. 98; Domej, in: Bonomi/Schmid, S. 105, 129.

242 Domej, in: Bonomi/Schmid, S. 105, 129.

243 Vgl. auch BT-Drs. 18/7560, S. 41.

Zuständigkeit ist dagegen nach einzelstaatlichem Recht zu bestimmen.[244] Etwas anderes gilt nur, wenn das Unionsrecht ausnahmsweise neben der internationalen auch die örtliche Zuständigkeit festlegt (so etwa in Art. 7 Nr. 1-5, 7, Art. 8 EuGVO und Art. 3 lit. a und b EuUnthVO).[245] In diesen Fällen bestimmt sich auch die örtliche Zuständigkeit zum Erlass eines europäischen Kontopfändungsbeschlusses nach den unionsrechtlichen Vorgaben.[246]

Die örtliche und sachliche Zuständigkeit für den Erlass eines Beschlusses zur vorläufigen Kontenpfändung nach der EuKpfVO regelt der deutsche Gesetzgeber in § 946 ZPO[247]. Demnach ist in Übereinstimmung mit den §§ 919 Alt. 1, 930 Abs. 1 S. 3 ZPO das Gericht der Hauptsache entsprechend den §§ 943 und 944 ZPO zuständig für den Erlass des Beschlusses. Bei anhängiger Hauptsache ist dasjenige Gericht als Gericht der Hauptsache anzusehen, bei dem diese zur Zeit der Antragstellung schwebt.[248]

Soweit die Verordnung selbst nur die internationale Zuständigkeit regelt, müssen die Gerichte nach den Regeln der EuKpfVO auch nur diese von Amts wegen prüfen (vgl. Art. 17 Abs. 1 EuKpfVO); inwieweit darüber hinaus die sachliche und örtliche Zuständigkeit zu prüfen sind, ist dem einzelstaatlichen Recht zu entnehmen.[249] Etwas anderes kann nur gelten, wenn die Verweisung auf europäische Zuständigkeitsregeln nicht nur die internationale, sondern ausnahmsweise auch die örtliche Zuständigkeit umfasst. Dann erstreckt sich die Prüfungspflicht aus Art. 17 Abs. 1 EuKpfVO auch auf letztere.

a) Zuständigkeit der Hauptsachegerichte

Bevor der Gläubiger einen Titel in der Hauptsache erlangt, mit dem der Schuldner aufgefordert wird die Forderung des Gläubigers zu erfüllen, bestimmt sich die internationale Zuständigkeit für den Erlass eines europäischen Kontenpfändungsbeschlusses nach Art. 6 Abs. 1 EuKpfVO. Dies betrifft sowohl Verfahren, in denen das Hauptsacheverfahren noch nicht eingeleitet wurde, als auch

244 Nunner-Krautgasser, in: Hess, Anerkennung, S. 125, 136; Cranshaw, DZWIR 2012, 399, 404.

245 Dazu Schack, IZVR, Rn. 217; Adolphsen, S. 55 Rn. 52.

246 Rauscher/Rauscher/Wiedemann, Art. 6 EU-KPfVO Rn. 21.

247 Neu eingeführt mit Gesetz zur Durchführung der Verordnung (EU) Nr. 655/2014 sowie zur Änderung sonstiger zivilprozessualer, grundbuchrechtlicher und vermögensrechtlicher Vorschriften und zur Änderung der Justizbeitreibungsordnung (EuKoPfVODG) vom 21.11.2016 (BGBl. 2016 I, S. 2591 ff.).

248 BT-Drs. 18/7560, S. 41.

249 Rauscher/Rauscher/Wiedemann, Art. 6 EU-KPfVO Rn. 24 f.

Verfahren, bei denen die Hauptsache bereits anhängig ist, der Gläubiger aber noch keinen Titel erwirkt hat. Die internationale Zuständigkeit folgt den einschlägigen Zuständigkeitsvorschriften für die Hauptsacheentscheidung (Art. 6 Abs. 1 EuKpfVO).

Unter den anzuwendenden Vorschriften sind die einschlägigen Unionsrechtsakte und das autonome Recht der Mitgliedstaaten zu verstehen.[250] Primär sind damit die Regelungen der EuGVO und der EuUnthVO gemeint.[251] Ziel der Zuständigkeitsregelungen der EuGVO ist es, Rechtssicherheit zu schaffen, indem sowohl der Kläger ohne weiteres feststellen kann, welches Gericht er anrufen muss, als auch der Beklagte die Gerichte, vor denen er verklagt werden könnte, vorhersehen kann.[252] Eine solche Zielsetzung ist aber nicht zwingend auf den einstweiligen Rechtsschutz übertragbar, denn hier steht insbesondere die vorläufige Sicherung durch möglichst schnelle Schutzmöglichkeiten im Vordergrund. Kritische Überlegungen, wonach die Vorhersehbarkeit bei Hauptsacheverfahren und vorläufigem Sicherungsverfahren nicht zwingend gleichläuft,[253] setzten sich aber dennoch nicht durch.

Obwohl der sachliche Anwendungsbereich der EuKpfVO weitgehend mit dem der EuGVO und der EuUnthVO übereinstimmt, deckt das Zuständigkeitsregime der einschlägigen Unionsrechtsakte nicht alle Zuständigkeitskonstellationen ab, die in den Anwendungsbereich der EuKpfVO fallen. Hat der Schuldner etwa keinen Wohnsitz in einem Mitgliedstaat, ist die Hauptsachezuständigkeit gemäß Art. 6 Abs. 1 EuGVO nicht mittels EuGVO bestimmbar, es sei denn, es liegt zugleich eine der dort aufgeführten Ausnahmen vor. Die EuKpfVO ist dagegen ungehindert auch dann einschlägig, wenn der Schuldner seinen (Wohn-) Sitz im Drittstaat hat (vgl. Art. 3 Abs. 1 i.V.m. Art. 4 Nr. 7, 28 Abs. 4 EuKpfVO). Decken sich der Anwendungsbereich der EuGVO und EuUnthVO nicht mit dem der EuKpfVO, sind die autonomen Zuständigkeitsvorschriften zur Bestimmung des Hauptsachegerichts aus der Verweisung in Art. 6 EuKpfVO zu folgern. Darüber hinaus soll kein eigenständiger Anwendungsbereich einzelstaatlicher Regelungen der internationalen Zuständigkeit bestehen.[254]

---

250 Europäische Kommission, Begründung zu KOM(2011) 445 endgültig, S. 7.

251 Hess/Raffelsieper, IPRax 2015, 45, 47; Rauscher/Rauscher/Wiedemann, Art. 6 EU-KPfVO Rn. 6.

252 EuGH ECLI:EU:C:2002:499 – Tacconi Rn. 20; ECLI:EU:C:2002:99 – Besix Rn. 25 f; ECLI:EU:C:1997:168 – Farrell Rn. 13.

253 Max Planck Working Group, ECFR 2007, 252, 270.

254 Vgl. Domej, ZEuP 2013, 496, 499 f.

b) *Keine originäre Zuständigkeit am Belegenheitsort*

Eine Zuständigkeit in dem Mitgliedstaat, in dem das zu pfändende Bankkonto belegen ist, besteht – dem Wortlaut der Vorschrift nach – nicht (mehr). Anders regelte dies noch der Kommissionsentwurf in Art. 6 Abs. 3 EuKpfVO-E. Danach sollte sich der Gläubiger wahlweise auf eine Zuständigkeit der Gerichte im Belegenheitsmitgliedstaat des Bankkontos stützen dürfen. Im Falle einer Entscheidung durch Gerichte im Belegenheitsmitgliedstaat, wäre dem Pfändungsbeschluss dann aber nur beschränkte Freizügigkeit zugekommen. Wie sich aus Art. 23 EuKpfVO-E ergibt, galt die grenzüberschreitende Anerkennung und Vollstreckung ohne zusätzliches Exequaturverfahren nicht für Fälle, in denen die Zuständigkeit des Gerichts für den europäischen Kontopfändungsbeschluss auf Art. 6 Abs. 3 EuKpfVO-E beruht.[255] So wollte man die Gefahr eines „Forum-Shopping" einschränken.[256]

Die Idee der zusätzlichen Zuständigkeit am Belegenheitsort war von Anbeginn des Gesetzesvorhabens ein zentraler Streitpunkt.[257] Schon die Stellungnahmen zur entsprechenden Frage 9 des Grünbuchs KOM (2006) 618 ließen keine einheitliche Position erkennen.[258] Die Abkehr von diesem Gerichtsstand geht auf das Europäische Parlament und den Rat der Europäischen Union zurück.[259] Zwar wird das Gericht am Belegenheitsort – angesichts der Nähe zum Vollstreckungsgegenstand – als am besten geeignet erachtet, in besonders dringenden Fällen die Umstände zu beurteilen, auf die es für die Bewilligung oder Versagung der beantragten Maßnahme ankommt.[260] Die Abkoppelung vom

---

255 Vgl. Europäische Kommission, Begründung zum VO-E KOM(2011) 445 endgültig, S. 7.

256 Europäische Kommission, Begründung zum VO-E KOM(2011) 445 endgültig, S. 7; Harbeck, ZInsO 2012, 805, 807.

257 Vgl. etwa Harbeck, ZInsO 2012, 805, 807; Schimrick, S. 290 ff; Häcker, WM 2012, 2180; Rat der EU, Vermerk der Delegation des Vereinigten Königreichs vom 13.8.2012, 13140/12, S. 5; Rat der EU, Vermerk der niederländischen Delegation vom 27.8.2012, 13140/12 ADD 3, S. 3 f; Rat der EU, Vermerk der französischen Delegation vom 13.9.2012, 13140/12 ADD 13, S. 6; Rat der EU, Vermerk der lettischen Delegation vom 10.9.2012, 13140/12 ADD 12, S. 5;.

258 Vgl. v. Hein, ECFR 2007, 301, 304 f.

259 Vgl. Rechtsausschuss des Europäischen Parlaments, Bericht mit Empfehlungen an die Kommission vom 14.4.2011, A7-0147/2011, S. 6; Rat der EU, Vermerk vom 27.9.2013, 14119/13, S. 1, 4 Fn. 1.

260 EuGH ECLI:EU:C:1980:130 – Denilauler Rn. 16; Max Planck Working Group, ECFR 2007, 252, 268.

Hauptsachegericht, birgt aber die Gefahr unterschiedlicher rechtlicher Bewertungen.[261] Dies gilt im Fall der EuKpfVO sowohl im Verhältnis der Hauptsache zum vorläufigen Sicherungsverfahren, als auch zwischen mehreren Gerichten, die in vorläufigen Sicherungsverfahren zuständig sind.[262] Vergleichbare nationale Regelungen (etwa § 919 Alt. 2 ZPO oder Art. 1110^3 § 2 KPC), die zu einer Zuständigkeitskonkurrenz zwischen Hauptsachegericht und Gericht am Belegenheitsort führen, begründen hingegen kein vergleichbares Risiko sich widersprechender Entscheidungen. In rein nationalen Konkurrenzsituationen ist die Gefahr abweichender Entscheidungen deutlich geringer, da die Gerichte in derselben Rechtstradition stehen, denselben Verfahrensregeln folgen und ihr eigenes materielles Recht anwenden.[263] Im Anwendungsbereich der EuKpfVO muss mindestens eines der Gerichte bei der Beurteilung des Antrags ausländisches Recht anwenden. Mit der kurz bemessenen Fristenregelung (vgl. Art. 18 Abs. 1 EuKpfVO) wäre dies nur schwer zu vereinbaren.[264] Hess hält die parallele Zuständigkeit im Vollstreckungsmitgliedstaat gar für überflüssig. Das Schutzbedürfnis soll hier bereits durch Art. 35 EuGVO i.V.m. den nationalen Prozessrechten abgedeckt sein.[265]

c) Abgeleitete Zuständigkeit am Belegenheitsort und exorbitante Gerichtsstände

Soweit Art. 6 Abs. 1 EuKpfVO auf die Hauptsache abstellt, stellt sich die Frage, was darunter zu verstehen ist. Den Begriff „Verfahren in der Hauptsache" erläutert Erwägungsgrund 13 EuKpfVO. Hierzu gehören alle Verfahren, die darauf gerichtet sind, einen vollstreckbaren Titel über die zugrunde liegende Forderung zu erwirken, einschließlich summarischer Mahnverfahren oder Verfahren wie etwa der französischen einstweiligen Anordnung (procédure de référé). Das vorangestellte „wie" lässt auf die bloße Beispielhaftigkeit der genannten einstweiligen Anordnung schließen.

Das französische procédure de référé (Art. 484 ff NCPC) ist eine Maßnahme auf dem Gebiet des einstweiligen Rechtsschutzes, die zwingend in einem kontradiktorischen Verfahren ergeht.[266] Die einstweiligen Maßnahmen „ordonnances

261 BR-Drs. 426/11 (Beschluss), S. 2; Deutscher Richterbund, Stellungnahme vom 01.03.2012, S. 2 f; Häcker, WM 2012, 2180, 2183 f; Harbeck, ZInsO 2012, 805, 807.

262 Vgl. BR-Drs. 426/11 (Beschluss), S. 2.

263 BR-Drs. 426/11 (Beschluss), S. 2; Max Planck Working Group, ECFR 2007, 252, 269; Häcker, WM 2012, 2180, 2184; Harbeck, ZInsO 2012, 805, 807.

264 Vgl. Häcker, WM 2012, 2180, 2184.

265 Hess, § 10 Rn. 163.

266 Vgl. dazu Wannenmacher, S. 47 ff.

de référé" können in den vorgesehenen Fällen auch von einem Richter angeordnet werden, der nicht in der Hauptsache zuständig ist.[267] Die EuKpfVO unterstellt damit auch einzelstaatliche Verfahren, die nur der Sicherung des Hauptsacheanspruchs dienen, diesem Begriff. Anders als in Art. 2 lit. a UAbs. 2 EuGVO hat der Gesetzgeber auf eine klarstellende Definition verzichtet. Die einzelstaatlichen Vorschriften zur internationalen Zuständigkeit der Gerichte im einstweiligen Rechtsschutzverfahren werden durch die EuGVO nicht ausgeschlossen (vgl. Art. 35 EuGVO). Soweit die EuKpfVO daher auf die EuGVO verweist und diese wiederum den Rückgriff auf einzelstaatliches Recht eröffnet, erscheint es denkbar, einstweiligen Verfahren in den jeweiligen Mitgliedstaaten uneingeschränkt dem Begriff des Hauptsacheverfahrens zu unterstellen. Rauscher/Wiedemann sehen auch das deutsche Arrestverfahren als mögliche Hauptsache.[268] Ein so breites Verständnis ermöglicht Zuständigkeiten, die im System der EuGVO gerade nicht oder zumindest nur eingeschränkt gewollt sind, was insbesondere hinsichtlich der verbreiteten Zuständigkeiten am Belegenheitsort der zu pfändenden Forderung oder am Ort des Vermögens gilt, wie sie im deutschen (vgl. § 919 Alt. 1 i.V.m. § 23 ZPO sowie § 919 Alt. 2 ZPO) und im polnischen Recht (vgl. Art. 1110^3 § 2 KPC) vorgesehen sind.

aa) Einstweilige Maßnahmen als maßgebliche Hauptsacheverfahren

Ein solches Verständnis des Begriffs erscheint zumindest zweifelhaft. Wie aus Art. 5 ff EuKpfVO folgt, teilt die Verordnung das Verfahren zur Erwirkung eines europäischen Beschlusses zur vorläufigen Pfändung generell in zwei Kategorien. Auf der einen Seite stehen die Stadien vor und während des Hauptsacheverfahrens bis zur Erwirkung des entsprechenden Titels (Art. 5 lit. a EuKpfVO), auf der anderen Seite wiederum das Stadium, nachdem der Gläubiger einen solchen Titel erwirkt hat, der den Schuldner auffordert, die Forderung des Gläubigers zu erfüllen (Art. 5 lit. b EuKpfVO). Entscheidend ist damit, ob der Gläubiger einen Titel erwirkt hat, aus dem der Schuldner (zumindest vorübergehend) zur Leistung verpflichtet wird. Hieran muss sich der Hauptsachebegriff nach Art. 5 lit.a EuKpfVO, aber auch der daran anschließenden Vorschriften ausrichten (vgl. Art. 6 Abs. 1, 3, Art. 7 Abs. 2, Art. 18 Abs. 2 lit. g (ii), lit. i, Art. 10 Abs. 1, Art. 12, Art. 14 Abs. 1, Art. 15 Abs. 2, Art. 18 Abs. 1, 2 EuKpfVO). Zu einer solchen Entscheidung kann das französischen référé-Verfahren führen, das in einem vorläufig vollstreckbaren Urteil mündet.[269] Ein Arrest wie ihn §§ 916 ff ZPO vorsehen,

---

267 Wannenmacher, S. 47; Morbach, S. 129 f.

268 Rauscher/Rauscher/Wiedemann, Art. 10 EU-KPfVO Rn. 4.

269 Wannenmacher, S. 48 ff; Morbach, S. 133.

entspricht dieser Voraussetzung dagegen nicht. Nach deutschem Verfahrensrecht kommt allenfalls die Leistungsverfügung als vorübergehende Maßnahme in Betracht, in Polen eine regelnde Maßnahme (zabezpieczenie nowacyjne)[270], nicht jedoch ein Sicherungsbeschluss in Form einer erhaltenden Maßnahme wie der Kontenpfändung (zabezpieczenie konserwacyjne).

bb) „Vollstreckbare" Hauptsachetitel

Erfasst werden solche Verfahren aber nur, wenn sie darauf gerichtet sind, einen „vollstreckbaren" Titel zu erwirken (vgl. ErwG 13 EuKpfVO). Die Verordnung regelt selbst nicht, was hierunter zu verstehen ist, insbesondere in welchem Staat der Titel vollstreckbar sein muss. Nahe liegt es zunächst, auf die Vollstreckbarkeit im Vollstreckungsmitgliedstaat (i.S.v. Art. 4 Nr. 12 EuKpfVO) abzustellen, d.h. in dem Staat in dem das Konto geführt wird (Art. 4 Nr. 4 EuKpfVO) und in dem der EuKpfVO vollstreckt werden soll.[271] Der europäische Kontopfändungsbeschluss soll gerade die dortige Vollstreckung eines anschließenden Hauptsacheverfahrens sichern.

Seit der Novellierung der EuGVO sind gerichtliche Entscheidungen weitgehend grenzüberschreitend anerkennungsfähig und vollstreckbar, ohne dass es eines weiteren Exequaturverfahrens bedürfte (vgl. Art. 2 lit. a UAbs. 1 i.V.m. Art. 36 ff, 39 ff EuGVO; gleiches gilt im Rahmen der Art. 2 Abs. 1 Nr. 1 i.V.m. Art. 17 EuUnthVO).[272] Unstimmigkeiten bereiten aber die von Erwägungsgrund 13 eingeschlossenen einstweiligen Rechtsschutzverfahren bzw. die hieraus resultierenden Entscheidungen. Ihnen kommt nur dann die gleiche Freizügigkeit zuteil, wenn sie von einem Gericht erlassen werden, das seine Zuständigkeit in der Hauptsache aus der EuGVO herleitet (Art. 2 lit. a UAbs. 2 S. 1 EuGVO).[273] Eine Belegenheitszuständigkeit sieht die EuGVO selbst nicht vor (s.o.).

---

270 Dazu Jankowski/Muliński, Vor. Art. 730 KPC Rn. 5.

271 Vgl. Rauscher/Rauscher/Wiedemann, Art. 10 EU-KPfVO Rn. 4, aber widersprüchlich zu Art. 7 EU-KPfVO Rn. 3 und Art. 9 EU-KPfVO Rn. 16; so bereits zum Entwurf: Domej, ZEuP 2013, 496, 499.

272 Saenger/Dörner, Art. 39 EuGVVO Rn. 2.; eine Ausnahme gilt für Exequaturentscheidungen, vgl. Rauscher/Rauscher/Wiedemann, Art. 4 EU-KPfVO Rn. 23; solche sind auch keine Entscheidungen i.S.v. Art. 2 lit. a EuGVO, vgl. zur Vorgängervorschrift MüKoZPO/Gottwald, Art. 32 EuGVO a.F. Rn. 13.

273 Dazu Magnus/Mankowski, ZVglRWiss 110 (2011), 252, 290 f; im Bereich der EuUnthVO selbst stellt sich das Problem angesichts der abschließenden Zuständigkeitsregelung nicht (Art. 14 EuUnthVO).

Soll mit dem europäischen Kontenpfändungsbeschluss folglich ein Konto in einem anderen Mitgliedstaat gepfändet werden als demjenigen, in dem sich das angegangene Gericht befindet, muss die Zuständigkeit zwingend unionsrechtlich bestimmt werden. Anderenfalls kann das hypothetische (oder bereits anhängige) Hauptsacheverfahren nicht in einem vollstreckbaren Titel münden. Gleiches gilt, wenn der Gläubiger mit dem europäischen Kontenpfändungsbeschluss mehrere Konten in unterschiedlichen Mitgliedstaaten pfänden möchte. Wird nur eines der Konten außerhalb des Ursprungmitgliedstaats (i.S.v. Art. 4 Nr. 11 EuKpfVO) geführt, kann die hypothetische (oder bereits anhängige) Hauptsacheentscheidung dort nicht vollstreckt werden. Eine rein nationale Zuständigkeit am Belegenheitsort kann daher allenfalls die Zuständigkeit zum Erlass eines europäischen Kontenpfändungsbeschlusses begründen, wenn der europäische Beschluss ausschließlich im Ursprungsmitgliedstaat vollzogen werden soll. Nur in diesen Fällen kann es zu einer Entscheidung im Hauptsacheverfahren kommen, die im gleichen Mitgliedstaat vollstreckbar ist, in dem auch der europäische Kontenpfändungsbeschluss ausgeführt werden soll.

Solche Entscheidungen sind angesichts des räumlich-sachlichen Anwendungsbereichs nicht ausgeschlossen. Der Gläubiger müsste hierfür seinen Wohnsitz im Mitgliedstaat A haben und den Erlass der europäischen Sicherungsmaßnahme nach der EuKpfVO im Mitgliedstaat B, in dem sich auch das einzige zu pfändende Konto befindet, beantragen. Zugleich müsste das nationale Recht des Mitgliedstaats B die internationale Zuständigkeit seiner Gerichte für den Erlass einer einstweiligen Maßnahme vorsehen, durch die der Schuldner zur Erfüllung der Forderung verpflichtet wird.

Doch kann eine solche rein national begründete internationale Zuständigkeit genügen? Sie ist jedenfalls nicht generell ausgeschlossen. Soweit Art. 6 Abs. 1 EuKpfVO auf die einschlägigen anzuwendenden Zuständigkeitsvorschriften für die Entscheidung in der Hauptsache abstellt, ist dadurch der Weg zu den einzelstaatlichen Belegenheitsgerichtsständen über Art. 35 EuGVO grundsätzlich nicht versperrt.[274]

Hiergegen sprechen zunächst die Entstehungsumstände der betroffenen Regelung und der Erwägungsgründe. Die Ausweitung des Begriffs „Verfahren in der Hauptsache" auch auf einstweilige Maßnahmen i.R.d. Erwägungsgrundes 13 EuKpfVO lässt sich auf die Ausführungen der französischen Delegation im Rat der Europäischen Union zurückführen.[275] Zwar wollte diese ebenfalls auf

274 Europäische Kommission, Begründung zu KOM(2011) 445 endgültig, S. 7.

275 Rat der EU, Vermerk der französischen Delegation vom 13.9.2012, 13140/12 ADD 13, S. 6.

die Vorschriften im Vollstreckungsmitgliedstaat abstellen („Jurisdiction for issuing an EAPO shall lie with the courts of the Member State where the courts have jurisdiction for hearing the dispute the rules on jurisdiction applicable in that State"). Dabei ging es aber lediglich darum, auch solche Entscheidungen, die nach der EuGVO grenzüberschreitend anerkennungsfähig und vollstreckbar sind – ohne zugleich Entscheidungen in der Hauptsache zu sein – einzuschließen („However, it is important to bear in mind that a court can issue an enforceable title without deciding on the substance and that, under the revised Brussels I Regulation, that judgment will be recognised and enforced without any further formalities. The same applies to provisional measures and notably, in the context of French law, to ordonnances de référés (interim orders)"). Für eine Ausweitung auf alle einzelstaatlichen Verfahren des einstweiligen Rechtsschutzes spricht dies nicht. Ebenso wäre mit einer Zulassung einzelstaatlicher Vorschriften die weitläufige Diskussion und die letztliche Entscheidung des europäischen Parlaments gegen die Belegenheitszuständigkeit praktisch umgangen. Dabei legt gerade Letzteres den Schluss nahe, dass eine solche Zuständigkeit erst Recht nicht mittels einzelstaatlichen Verfahrensrechts begründet werden soll. Dies könnte umso mehr gelten, als die ursprüngliche originäre Belegenheitszuständigkeit nach Art. 6 Abs. 3 EuKpfVO-E nur eine begrenzte Freizügigkeit der hierauf gestützten Entscheidungen ausdrücklich vorsah. Diese Norm ist zusammen mit der Zuständigkeitsvorschrift entfallen. Eine dem Art. 23 EuKpfVO-E vergleichbare Einschränkung ist nicht mehr vorgesehen.

Dessen bedarf es allerdings auch nicht. Ein europäischer Kontenpfändungsbeschluss kann nicht uneingeschränkt grenzüberschreitend vollstreckt werden, auch wenn Art. 22 EuKpfVO dies suggeriert. Die Freizügigkeit des Beschlusses wird quasi aus sich selbst heraus beschnitten, indem er nur in solchen Mitgliedstaaten vollstreckt werden kann, die vom Gläubiger im Antrag und dem Gericht im Beschluss als Vollstreckungsmitgliedstaaten benannt sind (dazu § 5 D.). Die Gefahr einer Vollstreckung des Beschlusses in Mitgliedstaaten, in denen die Hauptsache nicht vollstreckbar ist, kann also nicht nachträglich eintreten. Beantragt der Gläubiger den Erlass eines europäischen Pfändungsbeschlusses im Mitgliedstaat B und beschränkt er sich darin auf die Pfändung von Konten im Mitgliedstaat B, so kann der europäische Kontenpfändungsbeschluss auch nur in Mitgliedstaat B vollzogen werden. Ziel der europäischen Kontenpfändung ist aber nur die Sicherung der Hauptsachevollstreckung im Vollstreckungsmitgliedstaat. Die internationale Zuständigkeit für einstweilige Maßnahmen, die in einem Mitgliedstaat erlassen und vollstreckt werden, wird auch im Rahmen der EuGVO nicht eingeschränkt (vgl. Art 35 EuGVO). Ebenso muss es im Rahmen der EuKpfVO den Mitgliedstaaten überlassen sein, die internationale

Zuständigkeit ihrer Gerichte für den Erlass der europäischen Sicherungsmaßnahme zu begründen, wenn die Hauptsacheentscheidung (das heißt i.S.v. ErwG 13 EuKpfVO auch die einstweilige Entscheidung) allein innerhalb ihrer Staatsgrenzen vollstreckt werden kann. Demgemäß erscheint es zumindest nicht ausgeschlossen, in dieser stark eingeschränkten Konstellation auch eine einzelstaatlich normierte Belegenheitszuständigkeit zum Erlass eines europäischen Kontenpfändungsbeschlusses mittelbar über die Hauptsachezuständigkeit zuzulassen.

d) Zuständigkeit in mehreren Mitgliedstaaten

Durch den Rückgriff auf die Hauptsachezuständigkeit können mehrere hypothetische Gerichte in unterschiedlichen Mitgliedstaaten international zuständig sein. Im Rahmen der Hauptsachezuständigkeit kann der Gläubiger dann frei zwischen den eröffneten Gerichtsständen wählen, soweit keine ausschließliche Zuständigkeit vorliegt.[276] Ein entsprechendes Wahlrecht muss dem Gläubiger vor Anhängigkeit der Hauptsache auch im Rahmen des europäischen Kontopfändungsverfahrens zustehen.[277] Entscheidet er sich anschließend im Hauptsacheverfahren für eine andere internationale Gerichtszuständigkeit, kann dies angesichts der perpetuatio fori nicht mehr zur Unzuständigkeit bezüglich des Pfändungsverfahrens führen (s.o.). Umgekehrt darf die Wahl nicht die Zuständigkeit in der Hauptsache beschränken. Dadurch können Hauptsache- und einstweiliges Verfahren auseinanderfallen, was aber dem erklärten Ziel der engen Verbindung (ErwG 13 EuKpfVO) widerspricht.

Ob das Wahlrecht darüber hinaus gelten soll, wenn der Schuldner zwar noch keinen Titel erlangt hat, die Hauptsache aber bereits anhängig gemacht wurde, regelt die Verordnung nicht ausdrücklich. Aus dem Verweis auf die einschlägigen anzuwendenden Zuständigkeitsvorschriften folgt grundsätzlich auch die Beachtlichkeit von Art. 29 Abs. 3 EuGVO. Danach muss sich jedes potentiell (nach der EuGVO) zuständige Hauptsachegericht für unzuständig erklären, sobald die Zuständigkeit des vorher angerufenen Gerichts feststeht.

Hieraus ließe sich annehmen, die Unzuständigkeit schlage auch auf die das europäische Kontopfändungsverfahren durch. Dann wäre ein Pfändungsverfahren vor anderen Gerichten als denjenigen des Mitgliedstaats, vor dem das Hauptsacheverfahren anhängig ist, unzulässig. Dies entspricht der angestrebten engen Verbindung zwischen Hauptsache- und vorläufigem Rechtsschutzverfahren

276 BGH NJW 2011, 2515 Rn. 29 m.w.N.

277 So auch Rauscher/Rauscher/Wiedemann, Art. 6 EU-KPfVO Rn. 8.

(ErwG 13 EuKpfVO). Bedenken, wie im Rahmen der EuGVO, es könnte zu einem „forum running" kommen, bei dem der Gläubiger durch eine negative Feststellungsklage an ein für ihn „ungünstiges" Regime des einstweiligen Rechtsschutzes gebunden wird, können im Rahmen der EuKpfVO keine Rolle spielen. Hier gelten in allen Mitgliedstaaten die gleichen Erlassbedingungen. Andernfalls könnte zum Beispiel ein Gläubiger mit Wohnsitz in Deutschland ein Hauptsacheverfahren gegen den in Polen sesshaften Schuldner vor deutschen Gerichten betreiben (unterstellt, eine Zuständigkeit kommt hier in Betracht), aber einen europäischen Kontenpfändungsbeschluss durch ein polnisches Gericht erwirken (soweit eine ausschließliche Zuständigkeit dies nicht verhindert). Wären die Gerichte des Mitgliedstaates, in dem der Hauptsacheprozess geführt wird, auch für den Erlass des europäischen Kontenpfändungsbeschlusses ausschließlich zuständig (was dem Willen des europäischen Gesetzgebers entspricht), könnte ein solcher Beschluss durch ein polnisches Gericht dagegen nicht erlassen werden. So aber handelt es sich in diesem Fall nicht um einen rein inländischen, sondern einen grenzüberschreitenden Sachverhalt i.S.v. Art. 3 EuKpfVO.[278] Dadurch wäre nicht nur die Gefahr widersprüchlicher Entscheidungen erhöht, mit dem europäischen Kontenpfändungsbeschluss könnten auch eventuell strengere Voraussetzungen des autonomen einstweiligen Rechtsschutzes umgangen werden.

Denkbar erscheint es dennoch, eine derartige Begrenzung abzulehnen.[279] Derselbe unerwünschte Effekt tritt bereits bei hypothetischer Zuständigkeit mehrerer Gerichte unterschiedlicher Mitgliedstaaten vor Rechtshängigkeit der Hauptsache auf. Auch hier kann der Gläubiger zunächst ein Kontenpfändungsverfahren nach der EuKpfVO im Ausland vor einem potentiellen Hauptsachegerichtsstand betreiben und während des Verfahrens oder nach Erwirkung des Beschlusses ein Hauptsacheverfahren in seinem eigenen Wohnsitzmitgliedstaat (die Zuständigkeit unterstellt) einleiten. Zudem spricht die Systematik des Art. 6 EuKpfVO dafür, eine Einschränkung wegen der Rechtshängigkeit der Hauptsache abzulehnen. Die Konstellation der rechtshängigen Hauptsache ist zusammen mit dem Fall geregelt, in dem noch gar kein Hauptverfahren in Gang gesetzt wurde. Vor Einleitung des Hauptverfahrens steht dem Gläubiger unzweifelhaft ein Wahlrecht zu. Aufgrund der einheitlichen Regelung liegt es nahe, diese Konstellationen gleich zu behandeln und dem Gläubiger in beiden Fällen das Wahlrecht zwischen den Hauptsachegerichtsständen zuzugestehen.

278 Dazu bereits § 3B.

279 Zweifelnd Rauscher/Rauscher/Wiedemann, Art. 6 EU-KPfVO Rn. 8.

Eine ausdrückliche Beschränkung auf ein bestimmtes Hauptsachegericht regelt der Gesetzgeber ausschließlich in Fällen des Art. 6 Abs. 3 EuKpfVO, also nur dann, wenn der Gläubiger bereits einen Titel erlangt hat. Der Gesetzgeber hätte diese Konstellation ohne weiteres auch unter Abs. 3 oder in einer vergleichbaren Formulierung in einem eigenen Absatz fassen können. Darauf hat er bewusst verzichtet, wie der Vergleich mit dem Kommissionsentwurf zeigt. Danach sollte bei einer Zuständigkeitskonkurrenz mehrerer Hauptsachegerichte, auf den Mitgliedstaat abgestellt werden, in dem der Antragsteller die Hauptsache anhängig gemacht hat oder dies zumindest beabsichtigte (Art. 6 Abs. 2 S. 2 EuKpfVO-E). Die Streichung dieser Passage[280] legt die Vermutung nahe, dass eine Beschränkung nicht gelten soll.

Auch Art. 8 Abs. 2 lit. h EuKpfVO spricht gegen eine Beschränkung. Hat der Gläubiger noch keinen Titel in der Hauptsache erwirkt, muss er nach Art. 8 Abs. 2 lit. h (i) EuKpfVO die Umstände darlegen, aus denen sich die Zuständigkeit des angegangenen Gerichts ergibt. Kumulativ dazu hat er gemäß Art. 8 Abs. 2 lit. h (iii) EuKpfVO) auch eine Erklärung abzugeben, ob er bereits ein Hauptsacheverfahren eingeleitet hat. Auch hier unterlässt der Gesetzgeber eine eigenständige Regelung der Sachverhalte, in denen die Hauptsache bereits anhängig ist. Eine Begründungspflicht der gerichtlichen Zuständigkeit ist für diese Fälle nur sinnvoll, wenn durch die bloße Einleitung des Hauptsacheverfahrens nicht bereits die Zuständigkeit für die vorläufige Pfändung nach der EuKpfVO indiziert wird.

e) Besonderheit in Verbrauchersachen

Eine Sonderregelung zum Schutz des Schuldners sieht Art. 6 Abs. 2 EuKpfVO vor. Ist dieser Verbraucher und liegt der Forderung gegen ihn ein Vertrag zugrunde, den er nicht im Zusammenhang mit einer beruflichen oder einer gewerblichen Tätigkeit geschlossen hat, so sind ausschließlich die Gerichte des Mitgliedstaats zuständig, in dem der Schuldner seinen Wohnsitz hat. Der

280 Eine Begründung der Änderung ist nicht ersichtlich, vgl. etwa Rechtsausschuss des Europäischen Parlaments, Entwurf eines Berichts vom 05.02.2013, 2011/0204(COD), Änderungsantrag 17, S. 13 f; dagegen wollten einige Mitgliedstaaten hier sogar objektive Kriterien aufstellen, so etwa die deutsche, österreichische und rumänische Delegation: Rat der EU, Vermerk der deutschen Delegation vom 28.12.2012, 13140/12 ADD 6, S. 8; Rat der EU, Vermerk der österreichischen Delegation vom 28.12.2012, 13140/12 ADD 2, S. 4 f; Rat der EU, Vermerk der rumänischen Delegation vom 3.9.2012, 13140/12 ADD 7, S. 3.

Begriff des Verbrauchers ist autonom auszulegen.[281] Dabei kann weitgehend auf den Begriff in Art. 17 EuGVO zurückgegriffen werden.[282] Bei Schuldnern mit Wohnsitz in einem Drittstaat kann die Vorschrift daher nicht die internationale Zuständigkeit drittstaatlicher Gerichte begründen.

Wie der Formulierung „Ungeachtet des Absatzes 1" zu entnehmen ist, handelt es sich bei Art. 6 Abs. 2 EuKpfVO um eine Ausnahmeregelung zu Art. 6 Abs. 1 EuKpfVO. Hat der Gläubiger bereits einen vollstreckbaren Titel erlangt (Art. 6 Abs. 3 EuKpfVO), findet dieser ausschließliche Verbrauchergerichtsstand keine Anwendung.[283] International zuständig sind dann die Gerichte des Mitgliedstaats, in dem die Entscheidung erlassen wurde oder der gerichtliche Vergleich gebilligt oder geschlossen wurde. Dies entspricht dem Entwurf einer legislativen Entschließung des Europäischen Parlaments.[284] Demnach war eine entsprechende Regelung nur im ersten Abschnitt (Art. 6 Abs. 4 des Entwurfs) vorgesehen, der das Verfahren vor Erlangung eines vollstreckungsfähigen Titels regeln sollte, nicht aber in Abschnitt 2 (vgl. Art. 14 des Entwurfs), der das Verfahren bei vorhandenem Titel betraf.

Der Wortlaut der Vorschrift legt nahe, die Zuständigkeitsregel auch unter Verbrauchern anzuwenden. Sie stellt lediglich auf den Schuldner ab, ohne genauere Aussagen zum Gläubiger zu treffen. Eine vergleichbare Problematik ist bereits bei Art. 17 EuGVO bekannt. Auch dort legt der Wortlaut nahe, die Zuständigkeitsregelungen in Verbrauchersachen auf Verträge zwischen Privatpersonen anzuwenden. Überwiegend wird dies aus teleologischen Gründen abgelehnt.[285] Ziel der Regelung ist es, den Verbraucher als den gegenüber seinem beruflich oder gewerblich handelnden Kontrahenten wirtschaftlich schwächeren und

281 Vgl. EuGH ECLI:EU:C:2002:436 – Gabriel = NJW 2002, 2697 Rn. 37; ECLI:EU:C:1999:202 – Mietz = EuZW 1999, 727 Rn. 26; ECLI:EU:C:1993:15 – Shearson Lehman Hutton = EuZW 1993, 224 Rn. 13.

282 Vgl. Dauses/Micklitz/Rott, Kap. H. V. Rn. 768; zur Auslegung des Begriffs i.R.d. EuGVO ausführlich: Roth, FS von Hoffmann, S. 715, 717 ff; Würdinger, FS Gottwald, S. 693, 697 ff; Heiderhoff, IPRax 2005, 230 ff.

283 Rauscher/Rauscher/Wiedemann, Art. 6 EU-KPfVO Rn. 9.

284 Europäisches Parlament, Entwurf einer legislativen Entschließung des Europäischen Parlaments zu dem Vorschlag KOM(2011)445, A7-0227/2013, S. 18, 23 f.

285 MüKoZPO/Gottwald, Art. 15 EuGVO a.F. Rn. 8; Schack, IZVR, Rn. 319; Roth, FS von Hoffmann, S. 715, 725 jeweils m.w.N.; Geimer/Schütze/Geimer, Art. 15 EuGVVO a.F. Rn. 16a; Sänger/Dörner, Art. 17 EuGVO Rn. 9; bereits zum EuGVÜ: EuGH ECLI:EU:C:2005:33 – Engler = NJW 2005, 811 Rn. 34.

rechtlich weniger erfahrenen Vertragspartner angemessen zu schützen.[286] Eines solchen Schutzes bedarf es unter Privatpersonen nicht. Der Regelung in Art. 6 Abs. 2 EuKpfVO liegt die gleiche Zielsetzung zugrunde. Auch hier soll die vermeintlich schwächere Partei besonderen Schutz genießen.[287] Dies legt nahe, auch im Rahmen der EuKpfVO eine telelogische Reduktion der Zuständigkeitsregelung anzunehmen.

f) Maßgeblicher Zeitpunkt

Eine eigenständige Regelung zum maßgeblichen Zeitpunkt, in dem die Zuständigkeitsvoraussetzungen gegeben sein müssen, sieht die EuKpfVO nicht vor. Eine solche Fixierung trifft die Verordnung ausdrücklich nur, soweit es um die Feststellung des grenzüberschreitenden Sachverhalts geht (Art. 3 Abs. 2 EuKpfVO). Allerdings wird hier die gleiche Problematik berührt wie beim räumlich-persönlichen Anwendungsbereich in Art. 3 Abs. 2 EuKpfVO.[288] Wie im Rahmen der EuGVO wird man die Rechtsprechung des EuGH, wonach eine einmal begründete Zuständigkeit nicht nachträglich durch Änderung der begründenden Umstände wieder entfällt, wenn dadurch die Ziele der Effizienz und Wirksamkeit verfehlt würden, übernehmen müssen.[289] Maßgeblich ist entsprechend Art. 3 Abs. 2 EuKpfVO der Zeitpunkt der Antragstellung.

5. Vergleich

Hinsichtlich der internationalen Zuständigkeit zeigen sich einige Unterschiede zwischen dem deutschen Arrestverfahren, dem polnischen Sicherungsverfahren und dem europäischen vorläufigen Kontenpfändungsverfahren.

Während der KPC und die EuKpfVO die internationale Zuständigkeit eigenständig bestimmen, folgt sie nach deutschem Recht aus den Vorschriften über die örtliche Zuständigkeit. Alle drei Rechtsordnungen bestimmen die Zuständigkeit im einstweiligen Rechtsschutz aber nach den Regeln über die Zuständigkeit im Hauptsacheverfahren.

---

286 EuGH ECLI:EU:C:2010:740 – Pammer und Hotel Alpenhof = NJW 2011, 505 Rn. 58; vgl. auch ErwG 18 zur EuGVO; ferner Roth, FS von Hoffmann, S. 715, 725; Würdinger, FS Gottwald, S. 693, 694 f.

287 Rat der EU, Addendum vom 28.11.2013 zum Vermerk des Vorsitzes, 16991/13 ADD 1, S. 53 Fn. 74.

288 Vgl. zur EuGVO Bläsi, S. 30 f.

289 EuGH ECLI:EU:C:2006:39 – Staubitz-Schreiber = NZI 2006, 153 Rn. 24 ff zu Art. 3 EuInsVO m. Anm Mankowski; IPRax 2006, 161 Rn. 35 ff, zu Art. 5 Nr. 3 EuGVÜ.

Im Vergleich zu den autonomen Verfahrensvorschriften i.V.m. der EuGVO stellt die EuKpfVO auf den ersten Blick ein wesentlich engeres Zuständigkeitsregime auf. Liegt noch kein Titel in der Hauptsache vor, greift zwar die EuKpfVO auf die einschlägigen anwendbaren Zuständigkeitsregelungen zurück. Jedoch bezieht sich dieser Rückgriff im Wesentlichen auf die Zuständigkeit nach unionsrechtlichen Vorschriften, insbesondere auf die Regelungen der Hauptsachezuständigkeit nach Art. 4 ff EuGVO. Die nationalen Zuständigkeitsregeln, wie sie bei einzelstaatlichen Arrestverfahren durch Art. 35 EuGVO eröffnet werden, sind im Rahmen der EuKpfVO weitgehend gesperrt, es sei denn, es findet sich keine unionsrechtliche Zuständigkeitsbestimmung. Zudem kommt ein Rückgriff auf nationale Zuständigkeitsvorschriften in Betracht, wenn die „Hauptsache" im Sinne der EuKpfVO eine einstweilige Maßnahme darstellt. Allerdings werden hiervon nur solche Maßnahmen erfasst, die auf die vorläufige Leistung gerichtet und im Vollstreckungsmitgliedstaat vollstreckbar sind.

Dagegen versteht sowohl das deutsche als auch das polnische Recht den Verweis auf die Hauptsachezuständigkeiten jeweils national. Verwiesen wird damit nicht auf die Regeln der EuGVO, sondern auf die autonomen Zuständigkeitsvorschriften. Wird die Zuständigkeit nach europäischen Vorschriften bestimmt, entfällt daher die Möglichkeit des Gläubigers, sich auf exorbitante Gerichtsstände (insbesondere die Vermögensgerichtstände aus § 919 Alt. 1 i.V.m. § 23 ZPO sowie Art. 1103^{7} Nr. 4 KPC) zu stützen. Im Rahmen der EuGVO kann der Gläubiger sich aber zumindest noch auf die nationalen Gerichtsstände durch die Öffnungsklausel des Art. 35 EuGVO berufen. Allerdings sind die hieraus resultierenden Entscheidungen grenzüberschreitend nicht anerkennungsfähig und vollstreckbar, was ihre praktische Relevanz deutlich einschränkt. Eine einstweilige Entscheidung wird ein Gläubiger in grenzüberschreitenden Konstellationen daher nur dann vor den nach einzelstaatlichem Recht bestimmten Hauptsachegerichten beantragen, wenn diese Entscheidung im gleichen Mitgliedstaat auch vollstreckt werden kann (s. zur Vollstreckung in Deutschland § 6 A. I. 1. a. bb und zur Vollstreckung in Polen § 6 A. II. 1.). Im Übrigen kommt es auch für die einzelstaatlichen Maßnahmen auf das Zuständigkeitsregime für Hauptsacheverfahren nach der EuGVO an. Hier läuft die Zuständigkeit der Verfahren gleich.

Anders sieht es hinsichtlich einer möglichen Belegenheitszuständigkeit aus. Im Rahmen der EuKpfVO ist eine Anknüpfung der internationalen Zuständigkeit an den Belegenheitsort der zu pfändenden Forderung weitgehend ausgeschlossen. Sie kommt allenfalls dann in Betracht, wenn der Ursprungsmitgliedstaat zugleich Vollstreckungsmitgliedstaat ist und eine Pfändung darüber hinaus in anderen Mitgliedstaaten nicht in Betracht kommt. Dagegen kommt der Belegenheit des Vollstreckungsobjekts in Deutschland und Polen (zumindest bisher) durchaus große Bedeutung zu, um die internationale Zuständigkeit der eigenen Gerichte zu begründen. Bei Forderungen, die schon ihrer Natur nach allein fiktiv an einem Ort belegen sein können, stellt sich dadurch das Problem unterschiedlicher Bestimmungen dieses Ortes. Sowohl in Deutschland und als auch in Polen wird hier an den Drittschuldner angeknüpft. Unterschiede können sich aber aus der Frage ergeben, ob bei einer Bank auf die Zentrale (so die – umstrittene – Ansicht in Deutschland) oder an die kontoführende Filiale (so in Polen) anzuknüpfen ist. Zwar ist bei der EuKpfVO mit Streichung der Belegenheitszuständigkeit auch eine einheitliche Definition des Belegenheitsortes von Forderungen entfallen, doch lässt die Ausgestaltung der Verordnung immer noch Rückschlüsse auf diese Frage zu. Die Vollstreckung des Beschlusses erfolgt in demjenigen Mitgliedstaat, in dem die Bank das zu pfändende Konto führt. Wird es bei einer Zweigniederlassung geführt, so ist auf diese abzustellen.

Insoweit stimmt die EuKpfVO auch mit Art. 2 Nr. 9 (iii) der neuen EuInsVO[290] überein, wonach sich das Kontoguthaben bei einem Kreditinstitut in dem Mitgliedstaat befindet, der in der internationalen Kontonummer (IBAN) angegeben ist, oder im Fall von Guthaben auf Konten bei einem Kreditinstitut ohne IBAN in dem Mitgliedstaat, in dem das Kreditinstitut, bei dem das Konto geführt wird, seine Hauptverwaltung hat, oder, sofern das Konto bei einer Zweigniederlassung, Agentur oder sonstigen Niederlassung geführt wird, in dem Mitgliedstaat, in dem sich die Zweigniederlassung, Agentur oder sonstige Niederlassung befindet.

Die Möglichkeit, die internationale Zuständigkeit nach nationalem Recht am Belegenheitsort zu begründen, ist seit der Neufassung der EuGVO deutlich entwertet. Nunmehr sind auch nationale einstweilige Entscheidungen an das Zuständigkeitsregime der EuGVO gebunden, wenn ihnen unionsweite Anerkennungs- und Vollstreckungsfreiheit zukommen soll. Die EuGVO selbst sieht einen solchen Belegenheitsgerichtsstand für einstweilige Verfahren nicht vor. Dem Gläubiger bleibt ein Rückgriff auf § 919 Alt. 2 ZPO oder Art. 1110[3] § 2 KPC übrig, wenn die Entscheidung im jeweiligen Erlassmitgliedstaat vollstreckt werden kann; andernfalls genießt die einstweilige Entscheidung keine grenzüberschreitende Freizügigkeit.

Hat der Gläubiger noch keinen Titel erlangt, ist die Hauptsache aber bereits anhängig, weicht die EuKpfVO zumindest teilweise von den nationalen Prozessrechten und den Regelungen der EuGVO ab. Zum Erlass eines europäischen

---

290 Verordnung Nr. 2015/848 des Europäischen Parlaments und Rates vom 20.05.2015 (ABl (EU) L 141 vom 5.6.2015, S. 19).

Kontenpfändungsbeschlusses kann sich der Gläubiger dann nicht mehr auf andere hypothetische Gerichtsstände berufen. Er ist auf das Gericht beschränkt, bei dem die Hauptsache anhängig ist. Dagegen steht dem Gläubiger im Anwendungsbereich der EuGVO auch nach Rechtshängigkeit im Hauptsacheverfahren weiterhin der Weg zu einem nach der EuGVO hypothetisch zuständigen Gericht (str.), zumindest aber zu den über Art. 35 zuständigen Gerichten offen. Das autonome polnische Recht trennt die internationale Zuständigkeit im einstweiligen Rechtsschutzverfahren sogar ausdrücklich und strikt vom Hauptsacheverfahren. Sie wird lediglich weitgehend parallel zu den Regeln des Hauptsacheverfahrens bestimmt. In Deutschland ist der Gläubiger nach § 919 Alt. 1 ZPO auf das Gericht beschränkt, bei dem die Hauptsache rechtshängig gemacht wurde. Auf ein hypothetisches Hauptsachegericht darf er sich nicht mehr berufen. Allerdings bleibt dem Gläubiger auch nach Hauptsacherechtshängigkeit weiterhin die Möglichkeit, sich an das Gericht am Belegenheitsort zu wenden (§ 919 Alt. 2 ZPO).

Alle Rechtsordnungen schreiben die Zuständigkeit darüber hinaus im Moment der Antragstellung fest. Die Gerichte sollen die internationale Zuständigkeit zu diesem Zeitpunkt bei allen Verfahren von Amts wegen überprüfen.

II. Antragserfordernis

1. Ordnungsgemäßes Gesuch auf Erlass eines deutschen Arrestbefehls

In Deutschland setzt die Entscheidung über einen Arrest ein ordnungsgemäßes Gesuch (Antrag[291]) voraus (§ 920 Abs. 1 ZPO). Zeitlich ist der Antrag bereits vor oder während des Hauptsacheprozesses zulässig (vgl. § 926 ZPO). Liegt bereits eine rechtskräftige Entscheidung in der Hauptsache vor, ist das Arrestverfahren grundsätzlich nicht unzulässig; regelmäßig fehlt es dann aber am Sicherungsbedürfnis, wenn die Entscheidung zumindest vorläufig vollstreckbar ist.[292] Der Antrag kann schriftlich oder zu Protokoll der Geschäftsstelle erklärt werden (§ 920 Abs. 3 ZPO). Ein Formularzwang besteht hierfür nicht. Gemäß § 78 Abs. 3 ZPO unterliegt der Antrag – entgegen § 78 Abs. 1 S. 1 ZPO – selbst dann keinem Anwaltszwang, wenn das Gesuch an ein Landgericht oder Oberlandesgericht als Arrestgericht i.S.v. § 919 Alt. 1 ZPO gerichtet wird. Ist das Arrestgericht nach § 919 Alt. 2 ZPO das Amtsgericht des Belegenheitsorts, kommt ein Anwaltszwang ungeachtet von § 78 Abs. 3 ZPO bereits wegen der fehlenden Nennung in § 78 Abs. 1 ZPO nicht in Betracht.

291 Berger/Berger, Kap. 3 Rn. 6; Gaul/Schilken/Becker-Eberhard, § 77 Rn. 11.
292 Vgl. § 4 A VII b).

Inhaltlich muss das Arrestgesuch den Arrestanspruch samt seines Wertes und den Arrestgrund (vgl. § 920 Abs. 1 ZPO) bezeichnen. Auch die Angabe der Parteien und deren ladungsfähige Anschrift sind erforderlich.[293] Hierfür sprechen die gleichen Überlegungen wie im Hauptverfahren.[294] Obwohl § 920 Abs. 1 ZPO als Soll-Vorschrift ausgestaltet ist, ist der zwingende Charakter dieser Regelung allgemein anerkannt.[295] Dem Gericht kommt aber eine Hinweispflicht gemäß § 139 ZPO zu, soweit das Gesuch unvollständig ist, vom Antragsteller in einem ergänzenden Schriftsatz oder in der mündlichen Verhandlung jedoch nachgebessert werden kann.[296] Nicht erforderlich ist es dagegen, den Arrestgegenstand zu bezeichnen.[297] Etwas anderes gilt nur, wenn sich der Gläubiger auf den Vermögensgerichtsstand des § 919 Alt. 2 ZPO beruft.[298] Die Benennung der konkreten Forderung, die gepfändet werden soll, erfolgt erst bei der Vollziehung des Arrests, denn die Arrestentscheidung erfasst zunächst das ganze Vermögen des Antragsgegners.[299] Das Gesuch kann aber zugleich den Antrag auf Forderungspfändung enthalten.[300] Die konkrete Forderung muss dann zwar bezeichnet werden, doch bleiben der Antrag auf Arrestanordnung und auf Arrestvollziehung rechtlich selbstständig.[301]

293 OLG Frankfurt NJW 1992, 1178; OLG Köln NJW 1982, 1888; MüKoZPO/Drescher, § 920 ZPO Rn. 3; Musielak/Voit/Huber, § 920 ZPO Rn. 6; Wieczorek/Schütze/Thümmel, § 920 ZPO Rn. 2.

294 Vgl. dort BGH NJW-RR 2004, 1503; NJW 2001, 885; NJW 1988, 2114; OLG Hamm NJOZ 2013, 1818 m.w.N.

295 Baumbach/Lauterbach/Albers/Hartmann, § 920 ZPO Rn. 3; BeckOK ZPO/Mayer, § 920 ZPO Rn. 2; Schuschke/Walker, § 920 ZPO Rn. 3 f; Stein/Jonas/Grunsky, § 920 ZPO Rn. 6; Wieczorek/Schütze/Thümmel, § 920 ZPO Rn. 1; Berger/Berger, Kap. 3 Rn. 6.

296 MüKoZPO/Drescher, § 920 ZPO Rn. 7; Stein/Jonas/Grunsky, § 920 ZPO Rn. 6; Wieczorek/Schütze/Thümmel, § 920 ZPO Rn. 1; Berger/Berger, Kap. 3 Rn. 6.

297 Schuschke/Walker, § 920 ZPO Rn. 7; Wieczorek/Schütze/Thümmel, § 920 ZPO Rn. 5; Berger/Berger, Kap. 3 Rn. 9; Gaul/Schilken/Becker-Eberhard, § 77 Rn. 11.

298 Stein/Jonas/Grunsky, § 919 ZPO Rn. 13.

299 Wieczorek/Schütze/Thümmel, § 920 ZPO Rn. 5.

300 Schuschke/Walker, § 920 ZPO Rn. 3.

301 Schuschke/Walker, § 920 ZPO Rn. 3; Walker, Rn. 404.

2. *Ordnungsgemäßes Gesuch auf Erlass eines polnischen Sicherungsbeschlusses*

Gemäß Art. 732 KPC leitet der Gläubiger ein polnisches Sicherungsverfahren grundsätzlich mittels Antrag („wniosek") ein. Nur ausnahmsweise wird es von Amts wegen betrieben. Letzteres beschränkt sich auf Fälle, in denen ebenfalls das Hauptverfahren von Amts wegen eingeleitet wird (Art. 732 KPC). Betroffen sind hiervon aber im Wesentlichen nur Familien- und Betreuungssachen (vgl. Art. 570 KPC).[302]

Ist ein Sicherungsantrag erforderlich, kann er sowohl vor Einleitung als auch im Laufe des Hauptsacheverfahrens eingebracht werden (Art. 730 § 2 S. 1 KPC). Letzteres stellt praktisch die Regel dar.[303] Zulässig und weit verbreitet ist es auch, den Sicherungsantrag mit der Klageschrift zu verbinden (Art. 187 § 2 KPC).[304] Hat der Gläubiger bereits einen Vollstreckungstitel[305] („tytuł wykonawczy") erlangt, so ist ein Antrag zur Sicherung desselben Anspruchs gemäß Art. 730 ff KPC grundsätzlich nur noch ausnahmsweise zulässig, wenn die Fälligkeit[306] („termin spełnienia") dieses Anspruchs noch nicht eingetreten ist (Art. 730 § S. 2 KPC). Praktisch betrifft dies hauptsächlich zukünftige Ansprüche, die zwar noch nicht fällig, aber bereits einklagbar sind. Dies trifft insbesondere auf Unterhaltsansprüche,[307] nicht aber auf Ratenzahlungsgeschäfte zu.[308] Da das polnische Zivilverfahren grundsätzlich keinen Anwaltszwang vorsieht,[309] kann auch der Antrag auf einstweilige Sicherung ohne anwaltliche Beteiligung eingereicht werden.

Während Art. 732 KPC lediglich das grundsätzliche Antragserfordernis statuiert, legt Art. 736 KPC die formellen Voraussetzungen des Antrags fest. Er kann schriftlich erfolgen und muss die in Art. 126 KPC aufgeführten Angaben enthalten. Ein mündlicher Antrag zu Protokoll ist nur ausnahmsweise in

---

302 Zawistowski, Art. 732 KPC Rn. 1; Gołaczyński/Woźniak, Art. 732 KPC Rn. 2.

303 Zawistowski, Art. 730 KPC Rn. 6.

304 Romańska/Leśniak, I. Teil B 4. 2., S. 121.

305 Darunter ist gemäß Art. 776 KPC ein Exekutionstitel („tytuł egzekucyjny") zu verstehen, für den bereits eine Vollstreckungsklausel („klauzula wykonalności") erteilt wurde, vgl. § 6 A II 2.

306 Weitz, in: Kengyel/Harsági, S. 181, 182, spricht vom „Erbringungstermin"; wie hier: de Vries, WiRO 2008, 53.

307 Zawistowski, Art. 730 KPC Rn. 5; Ereciński/Ereciński, Band 3, Art. 730 KPC Rn. 10; Ignaczewski/Uliasz, S. 22.

308 Ignaczewski/Uliasz, S. 23 (strittig).

309 Marszałkowska, Rn. 160; Dolecki, S. 95; ein Anwaltszwang besteht gem. Art. 87(1) KPC ausnahmsweise nur für Verfahren vor dem Obersten Gerichtshof.

bestimmten, vom Gesetzgeber vorgesehenen Fällen zulässig.[310] Ist der Antragsteller in diesen Fällen nicht anwaltlich vertreten, erteilt das Gericht die erforderlichen Belehrungen entsprechend Art. 5 KPC.[311] Wird der Antrag mit der Klageschrift verbunden, schlägt die zulässige Form, in der die Hauptsacheklage eingereicht werden kann, auf den Sicherungsantrag durch; d.h. sofern für die Hauptsacheklage ein amtliches Formular zu verwenden ist, muss auch der Sicherungsantrag sich dieses Formulars bedienen.[312] Umgekehrt existiert im Übrigen kein Formularzwang.

Bei Geldforderungen des Antragstellers gemäß Art. 736 § 1 Nr. 1 KPC sind die Art und der Betrag der begehrten Sicherung angeben. Dazu bietet Art. 747 KPC einen abschließenden Katalog an möglichen Maßnahmen, worin sich unter Nr. 1 KPC die Kontopfändung („zajęcie wierzytelności z rachunku bankowego") findet. Die Höhe der beantragten Pfändung ist beschränkt und darf die Hauptsacheforderung (einschließlich Zinsen und voraussichtlicher Prozess- und Vollziehungskosten)[313] nicht übersteigen (Art. 736 § 3 KPC). Teilweise wird vertreten, die Angabe der begehrten Sicherungsmaßnahme und des -objekts müsse bereits im Sicherungsantrag möglichst soweit individualisiert sein, dass eine Vollziehung auf dieser Grundlage möglich ist, zumindest indem der Drittschuldner bezeichnet wird.[314] Des Weiteren muss der Antragsteller Umstände glaubhaft[315] machen, die seinen Antrag begründen (Art. 736 § 1 Nr. 2 KPC), insbesondere den zu sichernden Anspruch und den Grund der Sicherung. Wird die Sicherung vor Einleitung des Hauptsacheverfahrens beantragt, ist weiter erforderlich, den Gegenstand des Rechtsstreits kurz zu erläutern, der im Hauptsacheprozess entschieden werden soll (Art. 736 § 2 KPC).

---

310 Gołaczyński/Woźniak, Art. 736 KPC Rn. 1.

311 DKB/Jagieła, Band 3, Art. 736 KPC Rn. 2.

312 Romańska/Leśniak, Teil B I. 4. 2., S. 121.

313 S. dazu ausführlich Romańska/Leśniak, Teil B I. 2., S. 123 ff; Zawistowski, Art. 736 KPC Rn. 3 f.

314 Romańska/Leśniak, Teil B I. 4. 2., S. 121 f; wohl auch Zawistowski, Art. 736 KPC Rn. 2, der hierbei auf die gleiche Zielsetzung wie bei der Klageschrift (Bestimmtheitserfordernis, Art. 187 § 1 KPC) verweist; aA Gołaczyński/Woźniak, Art. 736 KPC Rn. 4, hält eine allgemeine Bezeichnung im Antrag für ausreichend – eine Konkretisierung soll dann bei der Vollziehung erfolgen können.

315 Vgl. zur Glaubhaftmachung § 4 A VIII.

3. *Ordnungsgemäßes Gesuch auf Erlass eines europäischen Beschlusses zur vorläufigen Kontenpfändung*

Der europäische Beschluss zur vorläufigen Kontenpfändung erfordert einen Antrag beim zuständigen Gericht (Art. 8 EuKpfVO). Der Antrag kann sowohl vor Einleitung als auch während eines Hauptverfahrens (Art. 5 lit. a EuKpfVO) sowie nach Erlangung eines vollstreckbaren Hauptsachetitels (Art. 5 lit. b EuKpfVO) eingebracht werden. Hinsichtlich der zulässigen Kommunikationsmittel des Antrags greift die Verordnung auf die jeweiligen Vorschriften desjenigen Mitgliedstaats zurück, in dem der Antrag eingereicht wurde (Art. 8 Abs. 4 EuKpfVO).[316] Die Gebühren für einen solchen Antrag überlässt die EuKpfVO den nationalen Gesetzgebern. Sie dürfen aber nicht höher bemessen sein als solche für einen gleichwertigen nationalen Beschluss (Art. 42 EuKpfVO).

Eine anwaltliche Vertretung ist im Beschlussverfahren nicht vorgesehen (Art. 41 S. 1 EuKpfVO). Der Gläubiger muss sich aber der bereitgestellten Formblätter bedienen (Art. 8 Abs. 1 EuKpfVO); andernfalls ist der Antrag als unzulässig zurückzuweisen (vgl. Art. 17 Abs. 1 EuKpfVO).[317] Etwas anderes folgt auch nicht aus Art. 17 Abs. 3 EuKpfVO, wonach dem Gläubiger eine Nachbesserungsmöglichkeit eröffnet werden kann. Die Vorschrift gilt nur für die Vervollständigung oder Berichtigung eines unvollständigen oder fehlerhaften Antrags. Verwendet der Gläubiger nicht das Formular, fehlt es schon an einem wirksamen Antrag selbst.[318] Der strikte Formularzwang ist bereits aus anderen EU-Verordnungen bekannt, wie etwa aus Art. 7 Abs. 1, 11 Abs. 1 lit. a EuMVVO und Art. 4 Abs. 1 EuGFVO. Wie auch im Rahmen der EuMVVO und der EuGFVO ist es dem Gläubiger nach der EuKpfVO nur ausnahmsweise gestattet, vom vorgegebenen Formular abzuweichen, selbst wenn der Antrag im Übrigen inhaltsgleich ist.[319] Wie auch Art. 7 EuMVVO regelt Art. 8 EuKpfVO die formellen Voraussetzungen abschließend.[320] Die Reichweite der Angaben kann folglich nicht durch einzelstaatliches Recht modifiziert werden.

---

316 Der Kommissionsvorschlag, wonach grundsätzlich jedes Kommunikationsmittel zulässig war, konnte sich nicht durchsetzen (vgl. Art. 8 Abs. 4 EuKpfVO-E).

317 Im Ergebnis auch Cranshaw DZWIR 2012, 399, 405; so auch zur EuMVVO: Rauscher/Gruber, Art. 7 EuMVVO Rn. 1; MüKoZPO/Ulrici, Art. 7 VO (EG) 1896/2006 Rn. 27; aA Rauscher/Rauscher/Wiedemann, Art. 8 EU-KPfVO Rn. 3; ebenso zur EuMVVO Kindl/Meller-Hannich/Wolf/Netzer, Art. 7 EuMahnVO Rn. 4.

318 Vgl. MüKoZPO/Ulrici, Art. 7 VO (EG) 1896/2006 Rn. 27.

319 Zur EuMVVO und EuGFVO: Rauscher/Gruber, Art. 7 EG-MahnVO Rn. 1; Rauscher/Varga, Art. 4 EG-BagatellVO Rn. 1 f.

320 Vgl. EuGH ECLI:EU:C:2012:794 – Szyrocka = EuZW 2013, 147 m. Anm. Sujecki.

Der Mindestinhalt des Antrags folgt aus Art. 8 Abs. 2 EuKpfVO. Der Katalog sieht etwa Angaben zu Gläubiger, Schuldner und Gericht, Parallel- und sonstigen Anträgen sowie eine Erklärung zur Wahrheitspflicht etc. vor. Insbesondere ist der Gläubiger verpflichtet, die kontoführende Bank des Schuldners entweder mittels BIC oder IBAN und/oder durch Namen und Anschrift (Art. 8 Abs. 2 lit. d EuKpfVO) zu identifizieren.

Der Gläubiger ist nicht daran gehindert, mehrere Banken im Pfändungsantrag aufzuführen.[321] Er muss aber sichere Kenntnis über ein dort geführtes Konto des Schuldners haben. Ist der Gläubiger außerstande, zumindest die kontoführende Bank zu identifizieren, muss er zugleich ein Informationsverfahren gemäß Art. 14 EuKpfVO einleiten und den Verdacht auf Konten einer Bank in einem bestimmten Mitgliedstaat begründen (Art. 8 Abs. 2 lit. f i.V.m. Art. 14 Abs. 2 EuKpfVO). Auf den bloßen Verdacht eines Kontos hin darf er keinen Antrag stellen. Solche Verdachts- oder Ausforschungspfändungen ein oder mehrerer Konten sind im Umkehrschluss zu Art. 8 Abs. 2 lit. f EuKpfVO als rechtsmissbräuchlich anzusehen.[322]

Die Angabe der Kontonummer ist dagegen praktisch fakultativ. Sie ist nur anzugeben, wenn sie dem Gläubiger bekannt ist (Art. 8 Abs. 2 lit. e EuKpfVO). Anderenfalls wird sie von der Bank ermittelt (Art. 24 Abs. 4 EuKpfVO).[323]

Ferner muss der Gläubiger die zu sichernde Hauptforderung ihrer Höhe nach bezeichnen (Art. 8 Abs. 2 lit. g EuKpfVO) und, soweit er noch keinen entsprechenden Hauptsachetitel erlangt hat, begründen (Art. 8 Abs. 2 lit. h EuKpfVO).

Dem Antrag sind zudem alle zweckdienlichen Unterlagen beizulegen (Art. 8 Abs. 3 EuKpfVO), insbesondere solche, die den Erlassgrund und (soweit erforderlich) den Erlassanspruch nachweisen.[324] Zugleich muss der Gläubiger eine Ausfertigung des vollstreckbaren Titels vorlegen, soweit er einen solchen bereits erwirkt hat. Die Regelung ist an Art. 37 Abs. 1 lit. a, 42 Abs. 1 lit. a, Abs. 2 lit. a EuGVO (bzw. die Vorgängervorschrift Art. 53 EuGVO a.F.) angelehnt. Die Ausfertigung soll lediglich dessen Existenz und den Inhalt belegen.[325] Eine Bescheinigung i.S.v. Art. 53 EuGVO muss dagegen nicht vorgelegt werden, denn hier

321 Kritisch dazu Schimrick, S. 310 f.

322 Rauscher/Rauscher/Wiedemann, Art. 8 EU-KPfVO Rn. 9.

323 Vgl. dazu § 6 A III.

324 Rauscher/Rauscher/Wiedemann, Art. 8 EU-KPfVO Rn. 14.

325 Ebenso zur EuGVO: Saenger/Dörner, Art. 37 EuGVO Rn. 1; vgl. noch zur Vorgängervorschrift: MüKoZPO/Gottwald, Art. 53 EuGVO a.F. Rn. 1, wonach aber auch die Vollstreckbarkeit nachgewiesen werden sollte.

geht es gerade nicht um die grenzüberschreitende Anerkennung und Vollstreckung dieses Titels.

Füllt der Gläubiger das Formular nur unvollständig oder fehlerhaft aus, ist der Antrag regelmäßig nicht sofort abzulehnen, wenn er nicht offensichtlich unzulässig oder unbegründet ist. Das Gericht kann ihm innerhalb einer festzusetzenden Frist eine Nachbesserung ermöglichen (Art. 17 Abs. 3 EuKpfVO). Verstreicht die Frist fruchtlos, lehnt das Gericht den Antrag ab. Vergleichbare Regelungen finden sich etwa in Art. 4 Abs. 4 EuGFVO und Art. 9 EuMVVO. Im Unterschied dazu sieht die EuKpfVO einen gerichtlichen Entscheidungsspielraum hinsichtlich der Verbesserungsmöglichkeit vor. Hier wird es auf die Schwere des Mangels ankommen.[326]

4. *Vergleich*

Alle drei Verfahren werden grundsätzlich auf Antrag des Gläubigers hin eingeleitet. Keine der drei Rechtsordnungen verpflichtet den Gläubiger, für das jeweilige Verfahren anwaltlich vertreten zu sein. Inhaltliche Unterschiede bestehen aber hinsichtlich des Vollstreckungsobjekts. Der deutsche Arrestbefehl enthält keine Begrenzung auf bestimmte Vermögensteile, sondern ermöglicht eine Vollziehung in das gesamte Vermögen des Antragsgegners. Der Antrag muss dementsprechend weder Angaben zu der Forderung enthalten, die gepfändet werden soll, oder den Drittschuldner (Bank) benennen, noch muss der Gläubiger angeben, ob er überhaupt eine Forderungspfändung betreiben will. Zwar kann dem Gesuch zugleich ein Antrag auf Forderungspfändung beigefügt werden, doch handelt es sich hierbei um ein rechtlich selbständiges Begehren vollstreckungsrechtlicher Art. Diese Zweiteiligkeit beruht auf der strikten Trennung des Arrestverfahrens als Erkenntnisverfahren und der Vollziehung in einem gesonderten vollstreckungsrechtlichen Verfahren. Im polnischen Sicherungsrecht sind die Grenzen zwischen Erkenntnis- und Vollstreckungsverfahren ebenfalls sichtbar, sie verschwimmen aber merklich. So muss der Gläubiger in seinem Antrag nicht nur die Vollstreckungsart, sondern auch bereits die Vollstreckungsobjekte möglichst genau bezeichnen (str.) und die Höhe benennen, bis zu der die Forderung gepfändet werden soll. Die anschließende Vollstreckung des Beschlusses ist hierauf beschränkt und kann nicht nachträglich auf darüber hinausgehende Vermögensbestandteile oder andere Vollstreckungsarten ausgeweitet werden.

326 Eine entsprechende Ermessensregelung sah auch der Entwurf zur EuMVVO vor, wurde aber als zu unbestimmt kritisiert und letztlich verworfen, vgl. dazu Sujecki, ZEuP 2006, 124, 140 f.

Obwohl die Reichweite und Genauigkeit der Angaben zum Vollstreckungsobjekt umstritten sind, wird deutlich, dass Erlass und Vollstreckung der einstweiligen Maßnahme ineinander greifen.

Noch weiter geht das Antragserfordernis im Rahmen der EuKpfVO. Hier muss der Gläubiger genaue Angaben, insbesondere zum Vollstreckungsobjekt, machen. Dazu hat er zumindest die kontoführende Bank zu benennen. Ist er dazu nicht imstande, muss er auf das Informationsverfahren nach Art. 14 EuKpfVO zurückgreifen. Allerdings ist dies nur möglich, wenn der Gläubiger bereits einen entsprechenden Hauptsachetitel gegen den Schuldner erwirkt hat.

Praktisch wird der Gläubiger durch die Anforderungen der EuKpfVO nicht benachteiligt. Die vollstreckungsrechtlich relevanten Informationen, die der Gläubiger im Antrag auf Erlass eines Pfändungsbeschlusses nach der EuKpfVO angeben muss, finden sich im deutschen und (nach überwiegender Auffassung) im polnischen Recht in Zusammenschau mit dem Vollziehungs- bzw. Vollstreckungsantrag (bezüglich der Vollziehungsanträge im nationalen Recht vgl. § 6 A.). Die EuKpfVO zieht diese Angaben auf dieser Stufe zusammen, um weitere Anträge im Vollziehungsverfahren zu erübrigen und damit eine Beschleunigung zu erwirken. Wegen der strikten Begrenzung auf eine bestimmte Vollstreckungsart erscheint dies durchaus sinnvoll.

III. Parallele Anträge

1. Parallele Anträge auf Erlass eines deutschen Arrestbefehls

Beim Arrestverfahren treten mit Eingang der Antragsschrift bei Gericht die Folgen der Rechtshängigkeit ein (vgl. §§ 253 Abs. 1, 261 Abs. 1 ZPO).[327] Weitere Arrestgesuche sind gemäß § 261 Abs. 3 Nr. 1 ZPO analog als unzulässig abzuweisen.[328] Widersprüchliche Entscheidungen sollen ebenso vermieden werden wie im Hauptsacheverfahren.[329] Der Gläubiger wird praktisch dennoch

---

327 OLG Hamburg NJW-RR 2007, 791; MDR 2000, 786; OLG Düsseldorf NJWE-WettbR 1996, 42; OLG Koblenz GRUR 1995, 171; OLG München, NJW 1993, 1604; OLG Düsseldorf FamRZ 1992, 961; OLG Karlsruhe WRP 1986, 352; OLG München RPfleger 1982, 114; OLG Düsseldorf NJW 1981, 2824; KG MDR 1993, 481; KG MDR 1988, 239; Baumbach/Lauterbach/Albers/Hartmann, § 920 ZPO Rn. 8; BeckOK ZPO/Mayer, § 920 ZPO Rn. 6; MüKoZPO/Drescher, Vor. §§ 916 ff ZPO Rn. 15; Schuschke/Walker, Vor. § 916 ZPO Rn. 33; Wieczorek/Schütze/Thümmel, § 920 ZPO Rn. 6; Musielak/Voit/Huber, § 920 ZPO Rn. 3.

328 OLG Hamm NJWE-WettbR 1996, 234, OLG Köln FamRZ 1992, 75; MüKoZPO/Drescher, Vor. §§ 916 ff ZPO Rn. 16; Schuschke/Walker § 920 ZPO Rn. 8; Walker, Rn. 197.

329 Berger/Berger, Kap. 3 Rn. 89.

nicht gehindert, mehrere identische Gesuche parallel zu stellen, auch wenn dies beim Arrest seltener vorkommt als bei einstweiligen Verfügungen.[330] Zwar sind zunächst alle Gesuche unzulässig, jedoch kann der Antragsteller in dem Moment, in dem ein Gericht einem Gesuch stattgibt, alle anderen Gesuche zurückziehen und so den Einwand der Rechtshängigkeit beseitigen.[331] Obwohl dieses Vorgehen als rechtsmissbräuchlich angesehen wird,[332] ist ihm nur schwer zu begegnen.[333] Für den Gläubiger macht es jedenfalls dann Sinn, wenn er einen Arrestbeschluss ex parte erreichen will.[334] Dem Gericht bleibt an sich nur die Möglichkeit, im Rahmen der Zulässigkeitsprüfung des Gesuchs danach zu fragen, ob das Gesuch bereits anderweitig rechtshängig ist (§ 56 Abs. 1 ZPO).[335] Der Schuldner kann einem solchen Verhalten allenfalls mit einer Schutzschrift begegnen.[336]

Im Verhältnis zur Hauptsache ist der unterschiedliche Streitgegenstand zu beachten. Nicht der Anspruch, der gesichert werden soll, ist Streitgegenstand im prozessualen Sinn, sondern der Anspruch auf Sicherung der Zwangsvollstreckung.[337] Dementsprechend erstreckt sich die Rechtshängigkeit des Arrestverfahrens auch nicht auf das Hauptsacheverfahren; beide sind wegen unterschiedlicher Rechtsschutzziele nebeneinander zulässig und können unabhängig von ihrer Reihenfolge verfolgt werden (vgl. bereits § 926 Abs. 1 ZPO).[338]

Außerhalb unionsrechtlicher Vorschriften (dazu sogleich) kommt eine Rechtshängigkeitssperre durch ein ausländisches Arrestverfahren nach autonomem Recht nicht in Betracht. Aufgrund ihres vorläufigen Charakters werden

---

330 Schuschke/Walker, § 920 ZPO Rn. 9.

331 Walker, Rn. 156; Schuschke/Walker, § 920 ZPO Rn. 9; MüKoZPO/Drescher, Vor. §§ 916 ff ZPO Rn. 16; Berger/Berger, Kap. 3 Rn. 89.

332 Teplitzky, WRP 1980, 373, 374; Walker, Rn. 156, 198.

333 MüKoZPO/Drescher, Vor. §§ 916 ff ZPO Rn. 16.

334 Walker, Rn. 156; Berger/Berger, Kap. 3 Rn. 89.

335 Walker, Rn. 198; Schuschke/Walker, Vor. § 916 f ZPO Rn. 22.

336 Berger/Berger, Kap. 3 Rn. 89;

337 BGH NJW 1980, 191; Musielak/Voit/Huber, § 916 ZPO Rn. 3; Berger/Berger, Kap. 2 Rn. 25; Walker, Rn. 141; Stürner, ZZP 125 (2012), 3, 6; gegen eigenen Streitgegenstandsbegriff im einstweiligen Rechtschutzverfahren MüKoZPO/Drescher, Vor. §§ 916 ff ZPO Rn. 12 f.

338 BGH NJW 1980, 191; OLG Köln NJWE-WettbR 1999, 92 (in Zusammen mit einstweiliger Verfügung); OLG Köln WRP 1996, 1214, 1215; Berger/Berger, Kap. 2 Rn. 26; Musielak/Voit/Huber, § 916 ZPO Rn. 4; MüKoZPO/Drescher, Vor. §§ 916 ff ZPO Rn. 15; BeckOK ZPO/Mayer, § 916 ZPO Rn. 8.

Entscheidungen aus solchen Verfahren grundsätzlich nicht anerkannt.[339] Die Verfahren können daher nicht zu widersprüchlichen Entscheidungen führen. Etwas anderes kann aber gelten, wenn die Anerkennung einer ausländischen Arrestentscheidung über Staatsverträge[340] in Betracht kommt. Solche Verträge enthalten aber zumeist keine eigenständige Regelung für die Anerkennung einstweiliger Maßnahmen.[341] Aufgrund der Schnelligkeit des einstweiligen Verfahrens verbietet sich eine Rechtshängigkeitssperre aber auch hier. Die Gefährdung der Rechtsdurchsetzung begründet eine besondere Eilbedürftigkeit und gebietet die vorläufige Sicherung. Dem steht die grenzüberschreitende Anerkennung und Vollstreckung von Eilmaßnahmen entgegen, geht sie doch mit einem erheblichen zeitlichen Aufwand einher. Wäre nun ein weiteres Gericht für den Erlass einstweiliger Maßnahmen gesperrt, so bliebe dem Gläubiger etwa in Fällen, in denen der Schuldner sein Guthaben auf ein ausländisches Konto verschiebt oder der Gläubiger zugleich in- und ausländische Konten wegen mangelnder Deckung der einzelnen Konten pfänden möchte, eine zeitnahe und damit effektive Sicherungsmöglichkeit verwehrt.

2. Parallele Anträge auf Erlass eines polnischen Sicherungsbeschlusses

Das polnische Zivilverfahrensrecht regelt Rechtshängigkeitssperren grundsätzlich in Art. 199 § 1 Nr. 2 KPC. Das Gericht weist eine Klage als unzulässig zurück, wenn dieselbe Rechtssache zwischen den Parteien rechtshängig ist oder bereits entschieden wurde. Die Vorschrift gilt allerdings zunächst für Hauptsacheverfahren und ist nicht ohne weiteres auf Sicherungsverfahren übertragbar. Ein Sicherungsbeschluss ergeht zwar ebenfalls aufgrund eines (verkürzten) Erkenntnisverfahrens,[342] er ist aber stets auf eine bestimmte Vollstreckungsart bzw. Vollstreckungsobjekte beschränkt (vgl. Art. 736 § 1 Nr. 1, 730^1 § 3 KPC). Dementsprechend ist der Gläubiger nicht gehindert, mehrere Sicherungsverfahren zu beantragen, soweit sie sich hinsichtlich der Sicherungsart nicht überschneiden.[343]

---

339 BeckOK ZPO/Bach, § 328 ZPO Rn. 3; Musielak/Stadler, § 328 ZPO Rn. 5; Geimer, IZPR, Rn. 2857; Eilers, S. 223; Gottwald, ZZP 103 (1990), 257, 266; vgl. zur Ausnahme „endgültiger" Eilmaßnahmen: BGH NJW 1983, 2775, 2777; OLG München IPRax 1992, 174, 175; BeckOK ZPO/Bach, § 328 ZPO Rn. 3; Geimer, IZPR, Rn. 2857.

340 Vgl. dazu Bülow/Böckstiegel/Schütze/Geimer, Der Internationale Rechtsverkehr in Zivil- und Handelssachen; MüKoZPO/Gottwald, § 328 ZPO Rn. 21 ff u. IZPR (Band 3, Schlussanhang).

341 Nagel/Gottwald, § 17 Rn. 48; vgl. auch Eilers, S. 246 ff.

342 DKB/Jagiela, Band 3, Vor. 730 KPC, Rn. 2.

343 Zawiślak, PS 3/2002, 17, 31.

Für reine Kontenpfändungen mittels Sicherungsbeschluss gilt dies nicht. Weitere (parallele) Verfahren sind diesbezüglich ab Anhängigkeit gesperrt. Das Gericht muss nachfolgende Anträge als unzulässig zurückweisen.[344]

Im grenzüberschreitenden Bereich gilt dies nach autonomem polnischen Recht nicht. Die Anhängigkeit eines ausländischen einstweiligen Verfahrens vermag ein Sicherungsverfahren vor polnischen Gerichten nicht zu sperren.[345] Zwar ordnet Art. 1098 KPC die Aussetzung eines Verfahrens vor polnischen Gerichten an, wenn die Rechtssache zwischen denselben Parteien bereits vor einem ausländischen Gericht anhängig ist, doch gilt diese Regelung aus dem allgemeinen Teil nicht für Sicherungsverfahren nach Art. 1110^3 KPC.[346]

3. *Besonderheiten im Anwendungsbereich der EuGVO*

Im Anwendungsbereich der EuGVO kommt eine Rechtshängigkeitssperre, wie sie Art. 29 ff EuGVO (Art. 27 ff EuGVO a.F.) zwischen mehreren Hauptsacheverfahren vorsieht, im Verhältnis von einstweiligem Verfahren zum Hauptsacheverfahren nicht in Betracht.[347] Wie sich aus Art. 35 EuGVO ergibt, können einstweilige Maßnahmen in einem Mitgliedstaat auch dann beantragt werden, wenn die Gerichte eines anderen Mitgliedstaats in der Hauptsache international zuständig sind; zwischen den beiden Verfahrensarten besteht gerade keine Identität. Ein rechtshängiges Hauptsacheverfahren kann den einstweiligen Rechtsschutz in einem anderen Mitgliedstaat daher nicht gänzlich sperren.[348]

Zwischen zwei/mehreren einstweiligen Rechtsschutzverfahren in unterschiedlichen Mitgliedstaaten ist die Sperrwirkung dagegen umstritten. Eine ausdrücklich entgegenstehende Regelung existiert nicht. Eine Rechtshängigkeitssperre könnte aus Art. 29 EuGVO folgen. Die Vorschrift ist auf Verfahren anwendbar, die einen identischen Gegenstand haben.[349] Dem Wortlaut („Klagen") in Art. 29 EuGVO lässt sich wohl keine Beschränkung auf reine Hauptsacheverfahren entnehmen.[350] So spricht etwa die französische Textfassung hier

344 Zawiślak, PS 3/2002, 17, 31.

345 Jankowski/Muliński, Art. 730 KPC Rn. 4.

346 Ereciński/Weitz, Band 5, Art. 1110(3) Rn. 3.

347 Garber, S. 204 ff; MüKoZPO/Gottwald Art. 31 EuGVO a.F. Rn. 7.

348 LG Hamburg GRUR Int. 2002, 1025; OGH ÖJZ 2002, S. 310; Rauscher/Leible, Art. 29 Brüssel Ia-VO Rn. 24; Saenger/Dörner Art. 29 EuGVVO Rn. 6; Garber, S. 206; Stadler, JZ 1999, 1089, 1095.

349 Eilers, S. 220 f; MüKoZPO/Gottwald Art. 27 EuGVO Rn. 15; Hess/Zhou, IPRax 2007, 183, 187 (de lege ferenda).

350 Gronstedt, S. 148 f; Wolf/Lange, RIW 2003, 55, 60.

lediglich von „demandes".[351] Zudem wäre die Vorschrift andernfalls auch in übrigen Fällen nicht anwendbar, in denen das Hauptsacheverfahren auf Antrag und nicht auf Klage hin eingeleitet wird.[352]

Dem wird entgegengehalten, der Gläubiger sei nicht daran gehindert, mehrere parallele Arrestverfahren mit demselben Streitgegenstand in unterschiedlichen Mitgliedstaaten zu führen. Insbesondere entfalte Art. 29 EuGVO keine Sperrwirkung, da dieser nur zwischen Hauptsacheverfahren gelte und nicht auf einstweilige Verfahren übertragbar sei.[353] Otte stützt diese Ansicht maßgeblich auf die Rechtsprechung des EuGH, wonach der Gläubiger gemäß Art. 35 EuGVO n.F. in jedem Mitgliedstaat einstweilige Maßnahmen beantragen könne, in dem ein Vollstreckungsbedürfnis besteht.[354] Hervorgehoben wird insbesondere, dass effektiver Rechtsschutz anders kaum erreichbar wäre.[355] Die Gefahr sich widersprechender Entscheidungen bei Zulassung paralleler Verfahren wird durch nachträglichen Rechtsschutz entsprechend Art. 45 Abs. 1 lit. c EuGVO entschärft.[356] Eine ausländische Entscheidung des einstweiligen Rechtsschutzes kann demnach nicht anerkannt werden, wenn sie in Widerspruch zu einer im Inland getroffenen Entscheidung steht, die ebenfalls im einstweiligen Rechtschutzverfahren ergangen ist.[357]

Allerdings sieht die Neufassung der EuGVO die automatische Anerkennung und Abschaffung des Exequaturverfahrens nicht nur für Hauptsacheentscheidungen, sondern auch für einstweilige Maßnahmen vor. Hier muss unterschieden werden. Anlässlich der weitgehenden Maßnahmenfreizügigkeit erscheint es angemessen, den Schuldner vor widersprüchlichen Entscheidungen zu schützen. Dementsprechend muss einem Arrest- bzw. Sicherungsantrag zu einem nach

351 Vgl. dazu Wannenmacher, S. 268.

352 Garber, S. 206.

353 Geimer/Schütze/Geimer EuGVVO Art. 27 Rn. 47; Geimer/Schütze/Försterling, Internationaler Rechtsverkehr, Nr. 540, Art. 27 VO (EG) Nr. 44/2001 Rn. 19; Kropholler/v. Hein Art. 27 EuGVO Rn. 14; Rauscher/Leible, 3. Aufl., Art. 27 Brüssel I-VO, Rn. 13a; Schlosser/Hess, Art. 27 EuGVO Rn. 5; Saenger/Dörner Art. 27 EuGVVO Rn. 6; Musielak/Stadler Art. 27 VO (EG) 44/2001 Rn. 1; Berger/Otte, Kap. 18 Rn. 32; Dohm, S. 144; ausführlich Wannenmacher, S. 267 ff; Zerr, EuZW 2013, 292, 294; Hausmann, IPRax 1981, 79, 82; Hess, IPRax 2000, 370, 374; Stadler, JZ 1999, 1089, 1099; Wolf, EWS 2000, 11, 14; differenzierend Gronstedt, S. 311.

354 EuGH ECLI:EU:C:1980:130 – Denilauler Rn. 17; Berger/Otte, Kap. 18 Rn. 32.

355 So schon zur alten Rechtslage: Gronstedt, S. 149 f; Hausmann, IPRax 1981, 79, 82; Garber, S. 209.

356 Vgl. Berger/Otte, Kap. 18 Rn. 33 zur Altfassung der EuGVO.

357 EuGH ECLI:EU:C:2002:342 Rn. 41– Italian Leather.

Art. 4 ff. EuGVO zuständigen Gericht Sperrwirkung gegenüber weiteren Anträgen zu anderen nach diesen Vorschriften zuständigen Gerichten zukommen. Jedoch gilt die Freizügigkeit nur für einstweilige Maßnahmen, die von einem in der Hauptsache zuständigen Gericht erlassen wurden. Entscheidungen der in zahlreichen Mitgliedstaaten vorgesehenen (oftmals sachnäheren) Gerichte des Belegenheitsortes fallen nicht darunter (vgl. Art. 2 lit. a UAbs. 2, 35 EuGVO). Verfahren vor den Gerichten, die nicht zugleich Hauptsachegericht nach Art. 4 ff EuGVO sind, entfalten daher keine Rechtshängigkeitssperre bezüglich einstweiliger Verfahren vor dem Hauptsachegericht nach der EuGVO. Art. 35 EuGVO soll nicht die Entwertung des Zuständigkeitsregimes der EuGVO bewirken. Umgekehrt darf ein einstweiliges Verfahren vor einem nach der EuGVO zuständigen Hauptsachegericht nicht die einzelstaatlichen Gerichtsstände aus Art. 35 EuGVO sperren. Der Gläubiger kann eine einstweilige Maßnahme gemäß Art. 35 EuGVO in jedem Vollstreckungsmitgliedstaat beantragen, in dem ein Vollstreckungsbedürfnis besteht.[358]

4. *Parallele Anträge auf Erlass eines europäischen Beschlusses zur vorläufigen Kontenpfändung*

a) *Mehrere Anträge auf Erlass eines europäischen Beschlusses*

Wie bereits zur Zulässigkeit ausgeführt, können zum Erlass eines europäischen Kontopfändungsbeschlusses mehrere Gerichte zuständig sein. Art. 16 Abs. 1 EuKpfVO verbietet es dem Gläubiger aber, gleichzeitig parallele Anträge auf Erlass eines solchen Beschlusses bei unterschiedlichen Gerichten zu stellen. Der Kommissionsentwurf statuierte noch in Art. 19 Abs. 1 EuKpfVO-E die Pflicht, weitere Anträge bei anderen Gerichten auf Erlass eines europäischen Kontenpfändungsbeschlusses im Pfändungsantrag anzugeben. Dadurch wurden solche Anträge aber nicht verboten, wie sich e contrario aus der Regelung des Art. 19 Abs. 2 EuKpfVO-E ergab. Nur wenn in der Sache bereits ein europäischer Kontenpfändungsbeschluss oder eine nationale Sicherungsmaßnahme erlassen wurde, regelte der Entwurf ein Ermessen des Gerichts, vom Erlass eines weiteren europäischen Kontenpfändungsbeschlusses abzusehen. Eine derartige Regelung hätte zur Folge gehabt, dass mehrere Gerichte, bei denen der Kontopfändungsbeschluss beantragt wurde, parallel gearbeitet hätten und so gegebenenfalls unterschiedliche Bewertungen ergangen wären.[359] Um dies zu

358 Vgl. EuGH ECLI:EU:C:1980:130 – Denilauler Rn. 17.

359 BR-Drs. 426/11 (Beschluss), S. 2; Häcker, WM 2012, 2180, 2184.

vermeiden, wurde vorgeschlagen, den Antrag nur bei einem einzigen Gericht zu erlauben.[360]

Das Verbot paralleler Anträge in Art. 16 Abs. 1 EuKpfVO gilt, wenn der Schuldner mehrere Anträge bei anderen (international und/oder örtlich) zuständigen Gerichten wegen derselben Forderung gegen denselben Schuldner auf Pfändung eines anderen Kontos stellen möchte. Allerdings lässt sich dies nicht allein mit dem Überpfändungsschutz rechtfertigen. Schließlich verbietet die EuKpfVO nicht, mehrere Konten bei unterschiedlichen Banken in voller Höhe der Hauptforderung zu pfänden. Der Gläubiger ist dann lediglich zur Freigabe nach Art. 27 EuKpfVO verpflichtet. Ziel der Regelung ist daher nicht nur, Überpfändungen zu vermeiden, sondern auch, das Erlassverfahren bei einem Gericht zu konzentrieren und so widersprüchliche Entscheidungen zu vermeiden.

Dem Gläubiger wird durch Art. 16 Abs. 1 EuKpfVO dem Wortlaut nach nicht untersagt, mehrere parallele Anträge bei einem Gericht zu stellen. Eine entsprechende Anwendung der Vorschrift verbietet sich schon aufgrund fehlender Planwidrigkeit der Regelungslücke.[361] Mangels ausdrücklicher Regelung wird hier auf die lex fori zurückzugreifen sein. Die Folgen eines solchen Verstoßes sind dann aber ebenfalls dem nationalen Recht zu entnehmen.

Art. 16 EuKpfVO regelt nur begrenzt, welche Rechtsfolge unzulässige Parallelanträge bei unterschiedlichen Gerichten auslösen. Zum Schutz des Schuldners statuiert er lediglich eine Beweislastumkehr im Rahmen der unionsrechtlichen Haftungsnorm (Art. 13 Abs. 2 lit. c EuKpfVO). Das Verschulden des Gläubigers wird demnach für den Haftungsanspruch vermutet.[362] Daraus könnte gefolgert werden, der Verstoß wirkte sich allein auf haftungsrechtlicher Ebene aus und begründe keine unmittelbare Folge für die gerichtliche Entscheidung über den Antrag.[363] Dementsprechend dürften beide bzw. alle angegangenen Gerichte (die Zuständigkeit unterstellt) einen europäischen Kontenpfändungsbeschluss erlassen. Hierfür spricht, dass eine Regelung vergleichbar zu Art. 29 EuGVO, wonach das spätere Gericht das Verfahren aussetzt, bis die Zuständigkeitsfrage geklärt ist, im Rahmen der EuKpfVO fehlt. Auch statuiert die EuGVO nach hier

---

360 Vgl. Rat der EU, Vermerk des Vorsitzes und des künftigen litauischen Vorsitzes vom 28.6.2013, 11713/13, S. 20.

361 Vgl. Rat der EU, Vermerk des Vorsitzes und des künftigen litauischen Vorsitzes vom 28.6.2013, 11713/13, S. 20; Rat der EU, Vermerk des Vorsitzes vom 16.5.2013, 9395/13, S. 7 Fn. 7.

362 Dazu § 8.

363 So wohl Rauscher/Rauscher/Wiedemann, Art. 16 EU-KPfVO Rn. 4.

vertretener Auffassung keine Rechtshängigkeitssperre nationaler Maßnahmen, wenn sie von einem Gericht erlassen werden, das nach der EuGVO zuständig ist.

Umgekehrt würde ein solcher Mehrfacherlass nicht nur das Schuldnerinteresse unverhältnismäßig gefährden, sondern auch der Systematik des EuKpfVO zuwiderlaufen. Die EuKpfVO ist grundsätzlich bemüht, eine Überpfändung zu verhindern, indem sie die Pfändung der Höhe nach begrenzt (vgl. Art. 19 Abs. 2 lit. g, 24 Abs. 2 EuKpfVO). Wäre ein Verstoß gegen Art. 16 Abs. 1 EuKpfVO lediglich haftungsrechtlich relevant, müsste das Gericht oder die Vollstreckungsbehörde bei Kenntnis des Parallelantrags sehenden Auges eine Überpfändung herbeiführen. Diesen Nachteil vermag die Verschuldensvermutung im Haftungstatbestand nicht auszugleichen. Dem Schuldner würde bewusst und ohne seine Beteiligung am Verfahren das Insolvenzrisiko des Gläubigers aufgebürdet. Zwar geht die EuKpfVO auch bei der Pfändung mehrerer Konten in voller Höhe des festgelegten Betrages (und nicht anteilig) ebenfalls das Risiko der Überpfändung ein, doch lässt sich dies mit der Gefahr einer fehlenden Deckung des Kontos und einer Übertragung der Gelder auf ein anderes Konto begründen. Für den Parallelzugriff auf ein Konto greift dies nicht, denn der Gläubiger kann mit der zweiten Pfändung keine anderen Konten erfassen als bereits mit der ersten. Zudem sieht Art. 27 Abs. 1 EuKpfVO, der die Freigabeverpflichtung bei Überpfändung regelt, gerade keine Freigabeverpflichtung für diesen Fall vor. Hierfür müsste sich die Überpfändung aus der Pfändung mehrerer Konten (lit. a) oder aus der parallelen Anwendung nationaler Maßnahmen (lit. b) ergeben.

Der Verstoß gegen Art. 16 Abs. 1 EuKpfVO muss daher als eine fehlende Voraussetzung für den Erlass eines europäischen Kontenpfändungsbeschlusses i.S.v. Art. 17 Abs. 1 EuKpfVO behandelt werden. Die Gerichte dürfen dann keinem der parallelen Anträge folgen, sondern müssen beide ablehnen. Der Gesetzgeber hat in Art. 16 Abs. 1 keine Prioritätsregelung wie etwa in Art. 29 EuGVO vorgesehen und den zeitlich späteren Antrag verboten, sondern parallele Anträge insgesamt untersagt. Hierin kann eine Sanktion für den Missbrauch des weitreichenden Schutzinstrumentes gesehen werden.

Art. 13 Abs. 2 lit. c EuKpfVO wird dadurch nicht obsolet. Praktisch werden die Gerichte in der Regel keine Kenntnis vom Parallelantrag haben. Erlassen zwei unterschiedliche Gerichte einen europischen Kontenpfändungsbeschluss, sind diese Entscheidungen zwar wirksam, sie können aber beide gemäß Art. 33 Abs. 1 lit. a EuKpfVO aufgehoben werden. Für einen hierdurch entstandenen Schaden greift die Verschuldensvermutung.

b) Gleichwertige nationale Beschlüsse

Gleichwertige nationale Beschlüsse gegen den gleichen Schuldner zur Sicherung derselben Forderung schließen den Erlass eines europäischen Kontenpfändungsbeschlusses dagegen nicht aus.[364] Dies ergibt sich im Umkehrschluss aus Art. 16 Abs. 2, 3 EuKpfVO. Der Gläubiger ist aber verpflichtet, in seinem Antrag (Art. 16 Abs. 2 S. 1 i.V.m. Art. 8 Abs. 2 lit. m EuKpfVO) anzugeben, ob er nationale Maßnahmen zur Sicherung derselben Forderung bereits beantragt bzw. schon erwirkt hat. Dies gilt auch für Anträge, die als unzulässig oder unbegründet abgelehnt wurden (Art. 16 Abs. 2 S. 2 EuKpfVO). Diese Informationspflicht setzt sich auch während des Verfahrens fort, beschränkt sich aber auf das Erwirken und die spätere Ausführung des gleichwertigen Beschlusses sowie jeden als unzulässig oder unbegründet abgelehnten Antrag. Der Gläubiger muss damit während eines laufenden Verfahrens zum Erlass eines europäischen Kontopfändungsbeschlusses das Gericht bereits über einen Antrag auf den Erlass eines gleichwertigen nationalen Beschlusses informieren, solange hierüber nicht entschieden wurde. Umgekehrt schließt ein Antrag auf einen europäischen Kontenpfändungsbeschluss nicht aus, dass der Gläubiger noch gleichwertige nationale Beschlüsse beantragt.

Soweit Art. 16 Abs. 2, 3 EuKpfVO von einem gleichwertigen nationalen Beschluss spricht, stellt sich die Frage, was hierunter zu verstehen ist. Der europäische Kontopfändungsbeschluss weist sowohl Elemente einer Erkenntnisentscheidung als auch einer Vollstreckungsmaßnahme auf (näher dazu unter § 5 D.). Dementsprechend kommen als gleichwertige nationale Beschlüsse auch Entscheidungen (bzw. Maßnahmen) aus beiden Verfahrensphasen in Betracht. Der Wortlaut der Vorschrift ist wenig aussagekräftig und scheint darüber hinaus auch ungeschickt gewählt. So wird etwa nicht in allen Mitgliedstaaten ein Beschluss in beiden Verfahrensphasen erlassen. In Deutschland ist zwar ein Arrest- und Pfändungsbeschluss möglich, die Arrestentscheidung kann aber auch in Urteilsform ergehen. In Polen erlässt nur das Gericht einen Sicherungsbeschluss als einstweilige Entscheidung, der Gerichtsvollzieher, der das Vollziehungsverfahren betreibt, stellt den Sicherungsbeschluss mit einem Verfügungsverbot versehen zu.[365] Dementsprechend sehen die Erwägungsgründe vor, hierunter allgemein Maßnahmen zu fassen (vgl. ErwG 6 EuKpfVO). Auch das Erfordernis, das Gericht über jede spätere „Ausführung" des erlassenen nationalen Beschlusses zu informieren, ist nicht eindeutig. Die polnische Sprachfassung

364 Kritisch dazu: Hess/Raffelsieper, IPRax 2015, 46, 48.
365 Dazu § 6.

spricht hier etwa von „wykonanie", also über jede Vollziehung, wie sie auch der Sicherungsbeschluss erfährt (vgl. Art. 743 § 1 KPC), zu informieren.

Vor dem Hintergrund des Überpfändungsschutzes wird teilweise vertreten, nur die Folgen einer gleichwertigen nationalen Entscheidung oder Maßnahme seien relevant, die unmittelbar darauf gerichtet ist, die Verfügungen über das Bankkonto entweder durch dingliche Sicherung oder persönliche Verpflichtung des Schuldners zu beseitigen.[366] Abzustellen wäre demnach wohl nur auf die Pfändung selbst (bzw. den Antrag diesbezüglich), nicht aber auf die zugrunde liegende Arrestentscheidung, da hierdurch noch keine Wirkungen hinsichtlich der Forderung gegenüber der Bank begründet werden. Allerdings erscheint es zweifelhaft, die gleichwertige Maßnahme derart einzuschränken. Ein Gläubiger wäre nicht verpflichtet, das Gericht über eine parallele Arrestentscheidung oder einen Sicherungsbeschluss zu informieren. Die Pflicht aus Art. 16 Abs. 2 S. 2, Abs. 3 S. 2 EuKpfVO auch über abgelehnte Anträge zu informieren, legt die Vermutung nahe, dass es hier nicht nur um einen Überpfändungsschutz geht, denn ein abgelehnter Antrag kann diese Gefahr nicht begründen. Außerdem ist der Antragsteller zur Angabe über Anträge verpflichtet, die als unbegründet abgelehnt wurden. Eine Begründetheit i.S.d. EuKpfVO beinhaltet aber die Prüfung eines Erlassgrundes und eines Erlassanspruchs, vergleichbar mit Arrestgrund und -anspruch im deutschen Recht sowie Sicherungsanspruch und -interesse im polnischen Recht (dazu § 4 A. VII.). Mit dem Antrag auf einen gleichwertigen nationalen Beschluss kann daher nicht nur ein nationaler Vollstreckungsantrag verstanden werden, sondern zugleich auch der Antrag auf Erlass einer einstweiligen Maßnahme, die durch Kontenpfändung vollstreckt werden kann. Dem Gericht soll eine möglichst breite Entscheidungsgrundlage gegeben werden. Wird es über einen bereits erwirkten gleichwertigen nationalen Beschluss (bzw. eine solche Maßnahme) unterrichtet, ist es zu einer erweiterten Prüfung der Angemessenheit eines etwaigen europäischen Kontopfändungsbeschlusses unter Berücksichtigung aller Umstände des Einzelfalls verpflichtet (Art. 16 Abs. 4 EuKpfVO).[367]

Verstößt der Gläubiger gegen die Informationspflichten in Art. 16 Abs. 2-3 EuKpfVO, lässt dies einen folgenden europäischen Kontopfändungsbeschluss nicht per se unwirksam werden. Den Gläubiger trifft bei Übersicherung vielmehr eine Freigabepflicht, sofern der europäische Kontenpfändungsbeschluss

---

366 Vgl. Rauscher/Rauscher/Wiedemann, Art. 16 EU-KPfVO Rn. 6.

367 Hess/Raffelsieper, IPRax 2015, 46, 48, spricht von einer „intensiven" Prüfung der Voraussetzungen des Art. 7 EuKpfVO.

nach Ausführung der nationalen Maßnahme erlassen wurde (Art. 27 Abs. 1 lit. b EuKpfVO). Darüber hinaus wird der Schuldner durch einen Schadensersatzanspruch gegenüber dem Gläubiger geschützt, bei dem das Verschulden auch für diese Fälle vermutet wird (Art. 13 Abs. 2 lit. c EuKpfVO).

5. *Vergleich*

Hinsichtlich paralleler Anträge erweist sich die EuKpfVO zunächst enger gefasst als die nationalen Verfahren im grenzüberschreitenden Verhältnis. Anders als nach deutschem und polnischem Recht verbietet die EuKpfVO parallele Verfahren vor unterschiedlichen Gerichten, die darauf gerichtet sind einen europäischen Kontenpfändungsbeschluss zu erwirken. Vergleichbares gilt in den autonomen Rechtsordnungen für rein inländische Verfahren und muss auch im Rahmen der EuGVO hinsichtlich Verfahren gelten, die sich auf die Hauptsachezuständigkeit nach Art. 4 ff. EuGVO stützen. Verfahren vor ausländischen Gerichten sperren nach autonomem Recht einstweilige Maßnahmen vor den inländischen Gerichten dagegen nicht. Gleiches muss im Anwendungsbereich der EuGVO hinsichtlich Verfahren gelten, die sich auf die Zuständigkeit gemäß Art. 35 EuGVO i.V.m. einzelstaatlichen Zuständigkeitsvorschriften stützen, um die Effektivität des einstweiligen Rechtsschutzes zu sichern, die angesichts der beschränkten grenzüberschreitenden Anerkennung und Vollstreckbarkeit nicht zu gewährleisten wäre, wollte man nationale Maßnahmen im jeweiligen Vollstreckungsmitgliedstaat begrenzen. Dieses Problem spielt im Rahmen der EuKpfVO keine Rolle. Die Entscheidung des Gerichts wird hier grenzüberschreitend anerkannt und vollstreckt, ein Exequaturerfordernis besteht nicht. Dementsprechend kann die fehlende Effektivität nicht als Kriterium für die Zulassung von Parallelverfahren herangezogen werden. Vor diesem Hintergrund schließt die EuKpfVO auch keine weiteren Anträge auf Erlass einer vergleichbaren nationalen Maßnahme aus. Anders als etwa im deutschen Recht bei reinen Inlandssachverhalten, wo aufgrund der Rechtshängigkeitssperre eine Prioritätsregelung gilt, d.h. das zuerst anhängige Verfahren weiterhin zulässig bleibt und lediglich der zeitlich nachfolgende Antrag abgelehnt werden muss, verbietet die EuKpfVO generell parallele Anträge auf Erlass eines europäischen Kontenpfändungsbeschlusses. Auf eine zeitliche Reihenfolge kommt es hier nicht an. Beide Anträge müssen abgelehnt werden.

Das strikte Verbot paralleler Anträge im Rahmen der EuKpfVO erfasst gleichwertige nationale Verfahren aber nur eingeschränkt. Sowohl der Antrag auf Erlass einer nationalen einstweiligen Maßnahme als auch auf deren Vollziehung durch vorläufige Kontenpfändung vermögen den Antrag auf Erlass eines europäischen

Kontenpfändungsbeschlusses nicht zu sperren. Dies entspricht dem Regelungsmodell des Art. 35 EuGVO. Das Gericht hat allerdings jede Entscheidung des nationalen Verfahrens zu berücksichtigen. Selbst wenn eine gleichwertige nationale Maßnahme erlassen wurde, hindert dies eine europäische Kontenpfändung nicht generell. Das Gericht ist dann allerdings zu einer besonders sorgsamen Prüfung verpflichtet, ob ein Bedürfnis hierfür noch (fort-) besteht.

Ein Vergleich mit der deutschen Rechtslage offenbart ferner dieselbe Missbrauchsgefahr wie im Rahmen der ZPO. Zwar sind parallele Anträge unzulässig, doch wird der Gläubiger dadurch praktisch nicht gehindert, diese trotzdem zu stellen und sobald ein Gericht einem Antrag stattgibt, alle anderen zurückzunehmen bzw. diese zu Fall zu bringen. Eine Vorschrift, den Schuldner hiervon in Kenntnis zu setzen, enthält die Verordnung – richtigerweise, andernfalls wäre der Überraschungseffekt entwertet – nicht. Zwar sieht Art. 13 Abs. 1, 2 lit. c EuKpfVO eine Haftung mit vermutetem Verschulden des Gläubigers vor, falls er seiner Verpflichtung aus Art. 16 EuKpfVO nicht nachgekommen ist. Doch deckt die Vorschrift nur den Fall ab, bei dem mehrere parallele Beschlüsse oder ein Beschluss neben gleichwertigen nationalen Maßnahmen erlassen werden und es dadurch zu einer Überpfändung kommt. Allein durch parallele Anträge kann es dazu nicht kommen, wenn der Gläubiger seine übrigen Anträge zurücknimmt.

IV. Anhörung des Schuldners

1. Anhörung des Schuldners vor Erlass eines deutschen Arrestbefehls

Das deutsche Verfahrensrecht ermöglicht den Erlass eines Arrestbefehls sowohl mit als auch ohne vorherige Anhörung des Schuldners (vgl. § 922 Abs. 1 S. 1 i.V.m. § 128 Abs. 4 ZPO). Grundsätzlich entbindet das Arrestverfahren nicht davon dem Schuldner rechtliches Gehör (Art. 103 Abs. 1 GG) zu gewähren. Das rechtliche Gehör ist ein generell unabdingbares objektivrechtliches Prinzip für gerichtliche Verfahren, ein prozessuales Urrecht des Menschen mit überragender Bedeutung.[368] Es stellt eine Voraussetzung für die richtige Entscheidung in der Sache dar und ist Ausdruck des Rechtsstaatsprinzips.[369] Umgekehrt kann dieser Grundsatz nicht vollkommen uneingeschränkt gelten. Er muss insbesondere mit dem Recht auf wirksamen Rechtsschutz in Einklang gebracht werden.[370]

368 BVerfG NJW 1986, 371, 372; NJW 1980, 2698; NJW 1959, 427 f.

369 Walker, Rn. 279.

370 Walker, Rn. 282; Borck, MDR 1988, 908, 910; vgl. auch Ritter, ZZP 88 (1975), 126, 163 ff, hinsichtlich persönlichem Arrest.

Nur wenn die vorherige Anhörung des Gegners den Zweck des Verfahrens zu vereiteln droht, darf sie daher unterbleiben. Dies wird angenommen, wenn die damit verbundene zeitliche Verzögerung oder die Vorwarnung des Gegners das Sicherungsinteresse gefährden würden.[371] Darin spiegelt sich ein wesentlicher Charakterzug des einstweiligen Rechtsschutzes wieder.[372] Diese Gefährdung kann in der Praxis rein tatsächlich nahezu regelmäßig auftreten. Die Einzelfallentscheidung hierüber liegt im pflichtgemäßen Ermessen des Gerichts, das bei der Abwägung auch auf allgemeine Erfahrungssätze zurückgreifen kann.[373] Dabei wird das Gericht etwa die Schwierigkeit der Rechts- und Sachlage, den Grad der Glaubhaftmachung, die Gefährdungspotentiale auf beiden Seiten und die Notwendigkeit eines Überraschungseffekts einbeziehen.[374] Der Gläubiger muss den Anhörungsverzicht nicht ausdrücklich beantragen.[375]

Umgekehrt kann sich der Schuldner im Vorfeld durch Einreichung einer Schutzschrift (vgl. § 945a ZPO) auch dann wehren, wenn er am (einseitigen) Verfahren nicht beteiligt wird. Die Schutzschrift ist ein vorbeugendes Verteidigungsmittel zum erwarteten Antrag des Gläubigers.[376] Sie muss vom Gericht bei seiner Entscheidungsfindung berücksichtigt werden, ohne einen Sachantrag zu enthalten.[377] Zur Erleichterung der Koordination bei mehreren in Betracht kommenden Gerichten wurde zum 1.1.2016 ein neues elektronisches Schutzschriftenregister eingeführt, das zentral und länderübergreifend ausgestaltet ist (§ 945a Abs. 1 ZPO). Mit Einstellen in das Register gilt die Schutzschrift als bei allen ordentlichen Gerichten der Länder als eingereicht (§ 945a Abs. 2 ZPO). Anwälte müssen solche Schutzschriften ab 1.1.2017 zwingend in elektronischer Form einreichen (§ 49c BRAO n.F.).[378]

---

371 BVerfG NJW 1986, 371, 372; NJW 1981, 2111, 2112; NJW 1979, 154, 155; NJW 1959, 427 f; OLG Koblenz NJW-RR 1987, 509, 510 f; LG Zweibrücken NJW-RR 1987, 1199.

372 Berger/Skamel, Kap. 6 Rn. 1.

373 BVerfG NJW 1981, 2111, 2112; LG Zweibrücken NJW-RR 1987, 1199.

374 MüKoZPO/Drescher, § 922 ZPO Rn. 2; Wieczorek/Schütze/Thümmel, § 921 ZPO Rn. 2.

375 Berger/Skamel, Kap. 6 Rn. 2; Stein/Jonas/Grunsky, § 921 ZPO Rn. 3.

376 Deutsch, GRUR 1990, 327.

377 BGH NJW 2003, 1257 f; Walker, Rn. 613 ff.

378 Zur Reform des Schutzschriftenregisters: Hartmann, GRUR-RR 2015, 89 ff. u. 163; Schmitt-Gaedke, GRUR-Prax 2015, 161.

2. *Anhörung des Schuldners vor Erlass eines polnischen Sicherungsbeschlusses*

Über den Sicherungsantrag wird in Polen grundsätzlich in einer nichtöffentlichen Sitzung ohne Anhörung des Antragsgegners entschieden. Dies wird aus Art. 735 § 1 KPC und dem Wesen des Sicherungsverfahrens sowie der damit verbundenen regelmäßigen Notwendigkeit einer zügigen Durchführung geschlossen, wie es sich etwa in den Art. 740 § 1 und Art. 737 KPC niederschlägt.[379] Demnach kann die Effektivität des Verfahrens nur sichergestellt werden, wenn dem Sicherungsbeschluss ein Überraschungseffekt zukommt, d.h. der Antragsgegner vor Vollziehung der Entscheidung nicht gewarnt wird und folglich sein Vermögen beiseiteschaffen kann.[380] Das Sicherungsverfahren weicht damit vom Grundsatz der öffentlichen kontradiktorischen Verhandlung ab (vgl. Art. 148 § 1 KPC).

Das Gericht ist aber nicht verpflichtet, in nichtöffentlicher Sitzung zu verhandeln. Es liegt in seinem pflichtgemäßen Ermessen, das Verfahren öffentlich zu machen und dem Gegner in einer Verhandlung rechtliches Gehör zu gewähren (Art. 148 § 2 KPC).[381] In einigen Fällen (Art. 742 § 2, 753[1] § 2, 754, 765[1] KPC) ist es dazu sogar verpflichtet;[382] doch handelt es sich dabei um Ausnahmen. Im Übrigen soll es dazu nur dann kommen, wenn das Gericht Zweifel an der Begründetheit des Sicherungsantrags hegt.[383] Ferner sollte nur dann ein kontradiktorisches Verfahren eingeleitet werden, wenn die Anhörung innerhalb kurzer Zeit, d.h. ohne Verzögerung (i.S.v. Art. 737 KPC), durchgeführt werden kann.[384] Wird ein Sicherungsantrag erst im Laufe des Hauptverfahrens gestellt, kann das Gericht eine öffentliche Verhandlung bezüglich der Sicherung auch mit dem Hauptsacheverfahren verbinden.[385] Es muss dann allerdings die Fristenregelung des Art. 737 S. 1 KPC beachtet werden; ist die öffentliche Verhandlung gesetzlich vorgeschrieben, verlängert sich die Frist von zwei Wochen auf einen Monat ab Antragseingang (Art. 737 S. 2 KPC).

---

379 Romańska/Leśniak, I. Teil B 4. 4., S. 129; Zawistowski, Art. 735 KPC Rn. 1; Gołaczyński/Woźniak, Art. 735 KPC Rn. 2.

380 Romańska/Leśniak, I. Teil B 4. 4., S. 129.

381 DKB/Jagieła, Band 3, Art. 735 KPC Rn. 1; Ereciński/Ereciński, Band 3, Art. 735 KPC Rn. 1; Gołaczyński/Woźniak, Art. 735 KPC Rn. 2.

382 Zawistowski, Art. 735 KPC Rn. 2 f.

383 Gołaczyński/Woźniak, Art. 735 KPC Rn. 2.

384 Jankowski/Muliński, Art. 735 KPC Rn. 1.

385 Romańska/Leśniak, I. Teil B 4. 4., S. 130.

Das Instrument einer Schutzschrift scheint im polnischen Sicherungsverfahren nicht verbreitet zu sein. Gleichwohl entscheidet das Gericht auf Grundlage des gesamten ihm vorliegenden Materials (Art. 738 KPC).[386] Das Gericht berücksichtigt dabei sämtliche Bekundungen des Antragsgegners im Vorfeld des einstweiligen Verfahrens.[387] Schutzschriften sind also auch hier zu beachten.

3. Einschränkung im Anwendungsbereich der EuGVO

Im Anwendungsbereich der EuGVO stellte die Anhörung des Gegners seit langem einen tiefgreifenden Streitpunkt dar. In seiner Entscheidung der Rechtssache „Denilauler v. Couchet Frères“ nahm der EuGH (noch zum EuGVÜ) ein kontradiktorisches Verfahren als ungeschriebene Voraussetzung einstweiliger Maßnahmen an.[388] Die Anhörung des Gegners war demnach zwar keine zwingende Zulässigkeitsvoraussetzung des einstweiligen Rechtsschutzverfahrens; die fehlende Anhörung verhinderte aber die grenzüberschreitende Anerkennungsfähigkeit.

Die novellierte EuGVO legt die Voraussetzungen, unter denen einstweilige Maßnahmen dem Entscheidungsbegriff unterfallen, nunmehr ausdrücklich fest (Art. 2 lit. a UAbs. 2 EuGVO). Die Verordnung greift darin die Entscheidung „Denilauler v. Couchet Frères“[389] auf und kodifiziert sie weitgehend. Danach war die Anerkennung einer ausländischen einstweiligen Maßnahme ausgeschlossen, wenn der Gegner nicht geladen wurde oder die Vollstreckung ohne vorherige Zustellung an diese Partei erfolgte.[390] Die grenzüberschreitende Freizügigkeit sei im Wesentlichen auf Entscheidungen beschränkt, die auf einem kontradiktorischen Verfahren gründen oder in einem solchen hätten ergehen können.[391] Bei einstweiligen Maßnahmen gelten aber Besonderheiten. Zwar können grundsätzlich auch solche grenzüberschreitend anerkannt und vollstreckt werden. Die damit oft verbundene Einschränkung des Rechts auf Gehör durch einseitige Ausgestaltung des Verfahrens zum Zwecke eines Überraschungseffekts kann im Einzelfall gerechtfertigt sein, doch erfordert dies besonderer Umsicht des jeweiligen

---

386 Vgl. dazu Wengerek, Art. 738 KPC Nr. 1.

387 Wengerek, Art. 730(1) KPC Nr. 2; Błaszczak/Markiewicz/Rudowska-Ząbczyk/Zawiślak, S. 363.

388 EuGH ECLI:EU:C:1980:130 – Denilauler Rn. 10 ff.

389 EuGH ECLI:EU:C:1980:130 – Denilauler.

390 EuGH ECLI:EU:C:1980:130 – Denilauler Rn. 17; der EuGH hat diese Rechtsprechung später relativiert und nur gefordert, dass ein kontradiktorisches Verfahren zumindest möglich gewesen sein muss: EuGH ECLI:EU:C:2004:615 – Mærsk Olie & Gas Rn. 50 f.

391 EuGH ECLI:EU:C:1980:130 – Denilauler Rn. 13.

Richters und eingehender Kenntnis der konkreten Umstände hinsichtlich des Rahmens, in dem sich die einstweilige Maßnahme bewegen soll.[392] Angesichts der weitgehenden Vollstreckungsmöglichkeiten müsse es dem Gericht dementsprechend möglich sein die Anwendung der Maßnahme im konkreten Fall zu befristen und an Voraussetzungen zu knüpfen, die den Sicherungscharakter der Maßnahme garantieren, sowie je nach Art des Gegenstands, der von der Maßnahme betroffen werden soll, Sicherheiten anzuordnen.[393] Diese Anforderungen können am besten von dem Richter desjenigen Vertragsstaats erfüllt werden, in dem sich der von der Maßnahme betroffene Gegenstand befindet.[394] Mit der Kodifikation dieser Rechtsprechung zum EuGVÜ ist die kritische Frage, ob sie auch auf die EuGVO zu übertragen sei,[395] hinfällig.[396]

In ihrer Neufassung bleibt die Regelung des einstweiligen Rechtsschutzes in der EuGVO für den Gläubiger weiterhin ungünstig.[397] Eine Ausweitung der Anerkennung auf einstweilige Maßnahmen, die ohne Vorwarnung (d.h. vorherige Ladung oder vorherige Zustellung des Vollstreckungsbescheides) des Gegners erlassen wurden, war zwar angedacht worden, fand letztlich aber keinen Eingang in die endgültige Verordnung.[398] Auch wenn die Regelung nicht zwingend ein kontradiktorisches Verfahren voraussetzt, verhindert sie im Ergebnis die Möglichkeit eines grenzüberschreitenden überraschenden Zugriffs auf das Schuldnervermögen.[399] Unterlässt der Gläubiger die Zustellung des Arrestbefehls vor der Vollstreckung, kann er im ersuchten Mitgliedstaat hieraus nicht vollstrecken (vgl. Art. 2 lit. a UAbs. 2, 42 Abs. 2 lit. c EuGVO). Die vorherige Zustellung warnt den Gegner aber ebenso wie eine Anhörung im Arrestverfahren.[400]

392 EuGH ECLI:EU:C:1980:130 – Denilauler Rn. 15.

393 EuGH ECLI:EU:C:1980:130 – Denilauler Rn. 15.

394 EuGH ECLI:EU:C:1980:130 – Denilauler Rn. 16.

395 So BGH IPRspr. 2009, Nr. 242, 625 Rn. 7; NJW-RR 2007, 1573 Rn. 10 ff, m. Anm. Rauscher, WuB VII B. Art. 34 EuGVVO Nr. 1.07 u. ablehnender Anm. Schneider-Addae-Mensah, DZWIR 2008, 243; kritisch: Mankowski EWiR 2007, 329 f; Kieser/Sagemann, GRUR-Prax 2012, 155, 156 f; Heinze, ZZP 120 (2007), 303.

396 Vgl. auch ErwG 33 EuGVO.

397 Vgl. ferner Hess, FS Gottwald, S. 273, 278 f, hinsichtlich der nun nachteiligen Zuständigkeitskompetenz der Landgerichte bei Überprüfung der Anerkennungshindernisse.

398 Rauscher/Leible, Art. 2 Brüssel Ia-VO Rn. 15; ferner Tsikrikas, ZZP 124 (2011), 461, 476 f, 480.

399 Zerr, EuZW 2013, 292, 293; Domej, RabelsZ 78 (2014), 508, 545 f; Rauscher/Leible, Art. 2 Brüssel Ia-VO Rn. 15.

400 Domej, RabelsZ 78 (2014), 508, 546; v. Hein, RIW 2013, 97, 108; Tsikrikas, ZZP 124 (2011), 461, 480.

Dies gilt umso mehr angesichts der anfangs beschriebenen rasanten Entwicklung moderner Überweisungsmöglichkeiten. Der Überraschungseffekt, den die einstweilige Maßnahme mit sich bringen soll, entfällt damit vollständig. Dieser Wegfall wiegt besonders schwer, da die Effektivität des vorläufigen Rechtsschutzes oft entscheidend an die Unkenntnis des Schuldners vom drohenden Vollstreckungszugriff geknüpft ist.[401] Dem Gläubiger bleibt allein die Möglichkeit, parallel im Vollstreckungsstaat vorläufigen Rechtsschutz nach dortigem autonomem Recht zu ersuchen.[402]

In Deutschland erfolgt die Auslandszustellung des Arrestbefehls auf Veranlassung der Partei durch das Gericht (§§ 922 Abs. 2, 183 ZPO). Um die nach Art. 42 Abs. 2 lit. c EuGVO erforderliche Bescheinigung vorlegen zu können, ist der Gläubiger (aufgrund der Auslandszustellung durch das Gericht auch im Parteibetrieb, vgl. § 191 ZPO) dadurch gezwungen, einen Antrag nach § 169 Abs. 1 ZPO auf Bescheinigung des Zustellungszeitpunkts zu stellen. Selbst im Verfahren nach Art. 14 EuZVO, in dem erst ein Rückschein erstellt werden muss, vergeht bis zum Empfang dieser Bestätigung ausreichend Zeit, so dass der vorgewarnte Schuldner ohne weiteres Gegenmaßnahmen zur Verhinderung des geplanten Vollstreckungszugriffs treffen kann. Erst recht gilt dies im Verfahren nach Art. 4 ff EuZVO, bei dem erst noch eine Zustellungsbescheinigung an das Arrestgericht übermittelt werden muss (Art. 10 EuZVO).

4. *Anhörung des Schuldners vor Erlass eines europäischen Beschlusses zur vorläufigen Kontenpfändung*

Ein europäischer vorläufiger Kontopfändungsbeschluss ergeht stets ohne vorherige Anhörung des Antragsgegners (Art. 11 EuKpfVO). Hiervon gestattet die Verordnung keine Ausnahme.[403] Ex parte Maßnahmen im einstweiligen Rechtsschutz sind dem europäischen Recht grundsätzlich auch sonst nicht fremd. So sieht Art. 9 Abs. 4 RL 2004/48/EG zur Durchsetzung der Rechte des geistigen Eigentums ebenfalls ein solches Verfahren ohne Anhörung des Gegners vor.[404] Der Kommissionsentwurf plädierte dennoch für eine mögliche Beteiligung des Schuldners, sofern der Gläubiger dies wünsche (Art. 10 EuKpfVO-E). Zahlreiche Delegationen sprachen sich zudem dafür aus, die Beteiligung des Schuldners

---

401 Leible/Freitag, § 7 Rn. 2; Schack, IZVR, Rn. 916; Weitz, in: Kengyel/Harsági, S. 327, 329; Herédi/Király, in: Kengyel/Harsági, S. 375, 381.

402 OLG Karlsruhe FamRZ 2001, 1623, 1624.

403 Kritisch dazu BRAK, Stellungnahme 61/2011, S. 5 f.

404 Vgl. dazu Wehlau/Kalbfus, GRUR Int 2011, 396.

dem gerichtlichen Ermessen zu überlassen.[405] Das Gericht sollte den Schuldner anhören können, soweit es dies im Einzelfall für erforderlich hält. Gegenüber der Ablehnung des Antrags stellt eine Anhörung das mildere Mittel dar.

Letztlich konnte sich keiner der beiden Vorschläge durchsetzen. Eine Beteiligung des Schuldners würde – so wurde befürchtet – den Überraschungseffekt (vgl. ErwG 15 EuKpfVO) der europäischen Kontopfändung konterkarieren.[406] Der Schuldner könnte in der Zwischenzeit seine Vermögenswerte beiseiteschaffen und sich so dem Zugriff entziehen. Der Verzicht auf die Anhörung des Gegners soll stattdessen an anderer Stelle durch einen effektiven Schuldnerschutz („Garantien") kompensiert werden, insbesondere durch strikte Bedingungen zum Erlass des Beschlusses, das Erfordernis zur Sicherheitsleistung, einer geregelten Gläubigerhaftung und weitreichenden Rechtsbehelfen des Schuldners.[407]

Art. 11 EuKpfVO verbietet nicht nur, den Schuldner vor der Entscheidung über den europäischen Kontopfändungsbeschluss in Kenntnis zu setzen, sondern auch ihm eine Gelegenheit zur Äußerung zu geben. Es stellt sich die Frage, ob dem Schuldner durch das Äußerungsverbot auch die Möglichkeit genommen werden soll, Schutzschriften zur Kenntnis des Gerichts einzubringen. In der Literatur wird dies bisher mit Blick auf die Zielrichtung der Norm abgelehnt.[408] Die Berücksichtigung von Schutzschriften stellt eine Form des rechtlichen Gehörs

---

405 Rat der EU, Vermerk der Delegation des Vereinigten Königreichs vom 13.8.2012, 13140/12, S. 8; Rat der EU, Vermerk der tschechischen Delegation vom 23.8.2012, 13140/12 ADD 1, S. 4; Rat der EU, Vermerk der spanischen Delegation vom 27.8.2012, 13140/12 ADD 4, S. 12; Rat der EU, Vermerk der dänischen Delegation vom 3.9.2012, 13140/12 ADD 8, S. 2; Rat der EU, Vermerk der irischen Delegation vom 5.9.2012, 13140/12 ADD 9, S. 4; Rat der EU, Vermerk der ungarischen Delegation vom 6.9.2012, 1314/12 ADD 10, S. 5; Rat der EU, Vermerk der französischen Delegation vom 13.9.2012, 13140/12 ADD 13, S. 10; Rat der EU, Vermerk der litauischen Delegation, 13140/12 ADD 14, S. 3.

406 Dazu bereits EU Kommission, Begründung, KOM (2011) 445 endg., S. 6; Rat der EU, Vermerk des Vorsitzes vom 22.11.2012, 16350/12, S. 4.

407 Rat der EU, Vermerk des Vorsitzes vom 16.5.2013, 9395/13, S. 10; Rat der EU, Addendum vom 28.11.2013 zum Vermerk des Vorsitzes, 16991/13 ADD 1, S. 19; vgl. ferner Rat der EU, Vermerk der österreichischen Delegation vom 27.8.2012, 13140/12 ADD 2, S. 6; Rat der EU, Vermerk der finnischen Delegation vom 7.9.2012, 13140/12 ADD 11, S. 3; Rat der EU, Vermerk der lettischen Delegation vom 10.9.2012, 13140/12 ADD 12, S. 7; für eine Stärkung des Schuldnerschutzes: Rat der EU, Vermerk der deutschen Delegation vom 28.8.2012, 13140/12 ADD 6, S. 10.

408 Domej, ZEuP 2013, 496, 509; Rauscher/Rauscher/Wiedemann, Art. 11 EU-KPfVO Rn. 4.

dar.[409] Die Ausgestaltung als ex parte Verfahren soll einen Überraschungseffekt sichern und Vermögensverschiebungen seitens des Schuldners vorbeugen. Für sich gesehen steht die Berücksichtigung von Schutzschriften dazu grundsätzlich nicht in Widerspruch, denn sie betrifft die Situation, in der ein Schuldner mit einem drohenden Pfändungsversuch rechnet. Eine Realisierung dieses Normzwecks soll daher nicht gefährdet sein.

Dennoch erscheint die Berücksichtigung von Schutzschriften problematisch. Hiergegen sprechen der klare Wortlaut, die Systematik und das Ziel der Verordnung selbst.

Soweit Art. 11 EuKpfVO davon spricht, dem Schuldner keine Gelegenheit zur Äußerung zu geben, kann nicht bloß das aktive Tätigwerden des Gerichts gemeint sein.[410] Gemäß Art. 9 Abs. 1 S. 1 EuKpfVO erfolgt die gerichtliche Entscheidung über den Antrag ausschließlich auf einer vom Gläubiger bereitgestellten Informations- und Beweisgrundlage. Einwendungen, die vom Schuldner – gleich in welcher Form – vorgebracht werden, können daher nicht zur Entscheidungsfindung beitragen. Aus Art. 9 Abs. 2 EuKpfVO folgt nichts anderes. Die Norm erweitert nur den unionsautonomen Beweisbegriff aus Absatz 1 um Beweismittel, die in den jeweiligen Mitgliedstaaten zulässig sind. Dadurch ändert sich an der Sphäre, aus der die Entscheidungsgrundlage zu bilden ist, nichts.[411]

Eine vergleichbare Problematik stellte sich bereits in Zusammenhang mit Anträgen auf Erteilung einer Vollstreckbarkeitserklärung in Art. 41 S. 2 EuGVO a.F. bzw. Art. 34 EuGVÜ. Auch dort sollte dem Schuldner keine Gelegenheit gegeben werden, eine Erklärung abzugeben. Die überwiegende Ansicht hielt demgemäß auch Schutzschriften des Schuldners für unbeachtlich und entnahm der Formulierung nicht nur ein Verbot aktiver Maßnahmen seitens des Gerichts.[412] Auf einen Überraschungseffekt, der auch Art. 41 EuGVO a.F. sowie Art. 34 EuGVÜ zukommen sollte,[413] kam es dabei nicht an. Ausschlaggebend

409 Teplitzky, NJW 1980, 1667.

410 AA Rauscher/Rauscher/Wiedemann, Art. 11 EU-KPfVO Rn. 4.

411 Näher dazu § 4 A VIII 3 c).

412 MüKoZPO/Gottwald, Art. 41 EuGVO a.F. Rn. 3; Geimer/Schütze/Geimer, Art. 41 EuGVVO a.F. Rn. 7; Kropholler/v. Hein, Art. 41 EuGVO Rn. 10; Musielak/Voit/Lackmann, Art. 41 EuGVVO a.F. Rn. 1; Nagel/Gottwald, § 15 Rn. 26; Mennicke, IPRax 2000, 294, 297 f; Wannenmacher, S. 294; Schack, IZVR, Rn. 1042; Martiny in: Martiny/Waehler/Wolff, Hdb IZVR, Band III/2, Kap. Kap. II Rn. 249; Wolff in: Martiny/Waehler/Wolff, Hdb IZVR III/2 Kap IV Rn 307 Fn 939; aA Schütze, FS Bülow, S. 211, 215 f.

413 Jenard, Bericht zu dem Übereinkommen, zu Art. 34, ABl. EG Nr. C 59/1; Schlosser, Bericht zu dem Übereinkommen, ABl. EG Nr. C 59/71.

war vielmehr die gesetzgeberische Intention einer zügigen Bearbeitung, die der Entscheidung für ein einseitiges Verfahren zugrunde lag.[414] Gleiches muss für die EuKpfVO gelten. Zwar war die Gefahr einer ungerechtfertigten Belastung des Schuldners im Rahmen des Art. 41 EuGVO a.F. vergleichsweise gering, denn der Entscheidung über die Vollstreckbarkeit ging zwingend bereits ein Hauptsacheverfahren voraus. Der Gesetzgeber wollte mit der EuKpfVO aber ebenso ein schnelles und effektives Verfahren statuieren. Dies belegen bereits die sehr kurzen Entscheidungsfristen in Art. 17, 18 EuKpfVO. Eine Verzögerung durch aufgeworfene Fragestellungen in einer Schutzschrift ist dabei nicht von vornherein ausgeschlossen.[415] Doch selbst wenn Schutzschriften keine Verzögerung mit sich bringen, darf das Gericht sie nicht beachten. Anders als etwa im deutschen Recht (dazu auch § 4 A. VIII. 1.), steht dem Gericht keine Möglichkeit offen, Zweifel, die regelmäßig durch eine Schutzschrift begründet sein werden, durch ein mündliches Verfahren aus der Welt schaffen. Art. 11 EuKpfVO verbietet es ausnahmslos, eine Anhörung des Schuldners anzuordnen. Aufgrund der gesetzgeberischen Entscheidung gegen ein gerichtliches Ermessen zur Einleitung kontradiktorischer Verfahren, ist das Gericht darauf beschränkt, den Antrag gänzlich abzulehnen. Selbst ein Nachfordern zusätzlicher Beweismittel vom Gläubiger ist ihm unter Umständen nicht gestattet, soweit das nationale Recht derartiges nicht vorsieht (Art. 9 Abs. 1 S. 2 EuKpfVO). Doch auch bei entsprechender Möglichkeit wird es angesichts der kurz bemessenen Entscheidungsfristen nur schwer möglich sein, Beweismittel nachzufordern.

Der Berücksichtigung von Schutzschriften steht die gesetzgeberische Konzeption entgegen. Wie oben gezeigt war das Problem bestehender Zweifel und damit der Gefahr einer tatsächlich ungerechtfertigten Pfändung im Gesetzgebungsverfahren breit diskutiert worden. Der Gesetzgeber entschied sich gerade bewusst nicht für die Möglichkeit, im Einzelfall eine Anhörung des Schuldners ins Ermessen des Gerichts zu stellen, sondern diesen Nachteil ausschließlich mittels anderer Schutzmechanismen[416] zu kompensieren. Schuldnerische Einwendungen in einer Schutzschrift dürfen folglich keine Berücksichtigung finden. Der Anspruch auf rechtliches Gehört wird hiervon nicht berührt, sondern lediglich auf die Verfahrensphase nach dem Erlass der vorläufigen Entscheidung verschoben.

---

414 Mennicke, IPRax 2000, 294, 298.

415 Vgl. Walker, Rn. 611.

416 Vgl. zum Schutz des Schuldnerinteresses allein durch nachträgliche Gewährung rechtlichen Gehörs: Müller, RIW 2012, 151, 157.

5. *Vergleich*

Die Pflicht zur Anhörung des Schuldners bzw. zu dessen Benachrichtigung vor Vollstreckung der einstweiligen Maßnahme unterscheiden sich in den verschiedenen Verfahren deutlich. Dies gilt allerdings nicht für nationale Maßnahmen. Hier lassen sich weitgehende Ähnlichkeiten erkennen. Sowohl die deutsche als auch die polnische Rechtsordnung sehen für die einstweilige Maßnahme ein einseitiges oder ein kontradiktorisches Verfahren vor. Die Entscheidung, ob der Schuldner angehört werden soll, obliegt jeweils dem gerichtlichen Ermessen. Ein Unterschied liegt lediglich im Regel-Ausnahme-Verhältnis. Während in Deutschland das kontradiktorische Verfahren als Ausfluss des rechtlichen Gehörs auch beim Arrest den rechtlichen Grundsatz bildet, von dem nur ausnahmsweise abgewichen werden darf, stellt in Polen das einseitige Verfahren die Regel dar, bei dem der Schuldner nur ausnahmsweise beteiligt werden darf, wenn das Gericht Zweifel an der Begründetheit des Antrags hegt. Praktisch dürften die Unterschiede hieraus gering sein. Tatsächlich kann auch im deutschen Recht die Ausnahme zur Regel werden, falls eine zeitliche Eilbedürftigkeit oder der Überraschungseffekt dies zur Wahrung des Sicherungsinteresses erfordern.

Anders ist dies in grenzüberschreitenden Fällen zu beurteilen. Die Anhörung des Gegners bildet im Rahmen der EuGVO eine zentrale Voraussetzung der unionsweiten Anerkennungsfähigkeit und Vollstreckbarkeit einstweiliger Entscheidungen. Als Voraussetzung der Freizügigkeit kann sie nur durch vorherige Zustellung der Entscheidung an den Schuldner umgangen werden. Dadurch wird der Schuldner jedoch vor einem Vollstreckungszugriff ebenso gewarnt wie durch eine vorherige Anhörung. Dem oftmals erwünschten Überraschungseffekt, der im nationalen Recht die Einseitigkeit des Verfahrens rechtfertigen kann, kommt keinerlei Gewicht zu.

Die EuKpfVO geht im Vergleich dazu den entgegengesetzten Weg. Sie erklärt eine Anhörung des Schuldners ausnahmslos für unzulässig. Dem Gericht steht keinerlei Ermessensspielraum zu. Das Ziel, den Schuldner unter keinen Umständen vorzuwarnen und ihm eine Vereitelungs- und Verzögerungsmöglichkeit zur liefern, nimmt eine überragende Stellung ein. Damit ist das Schutzniveau zu Gunsten des Gläubigers verschoben. Dem Anspruch des Gläubigers auf effektiven Rechtsschutz kommt zunächst eine unwiderlegbar höhere Rolle zu als dem Schutz rechtlichen Gehörs auf Seiten des Schuldners.

Ein Widerspruch zur EuGVO und zur Rechtsprechung des EuGH ist darin nicht enthalten.[417] Die einschränkende Regelung der EuGVO lässt sich auf die

---

417 Rauscher/Rauscher/Wiedemann, Art. 11 Rn. 3 EU-KPfVO; Skamel/Wilhelm, ZInsO 2014, 1789, 1793; aA Domej, ZEuP 2013, 496, 516 ff.

restriktive Rechtsprechung des EuGH zur Anerkennung ausländischer einstweiliger Maßnahmen zurückführen. Der Gerichtshof stützte dieses Ergebnis im Wesentlichen auf die Unvereinbarkeit der Besonderheiten einstweiliger Maßnahmen mit der sehr großzügigen Reichweite des vereinfachten Vollstreckungsverfahrens nach dem EuGVÜ. Nur der Richter im Vollstreckungsmitgliedstaat könne und solle die Voraussetzungen und die Reichweite einer solchen Maßnahme konkret anhand nationaler Gegebenheiten im Einzelfall bewerten. Dies gilt insbesondere für Erlassbedingung, Dauer der Sicherung, Sicherungsgegenstand und Anordnung einer Sicherheitsleistung (näher dazu sogleich). Die Voraussetzungen der einstweiligen Maßnahmen sind im Rahmen der EuKpfVO aber gerade ebenso einheitlich festgelegt wie die vorläufige Dauer der Kontenpfändung und die Anordnung einer Sicherheitsleistung. Dies vermag das nach der EuKpfVO zuständige Gericht ebenso einzuschätzen wie das Gericht am Ort des Vermögens.[418] Dies gilt umso mehr, als die Forderung als nichtkörperlicher Gegenstand gar keinen festen Belegenheitsort aufweist. Zudem ist die Reichweite der einstweiligen Maßnahme auf einen konkreten Vermögensgegenstand (Forderung gegenüber Bank aus Kontoverbindung) beschränkt. Die Gefahr, die Sicherung könne sich auf andere Vermögenswerte erstrecken, besteht hier nicht.[419] Dabei nimmt die Maßnahme nur die im Vollstreckungsmitgliedstaat vorgegebene Vollstreckungswirkung einer gleichartigen nationalen Maßnahme ein, entfaltet also auch keine fremdartige Wirkung. Der Schuldner kann sich gegen die Maßnahme auch mit einheitlich geregelten Rechtsbehelfen zur Wehr setzen, deren Durchsetzung ebenfalls in der Verordnung verankert ist. Die Bedenken des EuGH gegen die grenzüberschreitende Anerkennung von einstweiligen ex parte Maßnahmen können daher nicht auf die EuKpfVO übertragen werden.

Hinsichtlich der Beachtlichkeit von Schutzschriften lassen sich nach der herrschenden Meinung keine wesentlichen Unterschiede feststellen. In polnischen Sicherungsverfahren und im deutschen Arrestverfahren sind solche uneingeschränkt beachtlich. Gleiches wird beim Erlass eines europäischen Kontenpfändungsbeschlusses gefordert. Nach der hier vertretenen Auffassung stehen dem jedoch die strikten Regelungen zur Einseitigkeit und zur Zügigkeit des Verfahrens entgegen.

---

418 So auch Domej, ZEuP 2013, 496, 517 f.

419 Vgl. Rauscher/Rauscher/Wiedemann, Art. 11 Rn. 3 EU-KPfVO; Skamel/Wilhelm, ZInsO 2014, 1789, 1793.

V. Sicherheitsleistung

1. Sicherheitsleistung als Bedingung eines deutschen Arrestbefehls oder seiner Vollziehung

Der Erlass eines Arrestbefehls kann in Deutschland von einer Sicherheitsleistung abhängig gemacht werden (vgl. §§ 920 S. 2, 922 Abs. 3 ZPO). Dies ist auch dann möglich, wenn Arrestanspruch und -grund glaubhaft gemacht sind (§ 921 S. 2 ZPO). In der Praxis wird regelmäßig nicht der Erlass eines Arrestbefehls, sondern die Arrestvollziehung an die Bedingung einer Sicherheitsleistung geknüpft.[420] Einer Frist bedarf es dabei angesichts § 929 Abs. 2, 3 ZPO nicht.

Die Anordnung der Sicherheitsleistung steht im Ermessen des Gerichts. Sie muss aber trotz Glaubhaftmachung erforderlich erscheinen, um die Durchsetzbarkeit eines eventuellen Schadensersatzanspruchs gemäß § 945 ZPO wegen fälschlicher Anordnung des Arrests abzusichern.[421] Ausschlaggebend kann etwa sein, ob der Gläubiger seiner Vermögenslage nach einen eventuellen Schadensersatzanspruch begleichen kann, die Rechtslage unklar oder die Glaubhaftmachung nur mühsam gelungen ist, ebenso ob ein besonders hoher Schaden bei Vollzug des Arrests droht.[422] Eine schlechte Bonität des Gläubigers, insbesondere, wenn er die Sicherheitsleistung nicht aufbringen kann, findet allerdings besondere Beachtung.[423] Das Gericht muss dann zwar nicht generell von der Sicherheitsleistung absehen, denn eine Vorschrift, wie sie § 710 ZPO vorsieht, fehlt im Eilverfahren.[424] Es ist aber zu einer besonders sorgfältigen Interessensabwägung angehalten.[425]

Art und Höhe der Sicherheitsleistung bestimmen sich nach § 108 ZPO. In Betracht kommen eine schriftliche, unwiderrufliche, unbedingte und unbefristete Bürgschaft eines im Inland zum Geschäftsbetrieb befugten Kreditinstituts sowie die Hinterlegung von Geld oder Wertpapieren i.S.v. § 234 Abs. 1, 3 BGB.

---

420 Vgl. OLG Hamm GRUR 1984, 603; OLG Hamm WRP 1989, 116, 118; AG Köln BeckRS 2013, 17183; MüKoZPO/Drescher, § 921 ZPO Rn. 5; Musielak/Voit/Huber, § 921 ZPO Rn. 8.

421 Schuschke/Walker/Walker, § 921 ZPO Rn. 12; Musielak/Voit/Huber, § 921 ZPO Rn. 7.

422 Vgl. OLG Hamm WRP 1989, 116, 118; Stein/Jonas/Grunsky, § 921 ZPO Rn. 7; Schuschke/Walker/Walker, § 921 ZPO Rn. 12; Wieczorek/Schütze/Thümmel, § 921 ZPO Rn. 12.

423 Vgl. OLG Brandenburg BeckRS 2015, 05020; MüKoZPO/Drescher, § 921 ZPO Rn. 4.

424 Walker, Rn. 503.

425 Schuschke/Walker/Schuschke, § 921 ZPO Rn. 13; MüKoZPO/Drescher, § 921 ZPO Rn. 4.

Der Höhe nach muss die Anordnung nicht alle in Betracht kommenden Schadensersatzansprüche i.S.v. § 945 ZPO abdecken, sondern ergeht ebenfalls nach individueller Interessensabwägung und kann sich auf einen Teil der drohenden Nachteile beschränken.[426]

2. *Sicherheitsleistung als Bedingung eines polnischen Sicherungsbeschlusses*

Die polnische Verfahrensordnung sieht die Möglichkeit einer Sicherheitsleistung durch den Antragsteller in Art. 739 § 1 S. 1 KPC vor. Aus ihr soll sich der Antragsgegner gemäß Art. 739 § 1 S. 2 KPC im Schadensfall vorrangig befriedigen können (abzuziehen sind vorher aber die Vollstreckungskosten).[427] Sie kann ausschließlich die Form einer Vollziehungsbedingung annehmen; der Erlass des Sicherungsbeschlusses selbst kann dagegen nicht bedingt werden.[428] Die Sicherheitsleistung wird vom Gericht entweder von Amts wegen oder auf Antrag des Schuldners hin angeordnet.[429] Letzteres wird meist nur nachträglich möglich sein, denn der Sicherungsbeschluss ergeht regelmäßig im ex parte Verfahren, so dass der Antragsgegner entweder gar nicht oder bereits zu spät vom Sicherungsantrag erfährt, um noch rechtzeitig vor Vollziehung der einstweiligen Maßnahme reagieren zu können.[430] Ihm steht es aber weiterhin frei, auch nachträglich in einem Aufhebungs- oder Änderungsverfahren sowie im Rahmen der Beschwerde die Anordnung zu beantragen; dies ist für den Antragsteller allerdings nicht mit ebenso schwerwiegenden Folgen verbunden, da das Klauselerteilungsverfahren dann bereits durchlaufen wurde.[431]

Die Sicherheitsleistung ist nicht obligatorisch. Sie soll insbesondere dann angeordnet werden, wenn die Umstände des Einzelfalles auf einen möglichen Schaden durch den Vollzug der Sicherung schließen lassen und die finanzielle Lage des Gläubigers womöglich unzureichend ist, um einen Schadensersatzanspruch

426 MüKoZPO/Drescher, § 921 ZPO Rn. 6; Stein/Jonas/Grunsky, § 921 ZPO Rn. 9; Zöller/Vollkommer, § 921 ZPO Rn. 5.

427 Näheres bei Romańska/Leśniak, I. Teil B 4. 5., S. 136; Gołaczyński/Woźniak, Art. 739 KPC Rn. 6.

428 Ereciński/Ereciński, Band 3, Art. 739 KPC Rn. 1; Gołaczyński/Woźniak, Art. 739 KPC Rn. 1.

429 DKB/Jagieła, Band 3, Art. 739 KPC Rn. 1.

430 Zawistowski, Art. 739 KPC Rn. 2.

431 Dazu Zawistowski, Art. 739 KPC Rn. 3; vgl. auch Romańska/Leśniak, I. Teil B 4. 5., S. 135.

des Schuldners zu befriedigen.[432] Die Entscheidung steht auch dann im Ermessen des Gerichts, wenn die Sicherheitsleistung vom Antragsgegner beantragt wird; nötigenfalls soll es den Antrag ablehnen.[433]

Welche Arten von Sicherheitsleistungen in Betracht kommen, folgt aus Art. 807 KPC (ggf. i.V.m. 808 KPC) entsprechend.[434] Im Gegensatz zur direkten Anwendung von Art. 807 wird die Sicherheitsleistung nicht an den Gerichtsvollzieher, sondern an das erlassende Gericht geleistet. Sie kann daher durch Bareinzahlung und durch Überweisung auf ein Depositenkonto („konto depozytowy sądu“) bewirkt werden; möglich ist aber auch die Hinterlegung von Sparbüchern und Wertpapieren.

Die Höhe der Sicherheitsleistung liegt ebenfalls im Ermessen des Gerichts. Sie orientiert sich – wie schon die Frage nach dem „Ob“ der Sicherheitsleistung – maßgeblich an der Gefährdung des Schuldners. Die Sicherheitsleistung sollte möglichst den ganzen Schaden abdecken, der dem Schuldner voraussichtlich bei fälschlicher Anordnung der Sicherung droht.[435] Einflussgrößen können dabei etwa die Art des Anspruchs, der gesichert werden soll, der Umfang der einstweiligen Sicherung und die voraussichtliche Dauer der Sicherung sein.[436] Zwar kann wegen eines später drohenden Schadensersatzanspruchs des Schuldners grundsätzlich auch die Vermögenslage des Antragstellers eine ausschlaggebende Rolle spielen, allerdings darf dies nicht dazu führen, dass einem vermögenslosen/-schwachen Antragsteller die Möglichkeit der einstweiligen Sicherung versperrt wird.[437] Hier ist eine sorgsame Abwägung nötig.

Eine Ausnahme bei der Anordnung einer Sicherheitsleistung sieht Art. 739 § 2 KPC vor. Die Möglichkeit der Anordnung wird demnach für bestimmte Fälle ausgeschlossen. Betroffen sind zum einen Verfahren gegen die Staatskasse und zum anderen Fälle, in denen ein Unterhalts-, Renten- oder Arbeitslohnanspruch (nur in arbeitsrechtlichen Streitigkeiten) bis zur Höhe eines Monatsgehalts gesichert werden soll.

---

432 Gołaczyński/Woźniak, Art. 739 KPC Rn. 2; Ereciński/Ereciński, Band 3, Art. 739 KPC Rn. 3.

433 Gołaczyński/Woźniak, Art. 739 KPC Rn. 2.

434 DKB/Jagieła, Band 3, Art. 739 KPC Rn. 6; Wengerek, Art. 739 KPC Nr. 2; Zawistowski, Art. 739 KPC Rn. 4; Romańska/Leśniak, I. Teil B 4. 5., S. 135.

435 Ereciński/Ereciński, Band 3, Art. 739 KPC Rn. 2; Wengerek, Art. 739 KPC Nr. 7; Romańska/Leśniak, I. Teil B 4. 5., S. 134; Gołaczyński/Woźniak, Art. 739 KPC Rn. 4.

436 Zawistowski, Art. 739 KPC Rn. 6.

437 Zawistowski, Art. 739 KPC Rn. 6.

3. *Sicherheitsleistung als besondere Voraussetzung im Anwendungsbereich der EuGVO*

Im Rahmen der EuGVO findet sich keine ausdrückliche Regelung, die eine Sicherheitsleistung als zwingendes Erfordernis statuiert. Die Rechtsprechung des EuGH forderte bisher im Rahmen von Art. 32 EuGVO a.F. eine solche Sicherheitsleistung als Bedingung für die Anerkennung einer einstweiligen Maßnahme im grenzüberschreitenden Bereich.[438] Mit Novellierung der EuGVO hat der Gesetzgeber die Anerkennung von einstweiligen Maßnahmen neu geregelt und Voraussetzungen festgeschrieben, unter denen ein Exequaturverfahren entfällt.[439] Die Notwendigkeit einer Sicherheitsleistung besteht für solche Verfahren nicht mehr als zwingende Anerkennungsvoraussetzung.

4. *Sicherheitsleistung als Bedingung zum Erlass eines europäischen Beschlusses zur vorläufigen Kontenpfändung*

Die Sicherheitsleistung ist ein zentrales Schutzinstrument der Verordnung. Der Gesetzgeber sieht darin eine der Garantien, um das einseitige Verfahren auszugleichen (ErwG 17, 18 EuKpfVO). Der Schuldner soll nicht Gefahr laufen, seine Haftungsansprüche später nicht befriedigen zu können (vgl. ErwG 18 EuKpfVO). Zudem wird ihr eine Abschreckungsfunktion zugeschrieben, womit einer leichtfertigen Verwendung des europäischen Kontopfändungsbeschlusses entgegengewirkt werden soll.[440]

a) *Anordnungsbefugnis in jeder Verfahrensphase*

Ihre Regelung findet die Sicherheitsleistung in Art. 12 EuKpfVO. Die Vorschrift findet in jeder Verfahrensphase Anwendung, unterscheidet aber zwischen Verfahren bevor und nachdem der Gläubiger einen Hauptsachetitel erwirkt hat. Im ersten Fall verlangt das Gericht grundsätzlich eine Sicherheit in ausreichender Höhe (Art. 12 Abs. 1 UAbs. 1 EuKpfVO). Hiervon darf es nur ausnahmsweise abweichen, wenn eine derartige Sicherheitsleistung unangemessen wäre (Art. 12 Abs. 1 UAbs. 2 EuKpfVO). Entsprechende Gründe hat der Gläubiger darzulegen (vgl. Art. 8 Abs. 2 lit. k EuKpfVO). Das Gericht wird dann eine einzelfallbezogene Interessensabwägung unter Berücksichtigung aller Umstände treffen und

---

438 EuGH ECLI:EU:C:1998:543 – Van Uden Rn. 47; EuGH ECLI:EU:C:1999:202 – Mietz Rn. 42.

439 Vgl. § 5 A.

440 Rauscher/Rauscher/Wiedemann, Art. 12 EU-KPfVO Rn. 2.

entscheiden, ob eine Sicherheitsleistung unangemessen, überflüssig oder unverhältnismäßig ist (vgl. ErwG 18 EuKpfVO). Als besonderer Grund kommt hier insbesondere der Fall in Betracht, in dem der Gläubiger die Sicherheitsanordnung aus finanziellen Gründen nicht leisten kann (ErwG 18 EuKpfVO). Hier würde das zwingende Erfordernis einer Sicherheit letztlich zu einer faktischen Rechtsschutzsperre führen und so den effektiven Rechtsschutz finanzschwacher Gläubiger untergraben.[441] Umgekehrt wird die Pflicht zur Sicherheitsleistung für solche Gläubiger nicht generell vermindert bzw. ausgeschlossen. Ein Sonderfall des Art. 12 Abs. 1 UAbs. 1 EuKpfVO kann auch bei Unterhalts- oder Lohnzahlungen vorliegen oder wenn die Forderung so gering ist, dass dem Schuldner wahrscheinlich kein Schaden entsteht (ErwG 18 EuKpfVO). Das Gericht wird also auf der einen Seite die finanziellen Möglichkeiten zur Sicherheitsleistung und die Angewiesenheit des Gläubigers auf die zu sichernde Forderung gegen die Gefährdung des Schuldners durch ungerechtfertigte Pfändungen und den hieraus möglichen Schaden abzuwägen haben. Es muss dabei die gesetzgeberische Entscheidung für eine generelle Sicherheitsleistung als rechtlichen Regelfall hinreichend berücksichtigen (vgl. ErwG 18 EuKpfVO). Die zwingend einseitige Ausgestaltung des Verfahrens gebietet es, Abweichungen nur in äußersten Ausnahmefällen anzunehmen.[442] E contrario folgt dies auch aus Art. 12 Abs. 2 EuKpfVO (dazu auch § 4 B. II.).

Ob der Hauptsachetitel bereits rechtskräftig und vollstreckbar ist, spielt für die Einstufung nach Art. 12 EuKpfVO keine Rolle. Dies ergibt sich zunächst aus dem Wortlaut der Vorschrift. Sie stellt lediglich auf die Existenz der Entscheidung, des Vergleichs oder der Urkunde ab, ohne deren Vollstreckbarkeit zu verlangen. Soll ein vollstreckbarer Titel Voraussetzung sein, legt die Verordnung dies explizit fest (vgl. Art. 14 Abs. 1 UAbs. 1, 2 EuKpfVO). Ferner folgt dies aus Art. 12 Abs. 2 EuKpfVO. Eine Sicherheitsleistung kann auch geboten sein, nachdem der Gläubiger einen Titel erwirkt hat, wenn gegen die Hauptsacheentscheidung ein Rechtsmittel anhängig ist, sie noch nicht vollstreckbar oder nur vorläufig vollstreckbar ist (ErwG 18 EuKpfVO).

Mit dieser Ausgestaltung weicht die EuKpfVO vom Kommissionsentwurf ab. Danach war eine Sicherheitsleistung in allen Konstellationen rein fakultativ und in das Ermessen des Gerichts gestellt (Art. 12 EuKpfVO-E). Die Kommission ging davon aus, eine solche zwingende Anordnung könnte den Gläubiger von der Beantragung eines europäischen Kontenpfändungsbeschlusses abhalten.[443]

---

441 So zum deutschen Recht: Walker, Rn. 503.

442 Vgl. auch Rauscher/Rauscher/Wiedemann, Art. 12 EU-KPfVO Rn. 6.

443 Unterrichtung durch die Europäische Kommission, BR-Drs., 226/12, S. 3.

Diese Ansicht stieß jedoch vermehrt auf Kritik.[444] Die Befürchtungen, der Gläubiger könnte etwaige Schadensersatzansprüche nicht bedienen, wenn sich der europäische Kontenpfändungsbeschluss im Nachhinein als falsch herausstellt oder einen solchen missbräuchlicherweise beantragen, haben sich nunmehr als Zielvorgaben für eine obligatorische Sicherheitsleistung niedergeschlagen.

b) Art und Höhe

In welcher Höhe die Sicherheitsleistung ausreichend sein soll, stellt die Regelung nicht klar heraus. Dies lässt auf einen Ermessensspielraum des Gerichts schließen. Der Zweck liegt in der Missbrauchsprävention und der Sicherung eines etwaigen Schadensersatzanspruchs des Schuldners. Hinsichtlich des Schadensersatzanspruchs stellt die EuKpfVO nunmehr ein eigenes Haftungsregime auf, welches durch die nationalen Prozessrechte ausgefüllt und ergänzt wird; anders als der Kommissionsentwurf steht die Anspruchsgrundlage des Schadensersatzanspruchs unionseinheitlich fest, sodass nicht darauf abgestellt werden muss, ob das nationale Recht eine solche Haftung vorsieht.[445] Das Gericht muss prognostizieren, welche Schäden für den Schuldner durch den Beschluss und dessen Vollstreckung eintreten können. Erkennt das Gericht ein bestimmtes Schadenspotential, so muss es in seiner Anordnung grundsätzlich alle drohenden Nachteile berücksichtigen und darf sich nicht auf einen Teil beschränken. Etwas anderes kann sich nur im Ausnahmefall nach Einzelfallabwägung i.S.v. Art. 12 Abs. 1 UAbs. 2 EuKpfVO ergeben (vgl. ErwG 18). Dieser muss erst recht auf eine teilweise Beschränkung Anwendung finden. Die erwähnte Interessensabwägung ist dann auf die Höhe zu beziehen.

Problematisch an dieser Schadensorientierung ist die Anknüpfung an das einzelstaatliche Recht. Da die EuKpfVO nur einen Mindeststandard an haftungsrechtlichen Normen regelt, die durch die autonomen Vorschriften des Vollstreckungsmitgliedstaats ergänzt werden (vgl. Art. 13 Abs. 4 EuKpfVO), kann sich für den Richter im Ursprungsmitgliedstaat eine komplexe Prüfungspflicht ergeben.[446] Die Vorschrift des Art. 13 Abs. 4 EuKpfVO betrifft allerdings zunächst einmal kollisionsrechtliche Fragen im Schadensersatzprozess. Angesichts der

---

444 Rechtsausschuss EU-Parlament, A7-0147/2011, S. 8 f; BR-Drs. 426/11 (B); Harbeck, ZInsO 2012, 805, 808; Häcker, WM 2012, 2180, 2185; Cranshaw, DZWIR 2012, 399, 405; Hess, FS Kaissis, 399, 409 f; ders., DGVZ 2012, 69, 74; Domej, ZEuP 2013, 496, 501.

445 Vgl. zuvor Art. 12 EuKpfVO-E; zur Haftung selbst § 8.

446 Hess/Raffelsieper, IPRax 2015, 46, 48; vgl. ferner § 8 A III. 3.

Kürze der Entscheidungsfristen (vgl. Art. 18 EuKpfVO)[447] kann sie nicht grenzenlos auf die Anordnung der Sicherheitsleistung im Erlassverfahren übertragen werden. Sofern das Gericht innerhalb der Frist nicht in der Lage ist, die ausländischen haftungsrechtlichen Bestimmungen zu erfassen (was regelmäßig der Fall sein wird), wird man ihm hier einen Rückgriff auf die eigene Rechtsordnung zubilligen müssen, um offene Haftungsfragen auszufüllen.[448] Für den Schuldner birgt dies die Gefahr einer zu geringen Absicherung durch die Sicherheitsleistung. Stellt sich im anschließenden Schadensersatzprozess ein höherer Schadensbetrag heraus, ist er bezüglich dieses Überschusses nicht abgesichert. In dieser Höhe wird dem Schuldner das Insolvenzrisiko des Gläubigers aufgebürdet.

Das konkrete Vollstreckungsrisiko bleibt ohne Anhörung des Schuldners aber auch darüber hinaus praktisch kaum zu beziffern, gleich ob das Gericht nur einen Teil oder alle drohenden Nachteile berücksichtigt.[449] Die Höhe muss daher insgesamt in das Ermessen des Gerichts gestellt sein.[450] Stehen keine anderen Beweismittel in Bezug auf die Höhe zur Verfügung, soll es sich am Hauptsacheanspruch orientieren (vgl. ErwG 18 EuKpfVO). Eine starre prozentuale Anknüpfung an dieser Höhe ist aber abzulehnen.[451] Das Gericht muss vielmehr stets einzelfallbezogen entscheiden, inwieweit etwaige Schadensersatzsprüche gegen den Schuldner in Betracht kommen. Dabei steht die Anzahl der Konten, die vom Beschluss umfasst werden sollen, in direktem Verhältnis zum Schadenspotential für den Schuldner. Möchte er also eine Mehrzahl von Konten pfänden, muss die Sicherheitsleistung das ansteigende Risiko für den Schuldner berücksichtigen.[452]

Welche Art von Sicherheiten geleistet werden können, hängt vom nationalen Recht des jeweiligen Mitgliedstaats ab, in dem das Gericht seinen Sitz hat (vgl. Art. 12 Abs. 3 S. 1 EuKpfVO).

---

447 Dazu § 4 A. IX. 3. c.

448 Ein derartiger Rückgriff wird bereits bei der Prüfung des Arrestanspruchs praktiziert, vgl. § 4 A VII 1 a) bb).

449 BR-Drs. 754/06 (B), S. 4.

450 So bereits Rechtsausschuss EU-Parlament, A7-0147/2011, S. 8 f.

451 Eine solche Pauschalisierung forderte der Bundesrat, BR-Drs. 754/06 (B), S. 4.

452 Vgl. zu diesem Problem bereits Hess, Study, S. 150.

5. *Vergleich*

Die einseitige Verfahrensausgestaltung zu Gunsten des Gläubigers soll in den untersuchten Rechtsordnungen (unter anderem) durch eine Sicherheitsleistung des Gläubigers ausgeglichen werden. Wie schon die Anhörung des Schuldners liegt die Anordnung hierüber in den nationalen Rechtsordnungen stets im Ermessen des Gerichts. Angesichts der fehlenden Berücksichtigung des Schuldners im Erlassverfahren verwundert es nicht, dass die EuKpfVO dagegen vor Erwirkung eines Titels in der Hauptsache ein deutlich strengeres Regel-Ausnahme-Verhältnis vorsieht. Ein europäischer Kontopfändungsbeschluss ohne Sicherheitsanordnung wird danach eine Seltenheit bleiben, zumindest wenn in der Hauptsache noch kein Titel erwirkt wurde – was den Hauptanwendungsfall der EuKpfVO darstellen dürfte. Die Verordnung gewichtet den Anspruch auf effektiven Rechtsschutz des Gläubigers pauschal schwerer als das Prinzip auf rechtliches Gehör des Schuldners. Letzteres wird im Wesentlichen erst nach Anordnung der Kontenpfändung im Rechtsbehelfsverfahren gewährleistet. Um einer missbräuchlichen Inanspruchnahme der europäischen Kontenpfändung entgegenzuwirken, soll die Sicherheitsleistung einen hinreichenden Ausgleich zur Besserstellung des Gläubigers bieten. Die Gerichte müssen daher besonders zurückhaltend agieren, wenn sie von der Sicherheitsanordnung absehen wollen. Besondere Berücksichtigung finden in allen Verfahren finanzschwache Gläubiger, die eine Sicherheitsanordnung mangels Mittel andernfalls nicht bewirken könnten. Dieses Problem spielt auch in vielen nationalen Prozessordnungen eine bedeutende Rolle.[453] Zwar gebietet keine der Rechtsordnungen, deshalb generell von einer Anordnung abzusehen, doch muss das Gericht eine besonders sorgfältige Interessensabwägung vornehmen.

Die zulässige Art der Sicherheitsleistung überlässt die EuKpfVO den nationalen Rechtsordnungen. Ihre Höhe steht stets im Ermessen des Gerichts und soll grundsätzlich alle drohenden Nachteile erfassen. Allerdings kann sich die Sicherheitsleistung im deutschen Recht und auch im Rahmen der EuKpfVO im Einzelfall nach Interessensabwägung auf einen Teil der drohenden Schadensersatzansprüche beschränken (näher zu den erfassten Schäden unter § 8).

453 Hess, Study, S. 130.

VI. Pflicht zur Einleitung des Hauptverfahrens

1. Pflicht zur Einleitung des Hauptverfahrens während des deutschen Arrestverfahrens

Ist die Hauptsache noch nicht anhängig, sieht § 926 ZPO eine Pflicht des Antragstellers zur Klageerhebung vor. Das Arrestgericht gibt ihm auf Antrag des Schuldners ohne mündliche Verhandlung auf, die Klage in der Hauptsache zu erheben und legt hierfür eigenständig eine Frist fest (§ 926 Abs. 1 ZPO). Ob die Arrestentscheidung durch Urteil oder Beschluss ergangen ist, spielt ebenso wenig eine Rolle wie die Frage, ob sie bereits vollzogen wurde.[454] Die Anhängigkeit der Hauptsache vor einem ausländischen Gericht genügt, wenn eine solche ausländische Entscheidung im Inland anzuerkennen ist oder zumindest mit der Anerkennungsfähigkeit zu rechnen ist,[455] was zumindest bei Entscheidungen i.S.v. Art. 2 lit. a EuGVO grundsätzlich der Fall ist.

Die Anordnung der Klagefrist erfolgt durch Beschluss, dessen Zustellung an den Gläubiger (§ 329 Abs. 2 S. 2 ZPO) auch den Fristlauf in Gang setzt.[456] Mangels gesetzlicher Regelung zur Länge der Frist entscheidet das Gericht hierüber nach pflichtgemäßem Ermessen.[457] Allerdings darf sie gemäß §§ 276 Abs. 1 S. 2, 277 Abs. 3 ZPO den Zeitraum von zwei Wochen nicht unterschreiten und kann auf Antrag gemäß § 224 Abs. 2 ZPO verlängert werden. Regelmäßig wird die Klageerhebungsfrist auf einen Monat festgesetzt,[458] worin teilweise ein Widerspruch zum Beschleunigungszweck gesehen wird.[459] Muss die Klage im Ausland erhoben werden, kann aber auch eine längere Frist angemessen sein.[460]

Den Antrag, dem Gläubiger eine Frist zur Erhebung der Hauptsacheklage zu setzen, kann der Schuldner mit dem Antrag auf Abweisung des Gesuchs (im kontradiktorischen Verfahren) verbinden, so dass die Fristsetzung gegebenenfalls im Arrestbefehl erfolgen kann.[461]

---

454 Mädrich, S. 57; MüKoZPO/Drescher, § 926 ZPO Rn. 3.
455 OLG Frankfurt MDR 1981, 237.
456 Berger/Heiderhoff, Kap. 8 Rn. 44; Schuschke/Walker/Walker, § 926 ZPO Rn. 10.
457 MüKoZPO/Drescher, § 926 ZPO Rn. 9; Stein/Jonas/Grunsky, § 926 ZPO Rn. 9.
458 Berger/Heiderhoff, Kap. 8 Rn. 44.
459 Walker, Rn. 538.
460 Wieczorek/Schütze/Thümmel, § 926 ZPO Rn. 10; Stein/Jonas/Grunsky, § 926 ZPO Rn. 9.
461 Walker, Rn. 538; Mädrich, S. 57; Berger/Heiderhoff, Kap. 8 Rn. 41.

Zur Fristwahrung reicht auch die Beantragung eines Mahnbescheids[462] sowie der Antrag auf Prozesskostenhilfe[463]. Eine unzulässige Klage genügt dagegen grundsätzlich nicht.[464] Eine Ausnahme besteht nur, wenn der Gläubiger die Klage vor einem unzuständigen Gericht erhebt; dies wirkt wegen der Verweisungsmöglichkeit in §§ 17a Abs. 2 GVG, 281 ZPO fristwahrend.[465] Allerdings greift (mangels Verweisungsmöglichkeit) die Ausnahme nicht bei fehlender internationaler Zuständigkeit des angerufenen Gerichts.[466]

Zum Nachweis der Klageerhebung genügt die Glaubhaftmachung.[467] Lässt der Antragsteller die Frist verstreichen, ohne der Anordnung nachzukommen oder kann er die Klageerhebung nicht hinreichend glaubhaft machen, wird der Arrestbefehl nicht ex lege unwirksam. Erforderlich ist vielmehr eine Aufhebung durch Endurteil des Arrestgerichts, welche nur auf Antrag erfolgt (§ 926 Abs. 2 ZPO). Der Schuldner wird durch die Aufforderung des Gläubigers zur Klageerhebung nicht daran gehindert, seinerseits negative Feststellungsklage zu erheben, um eine Entscheidung über den Hauptsacheanspruch herbeizuführen.[468] Er muss dazu nicht das fruchtlose Verstreichen der Klageerhebungsfrist abwarten.

Mit Aufhebung des Arrests wird die Vollziehung hieraus unzulässig.[469] Dies bewirkt aber nicht zugleich die Unwirksamkeit bereits getroffener Vollziehungsmaßnahmen. Die Arrestpfändung bzw. deren Wirkungen müssen durch einen Beschluss nach §§ 775 Nr. 1, 776 S. 1 ZPO aufgehoben werden. Nach umstrittener Ansicht darf die Aufhebung nicht umgehend, sondern erst mit Rechtskraft der Entscheidung i.S.v. § 926 ZPO erfolgen,[470] um die rangwahrende Wirkung der Arrestpfändung in der Rechtsmittelinstanz nicht zu gefährden.[471] Der Schuldner

---

462 OLGZ Köln 1979, 118.

463 OLG Frankfurt MDR 1989, 272; Schneider, MDR 1982, 721; Zöller/Vollkommer, § 926 ZPO Rn. 32; aA OLGZ Hamm 1989, 322; Thomas/Putzo/Seiler, § 926 ZPO Rn. 7.

464 Dunkl/Dunkl, Teil A Rn. 332; Wieczorek/Schütze/Thümmel, § 926 ZPO Rn. 7.

465 Stein/Jonas/Grunsky, § 926 ZPO Rn. 14; Schuschke/Walker/Walker, § 926 ZPO Rn. 16.

466 Stein/Jonas/Grunsky, § 926 ZPO Rn. 14.

467 OLG Frankfurt RPfleger 1981, 118, 119; Schuschke/Walker/Walker, § 926 Rn. 22 f; Berger/Heiderhoff, Kap. 8 Rn. 48.

468 Vgl. BGH NJW 1986, 1815; Baur, Studien, S. 80 f; Stein/Jonas/Grunsky, § 926 ZPO Rn. 3; Wieczorek/Schütze/Thümmel, § 926 ZPO Rn. 3.

469 Schuschke/Walker/Walker, § 926 ZPO Rn. 24; vgl. ferner zu § 927 OLGR Stuttgart 2008, 924, 925; OLGR Bremen 2006, 108, 109.

470 Zur Rechtskraftfähigkeit einstweiliger Entscheidungen: Stürner, ZZP 125 (2012), 3 ff.

471 Gaul/Schilken/Becker-Eberhard, § 78 Rn. 29; Walker, Rn. 553; Stöber, Rn. 824; aA Stein/Jonas/Grunsky, § 926 ZPO Rn. 18; MüKoZPO/Drescher, § 926 ZPO Rn. 23; Zöller/Vollkommer, § 926 ZPO Rn. 27; die Gegenansicht vertritt nur im Rahmen des § 927 ZPO weitgehend eine Aufhebung ab Rechtskraft: Stein/Jonas/Grunsky, § 927

kann aber auch bereits während des Aufhebungsverfahrens eine einstweilige Einstellung der Vollziehung entsprechend §§ 924 Abs. 3, 707 ZPO erreichen.[472]

2. *Pflicht zur Einleitung des Hauptverfahrens während des polnischen Sicherungsverfahrens*

Im Rahmen des polnischen Sicherungsverfahrens beträgt die Frist zur Einleitung des Hauptverfahrens höchstens zwei Wochen (Art. 733 KPC). Sie wird im Sicherungsbeschluss von Amts wegen festgelegt. Darin kommt der akzessorische Charakter des Sicherungsverfahrens zum Ausdruck.[473] Den konkreten Zeitraum legt das Gericht, das die Sicherung anordnet, eigenständig fest. Es muss die Höchstfrist nicht voll ausschöpfen, sondern kann auch einen engeren zeitlichen Rahmen bestimmen, sofern es dies für sinnvoll erachtet.[474] Die Fristberechnung erfolgt dabei nach den allgemeinen Regeln des Art. 112 KPC und beginnt daher mit dem Zugang der einstweiligen Entscheidung beim Gläubiger.[475] Da es sich um eine gerichtliche Frist („termin sądowy") handelt, kann sie gemäß Art. 166 KPC bis zu ihrem Ablauf auf Antrag um höchstens zwei Wochen verlängert werden.[476]

Zur Fristwahrung genügt der rechtzeitige Eingang des Schriftstücks, durch welches das Hauptverfahren eingeleitet wird (Art. 733 KPC). Die Klage muss allerdings zulässig sein. Wird sie vor einem örtlich oder sachlich unzuständigen Gericht erhoben, gilt dies ausnahmsweise als fristwahrend.[477] Das angerufene Gericht ist dann zur Weiterleitung an das zuständige Gericht verpflichtet. Die vor einem unzuständigen Gericht getätigten Prozesshandlungen bleiben erhalten (Art. 200 § 3 KPC).

Ein Verstoß führt ex lege zum Entfallen des Sicherungsbeschlusses (Art. 744 § 2 KPC). Weiterer Maßnahmen, insbesondere der Geltendmachung eines Rechtsbehelfs, bedarf es grundsätzlich nicht mehr. Allerdings schlägt dies

---

ZPO Rn. 18; MüKoZPO/Drescher, § 927 ZPO Rn. 18; Zöller/Vollkommer, § 927 ZPO Rn. 14; wiederum aA Wieczorek/Schütze/Thümmel, § 927 ZPO Rn. 16.

472 OLG Düsseldorf NJW 1970, 254.

473 Romańska/Leśniak, I. Teil B 4. 1., S. 117; zum akzessorischen Charakter des Sicherungsverfahrens: Jakubecki, FS Dalki, S. 39, 40.

474 Zedler, in: Gudowski/Weitz, Aurea Praxis Aurea Theoria, S. 923, 925; Romańska/Leśniak, I. Teil B 4.1., S. 117.

475 Zur Problematik beim Fristbeginn Romańska/Leśniak, Teil I B, S. 119.

476 Zedler, in: Gudowski/Weitz, Aurea Praxis Aurea Theoria, S. 923, 925 f; Ereciński/Ereciński, Band 3, Art. 733 KPC Rn. 3 f.

477 Zedler, in: Gudowski/Weitz, Aurea Praxis Aurea Theoria, S. 923, 932; DKB/Jagieła, Band 3, Art. 733 KPC Rn. 5; Ereciński/Ereciński, Band 3, Art. 733 KPC Rn. 8.

nicht auf die Wirkungen einer bereits erfolgten Pfändung selbst durch.[478] Diese muss gesondert aufgehoben werden.

Der Schuldner wird durch Art. 733 KPC nicht daran gehindert, seinerseits eine negative Feststellungsklage zu erheben. Geschieht dies innerhalb der Frist, bleibt der Sicherungsbeschluss trotz der Untätigkeit des Gläubigers wirksam bestehen.[479]

3. *Pflicht zur Einleitung des Hauptverfahrens während des europäischen Verfahrens nach der EuKpfVO*

Die EuKpfVO regelt die Pflicht zur Einleitung des Hauptsacheverfahrens in Art. 10 EuKpfVO. Stellt der Gläubiger einen Antrag auf Erlass eines europäischen Kontopfändungsbeschlusses, ist er verpflichtet, ein Hauptsacheverfahren einzuleiten, soweit noch nicht geschehen, und die Einleitung innerhalb einer gesetzlich festgelegten Frist nachzuweisen (Art. 10 Abs. 1 S. 1 EuKpfVO). Fristbeginn ist damit die Anhängigkeit des Beschlussverfahrens nach EuKpfVO. Hinsichtlich der maximalen Dauer der Frist sieht die Regelung zwei Alternativen vor. Der Nachweis (und nicht nur die Klageerhebung) muss entweder innerhalb von 30 Tagen nach Einreichung des Pfändungsantrags oder innerhalb von 14 Tagen nach Erlass des Beschlusses beim Ursprungsgericht eingehen. Dieses Ursprungsgericht ist auch dann richtiger Adressat des Nachweises, wenn aufgrund sachlicher oder örtlicher Unzuständigkeit eine Verweisung an das zuständige Gericht nach nationalem Recht erfolgt ist.[480]

Die 14-tägige Frist wird grundsätzlich für ausreichend erachtet, um den europäischen Kontopfändungsbeschluss dem Gläubiger zur Kenntnis zu bringen und auszuführen.[481] Zugunsten des Gläubigers ist dennoch die jeweils längere Frist entscheidend. Eine Fristverlängerung kann der Gläubiger selbst nicht erwirken. Sie ist nur auf Antrag des Schuldners vorgesehen (Art. 10 Abs. 1 S. 2 HS. 1 EuKpfVO).

Was unter dem Verfahren der Hauptsache zu verstehen ist, gibt Erwägungsgrund 13 EuKpfVO vor. Erfasst werden alle Verfahren, die darauf gerichtet sind, einen vollstreckbaren Titel über die zugrunde liegende Forderung zu erwirken, einschließlich summarischer Mahnverfahren oder Verfahren wie etwa der

478 Näher dazu § 6 D II 2.

479 Ereciński/Ereciński, Band 3, Art. 733 KPC Rn. 9; DKB/Jagieła, Band 3, Art. 733 KPC Rn. 7.

480 Rauscher/Rauscher/Wiedemann, Art. 10 EU-KPfVO Rn. 2.

481 Rat der EU, Vermerk vom 31.10.2013, 15288/13, S. 3.

französischen einstweiligen Anordnung (procédure de référé). In der Literatur werden hierunter etwa auch das deutsche Arrestverfahren sowie Verfahren nach der EuMVVO und der EuGFVO verstanden.[482] Folgt man dem, muss gleiches für das polnische Sicherungsverfahren gelten. Die einstweiligen Verfahren würden dann ihrerseits erfordern, ein Hauptsacheverfahren (nach dem Verständnis des nationalen Verfahrensrechts) einzuleiten (vgl. § 926 ZPO, Art. 733 KPC). Allerdings ist der Hauptsachebegriff einschränkend auszulegen. Erfasst werden nur Verfahren, die auf den Erlass einer im Vollstreckungsmitgliedstaat anerkennungs- und vollstreckungsfähigen Entscheidung gerichtet sind, mit der der Schuldner zur Leistung verpflichtet wird (dazu bereits unter § 4 A. I. 4. c.). Ein deutsches Arrestverfahren oder ein polnisches Sicherungsverfahren genügen deshalb nicht. Gleiches gilt für ein Verfahren in einem Drittstaat.[483] Erforderlich ist es, ein Hauptsacheverfahren einzuleiten, das zu einer vollstreckbaren Entscheidung führen kann, sei diese nun „vollstreckbar" i.S.v. Art. 2 lit. a EuGVO oder zumindest im Vollstreckungsmitgliedstaat (vgl. Art. 5 lit. b EuKpfVO).

Zur Einleitung des Hauptsacheverfahrens genügt grundsätzlich die Einreichung des verfahrensleitenden Schriftstücks bei Gericht, sofern der Gläubiger es in der Folge nicht versäumt, die ihm obliegenden Maßnahmen zu treffen, um die Zustellung des Schriftstücks an den Schuldner zu bewirken (Art. 10 Abs. 3 UAbs. 1 lit. a EuKpfVO). Muss nach nationalem Verfahrensrecht vorher an den Schuldner zugestellt werden, wird dieser Zeitpunkt noch weiter vorverlagert. Hier genügt die erfolgreiche Übermittlung an die für die Zustellung verantwortliche Behörde (vgl. Art. 10 Abs. 3 UAbs. 2 EuKpfVO), wenn der Gläubiger es in der Folge nicht versäumt, die ihm obliegenden Maßnahmen zu treffen, um das Schriftstück bei Gericht einzureichen (Art. 10 Abs. 3 UAbs. 1 lit. b EuKpfVO).

Nicht geregelt wird damit die Frage, ob die Klage bei einem unzuständigen Gericht genügt, um die Frist zu wahren. Die deutsche und polnische Rechtsordnung lassen eine solche Klage mit Blick auf die gerichtliche Verweisungspflicht zu. Da eine solche Pflicht im europäischen Zivilprozessrecht nicht existiert, wird man hier auf die lex fori im Ursprungsmitgliedstaat zurückgreifen müssen.

Lässt der Gläubiger die Frist fruchtlos verstreichen, wird der Pfändungsbeschluss entweder ex officio widerrufen oder er endet ex lege (Art. 10 Abs. 2 UAbs. 1 EuKpfVO), je nachdem, was die lex fori des Mitgliedstaats, in dem der Beschluss erlassen wurde, für solche Fällen vorsieht (vgl. Art. 10 Abs. 2 UAbs. 2, 3 EuKpfVO). Ein Zutun des Schuldners, etwa in Form eines Antrags, ist hier

482 Rauscher/Rauscher/Wiedemann, Art. 10 EU-KPfVO Rn. 4 f.
483 Rauscher/Rauscher/Wiedemann, Art. 10 EU-KPfVO Rn. 6 f.

ebenso wenig erforderlich wie eine weitere Anhörung der Parteien. Art. 34 Abs. 1 lit. b EuKpfVO-E, der noch eine einheitliche europäische Regelung vorsah, konnte sich – angesichts des damit verbundenen Verzögerungs- und Missbrauchspotentials – nicht durchsetzen.[484] Die Vorschrift statuierte selbst für Fälle, in denen die Frist fruchtlos verstrichen ist, ein antragsgebundenes Rechtsbehelfsverfahren.

In Deutschland wird die Kontenpfändung von Amts wegen durch Beschluss widerrufen (§ 949 Abs. 1 ZPO). Die Aufhebung des Kontenpfändungsbeschlusses wird nach deutschem Recht sofort mit Bekanntgabe der Entscheidung wirksam, wenn der Beschluss zur vorläufigen Kontenpfändung im Inland erlassen und vollzogen wurde.[485]

Ob gegen die Aufhebung oder gegen den Widerruf ein Rechtsbehelf offensteht, regelt die lex fori des Ursprungsmitgliedstaats. Nach dem Willen des deutschen Gesetzgebers soll dem Gläubiger gegen den Widerruf – der im Unterschied zu § 926 Abs. 2 ZPO in Beschlussform ergeht – die sofortige Beschwerde binnen Monatsfrist ab Zustellung der Entscheidung zustehen, sofern der Widerruf durch das Gericht des ersten Rechtszuges ergangen ist (§ 953 Abs. 1, 3 ZPO);[486] hat dagegen das Berufungsgericht die Kontenpfändung widerrufen, ist eine sofortige Beschwerde nicht statthaft.[487]

Fallen Ursprungs- und Vollstreckungsstaat auseinander (sonst gilt Art. 10 Abs. 2 UAbs. 2 EuKpfVO), muss sich das Gericht beim Widerruf des entsprechenden Formblatts bedienen und dieses gemäß Art. 29 EuKpfVO der zuständigen Behörde des Vollstreckungsmitgliedstaats (in Deutschland dem Amtsgericht, in dessen Bezirk das Vollstreckungsverfahren stattfinden soll oder stattgefunden hat, § 949 Abs. 2 S. 1 ZPO) übermitteln (Art. 10 Abs. 2 UAbs. 3 S. 1 EuKpfVO). Diese soll anschließend den Widerruf oder die Beendigung nach dem Recht des Vollstreckungsstaats ausführen (Art. 10 Abs. 2 UAbs. 3 S. 2 EuKpfVO). Endet der Pfändungsbeschluss in einem Mitgliedstaat ipso iure, ist ein Widerruf in einem (anderen) Vollstreckungsstaat zwar ebenfalls nötig. Dem Widerruf kommt dann aber lediglich deklaratorische Wirkung zu.[488] Nach deutschem Recht wird der im Ausland ergangene Widerruf im Inland durchgeführt, indem das Amtsgericht

---

484 Zum Problem bereits: Max Planck Working Group, ECFR 2007, 252, 291 f; zur Kritik: Domej, FS Simotta, S. 129, 132 f; Domej, ZEuP 2013, 496, 502; Harbeck, ZInsO 2012, 805, 810.

485 BT-Drs. 18/7560, S. 43.

486 Dazu: BT-Drs. 18/7560, S. 44.

487 BeckOK ZPO/Kreutz, § 953 ZPO Rn. 2.

488 Rauscher/Rauscher/Wiedemann, Art. 10 EU-KPfVO Rn. 14.

den Beschluss, durch den das ausländische Gericht den Beschluss zur vorläufigen Kontenpfändung widerrufen hat, der Bank zustellt (§ 949 Abs. 2 S. 2 ZPO).

In jedem Fall endet mit dem Entfallen des europäischen Kontenpfändungsbeschlusses (sei es durch Widerruf oder von Gesetzes wegen) auch das hierdurch begründete Pfandrecht samt seinen Wirkungen, sofern Ursprungs- und Vollstreckungsstaat identisch sind.[489] Fallen Ursprungs- und Vollstreckungsstaat allerdings auseinander, ist ein Ausführungsakt der Behörde im Vollstreckungsmitgliedstaat erforderlich (Art. 10 Abs. 2 UAbs. 3 S. 2 EuKpfVO).

4. *Vergleich*

Neben der Sicherheitsleistung soll auch die Verpflichtung zur Einleitung eines Hauptverfahrens die Nachteile des Schuldners ausgleichen, die ihm aus der EuKpfVO erwachsen. Dementsprechend sieht die EuKpfVO hierfür zwei gesetzliche Fristen vor, von denen jeweils die längere ausschlaggebend ist. Zum einen wird dabei an die Anhängigkeit des Pfändungsgesuchs angeknüpft, zum anderen an den Erlass des Pfändungsbeschlusses. Auch das polnische Sicherungsverfahren lässt diese Pflicht von Gesetzes wegen entstehen, knüpft den Zeitpunkt allerdings an die zeitlich spätere Zustellung des Sicherungsbeschlusses an den Gläubiger an. Das deutsche Arrestverfahren weicht hiervon ab und verlangt dem Schuldner einen entsprechenden Antrag ab. Die Frist setzt das Gericht durch Beschluss fest, dessen Zustellung an den Gläubiger zugleich den Fristlauf in Gang setzt (§ 222 ZPO).

Auch hinsichtlich der Dauer der Frist bestehen Unterschiede. Weder das deutsche noch das polnische Recht setzen eine feste Frist, sondern legen die Bestimmung in das gerichtliche Ermessen. Allerdings darf das Gericht in Deutschland die Frist nicht kürzer als zwei Wochen ansetzen. Praktisch wird oftmals die Länge von einem Monat festgelegt. Nach polnischem Recht soll dagegen ein Zeitraum von zwei Wochen nicht überschritten werden. Das Gericht kann dem Gläubiger hier also ein wesentlich kürzeres Handlungsintervall zur Verfügung stellen. Allerdings kann der Gläubiger die Verlängerung der gesetzten Frist um (höchstens) weitere zwei Wochen beantragen. Ein hinreichender Schutz des Schuldners trotz der vergleichbar langen Dauer wird in Deutschland mit der Möglichkeit zur Erhebung einer negativen Feststellungsklage gerechtfertigt. Dies ist zwar zutreffend, allerdings bleibt zu bedenken, dass der Schuldner in diesen Fällen hinsichtlich der Gerichtskosten zumindest in Vorleistung gehen muss. Auf europäischer Ebene sind Entscheidungsspielräume, wie eben in den

489 Näher dazu unter § 6 D.

nationalen Rechtsordnungen beschrieben, nicht vorgesehen. Die EuKpfVO legt zwei fixe Fristfest: eine 30 tägige Frist ab Antragseingang und eine 14 tägige Frist ab Pfändungsbeschluss, wobei der Gläubiger die im Einzelfall längere Frist ausschöpfen kann. Nur auf Antrag des Schuldners (nicht des Gläubigers) darf das Gericht die Frist verlängeren.

Ob zur Fristwahrung auch die Klage vor einem unzuständigen Gericht genügt, regelt die EuKpfVO nicht. Hier wird man auf die jeweiligen nationalen Vorschriften abstellen müssen. Sowohl die deutsche als auch die polnische Rechtsordnung bejahen eine fristwahrende Wirkung aufgrund der Verweisungsmöglichkeit bzw. -pflicht an das jeweils zuständige Gericht. Fehlt aber bereits die internationale Zuständigkeit, kann dies nicht gelten, denn eine Verweisung an ein ausländisches Gericht ist weder in den nationalen Rechtsordnungen noch im europäischen Zivilprozessrecht vorgesehen.

Hinsichtlich der Rechtsfolgen, die an das fruchtlose Verstreichen der Frist geknüpft sind, verweist die EuKpfVO auf das jeweilige nationale Recht im Ursprungsmitgliedstaat. Die Verordnung beschränkt allerdings die Möglichkeiten auf einen Widerruf von Amts wegen und eine Beendigung von Gesetzes wegen. Ein Antragserfordernis kann einzelstaatlich also nicht festgelegt werden. In grenzüberschreitenden Fällen legt die Verordnung zudem bestimmte Übermittlungsvorschriften gesondert fest. Die nationalen Vorschriften wiederum weichen voneinander ab. Der Arrestbefehl bleibt in Deutschland trotz fruchtlosem Fristablauf zunächst wirksam bestehen. Er kann nur auf Antrag des Schuldners durch gerichtliches Urteil, d.h. im Anschluss an ein kontradiktorisches Verfahren, aufgehoben werden. Allerdings kann der Schuldner währenddessen bereits eine einstweilige Einstellung der Vollziehung aus dem Arrestbefehl erwirken. Im Unterschied dazu sieht die deutsche Umsetzung zur EuKpfVO in diesem Bereich einen Widerruf durch Beschluss von Amts wegen gemäß § 949 Abs. 1 ZPO vor. Das polnische Recht geht einen gegenteiligen Weg und lässt den Sicherungsbeschluss von Gesetzes wegen entfallen. Für einen Schuldner, gegen den ein europäischer Kontenpfändungsbeschluss in Deutschland erlassen wurde, ist es daher nach europäischem Recht einfacher und schneller, dessen Aufhebung wegen Nichteinleitung der Hauptsache zu erreichen, als bei einem Arrestbefehl.

VII. Der zu sichernde Anspruch und die Gründe für die Sicherung

1. Arrestanspruch und Arrestgrund nach der ZPO

Die Begründetheit eines Arrestgesuchs setzt in Deutschland das Vorliegen eines Arrestanspruchs und eines Arrestgrundes voraus.

a) Arrestanspruch

aa) Allgemein

Der Arrestanspruch ist der materiell-rechtliche Anspruch, der die Grundlage des Rechtsschutzes bildet, also diejenige Geldforderung (bzw. der Anspruch, der in eine Geldforderung übergehen kann), wegen der die Sicherung der Zwangsvollstreckung erfolgen soll (§ 916 Abs. 1 ZPO). Eine Geldforderung ist jeder Anspruch, der auf Zahlung eines bestimmten Geldbetrages gerichtet ist; auf das Bestehen einer Gegenleistungspflicht kommt es nicht an.[490] Hierzu gehören auch Forderungen in ausländischer Währung.[491]

§ 916 Abs. 2 stellt klar, dass nicht nur fällige, sondern auch betagte[492] oder bedingte Ansprüche als Arrestanspruch in Betracht kommen. Betagt ist der Anspruch, wenn er zwar bereits entstanden ist, aber erst durch Zeitablauf oder infolge Kündigung fällig wird.[493] Für aufschiebend bedingte Ansprüche gilt dies aber nicht, wenn wegen der entfernten Möglichkeit des Eintritts der Bedingung kein gegenwärtiger Vermögenswert besteht. Dagegen kommen auflösend bedingte Ansprüche stets als Arrestansprüche in Betracht.[494] Für künftige Ansprüche gilt dies nur, wenn der „Rechtsboden" hierfür bereits derart hinreichend bestimmt ist, dass eine Klage auf künftige Leistung (§§ 257 ff ZPO) oder zumindest eine Feststellungsklage hierüber möglich wäre.[495] Die Klagbarkeit des Anspruchs ist darüber hinaus in jedem Fall zwingende Voraussetzung des

490 RGZ 54, 162, 164; Schuschke/Walker/Walker, § 916 ZPO Rn. 2; Thomas/Putzo/Seiler, Vor. § 803 ZPO Rn. 2; Wieczorek/Schütze § 916 ZPO Rn. 6.

491 OLG Düsseldorf NJW 1988, 2185; BeckOK ZPO/Mayer, § 916 ZPO Rn. 19; Thomas/Putzo/Seiler, Vor. § 803 ZPO Rn. 2.

492 Vgl. dazu OLG Dresden NJW-RR 2007, 659.

493 Baumbach/Lauterbach/Albers/Hartmann, § 916 ZPO Rn. 7; Stein/Jonas/Grunsky, § 916 Rn. 7; Wieczorek/Schütze/Thümmel, § 916 ZPO Rn. 12.

494 BeckOK ZPO/Mayer, § 916 ZPO Rn. 19; Baumbach/Lauterbach/Albers/Hartmann, § 916 ZPO Rn. 8; Musielak/Voit/Huber, § 916 ZPO Rn. 15; Stein/Jonas/Grunsky, § 916 Rn. 8.

495 OLG Brandenburg NJW-RR 2009, 801; Karlsruhe FamRZ 2007, 408; ausführlich zum Arrest wegen künftiger Forderungen: Meller-Hannich, ZZP 115 (2002), 161 ff; s. auch Berger/Skamel, Kap. 4 Rn. 7; Gaul/ Schilken/Becker-Eberhard, § 75 Rn. 4; Brox/Walker, § 47 Rn. 1494; Kohler, ZZP 103 (1990), 184, 198; vgl. auch Ditzen, NJW 1987, 1806 f.

Arrestverfahrens.[496] Zudem muss der Anspruch hinsichtlich Schuldgrund und Höhe hinreichend bestimmt sein.[497]

Ein Arrestverfahren nach den §§ 916 ff ZPO ist nicht eröffnet, wenn für die Hauptsacheforderung nicht der Zivilrechtsweg eröffnet ist, selbst wenn dies nur vorübergehend der Fall sein sollte.[498]

bb) Exkurs: Anwendbares Recht

Welches Recht auf den Arrestanspruch anzuwenden ist, wird nach den Regeln des Internationalen Privatrechts ermittelt.[499] Hieraus kann die Anwendbarkeit ausländischen Rechts folgen, was regelmäßig die Einholung eines Gutachtens notwendig machen würde. Angesichts der zeitlichen Verzögerung, die damit einherginge, ist dies gerade für einstweilige Verfahren problematisch. Eine einheitliche Lösung des Problems besteht nicht.[500] Dem Amtsermittlungsgrundsatz (§ 293 ZPO) nach ist das Gericht grundsätzlich verpflichtet, eigene Ermittlungen durchzuführen und alle Erkenntnisquellen zu nutzen, die ihm zur Verfügung stehen.[501] Allerdings sollen hiervon im Arrestverfahren einschränkende Abweichungen möglich sein. Indem § 293 S. 1 ZPO ausländisches Recht dem Beweis zugänglich erklärt, behandelt es dieses ähnlich einer Tatsache.[502] Da das ausländische Recht die Grundlage des Arrestanspruchs bildet, erscheint es durch diese Nähe zur Tatsache als zulässig, dem Antragsteller in solchen Fällen gemäß §§ 920 Abs. 2, 294 Abs. 1 ZPO die Glaubhaftmachungslast für das ausländische Recht aufzuerlegen.[503] Das Gericht ist dabei auf präsente Beweismittel

---

496 Baumbach/Lauterbach/Albers/Hartmann, § 916 ZPO Rn. 10; MüKoZPO/Drescher, § 916 ZPO Rn. 10; Wieczorek/Schütze/Thümmel, § 916 ZPO Rn. 15.

497 BFH ZIP 1983, 852, 853, m. Anm. Weiß; Musielak/Voit/Huber, § 916 ZPO Rn. 12; Wieczorek/Schütze/Thümmel, § 916 ZPO Rn. 4.

498 Gaul/Schilken/Becker-Eberhard, § 75 Rn. 4; Baumbach/Lauterbach/Albers/Hartmann, § 916 ZPO Rn. 3.

499 MüKoZPO/Prütting, § 293 ZPO Rn. 56; Berger/Otte, Kap. 18 Rn. 121; Nagel/Gottwald, § 17 Rn. 39; Mankowski/Kerfack, IPRax 1990, 372, 374; Schack, IPRax 1995, 158, 160; Schütze, WM 1980, 1438, 1440; Sommerlad/Schrey, NJW 1991, 1377, 1381; Thümmel, NJW 1996, 1930, 1932.

500 Zum Meinungsstand: MüKoZPO/Prütting, § 293 ZPO Rn. 56.

501 Baumbach/Lauterbach/Albers/Hartmann, § 293 ZPO Rn. 10; Linke/Hau, Rn. 323; Schack, IPRax 1995, 158, 160; Schütze, WM 1980, 1438, 1440; Sommerlad/Schrey, NJW 1991, 1377, 1381; Thümmel, NJW 1996, 1930, 1932.

502 Berger/Otte, Kap. 18 Rn. 121; Nagel/Gottwald, § 17 Rn. 41.

503 OLG Hamburg VersR 1989, 1164; MüKoZPO/Drescher, § 920 ZPO Rn. 13; Berger/Otte, Kap. 18 Rn. 121; Nagel/Gottwald, § 17 Rn. 41; Schack, IPRax 1995, 158, 161; vgl.

beschränkt, so dass die Einholung eines Gutachtens nicht in Betracht kommt. Ob man diese Beschränkung aus § 294 Abs. 2 ZPO ableitet[504] oder aus dem summarischen Charakter des einstweiligen Rechtsschutzes, der solche Aufschübe nicht zulässt,[505] kann an dieser Stelle offen bleiben.

In Wechselwirkung mit dem Amtsermittlungsgrundsatz des § 293 ZPO kann eine Glaubhaftmachung durch den Antragsteller nur in Betracht kommen, wenn das Gericht vorher alle eigenen (präsenten) Möglichkeiten zur Erkenntnisgewinnung ausgeschöpft hat, so dass der Rückgriff auf die lex fori nur zurückhaltend erfolgen soll.[506] Kann das ausländische Recht weder vom Antragsteller glaubhaft gemacht noch vom Gericht mittels präsenter Beweismittel ermittelt werden, muss das Gericht im Einzelfall abwägen. Überwiegt das Interesse des Gläubigers an einer einstweiligen Sicherung unter Anwendung der lex fori das Risiko einer Fehlentscheidung aufgrund der unterschiedlichen Rechtslage im Ausland, muss es das inländische Sachrecht anwenden, andernfalls das ausländische Recht summarisch prüfen.[507] Eine Zurückweisung des Arrestgesuchs kann jedenfalls nicht allein auf die fehlende Glaubhaftmachung des ausländischen Rechts gestützt werden.[508]

b) *Arrestgrund*

In Deutschland setzt die Begründetheit des dinglichen Arrestgesuchs das Vorhandensein eines Arrestgrundes i.S.v. § 917 ZPO voraus.[509] Mit der hM ist die

---

auch OLG Frankfurt NJW 1969, 991, 992, das zur Glaubhaftmachungslast des Schuldners gelangt, indem es den Amtsermittlungsgrundsatz in § 293 ZPO wegen der Eilbedürftigkeit des summarischen Verfahrens einschränkend auslegt und dies sodann aus einer erhöhten Mitwirkungspflicht des Antragstellers folgert; aA MüKoZPO/Prütting, § 293 ZPO Rn. 56; Musielak/Voit/Huber, § 293 ZPO Rn. 12; Wieczorek/Schütze/Thümmel, § 920 ZPO Rn. 12; Mankowski/Kerfack, IPRax 1990, 374 f.

504 So Berger/Otte, Kap. 18 Rn. 121.

505 So Brannekämper, WRP 1994, 661, 668.

506 Berger/Otte, Kap. 18. Rn. 122; Nagel/Gottwald, § 17 Rn. 41 f.

507 Berger/Otte, Kap. 18. Rn. 122; Nagel/Gottwald, § 17 Rn. 42; ähnlich, aber ohne den Zwischenschritt der Glaubhaftmachung: Stein/Jonas/Leipold, § 293 ZPO Rn. 56; MüKoZPO/Prütting, § 293 ZPO Rn. 56; Leipold, S. 164 ff; Linke/Hau Rn. 324; Mankowski/Kerfack, IPRax 1990, 373; Schack, IPRax 1995, 158, 161.

508 So aber noch OLG Hamm AWD 1970, 31, 33; OLG Frankfurt NJW 1969, 991, 992.

509 Die Ausnahme des § 917 Abs. 2 S. 2 ZPO findet nur auf Schiffe Anwendung und bleibt hier folglich unberücksichtigt.

Prüfung des Arrestgrundes als materiell-rechtliche Voraussetzung einzustufen und nicht nur als Teil der Zulässigkeit.[510]

Als Arrestgrund wird die Besorgnis bezeichnet, dass ohne dessen Verhängung die Vollstreckung des Urteils vereitelt oder wesentlich erschwert werden würde (§ 917 Abs. 1 ZPO). Der Begriff „Urteil" umfasst sowohl inländische als auch ausländische Titel in der Hauptsache, solange sie im Inland vollstreckbar sind.[511] Erforderlich ist also, dass die Durchsetzung des Gläubigeranspruchs angesichts eines langwierigen Hauptverfahrens konkret gefährdet erscheint.[512] Abzustellen ist dabei auf das objektive Urteil eines verständigen, gewissenhaft prüfenden Menschen.[513] Die subjektive Sicht des Gläubigers ist hingegen unerheblich.[514] Eine Interessensabwägung sieht das Gesetz auch in (aus Schuldnersicht) besonders schwerwiegenden Fällen nicht vor. Der Gesetzgeber wertet pauschal das Interesse des Antragstellers an einer Sicherung des schlüssig vorgetragenen und glaubhaft gemachten Arrestanspruchs höher als das Interesse des Anspruchsgegners, bis zur endgültigen Entscheidung in der Hauptsache von anspruchssichernden Maßnahmen verschont zu bleiben.[515] Das entbindet freilich nicht davon, in jedem Einzelfall die konkreten Tatsachen zur Begründung des Arrestgrundes festzustellen.[516] Primär werden dies Vereitelungshandlungen des Schuldners sein, insbesondere die Verschleuderung von Vermögen,

---

510 OLG Frankfurt NJW 2002 903; Baumbach/Lauterbach/Albers/Hartmann, Grdz. § 916 ZPO Rn. 12; BeckOK ZPO/Mayer, § 917 ZPO Rn. 2; Berger/Berger, Kap. 2 Rn. 32; MüKoZPO/Drescher, § 917 ZPO Rn. 2; Stein/Jonas/Grunsky, § 917 ZPO Rn. 2; Gaul/Schilken/Becker-Eberhard, § 75 Rn. 5; Baur, Studien, S. 77; Blomeyer, ZZP 81 (1968), 20, 45; Heuer/Schubert, JA 2005, 202, 203; Minnerop, S. 36 ff; Walker, Rn. 210; die Gegenansicht wertet den Arrestgrund als Teil einer speziellen Form des Rechtsschutzbedürfnisses, bei dessen Fehlen das Gesuch als unzulässig abzuweisen ist, vgl. OLG Frankfurt NJW 2005, 3222; OLG Stuttgart WRP 1997, 355, 357; OLG Frankfurt NJW 1975, 392, 393; Teplitzky, JuS 1981, 122, 123 f; Wenzel, MDR 1967, 889, 892.

511 Wieczorek/Schütze/Thümmel, § 917 ZPO Rn. 8; Grunsky, IPRax 1983, 210, 211.

512 MüKoZPO/Drescher, § 917 ZPO Rn. 3.

513 BGH NJW 1988, 3268, 3269; BFH NJW 1978, 2168; RGZ 67, 365, 369; OLG Rostock NJW-RR 2012, 222; OLG Hamm NJOZ 2012, 121, 122; OLG Dresden NJW-RR 2007, 659; OLG Hamm NJW-RR 2007, 388; OLG Koblenz NJW-RR 2002, 575; OLGR Düsseldorf 1998, 313; Bruns, ZZP 65 (1952), 67, 70 f; Mathäser, JuS 1995, 442, 444; Gaul/Schilken/Becker-Eberhard, § 75 Rn. 7.

514 OLG Rostock NJW-RR 2012, 222; OLGR Düsseldorf 1998, 313.

515 Walker, Rn. 231.

516 Vgl. BGH VersR 1975, 753; OLG Hamm NJW-RR 2007, 388; Schuschke/Walker/Walker, § 917 ZPO Rn. 3.

ungewöhnliche Belastungen von Vermögenswerten ohne äquivalente Gegenleistung, Verdunkelung der Vermögenslage, selbstschädigendes Geschäftsgebaren oder etwa häufiger Aufenthaltswechsel des Schuldners.[517]

Die Gefährdung kann auch durch Beiseiteschaffen von Inlandsvermögen (insbesondere ins Ausland) begründet sein.[518] Der Wegzug ins Ausland genügt allerdings nicht, solange ausreichendes Inlandsvermögen vorhanden ist, in das vollstreckt werden kann.[519] § 917 Abs. 2 ZPO wertet die Belegenheit der Vermögenswerte im Ausland an sich noch nicht als hinreichende Gefährdung, wenn die Gegenseitigkeit verbürgt ist. Ein Arrestgrund liegt damit nicht vor, wenn sich das Vermögen in einem EU-Mitgliedsstaat befindet (dazu sogleich).[520] Ist die Gegenseitigkeit verbürgt, verbleibt dem Gläubiger nur, die tatsächliche Erschwernis durch eine Vollstreckung im Ausland gemäß § 917 Abs. 1 ZPO glaubhaftzumachen.[521] Dabei soll es aber nicht genügen, dass die Vollstreckung im Ausland gegenüber derjenigen im Inland allgemein erschwert ist.[522] Erforderlich sind konkrete Nachteile etwa in Form einer Zeitverzögerung bei der Urteilsanerkennung oder beim Aufspüren von Vermögenswerten sowie durch Vollstreckungskosten, die dem Gläubiger selbst im Erfolgsfall nicht erstattet werden.[523] Das OLG Dresden sah die Vollstreckung schon dadurch tatsächlich erschwert, dass der Gläubiger sich einen Überblick über das in Kanada belegene und bislang unbekannte Vermögen des Schuldners verschaffen müsste.[524] Die Gefährdung durch Auslandsvollstreckung nach § 917 Abs. 2 S. 1 ZPO setzt die fehlende Gegenseitigkeit der Vollstreckung des Hauptsacheurteils voraus, die aber innerhalb der Europäischen Union stets verbürgt ist. Aufgrund der weitreichenden Titelfreizügigkeit wird man im EU-Ausland eine tatsächliche

---

517 OLG Hamm NJOZ 2012, 121, 122; OLG Karlsruhe FamRZ 1985, 507, 508; MüKoZPO/Drescher, § 917 ZPO Rn. 6 ff; Stein/Jonas/Grunsky, § 917 ZPO Rn. 5 ff; Wieczorek/Schütze/Thümmel, § 917 ZPO Rn. 6, 11 ff; Berger/Skamel, Kap. 4 Rn. 11 ff; Schwerdtner, NJW 1970, 222, 224 f.

518 Wieczorek/Schütze/Thümmel, § 917 ZPO Rn. 32.

519 OLG Rostock NJW-RR 2012, 222, 223; OLG Düsseldorf NJOZ 2007, 4991, 4992 f; OLG Stuttgart NJW-RR 1996, 775.

520 Eine solche Regelung verstieße gegen das unionsrechtliche Diskriminierungsverbot, vgl. EuGH ECLI:EU:C:1994:52 – Mund & Fester = NJW 1994, 1271.

521 So schon zu § 917 Abs. 2 ZPO a.F.: BT-Drs. 13/10871, S. 18; s. auch Schack, IZVR, Rn. 482.

522 MüKoZPO/Drescher, § 917 ZPO Rn. 6; Musielak/Voit/Huber, § 917 ZPO Rn. 6.

523 Berger/Otte, Kap. 18 Rn. 120; Mankowski, NJW 1995, 306, 307.

524 OLG Dresden NJW-RR 2007, 659.

Gefährdung durch das Erfordernis einer Auslandsvollstreckung gemäß § 917 Abs. 1 ZPO allenfalls unter äußerster Zurückhaltung annehmen können.[525]

Auch Umstände, die außerhalb des steuerbaren Verhaltens des Schuldners liegen, sind zu berücksichtigen.[526] Die hM lässt etwa das Verhalten Dritter oder sogar Umstände außerhalb menschlichen Verhaltens, wie z.B. Naturereignisse oder langanhaltende Krankheiten des Schuldners genügen.[527] Dies kann allerdings nur gelten, wenn ein Vermögensverlust noch drohend aussteht und nicht, wenn er bereits eingetreten ist.[528]

Anders als die einstweilige Verfügung setzt der Arrest weder Eilbedürftigkeit noch positive Vollstreckungsaussichten voraus.[529] Ein Verschulden oder gar eine Vereitelungsabsicht des Schuldners sind ebenfalls nicht zwingend erforderlich.[530] Vielmehr kann auch rechtmäßiges Verhalten die Gefahr der Vollstreckungsvereitelung begründen, etwa häufiger Wohnortwechsel.[531]

Ein nur vertragswidriges Verhalten[532] genügt dabei ebenso wenig wie eine schlechte Vermögenslage[533] des Schuldners. Ob das auch für die bloße Konkurrenz durch mehrere Gläubiger gilt, ist umstritten. Die hM hält eine solche Konkurrenzsituation alleine für nicht ausreichend.[534] Zweck des Arrestverfahrens sei es gerade nicht, dem Gläubiger einen Vorsprung vor den anderen zu verschaffen.

525 Vgl. bereits zum EuGVÜ: Kropholler/Hartmann, FS Drobnig, S. 337, 341 f.

526 Berger/Skamel, Kap. 4 Rn. 11 21; Brox/Walker, § 47 Rn. 1498; Foerste, ZZP 106 (1993), 143, 155 f; Mathäser, JuS 1995, 442, 445; Mertins, JuS 2008, 692 f.

527 MüKoZPO/Drescher, § 917 ZPO Rn. 11; Wieczorek/Schütze/Thümmel, § 917 ZPO Rn. 5; Foerste, ZZP 106 (1993), 155 f; Mertins, JuS 2008, 692.

528 Stein/Jonas/Grunsky, § 917 ZPO Rn. 5; Musielak/Voit/Huber, § 917 ZPO Rn. 3; aA Baumbach/Lauterbach/Albers/Hartmann, § 917 ZPO Rn. 9.

529 MüKoZPO/Drescher, § 917 ZPO Rn. 4; Stein/Jonas/Grunsky, § 917 ZPO Rn. 12.

530 BFH NJW 1978, 2168; Schuschke/Walker/Walker, § 917 ZPO Rn. 2; Brox/Walker, § 47 Rn. 1498; Schwerdtner, NJW 1970, 222, 224.

531 Stein/Jonas/Grunsky, § 917 ZPO Rn. 6; Gaul/Schilken/Becker-Eberhard, § 75 Rn. 8.

532 BGH VersR 1975, 763; OLG Köln MDR 1959, 933.

533 BGH NJW 1996, 321, 324; MüKoZPO/Drescher, § 917 ZPO Rn. 5; Mertins, JuS 2008, 692.

534 BGH NJW 2007, 2485 Rn. 23; NJW 1996, 321, 324; OLG Frankfurt a.M. ZIP 2004, 777; OLG Köln InVo 2003, 117; OLG Hamburg WM 1998, 522, 523; OLG Karlsruhe FamRZ 1985, 507, 508; LAG Hamm MDR 1977, 611; LG Augsburg, NJW 1975, 2350; Baumbach/Lauterbach/Albers/Hartmann, § 917 ZPO Rn. 7; MüKoZPO/Drescher, § 917 ZPO Rn. 12; Schilken, FS Leipold, S. 159 ff; Foerste, ZZP 106 (1993), 143, 150 ff; Abramenko, ZMR 2010, 329, 334; Fohrer/Mattil, WM 2002, 840; Henckel, JZ 1992, 645, 656; Hinz, NZM 2005, 841, 856; Katzenstein/Hüftle, MDR 2005, 1027, 1032 Fn. 66; Mertins, JuS 2008, 692 f; Pörnbracher/Thiel, SchiedsVZ 2010, 14, 16.

Die Gegenansicht will den Arrestgrund auch auf die Gläubigerkonkurrenz erstrecken, denn auf den Grund der Vollstreckungsgefährdung komme es nicht an.[535] Das Gesetz unterscheide nicht, worauf die Verschlechterung der Vermögenslage beruht. Dem kann nicht gefolgt werden. Der Grundsatz par conditio creditorum, wie er in der Insolvenzordnung gilt, ist der Zivilprozessordnung zwar fremd. Der dadurch eröffnete Wettlauf der Gläubiger darf aber nicht in den einstweiligen Rechtsschutz verlagert werden.[536] Ansonsten würde man das Sicherungsverfahren entgegen dem eigentlichen Zweck zum Regelfall machen und die Gefahr einer Illiquidität des Schuldners gerade noch mehr erhöhen.[537] Gläubigerkonkurrenz als Arrestgrund kommt zudem nur in Betracht, wenn das Schuldnervermögen voraussichtlich nicht zur Befriedigung aller Gläubiger ausreicht. Die Nähe zur Schuldnerinsolvenz gebietet es aber, die Wertung der Insolvenzordnung in solchen Konstellationen auf die Bestimmung des Arrestgrundes zu übertragen und die bloße Gläubigerkonkurrenz als solche abzulehnen.[538]

Geht die Vermögensverschlechterung so weit, dass dem Schuldner die Insolvenz droht, kann gleichwohl bis zur Eröffnung eines Insolvenzverfahrens – danach ist dies wegen § 89 InsO nicht mehr möglich – ein Arrest ergehen; die Rückschlagsperre (§ 88 InsO) wirkt sich regelmäßig hierauf nicht aus.[539] Da § 917 Abs. 1 ZPO nur verhindern will, dass die Urteilsvollstreckung vereitelt oder wesentlich erschwert wird, kommt ein Arrestgrund nicht in Betracht, wenn der Gläubiger auf andere Sicherheiten zurückgreifen kann, die einen vergleichbaren Schutz bieten.[540]

Ein besonderer Arrestgrund findet sich darüber hinaus in § 917 Abs. 2 S. 1 ZPO. Dieser stellt eine unwiderlegliche gesetzliche Vermutung[541] dahingehend auf, dass ein im Ausland zu vollstreckendes Urteil[542] jedenfalls dann als

---

535 LG Bremen WM 1997, 2077, 2081; Berger/Skamel, Kap. 4 Rn. 17 ff; Stein/Jonas/Grunsky, § 917 ZPO Rn. 1, 10; Berger, ZZP 121 (2008), 407, 421 f; Grunsky, NJW 1976, 553 f; ders., JuS 1976, 277, 279; Schwerdtner, NJW 1970, 222; Brox/Walker, § 47 Rn. 1499; Walker, Rn. 236 f; Wieczorek/Schütze/Thümmel, § 917 ZPO Rn. 17.

536 Gaul/Schilken/Becker-Eberhard, § 75 Rn. 8.

537 Schilken, FS Leipold, S. 159, 172; Mertins, JuS 2008, 692 f.

538 MüKoZPO/Drescher, § 917 ZPO Rn. 12.

539 Stein/Jonas/Grunsky, § 917 ZPO Rn. 11.

540 Berger/Skamel, Kap. 4 Rn. 30; Walker, Rn. 232.

541 OLGR Frankfurt 1999, 11; MüKoZPO/Drescher, § 917 ZPO Rn. 13; Schuschke/Walker/Walker, § 917 ZPO Rn. 6.

542 Zum Begriff des Urteils: MüKoZPO/Drescher, § 917 ZPO, Rn. 13; Musielak/Voit/Huber, § 917 ZPO Rn. 7; für eine Anwendung auf alle anerkennungsfähigen ausländischen Urteile: Wieczorek/Schütze/Thümmel, § 917 ZPO Rn. 24 ff; Berger/Skamel, Kap. 4 Rn. 23 (einschränkend, wenn Gläubiger Möglichkeit zur Klage im Inland hatte);

Arrestgrund anzusehen ist, wenn die Gegenseitigkeit nicht (i.S.v. § 328 Abs. 1 Nr. 5 ZPO)[543] verbürgt ist. Anders als § 917 Abs. 1 ZPO stellt das Gesetz hier auf einen abstrakten Gefährdungsgrad ab.[544] Diese Erleichterung findet aber nur Anwendung, wenn ein Urteil in dem Land, in dem es vollstreckt werden soll, nicht anerkannt oder für vollstreckbar erklärt werden kann.[545] Der Anwendungsbereich der Norm ist folglich stark eingeschränkt.[546] Insbesondere findet sie keine Anwendung im Anwendungsbereich der EuGVO (vgl. Art. 36 Abs. 1 EuGVO) oder wenn die Vollstreckung durch Staatsverträge, wie etwa das Lugano-Übereinkommen, gesichert ist.[547] Ist die Gegenseitigkeit verbürgt, kann dagegen weiterhin auf § 917 Abs. 1 ZPO zurückgegriffen werden. Hierbei sind dann tatsächliche Vollstreckungsschwierigkeiten im Ausland zu berücksichtigen.[548] Solche können sich etwa durch Zeitverzögerung bei der Urteilsanerkennung ergeben oder beim Aufspüren von Vermögenswerten im Ausland drohen.[549]

2. *Sicherungsanspruch und Sicherungsinteresse nach dem KPC*

Grundsätzlich setzt das polnische einstweilige Rechtsschutzverfahren nach den Art. 730 ff KPC kumulativ einen Anspruch („roszczenie") gegenüber dem Antragsgegner, der gesichert werden soll und ein Sicherungsinteresse („interes prawny w udzieleniu zabezpieczenia") voraus (Art. 730[1] § 1 KPC). Es handelt

gegen eine Anwendung auf ausländische Urteile: OLG Hamburg NJW 1990, 1425; OLG München NJW-RR 1988, 1023; OLG Hamburg VersR 1987, 356; OLG Frankfurt MDR 1976, 321, (allesamt zur früheren Rechtslage); Geimer, IZPR, Rn. 1213; Mankowski, RIW 1991, 181, 183 f; Dittmar, NJW 1978, 1720, 1722.

543 Vgl. dazu BGH NJW 1999, 3198, 3201; NJW 1964, 2350, 2351; OLG Düsseldorf NJOZ 2007, 4491, 4492.

544 Berger/Otte, Kap. 18 Rn. 117.

545 Zurückgehend auf EuGH ECLI:EU:C:1994:52 - Mund & Fester = NJW 1994, 1271.

546 Vgl. zur EG-Rechtswidrigkeit der weitergehenden Vorgängervorschrift: EuGH ECLI:EU:C:1994:52 - Mund & Fester = NJW 1994, 1271; zur Vorschrift auch: Mankowski, RIW 2004, 587, 590.

547 Bzgl. der Staaten mit denen die Gegenseitigkeit verbürgt ist: Nagel/Gottwald §12 Rn. 196 ff; Zöller/Geimer, Anhang IV.

548 OLG Hamm NJOZ 2012, 121, 123; OLG Dresden NJW-RR 2007, 659; OLGR Düsseldorf 2007, 569; Mankowski, RIW 2004, 587, 590.

549 Berger/Otte, Kap. 18 Rn. 120

sich dabei jeweils nicht um rein formale Zulässigkeitsvoraussetzungen, sondern Fragen der Begründetheit eines Gesuchs.[550]

a) *Sicherungsanspruch*

Der Antragsteller muss die tatsächlichen Umstände für das Bestehen eines konkreten Anspruchs gegenüber dem Antragsgegner darlegen (Sicherungsanspruch); der Nachweis eines lediglich abstrakten Anspruchs genügt nicht.[551] Was unter dem Begriff des Anspruchs genau zu verstehen ist, ist umstritten. Vertreten wird sowohl ein materiellrechtlicher als auch ein rein prozessrechtlicher und ein gemischter Anspruchsbegriff.[552] Der zu sichernde Anspruch muss mit dem Anspruch aus dem tatsächlichen oder hypothetischen Hauptsacheverfahren übereinstimmen. Nötig ist daher jedenfalls die Eröffnung des Zivilrechtswegs.[553]

Ist der Anspruch noch nicht fällig, kann er nur ausnahmsweise Gegenstand des Sicherungsverfahrens sein.[554] Dazu muss es sich um eine zukünftige, sich wiederholende Leistung i.S.v. Art. 190 KPC handeln und das materielle Recht ein solches Vorgehen gestatten, ohne sich der Einrede der fehlenden Fälligkeit auszusetzen oder im Widerspruch zum Rechtsverhältnis zwischen den Parteien zu stehen.[555] Etwas anderes gilt dagegen bei zukünftigen, noch nicht entstandenen Ansprüchen. Diese werden grundsätzlich als nicht hinreichend nachgewiesene Ansprüche vom Sicherungsverfahren ausgeschlossen.[556]

---

550 Vgl. Cieśliński, in: Gudowski/Weitz, Aurea Praxis Aurea Theoria, S. 845, 848; Jankowski/Muliński, Art. 730(1) KPC Rn. 5; Ereciński/Ereciński, Band 3, Art. 730(1) KPC Rn. 1; ähnlich Zawiślak, Przesłanki formalne postępowania zabezpieczającego w procedurze cywilnej, PS 2002/3, 17, 18, der von materiellen Voraussetzungen spricht.

551 Gołaczyński/Woźniak, Art. 730^1 KPC Rn. 5.

552 Für ein rein prozessrechtliches Verständnis: Zawistowski, Art. 730^1 KPC Rn. 2; Jankowski/Muliński, Vor. Art. 730 KPC Rn. 6; Jagieła, PPE 7-9/2004, 27, 31 ff; aA Romańska/Leśniak, I. Teil B 2. 1., S. 70 und Ignaczewski/Uliasz, S. 48 f verlangen, dass ein materieller Anspruch bestehen muss; Ereciński/Ereciński, Band 3, Art. 730(1) KPC Rn. 3 unterstellt ein weites Verständnis und erfasst dadurch beide Arten von Ansprüchen.

553 Dabei wird ein formeller Begriff der Zivilsache zugrunde gelegt, Romańska/Leśniak, I. Teil B 2. 1., S. 70.

554 Ereciński/Ereciński, Band 3, Art. 730 KPC Rn. 10; Jankowski/Muliński, Art. 730 KPC Rn. 7 und Art. 730(1) KPC Rn. 6.

555 Romańska/Leśniak, I. Teil B 2. 1., S. 70 f; Wengerek, Art. 730(1) KPC Nr. 3.

556 Romańska/Leśniak, I. Teil B 2. 1., S. 70; Ereciński/Ereciński, Band 3, Art. 730 KPC Rn. 10; Jankowski/Muliński, Art. 730(1) KPC Nr. 6; Wengerek, Art. 730(1) KPC Nr. 3.

Um eine Sicherung durch Kontopfändung zu erreichen, ist es erforderlich, dass der zugrundeliegende Anspruch eine Geldforderung darstellt (vgl. Art. 747 KPC). Eine Geldforderung liegt vor, wenn Gegenstand der geschuldeten Leistung ein Geldbetrag ist.[557] Ob die Geldforderung in PLN besteht, ist unbedeutend, so dass auch Forderungen in ausländischen Währungen erfasst werden.[558]

b) Sicherungsinteresse

Wann ein hinreichendes rechtliches Interesse an der Sicherung (Sicherungsinteresse) vorliegt, folgt aus Art. 730¹ § 2 KPC. Der Begriff des rechtlichen Interesses („interes prawny") wird zwar auch anderweitig in der polnischen Prozessordnung verwandt (z.B. Art. 189 KPC), ihm kommt im einstweiligen Verfahren aber eine eigenständige Bedeutung zu.[559] Das Interesse kann in zweierlei Formen vorliegen. Dies ist zunächst der Fall, wenn das Fehlen einer einstweiligen Sicherung entweder die Vollstreckung der Hauptsacheentscheidung unmöglich macht bzw. diese zumindest ernsthaft erschwert. Es kann aber auch vorliegen, wenn auf andere Weise das verfolgte Ziel bei Vorgehen in der Hauptsache unmöglich gemacht bzw. ernsthaft erschwert wird.[560] Entscheidend für die Fälle der vorläufigen Kontopfändung ist allein die erste Alternative; in diesem Sinne dient das Verfahren der Sicherstellung einer späteren Befriedigungsmöglichkeit im Vollstreckungsverfahren der Hauptsache. Der zweite Fall, die Sicherung der mit der Hauptsache verfolgten Ziele, ist dagegen von Bedeutung, wenn für die Entscheidung in der Hauptsache kein Vollstreckungsverfahren vorgesehen ist, weil bereits die Eilentscheidung an sich rechtsbegründende oder rechtsgestaltende Wirkung entfaltet.[561]

Um das Sicherungsinteresse festzustellen, müssen die hypothetischen Folgen einer Sicherung für beide Parteien bewertet werden.[562] Heranzuziehen

557 Zawistowski, Art. 747 KPC Rn. 2.

558 Zawistowski, Art. 747 KPC Rn. 2.

559 Zawistowski, Art. 730¹ KPC Rn. 4.

560 Eine Kodifikation des Sicherungsinteresses samt Definition erfolgte erst mit Novellierung der polnischen Prozessordnung zum 2.7.2004, indes war diese Voraussetzung bereits zuvor ungeschriebenes Begründetheitsmerkmal, vgl. Zedler, in: Jędrzejewska/Ereciński, S. 321.

561 Zawistowski, Art. 730¹ KPC Rn. 3; Ereciński/Ereciński, Band 3, Art. 730(1) KPC Rn. 5; hierin zeigt sich wieder, dass das polnische Zivilverfahrensecht der Art. 730 ff KPC alle Eilmaßnahmen aus einem einzigen Tatbestand ableitet, gleich ob es sich um Arrestentscheidungen oder einstweilige Anordnung handelt.

562 Cieśliński, in: Gudowski/Weitz, S. 845, 852.

sind dafür nicht nur gegenwärtige, sondern auch künftige Rechtsverhältnisse, soweit sie objektiv hinreichend wahrscheinlich sind.[563] Der Begriff des Sicherungsinteresses selbst wird daher weit verstanden.[564] Primär fallen hierunter Handlungen des Schuldners, wie das Wegschaffen von Vermögenswerten, die Nichtbegleichung von Verbindlichkeiten (insbesondere Darlehensschulden), ein irrationaler Umgang mit Vermögen, die (zumindest beabsichtigte) Aufgabe des Gewerbebetriebs, der Umzug des Schuldners ohne Bekanntgabe der neuen Anschrift, aber auch die drohende Insolvenz des Schuldners.[565] So kann bereits genügen, dass der Schuldner den Zahlungsforderungen des Gläubigers drei Monate nicht nachkommt.[566] Der Antragsteller soll sich ebenso darauf berufen dürfen, dass gegen den Schuldner zahlreiche andere Hauptsache- und Vollstreckungsverfahren anhängig sind.[567] Eine solche Gläubigerkonkurrenz stellt eine hinreichende Gefährdung für das Schuldnervermögen dar. Darüber hinaus wird das Sicherungsinteresse auch dann angenommen, wenn das Vermögen zwar nicht gefährdet, die spätere Befriedigung aber nur unter erheblichen Erschwernissen erlangt werden kann.[568]

Das Sicherungsinteresse setzt stets eine konkrete und ernsthafte Gefährdungslage (bzw. Erschwernis) voraus; eine lediglich abstrakte Gefahr genügt nicht.[569] Ob die Gefährdung faktischen oder rein rechtlichen Ursprungs ist, spielt keine Rolle.[570] Allein, dass ein Gläubiger bei der Verfolgung eines ungesicherten Anspruchs zu weiteren Schritten veranlasst wird, reicht indes nicht aus, um eine ernsthafte Gefährdungslage zu begründen.[571] Ein Sicherungsinteresse kann ferner dann nicht angenommen werden, wenn der Antragsteller bereits

563 Wilczyńska, Pal. 9-10/2010, 31, 41.

564 Zawistowski, Art. 730^1 KPC Rn. 3; Wilczyńska, Pal. 9-10/2010, 31, 41; Cieśliński, in: Gudowski/Weitz, S. 845, 852.

565 Zawistowski, Art. 730^1 KPC Rn. 3; Jankowski/Muliński, Art. 730(1) KPC Rn. 7; Wengerek, Art. 730(1) KPC Nr. 4.

566 Wengerek, Art. 730(1) KPC Nr. 4.

567 Jankowski/Muliński, Art. 730(1) KPC Rn. 7; vgl. auch Ereciński/Ereciński, Band 3, Art. 730(1) KPC Rn. 4.

568 DKB/Jagieła, Band 3, Art. 730(1) KPC Rn. 8; Ereciński/Ereciński, Band 3, Art. 730(1) KPC Rn. 5.

569 Romańska/Leśniak, I. Teil B 2. 2., S. 72; Wengerek, Art. 730(1) KPC Nr. 4; DKB/Jagieła, Band 3, Art. 730(1) KPC Rn. 8.

570 Jankowski/Muliński, Art. 730(1) KPC Rn. 7.

571 Gołaczyński/Woźniak, Art. 730^1 KPC Rn. 7.

materiellrechtlich[572] (z.B. durch ein sachenrechtliches Schutzrecht) hinreichend gesichert ist oder ihm anderweitige prozessrechtliche[573] Mittel zur Verfügung stehen, die zu einer Befriedigung bzw. deren Absicherung führen würden.

Trotz der Begrifflichkeit „Interesse", die auf ein subjektives Element schließen lassen könnte, wird die Voraussetzung rein objektiv anhand der Gesamtumstände beurteilt;[574] auf das persönliche Empfinden des Antragstellers kommt es nicht an. Eine besondere Eilbedürftigkeit der Sicherung stellt das polnische Recht nicht als Voraussetzung des einstweiligen Rechtsschutzes auf. Ist die Angelegenheit allerdings besonders eilbedürftig, so wird das Sicherungsinteresse häufig allein deswegen angenommen. Die Eilbedürftigkeit wird daher teilweise als faktischer Teil der Sicherungsinteresse i.S.v. Art. 730^1 § 1 KPC angesehen.[575]

Fehlt das Sicherungsinteresse, ist dies nur dann unerheblich, wenn das Gesetz im Einzelfall auf das Erfordernis ausdrücklich verzichtet.[576] Im Falle der Kontopfändung kommt diese Möglichkeit indes nicht in Betracht.

Die Abwägung, ob der Antragsteller ein hinreichendes Interesse an der Sicherung nachweisen kann, wird im polnischen Recht durch § 730^1 § 3 KPC ergänzt. Der Gläubiger muss bereits im Antrag die Sicherungsart (Kontopfändung) konkret festlegen. Er darf daneben zwar auch andere Arten als Alternativen benennen.[577] Das Gericht muss in diesem Zusammenhang aber entscheiden, ob das Interesse an gerade dieser bestimmten Sicherungsart besteht oder der Antragsgegner hierdurch unverhältnismäßig belastet wird. Neben den Nachweis einer Gefährdung der späteren Vollstreckung tritt damit eine Verhältnismäßigkeitsprüfung bezüglich des oder der gewählten Sicherungsart.

3. *Erlassanspruch und Erlassgrund nach der EuKpfVO*

Die Voraussetzungen für den Erlass eines Beschlusses zur vorläufigen Kontopfändung regelt Art. 7 EuKpfVO. Dabei wägt das Gericht das Sicherungsbedürfnis des Gläubigers mit dem Interesse des Schuldners an einer Missbrauchsprävention

572 Dazu Gołaczyński/Woźniak, Art. 730^1 KPC Rn. 7; DKB/Jagieła, Band 3, Art. 730(1) KPC Rn. 8.

573 Dazu Cieśliński, in: Gudowski/Weitz, S. 845, 852.

574 Cieśliński, in: Gudowski/Weitz, S. 845, 851 sowie 860; DKB/Jagieła, Band 3, Art. 730(1) KPC Rn. 5.

575 Ausführlich Cieśliński, in: Gudowski/Weitz, S. 845, 857 f.

576 Vgl. Cieśliński, in: Gudowski/Weitz, S. 845, 857; allerdings kann das Fehlen dann immer noch kostenrechtliche Folgen haben, dazu Gołaczyński/Woźniak, Art. 730^1 KPC Rn. 7.

577 Gołaczyński/Woźniak, Art. 736 KPC Rn. 5.

gegeneinander ab (vgl. ErwG 14 EuKpfVO). Die hierfür relevanten Umstände hat der Gläubiger im Antrag anzugeben und nachzuweisen (Art. 7, 8 Abs. 2 lit. h, j EuKpfVO). Wie im autonomen Recht der Mitgliedstaaten üblich,[578] bedarf auch die vorläufige Pfändung nach der EuKpfVO eines Grunds in Form einer Gefährdungslage und eines begründeten Anspruchs, der gesichert werden soll. Im Folgenden werden diese als Erlassgrund und Erlassanspruch bezeichnet.[579]

a) Erlassgrund

Jede vorläufige Pfändung setzt zwingend „Dringlichkeit" voraus. Wie zahlreiche andere autonome Verfahrensordnungen der Mitgliedstaaten legt die Verordnung den Begriff im Sinne einer tatsächlichen Gefahr aus, so dass ohne diese Maßnahme die spätere Vollstreckung der Forderung des Gläubigers gegenüber dem Schuldner unmöglich oder sehr erschwert wird (Art. 7 Abs. 1 EuKpfVO).[580] Woraus sich diese Gefährdung konkret ergeben soll oder wann die spätere Vollstreckung „sehr" erschwert ist, folgt aus der Vorschrift nicht.[581] Ein bedingungsloser Rückgriff auf nationale Kriterien verbietet sich grundsätzlich wegen des Vorrangs unionsautonomer Auslegung.

Noch im Verordnungsentwurf knüpfte Art. 7 Abs. 1 lit. b EuKpfVO-E an die Gefahr von Geldabhebungen, anderweitiger Verwendung oder Verschiebung der Gelder von dem zu pfändenden Konto an. Auch wenn diese Ergänzung nicht in die finale Verordnung übernommen wurde, kommt ihr immer noch Bedeutung zu. Eine vergleichbare Wendung findet sich nunmehr in Erwägungsgrund 14 Abs. 3 EuKpfVO. Demnach besteht eine tatsächliche Gefahr, wenn der Schuldner seine Vermögenswerte aufgebraucht, verschleiert, vernichtet oder aber unter Wert oder in einem unüblichen Ausmaß oder durch unübliche Handlungen veräußert, noch bevor der Gläubiger die Vollstreckung der bestehenden oder einer künftigen gerichtlichen Entscheidung erwirken kann. Dabei kann z.B. auf das Schuldnerverhalten hinsichtlich der Hauptforderung oder in einer vorangegangenen Streitigkeit, seine Kredithistorie, die Art der Vermögenswerte und alle jüngst vorgenommenen Handlungen im Zusammenhang mit seinen Vermögenswerten abgestellt werden. Eine Fokussierung allein auf das Pfändungsobjekt, wie es noch der Kommissionsentwurf in Art. 7 Abs. 1 lit. b EuKpfVO-E

578 Hess, Study, S. 129.
579 Zur Begrifflichkeit Cranshaw, DZWIR 2012, 399.
580 Vgl. Hess, Study, S. 129; Sala, in: Kengyel/Harsági, S. 275, 291.
581 Vgl. auch Nunner-Krautgasser, in: Hess, Anerkennung, S. 125, 138.

vorsah, wurde damit nicht übernommen. Eine besondere Eilbedürftigkeit verlangt der Dringlichkeitsbegriff zudem offenbar nicht.

Nicht in jeder Kontoabhebung ist aber ein gefährdendes Verhalten zu sehen. Erfolgt die Handlung in üblicher Weise, etwa zur Erhaltung der normalen Geschäftstätigkeit, oder sind darin nur die regelmäßigen Ausgaben für die Familie zu sehen, kann es an einem Erlassgrund fehlen. Leistet der Schuldner trotz Fälligkeit nicht und bestreitet er die Forderung, so ist darin allein noch kein ausreichender Grund zur vorläufigen Kontopfändung zu sehen (vgl. jeweils ErwG 14 EuKpfVO). Gleiches gilt in Übereinstimmung mit vielen autonomen Verfahrensordnungen[582] hinsichtlich der bloßen Gläubigerkonkurrenz sowie einer schlechten oder sich verschlechternden Vermögenslage des Schuldners.

Insbesondere die Beachtlichkeit anderer Gläubiger war lange umstritten.[583] Sie begründet zwar für sich genommen keine Dringlichkeit, ist aber nicht gänzlich unbeachtlich. Das Gericht kann sie bei der Gesamtabwägung einer Gefährdungslage einbeziehen (ErwG 14 EuKpfVO). Es müssen jedoch weitere Faktoren[584] hinzutreten, die im Ergebnis eine Gefährdung gerechtfertigt erscheinen lassen.

Als Erlassgrund kommt auch die Verschiebung des Vermögens ins Ausland in Betracht. Dagegen spricht zwar das bestehende Anerkennungsregime der EuGVO. Dem Gläubiger ist es ohne weiteres möglich, ein erwirktes Endurteil in einem anderen Mitgliedstaat zu vollstrecken, ohne hierfür ein gesondertes Exequaturverfahren durchführen zu müssen. Alle Mitgliedstaaten sind gemäß Art. 6 EMRK verpflichtet, ein faires und effizientes Verfahren zu gewährleisten.[585] Folglich ist EU-weit auch von einem gewissen Standard hinsichtlich der einzelnen Vollstreckungsprozessrechte auszugehen, welche die Gläubigerinteressen hinreichend schützen. Ferner bedürfen nunmehr auch einstweilige Maßnahme zum Schutz der späteren Vollstreckung, wie etwa der Arrestbefehl, grenzüberschreitend keiner gesonderten Anerkennung und Vollstreckbarerklärung mehr.[586] Die Verschiebung ins EU-Ausland scheint also nicht bereits per se die Zwangsvollstreckung zu gefährden.

---

582 Hess, Study, S. 129.

583 Vgl. dazu Rauscher/Rauscher/Wiedemann, Art. 7 EU-KPfVO Rn. 8; Cranshaw, DZWIR 2012, 399, 405.

584 Vgl. bereits zum EuGVÜ: EuGH ECLI:EU:C:1994:52 – Mund & Fester = NJW 1994, 1271 Rn. 19.

585 Hess, Study, S. 13 m.w.N.

586 Vgl. § 5.

Allerdings hat der europäische Gesetzgeber die tatsächliche Möglichkeit des Transfers von Kontoguthaben in einen anderen Mitgliedstaat schon im Verordnungsentwurf als zentrales Problem der Praxis ausgemacht.[587] Viele Gläubiger werden gerade dadurch von der Eintreibung der Forderung im Ausland abgehalten. Der Gesetzgeber scheint einer Auslandsvollstreckung daher eine besondere Gefährdungslage unterstellen zu wollen, wenn die Gefahr in der Guthabenverschiebung ins Ausland gesehen wird. Angesichts der weitgehenden Titelfreizügigkeit stellt sich aber die Frage, weshalb im rechtmäßigen Guthabenstransfer ins Ausland eine größere Gefahr für den Gläubiger begründet sein soll als bei einer bloßen Belegenheit des Vermögens im Ausland. Letzteres reicht nicht aus, um einen Erlassgrund zu begründen. Ansonsten läge für eine Vielzahl von Fällen bereits durch die Eröffnung des grenzüberschreitenden Anwendungsbereichs der EuKpfVO (vgl. Art. 3 EuKpfVO) ein Arrestgrund vor. Das Erfordernis eines Erlassgrundes wäre durch eine solche Absenkung des Prüfungsmaßstabs deutlich entwertet und daran geknüpft dementsprechend auch der Schuldnerschutz.[588] Die Gefahr der Vollstreckung im Ausland kann somit (zumindest innerhalb der EU) nicht entscheidend sein. Die wesentliche Befürchtung bei einer Verschiebung liegt allein in der Verdunkelung, wohin das Guthaben transferiert wurde. Bisher stand dem Gläubiger kein effektives Mittel zur Vermögensaufklärung im grenzüberschreitenden Bereich zur Verfügung.[589] Er war auf nationale Aufklärungsverfahren angewiesen. Diese können wiederum einen Hinweis für das Bestehen einer Forderung bei einer konkreten Bank erfordern. Zwar kann der Gläubiger auch ohne Vermögensverschiebung keine Kenntnis vom Belegenheitsort im Ausland haben, doch liegt der Unterschied in der Ausgangslage. Bei der Verschiebung ist dem Gläubiger zunächst bekannt, wo sich das Zugriffsobjekt befindet; erst durch den Transfer wird die Unsicherheit und damit das Hindernis für die weitere Vollstreckung geschaffen. Folglich muss grundsätzlich auch die bloße Gefahr einer Guthabenverschiebung genügen.[590] Hieran ändert auch das Transparenzverfahren nach der EuKpfVO nichts. Dieses steht dem Gläubiger nur offen, wenn er bereits einen Hauptsachetitel erwirkt hat. Zudem erfordert auch das Verfahren nach Art. 14 EuKpfVO einen begründeten Verdacht, dass der Schuldner in einem Mitgliedstaat ein Konto führt.

---

587 Europäische Kommission, Begründung zu KOM 2011 (445), S. 3 f.

588 Vgl. auch Stamm, IPRax 2014, 124, 125.

589 Vgl. Hess, Study, S. 31 ff; Würdinger, JZ 2011, 177, 186 f.

590 Kritisch zur Vermögensverschiebung Stamm, IPRax 2014, 124, 125.

Eine Verschleierungs- oder Schädigungsabsicht stellt keine zwingende Voraussetzung dar. Aus den Ausführungen in Erwägungsgrund 14 wird deutlich, dass zwar zentral auf das Verhalten des Schuldners abzustellen ist. Es kommt aber nicht auf die Rechtswidrigkeit/Rechtmäßigkeit des Verhaltens an, denn alle jüngst vorgenommenen Handlungen im Zusammenhang mit den Vermögenswerten des Schuldners können auf eine Gefährdung schließen lassen. Übliche Abbuchungen und Ausgaben etwa für familiäre Bedürfnisse oder aus der gewöhnlichen Geschäftstätigkeit müssen nicht zwingend zur Ablehnung eines Erlassgrundes führen (vgl. ErwG 14 EuKpfVO). Umgekehrt kann es auch solche Gründe unter gewissen Umständen heranziehen, um einen Erlassgrund zu begründen. Nichts anderes kann schließlich für verschuldensunabhängige Ereignisse gelten, wie etwa eine längere Krankheit des Schuldners.

Ein Erlassgrund wegen Vereitelungs- oder Schädigungsabsicht kann sich darüber hinaus aus gewöhnlichen Handlungen des Schuldners ergeben,[591] wie etwa häufigen Umzügen.

Folglich wird es grundsätzlich ausreichend sein, wenn der Gläubiger nachweist, dass eine Vermögensverschiebung droht. Die Gefahr einer späteren Vollstreckungsverhinderung oder erheblichen -erschwerung kann aber in diesem Zusammenhang nicht vorliegen, wenn der Schuldner über anderweitiges Vermögen im Ursprungsmitgliedstaat verfügt, in das eine Vollstreckung betrieben werden kann und das zur Befriedigung voraussichtlich genügt.

In jedem Fall muss der Gläubiger eine tatsächliche, also konkrete Gefahr nachweisen; bloße abstrakte Gefährdungen genügen gerade nicht.[592] Andernfalls würde allein die Notwendigkeit einer Auslandsvollstreckung genügen, um einen Erlassanspruch zu begründen. Dieser misst der Gesetzgeber bereits ein abstraktes Gefährdungspotential zu (s.o.).

Bei der Beurteilung der Gefahr kann es nur auf einen objektiven Maßstab ankommen. Die Verordnung stellt auf die tatsächliche Gefahr ab. Diese kann sich etwa aus legitimen Handlungen ohne jegliche Schädigungsabsicht des Schuldners und drohenden Vollstreckungen weiterer Gläubiger ergeben. Gemäß Erwägungsgrund 14 EuKpfVO indiziert ein auf Vereitelung oder Erschwerung gerichtetes Schuldnerverhalten die Dringlichkeit.[593] Ein subjektiver Maßstab

---

591 So schon zum Kommissionsentwurf Cranshaw, DZWIR 2012, 399, 405.

592 Nunner-Krautgasser, in: Hess, Anerkennung, S. 125, 139; zur Kritik am vorherigen Komissionsentwurf, der dies nicht ausdrücklich klarstellte s. BRAK, Stellungnahme 6/2011, S. 7.

593 So auch Hess/Raffelsieper, IPRax 2015, 46, 48.

müsste die Gefährdung hingegen aus Gläubigersicht auf bestimmten negativen Eigenschaften bzw. positiven Handlungen des Schuldners beruhen, die auf Vereitelung oder Erschwerung der Forderungsbeitreibung gerichtet sind.[594] Derartiges lässt sich der Verordnung gerade nicht entnehmen.

b) Erlassanspruch

Vor Erlass eines vollstreckbaren Titels in der Hauptsache muss der Gläubiger den Erlassanspruch nachweisen, d.h. dass er voraussichtlich hinsichtlich der Forderung in der Hauptsache gegenüber dem Schuldner obsiegen wird (Art. 7 Abs. 2 EuKpfVO). Dieses Erfordernis (fumus boni iuris) entspricht der gängigen Praxis innerhalb der Mitgliedstaaten.[595] Die zu sichernde Hauptforderung muss dabei nicht zwingend fällig sein; es genügt, wenn sie sich aus einer bereits erfolgten Transaktion oder einem bereits eingetretenen Ereignis ergibt und ihre Höhe bestimmbar ist (Erwägungsgrund 12 EuKpfVO). Damit dürften auch betagte und bedingte Ansprüche hierunter fallen. Ob dies auch für zukünftige Ansprüche gilt, ergibt sich daraus nicht. Geht man von der fälligen Forderung als Regelfall aus, von dem die Pfändbarkeit noch nicht fälliger Forderungen abweicht und die Pfändbarkeit noch nicht entstandener Forderungen einen noch weiter entfernten Ausnahmefall bildet, so wird man die Anwendung auf zukünftige Forderungen wohl ablehnen müssen. Der Gesetzgeber wird regelmäßig nicht für eine geringfügigere Abweichung vom Regelfall Voraussetzungen aufstellen und den weitergehenden Ausnahmefall unreguliert belassen.

Für den Erlassanspruch kommen auch Forderungen aus einer unerlaubten Handlung oder einer Handlung, die einer unerlaubten Handlung gleichgestellt sind, in Betracht, sowie Klagen auf Schadenersatz oder auf Wiederherstellung des früheren Zustands, die auf eine mit Strafe bedrohte Handlung gestützt werden (ErwG 12 EuKpfVO). Damit sind sowohl vermögens- wie auch nichtvermögensrechtliche Ansprüche mittels europäischen Kontenpfändungsbeschlusses sicherbar. Erforderlich ist nur, dass der Anspruch in einen Geldanspruch übergehen kann und klagbar ist.

Eigenständige kollisionsrechtliche Regelungen zur Ermittlung des Erlassanspruchs sieht die Verordnung nicht vor. Welches Recht zur Entscheidung über den materiellen Anspruch herangezogen wird, bleibt den einzelstaatlichen IPR-Vorschriften im Ursprungsmitgliedstaat überlassen.

---

594 Nunner-Krautgasser, in: Hess, Anerkennung, S. 125, 139.

595 Hess, Study, S. 129; Sala, in: Kengyel/Harsági, S. 275, 291.

4. *Vergleich*

Die materiellen Voraussetzungen, welche die unterschiedlichen Rechtsordnungen an die Begründetheit der einstweiligen Maßnahmen stellen, ähneln sich stark. Sowohl das deutsche und das polnische Prozessrecht als auch die EuKpfVO erfordern einen Nachweis des Bestehens der Hauptsacheforderung und der konkreten Gefährdungslage hinsichtlich der späteren Vollstreckung. Unterschiede bestehen dagegen hinsichtlich künftiger Forderungen. Hier erweist sich die EuKpfVO vergleichsweise strenger als das deutsche Arrestverfahren. Sie werden nach der hier vertretenen Auffassung anders als im autonomen deutschen Recht auch dann nicht erfasst, wenn bereits ein Rechtsboden hierfür besteht. Ähnliches gilt im polnischen Recht. Allerdings ist der Sicherungsbeschluss dort ausnahmsweise bei zukünftigen wiederkehrenden Leistungen möglich, also insbesondere bei künftigen Unterhaltsansprüchen und Renten.

Auch hinsichtlich des Arrest- bzw. Erlassgrundes und des Sicherungsinteresses bestehen weitgehende Parallelen. Alle Verordnungen knüpfen diesen an das Vorliegen einer konkreten Gefährdung der späteren Vollstreckung des Hauptsachetitels an. Einer Eilbedürftigkeit bedarf es nicht. Das Gefährdungspotential bemisst das Gericht im Einzelfall anhand eines objektiven Maßstabs. Darin fließt nicht nur das rechtmäßige und rechtswidrige Schuldnerverhalten ein, sondern auch das verschuldensunabhängige Verhalten, Gefahren durch Dritte sowie eine generell schlechte Vermögenslage. Im Wesentlichen geht es bei den Gründen um Verschleierung, Verschwendung und Vernichtung des Vermögens. Unterschiede können hier in den Feinheiten liegen. Sie ergeben sich aus den einzelnen Tatbeständen, die eine solche Gefährdung begründen. Insbesondere die Gläubigerkonkurrenz kann dabei nach ZPO und EuKpfVO für sich allein die Dringlichkeit nicht begründen. Es müssen weitere Umstände hinzutreten, um einen Arrest- bzw. Erlassgrund annehmen zu können. Das polnische Recht erweist sich hier weiter gefasst. So soll sich das Sicherungsinteresse etwa durch Gläubigerkonkurrenz oder die bloße Nichtbegleichung einer (Darlehens-)Verbindlichkeit (innerhalb von 3 Monaten ab Fälligkeit) begründen lassen. Ein einfacher Rückgriff auf die einzelstaatlich etablierten Arrestgründe oder Sicherungsinteressen wird wegen der unionsautonomen Auslegung des Begriffs nicht möglich sein.

Einen besonderen Arrestgrund wie ihn § 917 Abs. 2 S. 1 ZPO vorsieht, enthält weder die EuKpfVO noch kennt ihn der KPC. Der Gläubiger kann sich im europäischen und im polnischen Recht nicht auf den abstrakten Gefährdungsmaßstab hinsichtlich Drittstaaten berufen, sondern muss konkrete

Vollstreckungsgefährdung nachweisen. Innerhalb der EU spielt der abstrakte Gefährdungstatbestand dieser Vorschrift aber keine Rolle.

VIII. Nachweis der Voraussetzungen

1. Nachweis der Voraussetzungen zum Erlass eines deutschen Arrestbefehls

a) Gegenstand der Glaubhaftmachung und Glaubhaftmachungslast

In Deutschland sind die tatsächlichen Voraussetzungen des Arrestanspruchs (§ 916 ZPO) und des Arrestgrundes (§ 917 ZPO) glaubhaft zu machen (§§ 920 Abs. 2, 294 ZPO). Über den Wortlaut hinaus gilt dies auch für die Prozessvoraussetzungen.[596] Bei der Glaubhaftmachung handelt es sich um eine besondere Art der Beweisführung.[597]

Soweit eine Tatsache nicht bewiesen werden muss, wird auch deren Glaubhaftmachung nicht gefordert.[598] Offenkundige (§ 291 ZPO), kraft Gesetzes vermutete (§ 292 ZPO) sowie ausdrücklich zugestandene Tatsachen (§ 288 ZPO) müssen daher nicht glaubhaft gemacht werden. Gleiches gilt für nicht bestrittene Tatsachen, jedoch nur, soweit der Antragsgegner im Rahmen einer Anhörung überhaupt Gelegenheit zum Bestreiten hatte.[599] Regelmäßig wird der Arrest aber ohne vorherige Anhörung des Gegners ergehen. Der Antragsteller trägt dann auch die Glaubhaftmachungslast, das heißt, die von ihm behaupteten Tatsachen sind so zu behandeln als wären sie bestritten und müssen folglich glaubhaft gemacht werden.[600] Gelingt ihm dies nicht, darf das Gericht sein Gesuch gleichwohl nicht aus Beweislastgründen abweisen, sondern muss eine mündliche Verhandlung anberaumen (sofern keine Sicherheitsleistung nach § 921 ZPO in

---

596 OLG Hamm FamRZ 1998, 687; BeckOK ZPO/Mayer, § 920 ZPO Rn. 11; MüKoZPO/Drescher, § 920 ZPO Rn. 12; Schuschke/Walker/Walker, § 920 ZPO Rn. 18; Stein/Jonas/Grunsky, § 920 ZPO Rn. 15; Walker, Rn. 332; Baumgärtel, FS Gaul, S. 27, 30.

597 MüKoZPO/Drescher, § 920 ZPO Rn. 14; Musielak/Voit/Huber, § 294 ZPO Rn. 1.

598 Stein/Jonas/Grunsky, § 920 ZPO Rn. 13.

599 Schuschke/Walker/Walker, § 920 ZPO Rn. 19.

600 OLG Frankfurt FamRZ 1989, 87; OLG Karlsruhe NJW-RR 1988, 433, 435; OLG Düsseldorf, GRUR 1959, 606, 607; Stein/Jonas/Grunsky, § 920 ZPO Rn. 13; Musielak/Voit/Huber, § 920 Rn. 5; Wieczorek/Schütze/Thümmel, § 920 ZPO Rn. 16; Gaul/Schilken/Becker-Eberhard, § 77 Rn. 13; Walker, Rn. 328; Hirtz, NJW 1986, 110, 111 f.

Betracht kommt).[601] Im Übrigen folgt die Glaubhaftmachungslast den allgemeinen Regeln des Hauptsacheverfahrens.[602]

Da sich die Glaubhaftmachung nur auf Tatsachen bezieht, wird die Intensität der rechtlichen Prüfung von § 920 Abs. 2 ZPO nicht berührt.[603] Hier gilt wie im Hauptverfahren der Grundsatz „iura novit curia", unabhängig von der Schwierigkeit der Rechtsfrage. Eine Besonderheit gilt lediglich bei der Anwendung ausländischen Rechts.

b) Umfang der Glaubhaftmachung

Die Glaubhaftmachung an sich richtet sich nach § 294 ZPO und erfordert für die richterliche Überzeugung lediglich eine überwiegende Wahrscheinlichkeit.[604] Damit genügt es, wenn bei der erforderlichen umfassenden Würdigung der Umstände des jeweiligen Falls mehr für das Vorliegen der in Rede stehenden Behauptung spricht als dagegen.[605] Die Anforderung an den Nachweis ist damit gegenüber dem Hauptsacheverfahren, bei dem die Tatsachen gemäß § 286 ZPO zur vollen Überzeugung des Gerichts feststehen müssen,[606] vermindert. Konsequenterweise sind dem Eilverfahren Zweifel inhärent, deren zulässiger Grad sich einer abstrakt generellen Betrachtung entzieht.[607] Die Glaubhaftmachung ist selbst bei Vorliegen vernünftiger Zweifel nicht ausgeschlossen.[608] Erforderlich ist vielmehr eine Abwägung der einzelnen Gefährdungsintensitäten für Antragsteller und Antragsgegner.[609] Desto intensiver sich die drohende Gefährdung

---

601 KG WRP 2011, 611; OLG Stuttgart WRP 1998, 433; Musielak/Voit/Huber, § 920 ZPO Rn. 5; Wieczorek/Schütze/Thümmel, § 920 ZPO Rn. 13; Hirtz, NJW 1986, 110, 112; aA Fuchs, S. 95 ff.

602 OLG Bamberg BeckRS 2012, 24666; OLGR München 2003, 263; OLG Brandenburg NJW-RR 2002, 1127, 1128; OLG Koblenz GRUR 1990, 67, 68; MüKoZPO/Drescher, § 920 ZPO Rn. 21; Gaul/Schilken/Becker-Eberhard, § 77 Rn. 13.

603 OLG Koblenz NJW 2001, 1364; Baumbach/Lauterbach/Albers/Hartmann, § 920 ZPO Rn. 11; BeckOK ZPO/Mayer, § 920 ZPO Rn. 11; Wieczorek/Schütze/Thümmel, § 920 ZPO Rn. 13; Wenzel, MDR 1967, 889, 892; aA Zöller/Vollkommer, § 922 ZPO Rn. 6.

604 BGH NJW-RR 2011, 136 Rn. 7; NJW 2003, 3558; 1994, 2989; VersR 1976, 928, 929; OLGR Frankfurt 2004, 151; Musielak/Voit/Huber, § 924 ZPO Rn. 3; Dölling, NZFam 2014, 112, 116.

605 BGH NJW-RR 2011, 136 Rn. 7; NJW 2003, 3558.

606 MüKoZPO/Prütting, § 286 ZPO Rn. 40.

607 Borck, WRP 1978, 776; MüKoZPO/Drescher, § 920 ZPO Rn. 16; Wieczorek/Schütze/Thümmel, § 920 ZPO Rn. 14.

608 BGH NJW-RR 2011, 136 Rn. 7.

609 Baur, Studien, 34 (zieht hier einen Vergleich zur Abwägungsentscheidung im Polizeirecht), dazu auch die Rezension von Baumgärtel, AcP 168 (1968), 401, 403; Borck,

des Gläubigers, die durch den Arrest abgewendet werden soll, darstellt, desto geringer sind die Anforderungen an die Glaubhaftmachung; ebenso gilt auf der anderen Seite desto erheblicher die Gefährdung einer Beeinträchtigung der Schuldnerinteressen, desto höher muss der Überzeugungsgrad ausfallen. Beeinflusst wird die Abwägung zudem von der Qualität der Glaubhaftmachungsmittel, die, etwa bei entsprechend belegten Einwendungen des Schuldners, im Extremfall sogar einen Vollbeweis seitens des Gläubigers erforderlich machen kann.[610] Im einseitigen Arrestverfahren kann der Schuldner die Überzeugungsbildung durch eine Schutzschrift beeinflussen und dem Antragsteller die Glaubhaftmachung so unmöglich machen oder zumindest erschweren.[611]

c) *Mittel der Glaubhaftmachung*

Als Mittel der Glaubhaftmachung kommen etwa Akten des Hauptsacheverfahrens bzw. bereits ergangene Urteile (auch ausländische, die nicht nach § 328 ZPO anerkennungsfähig sind)[612], anwaltliche Versicherungen[613] in Bezug auf Wahrnehmungen im Rahmen der anwaltlichen Tätigkeit sowie eidesstattliche Versicherungen der Parteien oder Dritter in Betracht (vgl. § 294 Abs. 1 ZPO). Hierin liegt bereits ein wesentlicher Unterschied zum Hauptsacheverfahren, bei dem eine solche Versicherung der Partei selbst nur unter den besonderen Voraussetzungen der §§ 445 ff ZPO abgegeben werden kann. Es genügt dabei aber nicht, auf die anwaltlichen Schriftsätze Bezug zu nehmen und deren Richtigkeit zu bestätigen; erforderlich ist vielmehr eine eigenständige Sachdarstellung und die Bestätigung ihrer Richtigkeit.[614] Besondere Formvorschriften müssen hinsichtlich einer eidesstattlichen Versicherung nicht beachtet werden.[615] Eine eidesstaatliche Versicherung genügt aber dann nicht mehr, wenn die andere Partei für das Gegenteil den Vollbeweis erbringt.[616]

WRP 1978, 776 f; Grunsky, JuS 1976, 277, 282; Jestaedt, GRUR 1981, 153, 155; Ulrich, GRUR 1985, 201, 210.

610 Wieczorek/Schütze/Thümmel, § 920 ZPO Rn. 14

611 Teplitzky, NJW 1980, 1667; Ulrich, GRUR 1985, 201, 210; Stein/Jonas/Grunsky, § 920 ZPO Rn. 9; Walker, Rn. 609.

612 Vgl. LG Stuttgart GRUR-RR 2010, 94 f; Schlosser, FS Schwab, S. 435, 445 f.

613 OVG Lüneburg NJW 2011, 1986, 1987; OLG Köln GRUR 1986, 196; OLG München MDR 1985, 1037.

614 MüKoZPO/Prütting, § 294 ZPO Rn. 18.

615 BGH GRUR 2002, 915, 916; BayObLG NJW 1996, 406, 407.

616 OLGZ Köln 1981, 444.

Daneben können auch alle im Erkenntnisverfahrenen nach §§ 371 ff ZPO zugelassenen Beweismittel (§ 294 Abs. 1 ZPO), also Augenscheinobjekte, Urkunden, Gutachten, Sachverständige und Zeugen (bei einer mündlichen Verhandlung) bzw. deren schriftliche Erklärungen (§ 377 Abs. 3 ZPO) herangezogen werden.[617] Bei fremdsprachigen Urkunden ist grundsätzlich eine Übersetzung erforderlich (vgl. § 184 GVG).[618] Allerdings kann das Arrestgericht im Eilverfahren flexibler reagieren und etwa englischsprachigen Entscheidungen regelmäßig zumindest den Tenor entnehmen sowie diesen im Rahmen der Glaubhaftmachung heranziehen.[619] Beschränkt werden die zugelassenen Mittel dagegen durch § 294 Abs. 2 ZPO, wonach die Glaubhaftmachung nur mittels präsenter – also einer sofortigen Beweisaufnahme zugänglicher – Beweismittel zugelassen ist. Daher müssen sie bereits mit dem Gesuch eingereicht oder in Fällen einer mündlichen Verhandlung in die Sitzung mitgebracht werden. Ist eine sofortige Beweisaufnahme nicht möglich, verbietet es sich, einen neuen Termin anzuberaumen, um eine Glaubhaftmachung zu ermöglichen.[620]

d) Entbehrlichkeit der Glaubhaftmachung

Die Glaubhaftmachung kann unter Umständen entbehrlich sein, sofern der Antragsteller eine Sicherheit für die drohenden Nachteile des Gegners leistet (§ 921 S. 1 ZPO). Über den Wortlaut der Vorschrift hinaus gilt dies sowohl, wenn die Glaubhaftmachung von Arrestanspruch und -grund nicht gelingt, als auch bezüglich der Prozessvoraussetzungen.[621] Der Verzicht muss Folge der Dringlichkeit des Gesuchs sein.[622] Mängel des Antrags, die auf die Darlegungslast oder die rechtliche Bewertung zurückzuführen sind, dürfen nicht zur Anwendung des § 921 S. 1 ZPO führen.[623] Folglich scheidet eine Arrestanordnung aus, wenn

617 BeckOK ZPO/Bacher, § 294 ZPO Rn. 7 ff.

618 LG Stuttgart GRUR-RR 2010, 94 f.

619 Schlosser, FS Schwab, S. 435, 436.

620 RGZ 16, 368, 369; BGH BeckRS 1988, 31072695 = FamRZ 1989, 373; OLG Hamm FamRZ 1998, 687, 688; MüKoZPO/Prütting, § 294 ZPO Rn. 22; Wieczorek/Schütze/Thümmel, § 920 ZPO Rn. 15.

621 MüKoZPO/Drescher, § 921 ZPO Rn. 2; Schuschke/Walker/Walker, § 921 ZPO Rn. 3; Stein/Jonas/Grunsky, § 921 ZPO Rn. 5; Walker, Rn. 341.

622 Walker, Rn. 344.

623 OLG Stuttgart BeckRS 2012, 24031; OLG Frankfurt BeckRS 1995, 05050 Rn. 8; OLG Düsseldorf VersR 1980, 50; OLG Köln MDR 1959, 933; MüKoZPO/Drescher, § 921 ZPO Rn. 2; Wieczorek/Schütze/Thümmel, § 921 ZPO Rn. 10.

der Arrestanspruch, der -grund oder die Prozessvoraussetzungen nicht gegeben oder schlüssig vorgetragen sind.

Soweit § 921 S. 1 ZPO den Gläubiger von der Glaubhaftmachung entbindet, verzichtet der Gesetzgeber nicht auf jegliche richterliche Überzeugung.[624] Vielmehr senkt die Vorschrift die Schwelle der nötigen Überzeugungsbildung gegenüber der Glaubhaftmachung noch weiter herab, entbindet aber nicht davon, einen gewissen Überzeugungsgrad zu erfüllen.[625] Es verbietet sich aber eine pauschalisierte Betrachtung des jeweils erforderlichen Grades. Wie bereits dargelegt, ist im Einzelfall abzuwägen.[626] Der hierfür durch § 921 S. 1 ZPO erweiterte Spielraum ist tatsächlich jedoch äußerst gering. Da ein Arrest nicht mehr in Betracht kommt, wenn mehr gegen als für die vom Antragsteller behauptete Tatsache spricht,[627] verbleibt als einziger echter Anwendungsfall der Erweiterung die Konstellation, in der genauso viel für wie gegen die Behauptung des Antragstellers spricht.[628]

2. *Nachweis der Voraussetzungen zum Erlass eines polnischen Sicherungsbeschlusses*

a) *Gegenstand des Nachweises*

Der Antragsteller muss nach polnischem Recht sowohl Sicherungsanspruch und Sicherungsinteresse glaubhaft machen, wie auch die Zweckmäßigkeit der konkreten Sicherungsart.[629] Faktische wie rechtliche Grundlage des Anspruchs sind glaubhaft zu machen.[630] Der Gläubiger legt dazu die tatsächlichen Umstände dar, aus denen sich Anspruch und Interesse ergeben, und hat diese Umstände hinreichend nachzuweisen (vgl. auch Art. 736 § 1 Nr. 2 KPC).[631] Der Anspruch muss danach nicht nur bestehen und den Anspruchsteller aktivlegitimieren, sondern gegenüber dem Antragsgegner auch durchsetzbar sein.[632] Auch sollte

---

624 Walker, Rn. 345.

625 OLG Karlsruhe OLGZ 1973, 60; MüKoZPO/Drescher, § 921 ZPO Rn. 2; Schuschke/Walker/Walker, § 921 ZPO Rn. 4; Stein/Jonas/Grunsky, § 921 ZPO Rn. 5; Wieczorek/Schütze/Thümmel, § 921 ZPO Rn. 11.

626 Wieczorek/Schütze/Thümmel, § 921 ZPO Rn. 11.

627 MüKoZPO/Drescher, § 921 ZPO Rn. 2.

628 Walker, Rn. 345.

629 Romańska/Leśniak, I. Teil B 4. 2., S. 122.

630 Weitz, in Kengyel/ Harsági: Grenzüberschreitende Vollstreckung, S. 181, 190.

631 Uliasz, S. 45; Ereciński/Ereciński, Band 3, Art. 730(1) KPC Rn. 4.

632 DKB/Jagieła, Band 3, Art. 730(1) KPC Rn. 3; Jankowski/Muliński, Art. 730(1) KPC Rn. 6.

sich aus der Darstellung des Gläubigers die Art des Anspruchs und dessen Fälligkeit ergeben.[633] Umstände, die dem Gericht bekannt sind, müssen grundsätzlich nicht nachgewiesen werden.[634]

b) Umfang

Als Beweismaß des Sicherungsverfahrens sieht Art. 730[1] § 1, 736 § 1 Nr. 2 i.V.m. Art. 243 KPC grundsätzlich die Glaubhaftmachung („uprawdopodobnienie") vor. Dadurch kann das Gericht zum einen von den allgemeinen Beweisvorschriften des Hauptsacheverfahrens abweichen (Art. 243 KPC). Zum anderen bedarf die Glaubhaftmachung an sich eines geringeren Maßes an richterlicher Überzeugung als der Vollbeweis im Hauptsacheverfahren.[635] Dies folgt aus dem summarischen und dem vorübergehenden Charakter des Sicherungsverfahrens.[636] Ziel ist es, die Anforderungen zugunsten des Antragstellers zu verringern und damit das einstweilige Verfahren zu beschleunigen, um einen möglichst effektiven Schutz zu bieten. Erforderlich ist daher lediglich eine begründete Vermutung, dass der Anspruch besteht und fällig ist.[637]

Das genaue Beweismaß für die richterliche Überzeugung ist umstritten. Das Spektrum der Meinungen zum erforderlichen Überzeugungsgrad reicht von einem Maß, bei dem bestehende Zweifel die Überzeugung nicht ausschließen können, über eine hohe Wahrscheinlichkeit[638] bis zur nahezu vollständigen Überzeugung.[639] Die Rechtsprechung und Teile der Literatur ließen zuletzt hinsichtlich des Sicherungsanspruchs etwa genügen, dass prima facie eine bedeutende Wahrscheinlichkeit für dessen Bestehen spricht.[640]

---

633 Uliasz, S. 51.

634 Błaszczak/Markiewicz/Rudowska-Ząbczyk/Zembrzuski, S. 281.

635 Ereciński/Ereciński, Band 3, Art. 730(1) KPC Rn. 4; Błaszczak/Markiewicz/Rudowska-Ząbczyk/Zawiślak, S. 362.

636 Ereciński/Ereciński, Band 3, Art. 730(1) KPC Rn. 4; Błaszczak/Markiewicz/Rudowska-Ząbczyk/Zawiślak, S. 364.

637 DKB/Jagieła, Band 3, Art. 730(1) KPC Rn. 3; Romańska/Leśniak, Art. 730(1) KPC Nr. 5.

638 So Romańska/Leśniak, I. Teil B 2. 1, S. 70.

639 Vgl. zur Übersicht: Błaszczak/Markiewicz/Rudowska-Ząbczyk/Markiewicz, S. 115 ff.

640 Appellationsgericht Breslau, Urt. v. 30.1.2012, I Acz 67/12; Romańska/Leśniak, I. Teil B 4. 2., S. 122.

Die richterliche Überzeugung lässt sich aber nicht allgemeingültig anhand prozentualer Werte festlegen.[641] Deshalb wird zumindest gefordert, dass mehr für als gegen die Behauptung spricht. Verbleiben beim Gericht ernsthafte (begründete) Zweifel, darf es die Sicherung jedenfalls nicht anordnen.[642] Ebenso wenig kann die Höhe der Sicherung an ein bestimmtes (prozentual festgelegtes) Maß an Überzeugung gekoppelt werden.[643] Die Annahme des Sicherungsanspruchs und -interesses muss sich auf eine billige Ermessensgrundlage stützen können.[644]

c) *Mittel*

Der Antragsteller muss seine Behauptung stets mit geeigneten Mitteln nachweisen. Die bloße Behauptung des Anspruchs- oder des Sicherungsinteresses genügt ebenso wenig wie die Klageerhebung in der Hauptsache.[645] Als zulässige Mittel des Nachweises stehen dem Antragsteller alle allgemeinen Beweismittel zu, wie sie auch im Hauptsacheverfahren zur Anwendung kommen können.[646] Dies ergibt sich bereits aus Art. 243 KPC, wonach von den allgemeinen Beweisregeln zwar abgewichen werden darf, aber nicht muss.

Darüber hinaus ist der Antragsteller nicht auf die allgemeinen Beweismittel beschränkt, sondern kann sich zum Nachweis aller (auch nicht formalisierter) Mittel bedienen, die ihm hierzu geeignet erscheinen.[647] Dem genügt etwa schon die Kopie einer Urkunde (die im Hauptverfahren im Original beizulegen wäre) oder die informelle Anhörung der Partei. Zwar ist der Antragsteller nicht auf schriftliche Beweismittel beschränkt, dennoch stellen schriftliche Zeugenaussagen und Urkunden die praktisch am häufigsten vorkommenden Mittel dar.[648] Der Antragsteller muss alle Dokumente und sonstigen Mittel, derer er sich zur Glaubhaftmachung bedient, zumindest in Kopie dem Antrag beifügen.[649]

---

641 Oberster Gerichtshof, Urt. v. 23.03.2007, V CSK 477/06; Błaszczak/Markiewicz/Rudowska-Ząbczyk/Markiewicz, S. 119; Wengerek, Art. 730(1) KPC Nr. 2; Szczurek, S. 50.

642 Oberster Gerichtshof, Urt. v. 09.09.1961, IV CZ 54/61, OSNC 1963, Nr. 6, Pos. 114.

643 DKB/Jagieła, Band 3, Art. 730(1) KPC Rn. 3; Szczurek, S. 50.

644 DKB/Jagieła, Band 3, Art. 730(1) KPC Rn. 3.

645 DKB/Jagieła, Band 3, Art. 730(1) KPC Rn. 3; Ereciński/Ereciński, Band 3, Art. 730(1) KPC Rn. 4.

646 Romańska/Leśniak, I. Teil B 4. 2., S. 122.

647 Ereciński/Ereciński, Band 3, Art. 730(1) KPC Rn. 4; Jankowski/Muliński, Art. 730(1) KPC Rn. 6; Błaszczak/Markiewicz/Rudowska-Ząbczyk/Zawiślak, S. 361.

648 Romańska/Leśniak, I. Teil B 4. 2., S. 122.

649 Błaszczak/Markiewicz/Rudowska-Ząbczyk/Zawiślak, S. 363.

Welchen Beweiswert es dem Beweismittel zumisst, ist dem Gericht überlassen. Es berücksichtigt bei seiner Entscheidung auch den bereits in der Hauptsache eingebrachten Prozessstoff, sofern er ihm zur Verfügung steht.[650] Angesichts der Eilbedürftigkeit des Sicherungsverfahrens soll das Gericht den Antragsteller grundsätzlich nicht zur Vervollständigung/Nachbesserung der beigebrachten Nachweise auffordern. Genügen sie nicht, um eine hinreichende richterliche Überzeugung hervorzurufen, muss der Antrag vielmehr zurückgewiesen werden.[651] Insbesondere im ex parte Verfahren kann das Vorbringen des Antragsgegners erst im Rechtsbehelfsverfahren gehört werden. Diesem Nachteil für den Antragsgegner soll dadurch zumindest etwas entgegengewirkt werden. Das Gericht ist folglich gehalten, aus sämtlichen mittelbaren und unmittelbaren Bekundungen des Antragsgegners im Vorfeld des einstweiligen Verfahrens (etwa aus vorherigen Schriftverwechseln, die vom Antragsteller vorgebracht werden) oder aus dessen sonstigen Verhalten auf dessen Wissen und Wollen zu schließen.[652] Auf dieser Grundlage wird etwa das Bestreiten bestimmter Tatsachen durch den Antragsgegner angenommen.

Bei einseitigen Verfahren muss der Antragsteller sein Gesuch mindestens durch einen Nachweis belegen, der vom Schuldner stammt oder zumindest auf diesen zurückzuführen ist; andernfalls soll das Gesuch zurückgewiesen werden.[653] Keinesfalls (auch nicht im kontradiktorischen Verfahren) darf sich das Gericht allein auf die Glaubwürdigkeit des Antragstellers oder die Schlüssigkeit des Antrags stützen.[654]

d) Entbehrlichkeit der Glaubhaftmachung

Am Erfordernis der Glaubhaftmachung im Sicherungsverfahren hält das polnische Recht nicht lückenlos fest. Von der zwingenden Begründetheitsvoraussetzung macht die Verfahrensordnung grundsätzlich hinsichtlich des Sicherungsinteresses eine Ausnahme, soweit ein Unterhaltsanspruch (Art. 753 § 1 S. 2 KPC) oder einer der Ansprüche aus Art. 753^1 § 1 Nr. 1, 2 KPC

650 DKB/Jagieła, Band 3, Art. 730(1) KPC Rn. 3; Jankowski/Muliński, Art. 730(1) KPC Rn. 6.

651 Błaszczak/Markiewicz/Rudowska-Ząbczyk/Zawiślak, S. 363.

652 Wengerek, Art. 730(1) KPC Nr. 2; Błaszczak/Markiewicz/Rudowska-Ząbczyk/Zawiślak, S. 363.

653 Wengerek, Art. 730(1) KPC Nr. 2; Błaszczak/Markiewicz/Rudowska-Ząbczyk/Zawiślak, S. 363 f.

654 Błaszczak/Markiewicz/Rudowska-Ząbczyk/Zawiślak, S. 365 f.

(vgl. Art. 753^1 § 3 KPC) gesichert werden soll.[655] Allerdings regeln die Art. 753, 753^1 KPC eine gesonderte Art von einstweiligen Maßnahmen und nicht die Kontopfändung.[656] Es geht hier nicht wie bei Art. 730 KPC um die Erhaltung/Sicherung eines Rechts bzw. Rechtsverhältnisses oder Zustands („zabezpieczenie konserwacyjne"), sondern um die vorübergehende Regelung in Form einer vorläufigen Regelung- oder Leistungsverfügung („zabezpieczenie nowacyjne"). Es kommt dort in Abweichung von Art. 731 KPC also zu einer Befriedigung des Gläubigers, so dass hierauf nicht weiter einzugehen ist. Möchte der Gläubiger in diesen Fällen parallel (auch gleichzeitig) auf die übrigen Sicherungsarten aus Art. 747 KPC zurückgreifen, insbesondere die vorläufige Kontopfändung, ist dies grundsätzlich möglich.[657] Allerdings kommt ihm diesbezüglich nicht die Erleichterung der Art. 753 § 1 S. 2, 753^1 § 1 Nr. 1, 2, § 3 KPC hinsichtlich der Entbehrlichkeit der Glaubhaftmachung zugute.[658] Soll also eine einstweilige Sicherungsanordnung mittels Pfändung eines Bankkontos vollzogen werden, so hat der Antragsteller auch das Sicherungsinteresse nachzuweisen, gleich ob es um Alimente oder Arbeitslohn, etc. geht. Obwohl solche Leistungsverfügungen im Ergebnis weiter gehen, verbleibt es für die Kontopfändung beim Erfordernis, das Sicherungsinteresse nachzuweisen.

3. *Nachweis der Voraussetzungen zum Erlass eines europäischen Beschlusses zur vorläufigen Kontenpfändung*

a) *Gegenstand des Nachweises und Beweislast*

Das Gericht entscheidet in einem schriftlichen Verfahren auf Grundlage der vom Gläubiger beigebrachten Informationen und Beweismittel (Art. 9 Abs. 1 S. 1 EuKpfVO). Hinreichende Beweismittel hat der Gläubiger sowohl hinsichtlich des Erlassgrundes als auch hinsichtlich des Erlassanspruchs vorzulegen (Art. 7 EuKpfVO). Darüber hinaus muss er die Umstände darlegen, aus denen sich die Zuständigkeit des Gerichts ergeben soll, wenn er noch keinen Hauptsachetitel

655 Art. 753(1) § 1 Nr. 1: Ansprüche, deren Erfüllung zur Begleichung von Behandlungskosten benötigt wird, titulierte Ansprüche wegen Verletzung des Körpers, des Lebens oder einer Gesundheitsstörung eines Versorgers, etc.; Nr. 2: Anspruch auf Arbeitslohn; vgl. zu weiteren Ausnahmen etwa Gołaczyński/Woźniak, Art. 730^1 KPC Rn. 3; Romańska/Leśniak, I. Teil B 2. 2., S. 73 f.

656 Praktisch wird diese Möglichkeit kaum wahrgenommen, Cieśliński, in: Gudowski/Weitz, S. 845, 847.

657 Ereciński/Ereciński, Band 3, Art. 753 KPC Rn. 5.

658 DKB/Jagieła, Band 3, Art. 753 KPC Rn. 3; Jankowski/Muliński, Art. 753 KPC Rn. 8.

erwirkt hat (Art. 8 Abs. 2 lit. h (i) EuKpfVO). Die Beweislast liegt somit auch hinsichtlich der Prozessvoraussetzungen beim Gläubiger.

Die zwingende ex parte-Ausgestaltung des Verfahrens hat auch Folgen für die Beweislast. Der Schuldner wird vor Erlass der Maßnahme nicht gehört. Das Gericht fällt seine Entscheidung daher ausschließlich aufgrund der vom Gläubiger aufgestellten Tatsachenbehauptungen und Beweise. Das sonst bestehende Recht auf rechtliches Gehör (vgl. Art. 6 EMRK) wird also auf die Ebene der nachträglichen Überprüfbarkeit der Entscheidung verlagert.

b) Umfang

Uneinigkeit herrscht hinsichtlich des geforderten Beweismaßes. Einerseits könnte auf nationale[659] Maßstäbe zurückzugreifen sein, andererseits wäre auch ein eigenständiges[660] europäisches Beweismaß denkbar. Die Verordnung stellt hier keine eindeutige Regelung auf. Innerhalb der Europäischen Union herrscht zwar hinsichtlich der Voraussetzung des Erlassanspruchs und -grunds zwar grundsätzlich Einigkeit, die jeweiligen autonomen Prozessordnungen setzen das erforderliche Beweismaß im einstweiligen Verfahren allerdings unterschiedlich hoch an.[661] Auch wenn die praktischen Unterschiede nicht überbewertet werden dürfen,[662] stellt sich die Frage, ob nicht ein einheitlicher Maßstab zumindest im Rahmen der Verordnung gelten muss.

Das Gericht muss sich zu der „berechtigten Annahme" veranlasst sehen, dass der Erlass dringend erforderlich ist (Art. 7 Abs. 1 EuKpfVO) und hinsichtlich des Erlassanspruchs in der Hauptsache voraussichtlich zugunsten des Gläubigers entschieden wird (Art. 7 Abs. 2 EuKpfVO). Durch die „berechtigte Annahme" sieht Hess das Beweismaß zwar vordergründig eigenständig geregelt, will die tatsächliche Ausfüllung der Begriffe aber dennoch den nationalen Prozessordnungen überlassen.[663] Dafür spricht, dass die Gerichte das Beweismaß auch in sonstigen Fällen mit Auslandsberührung der lex fori unterwerfen und so ihre

---

659 So Hess/Raffelsieper, IPRax 2015, 46, 48; ders., FS Kaissis, 399, 405; ders., DGVZ 2012, 69, 72; Cranshaw, DZWIR 2012, 399, 404; Müller, RIW 2012, 151, 154, der allerdings nur annimmt, der Maßstab entspreche der deutschen Glaubhaftmachung; Nunner-Krautgasser, in: Hess, Anerkennung, S. 125, 139; wohl auch Sujecki, EWS 2011, 414, 416, der aus der Regelung schlicht auf eine Pflicht zur Glaubhaftmachung schließt.

660 So Domej, ZEuP 2013, 496, 500; Rauscher/Rauscher/Wiedemann, Art. 9 EU-KPfVO Rn. 2.

661 Hess, Study, S. 129; vgl. auch Sala, in: Kengyel/Harsági, S. 275, 291.

662 Hess, Study, S. 129 Fn. 733.

663 Hess, FS Kaissis, 399, 405.

eigenen Maßstäbe anwenden, auch wenn der materiell-rechtliche Anspruch sich nach ausländischem Recht bestimmt.[664] Die Entscheidung zugunsten der lex fori hilft an dieser Stelle jedoch nicht weiter. Gerichte wenden auch das Unionsrecht als „eigenes" Recht an, soweit es die nationalen Vorschriften überlagert. Entscheidend ist, dass der bloße praktische Gesichtspunkt einer fehlenden Vertrautheit mit dem in der Verordnung niedergelegtem Beweismaßstab den Vorrang des Unionsrechts nicht untergraben darf. Bei der „berechtigten Annahme" handelt sich um einen unbestimmten Rechtsbegriff, der (wie im übrigen Unionsrecht auch) autonom auszulegen ist.[665] Auf eine Ausfüllung durch nationales Recht kann es schon deshalb nicht ankommen.[666] Zudem spricht der Zweck der EuKpfVO dafür, diesbezüglich einen unionsautonomen Maßstab aufzustellen. Die Verordnung will die Voraussetzungen unter denen eine vorläufige Kontenpfändung unionsweit ermöglicht werden soll, auf einen einheitlichen Standard setzen. Auf diese Vereinheitlichung kommt es dem Gesetzgeber gerade an, um einem befürchteten forum shopping möglichst weitgehend entgegenzuwirken.[667] Soll ausnahmsweise doch auf die nationalen Rechtsvorschriften zurückgegriffen werden, so schreibt die Verordnung dies ausdrücklich fest (vgl. Art. 9 Abs. 1, 13 Abs. 3, 17 Abs. 5, 23 Abs. 1 und 5, 24 Abs. 1, etc.).

Nimmt man folglich ein autonomes Beweismaß an, so bleibt offen, was unter einer berechtigten Annahme zu verstehen ist, d.h. ab welchem Grad an Überzeugung das Gericht Erlassgrund und -anspruch als hinreichend nachgewiesen ansehen darf. Sicherlich darf hierunter grundsätzlich nicht die volle Überzeugung verstanden werden, wie sie in einem Hauptsacheverfahren gefordert wäre. Die Absenkung des Beweismaßes im einstweiligen Verfahren ist in allen nationalen Verfahrensrechtsordnungen verankert.[668] Der Kommissionsentwurf sah bezüglich des Erlassanspruchs noch vor, dass dieser dem ersten Anschein nach begründet sein müsse.[669] Ein solcher prima facie-Beweis konnte sich indes nicht durchsetzen.[670] Nunmehr erläutert Erwägungsgrund 14 EuKpfVO zu Art. 7

664 Ausführlich dazu Coester-Waltjen, Rn. 103 ff; Nagel/Gottwald, § 10 Rn. 2 f.

665 Zur autonomen Auslegung von EU-Recht: Grabitz/Hilf/Micklitz, Vor A 2. Richtlinien 85/577/EWG und 97/7/EG Rn. 32.

666 Vgl. auch BT-Drs. 18/7560, S. 42, wo lediglich von Vergleichbarkeit zur Glaubhaftmachung gesprochen wird.

667 Vgl. Europäische Kommission, Begründung zu KOM 2011 (445), S. 3, 7.

668 Hess, Study, S. 129.

669 Europäische Kommission, Begründung zu KOM 2011 (445), S. 7; vgl. auch Erwägungsgrund 12 EuKpfVO-E.

670 Zur Kritik am Anscheinsbeweis: Harbeck, ZInsO 2012, 805, 808.

Abs. 2 EuKpfVO bezüglich des Erlassanspruchs, dass das Gericht sich hinsichtlich voraussichtlichen Hauptsacherfolgs des Gläubigers *vergewissern* müsse. Die Vollstreckung in der Hauptsache müsse demnach wahrscheinlich unmöglich oder erheblich erschwert sein. Die Begründung zum deutschen Durchführungsgesetz spricht von einem Wahrscheinlichkeitsgrad, der mit der Glaubhaftmachung i.S.v. §§ 920 Abs. 2, 294 ZPO vergleichbar ist.[671]

Wie sich aus Erwägungsgrund 14 EuKpfVO ergibt, darf die Frage, bis zu welchem Grad das Gericht vom voraussichtlichen Erfolg in der Hauptsache und von der Dringlichkeit überzeugt sein muss, nicht anhand starrer Grenzen festgelegt werden, sondern erfordert vielmehr eine angemessene und einzelfallbezogene Abwägung. Dabei sind das Sicherungsbedürfnis des Schuldners und die Missbrauchsgefahr für den Schuldner gegenüberzustellen. Je größer das Sicherungsbedürfnis, desto geringere Anforderungen wird man an das Beweismaß stellen und vice versa. Unter Umständen kann der erforderliche Überzeugungsgrad demnach sogar an die volle Überzeugung herangehen. Zutreffend befürwortet Domej etwa in Fällen mit massiver Einschränkung für Lebensführung bzw. wirtschaftliche Bewegungsfreiheit des Schuldners, dass aus Gründen des Existenzschutzes überhaupt keine ernsthaften Zweifel bestehen dürfen.[672]

c) Beweismittel

Die Verordnung statuiert das schriftliche Verfahren als Idealbild (Art. 9 Abs. 1 S. 1 EuKpfVO). Dementsprechend soll das Gericht primär anhand präsenter schriftlicher Beweismittel zu einer Entscheidung gelangen. Hierfür kommen insbesondere Urkunden, aber auch schriftliche Aussagen von Zeugen oder Sachverständigen in Betracht. Genügen die vorgelegten Beweismittel dem Gericht nicht, kann es zusätzliche schriftliche Beweismittel verlangen, sofern ein solches Vorgehen nach nationalem Recht zulässig ist (Art. 9 Abs. 1 S. 2 EuKpfVO).

Auf schriftliche Beweismittel ist das Gericht aber nicht beschränkt. Ihm steht es frei, sich jeder geeigneten Methode der Beweiserhebung nach seiner lex fori zu bedienen, solange der Schuldner dabei nicht gehört oder informiert wird und das Verfahren hierdurch nicht übermäßig verzögert wird (Art. 9 Abs. 2 EuKpfVO). Im Umkehrschluss muss der Beweismittelbegriff in Absatz 1 unionsautonom ausgelegt werden.[673]

---

671 BT-Drs. 18/7560, S. 42.

672 Domej, ZEuP 2014, 496, 513.

673 Rauscher/Rauscher/Wiedemann, Art. 9 EU-KPfVO Rn. 5 f.

Die Fälle einer Nachforderung, in denen das Gericht die vorgelegten Beweismittel für nicht ausreichend hält, sind schon von Abs. 1 S. 2 erfasst. Art. 9 Abs. 2 EuKpfVO gilt dagegen ungeachtet von Absatz 1. Das Gericht kann (sofern die lex fori dies vorsieht) etwa den Gläubiger mündlich hören oder Zeugen, unter anderem auch mittels Videokonferenz oder einer anderen Kommunikationstechnologie, vernehmen. Nach deutschem Recht ist dies allerdings nicht zulässig, da aufgrund des ex-parte Verfahrens (Art. 11 EuKpfVO) keine mündliche Verhandlung stattfindet.[674] Als Beweismittel ist nach den deutschen Durchführungsvorschriften etwa die Versicherung an Eides statt zugelassen (§ 947 Abs. 1 ZPO). Statthaft sind gemäß § 947 Abs. 2 ZPO zudem stets nur präsente Beweismittel.

Weitere Vorgaben hinsichtlich der einzelstaatlichen Beweismittel enthält die Verordnung nicht. Ebenso wenig ist geregelt, welche Zeitspanne das Verfahren nicht übermäßig verzögert. Hier wird es auf eine Angemessenheitskontrolle ankommen. Dabei sind die widerstreitenden Interessen des Gläubigers (Sicherung der Vollstreckung) und des Schuldners (Missbrauchsprävention) gegeneinander abzuwägen. Je undurchsichtiger und komplexer sich die Sachlage gestaltet, desto weiter wird die Zeitspanne zu bemessen sein. Der drohende Schaden des Schuldners muss hier insbesondere vor dem Hintergrund der Sicherheitsleistung bewertet werden. Im Hinblick auf das straffe Fristenregime in Art. 18 EuKpfVO kann es sich hierbei stets nur um einige Tage handeln.[675] Ein Gutachten kann das Gericht daher in aller Regel nicht einholen.

Die Bundesrechtsanwaltskammer hat sich bezüglich der Zulassung von schriftlichen Zeugen- und Sachverständigenaussagen in einer Stellungnahme zum Kommissionsentwurf kritisch positioniert.[676] Sie betont den niedrigen Beweiswert einer schriftlichen Zeugenaussage und äußert Bedenken wegen der in Deutschland nicht geschützten Bezeichnung des Sachverständigen. Dem kann nicht gefolgt werden. Schriftliche Aussagen stellen nur ein zusätzliches Mittel der Glaubhaftmachung dar. Das Gericht kann daneben wie auch im inländischen Verfahren auf seine gewohnten Beweismittel zurückgreifen, um den nötigen Grad an Überzeugung zu erlangen. Der Überzeugungsgrad hängt im einstweiligen Verfahren stets von einer Interessensabwägung ab (vgl. ErwG 14 EuKpfVO). Schlägt diese Abwägung besonders stark zugunsten des Gläubigers aus, kann

---

674 BT-Drs. 18/7560, S. 42.

675 Vgl. Rauscher/Rauscher/Wiedemann, Art. 9 EU-KPfVO Rn. 11, die eine Verzögerung von mehr als 5 bis 10 Tagen nicht mehr für angemessen halten.

676 BRAK, Stellungnahme 61/2011, S. 8.

es durchaus auch gerechtfertigt sein, ein schwächeres Beweismittel ausreichen zu lassen und das erhöhte Risiko einer Fehlentscheidung in Kauf zu nehmen. Auch ist das Gericht nicht gezwungen jedes Mittel der Glaubhaftmachung gleich zu behandeln, sondern wird etwa einer schriftilichen Zeugenaussage einen verminderten Beweiswert zumessen, als hätte es den Zeugen persönlich befragen können. Der Schuldner wird ferner durch einen Haftungsanspruch geschützt, der regelmäßig (und in solchen Fällen sicherlich nicht abdingbar) durch Sicherheitsleistung – trotz der schwierigen Festlegung der Höhe nach – gesichert ist.

4. *Vergleich*

In allen drei Rechtsordnungen muss der Antragsteller die Voraussetzungen zum Erlass der einstweiligen Maßnahme, insbesondere den zu zugrunde liegenden Anspruch und die Gefährdung seiner späteren Vollstreckung, grundsätzlich nachweisen. Dafür gilt ein gegenüber dem Hauptsacheverfahren verminderter Maßstab. Der Nachweis muss nicht zur vollen Überzeugung erbracht werden, sondern erfordert lediglich einen verminderten Grad an richterlicher Überzeugung. Darüber, in welchem Ausmaß die Überzeugung für einen Erlass konkret bestehen muss, divergieren die Rechtsordnungen. Allen ist jedoch gleich, dass hierfür keine strikten Grenzen, etwa in Form von prozentualen Werten, gezogen werden. Vielmehr kommt es auf eine konkrete Einzelfallentscheidung an, bei der die Gefährdungsintensitäten für Gläubiger und Schuldner abgewogen werden müssen. Je größer die Gefahr für den Gläubiger, desto geringere Anforderungen sind an den Nachweis zu stellen und umgekehrt. Stets muss das Gericht aber vom Vorliegen der Voraussetzungen überzeugt sein, d.h. es muss zumindest mehr für als gegen den Erlass sprechen.

Gelingt ein hinreichender Nachweis nicht, darf der Antrag im deutschen Recht nicht ohne weiteres abgewiesen werden. Zuvor muss das Gericht den Schuldner anhören und darf erst im Anschluss hieran entscheiden. Die Beteiligung des Gegners verhindert zwar einen möglichen Überraschungseffekt, stellt aber insgesamt das mildere Mittel zur Abweisung dar. Anders im Verfahren nach der EuKpfVO. Kann der Antragsteller den Nachweis nicht erbringen, kann das Gericht weitere Beweismittel einfordern (allerdings nur, wenn dies nach der lex fori vorgesehen ist) oder den Antrag ablehnen. Im polnischen Verfahrensrecht soll das Gericht den Antrag sogar zurückweisen, wenn die Beweismittel nicht ausreichen, um eine hinreichende Überzeugung des Gerichts zu begründen. Beweismittel kann das Gericht hingegen nicht nachfordern.

Mit welchen Mitteln der Nachweis erbracht werden soll, legt die EuKpfVO nicht abschließend fest. Zum einen erklärt die Verordnung schriftliche

Beweismittel für zulässig, öffnet darüber hinaus aber die Palette an zulässigen Beweismitteln des Erlassmitgliedstaats. Die autonomen Rechtsordnungen lockern wiederum die Anforderungen an das Mittel der Glaubhaftmachung: Der Gläubiger kann den Nachweis nicht nur mit Mitteln führen, die ihm im Hauptsacheprozess zur Verfügung stehen, sondern darüber hinaus auf jede andere geeignete Weise, die die Anforderungen des Strengbeweises nicht erfüllt. Stets muss es sich aber um präsente Beweismittel handeln. Ein neuer Termin für die Glaubhaftmachung durch neue Beweismittel wird demnach nicht angesetzt. Allenfalls kann der Schuldner – als milderes Mittel zur Ablehnung – gehört werden; diese Fälle bieten dem Gläubiger freilich ebenso die Möglichkeit zur Nachbesserung mit präsenten Beweismitteln. Dies ist im Verfahren nach der EuKpfVO anders. Wie bereits erwähnt, kann das Gericht den Gläubiger hier ausdrücklich zur Beibringung weiterer Beweismittel auffordern und ihm so eine Nachbesserung gestatten. Eine Anhörung des Schuldners scheidet aber aus.

Eine Besonderheit sieht ferner das deutsche Arrestverfahren hinsichtlich der Vollstreckungsgefährdung vor. Es gestattet dem Gläubiger auf den Nachweis zu verzichten, sofern er Sicherheit für die drohenden Nachteile des Gegners leistet. Vergleichbares kennt weder das polnische Recht noch die EuKpfVO. Für den Gläubiger kann es daher gegebenenfalls günstiger sein, auf das autonome Verfahren zurückzugreifen, wenn er die Mittel für eine Sicherheitsleistung aufbringen kann, sich der Nachweis des Arrestgrundes jedoch schwierig erweist.

IX. Entscheidung

1. Entscheidung über das Arrestgesuch nach der ZPO

a) Arresturteil oder Arrestbeschluss

§ 922 Abs. 1 ZPO unterscheidet danach, ob der Entscheidung des Gerichts eine mündliche Verhandlung vorangeht oder das Verfahren lediglich einseitig durchgeführt wird. Im Falle einer mündlichen Verhandlung ergeht die Entscheidung durch Endurteil, andernfalls durch Beschluss. Das Gericht kann das Arrestgesuch zurückweisen oder ihm entsprechen. Es kann die Anordnung des Arrests auch von einer Sicherheitsleistung abhängig machen (§ 921 S. 2 ZPO); regelmäßig wird aber nur die Vollziehung der Maßnahme davon abhängig gemacht.[677]

Ergeht die Entscheidung in Urteilsform, ist sie wegen § 314 ZPO zwingend zu begründen. Einen stattgebenden Beschluss muss das Gericht nicht zwingend

677 Gaul/Schilken/Becker-Eberhard, § 77 Rn. 14.

begründen.[678] Es genügt, dass das Gesuch der Entscheidung als Anlage beigefügt wird.[679] Etwas anderes gilt, wenn die Arrestentscheidung im Ausland (unabhängig davon, ob es sich um einen Drittstaat oder einen Mitgliedsstaat im Anwendungsbereich der EuGVO handelt)[680] vollstreckt werden soll (§ 922 Abs. 1 S. 2 ZPO). Auch wenn der Auslandsbezug bei Beschlussfassung erkennbar ist, muss eine Begründung nur auf Antrag erfolgen.[681] Die nachträgliche Ergänzungsmöglichkeit wird hierdurch nicht beeinträchtigt; eine bestimmte Frist, innerhalb der Antrag und Ergänzung erfolgen müssen, existiert nicht.[682] Ohne entsprechende Begründung besteht die Gefahr, dass der Beschluss im Ausland nicht zugestellt wird, da die Zustellung ausländischer Gerichtsentscheidungen in einigen Ländern daran gekoppelt ist, dass ihnen die rechtliche Grundlage zu entnehmen ist.[683] Zweck der Regelung ist also die Sicherung der Auslandszustellung und damit lediglich der Schutz des Antragstellers.[684] Da § 922 Abs. 1 S. 2 ZPO ansonsten sanktionslos ist, bleibt eine Zustellung und Vollziehung im Ausland unter Verstoß gegen die Vorschrift im Ergebnis folgenlos.[685] Ansonsten wäre der Antragsteller durch eine Regelung beeinträchtigt, die gerade ausschließlich seine Besserstellung im Sinn hat.

Neben einem vollständigen Rubrum muss der Arrestbefehl inhaltlich die Arrestart (dinglich oder persönlich), die zu sichernde Forderung nach Grund und Betrag sowie die Abwendungsbefugnis nach § 923 ZPO enthalten. Allerdings führt nur das Fehlen einer der ersten beiden Angaben (Art und zu sichernde Forderung) zur Unwirksamkeit der Anordnung; enthält die Entscheidung keine Abwendungsbefugnis, hat dies keine Auswirkungen.[686] Wie der Arrest vollzogen werden soll, wird im Arrestbefehl dagegen nicht festgelegt.

---

678 Ein ablehnender Beschluss muss dagegen stets begründet werden, da hiergegen die sofortige Beschwerde stattfindet, Musielak/Voit/Huber, § 922 ZPO Rn. 4; Walker, Rn. 366.

679 BeckOK ZPO/Mayer, § 922 ZPO Rn. 10; Zöller/Vollkommer, § 922 ZPO Rn. 10.

680 Musielak/Voit/Huber, § 922 ZPO Rn. 4.

681 Vgl. OLGR Celle 2007, 702, 703; Musielak/Lackmann, § 30 AVAG Rn. 2.

682 Vgl. OLGR Celle 2007, 702, 703.

683 OLGR Hamburg 2005, 280, 281.

684 OLGR Hamburg 2005, 280, 281.

685 OLGR Hamburg 2005, 280, 281; MüKoZPO/Drescher, § 922 ZPO Rn. 10; Prütting/Gehrlein/Fischer, § 922 ZPO Rn. 7.

686 Schuschke/Walker/Walker, § 922 ZPO Rn. 20; BeckOK ZPO/Mayer, § 922 ZPO Rn. 7 f; Stein/Jonas/Grunsky, § 922 ZPO Rn. 31; MüKoZPO/Drescher, § 922 ZPO Rn. 6.

b) Erlassfristen

Das deutsche Verfahrensrecht sieht keine zwingenden Vorgaben hinsichtlich der Verfahrensdauer vor. Die Dauer bestimmt sich in erster Linie nach der Komplexität des Falles, der Eilbedürftigkeit und der Arbeitsbelastung des Gerichts.

c) Bekanntgabe der Entscheidung

Die Zustellung erfolgt je nach Entscheidungsform. Ein Arresturteil wird beiden Parteien von Amts wegen zugestellt (§§ 317, 166 Abs. 2 ZPO). Der Arrestbeschluss wird dem Antragsteller zwar ebenfalls ex officio zugestellt (§§ 929 Abs. 2, 329 Abs. 2 S. 2, Abs. 3 Alt. 1), die Zustellung an den Antragsgegner erfolgt dagegen im Parteibetrieb gemäß §§ 922 Abs. 2, 191, 166 ff ZPO. Der Gläubiger kann dadurch den Zugriff effektiv gestalten und einen Überraschungseffekt ausnutzen, indem er den Arrestbeschluss erst mit dem Pfändungsbeschluss zustellt.[687] Dieser überraschende Rechtsschutz wäre ebenso gefährdet, wenn der Antragsgegner bei Zurückweisung des Arrestgesuchs durch Beschluss Kenntnis erhielte, bevor der Gläubiger ein erneutes Gesuch einreichen oder seinem zurückgewiesenen Gesuch über das Beschwerdeverfahren doch noch zum Erfolg verhelfen könnte.[688] Daher wird ein zurückweisender Beschluss dem Antragsgegner nicht mitgeteilt (§ 922 Abs. 3 ZPO). Zuzustellen sind nicht nur der Arrestbefehl, sondern auch die in Bezug genommenen Anlagen, insbesondere das Arrestgesuch.[689] Fehlen die Anlagen, ist die Zustellung eines Arrestbeschlusses gleichwohl wirksam, sofern der Beschluss nicht begründet werden muss und auch ohne die Anlage verständlich ist.[690]

Nach deutschem Recht handelt es sich bei jeder Zustellung um einen Hoheitsakt.[691] Soll die Zustellung unmittelbar durch oder im Auftrag einer ausländischen Behörde erfolgen, so bedarf dies einer Einwilligung im Rahmen des internationalen Rechtsverkehrs.[692] Im Rechtsverkehr innerhalb der Europäischen Union werden die Vorschriften von der EuZVO überlagert (§ 183 Abs. 1 S. 1 Nr. 1 ZPO).

---

687 Musielak/Voit/Huber, § 922 ZPO Rn. 9.

688 Walker, Rn. 370.

689 OLG Düsseldorf GRUR 1984, 78; OLG Frankfurt a.M. WRP 1974, 346; vgl. dazu auch Schmidt-von Rhein, NJW 1976, 792 f.

690 OLG Frankfurt a.M. GRUR-RR 2011, 340; OLG Hamm, NJW 2010, 3380; OLG Köln NJOZ 2004, 2621; OLG Köln GRUR 1995, 284; aA OLG Düsseldorf BeckRS 2010, 04605; OLG München NJW-RR 2003, 1722.

691 BVerfGE 63, 343, 372; BGH NJW 1972, 1004.

692 Nagel/Gottwald, § 8 Rn. 2.

aa) Übermittlungsmöglichkeiten nach der EuZVO

Innerhalb der EU (entgegen Art. 1 Abs. 3 EuZVO nun einschließlich Dänemark)[693] erfolgt die Zustellung von Dokumenten nach der VO (EG) Nr. 1393/2007 (EuZVO) (vgl. § 183 Abs. 1 S. 1 Nr. 1 ZPO). Die Verordnung genießt dabei Anwendungsvorrang gegenüber autonomem Recht.[694] Neben der Zustellung im Rechtshilfeverkehr (Art. 4 ff EuZVO) sind (auch kumulativ) andere Zustellungsarten, namentlich die Übermittlung durch diplomatische oder konsularische Vertretungen (Art. 12 EuZVO), durch Postdienste (Art. 14 EuZVO) und durch unmittelbare Zustellung (Art. 15 EuZVO) möglich.[695] Aufgrund der Eilbedürftigkeit im Arrestverfahren bieten sich die direkten Zustellungen als regelmäßig schnellere Form an, insbesondere da in Art. 14 EuZVO i.V.m. § 1068 Abs. 1 ZPO eine beschleunigte Zustellung vorgesehen ist, die durch Einschreiben mit Rückschein oder gleichwertigem Beleg direkt an die im Ausland wohnende Person erfolgen kann.

(1) Übermittlung im Rechtshilfeverfahren

Den gesetzlichen Regelfall stellt die Übermittlung im Rechtshilfeverfahren (Art. 4 bis 11 EuZVO) dar.[696] Dazu benennt jeder Mitgliedstaat Übermittlungs- und Empfangsstellen (Art. 2 Abs. 1, 2 EuZVO), zwischen denen die betroffenen Schriftstücke so schnell wie möglich übermittelt werden sollen (Art. 4 Abs. 1 EuZVO).[697] Dabei kann sich die Übermittlungsstelle (Ausgangsstelle) aller geeigneten Übermittlungswege bedienen (Art. 4 Abs. 2 EuZVO), insbesondere also auch per Telefax oder auf elektronischem Wege per Email – vorausgesetzt, die Behörden sind entsprechend ausgestattet.[698] Die eigentliche Zustellung im Empfangsmitgliedstaat an den Empfänger erfolgt nach der dortigen lex fori (oder in einem von der Übermittlungsstelle gewünschten besonderen Verfahren) binnen eines Monats (Art. 7 Abs. 1, 2 S. 1 EuZVO). Kann die Empfangsstelle die Monatsfrist nicht wahren, teilt sie dies der Übermittlungsstelle mit (Art. 7 Abs. 2 S. 2

---

693 S. dazu ABl. L 331 vom 10.12.2008, S. 21.

694 Vgl. BGH NJW 2011, 1885; Stadler, IPRax 2002, 471, 472; MüKoZPO/Häublein § 183 ZPO Rn. 16.

695 EuGH ECLI:EU:C:2006:96 – Plumex = NJW 2006, 975; MüKoZPO/Rauscher § 1068 ZPO Rn. 5; Nagel/Gottwald, § 8 Rn. 76 m.w.N.

696 Dauses/Kreuzer/Wagner, Abschn. Q Rn. 545.

697 Zur Übersicht der Übermittlungs- und Empfangsstellen: Europäischer Gerichtsatlas für Zivilsachen, http://ec.europa.eu/justice_home/judicialatlascivil//html/ds_transmitting_de.htm (23.04.2014).

698 Adolphsen, Kap. 8 Rn. 16; Musielak/Voit/Stadler, Art. 4 EuZustVO Rn. 1.

EuZVO). Der Rückgriff auf nationales Recht gilt zudem für alle weiteren Fragen der Zustellung im Empfangsstaat.[699] Die Effektivität dieses Verfahrens bemisst sich demnach nach der konkreten Ausgestaltung in den beteiligten Staaten und dem Maß der Dezentralisierung.[700]

(2) Direkte postalische Zustellung nach Art. 14 EuZVO

Art. 14 EuZVO ermöglich eine direkte postalische Zustellung an Personen, die ihren Wohnsitz in einem anderen Mitgliedstaat haben, durch Einschreiben mit Rückschein oder gleichwertigem Beleg. Sie kann nur durch Übermittlungsstellen veranlasst werden.[701] Für Zustellungen im Ausland stellt in Deutschland das die Zustellung betreibende Gericht diese zuständige Stelle i.S.v. Art. 2 Abs. 1 EuZVO dar (§ 1069 Abs. 1 Nr. 1 ZPO). Folglich muss nicht nur ein deutsches Arresturteil, sondern auch ein Arrestbeschluss dem Antragsgegner durch das Arrestgericht zugestellt werden, wenn dieser seinen Sitz im Ausland hat und das Gericht mit der Zustellung beauftragt wird.[702] § 191 ZPO verweist hinsichtlich der Parteizustellung auf die Regeln zur Amtszustellung, falls keine anderweitige Regelung besteht, was gerade für Auslandszustellungen der Fall ist. Der für die inländische Zustellung durch den Gerichtsvollzieher benötigte Zustellungsauftrag (§§ 176, 190 ZPO) ist ein verfahrensrechtlicher Antrag,[703] der auch bei Auslandszustellungen (dann aber an den Vorsitzenden des Arrestgerichts bzw. den Einzelrichter) zu fordern ist.[704] Durch die Zustellung durch das Gericht kommt es in der Sache nicht zu einer Amtszustellung.[705] Erforderlich bleibt ein Antrag der Partei als wesentliches Element des Parteibetriebs.[706] Ergeht die

699 Vgl. Adolphsen, Kap. 8 Rn. 16.

700 Dauses/Kreuzer/Wagner, Abschn. Q Rn. 545.

701 Str., so: LG Berlin Magazindienst 2008, 822, 824; Geimer/Schütze/Geimer, Art. 14 VO (EG) 1393/2007 Rn. 6; Schlosser/Hess, Art. 14 EuZVO Rn. 2; BeckOK ZPO/Thode, § 1069 ZPO Rn. 3; MüKoZPO/Rauscher, Art. 14 VO (EG) 1393/2007 Rn. 3; Emde, NJW 2004, 1830, 1832 ff; Schütze, IZPR in der ZPO, § 1068 ZPO Rn. 7, 14, fordert nur für den Fall der Zustellung aus dem Ausland nach Deutschland eine ausländische Übermittlungsstelle als Voraussetzung der Zustellungsberechtigung; aA OLG Köln IPRax 2004, 521, 523; Musielak/Stadler, Art. 14 VO (EG) 1393/2007 Rn. 1; Hess, NJW 2004, 3301 f; Schmid, IPRax 2004, 13, 15 ff.

702 MüKoZPO/Häublein, § 191 ZPO Rn. 3; Wieczorek/Schütze/Thümmel, § 922 ZPO Rn. 12.

703 Thomas/Putzo, § 191 ZPO Rn. 4.

704 BeckOK ZPO/Dörndorfer, § 191 ZPO Rn. 3; Geimer, IZPR, Rn. 2099; MüKoZPO/Häublein, § 191 ZPO Rn. 3.

705 Vgl. OLG Bamberg NJW-RR 2013, 1279.

706 OLG Bamberg NJW-RR 2013, 1279.

Arrestentscheidung in Urteilsform, ist sie also von Amts wegen zuzustellen, bedarf es keines gesonderten Antrags.[707]

(3) Unmittelbare Zustellung nach Art. 15 EuZVO

Ist ein innerstaatlich zuständiges Zustellungsorgan dagegen nicht Übermittlungsstelle, kommt auch die Möglichkeit der Zustellung über Art. 15 EuZVO in Betracht, wenn eine solche unmittelbare Zustellung im Parteibetrieb nach dem Recht dieses Empfangsmitgliedstaats zulässig ist. Zulässig ist dies nur für den Arrestbeschluss, nicht dagegen für das Arresturteil (vgl. § 922 Abs. 2 ZPO). Der Gläubiger in Deutschland kann sich dadurch direkt an das zuständige Zustellungsorgan im Empfangsstaat wenden und dieses unmittelbar mit der Zustellung beauftragen; das gleiche gilt im umgekehrten Fall.[708] Der Zwischenschritt über die Einschaltung eines deutschen Gerichtsvollziehers wird in diesen Fällen für ausgehende Gesuche überflüssig.[709]

Ob und in welchen Konstellationen der jeweilige Empfängermitgliedstaat eine solche Parteizustellung zulässt, muss er gemäß Art. 23 Abs. 1 S. 1 EuZVO der Kommission mitteilen. Die Praxis in den einzelnen Ländern fällt deutlich auseinander. Während teilweise überhaupt keine Einwände gegen eine solche unmittelbare Zustellung erhoben werden (so Belgien, Dänemark, Finnland, Frankreich, Griechenland, Italien, Luxemburg [beschränkt auf Gegenseitigkeit], Malta, Niederlande [durch Gerichtsvollzieher], Portugal, Schweden, Zypern), schließen andere Länder diese Möglichkeit vollkommen aus (so Bulgarien, Estland, Irland, Lettland, Litauen, Österreich, Polen, Rumänien, Slowakei, Slowenien, Spanien, die Tschechische Republik, Ungarn).[710] Im Vereinigten Königreich ist die Praxis unterschiedlich, so lehnen England, Wales und Nordirland

---

707 Vgl. BGH NJW 2003, 2830, 2831; OLG Köln BeckRS 2014, 03644; Geimer, IZPR, Rn. 2099; Försterling, IPRax 2005, 124, 125, meint dagegen, ein Antrag auf Zustellung nach Art. 14 EuZVO sei zwingend zu beantragen, da andernfalls das Gericht ausschließlich im Rechtshilfeverfahren zustellen könne, was aber angesichts der schnelleren Möglichkeit postalischer Direktzustellung nicht mehr als „demnächst" i.S.d. § 167 ZPO gewertet werden dürfe – angesichts der hohen Fehlerhäufigkeit von postalischen Direktzustellungen (s.o.) und der grundsätzlichen Gleichwertig von Zustellungen im Rechtshilfeverkehr und sonstigen Direktzustellungen, kann dem nicht gefolgt werden.

708 Geimer/Schütze/Geimer, Art. 15 VO (EG) 1393/2007 Rn. 5; Musielak/Stadler, Art. 15 VO (EG) 1393/2007 Rn. 1; Hess, IPRax 2008, 477, 478 f.

709 Hess, IPRax 2008, 477, 479.

710 Vgl. Übersicht im Europäischen Gerichtsatlas für Zivilsachen, abrufbar unter http://ec.europa.eu/justice_home/judicialatlascivil/html/ds_otherinfostate_de.jsp (24.4.2014); ferner abgedruckt in: Geimer/Schütze, A.3 Anhang III.

diese Zustellungsform ab, während Schottland und Gibraltar sie zulassen. In Deutschland bleibt der Gerichtsvollzieher nach §§ 191 ff ZPO für die Zustellung entsprechender ausländischer Arrestbeschlüsse zuständig.[711] Die hierfür eröffnete Zustellung im Parteibetrieb wurde von der Bundesrepublik ausdrücklich gemäß Art. 23 Abs. 1 S. 1 EuZVO mitgeteilt.[712] Die ausländische Partei muss dabei stets prüfen, ob es sich tatsächlich um eine in der Sache vergleichbare Konstellation zum deutschen Arrestbeschluss handelt. Hieraus können in der Praxis erhebliche Schwierigkeiten für den ausländischen Gläubiger erwachsen, die letztlich zu einem Abrücken von einer Zustellung über Art. 15 EuZVO führen können.[713] Die Zustellung durch die beauftragte Stelle erfolgt dann nach der dortigen lex fori.[714]

(4) Zustellungsfiktionen

Die Frage, ob eine Auslandszustellung nach deutschem Recht überhaupt nötig ist und nicht durch eine fiktive Inlandzustellung ersetzt werden könnte, stellt sich nach der Neufassung des § 184 ZPO innerhalb der Europäischen Union nicht mehr (§ 184 Abs. 1 S. 1 ZPO).

bb) Übersetzungserfordernis nach der EuZVO

Hinsichtlich der sprachlichen Fassung ist sowohl bei der Zustellung im Rechtshilfeverkehr (Art. 4 EuZVO), als auch bei der unmittelbaren Zustellung nach Art. 14 und Art. 15 EuZVO nicht mehr auf autonomes Recht (die bisherigen Bestimmungen in § 1068 ZPO a.F. sind entfallen), sondern direkt auf Art. 8 Abs. 1 EuZVO abzustellen (Art. 8 Abs. 1, 4, 5 EuZVO). Dies bedeutet, dass eventuelle Übersetzungserfordernisse hier nicht von den einzelnen Mitgliedstaaten aufgestellt werden dürfen, sondern sich allein nach der EuZVO bestimmen, soweit der Anwendungsbereich der Verordnung eröffnet ist.[715] Art. 8 Abs. 1 EuZVO regelt das Recht des Empfängers, die Annahme des zuzustellenden Schriftstücks bei Zustellung zu verweigern bzw. es binnen einer Woche zurückzusenden, falls

---

711 Vgl. MüKoZPO/Rauscher, Art. 15 VO (EG) 1393/2007 Rn. 4; Musielak/Stadler, Art. 15 VO (EG) 1393/2007 Rn. 1; Hess, IPRax 2008, 477, 479.

712 Vgl. Übersicht zu Deutschland im Europäischen Gerichtsatlas für Zivilsachen, http://ec.europa.eu/justice_home/judicialatlascivil/html/ds_otherinfostate_de_de.jsp#ds_otherinfostate7 (24.4.2014); ferner abgedruckt in: Geimer/Schütze A.3 Anhang III (Deutschland).

713 Hess, IPRax 2008, 477, 479 Fn. 25.

714 Rauscher/Heiderhoff, Art. 15 EG-ZustVO 2007 Rn. 5; Stroschein, S. 143.

715 MüKoZPO/Rauscher, § 1068 ZPO Rn. 1.

es nicht in der durch die Verordnung geforderten Sprache abgefasst ist oder keine Übersetzung beigefügt wurde. Über das Annahmeverweigerungsrecht ist der Empfänger unter Verwendung des Formblatts in Anhang II der EuZVO zu belehren (Art. 8 Abs. 1 EuZVO). Mangels weiterer Bestimmungen zu Übersetzungsanforderungen in der EuZVO steht damit zunächst fest, dass im Rahmen von Zustellungen innerhalb der EU weder eine einheitliche Sprache statuiert, noch zwingend eine Übersetzung vorgeschrieben wird.[716] Ist das Schriftstück aber in einer Sprache verfasst, die der Empfänger nicht versteht (Art. 8 Abs. 1 lit. a EuZVO) und handelt es sich nicht um die Amtssprache des Empfängermitgliedsstaates (Art. 8 Abs. 1 lit. b EuZVO), so kann der Empfänger die Zustellung innerhalb der Frist von einer Woche verhindern. Wie und nach welchen Grundsätzen sich ein solches Sprachverständnis bestimmen lässt, erschließt sich aus der Regelung nicht.[717] Das daraus resultierende Problem ist daher auch Grundstein der Kritik an dieser Vorschrift.[718]

Abzustellen ist auf die konkret individuelle Kenntnis, auch wenn es sich beim Empfänger um eine juristische Person oder eine Gesellschaft handelt.[719] Das bedeutet aber nicht, dass der Empfänger selbst über seinen Kenntnisstand entscheidet, da ansonsten die Wirksamkeit der Zustellung vom Willen des Empfängers abhinge.[720] Verweigert er die Annahme, so wird die Wirksamkeit der

---

716 Zu letzterem: Ahrens, NJW 2008, 2817; Geimer/Schütze/Geimer, Art. 8 VO (EG) 1393/2007 Rn. 1.

717 Vgl. zu diesem Problem bereits Mainstrat, Study on the application of Council Regulation (EC) No 1348/2000 on the service of judicial and extra judicial documents in civil or commercial matters, 2004, Final_Report_1348_B5_03052004, S. 41, worin es heißt: „The immediate question arising from our findings is how we can ascertain the linguistic knowledge of the addressee; and, certainly, this constitutes a basic problem in relation to the possible refusal of the document being served, opening the door to rendering the service inoperative in its entirety".

718 MüKoZPO/Rauscher, Art. 8 VO (EG) 1393/2007 Rn. 9; Musielak/Stadler, Art. 8 VO (EG) 1393/2007 Rn. 4; Sujecki, NJW 2008, 1628, 1629 betont zwar die Vorteile im Verhältnis zur alten Regelung, wonach Sprachkenntnis auf den Übermittlungsstaat bezogen war, hält aber fest, dass die Feststellung der Sprachkenntnis weiterhin problematisch und nur schwer lösbar ist; vgl. zum gleichen Problem bei der alten Regelung auch Schütze, Einfluss, Rn. 204.

719 Vgl. EuGH ECLI:EU:C:2008:264 – Weiss und Partner Rn. 87 f; BGH NJW 2007, 775 Rn. 26; zur Problematik auf wessen Sprachkenntnisse sodann bei juristischen Personen oder Gesellschaften abzustellen ist, s. MüKoZPO/Rauscher, Art. 8 VO (EG) 1393/2007 Rn. 12; Schlosser/Hess, Art. 8 EuZVO Rn. 2; Lindacher, ZZP 114 (2001), 179, 187.

720 EuGH ECLI:EU:C:2008:264 – Weiss und Partner Rn. 84.

Zustellung regelmäßig Gegenstand eines anschließenden Gerichtsverfahrens sein, es sei denn, die Übersetzung wird nachgeholt und der Zustellungsmangel dadurch geheilt (Art. 8 Abs. 3 EuZVO).[721] Die eigentliche Feststellung der Sprachkenntnisse erfolgt dann in einzelfallspezifischer Prüfung anhand unterschiedlichster Indizien, wie etwa der beruflichen Qualifikationen.[722]

Stehen die Sprachkenntnisse des Gegners nicht fest, so ist ein Zustellungsversuch zunächst ohne Übersetzung sehr wohl ratsam.

2. *Entscheidung über den Sicherungsantrag nach dem KPC*

a) *Entscheidung*

Die Entscheidung über die Sicherung nach den Art. 730 ff KPC ergeht im polnischen Zivilverfahrensrecht stets in Form eines Beschlusses („postanowienie") und nicht durch Urteil („wyrok"). Dies gilt sowohl für stattgebende als auch für ablehnende Entscheidungen.[723] Anders als etwa im deutschen Recht spiegelt sich darin aber nicht der Verfahrensgang, insbesondere nicht die Frage nach einer mündlichen Verhandlung, wieder.[724] Vielmehr kommt ein Regel-Ausnahme-Verhältnis zur Anwendung. Das Gericht entscheidet immer dann durch Beschluss, wenn das Gesetz weder Urteil noch Zahlungsanordnung vorsieht (Art. 354 KPC). Für einstweilige Maßnahmen fehlt eine derartige Anordnung. Folglich ergeht die Entscheidung auch dann durch Beschluss, wenn vorher ausnahmsweise eine mündliche Verhandlung durchgeführt wurde.

Eine stattgebende Entscheidung hat inhaltlich den Titel und den Rechtscharakter (Geld- oder sonstiger Anspruch) der zu sichernden Forderung, ebenso Art und Umfang bzw. Höhe sowie ggf. den zeitlichen Umfang/Dauer der Sicherung anzugeben.[725] Angaben zur Vollstreckungsart sollen dabei möglichst weitreichend erfolgen; ob eine bloß allgemein gehaltene Angabe der Vollstreckungsart „Kontopfändung" genügt, ist umstritten.[726] Ebenso muss der Antragsteller und das erlassende Gericht ausgewiesen werden.[727]

---

721 Vgl. zu den Folgen einer unberechtigten Annahmeverweigerung: Rauscher/Heiderhoff Art. 8 EG-ZustVO 2007 Rn. 28 ff.

722 Vgl. Musielak/Stadler, Art. 8 VO (EG) 1393/2007 Rn. 4.

723 Romańska/Leśniak, I. Teil B 4. 5., S. 132; Uliasz, S. 58 f.

724 Vgl. Dolecki, S. 221 ff.

725 Ereciński/Ereciński, Band 3, Art. 738 KPC Rn. 4; Romańska/Leśniak, I. Teil B 4. 5., S. 132.

726 So Romańska/Leśniak, I. Teil B 4. 5., S. 132 f; aA Uliasz, S. 60 f, der eine derartige Konkretisierung erst im Vollstreckungsverfahren fordert.

727 Uliasz, S. 59 f.

Hinsichtlich ablehnender Entscheidungen ist zu unterscheiden. Das Gericht verwirft den Antrag auf Sicherung durch Kontopfändung, sofern der Rechtsweg nicht eröffnet ist, keine inländische Gerichtsbarkeit vorliegt oder den Parteien die Partei-/Prozessfähigkeit fehlt.[728] Kann der Antragsteller dagegen den Sicherungsanspruch nicht nachweisen oder besteht etwa kein Sicherungsinteresse, weist das Gericht den Antrag zurück.[729] Anders wiederum, wenn der Antrag lediglich nicht den formellen Voraussetzungen entspricht. Dann darf er nicht unmittelbar als unzulässig zurückgewiesen werden; ebenso wie bei der Klageschrift im Hauptsacheverfahren muss das Gericht den Antragsteller zunächst gemäß Art. 130 KPC zur Vervollständigung bzw. Nachbesserung auffordern.[730] Etwas anderes gilt nur, wenn der Antragsteller gegen Art. 736 § 2 KPC verstößt, d.h. ein Sicherungsverfahren vor Einleitung des Hauptsacheverfahrens anstrebt und noch nicht einmal den zugrundeliegenden Sachverhalt kurz darstellt.[731] Ein mangels Einhaltung der formellen Voraussetzungen zurückgewiesener Antrag entfaltet keine Rechtskraftwirkung im Sinne des Art. 366 KPC. Der Gläubiger ist folglich nicht gehindert, einen neuen Antrag zu stellen. Allerdings darf sich dieser nicht auf die identischen Umstände und Argumentation stützen.[732]

Jeder Sicherungsbeschluss, der aufgrund einer nichtöffentlichen Sitzung ergeht, muss ex officio begründet werden.[733] Dies wird aus der Statthaftigkeit der Beschwerde gegen solche Entscheidungen gefolgert (vgl. Art. 741 KPC). Generell müssen Beschlüsse, die aufgrund nichtöffentlicher Sitzungen ergehen, nicht schon bei Erlass begründet werden; dies kann innerhalb einer Wochenfrist in nichtöffentlicher Sitzung nachgeholt werden (Art. 357 § 3 KPC). Die Regelung soll im Rahmen des einstweiligen Rechtsschutzes aber keine Anwendung finden, da andernfalls Verzögerungen zu befürchten wären (zu bedenken ist dabei, dass

---

728 Dazu bereits § 4 A I 2.

729 Szczurek, S. 53; zur Aufzählung aller Gründe, die zur Verwerfung/Zurückweisung führen können: DKB/Jagieła, Band 3, vor Art. 730 KPC Rn. 13 f.

730 DKB/Jagieła, Band 3, Art. 738 KPC Nr. 1; Zawistowski, Art. 736 KPC Rn. 1; Gołaczyński/Woźniak, Art. 736 KPC Rn. 2; eine derartige Nachbesserung nach den allgemeinen Vorschriften war bis zur Novellierung des Art. 738 KPC im Jahre 2011 durch Art. 738 S. 2 KPC ausgeschlossen.

731 Zawistowski, Art. 736 KPC Rn. 8.

732 Jankowski/Muliński, Art. 741 KPC Rn. 4; Romańska/Leśniak, I. Teil B 4. 5., S. 133; Ereciński/Ereciński, Band 3, Art. 738 KPC Rn. 7.

733 Romańska/Leśniak, I. Teil B 4. 5., S. 136; Ereciński/Ereciński, Band 3, Art. 740 KPC Rn. 1; Uliasz, S. 62.

für den Erlass des Beschlusses strenge Fristen gelten, dazu sogleich).[734] Dies gilt umso mehr, als die Begründung bei Erteilung der Vollstreckungsklausel bereits vorliegen muss (vgl. § 179 S. 1 RegUrzędSàdPowsz[735]).[736] Im Ergebnis muss der Beschluss im Sicherungsverfahren also bereits eine Begründung enthalten. Wirksam werden solche Beschlüsse mit der Unterzeichnung der Entscheidung (Art. 360 KPC i.V.m. Art. 13 § 2 KPC).

Ergeht der Beschluss ausnahmsweise aufgrund einer öffentlichen Sitzung, wird er verkündet (Art. 357 § 1 KPC i.V.m. Art. 13 § 2 KPC) und mit der Verkündung wirksam (Art. 360 KPC i.V.m. Art. 13 § 2 KPC). Einer Begründung bedarf es nur, sofern dies beantragt wird. Auf die zusätzliche Begründungspflicht im grenzüberschreitenden Verkehr (Art. 1144 KPC) kommt es im Sicherungsverfahren nicht an. Der Vorschrift nach muss jede Entscheidung eines polnischen Gerichts begründet werden, soweit dies für ihre Anerkennung im Ausland notwendig ist. Die Begründung ergeht allerdings nur auf Antrag der Partei, so dass die Vorschrift nicht weiter geht als die Pflicht aus Art. 357 § 1, 2 KPC.

Das Gericht entscheidet über den Antrag unter Berücksichtigung des gesamten vorliegenden Materials (Art. 738 KPC), also nicht nur der vom Gläubiger dem Antrag beigefügten Nachweise, sondern etwa auch der im (eventuellen) Hauptsacheverfahren erlangten Beweise. Es ist hinsichtlich der Reichweite seiner Entscheidung an den Antrag gebunden. Die inhaltliche Grenze wird durch den Verfahrensgegenstand, die Sicherungsart und den Umfang der Sicherung, d.h. bei Geldforderungen die vom Gläubiger angegebene Höhe der begehrten Sicherung, gezogen.[737] Der Verfahrensgegenstand erfasst dabei den Anspruch, dessentwegen die Sicherung erfolgen soll, sowie die zur Begründung der Sicherung vorgebrachten Umstände.[738] Dem Gericht ist es verwehrt, in der Entscheidung einen höheren Sicherungsbetrag festzusetzen, auch wenn dies tatsächlich angebracht wäre. Umgekehrt muss es einen überschießenden Antrag entsprechend auf einen zulässigen Betrag beschränken.[739]

---

734 Ereciński/Ereciński, Band 3, Art. 740 KPC Rn. 1; aA wohl Jankowski/Muliński, Art. 740 KPC Rn. 3.

735 RegUrzędSàdPowsz, Rozporządzenie Ministra Sprawiedliwości (Anordnung des Justizminsters) vom 23.2.2007, Dz.U. 2007 Nr. 38 Pos. 249.

736 Vgl. dazu § 4 A IX 2 c).

737 Jankowski/Muliński, Art. 738 KPC Rn. 1; Ereciński/Ereciński, Band 3, Art. 738 KPC Rn. 2.

738 Ereciński/Ereciński, Band 3, Art. 738 KPC Rn. 2.

739 Uliasz, S. 41 f.

b) Erlassfrist

Die Erlassfrist regelt in Polen Art. 737 KPC. Die Entscheidung über den Sicherungsantrag soll demnach umgehend, d.h. ohne unnötige Verzögerung und so schnell wie möglich, jedenfalls aber nicht später als eine Woche nach dessen Eingang erfolgen, soweit eine speziellere Vorschrift nichts anderes gebietet (Art. 737 S. 1 KPC). Fristauslösend ist nur ein formwirksamer Antrag, für den auch die Gerichtsgebühr entrichtet ist.[740] Die Vorschrift ist der vorherigen gerichtlichen Praxis geschuldet, über Anträge im einstweiligen Rechtsschutzverfahren nur mit großer zeitlicher Verzögerung zu entscheiden.[741]

Für Fälle, in denen das Gesetz zwingend eine mündliche Verhandlung anordnet, verlängert Art. 737 S. 2 KPC die Frist. Die Entscheidung ergeht dann nach der mündlichen Verhandlung, welche innerhalb eines Monats nach Antragseingang terminiert werden muss. Allerdings sieht das Gesetz dann keinen zwingenden Entscheidungserlass innerhalb dieser Monatsfrist vor (wie es noch bei Art. 732 KPC a.F. der Fall war).[742]

Verstöße gegen die Fristenregelung des Art. 737 KPC führen nicht zur Unwirksamkeit der gerichtlichen Entscheidung. Der Vorschrift soll nur ein „instruktiver" Charakter zukommen.[743] Sie dient schließlich allein dem Gläubigerschutz und soll diesen nicht konterkarieren. Auch die verspätete Sicherheitsanordnung ist daher wirksam. Ihre Missachtung kann allerdings einen Staatshaftungsanspruch gemäß Art. 417 § 1, 417^1 § 3 KC auslösen, sofern hierdurch ein kausaler Schaden eingetreten ist.[744] Der Antragsteller kann einem Fristenverstoß zudem mit einer Untätigkeitsklage („skargę na przewlekłośc postępowania") begegnen.[745]

c) Bekanntgabe

Der positive und negative Sicherungsbeschluss sowie die Beschwerdeentscheidungen über ablehnende Beschlüsse werden nach polnischem Recht von Amts wegen zunächst nur dem Antragsteller zugestellt (Art. 740 §1 S. 1, § 2 KPC).

740 Jankowski/Muliński, Art. 737 KPC Rn. 2; Wengerek, Art. 737 KPC Nr. 3.
741 Ereciński/Ereciński, Band 3, Art. 737 KPC Rn. 1.
742 Wengerek, Art. 737 KPC Nr. 1.
743 DKB/Jagieła, Band 3, Art. 737 KPC Rn. 1; Wengerek, Art. 737 KPC Nr. 2; Jankowski/Muliński, Art. 737 KPC Rn. 3.
744 Vgl. Oberster Gerichtshof, 7.3.2008 – II CSK 660/07, noch zur vergleichbaren Vorgängervorschrift des Art. 732 KPC a.F.
745 Jankowski/Muliński, Art. 737 KPC Rn. 3.

Dies gilt jedenfalls dann, wenn der Beschluss vollstreckungsfähig ist, aufgrund einer nichtöffentlichen Sitzung ergangen ist und etwas anderes nicht durch ein spezielleres Gesetz vorgeschrieben wurde. Letzteres ist etwa bei Art. 748, 753 § 2, 753[1] § 1 KPC der Fall und betrifft daher nicht den Fall der Kontopfändung; insbesondere Art. 748 KPC verweist gerade nicht auf die Kontopfändung in Art. 747 Nr. 1 KPC, sondern lediglich auf die anderen Vollstreckungsarten in den Nummern 2 bis 6.

Die Zustellung des (stattgebenden) Sicherungsbeschlusses an den Antragsgegner nimmt das zuständige Vollstreckungsorgan von Amts wegen zeitgleich mit der Benachrichtigung über die Einleitung der Zwangsvollstreckung vor (Art. 740 § 1 S. 2 KPC i.V.m. Art. 805 § 1 KPC).[746] Dies gilt selbst dann, wenn der Antragsgegner vorher die Zustellung an sich selbst beantragt.[747] Um den Vollstreckungszugriff nicht zu gefährden, weicht das Sicherungsverfahren von der allgemeinen Regel des Art. 357 § 2 KPC ab, wonach Beschlüsse bei nichtöffentlicher Sitzung von Amts wegen beiden Parteien zuzustellen sind, ab. Art. 740 § 1 KPC regelt lediglich die Zustellung der gerichtlichen Entscheidung; der Sicherungsantrag wird dem Schuldner dahingegen nicht zugestellt.[748] Wurde öffentlich verhandelt, gilt § 357 § 1 KPC.[749] Solche Beschlüsse sind lediglich zu verkünden. Sie werden nur derjenigen Partei zugestellt, welche die Begründung und die Zustellung des Beschlusses beantragt hat.

Zwar gelten grundsätzlich die allgemeinen Regeln des KPC, im Anwendungsbereich der EuZVO, erfolgt die grenzüberschreitende Zustellung zwingend nach den unionsrechtlichen Vorschriften (s. dazu bereits unter § 4 IX. 1. c). Zulässige Übermittlungsstellen i.S.v. Art. 2 Abs. 1 EuZVO für das formelle Übermittlungsverfahren nach Art. 4-11 EuZVO, sowie für die postalische Zustellung nach Art. 14 EuZVO, sind die Bezirksgerichte (Sądy Rejonowe), Landgerichte (Sądy Rejonowe), Appelationsgerichte (Sądy Apelacyjne) und der Oberste Gerichtshof (Sąd Najwyższy).[750] Die unmittelbare Zustellung nach Art. 15 EuZVO ist auf polnischem Hoheitsgebiet ausgeschlossen.[751]

---

746 Vgl. dazu § 6 II 2.

747 Oberster Gerichtshof, 30.5.1996 – III CZP 53/96, OSNC 1996, Nr. 10, Pos. 129.

748 Romańska/Leśniak, Art. 740 KPC Nr. 5.

749 Romańska/Leśniak, Art. 740 KPC Nr. 2; Uliasz, S. 61; Wengerek, Art. 740 KPC Nr. 10.

750 Europäischer Gerichtsatlas für Zivilsachen, http://ec.europa.eu/justice_home/judicialatlascivil/html/ds_transmitting_pl_de.htm; abgedruckt in: Geimer/Schütze A.3 Anhang III.

751 Vgl. Europäischer Gerichtsatlas für Zivilsachen, http://ec.europa.eu/justice_home/judicialatlascivil/html/ds_directservice_pl_de.jsp; abgedruckt in: Geimer/Schütze A.3 Anhang III.

3. *Entscheidung über den Pfändungsantrag nach der EuKpfVO*

Gemäß Art. 17 Abs. 1 EuKpfVO prüft das Gericht, ob die Voraussetzungen für den Erlass eines vorläufigen Pfändungsbeschlusses gegeben sind. Ist der Antrag unvollständig, liegt es im Ermessen des Gerichts, dem Gläubiger eine Nachbesserungsmöglichkeit innerhalb einer vom Gericht festzulegenden Frist zu geben, sofern der Antrag nicht offensichtlich unzulässig oder unbegründet ist; kommt der Gläubiger dem nicht nach, wird der Antrag abgelehnt (Art. 17 Abs. 3 EuKpfVO). Das Gericht prüft ebenso die allgemeinen Verfahrensvoraussetzungen, insbesondere die Beteiligten- und Verfahrensfähigkeit, sowie die örtliche und sachliche Zuständigkeit des Gerichts[752]. Die Entscheidung ergeht angesichts des zwingenden einseitigen Verfahrens stets in Form eines standardisierten Beschlusses. Dabei werden durch Art. 19 EuKpfVO nicht nur die äußere Form eines positiven Pfändungsbeschlusses, sondern auch die inhaltlichen Anforderungen an die Entscheidung vereinheitlicht.

a) Form

Der Beschluss ergeht zwingend auf Grundlage des zweiteiligen Formblattes (Art. 19 Abs. 1 EuKpfVO in Verbindung mit Anhang II zur Durchführungsverordnung[753] (EU) 2016/1823). Während Teil A des Formblattes sich an Bank, Gläubiger und Schuldner richtet, ist Teil B ausschließlich für Gläubiger und Schuldner bestimmt. Betrifft die Pfändung mehrere Konten bei unterschiedlichen Banken muss Teil A in entsprechender Anzahl ausgefüllt werden; die Liste aller betroffenen Banken, muss in diesen Fällen dem Gläubiger und dem Schuldner in beiden Teilen des Formulars zur Verfügung gestellt werden (Art. 19 Abs. 4 EuKpfVO). Die Verwendung derartiger Formblätter für die gerichtliche Entscheidung ist im europäischen Verfahrensrecht weit verbreitet (vgl. Art. 9 Abs. 1 i.V.m. Anhang I EuVTVO; Art. 12 i.V.m. Anhang V EuMVVO; Art. 5 Abs. 2, 20 Abs. 2 i.V.m. Anhang III, IV EuGFVO). Erklärtes Ziel ist es, die praktische Anwendung der Verordnung zu erleichtern (ErwG 40 EuKpfVO). Das soll erreicht werden, indem das Übersetzungserfordernis und die

---

752 Rauscher/Rauscher/Wiedemann, Art. 17 EU-KPfVO Rn. 2.

753 Durchführungsverordnung (EU) 2016/1823 der Kommission vom 10. Oktober 2016 zur Festlegung der Formblätter nach Maßgabe der Verordnung (EU) Nr. 655/2014 des Europäischen Parlaments und des Rates zur Einführung eines Verfahrens für einen Europäischen Beschluss zur vorläufigen Kontenpfändung im Hinblick auf die Erleichterung der grenzüberschreitenden Eintreibung von Forderungen in Zivil- und Handelssachen, ABl. L 283/16.

damit zusammenhängenden Kosten möglichst weit reduziert werden. Insbesondere wenn ein Mitgliedstaat im Rahmen dieses Verfahrens auch Fremdsprachen akzeptiert (Art. 50 Abs. 1 lit. o EuKpfVO), lässt sich für das Vollstreckungsorgan der Inhalt oft schon aus einem Vergleich zwischen der eigenen und der verwendeten Sprachfassung erschließen.[754] Dementsprechend muss sich das Gericht auf die Ausfüllung des Formulars beschränken und darf dieses nicht eigenmächtig erweitern, da andernfalls der verfolgte Zweck nicht zu erreichen wäre.[755]

b) Inhalt

Der unterschiedliche Adressatenkreis der beiden Formularteile hängt mit der inhaltlichen Ausgestaltung zusammen. Sowohl der Inhalt des Teils A (Art. 19 Abs. 2 EuKpfVO) als auch des Teils B (Art. 19 Abs. 3 EuKpfVO) werden gesondert festgeschrieben. Teil A ist für Gläubiger, Schuldner und Drittschuldner bestimmt, während Teil B sich nur an Gläubiger und Schuldner richtet.

aa) Teil A

Die Angaben in Teil A korrespondieren weitgehend mit denen des Antragsformulars. Neben den Angaben zu Gericht, Gläubiger, Schuldner und Bank(en) sind Angaben zu dem bzw. den betroffenen Konten, Hinweise zum Formblatt für die Erklärung der Bank nach Art. 25 EuKpfVO sowie das Datum der Entscheidung vorgesehen. Besonders beachtenswert sind die Angaben nach Art. 19 Abs. 2 lit. g, h und j EuKpfVO.

Gemäß Art. 19 Abs. 2 lit. g EuKpfVO muss der Betrag, der gepfändet werden soll, der Höhe nach ausgewiesen werden. Dieser ergibt sich aus dem Erlassanspruch zuzüglich gegebenenfalls anfallender Zinsen und Kosten (Art. 17 Abs. 4 i.V.m. Art. 15 EuKpfVO). Die Entscheidung legt also die Reichweite der späteren Vollstreckung selbst anhand der gewonnenen Erkenntnisse fest und überlässt dies nicht dem Vollstreckungsverfahren. Als Ausfluss der Dispositionsmaxime des Gläubigers bildet dabei der Antrag die äußerste Grenze (Art. 17 Abs. 4 EuKpfVO). Gelangt das Gericht nach Prüfung der beigebrachten Beweismittel zu der Erkenntnis, dass etwa der Erlassanspruch des Gläubigers sogar höher anzusetzen ist, darf es den zu pfändenden Betrag nicht eigenmächtig erweitern, sondern ist an die Vorgabe des Gläubigers gebunden. Gleiches gilt, wenn der Gläubiger

---

754 Vgl. Begründung KOM 2011 (445), S. 10; Rauscher/Pabst, Vor. Anh. EG-VollstrTitelVO Rn. 1 zur EuVTVO.

755 So auch im Rahmen der EuVTVO Rauscher/Pabst, Vor. Anh. EG-VollstrTitelVO Rn. 4.

nur eine Teilpfändung beantragt. Umgekehrt darf es sehr wohl hinter der beantragten Forderungshöhe zurückbleiben.[756]

Art. 19 Abs. 2 lit. h EuKpfVO schreibt die Anweisung an die Bank fest, den Pfändungsbeschluss gemäß Art. 24 EuKpfVO auszuführen. Die Bank wird hierdurch verpflichtet, das betroffene Konto unverzüglich nach Erhalt des Beschlusses zu ermitteln, falls dieses nicht schon bekannt ist, und es sodann bis zu dem angegebenen Betrag entweder zu sperren oder diesen Betrag auf ein für vorläufige Pfändungen bestimmtes Konto zu überweisen, sofern derartiges nach nationalem Recht vorgesehen ist (Art. 24 Abs. 1, 2, 4 EuKpfVO). Zugleich sieht Art. 19 Abs. 2 lit. j EuKpfVO eine Ermächtigung i.S.v. Art. 24 Abs. 3 EuKpfVO vor, falls der Gläubiger in seinem Antrag ein Konto angegeben hat, das für eine freiwillige Erfüllung der Forderung durch den Schuldner zu verwenden ist. Auf entsprechenden Antrag des Schuldners wird der Bank dadurch gestattet, den gepfändeten Betrag unter bestimmten Voraussetzungen auf das angegebene Gläubigerkonto zu überweisen, um die offene Forderung zu begleichen. Diese Ermächtigung stellt eine Ausnahme zur Anweisung in Art 19 Abs. 2 lit h EuKpfVO dar.

Sowohl lit. g als auch lit. h zeichnen sich durch ihren vollstreckungsrechtlichen Bezug aus. Dem vollstreckungsrechtlichen Drittschuldner wird hier einerseits ein Befehl, andererseits eine Ermächtigung erteilt, bestimmte Handlungen vorzunehmen. Die Ausgestaltung dieser Maßnahme ist Teil des Vollstreckungsverfahrens (vgl. Überschrift vor Art. 22 ff EuKpfVO) und wird auch in dessen Rahmen erst konkretisiert. An das bisherige Verfahren, das wesentliche Charakterzüge eines Erkenntnisverfahrens aufweist, knüpft unmittelbar eine vollstreckungsrechtliche Maßnahme an. Eine klare Trennung zwischen diesen Verfahrensphasen wird dadurch verwischt (näher hierzu unten § 6).

Die Nummer der zu pfändenden Konten wird nur angegeben, sofern der Gläubiger sie selbst im Antrag aufgeführt hat (Art. 19 Abs. 2 lit. e EuKpfVO). Die konkrete Nummer der Konten wird grundsätzlich durch die Bank ermittelt (vgl. Art. 24 Abs. 4 EuKpfVO). Selbst, wenn der Gläubiger ein Auskunftsverfahren i.S.v. Art. 14 EuKpfVO durchschritten hat, wird ihm nur mitgeteilt, ob eine Kontonummer aufgefunden wurde (Art. 19 Abs. 2 lit. f EuKpfVO). Dadurch sollen personenbezogene Daten des Schuldners geschützt werden (ErwG 21 EuKpfVO). Nur in Ausnahmefällen wird der Bank die Kontonummer bereitgestellt, wenn sie nicht in der Lage ist, ein Konto des Schuldners auf der Grundlage der im Beschluss angegebenen Informationen zu ermitteln, beispielsweise wenn

756 Rauscher/Rauscher/Wiedemann, Art. 17 EU-KPfVO Rn. 4.

mehrere Personen, die den gleichen Namen und die gleiche Anschrift haben, Konten bei der gleichen Bank haben (ErwG 21 EuKpfVO). Der Beschluss enthält dann die Angabe, dass die Bank Kenntnis von der Kontonummer gemäß Art. 24 Abs. 4 UAbs. 2 EuKpfVO durch die Auskunftsbehörde im Vollstreckungsmitgliedstaat erlangt hat (Art. 19 Abs. 2 lit. f EuKpfVO).

bb) Teil B

Teil B sieht erweiterte Informationen für Gläubiger und Schuldner vor. Gemäß Art. 19 Abs. 3 lit. a EuKpfVO ist der Gegenstand des Verfahrens zu beschreiben (Tatbestand) und die Entscheidung zu begründen. Die Begründung muss nicht gesondert beantragt werden. Mit dem Begründungserfordernis weicht die EuKpfVO vom Kommissionsvorschlag ab, der hiervon noch absah.[757] Darüber hinaus enthält der Beschluss eine Rechtsbehelfsbelehrung sowie gegebenenfalls die Höhe einer Sicherheitsleistung, die Einleitungsfrist hinsichtlich des Hauptverfahrens und Angaben bezüglich der zu übersetzenden Schriftstücke sowie zur Bekanntgabe der Entscheidung (Art. 19 Abs. 3 lit. b – f EuKpfVO).

c) Erlassfrist

Wieviel Zeit ein Gericht für den Erlass eines europäischen Pfändungsbeschlusses verstreichen lassen darf, ist ihm grundsätzlich nicht selbst überlassen. Die Verordnung verpflichtet die Gerichte unverzüglich, spätestens aber innerhalb einer festen Frist zu entscheiden (Art. 17 Abs. 2 EuKpfVO). Welche Frist im konkreten Fall gilt, legt Art. 18 EuKpfVO fest. Die Vorschrift unterscheidet zunächst danach, ob der Gläubiger bereits einen Hauptsachetitel erwirkt hat. Ist dies der Fall (Art. 18 Abs. 2 EuKpfVO), beträgt die Erlassfrist fünf Tage ab Eingang bzw. Vervollständigung des Gläubigerantrags; andernfalls verdoppelt sich die Frist auf zehn Tage (Art. 18 Abs. 1 EuKpfVO). In beiden Fällen verlängert sich die Frist, wenn das Gericht im Rahmen der Beweisaufnahme die Anhörung des Gläubigers oder dessen Zeugen für nötig hält. Das Gericht muss die Anhörung dann unverzüglich durchführen und die Entscheidung im Anschluss daran innerhalb von fünf Tagen erlassen (Art. 18 Abs. 3 EuKpfVO). Hieraus kann sich zwar rechnerisch ergeben, dass eine Entscheidung vor Ablauf der zehn-Tage-Frist gemäß Absatz 1 zu erlassen wäre. Allerdings will Absatz 3 nur die Regelfristen der Absätze 1 und 2 ergänzen. Andernfalls wäre die Erlassfrist des Gerichts nur deshalb verkürzt, weil es wegen der unsicheren Beweislage eine

757 S. Art. 21 Abs. 2 EuKpfVO-E i.V.m. Anhang II.

weitergehende Beweisaufnahme für nötig hält. Dies kann sicherlich nicht Zweck der Regelung sein. Auch im Falle der Anhörung läuft die Erlassfrist somit mindestens während des in Absatz 1 bzw. 2 festgelegten Zeitrahmens.[758] Im Übrigen muss dem Gericht zugestanden werden, den zeitlichen Entscheidungsrahmen der ersten beiden Absätze auszuschöpfen und erst im Anschluss eine Anhörung anzuordnen.

Ordnet das Gericht eine Sicherheitsleistung an, darf die Entscheidung frühestens ergehen, wenn der Gläubiger dieser Anordnung nachgekommen ist (Art. 18 Abs. 4 EuKpfVO). Schließlich sieht Art. 18 Abs. 5 EuKpfVO eine unverzügliche Entscheidung des Gerichts vor, soweit es nach einem Auskunftsverfahren gemäß Art. 14 EuKpfVO Informationen i.S.v. Art. 14 Abs. 6, 7 EuKpfVO erhalten hat. Die Absätze 1 bis 3 gelten dann nicht. Dies ist auf Art. 14 Abs. 3 EuKpfVO zurückzuführen. Danach müssen die Voraussetzungen zum Erlass eines europäischen Pfändungsbeschlusses schon vor dem Auskunftsersuchen geprüft werden. Lediglich eine noch nicht geleistete Sicherheit darf den Erlass dann noch verzögern.

Überschreitet das Gericht die in der Verordnung geregelten Fristen, folgt daraus nicht Unwirksamkeit des Beschlusses. Dies ergibt sich bereits aus der Ausnahmeregelung des Art. 45 EuKpfVO. Danach kann das Gericht den zeitlichen Rahmen unter außergewöhnlichen Umständen überschreiten und muss dann die Entscheidung so rasch wie möglich erlassen. Wann ein Umstand außergewöhnlich ist, folgt daraus zwar nicht, allerdings führt Erwägungsgrund 37 der EuKpfVO hierunter „beispielsweise" rechtlich oder sachlich komplexe Fälle auf. Aus der Formulierung folgt, dass darüber hinaus auch in anderen Konstellationen eine Fristüberschreitung gerechtfertigt sein kann. Hier kann etwa an eine tatsächliche Arbeitsüberlastung des Gerichts gedacht werden. Die Ausnahmeregelung darf innerhalb eines Mitgliedstaates allerdings nicht zu einer systematischen Anwendung führen.[759] Unklar bleibt dabei indes, wann eine solche Systematik angenommen werden kann und welche Rechtsfolgen ein solcher Verstoß nach sich ziehen soll.[760] Das Gesetz sieht keine Sanktionen für solche Verstöße vor. Der Verordnungsentwurf enthielt zumindest noch eine Nachweispflicht bezüglich der außergewöhnlichen Umstände (Art. 44 EuKpfVO-E). Nachdem selbst dieser entfallen ist, wird ein rechtswidriger Fristverstoß für sanktionslos gehalten.[761]

758 AA wohl Rauscher/Rauscher/Wiedemann, Art. 18 EU-KPfVO Rn. 5.
759 Unterrichtung durch die Europäische Kommission, abgedruckt in BR-Drs. 226/12, S. 3.
760 Deshalb kritisch Harbeck, in: Seibel, Zwangsvollstreckungsrecht aktuell, S. 259, 272.
761 Hess/Raffelsieper, IPRax 2015, 46, 49.

Allenfalls kommt eine Haftung des Mitgliedstaats entsprechend Art. 340 AEUV in Betracht.[762]

Auch wenn im Einzelfall kein außergewöhnlicher Umstand vorliegt, berührt die Fristenüberschreitung die Wirksamkeit nicht. Mit der vorliegenden Fristenregelung will der europäische Gesetzgeber eine rasche und zügige Beschlussfassung forcieren (ErwG 37 EuKpfVO). Sie dient damit allein dem Gläubigerschutz. Die Überschreitung muss das Gericht nicht begründen, wie es noch im Kommissionsentwurf auf Verlangen einer Partei vorgesehen war (vgl. Art. 44 S. 2 EuKpfVO-E). Eine absolute Höchstgrenze sieht die Verordnung nicht vor.

Wie auch bei der Frist zur Einleitung des Hauptsacheverfahrens erfolgt die Berechnung nicht nach autonomen Prozessrecht, sondern nach der Verordnung (EWG/Euratom) Nr. 1182/71[763] (ErwG 38 EuKpfVO).

Erwägungen, die Mitgliedstaaten zu verpflichten, das europäische Verfahren genauso schnell abzuwickeln, wie das Verfahren für die Erwirkung einer entsprechenden Maßnahme nach einzelstaatlichem Recht (vgl. ErwG 19 EuKpfVO-E), konnten sich letztlich nicht durchsetzen. Dementsprechend und angesichts der starren Fristenreglung in Art. 18 EuKpfVO ist eine solche Auslegung auch nicht geboten.

d) Bekanntgabe der Entscheidung

aa) Bekanntgabe durch formlose Zustellung

Hinsichtlich der Bekanntgabe der Entscheidung ist zwischen den unterschiedlichen Verfahrensbeteiligten zu unterscheiden. Dem Antragsteller wird sie gemäß Art. 17 Abs. 5 EuKpfVO nach dem im nationalen Recht des Ursprungsmitgliedstaats vorgesehenen Verfahren für gleichwertige nationale Beschlüsse mitgeteilt. Die EuKpfVO fordert dabei lediglich eine formlose Mitteilung, so dass es auch in grenzüberschreitenden Fällen nicht zwingend auf die Vorschriften der EuZVO ankommt (Art. 48 lit. a EuKpfVO). Etwas anderes gilt nur, wenn der Ursprungsmitgliedstaat eine förmliche Zustellung anordnet. Dann gelten auch für die Zustellung des stattgebenden oder ablehnenden Beschlusses in grenzüberschreitenden Fällen die Regeln der EuZVO.[764]

---

762 So Rauscher/Rauscher/Wiedemann, Art. 18 EU-KPfVO Rn. 1; zum Haftungsanspruch selbst vgl.: Calliess/Ruffert/Ruffert, Art. 340 AEUV Rn. 36 ff.

763 Verordnung (EWG/Euratom) Nr. 1182/ 7 1 des Rates vom 3. Juni 1971 zur Festlegung der Regeln für die Fristen, Daten und Termine (ABl. 1 124 vom 8.6.1971, S. 1).

764 Rauscher/Rauscher/Wiedemann, Art. 17 EU-KPfVO Rn. 5.

Ursprungsmitgliedstaat im Sinne der Vorschrift ist der Mitgliedstaat, in dem der Beschluss zur vorläufigen Pfändung erlassen worden ist (Art. 4 Nr. 11 EuKpfVO). Die lex fori des Ursprungsmitgliedstaats gilt nicht nur, wenn der Antragsteller dort seinen Wohnsitz/Sitz hat, sondern auch wenn er in einem anderen Mitgliedstaat wohnhaft ist.

Hinsichtlich der Bekanntgabe an den Schuldner ist zu unterscheiden. Ein ablehnender Beschluss über das Pfändungsgesuch wird ihm nicht mitgeteilt. Die Verordnung stellt dies nicht ausdrücklich klar, es folgt aber aus Art. 17, 21, 28 EuKpfVO. Nach Art. 17 Abs. 5 EuKpfVO wird die Entscheidung über den Pfändungsantrag nur dem Gläubiger mitgeteilt. In Art. 28 EuKpfVO, der die Zustellung an den Schuldner regelt, wird dagegen nur von einem positiven Beschluss ausgegangen. Ablehnende Entscheidungen sind hier nicht erfasst. Legt der Gläubiger gegen eine ablehnende Entscheidung einen Rechtsbehelf ein, schließt Art. 21 Abs. 3 EuKpfVO die Anhörung des Schuldners in diesem Verfahren aus. Eine solche Einseitigkeit ist nur sinnvoll, wenn der vorher angestrebte Überraschungseffekt auch weiterhin erzielt werden soll. Dies setzt voraus, dass der Schuldner nicht nur im Rechtsbehelfsverfahren ungehört bleibt, sondern bereits zuvor keine Kenntnis vom Pfändungsvorhaben des Gläubigers hat.

Die Zustellung eines stattgebenden Beschlusses an den Schuldner erfolgt erst im Vollstreckungsverfahren (vgl. Art. 28 Abs. 1 bis 4 EuKpfVO).[765]

bb) Übersetzungserfordernis

Da der europäische Kontenpfändungsbeschluss dem Schuldner nicht vor der Vollstreckung zugestellt wird, stellt sich die Frage einer Übersetzung erst im Laufe des Vollstreckungsverfahrens. Sie wird dementsprechend unter § 6 A. III. 2. b) besprochen.

4. Vergleich

Sind die Voraussetzungen gegeben, erlässt das Gericht die einstweilige Entscheidung. Hier weichen die europäischen und die nationalen Beschlüsse bzw. Urteile deutlich voneinander ab, wenn es um Form und Inhalt sowie einzuhaltende Entscheidungsfristen geht.

---

765 Dazu § 6 A. III 5.

a) Form und Inhalt der Entscheidung

Die Unterschiede hinsichtlich der Entscheidungsform (Urteil/Beschluss) können noch leicht auf die zwingend einseitige Ausgestaltung des Erkenntnisverfahrens im Rahmen der EuKpfVO zurückgeführt werden und sind angesichts der Tatsache, dass auch der Arrestbefehl in Beschlussform ergehen kann, unbedeutend. Auch soweit im polnischen Recht stets ein Beschluss ergeht, lässt sich dies mit der besonderen Ausgestaltung und Funktion dieser Entscheidungsform im polnischen Verfahrensrecht erklären. Schwieriger und gravierender sind die Unterschiede bezüglich des Inhalts der Entscheidung. Die inhaltlichen Vorgaben sind auf europäischer Ebene in jeder Hinsicht auf das Vollstreckungsverfahren ausgerichtet bzw. damit verzahnt. Durch die Ausführungsanweisung wird dem Drittschuldner bereits an dieser Stelle ein Befehl vollstreckungsrechtlicher Natur erteilt, der dem deutschen und polnischen Verfahrensrecht auf erkenntnisverfahrensrechtlicher Ebene fremd ist. Die Aufforderung an den Drittschuldner (und/oder Schuldner) ist weder im Arrestbefehl nach der ZPO noch im Sicherungsbeschluss nach dem KPC enthalten, sondern wird davon strikt getrennt erst im Rahmen der Vollziehung/Vollstreckung ausgesprochen. Die EuKpfVO verwässert dagegen die Grenzen zwischen den beiden Verfahrensebenen.[766] Allerdings wird dies durch die Zweistufigkeit des Verfahrens und Einbindung einer nationalen Vollstreckungsbehörde bei grenzüberschreitendem Vollstreckungszugriff entschärft. Der Pfändungsbeschluss auf Grundlage der EuKpfVO muss selbst noch vollstreckt werden, wofür die Verordnung eigens eine grenzüberschreitende Anerkennung und Vollstreckbarkeit des Beschlusses regelt. Der Pfändungsbeschluss nach der EuKpfVO stellt demnach zuvorderst einen (europäischen) vollstreckbaren Titel, der vollzogen werden muss, dar. Der Beschluss enthält zwar bereits den Ausspruch einer Zwangsmaßnahme, ihr kommt aber in grenzüberschreitenden Fällen keine eigenständige Wirkung zu (näher dazu unten § 5 D und § 6 B. IV.). Zumindest die formelle Vollstreckung erfolgt erst durch die zwischengeschaltete nationale Behörde im Vollstreckungsmitgliedstaat mittels Zustellung des Beschlusses.

Auch wird beim europäischen Kontenpfändungsbeschluss anders als beim Arrest bereits der konkrete Vollstreckungsgegenstand erfasst und die Vollstreckung der Höhe nach begrenzt. Dies entspricht zum Teil auch polnischem Recht. Der Sicherungsbeschluss muss zwar noch nicht das genaue Konto oder die kontoführende Bank enthalten, er legt aber bereits die Vollstreckungsart und die

---

766 Kritisch hinsichtlich einer solchen Vermengung von Erkenntnis- und Vollstreckungsverfahren: Stamm, IPRax 2014, 124, 126.

Vollstreckungshöchstgrenze fest. Der deutsche Arrestbefehl ist dagegen deutlich weiter gefasst und lässt das Vollstreckungsverfahren gänzlich außen vor. Zwar wird auch hier ein Anspruch dem Grund und der Höhe nach angegeben. Allerdings bezieht sich die Angabe im Arrestbefehl auf die zu sichernde Forderung des Gläubigers gegen den Schuldner. Im Rahmen der EuKpfVO stellt Teil A des Formblattes dagegen auf die zu pfändende Forderung des Schuldners gegen den Drittschuldner ab und fordert hier die Angabe der Höhe. Der Arrestbefehl beschränkt die anschließende Vollstreckung nicht auf einen bestimmten Gegenstand und stellt dementsprechend hier auch keine höhenmäßige Begrenzung der späteren Pfändung auf.

Anders als der Arrestbeschluss erfordert der europäische Kontenpfändungsbeschluss zwar eine Begründung. Allerdings ist zu beachten, dass auch im Rahmen des deutschen Arrestverfahrens der Beschluss in grenzüberschreitenden Fällen begründet werden muss; allerdings gilt dies nur auf Antrag des Gläubigers hin. Beim Arresturteil ist die Begründung stets erforderlich.

b) Fristenregelung

Die Entscheidung über den Antrag auf Erlass eines europäischen Kontenpfändungsbeschlusses sowie einer polnischen Sicherungsanordnung ist innerhalb einer festgelegten Frist zu treffen. Eine mit der EuKpfVO oder dem polnischen Recht vergleichbare fixe Erlassfrist sieht das deutsche Arrestverfahren nicht vor. Die auf den Kommissionsentwurf zurückgehende Fristenregelung hat dementsprechend erwartungsgemäß im Vorfeld des Verordnungserlasses Kritik aufgebracht. Teilweise wurde dabei der zeitliche Rahmen für den Entscheidungserlass als zu kurz bemessen angesehen.[767] Insbesondere bedürfe die sachliche Prüfung und die die Beweisaufnahme im Erkenntnisverfahren regelmäßig einer gewissen längeren Zeit.[768] Zwar wurden die Fristen im Gesetzgebungsverfahren von drei auf fünf und von sieben auf zehn Tage erhöht (vgl. Art. 21 Abs. 3 bis 5 EuKpfVO-E), doch dürften die zusätzlichen zwei-drei Tage Kritiker nicht unbedingt umgestimmt haben. Der deutsche Richterbund sprach sich zudem gänzlich gegen ein solches Fristenregime mit starren Grenzen aus.[769] Dieses sei mit der richterlichen Unabhängigkeit (Art. 97 GG) nicht vereinbar. Zudem sei das dadurch bekundete Misstrauen nicht gerechtfertigt, da auch in nationalen

767 BR-Drs. 426/11(Beschluss), S. 5; Harbeck ZInsO 2012, 805, 808; Deutscher Richterbund, Stellungnahme Nr. 08/12, S. 2.

768 BR-Drs. 426/11 (Beschluss), S. 5; Harbeck, ZInsO 2012, 805, 808.

769 Deutscher Richterbund, Stellungnahme Nr. 08/12, S. 2.

Eilverfahren eine zügige Bearbeitung ohne starre Fristen gewährleistet werde. Letztlich könne sich eine derartige Regelung negativ auf die Parteien auswirken, da hinsichtlich der Reihenfolge nicht mehr nach Dringlichkeit bzw. Bedeutung entschieden werde, sondern nach drohendem Fristablauf. Im Gegensatz dazu forderten andere, die Fristen einheitlich für alle Konstellationen auf drei Tage zu verkürzen.[770] Eine Ausweitung der Frist sei unbegründet, wenn der Gläubiger noch keinen Titel in der Hauptsache erwirkt hat, da auch hier eine schnelle Sicherung zwingend erforderlich sei.

Sieht man von der Ausweitung der Frist um zwei bzw. drei Tage ab, hat sich der europäische Gesetzgeber von seinem Grundkonzept nicht abbringen lassen. Die Kommission erkannte die Fristen zwar als problematisch, aber doch notwendig an.[771] Dem ist grundsätzlich zuzustimmen. Dies gilt zunächst hinsichtlich der grundsätzlichen Frage, ob ein solches Fristenregime überhaupt Anwendung finden darf.

Betrachtet man die Regelung aus der Perspektive des deutschen Verfassungsrechts, insbesondere der richterlichen Unabhängigkeit i.S.v. Art. 97 Abs. 1 GG, so stellen sich zwar auf den ersten Blick Bedenken, die letztlich aber nicht zu halten sind. Eine derartige Fristenregelung ist zwar im deutschen Verfahrensrecht sehr ungewöhnlich, diesem aber nicht vollkommen wesensfremd. Vergleichbares findet sich in § 36 Abs. 3 S. 5 AsylVfG. Auch dort wird dem Richter die Verfahrensdauer in einem Eilverfahren durch Gesetz vorgeschrieben. Trotz zahlreicher Kritik[772] konnte sich die Regelung durchsetzen und blieb seit ihrer Einführung[773] von gesetzgeberischen Änderungen weitgehend unberührt. Ein grundgesetzlich geschütztes Recht des Richters, selbst über die Reihenfolge der Bearbeitung seiner Dienstgeschäfte zu entscheiden, kann allenfalls in Bezug auf dienstaufsichtliche[774] Maßnahmen bestehen.[775] Das Gesetz verlangt mit der Regelung der Verfahrensdauer auch keine bestimmte Entscheidung, etwa eine Ablehnung des Eilantrags innerhalb eines bestimmten Zeitraums, sondern eine Entscheidung, gleich welchen Inhalts; demgemäß liegt auch kein Eingriff vor.[776]

---

770 Sujecki, EWS 2011, 414, 417.

771 Unterrichtung durch die Europäische Kommission, abgedruckt in BR-Drs. 226/12, S. 3.

772 Vgl. Schoch, DVBl 1993, 1161, 1169; Ruge, NVwZ 1995, 733, jeweils m.w.N.

773 Gesetz zur Änderung asylverfahrens-, ausländer- und staatsangehörigkeitsrechtlicher Vorschriften vom 30.6.1993 (BGBl. I, 1062).

774 Vgl. BGH NJW 1987, 1197, 1198.

775 Hailbronner/Roth B 2 § 36 AsylVfG Rn. 55; aA VG Stuttgart NVwZ-Beil. 1994, 7.

776 So i.R.d. Verfassungsmäßigkeit des § 36 Abs. 5 S. 3 AsylVfG Bergmann/Dienelt/Renner, Ausländerrecht, AsylVfG § 36 Rn. 26; Hailbronner/Roth, Ausländerrecht, B 2 § 36 AsylVfG Rn. 56; vgl. auch Marx, Kommentar zum Asylverfahrensgesetz, § 36 AsylVfG

Entscheidend ist zudem die Ausnahmevorschrift des Art. 45 EuKpfVO. Ein Richter darf diese Fristen etwa in sachlich und/oder rechtlich komplexen Fällen, aber auch in Fällen der Arbeitsüberlastung überschreiten, ohne dies gesondert begründen zu müssen. Ergänzt wird dies durch die automatische Fristverlängerung in Fällen, in denen die Einholung einer Zeugenaussage erforderlich wird (Art. 18 Abs. 3 EuKpfVO). Zumindest durch die Ausnahmeregelungen wird sichergestellt, dass die Entscheidungsreife nicht automatisch durch reinen Zeitablauf eintritt und sich damit die im Einzelfall zu kurz bemessene Frist sachwidrig auf die richterliche Entscheidungsbildung auswirkt. Zudem folgt aus einem Verstoß gegen die Erlassfrist (ebenso wie im polnischen Verfahrensrecht) keine Unwirksamkeit der Entscheidung. Die Überschreitung kann allenfalls zu einem Schadensersatzanspruch des Gläubigers führen. In seiner Unabhängigkeit bleibt der Richter auch weiterhin geschützt.

Selbst wenn man einen Eingriff in die richterliche Unabhängigkeit annehmen wollte, wäre dieser angesichts der Zielsetzung einer vereinheitlichten europäischen Verfahrenspraxis und damit eines einheitlichen Rechtsschutzstandards gerechtfertigt. Tatsächlich existieren zwar keine konkreten Zahlen hinsichtlich der Verfahrensdauer ab Beantragung einer einstweiligen Maßnahme bis zu deren Vollstreckung, jedoch lassen die Zahlen hinsichtlich der Zustellungsdauer einer Hauptsacheentscheidung an den Beklagten, der im selben Ort wie das Gericht sesshaft ist, zumindest in einem eingeschränkten Maß auf die Effektivität der Justiz schließen.[777] Diese legen einen sehr unterschiedlichen Standard innerhalb der einzelnen Mitgliedstaaten nahe.[778] Es ist nicht zu erwarten, dass sich die Verfahrensdauer ohne weitere Vorgaben allein deswegen auf einen europaweit einheitlichen Wert einpendelt, weil nunmehr ein europäisches Verfahren bereitgestellt wird.

Sinnvoll ist die Unterscheidung nach Verfahren mit und ohne vollstreckbaren Hauptsachetitel. Zwar mag das Sicherungsbedürfnis gleich sein, eine Verlängerung ist dennoch bereits durch die tiefgreifendere Prüfungspflicht des Gerichts begründet. Hat der Gläubiger noch keinen Hauptsachetitel erwirkt, ist das Gericht zur Prüfung des Erlassanspruchs verpflichtet. Angesichts der

---

Rn. 67 ff; im Ergebnis auch Leiner, NVwZ 1994, 239; aA VG Stuttgart NVwZ-Beil. 1994, 7; Schoch, DVBl 1993, 1161, 1169 m.w.N.

777 So die Europäische Kommission, Commission Staff Working Paper Impact Assessment, SEC (2011) 937 final, S. 18 f.

778 CEPEJ, Study on the functioning of judicial systems in the EU Member States, CEPEJ (2014) 4 final, S. 76; die zugrunde liegenden Daten beziehen sich auf das Jahr 2012; vgl. dazu bereits oben § 1.

weitergehenden rechtlichen und tatsächlichen (anhand von beigebrachten Beweismitteln durchzuführenden) Prüfung wird man den Gerichten naturgemäß eine längere Frist zugestehen müssen. Dem kann auch nicht entgegengehalten werden, dass ein Gericht in beiden Konstellationen nicht mehr als drei Tage brauchen darf. Sujecki weist dazu auf das niederländische „Konservator besag" Verfahren hin, bei dem die Kontenpfändung innerhalb eines Tages ergeht.[779] Zu bedenken ist aber, dass die EuKpfVO lediglich grenzüberschreitende Konstellationen erfasst. Hierbei wird es regelmäßig zu kollisionsrechtlichen Schwierigkeiten und ggf. der Ermittlung sowie Auslegung ausländischen Rechts kommen. Will man den Ausnahmetatbestand des Art. 45 EuKpfVO nicht vollkommen verwässern, muss man dem Gericht zumindest eine gewisse Bedenkzeit für die Prüfung zugestehen, ohne sogleich einen außergewöhnlichen Umstand annehmen zu müssen.

Aus demselben Grund erscheint die Regelung hinsichtlich der konkret anberaumten Verfahrensdauer problematisch kurz. Dies gilt auch, wenn man die IPR-Problematik außer Acht lässt. Äußerungen hierzu gestalten sich mangels empirischer Daten (sowohl europaweit als auch rein auf deutsche Verfahren bezogen) hinsichtlich der durchschnittlichen Dauer des Arrestverfahrens und der Vollstreckung durch Kontopfändung schwer. Geht man davon aus, dass in Deutschland bereits ein Pfändungs- und Überweisungsbeschluss durchschnittlich in drei Tagen ergeht,[780] diesem aber keine materiellrechtliche Prüfung zugrunde liegt, so erscheint die anberaumte Dauer angesichts der nötigen Prüfung von Erlassgrund und (vor Erwirken eines Hauptsachetitels) Erlassanspruch kurz bemessen. Noch schwerer dürfte die Frist für Mitgliedstaaten mit vergleichsweise langen Verfahrensdauern sein. Wird hierdurch faktisch ein Reihenfolgeprinzip innerhalb eines Mitgliedstaates etabliert, wonach der europäische Kontenpfändungsbeschluss in aller Regel vor einer vergleichbaren nationalen Maßnahme zu erlassen wäre, um die Erlassfrist der EuKpfVO einzuhalten, so erscheint dies mit der Zielsetzung der Verordnung schwerlich vereinbar. Nach Art. 1 Abs. 2 i.V.m. Erwägungsgrund 6 EuKpfVO soll das europäische Verfahrenssystem nur als fakultative Alternative zu den nationalen gleichwertigen Maßnahmen nach nationalem Recht bestehen. Eine solche Gleichwertigkeit könnte bei einer derart weitgehenden Privilegierung durch ein faktisches Reihenfolgeprinzip aber nicht mehr angenommen werden. Um dem zu begegnen, ist der

779 Sujecki, EWS 2011, 414, 418 Fn. 25.

780 So Hess/Mack, Länderbericht Deutschland Kontenpfändung, Punkt 9.3.1, abrufbar unter http://www2.ipr.uni-heidelberg.de/studie/nationalrep.htm (14.08.2016).

Ausnahmetatbestand der außergewöhnlichen Umstände i.R.d. Art. 45 EuKpfVO weit auszulegen. Eine äußerste Grenze kann u.U. erst in der systematischen Ausnutzung liegen.[781] Dies birgt andererseits die Gefahr, den Ausnahme- zum Regeltatbestand verkommen zu lassen und so die angestrebte Vereinheitlichung (und damit Effektivierung) der Verfahrensdauer zu untergraben.

c) Bekanntgabe

Hinsichtlich der Bekanntgabe der Entscheidung weicht die EuKpfVO ebenfalls vom bisherigen Verfahren im nationalen Recht und im Unionsrecht ab. Allen Rechtsordnungen gleich ist zunächst die verzögerte Bekanntgabe gegenüber dem Schuldner. Ihm wird die Entscheidung bei ex parte Verfahren erst im Anschluss an den Vollstreckungszugriff kundgetan, um den Überraschungseffekt zu wahren. Für die Zustellung im Inland folgen aus der EuKpfVO keine Unterschiede zum nationalen Recht. Hier wird auf die lex fori des jeweiligen Mitgliedstaates abgestellt. Bei grenzüberschreitenden Zustellungen innerhalb der Europäischen Union gilt dagegen: Während nationale Arrestentscheidungen nach Maßgabe in grenzüberschreitenden Fällen nach der EuZVO zugestellt werden müssen, weicht die EuKpfVO hiervon ab.[782] Die EuZVO sieht mehrere Zustellungsmöglichkeiten vor. So kann das Schriftstück in einem Rechtshilfeverfahren zwischen zwei Behörden in den unterschiedlichen Mitgliedstaaten übermittelt werden und anschließend nach der lex fori zugestellt werden, ebenso wie auf vereinfachtem Weg durch postalische Zustellung per Einschreiben mit Rückschein oder unmittelbare Zustellung an die zuständigen Stellen im Empfangsstaat. Die EuKpfVO verzichtet hingegen auf letztere und sieht grenzüberschreitend stets die Zwischenschaltung einer Vollstreckungsbehörde vor, die zugleich als Empfangsbehörde fungiert (näher zur Zustellung nach der EuKpfVO unter § 6 A. III.).

B. Verfahren bei vollstreckbarem Hauptsachetitel

Der europäische Beschluss zur vorläufigen Kontenpfändung steht dem Gläubiger nicht nur vor und während eines laufenden Hauptsacheverfahrens zu, sondern auch, wenn er bereits einen vollstreckbaren Titel erwirkt, mit dem der Schuldner aufgefordert wird, die Forderung des Gläubigers zu erfüllen (Art. 5 lit. b EuKpfVO). Hierbei kann es sich zwar auch um eine einstweilige

---

781 Unterrichtung durch die Europäische Kommission, abgedruckt in BR-Drs. 226/12, S. 3.

782 Anders noch der Kommissionsentwurf, der hierfür noch die EuZVO anwenden wollte, vgl. Art. 25 Abs. 4 EuKpfVO-E.

Entscheidung handeln, jedoch muss diese grenzüberschreitend vollstreckbar sein und den Schuldner zur (zumindest vorübergehenden) Leistung verpflichten. In dieser Verfahrensphase entfällt selbstredend die Pflicht zur Einleitung des Hauptverfahrens. Aber auch darüber hinaus wird das Erlassverfahren stellenweise modifiziert. Grundsätzlich ist die Gefahr einer Fehlentscheidung im Sicherungsverfahren deutlich geringer, wenn das gleiche Gericht bereits über den Hauptsacheanspruch entschieden hat. Die Anforderungen an den Erlass eines europäischen Kontenpfändungsbeschlusses sind daher gesenkt. Dementsprechend wird der Beschluss in dieser Verfahrensphase teilweise mit einer Sicherungsvollstreckung verglichen.

Die EuGVO gestattet den Erlass von Sicherungsmaßnahmen nach dem Recht des ersuchten Mitgliedstaats, sofern der Gläubiger eine vollstreckbare Entscheidung in einem Mitgliedstaat erwirkt hat (Art. 40 EuGVO).

I. Die einzelstaatlichen Sicherungsmaßnahmen im Rahmen der EuGVO

Bereits Art. 47 EuGVO a.F. ermöglichte dem Gläubiger für den Zeitraum vor und nach der rechtskräftigen Vollstreckbarerklärung seines erwirkten Titels, auf einstweilige Maßnahmen des Vollstreckungsmitgliedstaates zuzugreifen. Die novellierte EuGVO verzichtet nunmehr auf das Exequaturverfahren (vgl. Art. 36 ff, 39 ff EuGVO). Der Gläubiger kann dementsprechend ab Existenz der Entscheidung im Ursprungsmitgliedstaat auch auf ausländische Sicherungsmaßnahmen zurückgreifen (Art. 40 EuGVO).[783] Erforderlich ist nur die vorläufige Vollstreckbarkeit im Ursprungsmitgliedstaat.[784] Auf die formelle Rechtskraft der Entscheidung kommt es nicht an, wie sich bereits aus Art. 51 EuGVO ergibt.[785] Unter den Begriff der Entscheidung fallen gemäß Art. 2 lit a UAbs. 2 EuGVO auch einstweilige Maßnahmen einschließlich Sicherungsmaßnahmen, sofern sie von einem nach der EuGVO für die Hauptsache zuständigen Gericht erlassen wurden und der Schuldner vor der Anordnung der Maßnahme geladen wurde oder ihm die Entscheidung zumindest zugestellt wurde (näher dazu unter § 5). Welche Sicherungsmaßnahmen der Gläubiger erwirken kann, regelt das Recht des Vollstreckungsmitgliedstaats selbst.[786] Der Gläubiger kann demnach eine

783 Rauscher/Mankowski, Art. 40 Brüssel Ia-VO Rn. 1; Kindl/Meller-Hannich/Wolf/Mäsch, Art. 40 EuGVO Rn. 1.

784 Saenger/Dörner, Art. 39 EuGVO Rn. 3.

785 Vgl. Rauscher/Leible, Art. 2 Brüssel Ia-VO Rn. 7.

786 MüKoZPO/Gottwald, Art. 47 EuGVO a.F. Rn. 8.

vorläufige Kontopfändung durch Sicherungsvollstreckung (§ 720a ZPO), eine Vorpfändung (§ 845 ZPO) sowie Arrestpfändung (§ 930 Abs. 1 ZPO) erwirken (zur Vollstreckung selbst und ihrer Wirkung sogleich unter § 5).[787] In Polen steht ihm eine speziell hierfür geschaffene Sicherungsvollstreckung zur Verfügung, welche eine vorläufige Kontopfändung entsprechend dem Sicherungsverfahren nach Art. 747 i.V.m. 889 KPC ermöglicht (Art. 1151^2 § 1KPC).[788]

Art. 40 EuGVO verpflichtet die Mitgliedstaaten nicht, ihre Sicherungsmaßnahmen nur gegen Sicherheitsleistung oder Nachweis eines Erlassgrundes (etwa Arrestgrund oder Sicherungsinteresse) zu gestatten.[789] Entscheidet sich der Gläubiger in Deutschland etwa für eine Sicherungsvollstreckung (§ 720a ZPO) muss er keine weitere Gefährdung der Hauptsachevollstreckung nachweisen. Gleiches gilt in Polen i.R.d. Art. 1151^2 KPC.[790]

Die praktische Bedeutung von Sicherungsmaßnahmen nach Art. 40 EuGVO wird mittlerweile als äußert gering erachtet, nachdem ein Gläubiger auch unmittelbar die Vollstreckung aus dem erwirkten Titel betreiben kann.[791] Da die Vollstreckung in einem anderen Mitgliedstaat die Zustellung einer gemäß Art. 53 EuGVO ausgestellten Bescheinigung (einschließlich der zu vollstreckenden Entscheidung, sofern diese dem Schuldner noch nicht zugestellt wurde) an den Schuldver vor der ersten Vollstreckungsmaßnahme erfordert (Art. 43 Abs. 1 EUGVO), verbleiben Sicherungsmaßnahmen nach Art. 40 EuGVO im Wesentlichen in Fällen relevant, in denen der Sitz des Vollstreckungsschuldners sich nicht im Ursprungsmitgliedstaat befindet und er eine Übersetzung der zu vollstreckenden Entscheidung verlangt (vgl. Art. 43 Abs. 2 UAbs. 2 EuGVO).[792] Die Zwangsvollstreckung darf dann nicht über Sicherungsmaßnahmen hinausgehen, solange der Schuldner die Übersetzung nicht erhalten hat.

787 MüKoZPO/Gottwald, Art. 47 EuGVO a.F. Rn. 8; Kindl/Meller-Hannich/Wolf/Mäsch, Art. 40 EuGVO Rn. 1;

788 Die Vorschrift bezieht sich ihrem Wortlaut nach noch auf die überkommene Rechtslage, wonach ein Exequaturverfahren erforderlich war.

789 Rauscher/Mankowski, Art. 40 Brüssel Ia-VO Rn. 9, 18.

790 Vgl. Weitz, in Kengyel/Harsági, S. 181, 188.

791 Alio, NJW 2014, 2395, 2397.

792 Alio, NJW 2014, 2395, 2397.

II. Besonderheiten des Verfahrens nach der EuKpfVO bei vorhandenem Hauptsachetitel

1. *Zuständigkeit*

Hat der Gläubiger bereits einen Titel in der Hauptsache erlangt, sei es in Form einer Gerichtsentscheidung oder eines Vergleichs, ist die internationale Zuständigkeit auf die Gerichte desjenigen Mitgliedstaats beschränkt, in dem die Entscheidung erlassen wurde oder der Vergleich gebilligt oder geschlossen wurde (Art. 6 Abs. 3 EuKpfVO).[793]

Örtlich ist in Deutschland das Gericht der Hauptsache entsprechend den §§ 943, 944 ZPO zuständig (§ 946 Abs. 1 ZPO, dazu bereits oben § 4 A. I. 4.). Auch bei einem vorhandenen (zumindest vorläufig) vollstreckbaren Titel ist daher nicht das Vollstreckungsgericht (vgl. §§ 828 Abs. 1, 720a ZPO) zum Erlass des Beschlusses zur vorläufigen Kontenpfändung zuständig.[794]

Entsprechendes gilt für öffentliche Urkunden (Art. 6 Abs. 4 EuKpfVO); hier sind die Gerichte des Mitgliedstaats zuständig, in dem die Urkunde errichtet wurde. Die örtliche Zuständigkeit liegt in Deutschland bei dem Gericht, in dessen Bezirk die Urkunde errichtet wurde (§ 946 Abs. 2 ZPO), während die sachliche Zuständigkeit sich nach dem Streitwert richtet.[795]

Dem Gläubiger ist es in all diesen Fällen verwehrt, den Antrag an ein in der Hauptsache nur hypothetisch zuständiges Gericht zu richten. Dabei kommt es lediglich auf das tatsächliche Vorliegen eines solchen Titels an. Ob dieses Gericht international zuständig war, wird nicht überprüft. Fehler im Hauptsacheverfahren schlagen hier auf die Zuständigkeitsbestimmung im Rahmen des europäischen Kontopfändungsverfahrens durch.[796]

Als Titel kommen gerichtliche Entscheidungen, gerichtliche Vergleiche und öffentliche Urkunden in Betracht, die den Schuldner zur Erfüllung der Forderung verpflichten. Sie müssen noch nicht rechtskräftig und vollstreckbar sein. Soweit die Verordnung von vollstreckbaren Titeln ausgeht, stellt sie dies ausdrücklich klar (vgl. Art. 14 Abs. 1 UAbs. 1, 2 EuKpfVO). In den übrigen Fällen kommt es hierauf folglich nicht an (so auch bei der Sicherheitsleistung vgl. Art. 12 Abs. 1, 2 EuKpfVO sowie dazu ErwG 18).

---

793 Der Kommissionsentwurf sah vor, neben der internationalen auch die örtliche Zuständigkeit unionsrechtlich zu fixieren, vgl. Art. 14 Abs. 1 EuKpfVO-E.

794 BT-Drs. 18/7560, S. 41.

795 BT-Drs. 18/7560, S. 42.

796 Dauses/Micklitz/Rott, Kap. H. V. Rn. 768; Rauscher/Rauscher/Wiedemann, Art. 6 EU-KPfVO Rn. 18.

2. *Eingeschränkte Prüfung*

Auch hinsichtlich des Prüfungsumfangs ergeben sich Folgen aus dem vorhandenen Titel. Nachdem über den Erlassanspruch bereits in der Hauptsache entschieden wurde, muss der Gläubiger diesen nicht auch noch im Verfahren nach der EuKpfVO nachweisen (vgl. Art. 7 Abs. 2 EuKpfVO). Dies gilt selbst dann, wenn gegen den Titel ein Rechtsbehelf eingelegt wurde oder dieser noch nicht vollstreckbar ist. Zugleich entbindet Art. 7 EuKpfVO den Gläubiger nicht davon, auch weiterhin die Dringlichkeit, d.h. den Erlassgrund glaubhaft zu machen. Ein Europäischer Kontenpfändungsbeschluss darf nur ergehen, wenn die Vollstreckung der Hauptsache gefährdet ist, auch wenn der Hauptsacheanspruch selbst bereits gerichtlich festgestellt wurde. Damit weicht die Regelung vom Kommissionsentwurf deutlich ab. Art. 7 Abs. 2 EuKpfVO-E befreite den Gläubiger davon, eine Gefährdung in dieser Konstellation nachzuweisen.

3. *Sicherungsleistung fakultativ*

Ferner wirkt sich der Titel auf die Sicherheitsleistung aus. In dieser Verfahrensphase kann das Gericht seinem Ermessen nach eine Sicherheitsleistung verlangen, wenn dies angemessen erscheint (Art. 12 Abs. 2 EuKpfVO).[797] Allerdings statuiert das Gesetz hier kein Regel-Ausnahme-Verhältnis wie vor Erwirkung eines solchen Titels (vgl. Abs. 1). Die Gefahr einer rechtswidrigen Belastung des Schuldners ist deutlich geringer. Die Anordnung einer Sicherheitsleistung dürfte daher den Ausnahmefall für solche Konstellationen bilden. Sie kann etwa gerechtfertigt sein, wenn gegen die Hauptsacheentscheidung ein Rechtsmittel anhängig ist, sie noch nicht vollstreckbar oder nur vorläufig vollstreckbar ist (ErwG 18).

4. *Verkürzte Erlassfrist*

Auch die Erlassfrist verkürzt sich von zehn auf fünf Tage ab Eingang bzw. Vervollständigung des Gläubigerantrags (Art. 18 Abs. 2 EuKpfVO). Im Übrigen gelten auch hier die Ausführungen zum Verfahren, bevor eine gerichtliche Entscheidung, ein gerichtlicher Vergleich oder eine öffentliche Urkunde erwirkt wurde.

797 Anders noch im Kommissionsentwurf; hier war nur bei vorliegendem Hauptsachetitel keine Sicherheitsleistung mehr vorgesehen, vgl. Art. 12 EuKpfVO-E.

III. Vergleich

Die Bedeutung der vorläufigen europäischen Kontenpfändung dürfte nach Erwirkung eines Hauptsachetitels gering bleiben. Der Gläubiger kann eine zumindest vorläufig vollstreckbare Entscheidung in einem anderen Mitgliedstaat ohne weitere Exequatur vollstrecken und diesbezüglich auf alle Sicherungsmaßnahmen zurückgreifen, die das Verfahrensrecht des ersuchten Staates vorsieht.

Anders als bei der Sicherungsvollstreckung muss der Gläubiger zum Erlass eines europäischen Beschlusses zur vorläufigen Kontenpfändung auch weiterhin die Dringlichkeit seines Gesuchs nachweisen. Die Pfändung ist demnach nur zulässig, wenn der Gläubiger glaubhaft machen kann, dass die weitere Vollstreckung aus dem Titel gefährdet ist. Der Europäische Kontenpfändungsbeschluss gleicht auch in dieser Verfahrensphase eher einer Entscheidung im einstweiligen Rechtsschutzverfahren als einer bloßen Vollstreckungsmaßnahme. Eine Sicherungsvollstreckung kann dagegen – zumindest in Deutschland und Polen – ohne weitere Voraussetzungen betrieben werden. Auch erfordert sie nicht die Transliteration sämtlicher Schriftstücke. Vorteile kann die EuKpfVO hier vor allem durch die Verfahrensvereinheitlichung und damit durch Kostenersparnis bringen. Der Gläubiger muss sich vor dem Zugriff hier nicht zwingend mit dem Verfahrensrecht des fremden Mitgliedstaats befassen und ist daher nicht zwingend auf einen (ausländischen) Anwalt angewiesen. In Mitgliedstaaten mit besonders langwieriger Verfahrensdauer kann die EuKpfVO auch aus Gesichtspunkten der Effektivität vorgezogen werden, da sie die Gerichte zu einer Entscheidung innerhalb von fünf Tagen verpflichtet. Wie aber bereits § 4 IX. 3. c) ausgeführt, kann diese Frist im Einzelfall überschritten werden.

§ 5 Anerkennung und Vollstreckung einer ausländischen einstweiligen Entscheidung

A. Anerkennung einstweiliger Maßnahmen im Anwendungsbereich der EuGVO

Entscheidungen der mitgliedstaatlichen Gerichte werden im Anwendungsbereich der EuGVO grenzüberschreitend anerkannt (Art. 36 ff EuGVO) und vollstreckt (Art. 39 ff EuGVO). Eines besonderen Verfahrens bedarf es nicht (Art. 36 Abs. 1, 39 EuGVO). Mit Neufassung der EuGVO sind Entscheidungen grenzüberschreitend anerkennungsfähig und vollstreckbar, ohne dass es hierzu eines Exequaturverfahrens bedürfte.[798] Der Gläubiger muss nur die nach Art. 42 Abs. 2 EuGVO erforderlichen Urkunden vorlegen, d.h. eine Ausfertigung der Entscheidung (lit. a), eine Bescheinigung nach Art. 53 EuGVO, die die einstweilige Maßnahme beschreibt und deren Vollstreckbarkeit im Ursprungsmitgliedstaat bestätigt (lit. b (i), (ii)), sowie einen Nachweis über die zwischenzeitliche Zustellung der einstweiligen Entscheidung, sofern sie ohne Beteiligung des Schuldners ergangen ist (lit. c). Eine Übersetzung oder Transliteration der Bescheinigung ist nur auf Verlangen der Vollstreckungsbehörde erforderlich (Art. 42 Abs. 3 EuGVO). Ein Schuldner außerhalb des Ursprungsmitgliedsstaats kann die Vollstreckung der einstweiligen Entscheidung selbst dann nicht aufhalten, wenn er vom Gläubiger die Übersetzung verlangt (Art. 43 Abs. 3 EuGVO). Letzteres würde die Vollstreckung der Hauptsacheentscheidung auf Sicherungsmaßnahmen reduzieren (Art. 42 Abs. 2 UAbs. 2 EuGVO).

Die Entscheidung wird dann unter den gleichen Bedingungen vollstreckt wie eine Entscheidung, die im ersuchten Mitgliedstaat ergangen ist (Art. 41 Abs. 1 S. 2 EuGVO). Die Art und Weise der Vollstreckung, die Vollstreckungsorgane, der Schuldnerschutz etc. bestimmen sich daher nach der lex fori des Vollstreckungsstaates.[799]

Der Begriff der Entscheidung umfasst dabei auch einstweilige Maßnahmen, wie sich nunmehr ausdrücklich aus Art. 2 lit. a UAbs. 2 S. 1 EuGVO ergibt. Allerdings gilt dies nur für solche Entscheidungen, die von einem nach dieser Verordnung in der Hauptsache zuständigen Gericht angeordnet wurden und bei denen entweder der Beklagte vorgeladen wurde oder ihm die Entscheidung vor

---

798 Ausführlich dazu: Hess, FS Gottwald, S. 273 ff.

799 Saenger/Dörner, Art. 41 EuGVVO Rn. 5.

der Vollstreckung zugestellt wurde (Art. 2 lit. a UAbs. 2 S. 2 EuGVO). Für einstweilige Maßnahmen, die von dem nach der EuGVO in der Hauptsache nicht zuständigen Gericht erlassen werden, ist die Freizügigkeit nach der EuGVO e contrario ausgeschlossen.[800] Einstweilige Maßnahmen aus nationalen Gerichtsständen sollen (zumindest aus Sicht des automatischen Anerkennungsregimes der EuGVO) in ihrer Wirkung auf das Hoheitsgebiet des betreffenden Mitgliedstaats beschränkt bleiben.[801]

Das zwingende Erfordernis einer Sicherheitsleistung als Anerkennungsvoraussetzung ist entfallen.[802]

Es stellt sich die Frage, ob darüber hinaus eine Anerkennung und Vollstreckung einstweiliger ex parte-Maßnahmen, die den Tatbestand des Art. 2 lit. a UAbs. 2 S. 2 EuGVO nicht erfüllen, durch (anerkennungsfreundlichere) bilaterale Verträge oder das autonome Recht herbeigeführt werden könnte. Grundsätzlich wird dies im Rahmen der EuGVO durch ein Rückgriffsverbot ausgeschlossen, um die Rechtssicherheit nicht zu gefährden.[803] Aus Art. 69, 70 Abs. 1 EuGVO folgt ein Anwendungsausschluss der dort genannten Abkommen, die durch die einheitliche Regelung der EuGVO gerade ersetzt werden sollen. Ergänzt wird dies durch Art. 71 Abs. 1 EuGVO e contrario, dem sich der Wille eines vereinheitlichten europäischen Anerkennungsrechts entnehmen lässt.[804] Es wird befürchtet, die Anwendung des Günstigkeitsprinzips im Rahmen der EuGVO würde den Rechtsverkehr entgegen der Vereinheitlichungsbestrebungen wieder mit der Unsicherheit der nationalen Prozessrechte überlagern und dadurch das Funktionieren des europäischen Binnenmarktes beeinträchtigen.[805]

Nach der Neufassung der EuGVO kann dies allenfalls noch eingeschränkt gelten. Wie sich aus Erwägungsgrund 33 EuGVO ergibt, soll die Anerkennung und Vollstreckung solcher Maßnahmen gemäß einzelstaatlichem Recht gerade nicht durch die Regelung der EuGVO ausgeschlossen werden. Etwas anderes folgt auch nicht zwingend aus Art. 69 ff EuGVO. Diese schließen ihrem Wortlaut nach einen Rückgriff auf das autonome Anerkennungsrecht nach dem Günstigkeitsprinzip nicht aus.[806] Soweit einstweilige Entscheidungen ohne Anhörung

---

800 Domej, RabelsZ 78 (2014), 508, 543; Wilke, JPIL 2015, 128, 135 f.

801 Erwägungsgrund 33 EuGVO.

802 Vgl. hierzu bereits § 4 A.V.

803 Nagel/Gottwald, § 12 Rn. 5; Geimer, IZPR, Rn. 2767b; Rauscher/Leible, 3. Aufl., Art. 32 Brüssel I-VO, Rn. 3; Schlosser/Hess, Art. 34 EuGVVO Rn. 1.

804 Schack, IZVR, Rn. 898.

805 Vgl. Ludwig, S. 118.

806 Schack, IZVR, Rn. 899; Domej, RabelsZ 78 (2014), 508, 546.

des Gegners oder vorheriger Zustellung der Entscheidung im Ausland vollstreckt werden sollen, können sie nach einzelstaatlichem Recht anerkannt werden.[807] Nach überwiegender Ansicht soll diese Möglichkeit aber nicht für Entscheidungen von Gerichten gelten, die ihre internationale Zuständigkeit allein aus nationalen Vorschriften ableiten.[808]

B. Anerkennung einstweiliger Entscheidungen nach autonomem Recht in Deutschland

Außerhalb unionsrechtlicher Vorschriften erfolgt die Anerkennung einer gerichtlichen Entscheidung nach autonomem deutschem Recht gemäß den §§ 328, 722, 723 ZPO sowie §§ 107–109 FamFG. Die Anerkennung selbst tritt nach § 328 ZPO kraft Gesetzes ein, ohne dass es eines besonderen Verfahrens hierfür bedürfte.[809] Erforderlich ist, dass keiner der in § 328 Abs. 1 Nr. 1 – 5 ZPO aufgezählten Versagungsgründe vorliegt. Erfasst werden grundsätzlich nicht nur Urteile, sondern sämtliche gerichtlichen Entscheidungen unabhängig ihrer Form oder Bezeichnung.[810] Anerkennungsfähig sind danach aber nur Entscheidungen, die endgültig sind. Hierunter fällt ein Arrestbefehl gerade nicht, ist er doch seinem Wesen nach nur eine vorläufige Entscheidung, der die Vollstreckung des endgültigen Titels sichern soll.[811] Etwas anderes kommt nur in Betracht, wenn eine einstweilige Maßnahme ausnahmsweise streitbeendenden Charakter hat, wie etwa eine Leistungsverfügung.[812] Dies gilt aber nicht bereits, wenn der Arrest in der Praxis die Sache endgültig bereinigt.[813]

---

807 Wilke, JPIL 2015, 128, 135 f; Domej, RabelsZ 78 (2014), 508, 546; Rauscher/Leible, Art. 2 Brüssel Ia-VO Rn. 15.

808 Wilke, JPIL 2015, 128, 136 f; Domej, RabelsZ 78 (2014), 508, 545; Rauscher/Leible, Art. 35 Brüssel Ia-VO Rn. 42; aA Heinze, RabelsZ 75 (2011), 581, 614 f.

809 BeckOK ZPO/Bach, § 328 ZPO Rn. 10; Nagel/Gottwald, § 12 Rn. 106.

810 Baumbach/Lauterbach/Albers/Hartmann, § 328 ZPO Rn. 9; Stein/Jonas/Roth § 328 ZPO Rn. 54; Geimer, IZPR, Rn. 2851; Nagel/Gottwald, § 12 Rn. 142; Koch, FS Schumann, S. 267, 272.

811 Baumbach/Lauterbach/Albers/Hartmann, § 328 ZPO Rn. 11; Stein/Jonas/Roth, § 328 ZPO Rn. 55; Nagel/Gottwald, § 12 Rn. 140; Berger/Otte, Kap. 18 Rn. 134; Eilers, S. 223 ff; Kofmel Ehrenzeller, S. 130; Geimer, IZPR, Rn. 2857 stellt nach funktioneller Betrachtungsweise darauf ab, ob die Entscheidung dazu geeignet ist die Streitsache endgültig zu beenden.

812 Vgl. OLG München, IPRax 1992, 174, 175; Berger/Otte, Kap. 18 Rn. 135; Stein/Jonas/Roth § 328 ZPO Rn. 55.

813 Nagel/Gottwald, § 12 Rn. 140.

C. Anerkennung einstweiliger Entscheidungen nach autonomem Recht in Polen

Die Anerkennung ausländischer Gerichtsentscheidungen erfolgt in Polen nach den einschlägigen Unionsbestimmungen.[814] Zudem sieht das polnische Verfahrensrecht in Art. 1145 ff KPC autonome Anerkennungsregeln vor. Diese gelten allerdings nur bei Ursprungsstaaten außerhalb der Europäischen Union.[815] Anerkennungsfähig sind ausländische Entscheidungen, wenn keine Anerkennungshindernisse vorliegen (vgl. Art. 1145, 1146 § 1 KPC). Auch Entscheidungen des einstweiligen Rechtsschutzes können hierunter fallen, sofern sie die Voraussetzungen erfüllen.[816] Allerdings muss dem Gegner stets die Möglichkeit gewährt worden sein, sich im Verfahren zu äußern. Andernfalls liegt ein wesentliches Anerkennungshindernis vor (Art. 1146 § 1 Nr. 4 KPC). Praktisch besonders relevante ex parte Entscheidungen sind davon folglich ausgeschlossen.

D. Grenzüberschreitende Anerkennung und Vollstreckbarkeit des europäischen Beschlusses zur vorläufigen Kontenpfändung

Kernelement der EuKpfVO ist die weitgehende Entscheidungsfreizügigkeit. Ein europäischer Beschluss zur vorläufigen Kontopfändung wird in allen Mitgliedstaaten[817] anerkannt und ist ohne Exequaturverfahren grenzüberschreitend vollstreckbar (Art. 22 EuKpfVO). Eines gesonderten Verfahrens bedarf es hierfür nicht. Damit reiht sich ein weiterer Unionsakt in den voranschreitenden Abbau des Exequaturverfahrens im europäischen Zivilprozessrecht ein.[818]

Tatsächlich erfährt diese Freizügigkeit im Rahmen der EuKpfVO allerdings erhebliche Einschränkungen. Der europäische Kontenpfändungsbeschluss kann jeweils nur in den Mitgliedstaaten vollstreckt werden, in denen das betroffene Konto belegen ist. Auf Mitgliedstaaten, die nicht im Beschluss selbst genannt sind, d.h. auf deren Staatsgebiet sich kein Konto befindet, wirkt sich der Beschluss nicht aus. Ebenso wenig ist eine nachträgliche Anerkennung des Beschlusses in diesen Mitgliedstaaten vorgesehen, wenn der Gläubiger von einem Konto in

---

814 Zur Anerkennung im Anwendungsbereich der EuGVO: § 5 A.

815 DKB/Piasecki, Band 3, Art. 1145 KPC Rn. 1; im Verhältnis zu Island, Norwegen und der Schweiz gilt zudem das Lugano-Übereinkommen.

816 Weyde, S. 73 ff.

817 Mitgliedstaat i.S.d. EuKpfVO, zum räumlichen Anwendungsbereich vgl. § 3 B.

818 Vgl. Übersicht Hess, FS Gottwald, S. 273 ff.

einem Mitgliedstaat erfährt, der bisher nicht in seinem Antrag bzw. im Beschluss enthalten war. Verschiebt also der Schuldner sein Kontoguthaben auf das Konto der Bank eines anderen Mitgliedstaats, entzieht sich dies dem Vollstreckungszugriff im Rahmen der EuKpfVO, soweit letztere Bank nicht ebenfalls im Beschluss aufgeführt ist. Möchte der Gläubiger die Pfändung auf weitere Konten in anderen Mitgliedstaaten ausweiten, nützt ihm der bisherige Beschluss nichts. Dies liegt an der strengen vollstreckungsrechtlichen Begrenzung des Beschlusses. Er enthält keine anerkennungsfähige Entscheidung, die ihm eine Vollstreckung in das gesamte Vermögen des Schuldners (so beim deutschen Arrestbefehl) oder zumindest in alle Vermögensobjekte, die durch eine bestimmte Vollstreckungsart erfasst werden (so beim polnischen Sicherungsbeschluss), gestatten würde. Vielmehr ist der Vollstreckungszugriff im Beschluss auf bestimmte Vollstreckungsobjekte beschränkt. Der Gläubiger kann nur diejenigen Konten pfänden, die im Beschluss genannt sind. Ihm ist daher weder die Pfändung eines Kontos in einem anderen noch im gleichen Mitgliedstaat bei einer Bank gestattet, die nicht im Beschluss aufgeführt ist. Möchte der Gläubiger die Pfändung weiterer Konten erreichen, kann er dies nur mittels eines zusätzlichen Kontenpfändungsbeschlusses beim Erlassgericht (vgl. Art. 16 Abs. 1 EuKpfVO) erwirken.

Zu beachten ist, dass es hier nicht um die grenzüberschreitende Anerkennung der Pfändung als Vollstreckungsakt geht, sondern um die ihr zugrundeliegende Entscheidung, die aus dem eigenständigen (einstweiligen) Erkenntnisverfahren resultiert. Die Entscheidung begründet von sich aus keine vollstreckungsrechtlichen Folgen, sondern muss selbst noch im jeweiligen Vollstreckungsmitgliedstaat vollstreckt werden (vgl. Art. 23 ff EuKpfVO).

E. Vergleich

Die grenzüberschreitende Anerkennung und Vollstreckbarkeit des europäischen Kontenpfändungsbeschlusses unterscheidet sich deutlich von der eines deutschen Arrestbefehls oder eines polnischen Sicherungsbeschlusses. Einstweilige einzelstaatliche Maßnahmen genießen unionsweite Freizügigkeit nur insoweit, als sie nach den Vorgaben des Art. 2 lit. a UAbs. 2 EuGVO erlassen wurden. Ihre Anerkennungsfähigkeit und Vollstreckbarkeit ist dadurch deutlich eingeschränkt. Einzelstaatliche Entscheidungen, die außerhalb des Zuständigkeitsregimes der EuGVO erlassen wurden, werden unionrechtlich nicht anerkannt und vollstreckt (vgl. Art. 36, 42 Abs. 2, 53 EuGVO). Damit scheiden insbesondere Maßnahmen von Gerichten aus, die ihre Zuständigkeit am Belegenheitsort aus einzelstaatlichem Recht ableiten. Hierin liegt allerdings kein Unterschied zur EuKpfVO, denn diese bestimmt die Zuständigkeit des Erlassgerichts ebenso anhand der EuGVO und schließt dadurch eventuelle Belegenheitzuständigkeiten aus. Unterschiede ergeben sich aber aus dem Beteiligungsgebot des Schuldners innerhalb der EuGVO. Dieser muss vor Erlass der Maßnahme angehört werden, sofern ihm die Entscheidung nicht vor ihrer Vollstreckung zugestellt wird. Sowohl die Anhörung als auch die vorherige Zustellung gelten als großer Schwachpunkt grenzüberschreitender einstweiliger Maßnahmen. Sie warnen den Antragsgegner vor dem anstehenden Vollstreckungszugriff und vereiteln so den intendierten Überraschungseffekt.

Die in der EuKpfVO festgeschriebene Freizügigkeit hat allerdings erhebliche Einschränkungen. Ein europäischer Kontenpfändungsbeschluss wird zwar in den anderen Mitgliedstaaten ohne Exequaturverfahren anerkannt und ist dort vollstreckbar. Tatsächlich lässt sich der Beschluss nach der EuKpfVO allerdings nur in denjenigen Mitgliedstaaten vollstrecken, die in dem Beschluss aufgeführt sind, d.h. in denen die kontoführenden Banken ausgewiesen sind. Er muss daher einen weiteren Beschluss beim Erlassgericht erwirken. Die EuKpfVO schafft also nur bedingt eine einstweilige Maßnahme, die unionsweit anerkannt wird und vollstreckbar ist.

Bei der Frage, welche Optionen dem Gläubiger im Rahmen der EuGVO verbleiben, ist zu unterscheiden. Kommt es ihm aus Effizienzgesichtspunkten gerade auf einen Überraschungseffekt der einstweiligen Maßnahme an, so ist er nach neuer (und alter) Fassung der EuGVO jedenfalls darauf angewiesen, den ersuchten Arrest direkt im jeweiligen Mitgliedstaat, nach dem dortigen Prozessrecht, zu erwirken, in dem er auch vollstreckt werden soll; gegebenenfalls wird ein paralleles Vorgehen in mehreren Ländern (sofern dort ein ex parte Verfahren überhaupt möglich ist)[819] nötig und ratsam sein, um dem Gegner die Möglichkeit einer Vermögensverschiebung zu entziehen.[820] Etwas anderes kommt allenfalls dann in Betracht, wenn das autonome Recht im Vollstreckungsstaat eine Anerkennungsmöglichkeit von einstweiligen ex parte Entscheidungen kennt. Dies ist jedenfalls in Deutschland nicht der Fall. Ist dagegen eine Vermögensverschiebung unwahrscheinlich und kommt es dem Gläubiger daher nicht auf die Wahrung eines Überraschungseffekts, sondern auf eine weitgehende Freizügigkeit der Arrestentscheidung an, so ist er gezwungen, sich an das in der Hauptsache (nach der EuGVO) zuständige Gericht zu wenden und auf ein

---

819 Vgl. Tsikrikas, ZZP 124 (2011), 461, 468.

820 Otte/Berger, Kap. 18 Rn. 57; Zerr, EuZW 2013, 292, 294; Kropholler, Art. 32 Rn. 23; vgl. zur Zulässigkeit solcher paralleler Verfahren bereits Punkt VII: Rechtshängigkeit EuGVO.

kontradiktorisches Verfahren zu drängen (oder die einstweilige Entscheidung dem Schuldner vorher zuzustellen).

Daneben kann es für den Gläubiger auch durchaus sinnvoll sein, sich trotz fehlender Freizügigkeit nach der EuGVO auf die Maßnahmenzuständigkeit nach nationalem Prozessrecht zu stützen. Dies kann etwa der Fall sein, wenn eine spätere Einziehung der Forderung im Inland betrieben werden kann. Dem Gläubiger wird es dabei regelmäßig auf eine besonders günstige Ausgestaltung des nationalen Verfahrens zur Erlangung der einstweiligen Maßnahme ankommen. Denkbar erscheint auch, dass der Gläubiger damit die Anwendung nationalen materiellen Rechts zumindest für das Eilverfahren erreichen will.[821]

821 Zur Frage, welches materielle Recht anzuwenden ist, vgl. § 4 A VII 1 a) bb).

§ 6 Die Vollstreckung der unterschiedlichen Entscheidungen

Hat der Gläubiger einen europäischen Beschluss zur vorläufigen Kontenpfändung erwirkt, kann er auf dieser Grundlage (grenzüberschreitend und ggf. auch im Erlassstaat) in die darin bezeichnete Kontoforderung vollstrecken. Die EuKpfVO greift diesbezüglich in großem Umfang auf das einzelstaatliche Recht zu gleichwertigen nationalen Maßnahmen zurück. Im Folgenden soll daher die Vollstreckung des europäischen Kontenpfändungsbeschlusses dargestellt und mit dem Vollzug eines deutschen Arrestbefehls durch Arrestpfändung oder Vorpfändung sowie der Vollstreckung eines polnischen Sicherungsbeschlusses durch Kontenpfändung verglichen werden.

A. Verfahren

Zunächst soll hierzu geklärt werden, worin sich die Anerkennung und Vollstreckung solcher einstweiligen Maßnahmen innerhalb der EU von derjenigen eines Europäischen Kontenpfändungsbeschlusses unterscheidet.

I. Kontopfändungen nach autonomem deutschem Recht

1. Pfändungsbeschluss

Das deutsche Prozessrecht sieht ein zweistufiges System vor, bei dem strikt zwischen der Erlangung einer Arrestentscheidung und deren Vollziehung zu unterscheiden ist. Während das Arrestverfahren (trotz Lokalisierung im 8. Buch der ZPO) eigentlich ein summarisches Erkenntnisverfahren darstellt,[822] handelt es sich bei der Vollziehung um ein vollstreckungsrechtliches Vorgehen. Sie richtet sich grundsätzlich nach den allgemeinen Vollstreckungsregeln, sofern sich aus den §§ 929 ff ZPO nichts anderes ergibt (§ 928 ZPO). Die Vollziehung des Arrests kann grundsätzlich in das gesamte bewegliche Vermögen und Forderungen (vgl. § 930 Abs. 1 ZPO) sowie in das unbewegliche Vermögen (vgl. § 932 ZPO) und in eingetragene Schiffe als auch Schiffsbauwerke (vgl. § 931 ZPO) erfolgen. Erfolgt sie in Forderungen, geschieht dies durch Pfändung nach den

822 OLGR Frankfurt 2009, 419, 420; OLG Brandenburg NJW-RR 2002, 1127 (zur einstw. Verfügung); Eilers, S. 29 f; Schack, IZVR, Rn. 477; Teplitzky, DRiZ 1982, 41, 46; Wenzel, MDR 1967, 889, 892.

allgemein bestehenden Grundsätzen der §§ 828 ff ZPO (§ 930 Abs. 1 S. 1, 2 ZPO). Sie folgt damit im Wesentlichen der Vollstreckung eines Hauptsachetitels. Die rein terminologische Unterscheidung zwischen Vollziehung und Vollstreckung ist auf den Umstand zurückzuführen, dass der Arrest lediglich zu einer Sicherung und nicht zu einer endgültigen Befriedigung führt. [823]

a) *Zuständigkeit*

aa) Allgemein

Die Zuständigkeit für den Erlass des Pfändungsbeschlusses liegt im Arrestverfahren beim Arrestgericht als Vollstreckungsgericht (§ 930 Abs. 1 S. 3 ZPO). Die internationale Zuständigkeit des Gerichts bestimmt sich dagegen nach § 828 Abs. 2 ZPO.[824] Das Arrestgericht ist international dafür zuständig, einen Pfändungsbeschluss zu erlassen, wenn der Schuldner seinen (Wohn-) Sitz im Inland hat oder dort gemäß § 23 ZPO gegen ihn Klage erhoben werden kann. Hier ergeben sich die gleichen Fragen, wie bereits im Rahmen der Arrestzuständigkeit (vgl. bereits oben § 4 A. I. 1.).

In der Praxis erlässt das Gericht den Pfändungsbeschluss nach entsprechendem Antrag gleichzeitig mit dem Arrestbefehl, wobei es nicht darauf ankommt, ob die Arrestentscheidung durch Urteil oder durch Beschluss ergeht.[825] Rein äußerlich geschieht dies durch Verbindung in der Entscheidungsformel.[826] Die Entscheidung über den Arrest und der Pfändungsbeschluss bleiben (wie schon die Anträge) aber rechtlich vollkommen selbstständig.[827] Im Unterschied zur Vollstreckung des Hauptsachetitels erlässt in solchen Fällen nicht der Rechtspfleger, sondern der Richter als funktional zuständiges Organ, den

---

823 BGH NJW 1999, 3122, 3123; NJW 1993, 1076, 1077; MüKoZPO/Drescher, § 928 ZPO Rn. 1; Schuschke/Walker/Walker, Vor. § 916 ZPO Rn. 52; vgl. auch Stein/Jonas/Grunsky, Vor. § 916 ZPO (Vollziehung als Unterart der Vollstreckung).

824 BVerfGE 64, 1 Rn. 64; Schimrick, S. 30; aA wohl Schack, IZVR, Rn. 184.

825 MüKoZPO/Drescher, § 930 ZPO Rn. 4; Stein/Jonas/Grunsky, § 930 ZPO Rn. 5; Wieczorek/Schütze/Thümmel, § 930 ZPO Rn. 8; Zöller/Vollkommer, § 930 ZPO Rn. 3; Gaul/Schilken/Becker-Eberhard, § 78 Rn. 14; Walker, Rn. 405 f; aA Baumbach/Lauterbach/Albers/Hartmann, § 930 ZPO Rn. 7; Berger/Heiderhoff, Kap. 9 Rn. 46.

826 Gaul/Schilken/Becker-Eberhard, § 78 Rn. 14; Walker, Rn. 406, spricht sich dafür aus, den Pfändungsbeschluss nicht in den Tenor aufzunehmen, sondern darunter zu setzen, wie etwa bei einem Streitwertbeschluss.

827 Vgl. OLG Bamberg BeckRS 2012, 24666; OLG Zweibrücken FamRZ 2000, 966, 967; OLG Frankfurt NJW 1981, 2650; Walker, Rn. 406.

Pfändungsbeschluss.[828] Ansonsten verbleibt es bei der Zuständigkeit des Rechtspflegers (§ 20 Abs. 1 Nr. 16 RPflG). Eine Verbindung verbietet sich, sofern das Arrestgericht eine Sicherheitsleistung als Vollziehungsbedingung gesetzt hat (§ 921 ZPO).[829]

bb) Besonderheiten grenzüberschreitender Konstellationen

Besonderheiten bestehen für Pfändungen im grenzüberschreitenden Bereich. In Deutschland wird bei grenzüberschreitenden Sachverhalten in verschiedenen Konstellationen eine wirksame Pfändung durch ein deutsches Gericht angenommen, selbst wenn die Beteiligten ihren (Wohn-) Sitz im Ausland haben. Für vorläufige Kontopfändungen gilt nichts anderes. Grundsätzlich ist die Vollstreckungsgewalt eines Staates auf sein eigenes Staatsgebiet begrenzt (s.o.). Die Möglichkeit einer inländischen Pfändung wird durch das Territorialitätsprinzip eingeschränkt.

Hier muss zwischen unterschiedlichen Konstellationen unterschieden werden.

(1) Schuldner im Ausland, Drittschuldner im Inland

Unproblematisch ist der Fall, in dem der Drittschuldner seinen Wohnsitz/Sitz im Inland hat, der Schuldner dagegen im Ausland.[830] Hier findet keine Auslandsvollstreckung statt, denn hoheitliche Handlungen müssen im Ausland nicht vorgenommen werden.[831] Dies ergibt sich bereits aus § 829 Abs. 3 ZPO, wonach die Pfändung mit der Zustellung an den Drittschuldner bewirkt ist. Auch aus der Zwangswirkung des Pfändungsbeschlusses selbst lässt sich zudem nichts anderes herleiten. Ein solcher beansprucht nur Geltung im Inland, entfaltet also keine (unmittelbare) extraterritoriale Zwangswirkung.[832]

Die Zustellung an den Schuldner im EU-Ausland erfolgt gemäß § 829 Abs. 2 S. 3 ZPO nach der EuZVO.

(2) Schuldner im Inland/Ausland, Drittschuldner im Ausland

Für den Fall, dass der Vollstreckungsschuldner seinen Wohnsitz/ Sitz im Inland, der Drittschuldner hingegen im Ausland hat, hält die hM eine inländische

828 Berger/Heiderhoff, Kap.9 Rn. 46; Schuschke/Walker/Schuschke, § 930 ZPO Rn. 7.

829 OLG Düsseldorf RPfleger 1984, 161; Gaul/Schilken/Becker-Eberhard, § 78 Rn. 14.

830 Geimer, IZPR, Rn. 371, 3213; Lange, S. 165 f; Gottwald, IPRax 1991, 285, 289.

831 Nagel/Gottwald, § 19 Rn. 82; Schimrick, S. 93 ff.

832 Lange, S. 165 f; im Ergebnis auch OLG Saarbrücken, IPRax 2001, 318 f; aA. Jestaedt, IPRax 2001, 438, 439.

Forderungspfändung mittlerweile ebenso für möglich, sofern nur die Zustellung an den Drittschuldner wirksam erfolgt.[833]

Eine Forderung muss im Inland belegen sein, um eine Zwangswirkung auf fremdem Staatsgebiet zu vermeiden.[834] Unter welchen Voraussetzungen eine inländische Belegenheit angenommen werden kann, ist allerdings problematisch, da eine Forderung im Gegensatz zu körperlichen Sache keinen eindeutigen Belegenheitsort aufweist (dazu bereits im Rahmen der Zuständigkeit für den Arrestbefehl). Aus § 23 ZPO folgt keine allgemeingültige Belegenheitsfiktion hinsichtlich der Gerichtsgewalt. Der Vorschrift kommt nur eine zuständigkeitserweiternde Funktion zu,[835] weshalb die Ausführungen zur Belegenheit i.R.d. der (Arrest-) Zuständigkeit nicht bzw. nur eingeschränkt auf die Gerichtsgewalt übertragbar sind. Mangels eines tatsächlichen Belegenheitsortes soll anderer Ansicht nach eine Belegenheit der Forderung im Ausland mit dem Territorialitätsprinzip vereinbar sein.[836] Äußerste Grenze dieses Anknüpfungspunktes stellt die Gerichtsbarkeit dar.[837] Ein praktischer Unterschied folgt aus den abweichenden Ansichten deshalb nicht. Nach beiden Ansichten ist ein hinreichender Anknüpfungspunkt (genuine link) zum Staatsgebiet erforderlich.[838] Sie wollen damit eine völkerrechtswidrige Verletzung der Souveränität eines anderen Staates vermeiden. Der Unterschied besteht allein in der Verortung dieses Merkmals: Die Befürworter des Inlandsbezugs begründen damit bereits die inländische Belegenheit der Forderung.[839]

Einen hinreichenden Anknüpfungspunkt können sodann der Sitz der Bankzentrale, der kontoführenden Zweigstelle oder auch der des Schuldners, aber auch ein inländischer Gerichtsstand für die spätere Einziehung der Forderung oder der Erfüllungsort der Forderung sein.[840] Unbestritten bleiben die

---

833 LG Leipzig JurBüro 2012, 327 Rn. 3; Nagel/Gottwald, § 19 Rn. 89 ff; Schack, IZVR, Rn. 1086; Geimer, IZPR, Rn. 371, 3212 f; Lange, S. 160 ff; Stöber, Rn. 38 f.; Schimrick; S. 92 f; Marquordt, S. 19 ff; Gottwald, IPRax 1991, 285, 289; Riebold, S. 94 ff.

834 Nagel/Gottwald, § 19 Rn. 79; Geimer, IZPR, Rn. 371, 3203; Berglund, S. 13; Stöber, Rn. 38; Sonnabend, S. 43.

835 BAG NZA 1997, 334, 336; Gronstedt, S. 100; Schimrick, S. 72.

836 Schimrick, S. 78; Riebold, S. 95 ff; Lange, S. 178 f, 230; Hök, MDR 2005, 306, 308; aA Reichel, AcP 131, 293, 298 f.

837 Geimer, IZPR, Rn. 406, 3211; Marquordt, S. 9.

838 Vgl. BGH NJW-RR 2006, 198, 199 f; KG Beschluss vom 6.10.2011, 8 W 61/11; Geimer, IZPR, Rn. 406, 3211 f; Schimrick, S. 79; Riebold, S. 115 ff; vgl. auch BGH WM 2010, 520, 521.

839 Stöber, Rn 38.

840 Lange, S. 192 ff; Riebold, S. 116; Stöber, Rn 38.

Wirkungen der Pfändung jedenfalls auf das eigene Staatsgebiet begrenzt.[841] Ob die Maßnahme auch im Ausland anerkannt wird, entscheidet das Prozessrecht des jeweiligen Staats.[842]

Eine Zustellung erfolgt in grenzüberschreitenden Konstellationen im EU-Raum zwingend nach der EuZVO, andernfalls gemäß § 183 ZPO bzw. nach bi-/multilateralen Abkommen (dazu bereits oben § 4 A. IX 1. C). Die EuZVO sieht keine inhaltliche Prüfungskompetenz des grenzüberschreitend zuzustellenden Pfändungsaktes vor, auch wenn ein inländisches Gericht als Übermittlungsstelle in Anspruch genommen wird.[843]

b) Allgemeine Voraussetzungen

Wie jede Zwangsvollstreckungsmaßnahme erfordert auch die Vollziehung des Arrestbefehls grundsätzlich das Vorliegen der allgemeinen Zwangsvollstreckungsvoraussetzungen des § 750 ZPO. Allerdings gelten hier einige Besonderheiten.

Ein gesonderter Ausspruch der Vollstreckbarkeit des Arrestbefehls ist entbehrlich, da eine Arrestentscheidung grundsätzlich sofort vollstreckbar ist.[844] Ebenso wenig bedarf es einer Vollstreckungsklausel, wie sie § 724 ZPO vorsieht (§ 929 Abs. 1 ZPO). Die Arrestentscheidung muss dem Gegner auch nicht zugestellt werden, bevor sie vollzogen wird (§ 929 Abs. 3 S. 1 ZPO). Allerdings beschränkt § 929 Abs. 3 S. 2 ZPO die Wirkung der Vollziehung, wenn die Zustellung nicht innerhalb einer Woche nach der Vollziehung und vor Ablauf der für diese in § 929 Abs. 2 ZPO bestimmten Frist erfolgt. Der Antragsteller muss den Arrestbefehl also frühestens eine Woche nach Vollziehung und spätestens einen Monat (vgl. § 929 Abs. 2 ZPO) nach Urteilsverkündung bzw. Zustellung an ihn selbst zustellen. Hält der Antragsteller die Wochenfrist nicht ein, ist die Vollstreckungsmaßnahme unwirksam.[845] Ein erneuter Vollstreckungsversuch bleibt aber bis zum Verstreichen der Monatsfrist des § 929 Abs. 2 ZPO möglich.[846] Bei einem Arresturteil genügt i.R.d. § 929 Abs. 3 ZPO zwar die Amtszustellung, ratsam ist aber ein Zustellungsantrag, insbesondere die kumulative Zustellung nach Art. 4 und Art. 14 EuZVO bei grenzüberschreitenden Sachverhalten (s.o.).

---

841 Gronstedt, S. 104; Kotrschal/Stalberg, BKR 2009, 38, 40; Riebold, S. 107 ff.

842 LG Leipzig JurBüro 2012, 327 Rn. 3; Schimrick, S. 93.

843 Rauscher, AnwBl 2006, 628, 632.

844 Stein/Jonas/Grunsky, § 929 ZPO Rn. 1; Wieczorek/Schütze/Thümmel, § 929 ZPO Rn. 2; Brox/Walker, Rn. 1534.

845 BGH NJW 1999, 3494; LG Frankfurt NJW 1990, 652.

846 MüKoZPO/Drescher, § 929 ZPO Rn. 19.

Zur Wahrung dieser Fristen genügt sodann der Antrag auf Auslandszustellung, sofern die Zustellung demnächst erfolgt (§ 167 ZPO).[847] Der Begriff „demnächst“ ist nicht rein zeitlich im Sinne einer absoluten Höchstgrenze zu verstehen, sondern muss vor dem Hintergrund seiner Zweckbestimmung ausgelegt werden.[848] Die Parteien sollen danach vor Nachteilen geschützt werden, die außerhalb ihres Einflussbereichs liegen und gerade mit der zwingend erforderlichen Inanspruchnahme eines Verfahrens zusammenhängen, das die Zustellung in die Hände bestimmter Zustellorgane legt.[849] Folglich kann im Einzelfall auch eine mehrmonatige Verzögerung von diesem Begriff gedeckt sein, wenn die Partei alles Zumutbare veranlasst hat.[850] Der BGH erachtete im Einzelfall etwa eine neunmonatige Zustellungsdauer für „demnächst“ im Sinne von § 167 BGB.[851]

c) Antrag des Gläubigers

Der Vollziehungsantrag kann seit dem 01.01.2013 nur noch unter Verwendung des Formulars in Anlage II ZVFV[852] gestellt werden (§§ 829 Abs. 4 ZPO, 3, 2 Nr. 2 ZVFV). Davon abweichende Anträge müssen grundsätzlich als unzulässig zurückgewiesen werden.[853] Der Formularzwang gilt grundsätzlich auch für die Arrestpfändung.[854] Die ZVFV sieht zwar nur ein einheitliches Formular zur Beantragung eines Pfändungs- und Überweisungsbeschlusses vor (s. S. 1, 2 Anlage II ZVFV), gibt aber auf Seite 8 des Formulars die Wahlmöglichkeit, ob überhaupt ein Überweisungsbeschluss ergehen soll.[855]

---

847 KG IPRax 2001, 236, m. Anm. Mennicke, 202; Berger/Otte, Kap. 18 Rn. 124; Nagel/Gottwald, § 17 Rn. 54; Wieczorek/Schütze/Thümmel, § 929 ZPO Rn. 23.

848 BGH NJW 2006, 3206, 3207; NJW 2003, 2830, 2831.

849 BGH NJW 2006, 3206, 3207; NJW 2003, 2830, 2831; BGHZ 145, 358, 362; 143, 343, 351; 103, 20, 28 f.

850 BGH NJW-RR 2009, 855 Rn. 13 f; NJW 2006, 3206, 3207; NJW-RR 2003, 599, 600; NJW 2003, 2830, 2831.

851 BGH NJW-RR 2009, 855 Rn. 14.

852 Verordnung über Formulare für die Zwangsvollstreckung (Zwangsvollstreckungsformular-Verordnung-ZVFV), BGBl. I S. 1822.

853 LG Mainz BeckRS 2013, 15426; LG Essen BeckRS 2013, 15395; Vollkommer, NJW 2012, 3681, 3683; dagegen will Stöber, Rn. 468, die Zurückweisung ins Ermessen des Gerichts stellen, sofern das Formular nicht verwendet wird; vgl. zur Zurückweisung ferner: LG Mönchengladbach BeckRS 2013, 15349; LG Dortmund BeckRS 2013, 07669; LG Kiel BeckRS 2013, 08742.

854 Stöber, Rn. 468.

855 Zur Verfassungsmäßigkeit: BVerfG ZIP 2014, 645.

Hinsichtlich der Person des Drittschuldners genügt die Angabe der Bank an ihrem Hauptsitz; die kontoführende Filiale ist dagegen nicht zwingend zu benennen.[856] Dies wird regelmäßig aber zur Bestimmung der zu pfändenden Forderung erforderlich sein.[857] Zwar bedarf es hierfür keiner Angabe der genauen Konto- bzw. nunmehr IBAN-Nr.[858] Die zu pfändende Forderung muss aber objektiv identifizierbar sein, so dass der Drittschuldner die Forderung bestimmen und andere Gläubiger den Rang ihres Pfandrechts ermitteln können.[859] Dies ist etwa der Fall, wenn sich bereits aus weiteren Umständen ergibt, dass nur ein Konto in Betracht kommt.[860] Die Beschreibung mit „Forderungen aus Bankverbindung" ist dafür aber zu unbestimmt.[861] Der Gläubiger muss angeben, dass er etwa das „Guthaben eines Girokontos" pfänden will.[862] Dies wird unter Anspruch D Nr. 1 des Antragsformulars berücksichtigt. Eine Erstreckung auf zukünftige Forderungen ist grundsätzlich möglich.[863]

Der Gläubiger ist nicht daran gehindert die Pfändung mehrerer Forderungen gegen verschiedene Drittschuldner in einem Antrag zu ersuchen (vgl. § 829 Abs. 1 S. 3 ZPO). Neben der zu pfändenden Forderung bedarf der Antrag Angaben zum Gläubiger sowie zum Schuldner und Drittschuldner, ggf. mit vertretungsberechtigten Personen, jeweils mit Anschrift. Zudem ist die Vollstreckungsforderung nach Hauptsache, Zinsen, Prozess- und Vollstreckungskosten aufzuschlüsseln. Ein Anwaltszwang besteht für den Vollziehungsantrag nicht.

d) Prüfung des Gerichts

Neben der Vollständigkeit der Angaben im Pfändungsantrag und den allgemeinen Vollstreckungsvoraussetzungen prüft das Arrestgericht summarisch den Bestand der Forderung, die gepfändet werden soll. Dies ist naturgemäß (der Drittschuldner wird nicht gehört) nur in sehr beschränktem Maße möglich. An die Darlegung des Gläubigers sind daher keine allzu strengen Anforderungen zu stellen. Die vorgebrachten Tatsachen werden grundsätzlich als wahrheitsgemäß

856 Stöber, Rn. 157.

857 Ausführlich Riebold, S. 44 f.

858 BGH NJW 1982, 2193, 2195; OLG Rostock WM 2003, 627, 628; Schimansky/Bunte/Lwowski/Bitter, § 33 Rn. 7 ff; auch im Rahmen des Formularzwangs: Stöber, Rn. 156c.

859 BeckOK ZPO/Riedel, § 829 ZPO Rn. 22.

860 LG Trier RPfleger 1989, 418 f; LG Berlin RPfleger 1971, 262; MüKoZPO/Smid, § 829 ZPO Rn. 27.

861 OLG Frankfurt WM 1980, 1377.

862 Stöber, Rn. 156c.

863 Näher: Musielak/Voit/Becker, § 829 ZPO Rn. 6.

unterstellt, ohne dass der Gläubiger sie beweisen oder glaubhaft machen müsste.[864] Das Gericht muss allein feststellen können, dass die Forderung nach irgendeiner vertretbaren Auffassung in Rechtsprechung oder Literatur dargelegt wurde.[865]

Der Antrag ist ausnahmsweise abzulehnen, wenn dem Schuldner der Anspruch aus tatsächlichen oder rechtlichen Gründen offenbar nicht zustehen kann oder ersichtlich unpfändbar (§ 851 ZPO) ist.[866] Stellt sich im Nachhinein heraus, dass die Forderung nicht besteht oder sie einem Dritten zusteht, so ist die Pfändung nichtig.[867] Da aber auch ein solcher Pfändungsbeschluss nach außen den Rechtschein einer wirksamen Pfändung setzen kann, stehen einem Beteiligten, dessen Rechte durch die Entscheidung betroffen sind, die Rechtsbehelfe der Vollstreckungserinnerung (§ 766 ZPO) und Drittwiderspruchsklage (§ 771 ZPO) zu.[868]

Probleme bestehen indes, wenn der Sachvortrag des Antragstellers von unsubstantiierten Behauptungen und Vermutungen durchzogen ist, die Zweifel am tatsächlichen Bestehen der bezeichneten Forderung begründen.[869] Eine Verdachtspfändung muss zumindest ab Überschreitung der Grenze einer Ausforschungspfändung als rechtsmissbräuchlich abgelehnt werden.[870] Denn rein willkürliche, „ins Blaue hinein" aufgestellte Behauptungen einer Forderung ohne jeden Anhaltspunkt für ihr Bestehen dürfen gerade nicht beachtet werden.[871] Der BGH hielt in diesem Zusammenhang einen Antrag, in dem drei bestimmte Geldinstitute am Wohnort des Schuldners als Drittschuldner bezeichnet wurden, nicht für rechtsmissbräuchlich.[872] Rechtsprechung und Teile der Literatur gehen davon aus, dass man bei einem nicht gewerblich tätigen Schuldner im Allgemeinen von höchstens drei örtlichen Bankverbindungen ausgehen darf und erst eine Überschreitung dieser Grenze ein rechtsmissbräuchliches Verhalten

---

864 BGH NJW 2004, 2096, 2097; Stöber, Rn. 485a.

865 BGH NJW-RR 2008, 733 Rn. 13; NJW-RR 2003, 1650; KG NJW 1980, 1341, 1342; Stöber, Rn. 485a; MüKoZPO/Smid, § 829 ZPO Rn. 22; BeckOK ZPO/Riedel, § 829 ZPO Rn. 38.

866 BGH NJW-RR 2008, 733 Rn. 13; NJW-RR 2004, 2096, 2097.

867 BGH NJW 2002, 755; NJW 1986, 2430; Schuschke/Walker/Schuschke, § 829 ZPO Rn. 32, 49; Hess, NJW 2004, 2350.

868 OLGR Jena 1997, 155.

869 Dazu Stöber, Rn. 485d; Schimansky/Bunte/Lwowski/Bitter, § 33 Rn. 23 ff.

870 BGH NJW 2004, 2096, 2098.

871 BGH NJW 2004, 2096, 2097.

872 BGH NJW 2004, 2096.

begründen kann.[873] Für Unternehmen soll nichts anderes gelten.[874] Jedenfalls ist ein Antrag zurückzuweisen, soweit darin die gleichzeitige Kontopfändung bei 20[875] bzw. 264[876] Kreditinstituten beantragt wird.[877]

Darüber hinaus hat das Gericht von Amts wegen zu prüfen, ob Vollstreckungsbeschränkungen, wie etwa Pfändungsbeschränkungen nach § 775 ZPO oder insolvenzrechtliche Beschränkungen bzw. Verbote bestehen.[878] Der Schuldner ist vor Erlass des Beschlusses zur Kontopfändung nicht zu hören (834 ZPO), da dies den Vollstreckungszugriff erheblich gefährden würde. Dies gilt auch, wenn er, wie im Arrestverfahren, vorher noch nicht einmal im Rahmen eines Erkenntnisverfahrens gehört wurde.[879] Der Inhalt einer etwaigen Schutzschrift des Schuldners ist aber sehr wohl beachtlich.[880]

e) Beschluss

Der Pfändungsbeschluss ist ein staatlicher Hoheitsakt und ergeht auf Grundlage des Vollziehungsantrags.[881] Demgemäß entspricht er nach den inhaltlichen Anforderungen an Bezeichnung der Beteiligten, des erlassenden Gerichts und Bestimmtheit der Forderungen, etc., dem gestellten Antrag.[882] Der Beschluss muss die zu pfändende Forderung und ihren Rechtsgrund so genau bezeichnen, dass bei verständiger Auslegung unzweifelhaft feststeht, welche Forderung Gegenstand der Zwangsvollstreckung sein soll.[883] Da der Gläubiger die Beziehung zwischen Schuldner und Drittschuldner regelmäßig nicht im Detail kennt, sind keine allzu hohen Anforderungen zu stellen.[884] Zu den Angaben gehört auch

---

873 BGH NJW 2004, 2096, 2097 mit zust. Anm. Bitter, WuB VI E. § 829 ZPO 4.04 G u. Zimmermann, ZVI 2004, 286 f; Schimansky/Bunte/Lwowski/Bitter, § 33 Rn. 26; Stöber, Rn. 485d; aA Hess, NJW 2004, 2350 f, der eine Pfändung bei allen Kreditinstituten am Schuldnerwohnsitz für zulässig erachtet.

874 Bitter, WuB VI E. § 829 ZPO 4.04 G.

875 LG Hannover ZIP 1985, 60.

876 OLG München WM 1990, 1591.

877 Stöber, Rn. 485d.

878 BeckOK ZPO/Riedel, § 829 ZPO Rn. 39.

879 Stöber, Rn. 482.

880 Musielak/Voit/Becker, § 834 ZPO Rn. 2; Stöber, Rn. 481a; Vogel, NJW 1997, 554.

881 Vgl. bereits S. 1 des Antragsformulars in Anhang II ZVFV: „Es wird beantragt, den nachfolgenden Entwurf als Beschluss zu erlassen."; s. auch BGH NJW 2009, 2324 Rn. 19.

882 Vgl. zum zwingenden Inhalt ausführlich Stöber, Rn. 490 ff.

883 BGH NJW 2009, 2324 Rn. 19.

884 BGH NJW 2009, 2324 Rn. 19; NJW 1983, 886.

der Betrag der Forderung, aufgrund derer die Vollstreckung betrieben wird, differenziert nach Hauptforderung und Nebenforderungen.[885] Die Höhe der zu pfändenden Forderung muss dagegen nicht zwingend angegeben werden.[886]

Einer gesonderten Begründung bedarf der Beschluss nicht.[887] Er kann auch mit der Arrestentscheidung zu einer einheitlichen Entscheidung verbunden werden; an der rechtlichen Selbstständigkeit ändert dies allerdings nichts.[888] Wesentliches Element des Pfändungsbeschlusses bildet das arrestatorium. Dem Drittschuldner wird dabei untersagt, Zahlungen an den Schuldner zu leisten, soweit die Forderung gepfändet ist (§ 829 Abs. 1 S. 1 ZPO – arrestatorium).[889] Darüber hinaus ist im Beschluss ein relatives Verfügungsverbot an den Schuldner auszusprechen, sich jeder Verfügung über die Forderung zu enthalten (§ 829 Abs. 1 S. 2 ZPO – inhibitorium). Während das arrestatorium ein konstitutives Wirksamkeitselement darstellt, berührt das Fehlen eines inhibitoriums den Pfändungsbeschluss in seiner Wirksamkeit nicht.[890] Wie schon der Antrag kann der Beschluss mehrere Forderungen (auch) gegen unterschiedliche Drittschuldner umfassen (§ 829 ZPO Abs. 1 S. 3 ZPO), um so Arbeitsaufwand[891] zu verringern und Kosten[892] zu sparen. Kann dem Antrag nicht gefolgt werden, so ergeht auch die Zurückweisung durch Beschluss (§ 764 Abs. 3 ZPO).

f) Zustellung und Wirksamwerden

Die Forderungspfändung wird mit der Zustellung des Beschlusses (bzw. einer beglaubigten Abschrift davon)[893] an den Drittschuldner wirksam (§ 829 Abs. 3 ZPO). Die bloße Zustellung an den Schuldner genügt nicht und wirkt auch nicht heilend.[894] Die Zustellung an den Drittschuldner erfolgt nicht von Amts wegen,

---

885 MüKoZPO/Smid, § 829 ZPO Rn. 26; Musielak/Voit/Becker, § 829 ZPO Rn. 9.

886 Stöber, Rn. 499, etwas anderes soll aber im Fall der Teilpfändung gelten oder wenn die genaue Bezeichnung zur Konkretisierung des Gegenstandes notwendig ist; BeckOK ZPO/Riedel, § 829 ZPO Rn. 48.

887 Musielak/Voit/Becker, § 829 ZPO Rn. 9; Stöber, Rn. 476.

888 OLG Bamberg BeckRS 2012, 24666; OLG Zweibrücken FamRZ 2000, 966, 967; OLG Frankfurt NJW 1981, 2650.

889 Vgl. S. 8 des Antragsformulars in Anhang II ZVFV.

890 BeckOK ZPO/Riedel, § 829 ZPO Rn. 45; MüKoZPO/Smid, § 829 ZPO Rn. 32 f; Stöber, Rn. 505 f.

891 LG Detmold RPfleger 1991, 427.

892 LG Aschaffenburg RPfleger 1974, 204; AG Memmingen RPfleger 1989, 302.

893 Vgl. auch zum Unterschriftserfordernis des Rechtspflegers BGH NJW 1981, 2256.

894 Stöber, Rn. 525.

sondern auf Betreiben des Gläubigers nach den §§ 191 ff ZPO. Diesem selbst wird der Pfändungsbeschluss formlos mitgeteilt, sofern ihm in vollem Umfang entsprochen wird (§ 329 Abs. 2 ZPO); andernfalls wird ihm die Entscheidung des Gerichts förmlich zugestellt (§ 329 Abs. 3 ZPO). Den entsprechenden Antrag wird der Gläubiger regelmäßig mit dem Pfändungsgesuch bzw. bereits sogar mit dem Arrestgesuch stellen, um so die Vermittlung an den Gerichtsvollzieher über die Geschäftsstelle zu veranlassen.[895] Hinsichtlich der Zustellung selbst gelten dann die allgemeinen Zustellungsvorschriften.[896]

Für die Zustellung an den Schuldner gilt nichts anderes; auch sie erfolgt im Parteibetrieb und wird durch den Gerichtsvollzieher nach den allgemeinen Regeln bewirkt, jedoch ist ein weiterer gesonderter Antrag nicht mehr nötig.[897] Sie erfolgt zeitlich nach der Zustellung an den Drittschuldner, es sei denn etwas anderes wurde vom Gläubiger ausdrücklich beantragt (§ 121 Abs. 1 S. 2 GVGA). Dem Gläubiger wird ein vollumfänglich stattgebender Beschluss formlos mitgeteilt (§ 329 Abs. 2 ZPO). Andernfalls hat eine förmliche Zustellung zu erfolgen (§ 329 Abs. 3 ZPO).

g) Vollziehungsfrist

In Deutschland stellt die Vollziehung des Arrestbefehls ein eigenes Verfahren dar, dessen Einleitung in die Hände des Antragstellers gelegt wird. Zum Schutz des Schuldners wird die Wirkung eines Arrestbefehls durch § 929 ZPO begrenzt. Nach § 929 Abs. 2 ZPO muss der Gläubiger den Arrestbefehl innerhalb eines Monats nach Verkündung bzw. Zustellung an den Antragsteller vollziehen, um die Wirkung der erlangten Arrestentscheidung nicht zu gefährden. Andernfalls wird der Arrestbefehl wirkungslos.[898] Der Gläubiger soll keinen Titel auf „Vorrat“ erwerben und dann unter eventuell geänderten Verhältnissen die Vollziehung betreiben können.[899] Die zeitnahe Vollziehung soll mithin sicherstellen, dass der Arrestgrund in diesem Zeitpunkt noch fortwirkt.[900] Für die Einhaltung der Frist genügt die rechtzeitige Einleitung der Vollstreckungsmaßnahme durch

---

895 Schuschke/Walker/Schuschke, § 829 ZPO Rn. 45; BeckOK ZPO/Riedel, § 829 ZPO Rn. 84.

896 S. bereits zur Zustellung des Arrestbefehls: § 4 A IX 1 c).

897 Musielak/Voit/Becker, § 829 ZPO Rn. 15; Stöber, Rn. 526 Fn. 3; aA Schuschke/Walker/Schuschke, § 829 ZPO Rn. 47.

898 BGH NJW 1999, 3494; OLGR Karlsruhe 361, 362; OLG Düsseldorf GRUR 1984, 385.

899 BVerfG NJW 1988, 3141; Gaul/Schilken/Becker-Eberhard, § 78 Rn. 2.

900 BVerfG NJW 1988, 3141.

Beantragung der Pfändung beim zuständigen Vollstreckungsorgan.[901] Dafür genügt auch eine Vorpfändung.[902] Auf die rechtzeitige Durchführung (noch nicht einmal auf den Beginn) kommt es demnach nicht an.[903] Zu beachten ist daneben aber die Frist für die Zustellung der Arrestentscheidung gemäß § 929 Abs. 3 ZPO.

2. *Vorpfändung*

Da der Erlass eines Pfändungsbeschlusses unter Umständen eine gewisse Zeit in Anspruch nehmen kann, sieht die ZPO auch die Möglichkeit einer Vorpfändung gemäß § 845 ZPO vor. Sie soll dem Gläubiger einen schnellen Vollstreckungszugriff auf das Schuldnervermögen eröffnen und eine zeitweise Sicherung der späteren Zwangsvollstreckung des Hauptsachetitels gewährleisten. Anders als der Pfändungsbeschluss stellt die Vorpfändung keine staatliche, sondern eine vorläufige, private Rechtsdurchsetzungshandlung dar.[904]

a) Zuständigkeit

Zuständig für die Zustellung der Vorpfändung ist der Gerichtsvollzieher. Welchen Gerichtsvollzieher der Gläubiger beauftragt, ist ihm überlassen. Eine zwingende Anknüpfung an den (Wohn-)Sitz des Gläubigers, Schuldners oder des Drittschuldners besteht nicht (§ 22 GVO).

b) Voraussetzungen

Voraussetzung einer Vorpfändung ist zunächst ein Titel über die zu vollstreckende Geldforderung. Dabei muss es sich nicht um einen Titel handeln, der auf endgültige Befriedigung gerichtet ist. Erforderlich ist lediglich ein Schuldtitel, der vollstreckungsfähig ist.[905] Hierunter fallen auch Titel, die auf bloße Sicherung gerichtet sind, so auch Arrestentscheidungen.[906] Dabei müssen insbesondere die

---

901 BGH NJW 2006, 1290 Rn. 8; NJW 1991, 496; Walker, Rn. 576 ff; Schuschke/Walker/Walker, § 929 ZPO Rn. 20; Stein/Jonas/Grunsky, § 929 ZPO Rn. 12; Wieczorek/Schütze/Thümmel, § 929 ZPO Rn. 11.

902 Dazu § 6 A I 2.

903 Berger/Heiderhoff, Kap. 9 Rn. 24; Schuschke/Walker/Walker, § 929 ZPO Rn. 20.

904 Musielak/Voit/Becker, § 845 ZPO Rn. 1; MüKoZPO/Smid, § 845 ZPO Rn. 16; Stein/Jonas/Brehm, § 845 ZPO Rn. 13 spricht von privater Prozesshandlung.

905 Stöber, Rn. 798;

906 RG JW 1907, 207; MüKoZPO/Smid, § 845 ZPO Rn. 2; Musielak/Voit/Becker, § 845 Rn. 2; Schuschke/Walker/Schuschke, § 845 ZPO Rn. 2.

Voraussetzungen des § 930 ZPO vorliegen.[907] Ausreichend ist die bloße Existenz eines solchen Titels, der Gläubiger muss diesen nicht zwingend bereits körperlich in den Händen halten.[908] Auch einer vorherigen Zustellung des Arrestbefehls an den Schuldner bedarf es nicht.[909] Dies ergab sich zuvor aus § 845 Abs. 1 S. 3 ZPO a.F. und folgt nach dessen Neufasung nunmehr aus dem neu eingefügten und wortgleichen § 802a Abs. 2 S. 1 Nr. 5 ZPO. Eine tatsächliche Veränderung der Gesetzeslage war mit dieser Änderung nicht intendiert.[910] Erlangt der Gläubiger den erforderlichen Schuldtitel aber erst nach Zustellung der Benachrichtigung, ist die Vorpfändung unwirksam.[911]

Inhaltlich werden an die Benachrichtigung weitgehend die gleichen Anforderungen gestellt wie an einen Antrag auf Erlass eines Pfändungsbeschlusses;[912] ein Formularzwang herrscht hier allerdings nicht. Insbesondere muss die gegenständliche Forderung gegen den Drittschuldner hinreichend bestimmt bezeichnet werden (vgl. § 126 Abs. 3 S. 4 GVGA).[913]

c) Prüfung und Durchführung

Zur Durchführung der Vorpfändung stellt der Gerichtsvollzieher dem Drittschuldner die Benachrichtigung über die bevorstehenden Pfändung zu und fordert ihn auf, nicht an den Schuldner zu leisten; dem Schuldner stellt der Gerichtsvollzieher die Benachrichtigung mit der Aufforderung zu, sich jeder Verfügung über die Forderung, insbesondere ihrer Einziehung, zu enthalten (§ 845 Abs. 1 S. 1 ZPO). Der Gläubiger kann dabei selbst eine private schriftliche Erklärung erstellen (§ 845 Abs. 1 S. 1 ZPO) oder den Gerichtsvollzieher mit der selbständigen Anfertigung beauftragen (§§ 845 Abs. 1 S. 2 ZPO i.V.m. § 126 Abs. 3 S. 1 GVGA). Letzteres bietet sich an, wenn der Gläubiger noch keine Kenntnis über bestehende Forderungen des Schuldners hat.[914] Dementsprechend muss der Gläubiger im Rahmen der Beauftragung weder den Drittschuldner noch die Forderung spezifizieren, die von der Vorpfändung erfasst

---

907 Zu sonstigen Voraussetzungen vgl. § 126 Abs. 3 S. 3 GVGA.

908 LG Frankfurt RPfleger 1983, 32.

909 Stöber, Rn. 798; dementsprechend besteht hierfür auch keine Prüfpflicht des Gerichtsvollziehers, § 126 Abs. 2 S. 3 GVGA.

910 Stöber, Rn. 798; Schuschke/Walker/Schuschke, § 845 ZPO Rn. 13.

911 MüKoZPO/Smid, § 845 ZPO Rn. 3; Wieczorek/Schütze/Lüke, § 845 ZPO Rn. 6.

912 BGH WM 2011, 2333 Rn. 9; Stöber, Rn. 799, 801f; Sudergat, Rn. 113.

913 BGH NJW-RR 2005, 1361, 1362; NJW 2001, 2976.

914 Vgl. bereits in der Gesetzesbegründung BT-Drs. 7/3838, S. 9, 10; BeckOK ZPO/Riedel, § 845 ZPO Rn. 18.

werden soll.[915] Der Gerichtsvollzieher wird dann zur Vornahme der Vorpfändung verpflichtet, wenn er Kenntnis von einer Forderung des Schuldners erlangt (§ 126 Abs. 3 GVGA).

Inwieweit der Gerichtsvollzieher die Voraussetzungen der Vorpfändung überprüft, hängt davon ab, wer die Benachrichtigung über die Vorpfändung erstellt hat. Liegt eine von ihm selbst erstellte Erklärung vor, prüft er, ob ein vollstreckungsfähiger Titel besteht und die Anforderungen der §§ 711, 712, 720a, 751, 752, 756, 795, 930 ZPO erfüllt sind (§ 126 Abs. 3 S. 3 GVGA). Dabei hat er Pfändungsverbote und -beschränkungen zu beachten.[916] Bei einer privatschriftliche Erklärung des Gläubigers dagegen ist die Rolle des Gerichtsvollziehers auf die eines bloßen Zustellungsorgans reduziert (§ 126 Abs. 4 S. 2 GVGA). Er prüft dann weder das Vorliegen eines vollstreckungsfähigen Titels noch die Voraussetzungen der §§ 711, 712, 720a, 751, 752, 756, 795, 930 ZPO (§ 126 Abs. 4 S. 1 GVGA).

Die Folgen einer verfahrensfehlerhaften Vorpfändung sind umstritten.[917] Teilweise wird sie als nichtig angesehen (und nicht nur als anfechtbar).[918] Die vorzugswürdige Gegenansicht hält sie grundsätzlich für wirksam, räumt dem Schuldner bzw. Drittschuldner aber Rechtsbehelfe ein, um sie zu Fall zu bringen.[919] Die Vorpfändung ist zwar eine private Maßnahme, ihr werden aber unter einer auflösenden Bedingung die Wirkungen eines staatlichen Hoheitsakts verliehen. Bezieht sich die Vorpfändung dagegen auf eine nicht bestehende Forderung ist sie unwirksam.[920]

d) Zustellung und Wirksamwerden

Für die Zustellung an den Schuldner gelten die Vorschriften zum Parteibetrieb, §§ 191 ff ZPO.[921] Der Gläubiger muss die Benachrichtigung durch den Gerichtsvollzieher zustellen lassen (§ 845 Abs. 1 S. 1 ZPO), darf sie somit nicht eigenständig übermitteln. Letzteres wäre unwirksam und kann nachträglich nicht über

---

915 Stöber, Rn. 801c; MüKoZPO/Smid, § 845 ZPO Rn. 6.

916 Stöber, Rn. 801e; Sudergat, Rn. 113.

917 Zur Fehlerhaftigkeit von Zwangsvollstreckungsakten s. Stöber, Rn. 747 ff.

918 BeckOK ZPO/Riedel, § 845 ZPO Rn. 7; Musielak/Voit/Becker, § 845 ZPO Rn. 3; Hascher/Lammers, DGVZ 2009, 92, 95 f.

919 AG Neustadt a. Rbg. InVo 2005, 158; Stöber, Rn. 803; vgl. auch MüKoZPO/Smid, § 845 ZPO Rn. 6 (bei fehlendem Gläubigerauftrag).

920 BGH NJW 1987, 1703.

921 Musielak/Voit/Becker, § 845 ZPO Rn. 4.

§ 189 ZPO geheilt werden.[922] Die Zustellung der privaten Benachrichtigung an den Drittschuldner erfolgt nach Maßgabe der §§ 193, 194 ZPO.

Für Zustellungen im EU-Ausland gelten die Vorschriften der EuZVO (vgl. § 845 Abs. 1 S. 3 ZPO hinsichtlich der Zustellung an den Schuldner und §§ 192 Abs. 1, 183 Abs. 1 S. 1 Nr. 1 ZPO hinsichtlich der Zustellung an den Drittschuldner). Da der deutsche Gerichtsvollzieher keine Übermittlungsstelle darstellt und folglich nicht per Einschreiben mit Rückschein (Art. 14 EuZVO) zustellen darf,[923] ist der Gläubiger gezwungen, sich mit seinem Zustellungsgesuch an das Gericht zu wenden. Die damit verbundene zeitliche Verzögerung steht im Gegensatz zum beabsichtigten Beschleunigungseffekt.

Wie auch bei der Pfändung treten die Wirkungen der Vorpfändung mit Zustellung der Benachrichtigung an den Drittschuldner ein (§§ 845 Abs. 2 S. 1, 829 Abs. 3 ZPO).[924] Um den Überraschungseffekt der Beschlagnahme sicherzustellen, hat die Zustellung an den Schuldner zeitlich stets nach der Zustellung an den Drittschuldner zu erfolgen, wie es auch im Rahmen des Pfändungsbeschlusses der Fall ist; mangels gesetzlicher Normierung wird dies für die Vorpfändung aus dem Grundgedanken des § 834 ZPO gefolgert.[925] Für den Gerichtsvollzieher stellt die Vorpfändung eine Eilsache dar; er muss deshalb die Zustellung dieser Benachrichtigung an den Drittschuldner besonders beschleunigen und den Zustellungszeitpunkt (Tag, Stunde, Minute) beurkunden oder veranlassen, dass dies durch den Postbediensteten erfolgt (§ 126 Abs. 2 S. 1 GVGA).

e) Pfändungs- und Vollziehungsfrist

§ 845 Abs. 3 S. 1 ZPO stellt die Wirkung der Vorpfändung unter die Bedingung, dass die Pfändung innerhalb eines Monats bewirkt wird. Gemeint ist die staatliche Pfändung derselben Forderung.[926] Ein solcher Pfändungsbeschluss muss nicht auf einen Schuldtitel zurückgehen, der auf endgültige Befriedigung abzielt. Es genügt auch ein Pfändungsbeschluss auf der Grundlage eines Arrestbefehls. Entscheidend ist das staatliche Element, das dem Pfändungsbeschluss durch das

---

922 OLG Koblenz DGVZ 1984, 58; LG Hechingen DGVZ 1986, 188; LG Marburg DGVZ 1983, 119; BeckOK ZPO/Riedel, § 845 ZPO Rn. 13; Musielak/Voit/Becker, § 845 ZPO Rn. 3; Schuschke/Walker/Schuschke, § 845 ZPO Rn. 4; Stöber, Rn. 800; Schneider, DGVZ 1983, 33; aA bzgl. Heilung nach § 189 ZPO: AG Kassel JurBüro 1985, 1738; AG Biedenkopf und LG Marburg DGVZ 1983, 25, mit abl. Anm. der Schriftleitung.

923 Näheres dazu unter § 4 A IX 1 c).

924 Vgl. dazu auch BGH WM 2011, 2333 Rn. 10.

925 Stöber, Rn. 800.

926 Stein/Jonas/Brehm, § 845 ZPO Rn. 8.

Vollstreckungselement innewohnt und die private Vollstreckungsmaßnahme durch eine hoheitliche ersetzt. Die Monatsfrist beginnt ab dem Zeitpunkt, in dem die Benachrichtigung dem Drittschuldner zugestellt wird (§ 845 Abs. 2 S. 2 ZPO). Andernfalls entfällt die Wirkung. Auf die Gründe der Säumnis kommt es dabei nicht an.[927]

Zu beachten ist zudem die Vollziehungsfrist des § 929 ZPO. Erfolgt die Vorpfändung aufgrund eines Arrestbefehls, muss die Vollziehung innerhalb eines Monats eingeleitet werden. Da die Vorpfändung selbst einen Akt der Zwangsvollstreckung[928] darstellt, wird diese Frist bereits hierdurch gewahrt.[929] Dies gilt wegen des auflösend bedingten Charakters der Vorpfändungswirkung allerdings nur, solange der Gläubiger die anschließende Pfändung wiederum innerhalb der Monatsfrist des § 845 Abs. 2 S. 1 ZPO bewirkt.[930] Wegen der unterschiedlichen Anknüpfungspunkte der Fristenregelungen (§ 845 ZPO: Bewirkung; § 929 ZPO: Einleitung) deckt sich der gewährte Schutz von Vorpfändung und Pfändung nicht zwingend. Die Zeitspanne einer wirksamen Vorpfändung und einer anschließenden Pfändung müssen sich nicht nahtlos aneinander anschließen. Dem Gläubiger ist es dementsprechend gestattet, die Vorpfändung beliebig oft zu wiederholen.[931] Allerdings entfaltet die nochmalige Vorpfändung keine Rückwirkung, d.h. sie greift die vorherige Vorpfändung nicht auf bzw. hält deren rangwahrende Wirkung nicht aufrecht.[932] Vielmehr vermittelt sie lediglich einen neuen ex nunc-Schutz, wirkt also so, als ob die vorherige Vorpfändung nicht existiert hätte. Der Gläubiger muss dabei nicht abwarten bis die Bedingungen der vorherigen Vorpfändung ausbleiben und diese damit unwirksam wird. Er kann vielmehr vorsichtshalber auch während der laufenden Pfändungsfrist schon weitere Vorpfändungen betreiben. Diese stehen aber unter der auflösenden Bedingung, dass keine ältere Vorpfändung wirksam bleibt.[933]

927 Musielak/Voit/Becker, § 845 ZPO Rn. 7.

928 Vgl. LG Frankfurt RIW 2001, 308; AG Charlottenburg NJW-RR 1988, 639.

929 Stöber, Rn. 814; Schaffer, NJW 1972, 1176, 1177; MüKoZPO/Drescher, § 929 ZPO Rn. 10; Stein/Jonas/Brehm, § 845 ZPO Rn. 19

930 Vgl. AG Charlottenburg NJW-RR 1988, 639.

931 Musielak/Voit/Becker, § 845 ZPO Rn. 7; Schuschke/Walker/Schuschke, § 845 ZPO Rn. 8.

932 MüKoZPO/Smid, § 845 ZPO Rn. 16; Stöber, Rn. 808; Sudergat, Rn. 117.

933 Schuschke/Walker/Schuschke, § 845 ZPO Rn. 8.

II. Kontopfändungen nach autonomen polnischen Recht

Der Weg zur einstweiligen Sicherung eines Anspruchs durch Kontopfändung ist in Polen in einem zweistufigen Verfahren ausgestaltet. Während der erste Teil ein summarisches Erkenntnisverfahren darstellt (dazu oben § 4), muss in einem weiteren Schritt der gewonnene Titel vollzogen werden, um die Wirkung der Sicherung zu entfalten.[934] Bezüglich dieser Vollziehung verweist die polnische Verfahrensordnung auf die Vorschriften über das Vollstreckungsverfahren der Hauptsache und wendet diese entsprechend an (Art. 743 § 1 S. 1 KPC). Dies folgt aus der besonderen Verfahrenssituation im Rahmen des einstweiligen Rechtsschutzes. Die Zwangsvollstreckung in Polen erfordert grundsätzlich das Vorliegen allgemeiner und bestimmter besonderer Vollstreckungsvoraussetzungen. Da die Vollziehung eines Sicherungsbeschlusses aber lediglich in entsprechender Anwendung erfolgt, sollen die allgemeinen Vollstreckungsregeln der Art. 758 ff KPC nur dann Anwendung finden, wenn die Vorschriften über das einstweilige Verfahren keine spezielleren Regelung vorsehen und das Vollstreckungsverfahren der Hauptsache dem Wesen als auch dem Ziel des einstweiligen Verfahrens nicht entgegensteht.[935] Auf welche Art und Weise die Vollstreckung betrieben werden kann, wird dabei bereits im Sicherungsbeschluss zwingend festgelegt. Hiervon darf im Vollstreckungsverfahren nicht mehr abgewichen werden.[936] Die Kontopfändung als zulässige Sicherungsart statuiert Art. 747 Nr. 1 KPC. Dabei wird weitgehend auf die besonderen Vollstreckungsvorschriften der Art. 889 – 894 KPC zurückgegriffen.

1. Zuständigkeit

Die Vollziehung der im Sicherungsbeschluss festgelegten Kontopfändung obliegt (ebenso wie alle anderen Vollziehungsarten des Art. 747 Nr. 1 KPC) dem Gerichtsvollzieher (Art. 889 § 1, 758 KPC). Er ist sowohl sachlich als auch funktionell zuständiges Vollstreckungsorgan. Örtlich soll nach Art. 889 § 1 KPC grundsätzlich die allgemeine Zuständigkeit am Schuldner(wohn)sitz gemäß Art. 27-30 KPC Anwendung finden. Hat der Schuldner keinen (Wohn-) Sitz in Polen, ist auf seinen Aufenthaltsort auf polnischem Staatsgebiet, andernfalls auf den zuletzt bekannten Ort abzustellen. Hierauf wird es aber regelmäßig nicht ankommen. Denn der Gläubiger ist nicht auf die allgemeine örtliche

934 Vgl. Marszałkowska, Rn. 797; Romańska/Leśniak, I. Teil B 5. 1., S. 148.
935 Szczurek, S. 68.
936 Romańska/Leśniak, I. Teil B 5. 1., S. 148; Szczurek, S. 68.

Zuständigkeitsregel beschränkt.[937] Da es sich nicht um eine ausschließliche Zuständigkeitsvorschrift handelt, kann er stattdessen auch einen beliebigen anderen Gerichtsvollzieher auf polnischem Staatsgebiet auswählen (Art. 759^{1} KPC i.V.m. Art. 8 Abs. 5 UKSE[938]).[939] Allerdings ist er dann im Vollstreckungsverfahren des Hauptsachetitels eventuell verpflichtet, die Vollstreckungshandlung zu wiederholen, sofern die Vollziehung des Sicherungsbeschlusses von einem Gerichtvollzieher vorgenommen wurde, der örtlich nicht zugleich für die Hauptsachevollstreckung zuständig ist.[940] Will der Gläubiger vom gesetzlichen Regelfall – Zuständigkeit des Gerichtsvollziehers am Schuldner(wohn-)sitz – abweichen, muss er seinem Vollziehungsantrag eine schriftliche Erklärung anfügen, aus der hervorgeht, dass er von seinem Wahlrecht Gebrauch macht (Art. 8 Abs. 6 UKSE). Aus dem Vollziehungsantrag allein kann der Gebrauch des Wahlrechts nicht konkludent geschlossen werden.[941] Der gewählte Gerichtsvollzieher darf seine Beauftragung grundsätzlich nicht ablehnen (Art. 8 Abs. 7 UKSE), es sei denn, die von ihm bereits betriebenen Vollstreckungsverfahren weisen einen Rückstand („zaległość“) von mehr als sechs Monaten auf (Art. 8 Abs. 8 S. 1 UKSE).[942]

Die internationale Zuständigkeit ist autonom in Art. 1110^{4} KPC geregelt. Die Vorschrift eröffnet eine ausschließliche[943] internationale Zuständigkeit der polnischen Gerichte für Vollstreckungsverfahren und gilt ebenso für die Vollziehung eines Sicherungsbeschlusses (Art. 1110^{4} § 1, 2 KPC). Die Vollstreckung ist aufgrund des Territorialitätsgrundsatzes in Polen auf das eigene Staatsgebiet begrenzt. Erforderlich ist demnach, dass die Vollstreckung bzw. Vollziehung in Polen initiiert oder dort durchgeführt wird. Dabei wird an den Sitz der

---

937 Jankowski/Cieślak, Art. 889 KPC Rn. 4.

938 Ustawa o komornikach sądowych i egzekucji vom 15.9.2011, Dz.U. 2011 Nr. 231 Pos. 1376.

939 Gołaczyński/Woźniak, Wybrane Zagadnienia, S. 19; DKB/Sychowicz, Band 3, Art. 889 KPC Rn. 2; Ereciński/Pietrzkowski, Band 4, Art. 889 KPC Rn. 7; Zawistowski/Żyznowski, Art. 889 KPC Nr. 9.

940 Dazu Uliasz, S. 81 ff.

941 Gołaczyński/Woźniak, Wybrane Zagadnienia, S. 20.

942 Unter diesem „ Rückstand“ versteht das Gesetz einen Quotienten (= Anzahl der Monate des Rückstands), der gebildet wird aus dem Dividenden „Anzahl beendeter Vollstreckungsverfahren im letzten Halbjahr“ und dem Divisor „Durchschnittswert der monatlich neu hinzugekommenen Vollstreckungsverfahren im letzten Halbjahr“ (Art. 8 Nr. 8 S. 2 UKSE).

943 Ausführlich zu den unterschiedlichen Zuständigkeiten: Duszka-Jakimko, Jurysdykcja krajowa, Punkt 2.3.

kontoführenden Bank angeknüpft. Anerkanntermaßen ist unerheblich, ob es sich um eine polnische Bank handelt. Sowohl Gründungsort als auch Belegenheit ihres Kapitals spielen keine Rolle. Es kann daher in das Konto bei der Bank vollstreckt werden, die in Polen gegründet wurde und ihren Hauptverwaltungssitz in Polen hat; dies gilt selbst dann, wenn die Bank unter ausländischer Kapitalbeteiligung betrieben wird.[944] Es kann zudem in das Konto vollstreckt werden, das bei der kontoführenden Zweigniederlassung bzw. einer Organisationseinheit auf polnischem Staatsgebiet unterhalten wird, selbst wenn es sich um eine ausländische Bank handelt, deren Hauptgeschäftssitz im Ausland belegen ist.[945] Entscheidend ist also in jedem Fall, dass die kontoführende Organisationseinheit (und sei es auch nur eine Zweigniederlassung) ihren Sitz auf polnischem Staatsgebiet hat. Wird das Konto etwa bei einer Zweigniederlassung im Ausland geführt, so scheidet eine Vollstreckung selbst dann aus, wenn der Sitz der Muttergesellschaft in Polen liegt.[946] Gleiches gilt für Banken, deren Kapital ganz oder teilweise polnischen Ursprungs ist, sofern sie ihren Sitz nur im Ausland haben.[947] Eine solche Vollstreckung würde nach polnischem Verständnis die Souveränität des ausländischen Staats beeinträchtigen. Dem Vollstreckungsgläubiger bleibt dann nur noch die Möglichkeit, auf das Vollstreckungsverfahren im Ausland zurückzugreifen. Voraussetzung hierfür ist dann wiederum die grenzüberschreitende Anerkennung der zugrundeliegenden einstweiligen Entscheidung.[948]

2. Allgemeine Voraussetzungen

Grundlage der Zwangsvollstreckung in Polen ist ein Vollstreckungstitel („tytuł wykonawczy“), Art. 776 S. 1 KPC. Ein solcher setzt sich aus einem Exekutionstitel („tytuł egzekucyjny“) und einer hierfür erteilten Vollstreckungsklausel („klauzula wykonalności“) zusammen (Art. 776 S. 2 KPC).[949] Was als Exekutionstitel in Betracht kommt, regelt Art. 777 § 1 KPC mittels einer enumerativen Aufzählung. Hierunter fallen insbesondere alle gerichtlichen Entscheidungen, die rechtskräftig oder zumindest vorläufig vollstreckbar sind. Der polnische Sicherungsbeschluss stellt allerdings keinen solchen Titel i.S.d. Art. 776, 777 § 1

944 Sikorski, S. 93; Osowy, S. 17; Lubiński/Treder, S. 167 f.
945 Sikorski, S. 93; Osowy, S. 17; Szczurek, S. 415; Lubiński/Treder, S. 167 f.
946 Wengerek, Art. 889 KPC Nr. 6; Sikorski, S. 93; Osowy, S. 17.
947 Lubiński/Treder, S. 168; Szczurek, S. 415.
948 Dazu § 5.
949 Ausführlich: Schlichte, Die Grundlage der Zwangsvollstreckung im polnischen Recht.

Nr. 1 KPC dar.[950] Das Sicherungsverfahren steht vollkommen eigenständig neben dem Erkenntnis- und Vollstreckungsverfahren.[951] Auf solche einstweiligen Beschlüsse findet das Zwangsvollstreckungsverfahren keine unmittelbare Anwendung. Sie werden vielmehr „nur" entsprechend den Vorschriften des Zwangsvollstreckungsverfahrens vollzogen (Art. 743 § 1 S. 1 KPC). Ihre Vollstreckbarkeit richtet sich folglich insoweit nach den allgemeinen Regeln, soweit die Vorschriften des Sicherungsverfahrens nichts anderes bestimmen.

Der polnische Sicherungsbeschluss, der die Grundlage der Forderungspfändung bildet, wird mit Verkündung bzw. Unterzeichnung gemäß Art. 360 KPC i.V.m. Art. 13 § 2 KPC wirksam. Mit dem Begriff der Wirksamkeit („skuteczność") i.S.v. Art. 360 KPC wird die Fähigkeit der Entscheidung zur Entfaltung einer rechtlichen Bindungswirkung sowie deren Vollstreckbarkeit („wykonalność") bezeichnet.[952] Diese Vollstreckbarkeit folgt insbesondere aus dem Umkehrschluss zu Art. 396 KPC, wonach die Vollstreckung aus einem Beschluss bis zur Entscheidung über die Beschwerde ausgesetzt werden kann.[953] Von dieser Befugnis in Art. 396 KPC soll das Gericht aber nur auf Antrag des Schuldners Gebrauch machen dürfen.[954] Demnach werden Sicherungsbeschlüsse mit ihrer Verkündung (bei öffentlicher Sitzung) bzw. ihrer Unterzeichnung (bei nichtöffentlicher Sitzung) vollstreckbar. Dies gilt zumindest für Beschlüsse, die durch Kontopfändung gemäß Art. 747 Nr. 1 KPC vollzogen werden sollen.[955]

Auch ausländische Entscheidungen sind grundsätzlich als Vollstreckungstitel geeignet. Sie müssen nach autonomem Recht aber den Anforderungen der Art. 1150, 1152, 1153^1, 1153^3 KPC genügen. Ihre Vollstreckbarkeit wird dann auf Antrag des Gläubigers im Klauselerteilungsverfahren festgestellt.[956] Diese Regelungen werden durch europäisches Recht überlagert (s.o. § 5).

Gemäß Art. 743 § 1 S. 1 KPC erteilt das Gericht, das den Sicherungsbeschluss über die Kontopfändung erlassen hat, auch die erforderliche Vollstreckungsklausel vom Amts wegen. Die Vorschrift ist lex specialis zu Art. 782 § 1 S. 1 KPC, der hierfür eigentlich einen Antrag voraussetzt. Der Sicherungstitel ist grundsätzlich

---

950 Jankowski/Muliński, Vor. Art. 730 KPC Rn. 3; vgl. auch Uliasz, S. 66; aA. Schlichte, S. 77; Wengerek, Art. 743 KPC, Nr. 4, S. 41.

951 Ereciński/Ereciński, Art. 730 KPC Rn. 3.

952 Uliasz, S. 65.

953 Romańska/Leśniak, II. Teil B 2.2.1, S. 588; Osowy, S. 44; ähnlich Schlichte, S. 76, der das Ergebnis allerdings aus der Natur des einstweiligen Rechtsschutzes ableitet.

954 Zembrzuski, Rejent 5/2010, 81.

955 Uliasz, S. 65; DKB/Jagieła, Band 3, Art. 743 KPC Rn. 2.

956 Romańska/Leśniak, II. Teil B 2.2.1, S. 587.

unverzüglich mit der Klausel zu versehen (vgl. Art. 781[1] KPC). Zeitlich müsste der Sicherungsbeschluss also quasi mit der Klauselerteilung zusammenfallen.[957] Enthält der Sicherungsbeschluss aber eine verpflichtende Sicherheitsleistung als Bedingung der Zwangsvollstreckung, so wird die Klausel erst dann erteilt, wenn diese Kaution geleistet wurde (Art. 743 § 3 KPC). Andernfalls ist der Beschluss nicht vollstreckbar.[958]

Wie bereits ausgeführt (vgl. § 4 A. IX 2. c)), wird der polnische Sicherungsbeschluss nicht unmittelbar nach Erlass, sondern mit der Benachrichtigung über die Einleitung der Vollziehung des Beschlusses zugestellt (Art. 740 § 1 S. 2 KPC). Über die Einleitung wird der Vollstreckungsschuldner bei der ersten Zwangsvollstreckungshandlung benachrichtigt (Art. 805 § 1 KPC); im Falle der Kontopfändung ist dies der Zeitpunkt der Beschlagnahme der Forderung des Vollstreckungsschuldners gegenüber der Bank.[959] Dabei sind ihm Inhalt des Titels und die Art der Zwangsvollstreckung anzugeben. Gemäß § 179 Nr. 1 RegUrzędSàdPowsz ist dem Gläubiger mit der Erteilung der Vollstreckungsklausel auch eine Abschrift des Sicherungsbeschlusses samt Begründung zu übergeben; letztere soll dann vom Vollstreckungsorgan dem Schuldner zugestellt werden. Die Zustellung des Vollstreckungstitels soll dabei ebenfalls von Amts wegen erfolgen, auch wenn eine gesetzliche Regelung diesbezüglich fehlt.[960] Zeitlich kann damit die Vollstreckungshandlung vorgenommen werden, ohne dass der Schuldner Kenntnis vom gegen ihn gerichteten Titel Kenntnis erlangt.

3. *Antrag*

Die Pfändung erfolgt regelmäßig auf Antrag des Vollziehungsgläubigers an den Gerichtsvollzieher (Art. 796 § 1 KPC). Zwar kann das Vollstreckungsverfahren grundsätzlich auch ex officio eingeleitet werden. Diese Option beschränkt sich aber auf Fälle, in denen bereits das Sicherungsverfahren von Amts wegen initiiert wurde (Art. 796 § 2 KPC).

Der Antrag kann schriftlich oder mündlich zu Protokoll des Gerichtsvollziehers gestellt werden (Art. 760 § 1 KPC i.V.m. Art. 743 § 1 KPC). Art. 797 § 2 KPC eröffnet ferner die Möglichkeit zur elektronischen Einleitung des Vollstreckungsverfahrens. Ein verpflichtendes Formular existiert nicht. Wie generell im polnischen Zivilverfahrensrecht besteht kein Anwaltszwang.[961] Handelt der Gläubiger

957 Zawistowski, Art. 743 KPC Nr. 3.
958 Schlichte, S. 284 f.
959 Sikorski, S. 82; Osowy, S. 29; Szczurek, S. 444.
960 Uliasz, S. 66 leitet dies aus Art. 795 § 2 KPC ab.
961 Marszałkowska, Rn. 160; Dolecki, S. 95.

aber ohne anwaltliche Vertretung, ist der Gerichtsvollzieher verpflichtet, ihn hinsichtlich der Rechtsfolgen, insbesondere der potentiellen Haftungsrisiken zu belehren (Art. 5 KPC i.V.m. Art. 13 § 2 KPC).[962] Bei einem schriftlichen Antrag muss der Antragsteller sämtliche Voraussetzungen erfüllen, die allgemein nach Art. 126 KPC an einen Prozessschriftsatz gestellt werden. In allen Fällen muss er zudem den Schuldner sowie die Leistung, die der Vollstreckung unterliegt, und die Vollstreckungsart (z.B. Kontopfändung) benennen. Neben der Vollstreckungsart, wird nach verbreiteter Ansicht das Vollstreckungsobjekt und die Höhe der Pfändung bereits genau im Sicherungsbeschluss festlegt. Der Gläubiger kann die Höhe, bis zu der die Pfändung erfolgen soll, im Vollziehungsantrag aber nochmals begrenzen.[963]

Wie genau auch das Vollstreckungsobjekt zu bezeichnen ist, wird uneinheitlich beantwortet. Lässt man im Sicherungsbeschluss eine allgemein gehaltene Angabe „Kontopfändung" genügen, soll eine gewisse Konkretisierung zumindest im Vollziehungsantrag nachgeholt werden.[964] Gesetzlich ebenfalls nicht vorgeschrieben ist, was der Gläubiger konkret hinsichtlich der Bankverbindung angeben muss. Nachdem dem Gläubiger angesichts des Bankgeheimnisses oftmals die Kenntnis einer konkreten Kontonummer des Schuldners fehlen wird, enbindet ihn der KPC zumindest von dieser Angabe (vgl. Art. 899 § 1 Nr. 1 HS. 2 KPC).[965] Aus denselben Gründen muss der Gläubiger darüber hinaus noch nicht einmal die kontoführende Bank benennen, gegen die sich die Forderungspfändung richten soll, sofern er diese nicht kennt.[966] Über die Frage, wie der Gerichtsvollzieher zu verfahren hat, wenn der Gläubiger die kontoführende Bank nicht kennt und deshalb nicht bezeichnen kann, herrscht allerdings Uneinigkeit. Teilweise wird eine Anwendung der Auskunftsverfahren nach Art. 761 KPC i.V.m. Art. 2 Abs. 5 UKSE, Art. 105 Abs. 1 Nr. 2 lit. ł PR.BANK bzw. Art. 801, 888 § 3 KPC befürwortet.[967] Danach muss der Gerichtsvollzieher Auskünfte über die

---

962 Osowy, S. 30.

963 Osowy, S. 31; Ereciński/Pietrzkowski, Band 4, Art. 797 KPC Rn. 1.

964 Uliasz, S. 73.

965 Zawistowski/Żynowski, Art. 889 KPC Nr. 3; Ereciński/Pietrzkowski, Band 4, Art. 797 KPC Rn. 3 u. Art. 889 KPC Rn. 8; DKB/Sychowicz, Art. 889 KPC Rn. 5; Sikorski, S. 108 f; Weitz, in: Kengyel/Harsági, S. 181, 190.

966 Ereciński/Pietrzkowski, Band 4, Art. 889 KPC Rn. 8; Zawistowski/Żynowski, Art. 889 KPC Nr. 3; Gołaczyński/Stangret-Smoczyńska/Pękalski, Art. 889 KPC Nr. 13; Wengerek, Art. 889 KPC Nr. 6; aA wohl Weitz, in: Kengyel/Harsági, S. 181, 190.

967 Ereciński/Pietrzkowski, Band 4, Art. 889 KPC Rn. 8; DKB/Sychowicz, Band 3, Art. 889 KPC Rn. 6; Feliga, MoP 4/2010, 213 ff, insbesondere zum Verhältnis der beiden Rechtsgrundlagen des Auskunftsanspruchs; zu den Transparenzregelungen vgl. § 9.

Bankverbindung(en) direkt vom Schuldner verlangen. Genügt dies nicht, kann er sich an diejenigen Banken wenden, bei denen eine gewisse Wahrscheinlichkeit besteht, dass der Schuldner dort ein Konto haben könnte. Eine andere Ansicht lässt unter anderem des Effektivitätsgedankens einen Pfändungsversuch bei allen Banken am Schuldner(wohn-)sitz zu.[968] Teilweise wird eine Aufdeckung von Schuldnerkonten durch Auskunft der Banken aber auch gänzlich abgelehnt.[969]

Hat der Gläubiger indes eine konkrete Kontonummer oder eine kontoführende Bank angegeben, führt dies zu einer Konkretisierung des Antrags. Die Vollziehung ist auf dieses Konto beschränkt;[970] etwas anderes gilt nur, wenn der Gläubiger dies explizit hervorhebt. Stellt sich heraus, dass ein solches Konto nicht oder zumindest bei der angegebenen Bankfiliale nicht existiert, ist die Bank nicht zu weiteren Nachforschungen verpflichtet, ob ein Konto etwa bei einer anderen Organisationseinheit geführt wird.[971]

Jedem Vollziehungsantrag muss schließlich der Vollstreckungstitel im Original beigefügt werden (Art. 797 § 1 S. 2 KPC). Dadurch wird sichergestellt, dass die Vollstreckung nicht aus dem bloßen Exekutionstitel betrieben wird. Insbesondere beim Sicherungsverfahren stellt die Erteilung der Vollstreckungsklausel gerade fest, dass auch die Bedingung der Vollziehung (Sicherheitsleistung, s.o.) erfüllt wurde. Es genügt nicht, dem Antrag eine bloße Abschrift des Vollstreckungstitels beizufügen.[972] Ein solche musste bis zur Gesetzesänderung[973] vom 09.01.2009 noch zusätzlich zum Originaldokument beigelegt werden, um die Abschrift anschließend dem Schuldner zustellen zu können. Seit der Änderung des Art. 899 § 1 Nr. 2 KPC, dessen Zusatz die Zustellung einer Abschrift des Vollstreckungstitels an den Schuldner vorsah, ist dieses Erfordernis entfallen.[974]

---

968 Mazur, S. 238; Szczurek, S. 442 f, fordert aber (aus Kostengründen) einen entsprechenden Antrag des Gläubigers; einschränkend: Gołaczyński/Stangret-Smoczyńska, Wybrane Zagadnienia, S. 224.

969 Zręda, PrBank 2/2000, 57, 62.

970 Gleiches gilt für die Benachrichtigung an die Bank durch den Gerichtsvollzieher, Zręda, Pr.Bank 2/2000, 57, 59; Weitz, in: Kengyel/Harsági, S. 181, 191.

971 Appellationsgericht Posen, 12.4.2006 - I ACa 1187/05, Pr.Bank 2007, Nr. 12, S. 29; DKB/Sychowicz, Band 3, Art. 889 KPC, Rn. 5; Gołaczyński/Stangret-Smoczyńska, Wybrane Zagadnienia, S. 225.

972 Gołaczyński/Stangret-Smoczyńska/Pękalski, Art. 797 KPC Nr. 8.

973 Gesetz vom 09.01.2009, o zmianie ustawy- Kodeks cywilny oraz o niektórych innych ustaw (Dz.U. Nr. 26, Pos. 156).

974 Sikorski, S. 108; Ereciński/Pietrzkowski, Band 4, Art. 889 KPC Rn. 8, 28 f.

4. *Prüfung*

Erfüllt der Antrag die formellen Voraussetzungen nicht oder ist der Vollstreckungstitel (Sicherungsbeschluss mit Vollstreckungsklausel, vgl. Art. 743 § 1 KPC i.V.m. Art. 797 § 1 S. 2 KPC) oder der Sicherungsbeschluss, der dem Schuldners zugestellt werden soll, nicht beigefügt, fordert der Gerichtsvollzieher den Vollziehungsgläubiger zur Nachbesserung binnen einwöchiger Frist unter Androhung der Zurückweisung auf (Art. 130 KPC i.V.m. Art. 13 § 2 KPC). Bei Fristversäumnis weist er den Antrag zurück.[975] Dem Vollstreckungsorgan ist es dagegen nicht gestattet, den Antrag zunächst auszuführen und im Nachhinein die Nachbesserung der Formfehler zu verlangen.[976]

Zugleich darf das Vollstreckungsorgan prüfen, ob der Antrag des Gläubigers auch mit dem Inhalt des Vollstreckungstitels vereinbar ist.[977] So darf der Gläubiger nur dann eine Kontopfändung beantragen, wenn diese durch den Sicherungsbeschluss eröffnet ist. Der Gerichtsvollzieher ist auf die angegebene Vollstreckungsart und die genannten Vollstreckungsobjekte (insbesondere auch die Höhe der Pfändung) beschränkt, auch wenn die Vollziehung hierin letztlich nicht erfolgsversprechend ist.[978] Fügt der Gläubiger dem (mündlichen/schriftlichen/elektronischen) Antrag keinen Vollstreckungstitel bei, treten grundsätzlich die gleichen Folgen ein, wie bei sonstigen formalen Mängeln.[979]

Zu einer materiellen Prüfung der durch den Vollstreckungstitel erfassten Verpflichtung ist der Gerichtsvollzieher nicht befugt (Art. 804 KPC). Er prüft daher weder dessen Begründetheit noch die Fälligkeit oder Verjährung des Anspruchs. Macht der Vollstreckungsschuldner daher die zwischenzeitliche Erfüllung des Anspruchs geltend, ist der Gerichtsvollzieher dennoch verpflichtet, die Zwangsvollstreckung fortzusetzen, solange der Gläubiger keinen abweichenden Antrag stellt; das Vollstreckungsorgan muss den Gläubiger lediglich über diesen Einwand des Schuldners informieren.[980] Dies gilt selbst dann, wenn der Schuldner dem Gerichtsvollzieher gegenüber die Erfüllung der zugrundeliegenden Forderung oder eine Stundungsbewilligung des Gläubigers schriftlich zweifelsfrei nachweisen kann. Zwar enthält er sich vorübergehend der Vornahme weiterer

---

975 Szczurek, S. 67; Romańska/Leśniak, II. Teil B 6.4.2, S. 711.

976 Osowy, S. 36.

977 Gołaczyński/Stangret-Smoczyńska, Art. 804 KPC Nr. 9.

978 Osowy, S. 29; Ereciński/Pietrzkowski, Band 4, Art. 797 KPC Rn. 3.

979 Szczurek, S. 67; Romańska/Leśniak, II. Teil B 6.4.2, S. 709.

980 Ereciński/Pietrzkowski, Band 4, Art. 804 KPC Rn. 2; Gołaczyński/Stangret-Smoczyńska, Art. 804 KPC Nr. 5.

Vollstreckungshandlungen, bis er den Gläubiger hierüber unverzüglich informiert hat (Art. 822 S. 1, 4 KPC), doch muss er dann die Vollstreckung auf Anweisung des Gläubigers fortsetzen (Art. 822 S. 5 KPC).[981] Der Schuldnerschutz wird hier ausschließlich über die Rechtsbehelfe, insbesondere die Vollstreckungsabwehrklage gemäß Art. 840 KPC, und Schadensersatzansprüche realisiert.[982] Die mangelnde Prüfungskompetenz wird in Polen aus der strikten Trennung von Erkenntnis- und Vollstreckungsverfahren gefolgert.[983] Gleiches gilt im Übrigen für die Prüfung der Vollstreckungsklausel. Das Vollstreckungsorgan ist hier ausschließlich formell prüfungsberechtigt. Ob die Klausel hätte erteilt werden dürfen, hat es nicht zu entscheiden.[984] Für den Gerichtsvollzieher ist nur bedeutend, dass die Klausel erteilt wurde. Zweifelt er an der Vollstreckungsfähigkeit des Titels, kann er bezüglich des Inhalts der Entscheidung eine Auslegung gemäß Art. 352 KPC beim Gericht beantragen, das den Sicherungsbeschluss erlassen hat.[985]

5. *Zustellung und Benachrichtigung (Durchführung des Pfändungsaktes)*

Die Durchführung der Kontopfändung richtet sich nach Art. 889 KPC. Gemäß dessen § 1 Nr. 1 benachrichtigt der Gerichtsvollzieher die entsprechende Organisationseinheit der Bank, bei der das schuldnerische Konto geführt wird, über die Pfändung der sich aus einem Bankkonto (einschließlich Sparkonten) ergebenden Geldforderung des Schuldners bis zur Höhe der Forderung, die Gegenstand der Zwangsvollstreckung ist, nebst Zwangsvollstreckungskosten, und fordert die Bank auf, Auszahlungen aus dem Konto nicht ohne Zustimmung des Gerichtsvollziehers vorzunehmen, sondern den gepfändeten Betrag zur Deckung der Forderung umgehend zu übermitteln oder den Gerichtsvollzieher binnen einer Frist von sieben Tagen über ein Hindernis bei der Übermittlung des gepfändeten Betrags zu benachrichtigen. Die Benachrichtigung an die Bank beinhaltet mithin vier wesentliche Elemente: die Festlegung der Höhe der zu pfändenden Forderung, ein Auszahlungsverbot bis zu dieser Höhe, eine Überweisungsaufforderung an die Bank und eine Benachrichtigungspflicht bezüglich Vollstreckungshindernissen innerhalb von sieben Tagen. Ein wirksamer Pfändungsakt

981 Dazu Oberster Gerichtshof Beschl. v. 27.1.1971 – II CZ 16/71, LEX Nr. 1236.

982 Osowy, S. 32; dazu § 8.

983 Ereciński/Pietrzkowski, Band 4, Art. 804 KPC Rn. 1; Gołaczyński/Stangret-Smoczyńska, Art. 804 KPC Nr. 1.

984 Gołaczyński/Stangret-Smoczyńska, Art. 804 KPC Nr. 8.

985 Vgl. Ereciński/Pietrzkowski, Band 4, Art. 804 KPC Rn. 4.

besteht nach Art. 889 § 1 Nr. 1 also aus einem Auszahlungsverbot und einer Überweisungsaufforderung gegenüber der Bank.[986]

Die Adressierung der territorial zuständigen Organisationseinheit und nicht der Bankzentrale soll das Verfahren effektivieren und so den Schutz des Gläubigers, aber auch der Bank stärken, die andernfalls zu einer zentralisierten Kontenabfragemöglichkeit verpflichtet wäre.[987] Eine direkte Übermittlung an die Bankzentrale wird gar als unzulässig angesehen, denn die Bankzentrale ist nicht verpflichtet, die kontoführende Filiale/Organisationseinheit zu ermitteln; allerdings kann sie durchaus zur Weiterleitung verpflichtet sein, sofern die Aufforderung des Gerichtsvollziehers die entsprechende Filiale/Organisationseinheit nennt.[988] Entsprechend schadet es auch nicht, wenn der Gerichtsvollzieher bei seiner Benachrichtigung keine konkrete Kontonummer nennt. Praktisch bildet ein solches Vorgehen sogar den Regelfall.[989] In diesem Fall erstrecken sich die Verpflichtungen der Bank auf sämtliche Konten des Schuldners bei dieser Organisationseinheit der Bank.[990] Dabei besteht keine gesetzlich geregelte Reihenfolge, nach der bestimmt wird, welches Konto zuerst gepfändet wird. Auch gibt es keine weiterführende Nachforschungsobliegenheit, ob darüber hinaus weitere Konten bei dieser Bank existieren.[991]

Neben dem Auszahlungsverbot sieht die Kontopfändung nach Art. 889 § 1 KPC – wie eben erwähnt – auch eine Aufforderung an die Bank vor, den beschlagnahmten Betrag umgehend an den Gerichtsvollzieher zu überweisen.[992] Ob dies im Sicherungsverfahren auch gelten soll, wird unterschiedlich beantwortet. Die Befürworter einer Zahlungsaufforderung an den Gerichtsvollzieher stützen sich auf die weitgehende Verweisung des Art. 743 § 1 KPC auf die Vollstreckungsvorschriften.[993] Im Sicherungsverfahren gelte demnach nichts anderes als bei der Kontopfändung aufgrund eines Hauptsachetitels. Der vorläufige Charakter der Sicherung zeigt sich lediglich darin, dass eine Überweisung an den Gläubiger im Sicherungsverfahren nicht stattfindet (auch nicht im Verteilungsverfahren).[994]

---

986 Zręda, Pr.Bank 2/2000, 57.

987 Zawistowski/Żynowski, Art. 889 KPC Nr. 3; Zręda, Pr.Bank 2/2000, 57, 59.

988 Gołaczyński/Stangret-Smoczyńska/Pękalski, Art. 889 KPC Nr. 10.

989 Bieżuński, RP 3/2011, 6, 7.

990 DKB/Sychowicz, Band 3, Art. 889 KPC Rn. 5; Romańska/Leśniak, II. Teil B 13.2, S. 847 f; Szczurek, S. 442 f; kritisch: Zręda, Pr.Bank 2/2000, 57, 58; Weitz, in: Kengyel/Harsági, S. 181, 191.

991 Appellationsgericht Posen, 12.4.2006 – I ACa 1187/05, Pr.Bank 2007, Nr. 12, S. 29.

992 Näheres dazu Bieżuński, RP 3/2011, 6, 8.

993 Sikorski, S. 156 f, 159; Osowy, S. 60; Weitz, in: Kengyel/Harsági, S. 181, 191.

994 Sikorski, S. 157.

Der beschlagnahmte Betrag wird dieser Ansicht nach von Gerichtsvollzieher entsprechend Art. 752 KPC auf einem verzinsten Depositenkonto des Gerichts hinterlegt. Die (wohl überwiegende) Gegenansicht fordert dagegen keine solche Aufforderung zur Überweisung an den Gerichtsvollzieher. Die Nichtgeltung wird aus dem vorläufigen Charakter der Sicherungspfändung und der Sondervorschrift des Art. 752^2 § 3 KPC gefolgert.[995] Letztere erlaubt dem Schuldner, die beschlagnahmte Forderung weiterhin für eine Überweisung auf ein Depositenkonto des Gerichts zu verwenden. Damit soll der Schuldner die Sicherung zu Fall bringen können (vgl. Art. 742 § 1 KPC). Wird dem Schuldner ein solches Leistungsrecht gewährt, kann die Überweisung nicht zugleich ex officio angeordnet werden, andernfalls bestünde für Art. 752^2 § 3 KPC kein Anwendungsbedarf.[996] In jedem Fall muss eine Überweisung an den Gläubiger ausbleiben.

Der Gerichtsvollzieher benachrichtigt den Schuldner von der Pfändungsmaßnahme, indem er ihm eine Abschrift des Auszahlungsverbots zustellt (Art. 889 § 1 Nr. 2 KPC). Sofern es sich um die erste Zwangsvollstreckungsmaßnahme gegenüber dem Schuldner handelt, was bei einer Sicherungspfändung regelmäßig der Fall sein wird, übermittelt er darüber hinaus auch die Benachrichtigung über die Einleitung der Zwangsvollstreckung (Art. 805 § 1 KPC).

Gemäß Art. 889 § 2 KPC sendet der Gerichtsvollzieher auch dem Gläubiger eine Abschrift der Benachrichtigung über die Pfändung zu, die er zuvor der Bank übermittelt hat.

6. *Wirksamwerden*

Wirksam wird die Pfändung zum Zeitpunkt der Zustellung der Benachrichtigung über das Auszahlungsverbot an die Bank (Art. 890 § 1 KPC). Ab diesem Zeitpunkt ist sie an den Inhalt der Benachrichtigung gebunden. Der Benachrichtigung des Schuldners kommt hinsichtlich des Pfändungsaktes lediglich deklaratorische Wirkung zu.[997] Allerdings entfaltet die Benachrichtigung des Schuldners konstitutiven Charakter hinsichtlich der Einleitung des Vollstreckungsverfahrens (Art. 795 § 2, 805 KPC).[998]

---

995 Gołaczyński/Woźniak, Art. 752(2) KPC Nr. 1; Uliasz, S. 76; Wengerek, Art. 752(2) KPC Nr. 1, anders nur bei einem „zabezpieczenie antycypacyjne“ bei dem die Sicherung den Charakter einer Leistungsverfügung annimmt; vgl. auch Ereciński/Ereciński, Band 3, Art. 752(2) KPC Rn. 7; Osowy, S. 60 f.

996 Uliasz, S. 76.

997 Gołaczyński, Rejent 10/2003, 26, 31; Szczurek, S. 444; Wengerek, Art. 890 KPC Nr. 1.

998 Szczurek, S. 444; Sikorski, S. 111 f, 117.

7. Vollziehungsfrist

Eine Vollziehungsfrist des Sicherungstitels kennt das polnische Recht nicht.

III. Kontopfändung nach der EuKpfVO

1. Rückgriff auf autonomes Recht

Auf das Vollstreckungsverfahren im Rahmen der EuKpfVO finden die Vorschriften für gleichwertige nationale Beschlüsse Anwendung, sofern in Kapitel 3 keine eigenständige Regelung getroffen wurde (Art. 23 Abs. 1 EuKpfVO). Primär anwendbares Vollstreckungsrecht bildet damit die Verordnung selbst. Nur wenn sie schweigt, können nationale Vorschriften herangezogen werden. Ob auf nationaler Ebene eine Vollstreckungsmaßnahme in personam oder in rem wirkt, spielt dabei keine Rolle (vgl. ErwG 28 EuKpfVO). Der Gesetzgeber eröffnet damit einen weitgehenden Rückgriff. Im Unterschied dazu sah der Entwurf keine derartige Rückgriffsklausel auf nationales Recht vor (vgl. Kap. 3 EuKpfVO-E): Die Maßnahme sollte demnach in rem wirken.

Mit der gewählten Lösung soll eine Überschneidung der Vollstreckungsstrukturen in den Mitgliedstaaten vermieden und nationale Verfahren möglichst weitgehend eingehalten werden (ErwG 23 EuKpfVO). Der europäische Gesetzgeber schließt damit an frühere Rechtssetzungsakte aus jüngerer Geschichte an. Eine vergleichbare Vorschrift findet sich bereits in Art. 20 EuVTVO, Art. 21 EuMVVO sowie Art. 21 EuGFVO. Die Reichweite des Rückgriffs umfasst grundsätzlich das gesamte Vollstreckungsrecht in all seinen Stadien, soweit die Verordnung selbst keine anderweitige Regelung aufstellt.[999]

Es bleibt zu klären, was unter einer gleichwertigen nationalen Maßnahme zu verstehen ist. Hierunter fallen einzelstaatliche Maßnahmen, durch die Verfügungen des Schuldners über seine Kontoforderung gegenüber der Bank entweder durch dingliche oder durch persönliche Sicherung vorläufig verhindert werden sollen.[1000] Ziel der Maßnahme muss es sein, die Vollstreckung eines Hauptsachetitels zu sichern. Die funktionsäquivalente Maßnahme muss eine Vollstreckungsmaßnahme darstellen, oder zumindest einen vollstreckungsrechtlichen Teil enthalten, sofern das nationale Recht hier keine klare Trennung vornimmt.

Aus deutscher Sicht muss zunächst differenziert werden, ob der Gläubiger bereits einen vollstreckbaren Hauptsachetitel erlangt hat. Liegt noch kein Titel vor, muss der Gläubiger zunächst eine Arrestentscheidung erwirken. Diese ist

---

999 So sinngemäß zu Art 20 EuVTVO: Kropholler/v. Hein, Art. 20 EuVTVO Rn. 4.

1000 Vgl. Rauscher/Rauscher/Wiedemann, Art. 17 EU-KPfVO Rn. 6.

durch Arrestpfändung zu vollziehen, folgt denselben Grundsätzen und hat dieselben Folgen wie eine gewöhnliche Pfändung zur Vollstreckung eines Hauptsachetitels (§ 930 Abs. 1 ZPO). Der Gläubiger kann gemäß § 845 ZPO aber auch vorpfänden. Hat der Gläubiger bereits einen zumindest vorläufig vollstreckbaren Hauptsachetitel erlangt, wird das Verfahren nach der EuKpfVO in der Literatur teilweise mit dem einer Vorpfändung verglichen.[1001] Ein Arrest und dementsprechend auch eine Arrestpfändung werden nach Erlass eines europäischen Beschlusses mangels eines Sicherungsbedürfnisses regelmäßig nicht mehr möglich sein (vgl. § 720a ZPO).

Hinsichtlich der funktionsäquivalenten Maßnahme könnte daher Arrestpfändung und Vorpfändung in Betracht kommen.[1002] Beide Maßnahmen führen letztlich zu einer vorläufigen Pfändung der Kontoforderung. Soweit die Vorpfändung eine Verfahrensbeschleunigung verfolgt, entspricht dies insoweit auch dem Ziel der EuKpfVO. Auch kann sich die Durchführung der Vorpfändung unter Umständen auf eine reine Zustellungshandlung des Gerichtsvollziehers reduzieren. Dies entspräche insoweit auch der vorgesehenen Vollstreckung des europäischen Kontopfändungsbeschlusses (vgl. Art. 23 Abs. 3, 24 Abs. 1 EuKpfVO). Allerdings handelt es sich bei der Vorpfändung nur um eine private Vollstreckungshandlung. Dies schlägt sich insbesondere in ihrer zeitlich begrenzten Wirkungsdauer nieder. Der Gläubiger ist hier verpflichtet, einen Pfändungsbeschluss i.S.v. § 829 ZPO zu erwirken, um die Wirkungen aufrecht zu erhalten. Solch fixe Grenzen sieht die EuKpfVO nicht vor. Sie stellt eine hoheitliche Maßnahme dar, die den Gläubiger solange schützen soll, bis eine entsprechende Maßnahme zur Vollstreckung der Hauptsacheentscheidung wirksam wird (Art. 20 lit. c EuKpfVO). Auch begründet die Vorpfändung im deutschen Recht keine Verpflichtung zur Abgabe einer Drittschuldnererklärung. Dies ist lediglich im Rahmen der Arrestpfändung möglich. Die europäische Kontenpfändungsverordnung sieht dagegen eine vergleichbare Pflicht in Art. 25 EuKpfVO vor. Auch wenn der europäische Kontopfändungsbeschluss sich nicht eindeutig in das deutsche System einordnen lässt, das eine strikte Trennung von Erkenntnis- und Vollstreckungsverfahren auch bei einstweiligen Maßnahmen vorsieht, muss ihm die deutsche Arrestpfändung daher als funktionsäquivalente Maßnahme gegenüberstehen.[1003]

1001 Stamm, IPRax 2014, 124; Häcker, WM 2012, 2180, 2182, der aber noch von anderen Erlassbedingungen ausging.

1002 Vgl. auch Skamel/Wilhelm, ZInsO 2014, 1789, 1791.

1003 So auch Rauscher/Rauscher/Wiedemann, Art. 23 EU-KPfVO Rn. 7.

In § 950 ZPO bringt der deutsche Gesetzgeber nunmehr die Vorschriften des Achten Buchs der ZPO sowie § 930 Abs. 1 S. 2 ZPO zur entsprechenden Anwendung, sofern die EuKpfVO und die §§ 951-957 ZPO keine Abweichungen enthalten. Die ZPO unterscheidet nicht, in welcher Verfahrensphase der europäische Kontenpfändungsbeschluss ergangen ist.

Aus polnischer Sicht kommt als funktionsäquivalente Maßnahme nur die Sicherungspfändung des Kontos gemäß Art. 747 Nr. 1, 889 ff KPC in Betracht.[1004]

2. *Durchführung der Vollstreckung*

a) *Ein- und zweistufiges Verfahren*

Der europäische vorläufige Kontenpfändungsbeschluss wird vollstreckt, indem er entweder allein oder je nach mitgliedsstaatlichem Recht zusammen mit einer Ausführungsanweisung der Bank zugestellt wird (vgl. Art. 24 Abs. 1 EuKpfVO). Ein weiterer Vollstreckungsantrag ist nicht vorgesehen. Ausdrücklich stellt die Verordnung nur Regeln für die Konstellation auf, in der Vollstreckungs- und Erlassmitgliedstaat auseinanderfallen (Art. 23 Abs. 3 EuKpfVO).

Befindet sich die kontoführende Bank im Erlassstaat, so finden hinsichtlich der Vollstreckung unmittelbar die Vorschriften für gleichwertige nationale Beschlüsse Anwendung (Art. 23 Abs. 1 EuKpfVO). Dies gilt jedenfalls, soweit die Verordnung keine eigenständigen Regelungen der Vollstreckung vorschreibt. Nachdem der europäische Kontenpfändungsbeschluss bereits das vollstreckungsrechtliche Verfügungsverbot beinhaltet (vgl. Art. 19 Abs. 2 lit. h, j EuKpfVO), beschränkt sich die Durchführung des Vollzugs im Wesentlichen auf die Zustellung des europäischen Kontenpfändungsbeschlusses an den Drittschuldner, vergleichbar der Zustellung eines gleichwertigen nationalen Beschlusses. Es handelt sich bei Zusammenfallen von Ursprungs- und Vollstreckungsstaat also tatsächlich um ein einstufiges Verfahren. Dementsprechend sieht die Umsetzungsvorschrift des § 951 Abs. 1 S. 1 ZPO lediglich vor, dass der Gläubiger den Beschluss der Bank zustellen lässt; die Gesetzesbegründung orientiert sich dabei ausdrücklich an § 829 Abs. 2 S. 1 ZPO, wonach der Gläubiger einen Pfändungsbeschluss dem Drittschuldner zustellen lassen muss.[1005]

1004 Ebenso: Regierung der Republik Polen, Entwurf einer Stellungnahme zum Kommissionsentwurf KOM(2011) 445, S. 5, online abrufbar unter: http://orka.sejm.gov.pl/SUEVIkad.nsf/7bfa211dcbf982c7c12578630035da9e/f82155eb5d49d3acc12578f0007e6f0d/$FILE/Projekt%20stanowiska%20RP_2011_445_ostateczny.docx; vgl. auch Kazimierczak, PPE 8/2010, 5, 11.

1005 BT-Drs. 18/7560, S. 44.

Eine weitere formelle oder materielle Prüfung findet hier nicht mehr statt. Allenfalls werden die nationalen Pfändungsfreigrenzen beachtet, soweit solche bestehen und von Amts wegen zu berücksichtigen sind. Ob im Partei- oder Amtsbetrieb zugestellt werden soll, regelt das einzelstaatliche Recht. Nach § 951 Abs. 1 S. 1 ZPO erfolgt die Zustellung an die Bank auf Betreiben des Gläubigers.

Im Bereich der grenzüberschreitenden Vollstreckung ist eine zweistufige Rechtshilfelösung vorgesehen. In einem ersten Schritt wird dazu Teil A des Beschlusses (Art. 19 Abs. 2 EuKpfVO) und ein Blanko-Standardformblatt für die Erklärung nach Art. 25 EuKpfVO an die zuständige Behörde des Vollstreckungsmitgliedstaats übermittelt (Art. 23 Abs. 3 EuKpfVO). Diese erfolgt gemäß Art. 29 EuKpfVO, also auf einem der Rechtshilfe vergleichbaren Weg (ähnlich den Art. 4 ff EuZVO). Die direkte postalische Zustellung an die Bank nach Art. 14, 15 EuZVO ist damit ausgeschlossen.[1006] Eine Übermittlung erfolgt dabei entweder im Amts- oder im Parteibetrieb, je nachdem, wer nach dem nationalen Recht für die Einleitung des Vollstreckungsverfahrens zuständig ist (Art. 23 Abs. 3 UAbs. 2 EuKpfVO). Auch grenzüberschreitend wird ein in Deutschland erlassener europäischer Beschluss der Bank nur auf Veranlassung der Partei zugestellt (§ 951 Abs. 1 S. 2 ZPO).

In einem zweiten Schritt veranlasst diese Vollstreckungsbehörde (in Deutschland das Amtsgericht, in dessen Bezirk das Vollstreckungsverfahren stattfinden soll oder stattgefunden hat, § 952 Abs. 1 Nr. 1 ZPO), die eigentliche (formale) Vollstreckungshandlung im Vollstreckungsmitgliedstaat gemäß dessen nationalem Recht (Art. 23 Abs. 5 EuKpfVO). Dazu stellt sie den Beschluss und ggf. eine Anweisung zu dessen Ausführung der Bank zu (vgl. Art. 24 Abs. 1 EuKpfVO, § 952 Abs. 2 Nr. 1 ZPO). Eine materielle Prüfung der Forderung, die gepfändet werden soll, findet nicht statt. Durch die Einbeziehung der nationalen Behörde soll auch gewährleistet werden, dass die Banken den Beschluss über ihnen vertraute Kanäle erhalten.[1007] Zudem sollen die Pfändungsfreigrenzen von Amts wegen durch die nationale Vollstreckungsbehörde berücksichtigt werden können,[1008] was andernfalls zu einer weiteren Arbeitsbelastung der Vollstreckungsorgane im Erlassstaat und dementsprechenden zeitlichen Verzögerungen führen würde.

1006 So schon zum Kommissionsentwurf: Hess, FS Kaissis, 399, 407, 410, mit kritischer Würdigung; Müller, RIW 2012, 151, 155.

1007 Begründung KOM 445(2011), S. 8; zustimmend Harbeck, in: Seibel, Zwangsvollstreckungsrecht aktuell, S. 259, 275; kritisch Kengyel, in: Kengyel/Harsági, S. 361, 366, der eine direkte elektronische Zustellung durch das Gericht an die Bank befürwortet.

1008 Begründung KOM 445(2011), S. 8; so auch BT-Drs. 18/7560, S. 44.

b) Übersetzungserfordernis

Die Frage nach der sprachlichen Fassung und damit die Übersetzungsproblematik regelt die EuKpfVO auch in Bezug auf die Drittschuldnerzustellung selbst. Sofern der Beschluss an einem Ort ausgeführt werden soll, in dessen die Amtssprache im Vergleich zum Erlassstaat abweicht, wird ihm erforderlichenfalls eine Übersetzung oder Transliteration beigefügt (Art. 23 Abs. 4 S. 1 EuKpfVO). Hierfür reicht es bereits aus, dass das erlassende Gericht die passende Sprachfassung des Formblatts verwendet (vgl. Art. 23 Abs. 4 S. 2 EuKpfVO). Eine Übersetzung durch einen hierzu befugten Übersetzer wie in Art. 49 Abs. 3 EuKpfVO bedarf es angesichts der Angabe reiner Formalia und Zahlen, wie sie in Formblatt A (Art. 19 Abs. 2 EuKpfVO) vorgesehen sind, nicht. Aufgrund der besonderen Eilbedürftigkeit, die mit dem europäischen Verfahren zur vorläufigen Kontopfändung regelmäßig verbunden ist und bei eventuellen Rückfragen gerade nicht gewährleistet wäre, muss die Erforderlichkeit im Sinne des Art. 23 Abs. 4 S. 1 EuKpfVO stets angenommen werden, wenn die besagten Amtssprachen nicht übereinstimmen.[1009] Die Verwendung der sprachlich „passenden" Formulare ist somit für das Gericht obligatorisch. So lässt sich auch der fehlende Ausschluss einer Anwendung der EuZVO (insbesondere von Art. 8 EuZVO) bezüglich Art. 23 Abs. 4 EuKpfVO in Art. 48 lit. a EuKpfVO erklären. Fehlt die Übersetzung unzulässigerweise, ist die Zustellung (nicht die Pfändung selbst!) als nichtig zu erachtet und entfaltet daher keine Wirkung.[1010] Auf Art. 8 EuZVO kann wegen des Ausschlusses in Art. 48 lit. a EuKpfVO gerade nicht zurückgegriffen werden.

Werden die Sprachanforderungen nach Art. 49 Abs. 1 EuKpfVO nicht erfüllt, ist der Beschluss zu widerrufen. Der Antragsteller kann den Fehler aber nachträglich beheben und so den Verfahrensmangel heilen (Art. 33 Abs. 1 lit. c, Abs. 4, 34 Abs. 1 lit b (iv) EuKpfVO).

c) Wirksamwerden

Eine ausdrückliche Vorschrift, wann die Pfändung wirksam wird, sieht die Verordnung nicht vor. Der Bank wird im Pfändungsbeschluss aber das Gebot

---

1009 In diesem Sinne schon zum Kommissionsentwurf Harbeck, in: Seibel, Zwangsvollstreckungsrecht aktuell, S. 259, 275; ders. ZInsO 2012, 805, 809; Cranshaw, DZWIR 2012, 399, 407; BRAK, Stellungnahme-Nr. 61/2011, 10.

1010 Vgl. Cranshaw DZWIR 2012, 399, 407, zur vergleichbaren Problematik bzgl. der Zustellung an die Bank i.R.d. Kommissionsentwurfs.

erteilt, diesen gemäß Art. 24 EuKpfVO auszuführen (Art. 19 Abs. 2 lit. h EuKpfVO). Gemäß Art. 24 Abs. 1 EuKpfVO hat die Bank den Pfändungsbeschluss unverzüglich nach dessen Erhalt bzw. nach Erhalt einer entsprechenden Anweisung (soweit eine solche im nationalen Recht des Vollstreckungsmitgliedstaats vorgesehen ist) auszuführen. Dazu kann sie entweder das Schuldnerkonto in der entsprechenden Höhe sperren (Art. 24 Abs. 2 S. 1 lit. a EuKpfVO) oder diesen Betrag auf ein für vorläufige Pfändungen bestimmtes Konto überweisen (Art. 24 Abs. 2 S. 1 lit. b EuKpfVO), sofern dies im nationalen Recht vorgesehen ist. Ihr wird damit im Pfändungsbeschluss untersagt, die Forderung des Antragsgegners zu erfüllen. Hierin liegt ein hoheitlich angeordnetes Auszahlungsverbot, auch wenn dieses erst im Vollstreckungsmitgliedstaat mit dessen Rechtswirkungen ausgefüllt wird (näher dazu unten). Soweit Art. 24 Abs. 1 EuKpfVO von der unverzüglichen Ausführung spricht, beschreibt die Vorschrift damit die Handlungspflicht der Bank hinsichtlich der Sicherung des Pfändungsbetrags. Den Pfändungsbeschluss muss die Bank unverzüglich – also ohne schuldhaftes Zögern – nach Erhalt ausführen (Art. 24 Abs. 1 EuKpfVO).

Der Beschluss wird demnach mit Zustellung an den Drittschuldner wirksam; auf den Zeipunkt, in dem er dem Schuldner zugeht, kommt es nicht an. Unterstützt wird diese Ansicht durch Art. 24 Abs. 2 UAbs. 2 EuKpfVO. Die Vorschrift regelt, wie mit Transaktionen umzugehen ist, die im Zustellungszeitpunkt des Beschlusses bereits anhängig sind. Sie können nur berücksichtigt werden, wenn die Bank sie vor der Drittschuldnererklärung (gem. Art. 25 EuKpfVO) oder (falls sie dieser Pflicht nicht rechtzeitig nachkommt) der hierfür festgelegten Frist (Art. 25 Abs. 1 EuKpfVO) abwickelt.

Auch das Rechtsbehelfsverfahren knüpft an diesen Zeitpunkt an. Art. 33 Abs. 1 lit. b EuKpfVO statuiert eine Frist für die tatsächliche Zustellung des Beschlusses (und der Schriftstücke gemäß Art. 28 EuKpfVO) an den Schuldner. Maßgeblicher Zeitpunkt für deren Beginn ist die Pfändung des Kontos (und nicht etwa der Erlass des Pfändungsbeschlusses). Das Gericht im Ursprungsmitgliedstaat, welches über den Rechtsbehelf entscheidet, müsste dann den jeweiligen Zeitpunkt ermitteln, in dem eine Pfändung im Vollstreckungsmitgliedstaat wirksam wird. Gleiches gilt für den Schuldner. Er müsste sich über die jeweilige Rechtslage in den einzelnen Mitgliedstaaten innerhalb kurzer Zeit informieren, um seine Rechte wirksam wahrnehmen zu können. Erschwerend sieht Art. 50 EuKpfVO auch keine Informationspflicht der Mitgliedstaaten über den jeweiligen Zeitpunkt des Wirksamwerdens einer Pfändung vor. Um Gericht und Schuldner nicht übermäßig zu belasten, erscheint es auch aus Sicht des Rechtsbehelfs in

Art. 33 Abs. 1 lit. b EuKpfVO nötig, einen einheitlichen Zeitpunkt für die Pfändung festzulegen.[1011]

d) Zustellung nach Vorschriften für gleichwertige nationale Maßnahmen

Die Verordnung greift hinsichtlich der Zustellung des Beschlusses weitgehend auf nationalen Vorschriften zurück. Im Anschluss an die zuvor besprochene Ambivalenz des europäischen Pfändungsbeschlusses ist in Mitgliedstaaten, die eine strikte Trennung von Erkenntnis- und Vollstreckungsverfahren vorsehen, entscheidend darauf abzustellen, wer im Ursprungsmitgliedstaat für die Zustellung der vollstreckungsrechtlichen Maßnahme an die Bank als Drittschuldnerin zuständig ist.

Weitere Vorschriften, welche die zuständige Behörde dann bei der Vollstreckung zu beachten hat, sind dem Verfahrensrecht des Vollstreckungsmitgliedstaats zu entnehmen (Art. 23 Abs. 5 EuKpfVO). Wie bereits festgestellt, müssen sich solche Vollstreckungsregeln entweder auf die direkte Zustellung oder Zustellung mit Ausführungsanweisung beschränken.

In Deutschland erfolgt die Zustellung des Pfändungsbeschlusses im Parteibetrieb (§ 829 Abs. 2 S. 1 ZPO). Dementsprechend findet auch die grenzüberschreitende Übermittlung des in Deutschland erlassenen Beschlusses nach der EuKpfVO an die zuständige Behörde im Ausland im Parteibetrieb statt (vgl. § 951 Abs. 1 S. 2 i.V.m. Art. 23 Abs. 3 UAbs. 1, 2 EuKpfVO). In Polen wird man die Kontenpfändung im Sicherungsverfahren als gleichwertige Maßnahme ansehen und die Vorschriften Art. 747 Nr. 1, 889 ff KPC heranziehen müssen.[1012]

Betrachtet man die Konstellation, in der Vollstreckungs- und Erlassstaat zusammenfallen, muss man mangels Regelung in der EuKpfVO gänzlich auf gleichwertige nationale Beschlüsse bzw. einzelstaatliches Recht abstellen (Art. 23 Abs. 1 EuKpfVO). Ist Deutschland sowohl Ursprungs- als auch Vollstreckungsmitgliedstaat, hat ein Gläubiger mit Wohnsitz im EU-Ausland den europäischen Beschluss der Bank zustellen zu lassen (§ 951 Abs. 1 S. 1 ZPO).

Wird dagegen ein im EU-Ausland erlassener Beschluss in Deutschland vollstreckt (Art. 23 Abs. 3 EuKpfVO), stellt das Amtsgericht, in dessen Bezirk das

---

1011 AA Rauscher/Rauscher/Wiedemann, Art. 23 EU-KPfVO Rn. 8 f.

1012 Vgl. Regierung der Republik Polen, Entwurf einer Stellungnahme zum Kommissionsentwurf KOM(2011) 445, S. 5, online abrufbar unter: http://orka.sejm.gov.pl/SUEVIkad.nsf/7bfa211dcbf982c7c12578630035da9e/f82155eb5d49d3acc12578f0007e6f0d/$FILE/Projekt%20stanowiska%20RP_2011_445_ostateczny.docx; s. auch Kazimierczak, PPE 8/2010, 5, 11.

Vollstreckungsverfahren stattfinden soll (§ 952 Abs. 1 Nr. 1 ZPO), der Bank den Beschluss zur vorläufigen Kontenpfändung zu (§ 952 Abs. 2 Nr. 1 ZPO).

3. *Ermittlung des Kontos*

Die EuKpfVO sieht zur einstweiligen Kontenpfändung nur einen einzigen Antrag vor. Gesonderte Anträge, wie in Deutschland und Polen hinsichtlich Arrest und Pfändung, sind nicht vorgesehen. Hinsichtlich des Antrags auf Erlass des europäischen Kontenpfändungsbeschlusses ist daher zunächst auf die Ausführungen unter § 4 A. II. 3. verwiesen.

Der Gläubiger ist im Antrag zur Angabe der konkreten Kontonummer grundsätzlich nicht verpflichtet. Auch der europäische Kontopfändungsbeschluss enthält keine Konkretisierung, sofern sich der Gläubiger im Antrag hierzu nicht geäußert hat. Die Bank ermittelt eigenständig das Konto oder die Konten, die der Schuldner bei ihr unterhält (Art. 24 Abs. 4 EuKpfVO). Unter dem Begriff der „Bank“ ist ein Kreditinstitut im Sinn von Art. 4 Abs. 1 Nr. 1 VO (EU) Nr. 575/2013 (d.h. ein Unternehmen, dessen Tätigkeit darin besteht, Einlagen oder andere rückzahlbare Gelder des Publikums entgegenzunehmen und Kredite für eigene Rechnung zu gewähren) zu verstehen. Gemäß Art. 4 Nr. 2 EuKpfVO schließt dies auch Zweigniederlassungen mit ein. Zweigniederlassungen sind demnach Betriebsstellen, die einen rechtlich unselbständigen Teil eines Instituts bilden und sämtliche Geschäfte oder einen Teil der Geschäfte, die mit der Tätigkeit eines Instituts verbunden sind, unmittelbar betreiben (Art. 4 Abs. 1 Nr. 17 VO (EU) Nr. 575/2013). Dabei muss sich entweder der Hauptsitz des Kreditinstituts oder der Sitz der kontoführenden Zweigniederlassung innerhalb der EU befinden.

Ist die Ermittlung des konkreten Kontos nicht mit Sicherheit möglich, kann sie die Information auch bei der Auskunftsbehörde im Vollstreckungsmitgliedstaat einholen, falls zuvor ein Auskunftsverfahren i.S.v. Art. 14 EuKpfVO durchgeführt wurde und dies im Beschluss (vgl. Art. 19 Abs. 2 lit. f EuKpfVO) vermerkt ist. Dabei wird es sich etwa um Fälle handeln, in denen der Schuldner nicht eindeutig anhand des Namens und der Kontaktdaten identifizierbar ist, weil mehrere Personen mit demselben Namen und der gleichen Anschrift bei der Bank ein Konto unterhalten.[1013]

1013 Rat der EU, Addendum vom 28.11.2013 zum Vermerk des Vorsitzes, 16991/13 ADD 1, S. 36 Fn. 47.

4. *Zustellung an den Schuldner*

Der europäische Beschluss zur vorläufigen Kontenpfändung wird dem Schuldner vor seiner Vollstreckung nicht zugestellt. Um den Überraschungseffekt zu wahren, erfolgt die Zustellung an ihn erst nach Erhalt der Erklärung i.S.v. Art. 25 EuKpfVO durch die Bank, jedenfalls also nach Drittschuldnerzustellung (vgl. Art. 28 EuKpfVO). Nach den deutschen Durchführungsvorschriften erfolgt die Zustellung an den Schuldner durch das Gericht – wie im deutschen Recht (§ 829 Abs. 2 S. 2 ZPO) – ohne weiteres Zutun des Gläubigers und gilt als Parteizustellung i.S.v. § 191 ZPO (§ 951 Abs. 2 S. 1 ZPO). Der Antrag des Gläubigers auf Erlass des Beschlusses zur vorläufigen Kontenpfändung enthält nämlich zugleich den Auftrag zur Zustellung des Beschlusses an den Schuldner.[1014]

Dem Schuldner werden der Pfändungsbeschluss (Teil A und B), der Gläubigerantrag samt aller ihn begründenden Dokumente (in Abschrift) sowie die Drittschuldnererklärung i.S.v. Art. 25 EuKpfVO gemäß Art. 28 Abs. 1, 5 EuKpfVO zugestellt.

Die Bestimmung der anzuwendenden Zustellungsvorschriften hängt vom Wohnsitz/Sitz des Schuldners ab. Liegt dieser im Ursprungsmitgliedstaat, richtet sich die Zustellung nach der lex fori dieses Mitgliedstaats (Art. 28 Abs. 2 S. 1 EuKpfVO). Auch die Zustellungsart (Amts- oder Parteibetrieb) überlässt die Verordnung grundsätzlich dem nationalen Recht des Ursprungsmitgliedstaats.[1015] In zeitlicher Hinsicht gibt die Verordnung hierfür aber konkrete Vorgaben: Die Zustellung muss sowohl bei Inlands- als auch bei Auslandszustellung bis Ende des dritten Arbeitstags nach dem Tag des Erhalts der Drittschuldnererklärung veranlasst werden (Art. 28 Abs. 2, 3 EuKpfVO); etwas anderes gilt nur, wenn die Zustellung in einen Drittstaat zu erfolgen hat (hierfür gilt uneingeschränkt die lex fori des Ursprungsmitgliedsstaats). Der Rechtsausschuss des Europäischen Parlaments plädierte dagegen noch für eine Frist von einem Tag.[1016] Auf den tatsächlichen Zustellungszeitpunkt kommt es also grundsätzlich nicht an.

Fallen der Mitgliedstaat, in dem der Schuldner seinen (Wohn-) Sitz hat, und Ursprungsmitgliedstaat auseinander, erfolgt die Zustellung nach Art. 28 Abs. 3 i.V.m. Art. 29 EuKpfVO. Anzuwenden ist hier ein zweistufiges Verfahren, wie es die Verordnung vergleichbar schon an anderer Stelle vorsieht (vgl. Art. 23 Abs. 3

1014 BT-Drs. 18/7560, S. 44.

1015 Für eine Zustellung durch das Gericht: Max Planck Working Group, ECFR 2007, 252, 290.

1016 Europäisches Parlament, Entwurf einer legislativen Entschließung des Europäischen Parlaments zu dem Vorschlag KOM(2011)445, A7-0227/2013, S. 32.

EuKpfVO).[1017] Zunächst werden die Schriftstücke an die zuständige Behörde im (Wohn-) Sitzmitgliedstaat des Schuldners übermittelt; je nach der lex fori des Ursprungsmitgliedstaats wird dies entweder durch das Gericht oder den Gläubiger veranlasst. Wie auch bei der reinen Inlandsübermittlung nach Absatz 2 wird hier derselbe zeitliche Rahmen von drei Tagen für eine Veranlassung vorgegeben. Obwohl es sich dabei um eine grenzüberschreitende Übermittlung von Schriftstücken handelt, findet die EuZVO auf den Vorgang keine Anwendung (vgl. auch Art. 48 lit. a EuKpfVO). Dies folgt aus Art. 29 Abs. 1 EuKpfVO, der diesen ersten Übermittlungsschritt eigenständig regelt und auf den Art. 28 Abs. 3 EuKpfVO ausdrücklich und (hinsichtlich des ersten Schritts) abschließend verweist. Die eigentliche Zustellung an den Schuldner bei grenzüberschreitenden Konstellationen erfolgt in einem zweiten Schritt. Die jeweilige Behörde im (Wohn-) Sitzstaat des Schuldners (in Deutschland das Amtsgericht, in dessen Bezirk der Schuldner seinen Wohnsitz hat, § 952 Abs. 1 Nr. 2 ZPO) stellt die Schriftstücke unverzüglich gemäß den inländischen Zustellungsvorschriften zu. Da hier nur noch eine Inlandszustellung vorliegt, spielen Regeln zur grenzüberschreitenden Übermittlung keine Rolle.

Findet die Vollstreckung nur in einem einzigen Mitgliedstaat statt und handelt es sich dabei zugleich um den Wohnsitzmitgliedstaat des Schuldners, der aber zugleich nicht Ursprungsmitgliedstaat ist, gilt eine Besonderheit. Die Übermittlung der Schriftstücke erfolgt zeitgleich mit dem Beschluss gemäß Art. 23 Abs. 3 EuKpfVO an die Vollstreckungsbehörde des Vollstreckungsmitgliedstaats. Die nationale Vollstreckungbehörde wiederum veranlasst dann, die Schriftstücke innerhalb der Drei-Tage-Frist nach Erhalt der Drittschuldnererklärung i.S.v. Art. 25 EuKpfVO an den Schuldner zuzustellen (Art. 28 Abs. 3 UAbs. 2 EuKpfVO). Die sonst erforderliche Übermittlung an die Vollstreckungsbehörde wird hier also vorverlagert, um das Verfahren zu beschleunigen.

Liegt der (Wohn-) Sitz des Schuldners in einem Drittstaat, gilt das im Ursprungsmitgliedstaat für internationale Zustellungen geltende Recht (Art. 28 Abs. 4 EuKpfVO).

5. *Vollziehungsfrist*

Obwohl grundsätzlich alle Vollstreckungsbehörden unverzüglich tätig werden müssen (Art. 23 Abs. 2 EuKpfVO), kann die Übermittlung (und damit die Einleitung des Vollstreckungsverfahrens) des Beschlusses je nach lex fori des

1017 Kritisch zum zweistufigen System: Hess, FS Kaissis, S. 399, 410; Rauscher/Rauscher/Wiedemann, Art. 28 EU-KPfVO Rn. 8.

Ursprungsmitgliedstaats auch dem Gläubiger überlassen sein (vgl. Art. 23 Abs. 3 UAbs. 2 EuKpfVO). Es stellt sich die Frage, ob der Gläubiger dann ohne zeitliche Einschränkung die Übermittlung an die Vollstreckungsbehörde des Vollstreckungsmitgliedstaats veranlassen kann.

Eine Vollziehungsfrist sieht die Verordnung nicht vor. Erst im Rahmen der Rechtsbehelfe (dazu unter § 7 C.) erfährt die Vollstreckungsmöglichkeit aus dem Beschluss eine gewisse zeitliche Einschränkung. Wird der Beschluss dem Schuldner nicht innerhalb von 14 Tagen zugestellt, ist er zu widerrufen (Art. 33 Abs. 1 lit. b, 34 Abs. 1 lit b (iv) EuKpfVO). Hier gilt es allerdings, die weitreichende Heilungsvorschrift des Art. 33 Abs. 3 EuKpfVO zu beachten. Insbesondere wird der Mangel geheilt, wenn die Zustellung innerhalb von 14 Tagen nach Unterrichtung des Gläubigers über den Rechtsbehelf des Schuldners nachgeholt oder auf sonstige Weise (vgl. Art. 33 Abs. 3 UAbs. 2 EuKpfVO) geheilt wird. Da der Vollstreckungsbehörde aber nach der EuKpfVO keine Prüfkompetenz bezüglich dieser Frist zukommt, die Überschreitung vielmehr nur vom Gericht im Rechtsbehelfsverfahren festgestellt werden darf, kann diese 14-tägige Zustellungsfrist keine Vollstreckungsvoraussetzung darstellen.

Eine Vollziehungsfrist kann sich daher allenfalls aus dem Rückgriff auf die nationalen Vorschriften über Art. 23 Abs. 1, 5 EuKpfVO ergeben. Nach deutschem Verfahrensrecht soll der Arrestbefehl möglichst zeitnah vollzogen werden, da dann noch mit einer andauernden Gefährdungslage gerechnet werden kann. Dieselbe Problematik trifft auf die europäische Kontenpfändung als vorläufige Maßnahme ebenso zu. Auch hier ist ein Erlassgrund erforderlich, der die Gefährdung der späteren Hauptsachevollstreckung aufgreift. Je länger der Gläubiger mit der Übermittlung an die Vollstreckungsbehörde zögert, desto größer ist die Gefahr, dass sich die tatsächlichen Verhältnisse ändern und der Erlassgrund entfällt. Da der europäische Beschluss nach nationalen Vorschriften vollstreckt wird, soweit die Verordnung nichts Gegenteiliges regelt (Art. 23 Abs. 1, 5), fällt grundsätzlich auch § 929 Abs. 2 ZPO hierunter. Die identische Interessen- und Gefahrenlage könnte es daher gebieten, auch diese besondere Arrestvollziehungsfrist heranzuziehen. Der europäische Gesetzgeber will eine größere Zeitspanne zwischen Erlass und Vollstreckung des Beschlusses vermeiden, wie aus Art. 23 Abs. 2 EuKpfVO deutlich wird, wonach alle Vollstreckungsbehörden unverzüglich tätig werden sollen. Eröffnet er sodann zugleich den alternativen Weg für Zustellungen im Parteibetrieb, kann nicht von einer gänzlich anderen Intention ausgegangen werden.

Allerdings soll der Gläubiger mit dem europäischen Kontenpfändungsbeschluss gerade die Möglichkeit erhalten, in grenzüberschreitenden Fällen eine vorläufige Sicherung zu erlangen, ohne sich mit den Voraussetzungen des einstweiligen Rechtsschutzes in einem anderen Mitgliedstaat auseinandersetzen zu müssen und dadurch wertvolle Zeit zu verlieren. Diesem Ziel stünde es entgegen, wenn die einzelnen Mitgliedstaaten hier verschärfte Voraussetzungen oder Bedingungen aufstellen könnten, insbesondere indem sie die Vollstreckungsmöglichkeit zeitlich beschränken. Der Gläubiger wäre in diesem Fall wieder vor die Ausgangsproblematik gestellt, sich im Voraus Kenntnisse über die jeweilige Prozessrechtsordnung zu verschaffen. Über ein solches Hindernis müsste aus Gründen der Rechtssicherheit und Rechtsklarheit zumindest die Kommission informiert werden, die dieses wiederum bekanntzumachen hätte (Art. 50 EuKpfVO). Die Informationspflichten in Art. 50 Abs. 1 EuKpfVO sehen eine derartige Einschränkung aber nicht vor. Zur Wahrung der effektiven Anwendung der EuKpfVO, wird auf eine Vollziehungsfrist in nationalen Rechtsordnungen daher nicht abgestellt werden können.

IV. Vergleich

Das Vollstreckungs- bzw. Vollziehungsverfahren der einzelnen Rechtsordnungen unterscheidet sich auf den ersten Blick deutlich.

Kern der EuKpfVO ist es die, Kontenpfändung über die Staatsgrenze zu erleichtern bzw. zu ermöglichen. So entzieht sich das Kontoguthaben dem Vollstreckungszugriff polnischer Vollstreckungsorgane, wenn etwa das Konto bei einer Bank im Ausland geführt wird. Nach polnischem Verständnis des Territorialitätsprinzips fehlt es hierfür an der erforderlichen Hoheitsgewalt. Möchte ein Gläubiger in Polen das Konto des Schuldners pfänden, das bei einer deutschen Bank geführt wird, muss er hierfür einen entsprechenden Pfändungsbeschluss beim zuständigen Vollstreckungsgericht in Deutschland erwirken (vgl. Art. 42 Abs. 2 EuGVO). Nichts anderes gilt grundsätzlich im umgekehrten Fall, wenn ein Gläubiger mit einem deutschen Arrestbefehl in ein Konto pfänden möchte, das im Ausland belegen ist. Allerdings gestattet das deutsche Recht unter Umständen auch die Pfändung einer Forderung, die das Konto bei einer ausländischen Bank betrifft. Mit der EuZVO stellt die Zustellung an den Drittschuldner ins EU-Ausland kein Hindernis mehr dar. Die Wirkungen einer solchen inländischen Pfändung beschränken sich aber auf das Inland und werden unionsrechtlich nicht im Ausland anerkannt, solange der andere Mitgliedsstaat nichts Gegenteiliges statuiert. Ein solches Vorgehen bietet sich dementsprechend nur an, wenn entweder die Wirkungen im Ausland nach autonomem Recht anerkannt werden oder der spätere Einziehungsprozess in Deutschland stattfinden kann. Ansonsten verbleibt es bei der Vollstreckung im Ausland.

Mit einem europäischen Kontenpfändungsbeschluss kann ein Gläubiger nunmehr ein im Ausland belegenes Konto des Schuldners praktisch aus dem Ursprungsmitgliedstaat heraus pfänden. Anders als die Bezeichnung suggeriert, handelt es sich beim europäischen Kontenpfändungsbeschluss aber nicht um eine reine Vollstreckungsmaßnahme. Während in Deutschland der Arrestbefehl durch einen weiteren Kontenpfändungsbeschluss des Arrestgerichts vollstreckt wird und in Polen der Gerichtsvollzieher durch Benachrichtigung der Bank die Vollstreckung des Sicherungsbeschlusses bewirkt, kommt dem europäische Kontenpfändungsbeschluss ein gewisser Mischcharakter zu. Die einstweilige Entscheidung nach der EuKpfVO ergeht zwar in einem summarischen Erkenntnisverfahren über den Sicherungsanspruch des Gläubigers, doch enthält sie bereits eine an die Bank gerichtete Aufforderung, den Beschluss auszuführen, indem die Bank entweder keine weiteren Transfers zulässt bzw. durchführt oder das Geld auf ein zur vorläufigen Pfändung bestimmtes Konto (wie etwa teilweise in Polen vertreten; damit ist nicht das Konto des Gläubigers gemeint) überweist. Eine weitere Pfändungsentscheidung darf trotz des Verweises aus Art. 23 EuKpfVO, wonach die Vollstreckung des europäischen Kontenpfändungsbeschlusses nach den Vorschriften über gleichwertige nationale Beschlüsse zu vollstrecken ist, nicht ergehen. Da die EuKpfVO zusätzlich kein ausdrückliches Verfügungsverbot an den Schuldner vorsieht, verbleibt für die Vollstreckung des Beschlusses nur noch dessen Zustellung.

Soll dabei grenzüberschreitend zugestellt werden, wird im Vollstreckungsmitgliedstaat eine nationale Behörde (in Deutschland das Amtsgericht, in dessen Bezirk das Vollstreckungsverfahren stattfinden soll, § 952 Abs. 1 Nr. 1, Abs. 2 Nr. 1 ZPO) dazwischengeschaltet, um das Territorialitätsprinzip zu wahren. Die Wirksamkeit der Maßnahme hängt entscheidend von der Zustellung durch die nationale Vollstreckungsbehörde ab. Dass die Vollstreckung des EuKpfVO allein durch Zustellung erfolgt, ist auch in Deutschland nicht vollkommen systemfremd. So kann im Rahmen der Vorpfändung der Gläubiger die Aufforderung an den Drittschuldner selbst anfertigen. Diese wird dann vom Gerichtsvollzieher nur noch zugestellt.

Gestattet das nationale Recht eine inländische Kontopfändung, obwohl sich der Drittschuldner im Ausland befindet, können sich Unterschiede hinsichtlich der Durchführung, insbesondere der grenzüberschreitenden Zustellung des Pfändungsbeschlusses, ergeben. Der europäische Kontenpfändungsbeschluss wird nicht wie einzelstaatlichen Maßnahmen nach den Regeln der EuZVO, sondern nach der EuKpfVO selbst zugestellt. Nach letzterer werden dem Drittschuldner die Schriftstücke in einem zweistufigen Verfahren übermittelt. Hierzu übermittelt das Ausgangsgericht oder der Gläubiger (je nach einzelstaatlichem

Recht) die Schriftstücke an die ausländische Vollstreckungsbehörde, die wiederum die Zustellung nach den innerstaatlichen Vorschriften vornimmt. Soweit die Übermittlung vom Gericht ausgeht, entspricht dies dem Verfahren zwischen Übermittlungs- und Empfangsbehörde und anschließender Zustellung beim Rechtshilfegesuch i.R.d. EuZVO, andernfalls gleicht es dem Verfahren nach Art. 15 EuZVO. Ein Rückgriff auf die weitergehenden Regeln der EuZVO gestattet die EuKpfVO in diesem Zusammenhang nicht. Dem Gläubiger wird dadurch der Weg einer Direktzustellung i.S.v. Art. 14 EuZVO versperrt. So soll nicht nur das Ziel erfüllt werden, der Bank einen Pfändungsbeschluss über ihr vertraute Kanäle zuzuleiten, sondern es ist zugleich die einzige Möglichkeit, einen unmittelbaren ausländischen Vollstreckungszugriff des Erlassgerichts und damit einen Bruch mit dem Territorialitätsprinzip zu vermeiden, indem die Vollstreckung des europäischen Kontenpfändungsbeschlusses in die Hände der ausländischen Vollstreckungsbehörde gelegt wird. Die zweistufige Zustellung stellt sozusagen den „Preis" der grenzüberschreitenden Anerkennungsfähigkeit und Vollstreckbarkeit im Vollstreckungsmitgliedstaat dar, die einer einzelstaatlichen Maßnahme verwehrt bleibt, wenn sie nicht die besonderen Voraussetzungen des Art. 2 lit. a UAbs. 2 S. 1 EuGVO erfüllt.

Unterschiede zwischen den einzelnen Verfahren ergeben sich hinsichtlich des Prüfungsmaßstabs. Anders als in Deutschland, wo das Vollstreckungsgericht zumindest eine Schlüssigkeitsprüfung hinsichtlich der zu pfändenden Forderung durchführt (mag diese Prüfung auch darauf beschränkt sein, nur ein offensichtliches Nichtbestehen der Forderung auszuschließen), bleibt dem polnischen Gerichtsvollzieher diesbezüglich jegliche Prüfung untersagt. Im Rahmen der EuKpfVO werden in den Mitgliedsstaaten vorgesehenen Vollstreckungsvoraussetzungen entweder in das Erkenntnisverfahren vorgezogen (z.B. Bestimmung des Vollstreckungsobjekts im Antrag) oder entfallen (Prüfung der formellen Vollstreckungsvoraussetzungen), da auf vollstreckungsrechtlicher Ebene keine eigenständige Entscheidung mehr getroffen wird – diese ist bereits im europäischen Kontopfändungsbeschluss aufgegangen. Das Vollstreckungsorgan führt keine formelle oder materielle Prüfung mehr durch (auch nicht die nationale Behörde beim grenzüberschreitenden Vollzug). Der Weg und die Zeit vom Antrag auf Erlass der einstweiligen Maßnahme bis zur tatsächlichen Pfändung des Kontos sind dadurch im Verhältnis zu den nationalen Rechtsordnungen sowohl in Deutschland als auch in Polen verkürzt.

Die Pflichtangaben in den einzelstaatlichen Pfändungsanträgen bezüglich des Schuldnerkontos fallen im Antrag auf Erlass eines europäischen Kontenpfändungsbeschlusses ebenso an. Dort muss der Gläubiger das Vollstreckungsobjekt bereits möglichst hinreichend bestimmen. Wie auf nationaler

Ebene bedarf es hierfür aber nicht der konkreten Kontonummer, sofern ihm diese unbekannt ist, sondern es genügt bereits die Angabe der kontoführenden Bank. In Polen soll nach (umstrittener) Ansicht noch nicht einmal das erforderlich sein. Verdachtspfändungen werden dort großzugiger zugelassen als in Deutschland. Auch ist die Zustellung des Beschlusses an den Hauptsitz der Bank (anders als nach der ZPO und der EuKpfVO) dort unzulässig. Allerdings wird man auch im Rahmen der EuKpfVO (wie in Deutschland) eine entsprechende Angabe der kontoführenden Stelle fordern müssen, um die zu pfändende Forderung objektiv identifizieren. Denn dem Gläubiger soll durch die Ermittlungsobliegenheit der Bank keine Ausforschungspfändungen ermöglicht werden. Andernfalls wären die strengen Voraussetzungen, unter denen das europäische Transparenzverfahren nach Art. 14 EuKpfVO durchgeführt werden darf, praktisch umgangen (näher dazu unter Punkt § 9). Durch die Vielzahl untergeordneter Zweigstellen, könnte der Gläubiger durch Angabe der Bankzentrale einen weitgehenden Informationsbeschaffungsprozess auslösen, an den der Gesetzgeber grundsätzlich hohe Anforderungen knüpft. Dementsprechend sieht der Beschluss einen entsprechenden Hinweis in Art. 19 Abs. 2 lit. f EuKpfVO vor, soweit ein solches Transparenzverfahren bereits durchlaufen wurde und die Bank die betreffende Kontonummer von der Auskunftsbehörde des Vollstreckungsmitgliedsstaats einholen darf. Zur eigenständigen Ermittlung sämtlicher Konten, die bei Zweigstellen geführt werden, ist sie daher weder verpflicht noch berechtigt.

Eine Vollziehungsfrist, wie sie in Deutschland einzuhalten ist, statuiert weder die polnische noch die europäische Rechtsordnung und lässt sich im Rahmen der EuKpfVO auch nicht aus nationalem Recht ableiten.

Der Pfändungszeitpunkt ist in den Rechtsordnungen grundsätzlich gleich. Die Pfändung gilt in dem Zeitpunkt als bewirkt, in dem der Bank der Beschluss zugestellt wird. Auf die Zustellung an den Schuldner kommt es hierfür nicht an. Sie erfolgt erst im Anschluss. Während eine Überweisung des gesicherten Betrags auf ein bestimmtes (Gerichts-) Konto in Deutschland nicht erfolgt, ist dies in Polen umstritten.

B. Wirkung der vorläufigen Pfändung

I. Wirkung einer deutschen Arrestpfändung

Die Wirkung der Arrestpfändung ist mit der einer gewöhnlichen Forderungspfändung identisch. Beide führen zur Verstrickung, das heißt zur öffentlich-rechtlichen Beschlagnahme der Forderung.[1018] Durch den Pfändungsbeschluss wird dem Drittschuldner untersagt, Zahlungen an den Schuldner zu leisten, soweit die Forderung gepfändet ist (§ 829 Abs. 1 S. 1 ZPO – arrestatorium) und dem Schuldner aufgetragen, sich jeder Verfügung über die Forderung zu enthalten (§ 829 Abs. 1 S. 2 ZPO – inhibitorium). Das Zahlungsverbot gegenüber der Bank stellt dabei nicht bloß eine reine Mitteilung bezüglich der Rechtsfolgen dar, sondern einen hoheitlichen Befehl.[1019] Sowohl arrestatorium als auch inhibitorium wirken unmittelbar aufgrund des Pfändungsbeschlusses und sind nicht erst dem Gesetz als Folge zu entnehmen.[1020] Die Beschlagnahme begründet ein Veräußerungsverbot i.S.v. §§ 135, 136 BGB.[1021] Der Gläubiger kann sich hinsichtlich sämtlicher Verfügungen des Schuldners auf eine relative Unwirksamkeit ihm gegenüber berufen; gleiches gilt bei Leistungen des Drittschuldners an den Schuldner.[1022] Im Umkehrschluss bleibt der Schuldner Inhaber der Forderung. Seine Verfügungen sind Dritten, insbesondere anderen Gläubigern, gegenüber wirksam.[1023]

Eine tatsächliche (und absolute) Kontosperre tritt also nicht bereits kraft Gesetzes ein.[1024] Wie der Drittschuldner das Zahlungsverbot umsetzt, ist in der ZPO nicht vorgesehen. Praktisch wird er das Konto und die damit verbundenen Kredit-/EC-Karten sperren.[1025] Leistet der Drittschuldner dennoch verbotswidrig an den Schuldner, kann die Leistung zwar im Verhältnis zum Schuldner zum Erlöschen der Forderung durch Erfüllung führen, der Schuldner mithin nicht erneut Zahlung an sich verlangen. Im Verhältnis zum Gläubiger ist diese Leistung hingegen unbeachtlich. Dementsprechend verbleibt trotz (verbotswidriger) Leistung an den Schuldner auch eine Aufrechnung des Gläubigers möglich.[1026] Wenn die Leistung im Verhältnis zum Gläubiger aber unwirksam ist, kann sie auch keine Erfüllungswirkungen entfalten und damit etwaige Einwendungen ausschließen. Die §§ 829 Abs. 1 ZPO, 135, 136 BGB sollen den Gläubiger nur

---

1018 Schuschke/Walker/Schuschke, § 829 ZPO Rn. 50.

1019 Gottwald, IPRax 1991, 285, 289; Nagel/Gottwald, IZPR, § 19 Rn. 91; Riebold, S. 140 f; Kunze/Otto, IPRax 2010, 557, 559; aA Schack, IZVR §19 Rn. 1986; Lange, S. 138.

1020 Riebold, S. 288, 291.

1021 BGH NJW 1998, 746, 748; NJW 1987, 1703, 1705.

1022 Schuschke/Walker/Schuschke, § 829 ZPO Rn. 50 f; BeckOK ZPO/Riedel, § 829 ZPO Rn. 108.

1023 MüKoZPO/Smid, § 829 ZPO Rn. 52; Stöber, Rn. 559 f.

1024 Dazu Riebold, S. 75 ff.

1025 Schuschke/Walker/Schuschke, Anh. zu § 829 ZPO Rn. 4; Stöber, Rn. 159, 162b.

1026 Vgl. Stöber, Rn. 573.

schützen, nicht aber darüber hinaus begünstigen.[1027] Ist etwa eine Forderung noch nicht fällig, so tritt Fälligkeit nicht durch eine dem Gläubiger gegenüber unwirksame Zahlung des Drittschuldners an den Schuldner ein.[1028]

Die Verstrickung begründet wiederum ein Pfändungspfandrecht mit den in § 804 ZPO genannten Wirkungen (§ 930 Abs. 1 S. 2 ZPO). Die genaue dogmatische Natur des Pfändungspfandrechts ist umstritten, spielt für die Forderungspfändung aber praktisch keine – im Übrigen nur eine untergeordnete[1029] – Rolle.[1030] Das Pfändungspfandrecht unterliegt weitgehend den Regeln zum Vertragspfandrecht (§§ 1273 ff BGB), soweit nicht der öffentlich-rechtliche Charakter der Pfändungspfandrechts durchschlägt.[1031] Der Gläubiger erlangt durch die Pfändung eine gewisse Sicherstellung hinsichtlich einer späteren Befriedigung, indem dieser Pfändung ein bestimmter Rang zukommt. Im Rang geht das erlangte Arrestpfandrecht später begründeten Pfandrechten vor (§ 804 Abs. 3 ZPO), selbst wenn diese aus der Vollstreckung eines endgültigen Titels entstammen.[1032] Ein Befriedigungs- bzw. Einziehungsrecht des Gläubigers ist mit der bloßen Arrestpfändung dagegen nicht verbunden.[1033] Seine Stellung entspricht der eines Rechtspfandgläubigers vor Pfandreife.[1034]

Wird die Arrestforderung später in der Hauptsache rechtskräftig bestätigt, erwächst aus dem Arrestpfandrecht mit Vorliegen der Vollstreckungsvoraussetzungen des Hauptsachetitels ein ranggleiches, voll gültiges Vollstreckungspfandrecht in Höhe der Arrestsumme, aus dem der Gläubiger auch zur Einziehung der Forderung berechtigt wird.[1035] Eines erneuten Pfändungsbeschlusses bedarf es nicht.[1036]

1027 BGH WM 1981, 305; Schuschke/Walker/Schuschke § 829 ZPO Rn. 52; Musielak/Voit/Becker, § 829 ZPO Rn. 20; Brox/Walker, § 18 Rn. 658; Werner, NJW 1972, 1697 f; aA OLG Hamburg MDR 1958, 432; Reinicke, NJW 1972, 793 ff u. 1698.

1028 BGH NJW 1972, 428.

1029 Vgl. zu den verschiedenen Theorien: BeckOK ZPO/Fleck, § 804 ZPO Rn. 1 ff; MüKoZPO/Gruber, § 804 ZPO Rn. 4 ff.

1030 Stöber, Rn. 554.

1031 Stöber, Rn. 554.

1032 BGH NJW 1976 1453, 1454; RGZ 121, 349, 351; Stein/Jonas/Grunsky, § 930 ZPO Rn. 12.

1033 BGH NJW 1977, 1199; Musielak/Voit/Becker, § 829 ZPO Rn. 19; Berger/Heiderhoff, Kap. 9 Rn. 45; Stöber, Rn. 554 ff; 816; vgl. auch OLG Dresden NJOZ 2002, 2165, 2166.

1034 Stöber, Rn. 555.

1035 BGH NJW 1992, 2026, 2029; NJW 1991, 2147; NJW 1976, 1453, 1454; OLG Dresden JurBüro 2007, 100 Rn. 4.

1036 LG Köln RPfleger 1974, 121; MüKoZPO/Drescher, § 930 ZPO Rn. 10.

Der Rang des Pfändungspfandrechts bestimmt sich nach dem Prioritätsprinzip (§ 804 Abs. 3 ZPO), das heißt das zeitlich früher begründete Pfandrecht geht einem zeitlich nachrangigen vor. Dieser Vorrang gilt uneingeschränkt auch für das Arrestpfandrecht.[1037] Der Drittschuldner verliert durch die Pfändungen weder Einwendungen noch Einreden, die ihm bis zum Pfändungszeitpunkt gegen den Schuldner zustanden; diese kann er nunmehr auch gegen den jeweils pfändenden Gläubiger vorbringen, soweit sie im Zeitpunkt der Pfändung bestanden.[1038]

Die Vorpfändung folgt den Regeln zur Arrestpfändung (§ 845 Abs. 2 S. 1 ZPO).[1039] Die vorstehenden Ausführungen gelten weitgehend entsprechend. Im Unterschied zur Arrestpfändung entsteht hier aber nur ein auflösend bedingtes Pfandrecht.[1040] Mit form- und fristgerechter Pfändung erstarkt das durch Vorpfändung erlangte Pfandrecht zum Vollpfandrecht, d.h. die Pfändungswirkungen (Beschlagnahme und Pfändungspfandrecht) werden auf den Zeitpunkt der Vorpfändung zurückdatiert.[1041] Geht die anschließende Pfändung über die Vorpfändung hinaus, beschränkt sich die rangwahrende Rückdatierung auf die Höhe der vorgepfändeten Forderung.[1042]

II. Wirkung einer polnischen Sicherungspfändung

1. Wirkung für die Beteiligten

Die Wirkungen der Kontopfändung aufgrund der Vollziehung eines Sicherungstitels entsprechen weitgehend denen, die aus der Vollstreckung eines Hauptsachetitels durch Kontopfändung resultieren (vgl. Art. 743 § 1 S. 1 KPC).[1043] Sie lassen sich in allgemeine (Art. 893 KPC i.V.m. Art. 885, 887, 888 KPC) und besondere (Art. 889, 890 KPC) einteilen.[1044]

1037 OLG Dresden NJOZ 2002, 2165.

1038 BGH NJW 1997, 2322, 2323; NJW 1985, 1155, 1157; Stöber, Rn. 571.

1039 BGH NJW 1983, 1738, 1739.

1040 Dazu bereits Punkt § 6 A I 1 g); vgl. auch Schuschke/Walker/Schuschke, § 845 ZPO Rn. 6; Musielak/Voit/Becker, § 845 ZPO Rn. 6; Stöber, Rn. 802 f.

1041 OLG Dresden MDR 2001, 580, 581; MüKoZPO/Smid, § 845 ZPO Rn. 20; vgl. ferner Stöber, Rn. 802 f.

1042 BGH NJW 2001, 2976; s. auch BGH WM 1973, 892, 893; Schütz, NJW 1965, 1009, 1010.

1043 Sikorski, S. 156.

1044 Wengerek, Art. 893 KPC Nr. 1; Bieżuński, RP 3/2011, 6.

Gemäß Art. 889 § 1 Nr. 1 KPC teilt der Gerichtsvollzieher der Bank die Beschlagnahme der schuldnerischen Forderung mit und gebietet ihr zugleich, weitere Auszahlungen an den Schuldner zu unterlassen, soweit diese nicht durch den Gerichtsvollzieher genehmigt wurden. Mit der Zustellung dieser Benachrichtigung an die Bank tritt die Beschlagnahme der Guthabenforderung ein (Art. 890 § 1 KPC). Dies gilt selbst dann, wenn der Gerichtsvollzieher keine konkrete Kontonummer in der Benachrichtigung aufführt; die Beschlagnahme umfasst dann grundsätzlich alle Konten bei der jeweiligen Organisationseinheit der Bank (s.o.).[1045] Ein staatliches Herrschaftsverhältnis über die Forderung soll mit der Beschlagnahme nicht begründet sein.[1046] Ab dem Zeitpunkt der Beschlagnahme darf die Bank das Guthaben auf dem Konto aber grundsätzlich nicht mehr ohne Genehmigung des Gerichtsvollziehers belasten, d.h. weder an den Schuldner bzw. dessen Vertreter auszahlen noch dessen Überweisungsaufträge ausführen oder sonstige Dispositionen realisieren (Art. 889 § 1, 890 KPC).[1047] Die Anweisung an die Bank stellt ein hoheitliches Verbot dar. Die verfügungsbeschränkende Wirkung folgt nicht aus einer gesetzlichen Regelung, sondern aus der Anweisung durch den Gerichtsvollzieher. Verstößt die Bank gegen ihre Pflichten aus Art. 889 ff KPC, kommt ein Schadensersatzanspruch gegenüber dem Vollstreckungsgläubiger aus Art. 892 KPC in Betracht.[1048] Zudem sind rechtswidrige Verfügungen der Bank dem Gläubiger gegenüber relativ unwirksam (dazu sogleich).

Wie aus Art. 889 § 1 Nr. 1 KPC folgt, erfasst die Beschlagnahme nicht das ganze Kontoguthaben, sondern lediglich den in der Benachrichtigung ausgewiesenen Betrag. Sie geht also nur bis zur Höhe der Forderung, die Gegenstand der Zwangsvollstreckung ist (nebst Vollstreckungskosten). Hinsichtlich des überschüssigen Betrags kann der Schuldner weiterhin frei verfügen.[1049]

Eine Überweisungspflicht gilt im Sicherungsverfahren dagegen nicht (nach umstrittener Ansicht auch nicht an den Gerichtsvollzieher).[1050] Die Bank ist dementsprechend nicht verpflichtet und auch nicht berechtigt, die beschlagnahmte Forderung eigenständig an den Gerichtsvollzieher (und schon gar nicht an den Gläubiger) zu überweisen. Etwas anderes kann sich aus einer entsprechenden Aufforderung des Schuldners ergeben (Art. 752^1 § 3 KPC).

1045 Bieżuński, RP 3/2011, 6, 7.

1046 Vgl. Osowy, S. 58 ff, insbesondere Fn. 26.

1047 Bieżuński, RP 3/2011, 6, 7.

1048 Dazu § 8.

1049 Wengerek, Art. 889 KPC Nr. 7; Zręda, Pr.Bank 2/2000, 57, 60 f; Osowy, S. 59.

1050 Strittig, dazu § 6 A II 5.

Für den Schuldner folgt aus der Beschlagnahme ein Dispositionsverbot bezüglich der Forderung.[1051] Dies legt das KPC zwar nicht ausdrücklich fest, es ergibt sich aber zumindest aus dem Verweis des Art. 893 KPC auf die Vorschriften zur Vollstreckung in Arbeitseinkommen, insbesondere auf Art. 885 KPC. Wie bei der Lohnpfändung sind demnach Dispositionen über das Kontoguthaben dem Vollstreckungsgläubiger gegenüber unwirksam, soweit sie den Betrag übersteigen, der dem Schuldner weiterhin zur freien Verfügung steht und nach dem Wirksamwerden der Beschlagnahme getätigt werden oder bereits vor diesem Zeitpunkt getätigt wurden, ihre Rechtsfolgen aber erst nach der Beschlagnahme eintreten. Die Dispositionen des Vollstreckungsschuldners, wie etwa Überweisungen oder Auszahlungsaufträge, sind relativ unwirksam, entfalten im Verhältnis zum Vollstreckungsgläubiger keine Rechtsfolgen, wohl aber im Verhältnis zu Dritten.[1052] Überweist der Vollstreckungsschuldner etwa unbefugt die beschlagnahmte (Teil-) Forderung an einen Dritten, kann weder er noch die Bank noch der Dritte sich gegenüber dem Vollstreckungsgläubiger hierauf berufen; nach außen hin, d.h. zwischen Vollstreckungsschuldner, der Bank und dem Dritten, wird diese Verfügung aber wirksam. Das Auszahlungsverbot bewirkt damit keine vollkommene Sperre des Kontos im Sinne einer absoluten Unwirksamkeit jeglicher Verfügungen.

Der Gläubiger tritt durch die Beschlagnahme bezüglich der gepfändeten (Teil-) Forderung in die Position des Schuldners gegenüber der Bank ein. Ihm stehen fortan die Rechte und Ansprüche zu, wie sie dem Schuldner aus dem Kontovertrag (Art. 725 ff KC i.V.m. Art. 49 ff PR.BANK) entstehen (Art. 893, 887 KPC).[1053] Über den beschlagnahmten Betrag darf er indes nicht frei disponieren, insbesondere keine Auszahlung oder Überweisung verlangen.

Die Beschlagnahme der Forderung begründet für den Gläubiger ein Verwertungsrecht bzw. ein Recht, bei der Verwertung berücksichtigt zu werden (dazu sogleich). Darin ist kein Pfandrecht („zastaw") zu sehen (vgl. etwa Art. 1030 KPC).[1054] Ein Pfandrecht („zastaw") kann als beschränktes dingliches Recht

---

1051 Strittig ist dabei, ob sich ein Verfügungsverbot an den Vollstreckungsschuldner bezüglich der auf dem Konto befindlichen Mittel aus Art. 893, 885 KPC ergibt, so Bieżuński, RP 3/2011, 6, 9, oder bereits aus Art. 890 § 1 KPC folgt, so Sikorski, S. 121.

1052 Bieżuński, RP 3/2011, 6, 8 f; Osowy, S. 62; Gołaczyński, Rejent 10/2003, 26, 33; Gołaczyński /Uliasz, Art. 885 KPC Nr. 3 f; Sikorski, S. 121; Romańska/Leśniak, II. Teil B 12.2, S. 837; Wengerek, Art. 893 KPC Nr. 2; Szczurek/Julke, Art. 885 KPC Nr. 1.

1053 Zręda, Pr.Bank 2/2000, 57; Ereciński/Pietrzkowski, Band 4, Art. 889 KPC Rn. 5; Gołaczyński, Rejent 10/2003, 26, 33 f.

1054 Vgl. Osowy, S. 70 Fn. 26.

zwar auch der Sicherung veräußerbarer Forderungen dienen (vgl. Art. 327 KC), somit grundsätzlich auch hinsichtlich einer Forderung aus einem Kontovertrag bestehen.[1055] Solchen Pfandrechten kommt auch ein Vorrang nach dem Prioritätsprinzip gegenüber übrigen Pfandrechten (Art. 249 KC) und eine vorrangige Stellung im Verteilungsverfahren[1056] zu (vgl. Art. 1025 § 1 Nr. 5 KPC). Ein solches Pfandrecht an der Kontoforderung kann aber nur durch eine (schriftliche) Vereinbarung mit dem Forderungsinhaber begründet werden.[1057]

Vollstreckt der Gläubiger später aus einem erlangten Hauptsachetitel in das zu seinen Gunsten bereits vorläufig gepfändete Kontoguthaben, müssen Vollstreckungshandlungen nicht wiederholt werden, soweit sie bereits im Sicherungsverfahren vorgenommen wurden.[1058] Etwas anderes gilt aber, wenn das Hauptsachevollstreckungsverfahren nunmehr durch einen anderen Gerichtsvollzieher geführt wird als noch das Sicherungsverfahren.[1059] Dann muss die Kontopfändung durch den neuen Gerichtsvollzieher wiederholt werden.

Die Beschlagnahme berechtigt den Gläubiger zudem, den Gerichtsvollzieher zu beauftragen, Dokumente beim Schuldner einzuziehen, welche einen Nachweis bezüglich der Forderung aus dem Bankkontovertrag darstellen (Art. 893, 888 § 1 KPC).[1060]

2. *Verhältnis zu anderen Gläubigern bzw. anderen Vollstreckungs- und Vollziehungsverfahren*

Wie bereits festgestellt, regelt das polnische Verfahrensrecht in den Art. 743 § 1 S. 1, 747 Nr. 1, 752^2, 889 § 1, 890, 893, 887 KPC das Verfahren und die Wirkungen der Beschlagnahme im Innen- und Außenverhältnis aufgrund eines Sicherungstitels. Ein Zusammentreffen mit anderen Vollstreckungs- oder Sicherungsgläubigern wird dadurch aber nicht reglementiert. Insbesondere entsteht kein dingliches Pfandrecht mit Prioritätsrang. Das Verhältnis unter den Gläubigern bestimmt sich vielmehr nach den einschlägigen prozessualen Vorschriften des Verteilungsverfahrens. Dabei muss zunächst geklärt werden, wie sich das Verhältnis zwischen den unterschiedlichen Gläubigern im Vollstreckungsverfahren

---

1055 Heropolitańska/Borowska, S. 135.
1056 Dazu § 6 B II 2.
1057 Szczurek, S. 479 f.
1058 DKB/Jagieła, Band 3, Art. 743 KPC Rn. 5.
1059 DKB/Jagieła, Band 3, Art. 743 KPC Rn. 5.
1060 Näheres dazu: Sikorski, S. 122 f.

grundsätzlich darstellt sowie wann es zur Konkurrenz unterschiedlicher Vollstreckungs- und Vollziehungsverfahren kommen kann.

a) Verwertungsrecht

Das polnische Prozessrecht regelt in den Art. 1023 ff KPC ein zentrales Verteilungsverfahren bezüglich der durch die Zwangsvollstreckung erlangten Vermögenswerte. Der beschlagnahmte Vermögensteil soll in diesem Rahmen auf die Gläubiger aufgeteilt werden. Wie die Verteilung von beschlagnahmten Forderungen aus Kontopfändungen erfolgt, ist in Abschnitt drei geregelt (Teilung der Summe, die aus Zwangsvollstreckung in bewegliche Sachen, Forderungen und sonstige Vermögensrechte erzielt wurde). Obligatorisch ist das Verteilungsverfahren in dieser Kategorie allerdings nur, wenn die aus der Vollstreckung erzielte Summe nicht ausreicht, um sämtliche Gläubiger zu befriedigen.[1061] Dann muss der Gerichtsvollzieher einen Plan mit dem Inhalt aus Art. 1024 KPC unverzüglich nach Einzahlung des Betrags auf das Depositenkonto des Gerichts anfertigen (Art. 1023 § 2, 1033 § 1 KPC).

Das Vermögen soll zwischen den Gläubigern gemäß Art. 1034, 1030 KPC aufgeteilt werden. Die Verteilung erfolgt grundsätzlich nach einem kategorischen Rangsystem gemäß Art. 1025 KPC. § 1 der Vorschrift sieht dafür eine enumerative Aufzählung vor, welche die Kategorien nach abnehmender Priorität sortiert. Zunächst sind aus dem durch Vollstreckung erlangten Vermögen bzw. Vermögensteil die Kosten der Vollstreckungen abzuschöpfen (Nr. 1). Anschließend werden in absteigender Reihenfolge Unterhaltsforderungen (Nr. 2), Lohnforderungen der letzten drei Monate bis zur Höhe des gesetzlichen (Brutto-) Mindestlohns sowie Schadensersatzforderungen aus unerlaubten Handlungen (Nr. 3), hypothekarisch oder anderweitig dinglich gesicherte Forderungen (Nr. 4, 5), Lohnforderungen, soweit nicht bereits von Nr. 3 erfasst (Nr. 6), gebührenrechtliche Forderungen (Nr. 7), Forderungen der Gläubiger, die die Vollstreckung betrieben haben (Nr. 9), und schließlich übrige Forderungen (Nr. 10) befriedigt. Straf- und verwaltungsrechtliche Bußgelder sollen erst danach erfüllt werden (Art. 1025 § 2 KPC). Eine zeitliche Komponente spielt grundsätzlich (mit Ausnahme der dinglichen Sicherung) keine Rolle.[1062]

Soll einer Forderung eine vorrangige Stellung etwa als Lohnforderung zukommen, muss das Gericht die entsprechende Kategorisierung in seine Entscheidung mitaufnehmen.[1063] Hierbei bleibt anzumerken, dass es sich bei der Vollziehung

---

1061 Romańska/Leśniak, Teil II B. 23.2, S. 1078, 23.6, S. 1085.

1062 Gołaczyński/Woźniak, Vor. Art. 1023 KPC Nr. 4, 6.

1063 Romańska/Leśniak, Teil II B. 23.1, S. 1064.

eines Sicherungsbeschlusses zwar nicht um eine Vollstreckungsmaßnahme i.S.v. Nr. 9 handelt. Die Vorschrift spricht ausschließlich von der Vollstreckung („egzekucjia") im Sinne des Vollstreckungsverfahrens nach dem dritten Teil des KPC („postępowanie egzekucyjne"). Unter dem Begriff „egzekucja" versteht man die Zwangsvollstreckung im engeren Sinn, d.h. eine auf Zwang beruhende, von den Vollstreckungsorganen auf Grundlage eines Vollstreckungstitels und in der vom Prozessrecht vorgesehenen Art und Weise betriebene Durchsetzung der geschuldeten Leistung.[1064] Anders als die bloße Sicherung („zabezpieczenie"), ist die Vollstreckung im engeren Sinn („egzekucja") auf Befriedigung des Gläubigers ausgelegt.[1065] Ein Sicherungsbeschluss wird folglich nur entsprechend den Vorschriften des Vollstreckungsrechts vollzogen (Art. 743 § 1 S. 1 KPC). Zu einer Vollstreckung („egzekucja") im engeren Sinn kommt es durch die bloße Verweisung also nicht.[1066] Dennoch werden vorläufige Kontopfändungen, die aufgrund eines Sicherungsbeschlusses ergangen sind, gleichrangig zu Kontopfändungen im Hauptsachevollstreckungsverfahren bzw. anderen Hauptsachevollstreckungen i.S.v. Art. 1033 § 1 KPC behandelt, sofern die zu sichernde Forderung nicht schon den Tatbestand einer anderen vorrangigen Kategorie erfüllt (z.B. Unterhaltsforderungen, vgl. Art. 1025 § 1 Nr. 2 KPC). Dies folgt aus Art. 1034 i.V.m. 1030 KPC. Demnach werden Gläubiger, die eine Sicherung erwirkt haben, solchen gleichgestellt, die eine Hauptsachevollstreckung betreiben.[1067]

Innerhalb einer Kategorie (mit Ausnahme der Nr. 4 und 5 – hier gilt das Rangverhältnis nach dem dinglichen Recht) gilt zwischen mehreren Forderungen das Proportionalitätsverhältnis. Genügt das zur Verteilung stehende Vermögen nicht, wird es verhältnismäßig entsprechend der Höhe der jeweiligen Forderung unter den Gläubigern dieser Kategorie verteilt (Art. 1026 § 1 KPC).

Wurden gegen den Verteilungsplan keine Einwände erhoben, wird er vom Vollstreckungsorgan vollzogen (Art. 1028 § 1 KPC). Eine Auskehr an die Gläubiger findet allerdings nur statt, wenn diese einen entsprechenden vollstreckungsfähigen Titel aufweisen können. Andernfalls verbleibt der entsprechende Anteil auf dem Depositenkonto des Gerichts (Art. 1032 § 1 KPC). Der Sicherungsbeschluss genügt in diesem Zusammenhang nicht, da er den Schuldner gerade nicht zur Überweisung an den Gläubiger verpflichtet. Eine Kontopfändung im

1064 Schlichte, S. 7.

1065 Jankowski/Muliński, Vor. Art. 730 KPC Rn. 3.

1066 Uliasz, S. 66; Jankowski/Muliński, Vor. Art. 730 KPC Rn. 3; aA Wengerek, Art. 743 KPC, Nr. 4, S. 41.

1067 Sikorski, S. 128.

Sicherungsverfahren führt daher im Verteilungsverfahren zum Verbleib der entsprechenden Quote auf dem Gerichtskonto.[1068] Der Gläubiger muss in solchen Fällen aber innerhalb einer Monatsfrist die Hauptsacheklage erheben. Andererseits verliert er seinen Anspruch aus der Verteilung (Art. 1032 § 2 KPC). Angesichts der strengeren zweiwöchigen Frist aus Art. 733 KPC stellt dies allerdings für den Gläubiger keine neuen Hindernisse auf.

b) Konkurrenzverhältnis

Zur umstrittenen Konstellation einer echten Konkurrenz von Vollstreckungs-/Vollziehungsverfahren kommt es dagegen, wenn mindestens zwei unterschiedliche Vollstreckungsorgane solche Verfahren in denselben Vermögensgegenstand betreiben.[1069] Im Rahmen der Kontopfändung können durch die Öffnungsklausel (Art. 759^1 KPC i.V.m. Art. 8 Abs. 5 UKSE) sowohl im Haupt- als auch im Sicherungsverfahren eine Vielzahl unterschiedlicher Gerichtsvollzieher örtlich zuständig sein. Nimmt nur ein Gerichtsvollzieher die Pfändungen unterschiedlicher Schuldner vor, spielt der Streit daher keine Rolle. Das Zusammentreffen unterschiedlicher Gläubiger wird erst in einem späteren Verteilungsverfahren aufgelöst. Unterschieden wird dabei zwischen dem Verhältnis von zwei Vollziehungen untereinander sowie zwischen Hauptsachevollstreckung und Vollziehung eines Sicherungsbeschlusses.

Das Verhältnis zwischen Hauptsachevollstreckung und Vollziehung des Sicherungsbeschlusses berührt Art. 890^1, 773^1 KPC. Treffen Sicherungs- und Hauptvollstreckungsverfahren unterschiedlicher Gläubiger aufeinander, müssen beide Verfahren verbunden werden.[1070] Wurde das Kontoguthaben aufgrund eines Sicherungsbeschlusses beschlagnahmt und erfolgt anschließend eine weitere Vollstreckung in genau diesen Vermögensgegenstand durch einen anderen Gläubiger, so erlischt eine vorher eventuell erteilte Auszahlungsgenehmigung (Art. 752^2 § 1, 2 KPC) ex lege.

1068 Sikorski, S. 128.

1069 Kowalska, PPE 1-3/2006, 91, 92; Marciniak, PPE 9-10/2003, 5, 6 f.

1070 Appellationsgericht Posen, Urt. v. 14.5.2008 – I ACa 345/08, Lex Nr. 446165; Sikorski, S. 158 f; Ereciński/Pietrzkowski, Band 4, Art. 890(1) KPC; Jankowski/Cieślak, Art. 890(1) KPC Rn. 3; Romańska/Leśniak, Teil 2 B. 5.5, S. 679 f und Teil II B. 13.2, S. 850; Uliasz, S. 80 f; Gołaczyński /Woźniak, S. 59; Szczurek/Julke/Knypl, Art. 730^1 KPC Nr. 34; die Gegenansicht will hier beide Verfahren parallel und unabhängig voneinander behandeln, Marciniak, PPE 9-10/2003, 5 ff.

Geht es um das Verhältnis zweier Sicherungspfändungen zueinander, ist ebenso auf die Regelung des KPC zurückzugreifen.[1071] Gemäß Art. 773^1 § 1 KPC führt derjenige Gerichtsvollzieher das verbundene Verfahren alleine fort, der nach den Vorschriften des KPC hierfür zuständig ist. Im Rahmen der vorläufigen Kontopfändung ist dies der Gerichtsvollzieher am (Wohn-) Sitz des Schuldners (Art. 889 § 1, Art. 743 § 1 S. 1 KPC). Ist danach keiner oder mehrere der beteiligten Gerichtsvollzieher zuständig, wird das Verfahren von demjenigen fortgeführt, der die Vollziehung als Erster eingeleitet hat (Art. 773^1 § 2 KPC).

III. Anerkennung ausländischer Pfändungen bzw. deren Wirkungen

Sofern das einzelstaatliche Recht eine Pfändung von Konten zulässt, die bei einer ausländischen Bank oder deren Zweigstelle geführt werden, kann es darauf ankommen, ob sich die Wirkungen der inländischen Pfändung auch im Ausland (und umgekehrt) auswirken. Die Anerkennung einer Forderungspfändung spielt für den Schuldner besonders im späteren Einziehungsverfahren eine gewichtige Rolle. Weigert sich der Drittschuldner zu zahlen, muss der Vollstreckungsgläubiger gegen diesen mittels Leistungsklage vorgehen. Erfolgt die Pfändung wie hier als Sicherungsmaßnahme, berechtigt sie den Gläubiger nicht die Forderung einzuziehen. Doch auch im einstweiligen Verfahren kann es darauf ankommen, ob eine Pfändung in einem anderen Mitgliedstaat anerkannt wird. Ist eine ausländische Pfändung anzuerkennen, könnte der Drittschuldner sie in einem inländischen Leistungsprozess des Schuldners (oder eines Dritten) als Einrede erheben und die Leistung dementsprechend verweigern.

Die Pfändung nach ausländischem Recht kann für den Vollstreckungsgläubiger wertlos sein, wenn ein Einziehungsprozess im Inland nicht möglich ist. Da aber Banken in der Praxis häufig zahlreiche Zweigniederlassungen im In- und Ausland führen, ist es dem Gläubiger regelmäßig möglich, den Einziehungsprozess im Pfändungsstaat bzw. einem anderen Staat, in dem die Kontopfändung anerkannt wird, zu betreiben.[1072] Ein Gerichtsstand kommt entweder im Mitgliedsstaat der Niederlassung (Art. 7 Nr. 5 EuGVO) oder der Zentrale (Art. 4 Abs. 1, 63 Abs. 1 EuGVO) in Betracht. Umgekehrt läuft der Drittschuldner bei grenzüberschreitenden Kontopfändungen regelmäßig Gefahr, doppelt leisten zu müssen, wenn eine inländische Forderungspfändung im Ausland nicht

1071 Sikorski, S. 158; Szczurek, S. 472; auch hier stellt eine Gegenansicht auf die Unabhängigkeit beider Verfahren ab, Marciniak, PPE 9-10/2003, 5, 18.

1072 Riebold, S. 306 ff.

anerkannt wird oder umgekehrt.[1073] Für die Bank besteht das Risiko sowohl bei Mehrfachpfändungen in unterschiedlichen Staaten als auch bei einer Leistungsklage des Vollstreckungsschuldners, in dessen Wohnsitzstaat die Pfändung nicht anerkannt wird, mehrfach in Anspruch genommen zu werden.[1074] Um einer doppelten Inanspruchnahme zu entgehen, vereinbaren Banken in der Regel einen ausschließlichen Gerichtsstand am Zahlungsort.[1075] Eine solche Gerichtsstandsklausel ist zumindest unter den Voraussetzungen des Art. 25 Abs. 4 EuGVO zulässig, d.h. wenn sie den Vorschriften der Art. 15, 19 oder 23 EuGVO nicht zuwiderläuft und das Gericht, dessen Zuständigkeit abbedungen wird, nicht aufgrund des Art. 24 EuGVO ausschließlich zuständig ist. Der Gläubiger, der durch die Pfändung in die Rechte des Schuldners eintritt, ist dann gezwungen, den Einziehungsprozess am vereinbarten Gerichtsstand zu betreiben.

Kommt es auf die Anerkennung einer Forderungspfändung in einem anderen Mitgliedstaat an, stellt sich die Frage, auf welche Vorschriften sich dies stützen kann. Die Zustellung einer Entscheidung nach den Regeln der EuZVO führt noch nicht dazu, dass sie Rechtskraft im Sinne einer Anerkennung des Entscheidungsinhalts entfaltet; die EuZVO regelt nicht, ob eine Entscheidung oder Maßnahme im Ausland auch Wirksamkeit erlangt.[1076] Ebenso wenig kommt eine automatische Anerkennung nach der EuGVO in Betracht. Danach werden nur Entscheidungen i.S.v. Art. 2 lit. a UAbs. 1 EuGVO (Art. 32 EuGVO a.F.) in Form von gerichtlichen Titeln, nicht aber reine Vollstreckungsakte – selbst, wenn sie von einem Gericht erlassen werden – anerkannt, da diese schon keinen Streit in der Sache entscheiden, sondern nur der Rechtsdurchsetzung dienen.[1077] Für die Anerkennung einer Forderungspfändung kommt daher nur das autonome Recht (ggf. auch spezielle bilaterale Abkommen; soweit ersichtlich, existieren solche aber nicht) in Betracht. Jeder Mitgliedsstaat entscheidet selbst, ob er einer ausländischen Vollstreckungsmaßnahme Geltung verschafft.[1078]

In Deutschland besteht keine gesetzliche Rechtsgrundlage für die Anerkennung ausländischer Vollstreckungsakte. Die Rechtsprechung hierzu ist rar und

1073 Ausführlich: Riebold, S. 303 ff; Lange, S. 348.
1074 Riebold, S. 303 ff, 307 f; Hök, MDR 2005, 306, 309.
1075 Nagel/Gottwald, § 19 Rn. 97.
1076 Rauscher/Heiderhoff, Einl EG-ZustVO 2007 Rn. 26.
1077 Rauscher/Leible, Art. 2 Brüssel Ia-VO Rn. 18; Geimer/Schütze/Geimer, Art. 32 EuGVVO Rn. 49; Kotrschal/Stalberg, BKR 2009, 38, 42; Sonnabend, S. 49.
1078 Schimrick, S. 117 f; Hök, MDR 2005, 306, 309.

uneinheitlich.[1079] Die Gerichte lehnen es nicht generell ab, ausländische Vollstreckungsmaßnahmen anzuerkennen. Bei (Arrest-) Forderungspfändungen gestand das Reichsgericht dem Drittschuldner bei einer inländischen Leistungsklage des Schuldners ein Leistungsverweigerungsrecht zu, soweit die Forderung bereits zuvor im Ausland formgültig mittels Arrestpfändung gesichert wurde und dem Drittschuldner dadurch die Zahlung an den Schuldner untersagt war.[1080] Später versagte es einem inländischen Drittschuldner, sich in einem Einziehungsprozess des Gläubigers vor einem deutschen Gericht auf eine zeitlich nachrangige ausländische Pfändung und Tilgung der Forderung zu berufen, selbst wenn der Drittschuldner keine Möglichkeit hatte, diese zu verhindern.[1081] Allerdings muss hierfür die im Ausland gepfändete Forderung dort belegen sein, da die Hoheitsgewalt auf das eigene Staatsgebiet beschränkt ist.[1082] Der Belegenheitsort muss dabei nicht zwingend der Wohnsitz des Drittschuldners sein. Das ArbG Berlin lehnte eine ausländische Lohnpfändung ab, nachdem es eine inländische Belegenheit aus dem Entstehungsort bei einer inländischen Filiale und einem inländischen Erfüllungsort annahm.[1083] Das BAG erkannte eine ausländische Pfändung in seiner vielbeachteten Entscheidung vom 19.3.1996 dennoch nicht an und berief sich auf die eigene internationale Zuständigkeit.[1084] In der Literatur wird eine Anerkennung einer ausländischen Forderungspfändung bzw. ihrer schuld- und sachenrechtlichen Wirkungen dagegen überwiegend befürwortet.[1085] Umstritten sind jedoch die dogmatische Begründung und die jeweiligen Anforderungen an die ausländische Pfändung. Während einige hier einen prozessualen Ansatz verfolgen und § 328 ZPO analog (vereinzelt auch direkt),[1086] § 343 Abs. 1 InsO analog[1087] oder allgemeine Anerkennungsgrundsätze[1088] heranziehen, wollen andere (zumindest auch) die materiellen Wirkungen einer

1079 Vgl. ausführliche Analysen bei: Riebold, S. 316 ff; Lange, S. 335 ff; Gronstedt, S. 108 ff; Schimrick, S. 139 ff.

1080 RGZ 366, 355.

1081 RGZ 77, 250.

1082 ArbG Berlin BeckRS 2004, 30803263.

1083 ArbG Berlin BeckRS 2004, 30803263.

1084 BAG NZA 1997, 334.

1085 Vgl. ausführliche Übersicht bei Lange, S. 343 ff; ebenso bei Riebold, S. 334 ff.

1086 Geimer, IZPR, Rn. 3288; ders., Anerkennung, S. 103; Kunze/Otto, IPRax 2010, 557.

1087 Lange, S. 369 ff zu Art. 102 EGInsO.

1088 Riebold, S. 361 ff.

Pfändung anerkennen.[1089] Zumindest muss die Maßnahme dem ordre public-Vorbehalt im Anerkennungsstaat genügen und darf nicht gegen völkerrechtliche Prinzipien (etwa fehlende Gerichtsbarkeit) verstoßen.[1090]

IV. Fehlende unionsautonome Pfändungswirkung im Rahmen der EuKpfVO

1. Grenzüberschreitende Wirkung

Die EuKpfVO enthält zunächst nur wenige Aussagen über die Wirkung der vorläufigen Pfändung.

Eine ausdrückliche und eigenständige Wirkung des europäischen Kontenpfändungsbeschlusses regelt die Verordnung nur gegenüber der Bank. Sie wird angewiesen, den Beschluss gemäß Art. 24 EuKpfVO auszuführen (vgl. Art. 19 Abs. 2 lit. h EuKpfVO). Sie muss das Konto sperren, indem sie keine weiteren Auszahlungen oder Transaktionen zulässt (Art. 24 Abs. 2 S. 1 lit. a EuKpfVO) oder den im Beschluss genannten Betrag auf ein bestimmtes Konto überweist (Art. 24 Abs. 2 S. 1 lit. b EuKpfVO), sofern dies im nationalen Recht vorgesehen ist.

Eine vergleichbare Anweisung findet sich im deutschen Recht in § 829 S. 1 ZPO sowie im polnischen Recht in Art. 889 § 1 Nr. 1 KPC. Beide Regelungen untersagen der Bank weitere Verfügungen über das Guthaben des Schuldners. Als Bestandteile der Forderungspfändung werden sie einzelstaatlich dem Vollstreckungsrecht zugeordnet. Die Wirkung folgt dabei aus dem Anordnungsgegenstand der hoheitlichen Maßnahme selbst, d.h. aus dem Pfändungsbeschluss bzw. der Ausführungsanweisung des Gerichtsvollziehers an die Bank. Fallen Ursprungs- und Vollstreckungsmitgliedstaat auseinander, könnte in der Ausführungsanweisung ein grenzüberschreitender Vollstreckungszugriff durch hoheitliche Anordnung eines Verfügungsverbots bzw. eines Verfügungsgebots an die kontoführende Bank in einem anderen Mitgliedstaat liegen. Ein unionsrechtlich normierter Vollstreckungszugriff auf fremdem Staatsgebiet ist dem europäischen Zivilprozessrecht bisher fremd. Um einen solchen grenzüberschreitenden Zugriff anzunehmen, müsste jedoch die Anweisung i.S.v. Art. 19 Abs. 2 lit. h EuKpfVO unmittelbar aufgrund des europäischen Pfändungsbeschlusses wirken.

1089 Materiell: Schack, IPRax 1997, 318, 319 ff; Nagel/Gottwald, § 19 Rn. 35; Mankowski, EWiR 1996, 1055, 1056; für die Unterscheidung nach prozessualen und materiellen Wirkungen: Schimrick, S.

1090 Nagel/Gottwald, § 19 Rn. 35; Riebold, S. 360; Lange, S. 343 m.w.N.; Kreuzer, IPRax 1990, 365, 368.

Es stellt sich jedoch die Frage, ob eine Zwangswirkung bereits unmittelbar aus dem Beschluss folgt oder vielmehr erst durch dessen Vollstreckung begründet wird. Für eine unmittelbare Wirkung aus dem Beschluss könnte Art. 33 EuKpfVO sowie Erwägungsgrund 28 EuKpfVO sprechen. Bezüglich des Ranges wird eine Wirkung offenbar unmittelbar aus dem Beschluss abgeleitet. Dies ist jedoch missverständlich. Gemäß Art. 23 Abs. 1, 5 EuKpfVO wird der europäische Kontenpfändungsbeschluss gemäß den Vorschriften des Vollstreckungsmitgliedstaats durch dessen nationale Behörde vollstreckt. Rauscher/Wiedemann sehen dementsprechend im europäischen Kontenpfändungsbeschluss eine Art „Co-Vollstreckung", d.h. eine zumindest teilweise grenzüberschreitende Vollstreckung durch das Ursprungsgericht.[1091] Das Vollstreckungserfordernis gilt ausnahmslos, d.h. selbst dann, wenn Ursprungs- und Vollstreckungsmitgliedstaat zusammenfallen (Art. 23 Abs. 1, 3 EuKpfVO). Der europäische Gesetzgeber hat also darauf verzichtet, lediglich eine Zustellung des Beschlusses nach (weitgehend gleich lautenden) Vorschriften der EuZVO zu normieren. Wie schon das Erlassverfahren vermuten lässt, stellt der europäische Beschluss zur vorläufigen Kontenpfändung und die darin enthaltene Ausführungsanweisung an die Bank daher gerade keine reine Vollstreckungsmaßnahme dar. Andernfalls käme es zur Vollstreckung einer Vollstreckungsmaßnahme. Würde der Pfändungsbeschluss unmittelbar an die Bank zugestellt werden, könnten hieraus keine Rechtswirkungen gegenüber der Bank begründet werden; eine solche Pfändung wäre nichtig. Bei der Ausführungsanweisung handelt sich daher um eine prozessuale Maßnahme, die im Vollstreckungsmitgliedstaat anerkannt wird (Art. 22 EuKpfVO) und dort selbst noch vollstreckt werden muss.[1092] Die Ausführungsanweisung an die Bank wirkt daher nicht unmittelbar aufgrund des Pfändungsbeschlusses, sondern erst aufgrund der Vollstreckung des Beschlusses durch die zuständige Behörde. Ihre Wirkung tritt daher erst im Vollstreckungsmitgliedstaat ein. Dies bestätigt sich darin, dass die Pfändungswirkung sich allein nach nationalem Recht des Vollstreckungsmitgliedstaats bestimmt.

2. *Rückgriff auf nationales Recht*

Eine unionsautonome Wirkung enthält der europäische Kontopfändungsbeschluss nicht. Eine solche kann insoweit nur aus einzelstaatlichem Recht

---

1091 Rauscher/Rauscher/Wiedemann, Art. 22 EU-KPfVO Rn. 3 ff.

1092 Vgl. Rauscher/Rauscher/Wiedemann, Art. 22 EU-KPfVO Rn. 6 in Bezug auf die Pfändung.

folgen.[1093] Fallen Ursprungs- und Vollstreckungsmitgliedstaat auseinander, sind die Wirkungen einer funktionsäquivalenten Maßnahme im Vollstreckungsmitgliedstaat ausschlaggebend.[1094] Welche Pfändungswirkungen der Ursprungsmitgliedstaat vorsieht, ist hierbei irrelevant. Zwar schreibt die Verordnung dies ausdrücklich nur bezüglich der Rangwirkung fest (Art. 32 EuKpfVO, dazu sogleich), doch kann der Mangel an weiteren Wirkungen, die sich nicht unmittelbar aus dem Pfändungsbeschlusses ableiten, sinnvollerweise nur durch die Rechtsordnung im Vollstreckungsmitgliedstaat ausgefüllt werden. Hierfür spricht bereits, dass ein Beschluss nach nationalem Recht des Vollstreckungsmitgliedstaats vollstreckt wird (Art. 23 Abs. 1, 5 EuKpfVO). Welche Rechtsfolgen aus dem im Beschluss enthaltene Verfügungsverbot an die Bank herrühren, regelt die Verordnung nicht. Sie legt nur die praktische Umsetzung fest. Es wäre demnach etwa unklar, ob sich die Bank auf verbotswidrige Auszahlungen gegenüber dem Gläubiger berufen könnte und nur zum Schadensersatz verpflichtet wäre oder die Verfügungen relativ oder sogar absolut unwirksam wären. Solche Fragen überlässt der europäische Gesetzgeber dem nationalen Recht.

Ob die nationale Maßnahme dabei in rem (dinglich) oder in personam (persönlich) wirkt, spielt keine Rolle. Auch Sicherungsmaßnahmen mit persönlichem Charakter können dem europäischen Kontopfändungsbeschluss als funktionsäquivalent gleichgestellt werden (ErwG 28 EuKpfVO). Solche Maßnahmen, wie etwa die englische freezing order, sind gegen den Schuldner persönlich gerichtet, ohne dem Gläubiger ein eigenes Recht an einem bestimmten Vermögensgegenstand zu gewähren.[1095] Zwar werden auch hier Drittschuldner von der Maßnahme berührt: Sie müssen die Maßnahme ab Kenntnis beachten und dürfen ihrer Zielsetzung nicht zuwiderhandeln.[1096] Das Verfügungsverbot richtet sich aber gegen den Schuldner und bewirkt weder eine Beschlagnahme des Kontoguthabens noch begründet es ein Pfandrecht.[1097] Diese unterschiedlichen Wirkungen einzelner nationaler Maßnahmen machen es gerade notwendig, auf die Rechtsordnung des Vollstreckungsmitgliedstaats abzustellen. Ohne ausdrückliche Regelung auf europäischer Ebene kann nur so gewährleistet werden, dass sich der europäische Kontenpfändungsbeschluss ohne weiteres

1093 Zu den unterschiedlichen Wirkungen nach den einzelstaatlichen Rechtsordnungen: Hess, Study, S. 118 ff.

1094 Vgl. BT-Drs. 18/7560, S. 43; Hess, FS Kaissis, S. 399, 407 f; Rauscher/Rauscher/Wiedemann, Art. 24 EU KPfVO Rn. 3.

1095 Vgl. dazu Kofmel Ehrenzeller, S. 145.

1096 Zhou, S. 73; zur extraterritorialen Wirkung vgl. Kofmel Ehrenzeller, S. 181 ff.

1097 Zhou, S. 72.

in die nationale Prozessordnung implementieren lässt. Die Vollstreckungsregelungen der EuKpfVO dienen daher dazu, die europäische Pfändung in eine funktionsäquivalente Vollstreckungsmaßnahme nach einzelstaatlichem Recht des Vollstreckungsmitgliedstaats zu überführen.[1098] Der europäischen Maßnahme kommt insoweit lediglich eine Koordinierungsfunktion zu.[1099] Mit dem zweistufigen System (vgl. § 6 A III 2) wird sichergestellt, dass der europäische Pfändungsbeschluss in jedem Fall lokal im Vollstreckungsstaat vollzogen wird. Die EuKpfVO eröffnet folglich keinen grenzüberschreitenden Vollstreckungszugriff.[1100]

Damit weicht die Verordnung vom Entwurf ab, der noch eigenständig eine dingliche Wirkung des Beschlusses statuierte.[1101] Die erhoffte einheitliche Rechtsanwendung und Verminderung der Fehlerwahrscheinlichkeit[1102] ist damit ausgeblieben.

Der in Deutschland vollstreckte europäische Pfändungsbeschluss hat daher die Wirkungen einer Arrestpfändung gemäß § 930 Abs. 1, 2 ZPO.[1103] In Polen wird ihm die Wirkung einer Sicherungspfändung gemäß Art. 743 § 1 S. 1, 747 Nr. 1, 889, 890 KPC zukommen.[1104] Es kommt daher zu einer hoheitlichen Beschlagnahme mit Zustellung des Beschlusses bzw. der Ausführungsanweisung. Soweit hierdurch (wie in Deutschland) ein staatliches Herrschaftsverhältnis begründet wird, kann dies nur ein Herrschaftsverhältnis des Vollstreckungsmitgliedstaats sein, nicht des Ursprungsmitgliedstaats.

1098 Vgl. Hess, § 10 Rn. 161.

1099 Hess, FS Kropholler, 795, 802.

1100 Vgl. Domej, ZEuP 2013, 496, 501; dies., FS Simotta, S. 129, 131 Fn. 14; Hess/Raffelsieper, IPRax 2015, 46, 50 Fn. 41; ders., FS Kaissis, 399, 407.

1101 Europäische Kommission, Begründung KOM (2011) 445, S. 6; dazu: Domej, ZEuP 2013, 496, 520; Harbeck, ZInsO 2012, 805, 806; Müller, RIW 2012, 151, 154 f; kritisch zur Vereinbarkeit der Entwurfsvorschriften mit dem einzelstaatlichem Recht, etwa: Rat der EU, Vermerk der irischen Delegation vom 5.9.2012, 13140/12 ADD 9, S. 8.

1102 So etwa Schimrick, S. 307 ff.

1103 BT-Drs. 18/7560, S. 43; Hess/Raffelsieper, IPRax 2015, 46, 50.

1104 Vgl. Regierung der Republik Polen, Entwurf der Stellungnahme zum Kommissionsentwurf KOM(2011) 445, S. 5, online abrufbar unter: http://orka.sejm.gov.pl/SUEVIkad.nsf/7bfa211dcbf982c7c12578630035da9e/f82155eb5d49d3acc12578f0007e6f0d/$FILE/Projekt%20stanowiska%20RP_2011_445_ostateczny.docx.

3. *Wirkungen für die Beteiligten*

Gegenüber dem Schuldner sieht die Verordnung kein ausdrückliches Verfügungsverbot vor. Dies entspricht dem polnischen Verfahrensrecht. Ein Verfügungsverbot gegenüber dem Schuldner wird dort konkludent aber aus den Vorschriften zur relativen Unwirksamkeit abgeleitet (Art. 893, 885, 743 § 1 S. 1 KPC). Um einen gleichwertigen Schutz im Verhältnis zu einer nationalen Maßnahme wie bei der Arrestpfändung zu erreichen, ist allerdings nötig, der europäischen Pfändung die gleichen Wirkungen zuzusprechen wie einer funktionsäquivalenten nationalen Maßnahme. Im Verhältnis zum Gläubiger müssen Verfügungen des Schuldners relativ unwirksam sein, soweit sie gegen den Pfändungsbeschluss verstoßen.

Führt die Bank den Beschluss nicht ordnungsgemäß aus, sieht die Verordnung keine eigenen Rechtsfolgen für einen solchen Verstoß vor. Hier ist ebenfalls auf die nationalen Vorschriften im Vollstreckungsmitgliedstaat zurückzugreifen.[1105] Nachdem eine einheitliche Rechtsfolgenregelung hinsichtlich der europäischen Pfändung nicht besteht, muss der Verstoß gegen das Verfügungsverbot nicht zwingend zur relativen Unwirksamkeit der Verfügung führen. Vielmehr liegt es an der autonomen Rechtsordnung im jeweiligen Mitgliedstaat. Diese kann etwa auch eine absolute Unwirksamkeit der Verfügung annehmen oder aber die Rechte des Gläubigers auf einen Schadensersatzanspruch begrenzen und die Wirksamkeit der (rechtswidrigen) Verfügung unberührt lassen. Dementsprechend sieht auch Art. 26 EuKpfVO eine vollumfängliche Verweisung in das nationale Recht bezüglich der Haftung der Bank vor, soweit sie die ihr nach der Verordnung obliegenden Pflichten verletzt. In Deutschland und Polen wirkt eine verbotswidrige Leistung gegenüber dem Gläubiger nicht schuldbefreiend.

Hinsichtlich der damit möglicherweise verbundenen Rangwirkung der Pfändung ordnet die EuKpfVO in Art. 32 EuKpfVO ausdrücklich die Rückkopplung zum nationalen Recht an.[1106] Sofern auf nationaler Ebene ein Rang relevant wird (vgl. Wortlaut „gegebenenfalls"), soll der Pfändungsbeschluss dieselbe Wirkung erzeugen wie ein gleichwertiger nationaler Beschluss. In Mitgliedstaaten, die mit der Pfändung keine Priorität des Gläubigers verbinden, sondern einen Gleichrang annehmen,[1107] erlangt der Gläubiger dieselbe Stellung wie nach einer

---

1105 Rauscher/Rauscher/Wiedemann, Art. 24 EU-KPfVO Rn. 3.

1106 Harbeck führt den Rückgriff auf eine fehlende Notwendigkeit einer einheitlichen Regelung zurück, Harbeck, in: Seibel, Zwangsvollstreckungsrecht aktuell, S. 259, 277; kritisch: Nunner-Krautgasser, in: Hess, Die Anerkennung, S. 125, 134.

1107 So etwa Finnland oder Holland, vgl. jeweils Länderbericht „Garnishment", Frage 5.3.1, abrufbar: http://www2.ipr.uni-heidelberg.de/studie/nationalrep.htm (14.08.2016).

inländischen Pfändung.[1108] Die Entstehung eines rangwahrenden Pfandrechts ist aber – wie aus dem Wortlaut „gegebenenfalls“ folgt – nicht zwingend. Lässt sich im einstweiligen Verfahren eines Mitgliedstaats überhaupt keine „Pfändung“ begründen,[1109] so gilt dies ebenso für die Vollstreckung europäischer Pfändungsbeschlüsse. Sieht das nationale Recht für bestimmte Vollstreckungsmaßnahmen lediglich einen Vorrang vor vorläufigen Pfändungsmaßnahmen vor, gilt dieser auch gegenüber einem europäischen Pfändungsbeschluss (ErwG 28 EuKpfVO). In Deutschland kommt es demnach zur Entstehung eines Pfändungspfandrechts mit dem Inhalt nach § 804 ZPO.[1110] In Polen begründet die Beschlagnahme ein Verwertungsrecht in einem Gesamtverteilungsverfahren. Eine Einziehungsermächtigung des Gläubigers kann das einzelstaatliche Recht nicht mit der Sicherungsmaßnahme verknüpfen, selbst wenn das eigene Verfahrensrecht dies für funktionsäquivalente Maßnahmen vorsehen sollte (vgl. bereits Art. 1 Abs. 1 EuKpfVO).

Die von Nunner-Krautgasser geäußerte Kritik, man könne folglich nicht von einer europäischen Pfändung sprechen, sondern müsse den Begriff der Sicherung verwenden, ist dementsprechend zutreffend.[1111] Allerdings weichen die einzelnen Sprachfassungen hier voneinander ab und verwenden nicht unreflektiert den Begriff der „Pfändung“. So spricht etwa die englische Fassung von einer „preservation order“ und die polnische Fassung vom „nakaz zabezpieczenia“ – was sich eher mit der Anordnung einer Sicherung übersetzen lässt.

4. *Auswirkung auf nachfolgende Vollstreckung im Hauptsacheverfahren*

Der europäischen Kontopfändung kommt nur ein vorläufiger Charakter zu. Die Verordnung sieht keine Möglichkeit vor, die Maßnahme in eine endgültige Kontopfändung überzuleiten. Entsprechende Erwägungen, auch eine Überweisung

---

1108 Vgl. den Vorschlag von Hess, Study, S. 150.

1109 So etwa in Österreich, dazu Nunner-Krautgasser, in: Hess, Die Anerkennung, S. 125, 134; Dänemark, vgl. Müller, Länderbericht Dänemark, Punkt 2.5.3.4, S. 40, abrufbar: http://www2.ipr.uni-heidelberg.de/studie/nationalrep.htm (14.08.2016); in Irland, vgl. Barton, Länderbericht Irland, Punkt 5.3.1, S. 29, abrufbar: http://www2.ipr.uni-heidelberg.de/studie/nationalrep.htm (14.08.2016); in Schweden, vgl. Berglund, Länderbericht Schweden, Punkt 5.3.1, S. 21, abrufbar: http://www2.ipr.uni-heidelberg.de/studie/nationalrep.htm (14.08.2016).

1110 Vgl. BT-Drs. 18/7650, S. 43.

1111 Nunner-Krautgasser, in: Hess, Die Anerkennung, S. 125, 134.

der gepfändeten Forderung zu regeln,[1112] scheiterten. Zu groß waren die Bedenken, derart tiefgreifend in die bisher unberührten nationalen Vollstreckungssysteme einzugreifen.[1113] Dementsprechend muss der Gläubiger nach Erhalt eines vollstreckbaren Hauptsachetitels die Kontopfändung gemäß den nationalen Vollstreckungsvorschriften „wiederholen".[1114] Ob die anschließende nationale Pfändung in den zuvor ggf. begründeten Rang der vorläufigen europäischen Kontopfändung eintreten soll, ist umstritten.[1115] Gegenüber anderen Gläubigern bliebe die europäische Kontopfändung in Mitgliedstaaten mit einem zeitlichen Prioritätsprinzip folglich wirkungslos, wollte man dies ablehnen, denn mangels Übertragung des Rangs der europäischen Kontopfändung wären zwischenzeitliche Pfändungen anderer Gläubiger vorrangig.[1116] Dies erscheint zweifelhaft. Dabei muss die Frage nach der Möglichkeit zur Umwandlung der vorläufigen europäischen Kontopfändung in eine endgültige nationale Pfändung von der nach einer Übertragung des Rangs unterschieden werden. Zutreffend sind zwar die Regelungslücke in der Verordnung und die Scheu des europäischen Gesetzgebers, sich der anschließenden Vollstreckung des Hauptsachetitels anzunehmen. Im Umkehrschluss muss aber weder die Möglichkeit einer Umwandlung noch die Rangübertragung ausgeschlossen sein.

a) Umwandlungsmöglichkeit

Hinsichtlich der Möglichkeit, eine vorläufige europäische Kontopfändung in eine nationale endgültige Kontopfändung umzuwandeln, trifft die EuKpfVO keine Aussage, verbietet dies also auch nicht. Denkbar erscheint daher, die Umwandlung dem nationalen Recht zu überlassen.[1117] Lediglich Art. 20 lit. c EuKpfVO begrenzt die Geltungsdauer der europäischen Pfändung auf den Zeitpunkt, in dem der Gläubiger eine Vollstreckungsmaßnahme bezüglich des endgültigen Titels erwirkt hat. Dies wird als Indiz gedeutet, es müsse eine gänzlich

---

1112 Dazu: Kommission der Europäischen Gemeinschaften, KOM (2006) 618, Frage 23 S. 11; Sala, in: Kengyel/Harsági, S. 275, 289.

1113 Europäische Kommission, SEC (2011), 937, 32 f; vgl. auch Europäisches Parlament, 25.10.2007, ABl. 2008 C 263E/655, Ziff. 6.

1114 Riebold, S. 406; Rauscher/Rauscher/Wiedemann, Art. 1 EU-KPfVO Rn. 8; Domej, ZEuP 2013, 496, 504.

1115 So Riebold, S. 406; ablehnend Rauscher/Rauscher/Wiedemann, Art. 1 EU-KPfVO Rn. 8 u. Art. 32 EU KPfVO Rn. 3.

1116 Rauscher/Rauscher/Wiedemann, Art. 1 EU-KPfVO Rn. 8 u. Art. 32 EU-KPfVO Rn. 3.

1117 So schon das Arbeitsdokument der Kommissionsdienststellen vom 24.10.2006, SEK (2006) 1341, S. 29.

neue Maßnahme zur Vollstreckung des endgültigen Titels nach innerstaatlichem Recht ergehen.[1118] Dieser Schluss erscheint nicht zwingend. Wie bereits aus dem Titel geschlossen werden kann, will die Vorschrift lediglich den zeitlichen Geltungsbereich der vorläufigen Pfändung aufgrund des europäischen Pfändungsbeschlusses abgrenzen. Die EuKpfVO dient dem Schutz der späteren Vollstreckung (Art. 1 Abs. 1 EuKpfVO). Der Gläubiger soll so lange durch die EuKpfVO geschützt sein, bis der Schutz durch eine spätere innerstaatliche Vollstreckung des endgültigen Titels das vorläufige Schutzbedürfnis obsolet macht. Umgekehrt soll der Schuldner nicht durch ein Nebeneinander von europäischer und endgültiger innerstaatlicher Pfändung doppelt belastet werden. Der Zweck wird aber ebenso erreicht, wenn es dem jeweiligen Recht des Vollstreckungsmitgliedstaats überlassen bleibt, auf eine Wiederholung des Pfändungsaktes zu verzichten. Am Schutzniveau der Parteien ändert sich hierdurch nichts. Der europäische Kontopfändungsbeschluss wird im Vollstreckungsmitgliedstaat nach dessen lex loci executionis vollstreckt und entfaltet die gleichen Wirkungen wie eine vergleichbare innerstaatliche Maßnahme.

Auch haben weder das Europäische Parlament noch die Europäische Kommission die Umwandlung einer vorläufigen in eine endgültige Pfändung kategorisch abgelehnt.[1119] Beide haben lediglich die verbindliche Regulierung auf europäischer Ebene abgelehnt. Eine verbindliche Umwandlung der vorläufigen in eine endgültige Vollstreckungsmaßnahme durch die Regelung in der Verordnung bzw. durch Harmonisierung der mitgliedstaatlichen Verfahrensrechte würde tiefgehende Einschnitte in die nationalen Rechtsordnungen hervorrufen.[1120] Die Befürchtung bezieht sich auf eine einheitliche Regelung der endgültigen Befriedigung des Gläubigers, insbesondere die Vereinheitlichung der unterschiedlichen Rangsysteme in den Mitgliedstaaten. Hieraus lassen sich aber keine zwingenden Aussagen gegen die Umwandlungsmöglichkeit ableiten, sofern eine solche nach nationalem Recht für gleichwertige Maßnahmen besteht.

Das Pfandrecht entsteht dagegen durch einen innerstaatlichen Vollstreckungsakt und nicht durch eine ausländische Zwangsmaßnahme. Soweit also (wie in Deutschland) ein Arrestpfandrecht kraft Gesetz zum Vollstreckungspfandrecht

---

1118 Vgl. Riebold, S. 406.

1119 So aber Rauscher/Rauscher/Wiedemann, Art. 1 EU-KPfVO Rn. 8.

1120 Europäische Kommission, Impact Assessment, SEC (2011) 937 endg., S. 32; vgl. auch Europäisches Parlament, Entschließung des Europäischen Parlaments vom 25. Oktober 2007 zum Grünbuch zur effizienteren Vollstreckung von Urteilen in der Europäischen Union: vorläufige Kontenpfändung (2007/2026(INI)), P6_TA(2007)0486, ABl. 200 C 263 E, S. 655, Ziff. 6.

erstarkt, spricht nichts dagegen dies auch für das Pfandrecht anzunehmen, welches durch Vollstreckung des europäischen Kontopfändungsbeschlusses entsteht.

b) *Rangübertragung*

Ungeachtet dessen muss zumindest die Rangwahrung bzw. -übertragung bejaht werden. Erlangt der Gläubiger ein endgültiges Vollstreckungspfandrecht, muss dieses denselben Rang (sofern im Vollstreckungsmitgliedstaat überhaupt ein solcher vorgesehen ist) erhalten, wie es dem Pfandrecht aus der vorläufigen europäischen Kontopfändung zukam.[1121] Der Gegenansicht nach schützt die europäische Kontopfändung lediglich vor Verfügungen des Schuldners, nicht aber vor dem Vollstreckungszugriff anderer Gläubiger.[1122] Begründet wird dies mit der fehlenden Umwandlungsmöglichkeit des Pfandrechts aus einer vorläufigen europäischen Kontopfändung in ein endgültiges Vollstreckungspfandrecht. Tatsächlich trifft die EuKpfVO auch hierzu keine eigenständige Regelung. Der europäischen Kontopfändung wird aber zumindest der Rang zugemessen, den eine vergleichbare innerstaatliche Maßnahme entfaltet (Art. 32 EuKpfVO). Hierunter könnte auch die rangwahrende Wirkung des Pfandrechts im Verhältnis zum Rang des Vollstreckungspfandrechts gemeint sein. Andernfalls wäre Art. 32 EuKpfVO weitgehend wirkungslos und fände nur in Insolvenzverfahren Beachtung.[1123] Ein derart geringer Anwendungsbereich der Norm ist zumindest zweifelhaft. Wie auch Erwägungsgrund 14 EuKpfVO zeigt, bleibt die Gläubigerkonkurrenz gerade nicht gänzlich unberücksichtigt. Sie begründet zwar allein noch keinen hinreichenden Grund zum Erlass eines europäischen Kontopfändungsbeschlusses, kann aber sehr wohl bei der Entscheidung berücksichtigt werden. Eine solche Berücksichtigungsmöglichkeit wäre zweckfremd, wenn die europäische Kontopfändung im Ergebnis keinerlei Schutz vor anderen Gläubigern entfalten würde. Die gesetzgeberische Entscheidung aus dem erkenntnisrechtlichen Teil der Verordnung muss folglich im Rahmen der Vollstreckung berücksichtigt werden. Auch soll die europäische Kontenpfändung nicht generell hinter eine gleichwertige nationale Maßnahme treten. Wie sich in Art. 27 Abs. 1 lit. b EuKpfVO zeigt, ist der Gläubiger nicht zur Freigabe einer durch diesen Beschluss gepfändeten Forderung verpflichtet, wenn anschließend eine

---

1121 Ebenso Riebold, S. 406; hierfür bereits: Arbeitsdokument der Kommissionsdienststellen vom 24.10.2006, SEK (2006) 1341, S. 29.

1122 Rauscher/Rauscher/Wiedemann, Art. 1 EU-KPfVO Rn. 8 u. Art. 32 EU-KPfVO Rn. 3.

1123 Rauscher/Rauscher/Wiedemann, Art. 46 EU-KPfVO Rn. 3.

gleichwertige nationale Maßnahme ergeht. Dem nationalen Gesetzgeber bleibt dann nur die Möglichkeit, die Freigabe der Beträge zu konstruieren, die durch die einzelstaatliche Maßnahme gepfändet wurden. Die Rangübertragung einer europäischen Kontenpfändung ist dementsprechend daran zu messen, ob einer gleichwertigen nationalen Maßnahme eine solche Wirkung zukommt. Nur so kann die EuKpfVO eine gleichsam wirksame Maßnahme darstellen.

5. *Anerkennung der Wirkungen*

Neben den Wirkungen, die einem europäischen Kontenpfändungsbeschluss zukommen, stellt sich die Frage, ob diese Wirkungen auch im Ausland anerkannt werden sollen. Nachdem sich die Anerkennung ausländischer Pfändungswirkungen bisher nur nach einzelstaatlichem Recht bestimmt, könnte die EuKpfVO erstmals ein einheitliches System etablieren.[1124] Eine ausdrückliche Aussage hierzu trifft die Verordnung nicht. Der Beschluss zur vorläufigen Pfändung wird aber gemäß Art. 22 EuKpfVO grenzüberschreitend anerkannt. Hieraus könnte geschlossen werden, auch die Wirkungen der Kontenpfändung seien grenzüberschreitend anzuerkennen. Für ein solches Verständnis spricht zunächst der standardisierte Inhalt des europäischen Kontenpfändungsbeschlusses. Die Entscheidung enthält bereits die Anweisung an die Bank weitere Verfügungen über das Guthaben gemäß Art. 24 EuKpfVO zu verhindern (Art. 19 Abs. 2 lit. h EuKpfVO). Die Gefahr einer möglichen Doppelleistung der Banken wäre hierdurch deutlich eingeschränkt.

Die Vollstreckung des europäischen Kontenpfändungsbeschlusses erfolgt aber nach den Vorschriften des Vollstreckungsmitgliedstaats. Auch die Wirkung der Pfändung bemisst sich nach dem dortigen einzelstaatlichen Recht. Nichts anderes gilt für die Ausführungsanweisung im Pfändungsbeschluss. Wie bereits festgestellt, wird auch diese erst im Vollstreckungsmitgliedstaat mit Wirkungen aufgefüllt und die Rechtsfolgen ihrer Nichtbefolgung bestimmt. Der europäische Kontenpfändungsbeschluss entspricht insoweit einer nationalen Maßnahme, d.h. etwa in Deutschland einer Arrestpfändung und in Polen einer Sicherungspfändung. Wenn es also um die Frage nach der Anerkennung der Pfändungswirkungen geht, können nur die Pfändungswirkungen gemeint sein, die der Vollstreckungsmitgliedstaat der Maßnahme zumisst. Im Ursprungsmitgliedstaat selbst entfaltet der Beschluss keine Zwangswirkungen, wenn er nicht zugleich Vollstreckungsmitgliedstaat ist.

1124 Dahingehend Schimrick, S. 322 f zum Grünbuch KOM (2006) 618; Schack, IZVR, § 19 Rn. 1089 Fn. 9.

Eine grenzüberschreitende Anerkennung dieser (einzelstaatlichen) Pfändungswirkungen würde die Mitgliedstaaten verpflichten, die ihr fremden Wirkungen des ausländischen Vollstreckungsaktes zu berücksichtigen und sie auf die eigene Rechtsordnung zu übertragen. Es erscheint allerdings kaum vorstellbar, dass der europäische Gesetzgeber den Mitgliedstaaten eine derart weitreichende Verpflichtung aufbürden wollte, ohne gleichzeitig hierfür irgendeine Regelung zu schaffen, um die resultierenden Konflikte zwischen den unterschiedlichen Pfändungswirkungen in den einzelnen Mitgliedstaaten auch nur zu erwähnen oder die Problematik zumindest im Gesetzgebungsverfahren aufzugreifen.[1125]

Darüber hinaus widerspricht dieses Ergebnis der Regelungssystematik der EuKpfVO. Die Verordnung versucht einen Eingriff in die nationalen Vollstreckungsrechte weitestgehend zu vermeiden. So sieht sie kein unionsautonomes Vollstreckungsinstrument mit eigenständiger Wirkung vor, die in allen Mitgliedstaaten die gleichen Rechtsfolgen hervorruft. Zugleich verzichtet der Gesetzgeber mit der gewählten Systematik darauf, einen europäischen Kontenpfändungsbeschluss im Ursprungsmitgliedstaat mit den dortigen Vollstreckungswirkungen auszustatten und diese im Vollstreckungsmitgliedstaat anzuerkennen. Die gleichwertigen nationalen Maßnahmen sind derart unterschiedlich ausgestaltet, dass der Gesetzgeber noch nicht einmal festlegen wollte, ob der europäische Kontenpfändungsbeschluss in rem oder in personam wirkt. Wenn aber die Wirkung einer Maßnahme aus dem Ursprungsmitgliedstaat nicht in den Vollstreckungsmitgliedstaat übertragen werden soll, muss das Gleiche im umgekehrten Fall gelten. Die Pfändungswirkungen im Vollstreckungsmitgliedstaat sollen folglich nicht kraft Gesetzes im Ursprungsmitgliedstaat (oder einem anderen Mitgliedstaat) anerkannt werden müssen. Der lokalen Vollstreckung im Vollstreckungsstaat entsprechen daher auch lokal begrenzte Wirkungen. Ob die einzelstaatlichen Wirkungen im Ausland anerkannt werden, bemisst sich dann (wie zuvor) nach dem Verfahrensrecht des Staates, in dem sie geltend gemacht werden. Hieran vermögen auch die nachteiligen Folgen für die Bank nichts zu ändern. Sie wird diesbezüglich durch die EuKpfVO nicht mehr belastet als durch eine einzelstaatliche Pfändung, die ebenfalls im Ausland nur nach der dortigen lex fori anzuerkennen ist.

V. Vergleich

Die Wirkung eines europäischen Kontenpfändungsbeschlusses überlässt die Verordnung weitgehend den nationalen Rechtsordnungen. Er kann sowohl in

1125 Ebenso Rauscher/Rauscher/Wiedemann, Art. 23 EU-KPfVO Rn. 8.

rem als auch in personam wirken. Die Verordnung gibt ein Verfügungsverbot vor, ohne dieses eigenständig mit Wirkungen auszufüllen. Nur punktuell greift der europäische Gesetzgeber regulierend ein. Im Übrigen ist auf die einzelstaatlichen Regeln einer gleichwertigen Maßnahme zurückzugreifen.

Wird ein deutscher Arrestbefehl oder ein polnischer Sicherungsbeschluss vollstreckt, so ist die Wirkung der Pfändung bzw. Beschlagnahme für den Schuldner und Drittschuldner weitgehend gleich. In beiden Fällen findet eine Sicherung in rem statt. Die Vollstreckungsmaßnahmen sind also auf die Forderung des Schuldners gegenüber der Bank als Drittschuldnerin aus dem bestehenden Bankkontovertrag gerichtet. Entscheidend sind nicht die jeweiligen Einzelforderungen, sondern der hieraus resultierende Saldobetrag. Dies hat auch der europäische Gesetzgeber ausdrücklich für die EuKpfVO klargestellt. Der Bank wird diesbezüglich untersagt, an den Schuldner zu leisten, soweit die Forderung gepfändet ist. In beiden Rechtsordnungen gilt zudem (zumindest konkludent) ein an den Schuldner gerichtetes Verfügungsverbot bezüglich der Forderung, auch wenn dies im polnischen Recht nicht ausdrücklich benannt ist. Verstöße gegen die Verfügungsverbote bewirken stets nur eine relative Unwirksamkeit. Dritten gegenüber bleiben die Verfügungen also unberührt. Folglich bleibt der Schuldner trotz Pfändung weiterhin Inhaber der Forderung. Erlangt der Gläubiger später einen Hauptsachetitel, aus dem er in diese Forderung vollstreckt, muss er den Pfändungsakt nicht wiederholen. Die vorläufige Pfändung geht hierbei von Gesetzes wegen in ein vollwertige über. In Polen gilt dies allerdings nur, soweit die Hauptsachevollstreckung durch denselben Gerichtsvollzieher durchgeführt wird. Andernfalls ist der Zwangsvollstreckungsakt zu wiederholen. Ob auch ein europäischer Kontenpfändungsbeschluss zu einem vollwertigen Pfandrecht erstarken kann oder zumindest der Rang der Sicherung auf ein nach einzelstaatlichem Verfahren erwirkten Pfandrecht zu übertragen ist, regelt die EuKpfVO nicht und wird unterschiedlich beantwortet. Nach der hier vertretenen Aufassung muss dies dem jeweiligen Mitgliedsstaat überlassen bleiben. Der Ausschluss der Rangübertragung erscheint aber mit der EuKpfVO nicht vereinbar, soweit einer funktionsäquivalenten Maßnahme eine rangwahrende Wirkung zukommt.

Mit der Arrest- bzw. Sicherungspfändung soll zwar jeweils die spätere Vollstreckung eines Hauptsachetitels vorübergehend gesichert werden. Unterschiede bestehen aber insbesondere hinsichtlich dem aus der Pfändung folgenden Recht und dem Schutz bezüglich anderen Gläubigern. Während die Beschlagnahme in Deutschland zur Verstrickung und dadurch zur Entstehung eines rangwahrenden Pfändungspfandrechts führt, sieht das polnische Recht kein entsprechendes beschränkt dingliches Recht vor. Soweit andere Gläubiger eine Vollstreckung in dieselbe Forderung betreiben und die aus der Vollstreckung erzielte Summe nicht zur Befriedigung aller ausreicht, wird die Beschlagnahme in einem Gesamtverteilungsverfahren berücksichtigt. Dabei werden die Gläubiger nach Kategorien unterteilt (z.B. Unterhaltsleistungen, dinglich gesicherte Forderungen, etc.) und vorrangig berücksichtigt. Eine zeitliche Reihenfolge spielt allein innerhalb der Kategorie Forderungen eine Rolle, die auf bestimmte Art dinglich gesichert wurden, etwa durch Hypothek. Im Übrigen werden die Gläubiger in einer Kategorie nach dem Verhältnismäßigkeitsprinzip berücksichtigt. Gegenüber einem Gläubiger, der in der Hauptsache vollstreckt, steht der nur durch vorläufige Pfändung gesicherte Gläubiger gleich. Lässt sich eine Forderung, die gesichert werden soll, einer priorisierten Kategorie zuordnen (etwa Arbeitslohn oder Unterhalt), geht die Sicherungsbeschlagnahme einer zeitlich früheren Vollstreckungsmaßnahme vor, soweit letztere nicht ihrerseits der gleichen oder einer höheren Kategorie zugeordnet werden kann.

Diese Wirkungen einer Pfändung kommen auch einem europäischen Kontenpfändungsbeschluss im jeweiligen Vollstreckungsmitgliedstaat zu. Sie sind aus dem Vollstreckungsmitgliedstaat hinaus aber zumindest nach der EuKpfVO (oder anderem Unionsrecht) nicht auf andere Mitgliedstaaten zu übertragen, werden also nicht im Ausland anerkannt. Aus vollstreckungsrechtlicher Sicht beschränkt sich die EuKpfVO daher den Vollzug einer vorläufigen Entscheidung in ein bestimmtes Vollstreckungsobjekt (Bankguthaben) zwischen den einzelnen Mitgliedstaaten zu koordinieren.

C. Reichweite der Pfändung und Überpfändungsschutz

I. Reichweite und Schutz nach deutschem Recht

1. Gegenstand und Umfang der Pfändung

Den Umfang einer Pfändung von Kontoguthaben bei einem Kreditinstitut regelt § 833a ZPO. Dem Kontobegriff unterfallen alle Arten von Konten bei Kreditinstituten, insbesondere Giro- und Sparkonten.[1126] Zahlungskonten (und damit auch Girokonten) werden ausschließlich als Kontokorrentkonten geführt.[1127] Beschlagnahmt werden folglich nicht die dem Kontokorrent unterstellten

---

1126 BT-Drs. 16/7615, S. 16.

1127 BeckOK BGB/Schmalenbach, § 675f BGB Rn. 16; Staudinger/Omlor, § 675f BGB Rn. 12; Stöber, Rn. 155

Einzelforderungen, sondern die Saldoforderung (vgl. §§ 355, 357 HGB).[1128] Die einzelnen Forderungen verlieren mit der Einstellung in das Kontokorrent ihre Selbstständigkeit, so dass es nicht darauf ankommt, ob eine Einzelforderung an sich nicht übertragbar (§ 851 Abs. 2 ZPO) oder unpfändbar (vgl. z.B. § 850a ZPO) ist.[1129] Der Anspruch auf Gutschrift eingehender Beträge kann nicht (mehr) gepfändet werden, da ein solcher Anspruch für Zahlungskonten nicht besteht.[1130]

Von der Kontopfändung umfasst ist das Guthaben, das am Tag der Zustellung des Pfändungsbeschlusses besteht, sowie die Tagesguthaben der folgenden Tage (§ 833a ZPO). Gemeint ist damit aber nicht ein täglich festzustellender Schlusssaldo.[1131] Erfasst werden auch künftige Salden inklusive eines eventuellen Rechnungsabschlusssaldos.[1132] Werden Schuldposten nach Zustellung des Pfändungsbeschlusses an den Drittschuldner begründet, so bleiben sie aufgrund der relativen Unwirksamkeit (im Verhältnis zum Pfändungsgläubiger) bei der Berechnung des Saldos unberücksichtigt (§ 357 S. 1 HGB). Dies gilt auch für Verfügungen, die der Kontoinhaber unter Einsatz seiner EC-Karte, etwa bei Abhebungen am Geldautomaten oder bei Kartenzahlung an Kassen, tätigt.[1133] Das Kreditinstitut wird dadurch praktisch gezwungen, die Karte des Kontoinhabers zu sperren, um einer doppelten Inanspruchnahme zu entgehen. Etwas anderes gilt für Geschäfte, die auf Grund eines schon vor der Pfändung bestehenden Rechtes oder einer schon vor diesem Zeitpunkt bestehenden Verpflichtung des Drittschuldners vorgenommen werden (vgl. 357 S. 2 HGB). Der gepfändete Saldo ist dann sozusagen „vorbelastet", so insbesondere bei Ansprüchen, die auf der Stornierung oder Rückabwicklung vorangegangener Rechtsverhältnisse beruhen. Gleiches gilt etwa bei einer Banküberweisung auf Grund eines älteren Auftrags sowie bei Ausführung einer früher vereinbarten Lieferung vom Kontokorrentpartner an Pfändungsschuldner im Dauerliefervertrag.[1134] Für

---

1128 BGH NJW 1982, 1150; NJW 1981, 1611 f; Stöber, Rn. 156b, 166; Sudergat, Rn. 217; Wieczorek/Schütze/Thümmel, § 930 ZPO Rn. 9.

1129 BGH NJW 2005, 1863; Staudinger/Omlor, § 675f BGB Rn. 15; Schimansky/Bunte/Lwowski/Bitter, § 33 Rn. 43.

1130 Stöber, Rn. 157b; Erman/Graf von Westphalen, § 675t BGB Rn. 2; Palandt/Sprau, § 675t BGB Rn. 4; zur früheren Rechtslage s. BGH NJW 1985, 1218; Schimansky/Bunte/Lwowski/Bitter, § 33 Rn. 54; Sudergat, Rn. 235 ff.

1131 Stöber, Rn. 158.

1132 BT-Drs. 16/7615, S. 17.

1133 Schuschke/Walker/Schuschke, Anh. zu § 829 ZPO Rn. 4; Stöber, Rn. 159, 162b.

1134 Oetker/Maultzsch, § 357 HGB Rn. 14; Baumbach/Hopt, § 357 HGB Rn. 4.

Zahlungen des Drittschuldners an den Pfändungsschuldner selbst, mit denen nur ein schuldrechtlicher Anspruch dieses Schuldners getilgt werden soll, gilt dies allerdings nicht.[1135] Die Abgrenzung zwischen alten und neuen Geschäften erfolgt danach, ob die Rechtsgrundlage für das Geschäft schon vor der Pfändung bestand oder erst im Anschluss an die Pfändung begründet wurde.[1136]

Auf einen in Aussicht gestellten oder eingeräumten Kredit erstreckt sich die Kontopfändung nicht.[1137] Bei einem durchgehend debitorischen Schuldnerkonto bleibt die Pfändung erfolglos. Ein Debetsaldo ist keine Forderung des Kontoinhabers. Da sämtliche Einzelforderungen in das Kontokorrent eingestellt werden, bleiben auch zukünftige Gutschriften dem Gläubigerzugriff (zumindest über die Kontopfändung) entzogen, solange nach Verrechnung ein Debet bestehen bleibt. Verhindert der Schuldner als Kontoinhaber die Entstehung eines positiven Saldos durch nachträgliche Verfügungen (etwa im Rahmen seines Dispositionskredits), so verstößt weder er noch der Drittschuldner, der solche Aufträge ausführt, gegen § 829 Abs. 1 ZPO.[1138] In der Durchführung von Überweisungen aufgrund des zur Zeit der Pfändung eingeräumten Kontokorrent- oder Überziehungskredites liegt keine Umgehung des § 829 Abs. 1 ZPO.[1139] Führt der Drittschuldner in dieser Konstellation auch nach Zustellung des Pfändungsbeschlusses die Zahlungsaufträge des Kontoinhabers aus, bleiben diese auch im Verhältnis zum Gläubiger wirksam – eine absolute Kontensperre tritt damit nicht ein.[1140]

Die Ursache hierfür liegt in der beschränkten Reichweite des durch § 829 ZPO gewährten Gläubigerschutzes. Die Vorschrift schützt nur einen bereits betroffenen Pfändungsgegenstand, somit also eine erfolgreiche Pfändung einer bestehenden Forderung.[1141] Sie soll aber nicht davor schützen, dass ein pfändbarer Gegenstand überhaupt erst entsteht.[1142] Demnach greift eine Pfändung erst dann, wenn das Konto durch Gutschriften wieder einen positiven Saldo erreicht.

1135 BGH NJW 1997, 2322, 2323.

1136 MüKoHGB/Langenbucher, § 357 HGB Rn. 18.

1137 Stöber, Rn. 158a.

1138 OLG Hamm KKZ 2005, 60; Frankfurt InVo 1998, 133, 134; LG Münster WM 1990, 2091, 2092 f; WM 1984, 1312, 1313; Schuschke/Walker/Schuschke, Anh. zu § 829 ZPO Rn. 2b; Schimansky/Bunte/Lwowski/Bitter, § 33 Rn. 62; Häuser, ZIP 1983, 891, 898; Wagner, ZIP 1985, 849 f.

1139 BGH NJW 1985, 1218, 1219, m. Anm. Grunsky, JZ 1985, 490.

1140 So aber: Stöber, Rn. 160; Carl, DStR 1988, 765, 767 ff.

1141 OLG Frankfurt InVo 1998, 133, 134; LG Münster WM 1990, 2091, 2092 f; WM 1984, 1312, 1313; Häuser, ZIP 1983, 891, 898; vgl. auch BGH NJW 1985, 1218, 1219.

1142 Schimansky/Bunte/Lwowski/Bitter, § 33 Rn. 62.

Davon zu unterscheiden ist die Frage, ob daneben auch eine eigenständige Pfändung eines Kontokorrentkredits möglich ist. Unterschieden wird zunächst grundsätzlich zwischen Überziehungs- und Dispositionskrediten.[1143] Eine Pfändung der Kreditlinie kommt nach hM nur beim Dispositionskredit in Betracht – bei einem Überziehungskredit fehlt es bereits an einem tauglichen Pfändungsgegenstand.[1144] Allerdings soll auch bei einem eingeräumten Dispositionskredit eine Pfändung nur soweit möglich, als der Kredit tatsächlich in Anspruch genommen wurde, das heißt erst mit Abruf der Kreditforderung durch den Vollstreckungsschuldner.[1145] Die Pfändung der bloßen (nicht genutzten) Kreditlinie ist ausgeschlossen.[1146] Ferner scheidet eine Pfändung aus, wenn der Kredit anderweitig zweckgebunden erteilt wurde.[1147] Für den Pfändungsgläubiger heißt dies, eine absolute Kontensperre lässt sich nur erreichen, wenn zugleich der Dispositionskredit gepfändet wird.

2. *Überpfändung und Freigabe*

Eine Obergrenze existiert für die Pfändung zwar grundsätzlich nicht, jedoch begrenzt § 803 Abs. 1 S. 2 ZPO den Umfang auf das zur Befriedigung des Gläubigers und zur Deckung der Kosten der Zwangsvollstreckung erforderliche Maß. Aus Sicht des Vollstreckungsgerichts lässt sich der Wert einer Forderung oft nur schwer im Moment der Pfändung schätzen.[1148] Die Beschlagnahme kann daher auch – es sei denn aus dem Pfändungsbeschluss ergibt sich etwas anderes, dazu sogleich – in voller Höhe der Forderung erfolgen, auch wenn sie damit

---

1143 Zu den Begriffen Überziehungs- und Dispositionskredit, vgl. Bitter, WM 2001, 889, 890; Felke, WM 2002, 1632 f; gegen eine unterschiedliche Behandlung: Schimansky/Bunte/Lwowski/Bitter, § 33 Rn. 83; Riebold, S. 30 ff; Bitter, WM 2001, 889, 892; ders., WM 2004, 1109, 1110; vgl. auch OLG Hamm NJW-RR 2002, 1477, das eine Unterscheidung für „äußerst schwierig und rechtlich problematisch" hält.

1144 BGH NJW 2007, 1357 Rn. 20; NJW 2001, 1937; NJW 1985, 1218, 1219; OLG Saarbrücken BeckRS 2006, 09292; Baumbach/Hopt, § 357 HGB Rn. 10; Oetker/Maultzsch, § 357 HGB Rn. 27.

1145 BGH WM 2011, 1343 Rn. 16 f; WM 2004, 669; NJW 2004, 1444; NJW 2001, 1937; OLG Saarbrücken BeckRS 2006, 09292; Baumbach/Hopt, § 357 HGB Rn. 10; Schuschke/Walker/Schuschke, Anh. zu § 829 ZPO Rn. 4a; Drescher, EWiR 2007, 159.

1146 AA OLG Köln ZIP 1983, 810; ausführlich zu den unterschiedlichen Auffassungen Riebold, S. 24 ff.

1147 BGH WM 2000, 264.

1148 BeckOK ZPO/Fleck, § 803 ZPO Rn. 16, 16.2; MüKoZPO/Gruber, § 803 ZPO Rn. 64.

die Arrestforderung übersteigt.[1149] Die Beschlagnahme ist dann ungeachtet der Überpfändung in vollem Umfang wirksam.[1150] Besonderheiten bestehen nur bei einem P-Konto. Praktisch ist die Forderungspfändung jedoch häufig beschränkt.

Eine mögliche Überpfändung hieraus belastet den Schuldner nicht allzu sehr. Er kann weiterhin über sein Kontoguthaben verfügen, soweit es den Betrag der Gläubigerforderung übersteigt.[1151] Das Verfügungsverbot gegen den Drittschuldner verbietet nur solche Verfügungen, die die Rechtsstellung des Gläubigers beeinträchtigen.[1152] Betrifft die Pfändung mehrere Forderungen, erfasst sie jede der Forderungen des Schuldners bis zur Höhe der Schuld, derentwegen die Pfändung erfolgt ist.[1153] Werden so mehrere Konten bei unterschiedlichen Banken gepfändet, kann der Schuldner die Überpfändung daher im Wege der Vollstreckungserinnerung (§ 766 ZPO) rügen, wenn die Überpfändung feststeht.[1154]

3. *Pfändungsgrenzen*

Kontopfändungsschutz wird in Deutschland nunmehr ausschließlich über das Pfändungsschutzkonto (P-Konto) gewährleistet. Dabei handelt es sich nach § 850k ZPO um eine spezielle Ausgestaltung eines Girokontos[1155]. Ein auf einem P-Konto befindliches (und zukünftiges) Guthaben wird insoweit von einer Kontopfändung nicht erfasst, als das Guthaben den monatlichen Freibetrag nach §§ 850c Abs. 1 S. 1, 850c Abs. 2a ZPO nicht übersteigt (§ 850k Abs. 1 S. 1 HS. 1, 2 ZPO). Für ein gewöhnliches Girokonto ist daneben kein eigener Pfändungsschutz mehr vorgesehen. Eine Ausnahme bildet nur die Generalklausel des § 765a ZPO. Allerdings kann das gewöhnliche Girokonto einer natürlichen Person jederzeit auf deren Verlangen in ein P-Konto umgewandelt werden (§ 850k Abs. 7 S. 2 ZPO). Dies soll auch gelten, wenn das Konto einen Debetsaldo aufweist.[1156]

1149 BGH NJW 1985, 1155, 1157; NJW 1975, 738; RGZ 151, 279, 285; RG JW 1914, 1040, 1041; MüKoZPO/Smid, § 829 ZPO Rn. 45; Schuschke/Walker/Schuschke, § 829 ZPO Rn. 57; Brox/Walker, § 17 Rn. 631.

1150 BGH NJW 1985, 1155, 1157; NJW 1975, 738; OLG Dresden NJOZ 2007, 63, 64.

1151 Stöber, Rn. 760; Schuschke/Walker/Schuschke, § 829 ZPO Rn. 57.

1152 Stöber, Rn. 760.

1153 BGH NJW 1975, 738.

1154 BeckOK ZPO/Fleck, § 803 ZPO Rn. 17; Brox/Walker, § 17 Rn. 631.

1155 Sudergat, Rn. 411 ff; Büchel, ZInsO 2010, 20, 21.

1156 BeckOK ZPO/Riedel, § 850k ZPO Rn. 4a; Kindl/Meller-Hannich, § 850k ZPO Rn. 56; Prütting/Gehrlein/Ahrens, § 850k ZPO Rn. 23; Ahrens, NJW 2010, 2001, 2002; Büchel, ZInsO 2010, 20, 25; aA Sudergat, Rn. 566; Bitter, ZIP 2011, 149, 151 f; ders., WM 2008, 141, 146.

Daraus ist aber nicht zu folgern, dass der Pfändungsschutz sodann Gutschriften auf debitorische Konten erfasst. Ausdrücklich geschützt ist nur das Guthaben.[1157] Der Kontoinhaber kann die Umwandlung selbst dann verlangen, wenn das Guthaben bereits gepfändet wurde; die Umwandlung kann der Schuldner zum Beginn des vierten auf seine Erklärung folgenden Geschäftstages verlangen (§ 850k Abs. 7 S. 3 ZPO). Allerdings sieht die Prozessordnung eine zahlenmäßige Beschränkung von P-Konten vor. Jeder Bürger darf höchstens ein Konto als P-Konto führen (§ 850k Abs. 8 S. 1 ZPO). Führt der Schuldner dem zuwider mehrere Konten als P-Konten, so ordnet das Vollstreckungsgericht – ohne Anhörung des Schuldners (§ 850k Abs. 9 S. 3 ZPO) – auf Antrag eines Gläubigers an, dass nur das von dem Gläubiger in dem Antrag bezeichnete Girokonto dem Schuldner als Pfändungsschutzkonto verbleibt (§ 850k Abs. 9 S. 1 ZPO). Das Guthaben auf dem P-Konto unterfällt automatisch (in der vorgesehenen Höhe) dem Pfändungsschutz, ohne dass es weiterer gerichtlicher Anordnungen bedürfte (vgl. § 850k Abs. 1 S. 1 HS. 2 ZPO). Auf die Rechtsgrundlage, die dem gutgeschriebenen Betrag zu Grunde liegt, kommt es ebenso wenig an wie, auf die Frage, ob es sich um wiederkehrende oder einmalige Einkünfte handelt.[1158]

II. Reichweite und Schutz nach polnischen Recht

1. Gegenstand und Umfang der Beschlagnahme

Gegenstand der Beschlagnahme nach Art. 889 KPC ist die Forderung aus einem Bankkontovertrag i.S.d. Art. 725 ff KPC i.V.m. Art. 49-62 PR.BANK. Grundsätzlich können alle Konten unabhängig von ihrer Bezeichnung oder ihrer Bestimmung Gegenstand der Kontopfändung sein.[1159] Die Art. 889 ff KPC sehen teilweise aber besondere Verfahrensbestimmungen für bestimmte Kontenarten wie etwa beim Gemeinschafts- oder Sparkonto vor. Auch können Bank und Schuldner nicht eigenständig die Unpfändbarkeit des Kontos vereinbaren.[1160] Durch den Bankkontovertrag verpflichtet sich die Bank, Geldmittel zu Gunsten des Kontoinhabers zu verwahren und in seinem Auftrag zu verrechnen sowie

1157 Schimansky/Bunte/Lwowski/Bitter, § 33 Rn. 38f; Kindl/Meller-Hannich, § 850k ZPO Rn. 56; Brögelmann, NJ 2010, 407, 410; du Carrois, ZInsO 2009, 1801, 1804; Sudergat, Rn. 564 f; Bitter, ZIP 2011, 149, 152.

1158 Brögelmann, NJ 2010, 407, 408 f; Büchel, ZInsO 2010, 20, 26.

1159 Gołaczyński, Rejent 10/2003, 26 ff; Zawistowski/Żyznowski, Art. 889 KPC Nr. 4; Gołaczyński/Stangret-Smoczyńska/Pękalski, Art. 889 KPC Nr. 4.

1160 Zręda, Pr.Bank 2/2000, 57, 60.

auszuzahlen (Art. 725 KC).[1161] Die zu pfändende Forderung des Schuldners gegenüber der Bank umfasst alle Rechte des Kontoinhabers, die ihm gegenüber der Bank zustehen, insbesondere das Recht auf Auszahlung der darauf befindlichen Geldmittel.[1162]

Die Beschlagnahme bezieht sich nicht auf Einzelforderungen, sondern auf den bestehenden Saldo, der sich aus deren Verrechnung ergibt.[1163] Im Rahmen des Pfändungsschutzes wirkt die Herkunft der Forderungen und die Zielsetzung einer Einzahlung nach überwiegender Ansicht aber unter bestimmten Bedingungen weiter fort.[1164]

Vom Umfang her ist die Pfändung nicht beschränkt auf den Betrag im Zeitpunkt der Zustellung der Benachrichtigung über das Auszahlungsverbot an die Bank. Erfasst werden ebenso Zuflüsse nach Wirksamwerden der Beschlagnahme (Art. 890 § 1 KPC). Die Beschlagnahme ist dementsprechend selbst dann wirksam, wenn das Konto nicht ausreichende oder sogar keinerlei finanzielle Mittel aufweist.[1165] In diesem Zusammenhang knüpft die Beschlagnahme allein an die Kontovereinbarung und die potentielle Möglichkeit zukünftiger Guthaben an. Die Währung der auf dem Konto befindlichen Gelder ist unerheblich (vgl. Art. 890^1 KPC).

Die Beschlagnahme erfasst lediglich das auf dem Konto befindliche Guthaben, nicht dagegen einen Debetbetrag.[1166] Das debitorische Schuldnerkonto enthält keine ausreichende Forderung des Schuldners, die gepfändet werden könnte.[1167] Wird das Debet durch Zuflüsse auf das Konto lediglich vermindert, so werden diese grundsätzlich nicht erfasst, solange insgesamt kein positiver Saldobetrag vorliegt.[1168] Darüber hinaus werden zukünftige Gutschriften ohne mit beschlagnahmt. Vom vorhandenen Guthaben darf die Bank zudem wirksam

1161 Ausführlich dazu: Radwański/Pyżioł, Band 8, § 41 Rn. 37 ff.

1162 Sikorski, S. 92; Osowy, S. 16; Szczurek, S. 411.

1163 Vgl. dazu Osowy, S. 67, insbesondere zur Vergleichbarkeit zum deutschen Recht Fn. 23; zur Verrechnung Radwański/Pyżioł, Band 8, § 43 Rn. 70.

1164 Dazu § 6 C II 2 a).

1165 Sikorski, S. 112; Szczurek, S. 445; Walasik, PS 7-8/2004, 65, 70.

1166 Zręda, Pr.Bank 2/2000, 57, 58; Adamczyk, MoP 16/2010, 886, 887; Ereciński/Pietrzkowski, Band 4, Art. 889 KPC Rn. 5.

1167 Gołaczyński/Stangret-Smoczyńska, Wybrane Zagadnienia, S. 225.

1168 Zręda, Pr.Bank 2/2000, 57, 58; Ereciński/Pietrzkowski, Band 4, Art. 889 KPC Rn. 5; aA DKB/Synchowicz, Band 3, Art. 889 KPC Rn. 4.

ihre Kontoführungsgebühren abziehen, ohne gegen das Auszahlungsverbot aus Art. 889 § 1 KPC zu verstoßen.[1169]

Jeder debitorische Betrag, den das Konto aufweist, gründet auf der Vereinbarung über einen Kredit.[1170] Wurde dem Schuldner seitens der Bank eine offene Kreditlinie, insbesondere in Form eines Überziehungskredits, eröffnet,[1171] stellt sich die Frage, ob die Beschlagnahme nicht zumindest diese erfassen kann. Die ganz überwiegende Auffassung lehnt dies im Rahmen der Kontopfändung ab.[1172] In die offene Kreditlinie kann zwar dennoch vollstreckt bzw. vollzogen werden, es handelt sich dabei aber nicht um eine Kontopfändung i.S.v. Art. 889 KPC, sondern um eine Vollstreckung in andere Forderungen i.S.v. Art. 895 KPC.[1173] Möchte der Gläubiger die Kreditlinie pfänden, so muss er konsequenterweise stets das unterschiedliche Pfändungsobjekt gesondert im Antrag ausweisen; ein bloßer Antrag auf Kontopfändung genügt hierfür gerade nicht.[1174]

Der Schuldner wird umgekehrt bei einer bloßen Kontenpfändung nicht gehindert Auszahlungen und Überweisungen zu tätigen, soweit sie den debitorischen Bereich betreffen bzw. erhöhen.[1175] Im Ergebnis bleibt es damit bei der Beschränkung auf das positive Kontoguthaben. Umgekehrt werden eingehende Zahlungen auf einem debitorischen Konto nicht unmittelbar in das Kontokorrent eingestellt. Sie unterfallen unbeschränkt der Kontenpfändung, ohne dass es auf ihre Zielsetzung (Verringerung des Debet oder des Kredits) ankommt.[1176]

2. *Schuldnerschutz*

a) *Grenzen der Beschlagnahme*

Das polnische Zivilverfahrensrecht untersagt in Art. 750 KPC eine Sicherung in Sachen, Forderungen und Rechte, hinsichtlich derer die Vollstreckung ausgeschlossen ist. Zwar kennt der KPC grundsätzlich solche Grenzen (vgl.

1169 Ereciński/Pietrzkowski, Band 4, Art. 889 KPC Rn. 5; Gołaczyński/Stangret-Smoczyńska, Wybrane Zagadnienia, S. 225.

1170 Rogoń, Pr.Bank 5/2003, 39.

1171 Vgl. zu den einzelnen Kreditarten und Ihrer rechtlichen Qualifizierung Rogoń, Pr.Bank 5/2003, 39, 42 ff.

1172 Ausführlich: Adamczyk, MoP 16/2010, 886, 887 f.

1173 Gołaczyński, Rejent 10/2003, 26, 34 f; Zręda, Pr.Bank 2/2000, 57, 58; Rogoń, Pr.Bank 5/2003, 39, 40; Adamczyk, MoP 16/2010, 886, 888; Jankowski/Cieślak, Art. 889 KPC Rn. 9; DKB/Syhcowicz, Band 3, Art. 890 KPC Rn. 5;.

1174 Gołaczyński/Stangret-Smoczyńska, Wybrane Zagadnienia, S. 225 f.

1175 Adamczyk, MoP 16/2010, 886, 887.

1176 Adamczyk, MoP 16/2010, 886, 888.

Art. 829 – 839 KPC)[1177], inwieweit diese im Rahmen von Kontopfändungen beachtlich sind, ist umstritten.

Teilweise wird eine Anwendung dieser allgemeinen Pfändungsschutzvorschriften auf Kontopfändungen gänzlich abgelehnt.[1178] Die Bank muss die Herkunft der Mittel auf dem Konto gerade nicht mehr überprüfen, denn sie schuldet nur einen verrechneten Saldobetrag.

Die Gegenansicht will Art. 831 – 833 KPC zur Anwendung bringen.[1179] Die Vorschriften sehen eine enumerative Aufzählung von Fällen vor, in denen Leistungen oder Beträge, die eine bestimmte Herkunft oder Zielsetzung verfolgen, nicht von der Vollstreckung (und gemäß Art. 750 KPC somit auch nicht von der Sicherung) umfasst sein sollen. Zwar sprechen die Vorschriften nur von der Unpfändbarkeit der Leistung oder eines Betrags an sich. Das ist nicht generell mit der Forderung aus dem Kontoguthaben gleichzusetzen, denn dort wird lediglich ein verrechneter Saldobetrag seitens der Bank geschuldet. Dennoch wollen die Unterstützer dieser Ansicht die korrespondierenden Beträge aus dem Kontoguthaben zumindest entsprechend erfasst sehen. Der Schutz soll sich also auch nach Auszahlung auf das Schuldnerkonto fortsetzen.[1180] Demnach unterliegen der Pfändung etwa nicht: Beträge zur Deckung von Ausgaben oder Reisekosten in Dienstangelegenheiten (Art. 831 § 1 Nr. 1 KPC), durch den Fiskus für spezielle Zwecke (etwa Stipendien oder Unterstützung für Kindern in Pflegefamilien)[1181] gewährte Beträge (Art. 831 § 1 Nr. 2 KPC), Sozialleistungen zur Sicherung des Existenzminimums (Art. 831 § 1 Nr. 6 KPC) und bestimmte Leistungen in Zusammenhang mit einem Todesfall (Art. 832 KPC). Regelmäßig sehen die Vorschriften dabei eine Ausnahme für Unterhaltsleistungen vor (vgl. Art. 831 § 1 Nr. 2, 5 KPC). Eine viel verbreitetere Position dürften allerdings die Einschränkung hinsichtlich des Arbeitslohns in Art. 833 § 1 KPC einnehmen.

1177 Allein Art. 829 Nr. 7 KPC bezieht sich auf Forderungen aus Kontoguthaben, allerdings nur auf solche i.S.v. Art. 36 Nr. 4a des Gesetzes vom 20.4.2004 über die Organisation des Marktes für Milch und Milcherzeugnisse; derzeit existiert aber keine Nummer 4a in Art. 36 dieses Gesetzes.

1178 Sikorski, S. 94; Lubiński/Treder, S. 183; Romańska/Leśniak, Teil II B. 13.2, S. 853 f.

1179 Ereciński/Pietrzkowski, Band 4, Art. 831 KPC Rn. 1 u. Art. 890 KPC Rn. 3; Gołaczyński /Stangret-Smoczyńska, Art. 890 KPC Nr. 9; DKB/Sychowicz, Band 3, Art. 890 KPC Rn. 7; Weitz, in: Kengyel/Harsági, S. 181, 203 f; Szczurek/Treder, Aufl. 2005, Art. 890 KPC Nr. 3; Osowy, S. 92 ff; beschränkt auf Art. 831-832 KPC: Zawistowski/Żynowski, Art. 890 KPC Nr. 6; vgl. ferner Wengerek, Art. 889 KPC Nr. 12.

1180 Vgl. Osowy, S. 103.

1181 Ereciński/Pietrzkowski, Band 4, Art. 831 KPC Rn. 3.

Dieser soll in dem arbeitsgesetzlich festgelegten Umfang unpfändbar sein. Nach herrschender Ansicht sind die Pfändungsgrenzen aus Art. 833 § 1-5 KPC aber auf den in Art. 829 Nr. 5 KPC festgelegten Umfang beschränkt, d.h. sie erfassen keine rückständigen Zahlungen, sondern das laufende Gehalt, allerdings nur in einer Höhe, die der Vollstreckung nicht unterliegt.[1182] Hat der Schuldner ein festes Einkommen, umfasst der maximale Freibetrag am ersten Auszahlungstag demnach entweder 2/5 (sofern der Gläubiger wegen einer ausstehender Unterhaltsleistung gegen den Schuldner vorgeht) oder 1/2 (bei anderen Forderungen als wegen Unterhalts) aus diesen Einkünften; dieser Freibetrag vermindert sich um 1/30 für jeden Tag, welcher dem nächsten Auszahlungstermin näher kommt.[1183] Spezielle arbeitsrechtliche Pfändungsschutzvorschriften aus Art. 87 KP[1184] für Arbeitslohn, der bereits auf das Konto des Vollstreckungsschuldners überwiesen wurde, sollen darüber hinaus keine Anwendung finden.[1185] Bei unregelmäßigen Einkünften schätzt der Gerichtsvollzieher den Betrag, den der Gläubiger für die Versorgung seiner Familie benötigt (vgl. Art. 829 Nr. 5 KPC).[1186] Unterhaltsleistungen, Familienleistungen, Familienzulagen, etc. sind gänzlich von der Vollstreckung ausgeschlossen (Art. 833 § 6 KPC).

Von diesem Streit unberührt, folgt ein gewisser Pfändungsschutz jedenfalls aus dem Handelsgesetzbuch. Nach Art. 54 Nr. 1 PR.BANK sind Beträge auf dem Schuldnerkonto in Höhe des Dreifachen der durchschnittlichen vom Präsidenten des Hauptamtes für Statistik monatlich veröffentlichten Vergütung von der Zwangsvollstreckung freigestellt. Schon dem Wortlaut nach gilt dieses Privileg allerdings nur für Sparkonten (sämtlicher Art)[1187], nicht aber für alle übrigen Kontoarten.[1188] Diese erhebliche Einschränkung führt im Ergebnis dazu, dass ein Großteil von Bankkonten keinerlei Pfändungsschutz nach dieser Vorschrift genießt.

1182 Vgl. Oberster Gerichtshof, Urt. v. 17.12.1981, III CZP 32/81, OSNCP, Nr. 7 Pos. 93; DKB/Sychowicz, Band 3, Art. 890 KPC Rn. 7; Osowy, S. 103; Jankowski/Cieślak, Art. 890 KPC Rn. 10.

1183 Ereciński/Pietrzkowski, Band 4, Art. 829 KPC Rn. 10; Osowy, S. 99.

1184 Kodeks pracy, Dz. U. 1974 Nr. 24, Pos. 141.

1185 DKB/Sychowicz, Band 3, Art. 890 KPC Rn. 7 aE; Osowy, S. 103.

1186 Gołaczyński/Gołaczyński/Brulińska, Art. 829 KPC Nr. 2.

1187 Dies gilt auf für solche Sparkonten, die nicht ausdrücklich in Art. 54 Abs. 1 PR.BANK benannt sind: Ofiarski, Art. 54 PR.BANK, S. 418 f.

1188 Auch nicht entsprechend, vgl. Gołaczyński/Stangret-Smoczyńska, S. 222; Sikorski, S. 95 f.

Die freigestellte Summe hinsichtlich Sparkonten stellt eine globale Pfändungsgrenze dar, d.h. sie gilt nicht isoliert für jedes Sparkonto des Schuldners, sondern erfasst die schuldnerischen Mittel auf all seinen Sparkonten.[1189] Der Freibetrag muss sowohl von Amts wegen durch den Gerichtsvollzieher als auch durch die Bank beachtet werden; ein gesonderter Antrag des Schuldners ist nicht erforderlich.[1190] Auf die Anzahl der kontoführenden Personen (Art. 54 Nr. 2 KPC) kommt es dabei nicht an. Der Schutzmechanismus greift daher in gleichem Umfang, wenn das Konto zugunsten mehrerer Personen geführt wird. Art. 54 Nr. 1 KPC schließt die Kontopfändung aus dem Sparkonto nicht gänzlich aus; es werden lediglich die genannten Teilbeträge für unpfändbar erklärt und damit dem Vollstreckungszugriff entzogen. Strittig ist dabei, ob die Freigrenze einmaliger[1191] oder dauerhafter[1192] Natur ist.

b) Genehmigte Auszahlungen

Daneben regelt Art. 890 § 2, 2^1 KPC, wann eine Verfügung über ein gepfändetes Konto ausnahmsweise erlaubt ist, d.h. Konstellationen, in denen die schuldnerische Forderung gegenüber der Bank zwar durch Verfügung gemindert wird, dies aber dennoch kein Verstoß gegen Art. 889 § 1 KPC darstellt. Im Sicherungsverfahren wird diese Vorschrift von Art. 752^2 § 1, 2 KPC als lex specialis überlagert und findet dort keine Anwendung.[1193] Art. 752^2 § 1 KPC regelt die Gestattung für Bankkonten eines Unternehmens oder Inhabers eines landwirtschaftlichen Betriebs. Werden solche im Sicherungsverfahren beschlagnahmt, können durch Gerichtsbeschluss Zahlungen von Arbeitslöhnen (nebst Lohnsteuer und anderen gesetzlichen Lasten) und Beträge für laufende Kosten der ausgeübten Wirtschaftstätigkeit vom Auszahlungsverbot ausgenommen werden.

Anders als im Hauptsachevollstreckungsverfahren ist nicht der Gerichtsvollzieher (Art. 890 § 3 KPC), sondern das Gericht, das den Sicherungsbeschluss erlässt, zuständig. Erforderlich hierfür ist ein entsprechender Antrag des Schuldners innerhalb einer Wochenfrist ab Zustellung des Sicherungsbeschlusses. Es muss in seinem Beschluss nach eigenem Ermessen genau den Zweck und die Höhe festlegen, bis zu der vom Auszahlungsverbot abgewichen werden darf.[1194]

1189 Sikorski, S. 97; Ofiarski, Art. 54 PR.BANK, S. 419.

1190 Uliasz, S. 78.

1191 So Gołaczyński/Stangret-Smoczyńska, S. 222; Zręda, Pr.Bank 2/2000, 57, 61; Romańska/Leśniak, Teil II B. 13. 2, S. 850 f.

1192 Sikorski, S. 96 f.

1193 Sikorski, S. 157; Jagieła, PPE 7-9/2004, 27, 36; Wengerek, Art. 752(2) KPC Nr. 7.

1194 Sikorski, S. 156; Ereciński/Ereciński, Band 3, Art. 752(2) KPC Rn. 8.

Auf die in § 1 genannten Schuldnerkonten und Zwecke ist das Gericht aber nicht beschränkt. Es steht ihm frei, die Auszahlung von Geldmitteln auch darüber hinaus bei allen übrigen Arten von Schuldnerkonten, nicht nur von Unternehmen und landwirtschaftlichen Betrieben, und für andere Zwecke zu genehmigen (vgl. Art. 752^2 § 2 KPC).[1195] Das Gesetz sieht bezüglich dieser Generalklausel keine nähere Einschränkung vor. In Betracht kommt die Gestattung insbesondere für Unterhaltsleistungen.[1196] Eine solche Zweckbestimmung kann das Gericht von Amts wegen vornehmen.[1197] Durch die Erweiterung in § 2 steht dem Gericht im Sicherungsverfahren ein breiteres Feld der Befreiung vom Auszahlungsverbot zu, als es im gewöhnlichen Vollstreckungsverfahren der Fall ist. Es kann deutlich individualisierter auf die jeweilige Sachverhaltskonstellation reagieren. Andererseits stellt die Vorschrift des § 1 an den Schuldner auch höhere Anforderungen, indem sie ihm eine prozessuale (und damit nicht verlängerbare, Art. 168 f KPC) Frist von einer Woche vorgibt; derartiges sieht Art. 890 KPC nicht vor.

Der Gläubiger kann sich gegen den Beschluss mit einer Beschwerde gemäß Art. 741 KPC wehren, oder bei veränderten Umständen eine Aufhebung oder Abänderung nach Art. 359, 13 § 2 KPC begehren.

3. *Übersicherung und Freigabe*

Das Verbot einer Überpfändung schlägt sich insbesondere im Erfordernis nieder, sowohl Sicherungsbeschluss als auch die anschließende (Sicherungs-) Pfändung stets nur bis zur Höhe der Forderung zuzulassen, die gesichert werden soll. Dementsprechend kann der Schuldner auch weiterhin frei über sein Kontoguthaben verfügen, solange es den im Sicherungsbeschluss genannten Betrag übersteigt.[1198] Nachdem der Gläubiger aber auch die Pfändung bei mehreren Banken verlangen kann, ist der Gerichtsvollzieher hieran gebunden, so dass es zu einer Überpfändung kommen kann.[1199] Der Schuldner kann dann beim Gerichtsvollzieher eine Aufhebung der überschüssig gepfändeten Beträge gemäß Art. 799 § 2 KPC verlangen. Kommt der Gerichtsvollzieher dem nicht nach, steht dem Schuldner die Klage nach Art. 767 KPC offen.

1195 Jagieła, PPE 7-9/2004, 27, 36; Wengerek, Art. 752(2) KPC Nr. 7.

1196 Ereciński/Ereciński, Band 3, Art. 752(2) KPC Rn. 4; DKB/Jagieła, Band 3, Art. 752(2) KPC Rn. 4; Jagieła, PPE 7-9/2004, 27, 36.

1197 DKB/Jagieła, Band 3, Art. 752(2) KPC Rn. 4.

1198 Osowy, S. 59 f.

1199 Weitz, in: Kengyel/Harsági, S. 181, 192.

III. Reichweite und Schutz nach den Vorschriften der EuKpfVO

1. Gegenstand und Umfang der Pfändung

Die EuKpfVO ist ausschließlich zur Sicherung von Forderungen aus Bankkonten anwendbar (vgl. Art. 1 EuKpfVO). Der Zugriff auf weitere Vermögensgegenstände bleibt dem Gläubiger – zumindest auf Grundlage dieser Verordnung – verwehrt. Im Unterschied zur Entwurfsfassung der Kommission sieht die EuKpfVO keine Möglichkeit vor, auch Finanzinstrumente i.S.d. Richtlinie 2004/39/EG, d.h. etwa Wertpapiere, Geldmarktinstrumente, Optionen, Terminkontrakte, etc.[1200], mit dem Beschluss zu erfassen.[1201] Der europäische Pfändungsbeschluss betrifft nur Gelder auf dem Konto des Schuldners (vgl. Art. 25 Abs. 1 S. 1 EuKpfVO). Der Begriff „Gelder“ bezeichnet dabei Geldbeträge oder vergleichbare Geldforderungen, die dem entsprechenden Konto gutgeschrieben sind (Art. 4 Nr. 3 EuKpfVO). Reicht das Guthaben nicht aus, wird der europäische Pfändungsbeschluss nur insoweit ausgeführt, als das Konto gedeckt ist (Art. 24 Abs. 6 EuKpfVO). Beschlagnahmt werden können damit nur die gutgeschriebenen Beträge/Forderungen, also das positive Kontoguthaben des Schuldners. Im Umkehrschluss folgt hieraus, dass die Pfändung leerläuft, sofern das betreffende Konto einen Debetsaldo aufweist. Ein Debet ist kein dem Konto gutgeschriebener Betrag. Auch eine offene Kreditlinie aus Dispositions- oder Überziehungskredit muss dabei unberücksichtigt bleiben. Hierbei handelt es sich nicht um auf dem Konto „vorhandene Beträge“ (vgl. Art. 24 Abs. 6 EuKpfVO).

Das Kontoguthaben darf nur in der Höhe erfasst werden, die im Pfändungsbeschluss genannt ist (Art. 24 Abs. 2 S. 1 EuKpfVO, vgl. auch Art. 19 Abs. 2 lit. g EuKpfVO). Ein darüber hinausgehender Betrag bleibt von der Ausführung des Beschlusses und damit von der Pfändung unberührt (Art. 24 Abs. 5 EuKpfVO). Dies gilt auch, wenn das nationale Vollstreckungsrecht grundsätzlich die Pfändung der gesamten Saldoforderung vorsieht.

Ferner wird der Umfang der Sicherung durch Art. 24 Abs. 2 S. 2 EuKpfVO festgelegt. Die Pfändung bezieht sich im Rahmen der EuKpfVO nicht auf Einzelforderungen, sondern auf die Saldoforderung. Für den Umfang der Pfändung ist der Tag der Zustellung des Pfändungsbeschlusses bzw. der entsprechenden Anweisung an die Bank maßgeblich. In diesem Zeitpunkt anhängige und noch nicht abgeschlossene Transaktionen sind grundsätzlich nicht zu berücksichtigen, es sei denn, sie werden abgewickelt, bevor die Bank die Drittschuldnererklärung

---

1200 Vgl. RL 2004/39/EG Anhang I Abschn. C.

1201 Kritisch Fawzy, DGVZ 2015, 141, 142.

(gem. Art. 25 EuKpfVO) ausstellt oder (falls sie dieser Pflicht nicht rechtzeitig nachkommt) die Art. 25 Abs. 1 EuKpfVO festgelegte Frist abläuft (Art. 24 Abs. 2 S. 3 EuKpfVO). Der Verweis auf den ganzen Absatz 1 macht deutlich, dass hierunter auch die verlängerte Frist von acht Tagen nach Ausführung des Beschlusses gemäß Art. 25 Abs. 1 S. 2 EuKpfVO fällt.

Problematisch ist in diesem Zusammenhang die Frage, inwieweit später eingehende Beträge von der Pfändung erfasst werden sollen. Die Verordnung trifft hierfür keine klare Regelung. Es könnte folglich auf die nationalen Vorschriften zurückzugreifen sein. Art. 24 Abs. 2 S. 2, 3 EuKpfVO lässt indes vermuten, dass der Umfang der vorläufigen Kontopfändung stichtagsbezogen zu ermitteln ist. Anhängige Transaktionen werden nur berücksichtigt, sofern sie innerhalb einer bestimmten Zeit (Ablauf der Erklärungsfrist i.S.v. Art. 25 Abs. 1 EuKpfVO) realisiert werden. So schafft die Verordnung einen Ausnahmetatbestand. Den Regelfall bildet e contrario die Nichtberücksichtigung noch nicht abgewickelter Transaktionen und solcher, die vor Eingang des Pfändungsbeschlusses bzw. einer entsprechenden Anweisung noch nicht anhängig waren. Die Verordnung verwendet dabei den wertneutralen Begriff der Transaktion, ohne zwischen Gutschriften und Belastungen zu unterscheiden. Dies lässt auf eine Nichtberücksichtigung sämtlicher zukünftiger Wertstellungen außerhalb des Stichtags für die Bestimmung der pfändbaren Saldoforderung schließen. Die Pfändung erstreckt sich dann nur auf zukünftige Guthabenbeträge, soweit sie bereits anhängig waren als der Beschluss oder die Anweisung einging und bis zum Ablauf der dreitägigen Erklärungsfrist nach Art. 25 Abs. 1 EuKpfVO abgewickelt werden. Auch die Ausgestaltung der Erklärungspflicht der Bank spricht dafür, zukünftige Gutschriften nicht zu berücksichtigen. Sie wird nur einmalig bis zum Ablauf des dritten Tages nach Ausführung des Beschlusses bzw. der Anweisung zur Erklärung über die Pfändung verpflichtet (Art. 25 Abs. 1 S. 1 EuKpfVO).[1202] Der Beschluss bzw. die Anweisung sind unverzüglich nach Eingang auszuführen (Art. 24 Abs. 1 EuKpfVO). Die Bank muss sich dabei auch erklären, ob überhaupt eine Pfändung möglich war und gegebenenfalls in welcher Höhe diese erfolgte (Art. 25 Abs. 1 S. 1 EuKpfVO). Die Verordnung geht folglich davon aus, dass die Ausführung i.S.v. Art. 24 EuKpfVO auch erfolgt, wenn das Konto des Schuldners keinerlei Guthaben aufweist und die Pfändung damit ins Leere geht. Nur nach Ablauf der dreitägigen Frist muss sich die Bank über Erfolg und Misserfolg der Pfändung erklären. Wären zukünftige Gutschriften außerhalb der Frist zu berücksichtigen, wäre die Bank zu keinerlei Information hierüber

1202 Näheres zur Bankerklärung: § 6 E III.

verpflichtet. Angesichts des Überpfändungsschutzes ist der Gläubiger aber zur schnellen Handlung gezwungen und ist dementsprechend auf eine rechtzeitige Information hinsichtlich des Pfändungserfolgs angewiesen.

2. Überpfändung und Freigabe

Der Höhe nach hat sich die tatsächliche Pfändung auf den im Beschluss genannten Betrag zu beschränken (Art. 24 Abs. 2 S. 1 i.V.m. Art. 19 Abs. 2 lit. g EuKpfVO). Dies entspricht der Rechtslage in zahlreichen Mitgliedstaaten.[1203] Eine darüber hinausgehende Pfändung des Bankkontos ist unzulässig (vgl. Art. 24 Abs. 5 EuKpfVO). Soweit der Schuldner mehrere Konten bei einer Bank unterhält und diese vom Beschluss umfasst sind, müssen die Kontoguthaben in der Reihenfolge des Art. 24 Abs. 7 EuKpfVO gepfändet werden. Dabei ist nach Inhaber und Kontotyp zu trennen, so dass Konten im alleinigen Namen des Schuldners gemeinschaftlichen Konten vorzuziehen und Sparkonten vor Girokonten zu beschlagnahmen sind. Zu einer Überpfändung kommt es hier schon gar nicht. Die eigentliche Gefahr der Überpfändung geht von zwei anderen Konstellationen aus, nämlich der gleichzeitigen Ausführung des Beschlusses durch unterschiedliche Banken – sei es in einem oder in verschiedenen Vollstreckungsmitgliedstaaten – sowie dem Zusammentreffen mit einer funktionsäquivalenten Maßnahme nach nationalem Recht zur Sicherung derselben Forderung (vgl. Art. 27 Abs. 1 lit. a, b EuKpfVO). Der Beschluss kann die Pfändung mehrerer Konten bei unterschiedlichen Banken in einem oder in mehreren Mitgliedstaaten vorsehen (vgl. Art. 19 Abs. 4 EuKpfVO). Der Beschluss wird von allen betroffenen Banken unabhängig voneinander in voller Höhe ausgeführt.[1204] Eine Koordination oder Beschränkung der Pfändungen bei mehreren Banken ist nicht vorgesehen.

a) Überpfändung durch den europäischen Kontenpfändungsbeschluss

Geht die Pfändung über den im Beschluss festgelegten Betrag hinaus, obliegt es dem Gläubiger, die überschießende Sicherung freizugeben (Art. 27 Abs. 1 EuKpfVO, ErwG 29 EuKpfVO). Hierfür hat er bis Ende des dritten Arbeitstags nach Eingang der Drittschuldnererklärung (i.S.v. Art. 25 EuKpfVO) aus der sich die Überpfändung ergibt, Zeit. Die Freigabe ist nicht an die Bank, sondern an

---

1203 Vgl. Hess, Study, S. 69 f, demnach findet sich in einigen Mitgliedstaaten keine derartige Beschränkung der Höhe nach, so dass es am Schuldner liegt, sich um die Freigabe überschüssiger Beträge zu bemühen.

1204 Kritisch dazu Harbeck, in: Seibel, Zwangsvollstreckungsrecht aktuell, S. 259, 277.

die zuständige Behörde des Vollstreckungsmitgliedstaats zu richten, in dem die überschießende Pfändung erfolgte. Letzteres darf allerdings nicht dahingehend verstanden werden, der Gläubiger müsse zwingend die zeitlich letzte Pfändung freigeben, aus der sich der Überschuss ergibt. Erhält der Gläubiger, der eine Forderung i.H.v. 1.000 € pfänden möchte, z.B. am 1.4. eine Erklärung i.S.v. Art. 25 EuKpfVO der Bank A aus Mitgliedstaat X, dass die Pfändung i.H.v. 100 € erfolgreich war, am 2.4. von Bank B aus Mitgliedstaat X, dass die Pfändung i.H.v. 900 € erfolgreich war, und am 3.4. von Bank C aus Mitgliedstaat Z, dass die Pfändung in Höhe von 1.000 € erfolgreich war, dann ist er nicht gezwungen, den zuletzt gepfändeten Betrag bei der Bank C freizugeben. Angesichts der unterschiedlich ausgeprägten Wirkungen eines gleichwertigen nationalen Pfändungsbeschlusses in den einzelnen Mitgliedstaaten wäre der Gläubiger andernfalls verpflichtet, die Vollstreckungssicherung seines (künftigen) Hauptsachetitels einer für ihn vergleichsweise ungünstigen Rechtsordnung zu unterwerfen. Bedenkt man dabei, dass die zeitliche Komponente beim Zugang der Drittschuldnererklärung in vielerlei Hinsicht von Zufällen und Ausführungshandlungen Dritter abhängt, so erscheint es nicht gerechtfertigt, die damit verbundene Unsicherheit dem Gläubiger aufzuerlegen.

Gleiches muss gelten, wenn eine zeitlich spätere Überpfändung nicht vom Zufall abhängt, sondern auf den Gläubiger zurückzuführen ist, auch wenn dieses Ergebnis letztlich nicht voll befriedigend erscheint. Der Gläubiger kann vorab nicht wissen, welche Konten des Schuldners hinreichend gedeckt sind und wird daher regelmäßig versuchen, möglichst viele Konten mit der Pfändung zu erfassen.[1205] Nehmen wir im obigen Beispiel an, der Gläubiger hätte die Erklärung von Bank A erhalten und daraufhin die Vollstreckung des Beschlusses bei Bank B eingeleitet. Nachdem ihm eine Woche später (beachte Frist in Art. 25 Abs. 1 S. 2 EuKpfVO) immer noch keine Drittschuldnererklärung zugegangen ist, entscheidet er sich, die Vollstreckung des Beschlusses bei Bank C zu betreiben (jeweils vorausgesetzt, die Pfändung im Parteibetrieb ist im jeweiligen Vollstreckungsmitgliedstaat möglich, so dass der Gläubiger die Einleitung der Vollstreckung steuern kann, vgl. Art. 23 Abs. 3 UAbs. 2 EuKpfVO). Tags darauf geht ihm die Erklärung der Bank B zu, nach sieben weiteren Tagen die der Bank C. Hier muss der Gläubiger bereits im Vorfeld (nach Erhalt der zweiten Erklärung) von einer unmittelbar bevorstehenden Überpfändung ausgehen. Noch deutlicher wird es, wenn man die letzte Vollstreckungseinleitung bei Bank C zeitlich nach Erhalt der beiden ersten Erklärungen ansetzt. Der Gläubiger kann dadurch sogar

1205 Häcker, WM 2012, 2180, 2186.

bewusst eine Überpfändung eingehen. Gehindert wird er an einem solchen Vorgehen durch die Verordnung nicht unmittelbar. Er wird lediglich zur Freigabe verpflichtet, wenn aus der erhaltenen Erklärung eine solche überschießende vorläufige Pfändung hervorgeht (Art. 27 Abs. 2 EuKpfVO). Dies ist aber erst bei Zugang der (im Beispielsfall) letzten Erklärung der Fall, da erst danach feststeht, ob die Pfändung bei Bank C erfolgreich war.

Die Verordnung wirkt damit primär nur einer bestehenden Überpfändung entgegen, lässt deren Entstehung durch Pfändung bei unterschiedlichen Banken aber zu, um den Gläubiger vor dem Leerlauf der Pfändung mangels Deckung auf einem oder mehreren der gepfändeten Konten zu schützen. Der Schuldner wird in diesen Fällen hauptsächlich nachträglich durch die Freigabeverpflichtung, durch die Haftungsregelung des Art. 13 EuKpfVO, Rechtsbehelfe im Ursprungs- und im Vollstreckungsmitgliedstaat (Art. 33 Abs. 1 lit d, 34 Abs. 1 lit. b (iv) EuKpfVO) sowie durch die Möglichkeit zur eigenen Sicherheitsleistung (Art. 38 EuKpfVO), geschützt. Allerdings versucht die Verordnung, diesen nachträglichen Schutz bereits im Vorfeld abzusichern, indem sie regelmäßig die Pflicht zur Sicherheitsleistung des Gläubigers statuiert. Wie bereits vorher ausgeführt, sollte dort schon die Anzahl der unterschiedlichen Konten berücksichtigt werden, die vom Beschluss erfasst werden sollen.

b) Überpfändung durch Zusammentreffen mit nationaler Maßnahme

Funktionsäquivalente nationale Maßnahmen werden durch den Beschluss ebenfalls nicht gehindert (vgl. Art. 16 Abs. 2–4 EuKpfVO). Eine Freigabeverpflichtung trifft den Gläubiger hier nur, wenn der Beschluss nach Ausführung eines oder mehrerer gleichwertiger nationaler Beschlüsse gegen denselben Schuldner und zur Sicherung derselben Forderung erlassen wurde (Art. 27 Abs. 1 lit. b EuKpfVO). Der Gläubiger ist dann zur Freigabe nach Art. 27 Abs. 1 EuKpfVO verpflichtet. Erfolgt die Übersicherung dagegen durch eine gleichwertige nationale Maßnahme, die erst im Anschluss an den europäischen Kontopfändungsbeschluss ergeht, trifft ihn die Freigabepflicht aus Art. 27 EuKpfVO nicht.[1206] Hierin zeigt sich, dass die europäische Kontopfändung nicht hinter einer funktionsäquivalenten nationalen Maßnahme zurückstehen soll.

Unterlässt es der Gläubiger, die Freigabe rechtzeitig zu erklären, tritt eine Beweislastumkehr hinsichtlich des Verschuldens des Gläubigers ein; es gilt nunmehr als vermutet (Art. 13 Abs. 2 lit. b EuKpfVO). Der Schuldner ist hierauf nicht beschränkt. Er kann die Freigabe auch mittels Rechtsbehelf im Ursprungs- und

1206 Rauscher/Rauscher/Wiedemann, Art. 27 EU-KPfVO Rn. 3.

im Vollstreckungsmitgliedstaat (Art. 33 Abs. 1 lit d, 34 Abs. 1 lit. b (iv) EuKpfVO) erwirken.

Die Verordnung eröffnet den Mitgliedstaaten darüber hinaus die Möglichkeit, die Freigabe überschüssiger Beträge auf inländischen Konten ex officio einzuleiten (Art. 27 Abs. 3 EuKpfVO). Hat der Gläubiger seinen Wohnsitz außerhalb des Vollstreckungsmitgliedstaats, muss ihm dadurch unter Umständen nicht erst die Erklärung nach Art. 25 EuKpfVO übermittelt werden, bevor die Freigabe erfolgen kann. Insbesondere bei Vollstreckung in unterschiedlichen Mitgliedstaaten wird der zuständigen Vollstreckungsbehörde eines Landes aber die Kenntnis über Pfändungen in anderen Staaten fehlen.

Auf Wunsch des Schuldners wird die Bank zudem ermächtigt, die gepfändeten Gelder freizugeben und sie auf das im Beschluss angegebene Konto des Gläubigers zur Begleichung zu überweisen (Art. 24 Abs. 3 EuKpfVO), sofern die Voraussetzungen des Art. 24 Abs. 3 lit. a bis c EuKpfVO erfüllt sind. Dazu muss der Beschluss eine ausdrückliche Ermächtigung zur Überweisung gemäß Art. 19 Abs. 2 lit. j EuKpfVO enthalten (lit. a), eine solchen Überweisung im Vollstreckungsmitgliedstaat zulässig sein (lit. b) und keine konkurrierenden Beschlüsse vorliegen (lit. c).

3. *Pfändungsgrenzen*

Die Pfändungsfreigrenzen bestimmt das Vollstreckungsrecht des Mitgliedstaates, in dem das Konto belegen ist (Art. 31 Abs. 1 EuKpfVO). Die davon betroffenen Beträge werden je nach der lex loci executionis auf Antrag der Partei oder von Amts wegen freigestellt (Art. 31 Abs. 2, 3 EuKpfVO). Der europäische Gesetzgeber entscheidet sich mit dem Rückgriff auf die einzelstaatlichen Regeln des Vollstreckungsmitgliedstaats für eine klare[1207] Regelung nach dem von Hess vorgeschlagenen Weg.[1208] Befindet sich der Sitz/Wohnsitz des Schuldners nicht im Vollstreckungsmitgliedstaat, so werden dennoch dessen Vorschriften herangezogen. Derartige Konstellationen dürften insbesondere regelmäßig in grenznahen Regionen auftreten, bei denen Arbeitnehmer im benachbarten Staat berufstätig sind.[1209] Nach der Konzeption der Verordnung wird in grenzüberschreitenden Fällen dabei im Vollstreckungsmitgliedstaat vor Zustellung des

---

1207 Anders etwa im Rahmen der EuInsVO, wo der anwendbare Pfändungsschutz umstritten ist, vgl. Mankowski, NZI 2009, 785.

1208 Hess, Study, S. 151; Hess hält dies auch für den einzig gangbaren Weg, vgl. Hess, FS Kaissis, S. 399, 408.

1209 Max Planck Working Group, ECFR 2007, 252, 281.

Beschlusses an die ausführende Bank stets eine nationale Vollstreckungsbehörde eingeschaltet, welche die Einhaltung dieser Freibeträge ggf. ex officio überwacht.

Die Verordnung wählt damit den praktikabelsten Lösungsweg,[1210] schließlich müssen die zuständigen Gerichte/Vollstreckungsbehörden keine ausländischen Pfändungsschutzvorschriften im Beschluss- und Vollstreckungsverfahren berücksichtigen. Auch werden die Banken entlastet, den Betrag selbst zu ermitteln.[1211] Damit verbunden ist umgekehrt die Gefahr, dass der sozialer Schutzzweck des nationalen Pfändungsschutzes im Wohnsitzmitgliedstaat entwertet wird, insbesondere die anwendbaren Pfändungsfreibeträge nicht die tatsächlichen Lebenserhaltungskosten im Wohnsitzstaat des Schuldners wiederspiegeln.[1212]

Der Kommissionsentwurf sah in Art. 32 Abs. 1 EuKpfVO-E noch einen beschränkten Rückgriff auf die nationalen Pfändungsfreigrenzen vor, indem solche Beträge von der Pfändung ausgenommen waren, die zum Lebensunterhalt natürlicher Personen oder zur Fortsetzung des Geschäftsbetriebs juristischer Personen nötig wären. Die nunmehr geltende Regelung vermeidet derartige Beschränkungen auf bestimmte Beträge, die freigestellt werden dürfen. Allein in den Erwägungsgründen (Nr. 36) der Verordnung finden sich die notwendigen Beträge zur Sicherstellung des Lebensunterhalts des Schuldners und seiner Familie als Beispiel wieder. Der Schuldnerschutz, der durch Pfändungsfreigrenzen vermittelt wird, ist damit gänzlich dem nationalen Recht überlassen. Dort wird er höchst unterschiedlich gehandhabt.[1213] Die Bandbreite reicht von einer automatischen Berücksichtigung bestimmter Beträge, insbesondere des Schuldnereinkommens, bis zur Pfändbarkeit der Kontoguthaben in voller Höhe (der Pfändungsschutz wird dann regelmäßig über nachträgliche Rechtsbehelfe gewährleistet).[1214] Durch die starken Unterschiede und den mangelnden Schutz juristischer Personen durch die nationalen Regeln wird teilweise ein angemessenes Schutzniveau auf europäischer Ebene verneint.[1215] Demnach müsse

1210 So Hess, FS Kropholler, S. 795, 802.

1211 Domej, ZEuP 2013, 496, 507.

1212 Der Bundesrat BR-Drs. 754/06 (Beschluss), S. 7, hat sich im Vorfeld deshalb für den Wohnsitzmitgliedstaat als Bemessungsgrundlage ausgesprochen; ebenso Max Planck Working Group, ECFR 2007, 252, 279 u. 281; ausführlich auch Domej, FS Simotta, S. 129, 136 f.

1213 So schon die Europäische Kommission, Begründung zu KOM(2011) 445 endgültig, S. 9.

1214 Hess, Study, S. 67 ff, mit Überblick über die unterschiedlichen Systeme.

1215 Domej, ZEuP 2013, 496, 511 f.

zumindest auf europäischer Ebene ein Mindestpfändungsschutz etabliert werden, der auch ohne Pendant im nationalen Recht eingreift.[1216]

Eine solche einheitliche Regelung konnte sich aber nicht durchsetzen. Angesichts der bestehenden Unterschiede im Lebensniveau wurde derartiges als unzweckmäßig abgelehnt.[1217] Hierfür spricht auch der enorme bürokratische Aufwand, der mit einer europäischen Regelung verbunden wäre.[1218] Denn Pfändungsfreigrenzen werden kontinuierlich innerhalb festgelegter Intervalle an aktuelle Entwicklungen (etwa Lebenserhaltungskosten) angepasst. Der Aufwand (und damit auch die Kosten) für eine solche regelmäßige Aktualisierung wäre unverhältnismäßig groß, insbesondere wenn man bedenkt, dass ein einheitliches Mindestmaß aus den vielen unterschiedlichen und sich verändernden Lebensniveaus herausgebildet und stetig überprüft werden müsste.

Eine Besonderheit besteht, wenn die Vollstreckung in mehreren Mitgliedstaaten betrieben wird. In aller Regel werden die Freigrenzen hier unterschiedlich gezogen sein. Es stellt sich die Frage, welches Pfändungsschutzniveau hier gelten soll. Die Verordnung schafft hierüber erst im Rahmen des Rechtsbehelfsverfahrens Klarheit. Art. 35 Abs. 4 EuKpfVO gestattet in diesen Fällen eine Anpassung der im jeweiligen Mitgliedstaat angewandten Freistellung, soweit andere Freistellungen in ausreichender Höhe bestehen. Daraus folgt ein schlichtes Anrechnungsmodell. Sind mehrere Pfändungsschutzniveaus einschlägig, so findet keines von ihnen grenzüberschreitend dahingehend Anwendung, dass nunmehr etwa in jedem Mitgliedstaat der vergleichsweise niedrigste oder der höchste Freibetrag gelten soll. Für die Vollstreckung im jeweiligen Mitgliedstaat kommt es allein auf ihr nationales Schutzniveau an. Lediglich die Beträge, die bereits im EU-Ausland von der Vollstreckung aus pfändungsschutzrechtlichen Gesichtspunkten ausgeschlossen sind, werden hierauf angerechnet (vgl. auch ErwG 36 EuKpfVO). Sieht z.B. Mitgliedstaat A einen Freibetrag von 600 € und Mitgliedstaat B einen solchen von 900 € vor, kann die Vollstreckung in Mitgliedstaat A in vollem Umfang erfolgen, wenn der Freibetrag in Mitgliedstaat B freigestellt wurde. Wurde umgekehrt der Freibetrag in Mitgliedstaat A freigestellt, sind in Mitgliedstaat B weiterhin 300 € von der Vollstreckung freizustellen.

1216 Domej, ZEuP 2013, 496, 512; in diese Richtung wohl auch der Vorschlag des Rechtsausschusses, Änderungsanträge vom 01.03.2013, Antrag 102, S. 29.

1217 Kengyel, in: Kengyel/Harsági, S. 361, 365; Harbeck, in: Seibel, Zwangsvollstreckungsrecht aktuell, S. 259, 277.

1218 Max Planck Working Group, ECFR 2007, 252, 280.

In Deutschland wird der Pfändungsschutz über Art. 31 Abs. 2 EuKpfVO i.V.m. §§ 950, 930 Abs. 1 S. 2 ZPO durch das Pfändungsschutzkonto (§ 850k ZPO) sichergestellt. Die Bank muss den Pfändungsschutz für das Guthaben auf dem Pfändungsschutzkonto somit auch im Falle eines Europäischen Kontenpfändungsbeschlusses nach der EuKpfVO von sich aus beachten und den für den Schuldner geschützten Betrag von der Pfändung freistellen; dem Schuldner wird damit insoweit der gleiche Schutz zuteil wie bei einer (Arrest-) Pfändung nach deutschem Recht.[1219]

IV. Vergleich

Geringer fallen die Unterschiede beim Umfang der Sicherung aus. Im polnischen Recht ist die Vollstreckung der Höhe nach auf den Betrag der Hauptsacheforderung (einschl. Kosten und Nebenforderungen) beschränkt. Dagegen kann die Forderung in Deutschland grundsätzlich gänzlich gepfändet werden, was praktisch aber die Ausnahme bleibt. Doch gilt auch hier das Überpfändungsverbot. Der Schuldner kann weiterhin über seine Forderung verfügen, soweit die Sicherung des Gläubigers nicht gefährdet ist, so dass keine vollständige Kontensperre eintritt. Sowohl im deutschen als auch im polnischen Recht steht dem Schuldner ein Freigabeverfahren offen, soweit eine Überpfändung vorliegt. Auch die EuKpfVO beschränkt die Pfändung der Höhe nach auf den im Beschluss genannten Betrag. Da bei der Pfändung mehrerer Konten bei unterschiedlichen Banken zunächst jede einzelne Pfändung in dieser Höhe wirksam wird, könnten sich insbesondere bei der Überpfändung in mehreren Mitgliedstaaten Schwierigkeiten bezüglich der Freigabe ergeben. Folglich regelt die Verordnung auch das Freigabeverfahren eigenständig. Die Freigabeverpflichtung legt die Verordnung dem Gläubiger auf und knüpft an einen Verstoß die Umkehr der Beweislast für das Verschulden im Rahmen eines Haftungsanspruchs (näher zur Haftung unten § 8).

Die Beschlagnahme selbst bezieht sich in Deutschland und in Polen auf den positiven Saldobetrag, das Guthaben des Schuldners. Erfasst werden davon auch zukünftige Salden. Bereits vorgenommene Rechtsgeschäfte dürfen noch ausgeführt werden, soweit jeweils bestimmte Bedingungen erfüllt sind. Auch hier sieht die EuKpfVO eine punktuelle Regelung vor, indem sie klar definiert, welche Transaktionen noch durchgeführt werden dürfen. Anders als in den nationalen

1219 BT-Drs. 18/7560, S. 43 f.

Rechtsordnungen lässt diese Regelung weitgehend auch zukünftige Gutschriften unberücksichtigt, soweit sie nicht bereits bei Zustellung des Pfändungsbeschlusses bzw. der entsprechenden Anweisung anhängig waren und bis zum Ablauf der Erklärungsfrist der Bank ausgeführt wurden.

Befindet sich das Konto im Debet, geht die Pfändung ins Leere. Uneinheitlich gestaltet sich die Pfändung einer offenen Kreditlinie. Während dies in Polen überwiegend abgelehnt wird, wird in Deutschland die Pfändung eines Dispositionskredits dann für möglich gehalten, wenn der Schuldner hierauf zugreift. Nach der EuKpfVO erscheint dies ausgeschlossen.

Pfändungsschutz ist in Deutschland nunmehr ausschließlich bei einem P-Konto vorgesehen. Hier werden bestimmte Beträge von Amts wegen vom Zwangszugriff ausgenommen. Ein vergleichbarer Schutz kommt in Polen Sparkonten zu. In beiden Fällen geht es um die Gewährleistung einer gewissen Grundsicherung des Schuldners. Während in Deutschland jeder natürlichen Person dafür nur ein P-Konto zusteht, vermeidet das polnische Recht eine Übervorteilung durch eine globale Berücksichtigung der Pfändungsfreibeträge. Ob in Polen darüber hinaus auch anderen Bankkonten ein Pfändungsschutz zukommt, ist umstritten. Die Befürworter unterscheiden nach der Herkunft bzw. Art der Einzelforderungen, die in die Verrechnung eingestellt werden, und wenden hierauf einen besonderen Vollstreckungsschutz (etwa für Arbeitslohn oder Sozialleistungen zur Sicherung des Existenzminimums) an. Ferner existiert im polnischen Recht ein weiteres Pfändungsschutzinstrument in Form genehmigter Auszahlungen. Auf Antrag des Schuldners können Beträge etwa für Unterhaltsleistungen, Arbeitslöhne und laufende Kosten der ausgeübten Wirtschaftstätigkeit vom Verfügungsverbot ausgenommen werden. Die EuKpfVO statuiert keine eigenen Pfändungsfreigrenzen, sondern greift hierfür auf das Recht des jeweiligen Vollstreckungsmitgliedstaats zurück.

D. Geltungsdauer

I. Geltungsdauer der einstweiligen Kontenpfändung nach deutschem Recht

Die Vollstreckung eines Arrestbefehls durch Pfändungsbeschluss entspricht grundsätzlich jeder anderen Forderungspfändung aus einem Hauptsachetitel. Lediglich eine Überweisung der gepfändeten Forderung ist nicht vorgesehen. Ihre zeitliche Geltungsdauer folgt aus der akzessorischen Verbindung zur Hauptsache, insbesondere zum Streitgegenstand der Hauptsache. Eine fehlerfrei durchgeführte Pfändung bleibt solange wirksam, bis sie aufgehoben wird oder nach durchgeführter Vollstreckung in der Hauptsache in einem Vollstreckungspfandrecht[1220] aufgeht.

Mit Aufhebung des Arrests (§§ 925–927 ZPO) wird die Vollziehung hieraus unzulässig, doch werden damit bereits getroffene Vollziehungsmaßnahmen und ihre Wirkungen nicht zugleich unwirksam. Die Arrestpfändung und ihre Wirkung muss vielmehr nach Rechtskraft dieser Entscheidung durch einen Beschluss nach §§ 775 Nr. 1, 776 S. 1 ZPO aufgehoben werden.[1221]

Eine starre zeitliche Begrenzung kennt die Arrestpfändung nicht. Sie wird lediglich mittelbar durch die Vollziehungsfrist der Arrestentscheidung und durch die Frist zur Einleitung der Hauptsache eingeschränkt. Die Arrestpfändung unterscheidet sich damit von der Vorpfändung, die zwar ebenso die Wirkung einer Arrestpfändung entfaltet, diesen Schutz aber auf den Zeitraum eines Monats begrenzt. Letztere ist bezüglich ihrer Geltungsdauer unabhängig von der Hauptsache beschränkt. Diese starre zeitliche Begrenzung ist keine Folge der Akzessorietät zum Hauptsacheanspruch/-verfahren, sondern Folge des mangelnden staatlichen Vollstreckungsaktes.

II. Geltungsdauer der einstweiligen Pfändung nach polnischem Recht

Die wirksame Pfändung eines Bankguthabens nach polnischem Recht bleibt grundsätzlich solange bestehen, bis das Vollstreckungsverfahren vollständig durchgeführt wurde oder die Zwangsvollstreckung eingestellt wurde.[1222] Besonderheiten gelten im einstweiligen Verfahren. Wenn das polnische Verfahrensrecht dabei vom Erlöschen der Sicherung spricht, sind damit die Rechtsfolgen des Sicherungsbeschlusses gemeint; diese sollen keine Wirkung mehr entfalten.[1223]

Die Sicherung kann grundsätzlich entweder ex lege oder auf Antrag entfallen. Gesetzliche Erlöschensgründe können zum einen an die Entscheidung im Hauptsacheverfahren anknüpfen.

Endet das Hauptsacheverfahren mit einer rechtskräftigen Zurückweisung, Abweisung oder Einstellung, erlischt die Sicherung von Gesetzes wegen (Art. 744 § 1 KPC). Gleiches gilt in Fällen einer Sicherung vor Einleitung des

---

1220 BGH NJW 1976, 1453, 1454; vgl. auch bereits § 6 B I.

1221 Gaul/Schilken/Becker-Eberhard, § 78 Rn. 29; strittig i.R.d. § 926 ZPO ist, ab wann die Aufhebung gem. § 776 ZPO erfolgen kann; dazu bereits § 4 VI.

1222 DKB/Sychowicz, Band 3, Art. 890 KPC Rn. 3.

1223 Zedler, in: Gudowski/Weitz, S. 923, 941; Wengerek, Art. 742 KPC Nr. 13.

Hauptverfahrens, wenn der Gläubiger im anschließenden Hauptverfahren den gesicherten Anspruch nicht im Ganzen geltend macht oder sich auf einen anderen Anspruch stützt (Art. 744 § 2 KPC). Die Fälle sind vergleichbar mit Art. 733 KPC, wonach die Sicherung erlischt, weil der Gläubiger die Frist zur Einleitung des Hauptsacheverfahrens nicht einhält. Beachtlich ist die weitreichende Rechtsfolge. Macht der Gläubiger im Hauptsacheverfahren nur eine Teilforderung der gesicherten Forderung geltend, erlischt die Sicherung gänzlich und nicht nur in Höhe des Betrags, der diesen Teil übersteigt.[1224] Klagt er dagegen die gesamte Forderung (oder gar einen höheren Betrag) ein und unterliegt zum Teil, erlischt die Sicherung nur in der Höhe der klageabweisenden Entscheidung.[1225]

Im Falle einer Entscheidung im Hauptsacheverfahren, die den gesicherten Anspruch bestätigt, erlischt die Wirkung des Sicherungsbeschlusses, sofern der Gläubiger keinen Vollstreckungsantrag in den gepfändeten Vermögensgegenstand innerhalb von zwei Wochen ab Eintritt ihrer Rechtskraft stellt (Art. 754[1] § 2 KPC). Das Gericht kann die Geltungsdauer der Sicherungsmaßnahme darüber hinaus auf Antrag des Gläubigers verlängern, so insbesondere, wenn die Vollstreckungsmöglichkeit aus der Sachentscheidung in diesem Zeitraum noch nicht eröffnet ist oder der Vollstreckung unerwartete Hindernisse entgegenstehen.[1226]

Ferner erlischt die Sicherung gemäß Art. 742 § 1 S. 2 KPC ex lege, wenn der Schuldner eine Sicherheit anstelle der vorläufigen Pfändung leistet, und auf Antrag des Schuldners, wenn der Grund der Sicherung wegfällt (Art. 742 § 1 S. 1 KPC).

Das Erlöschen der Sicherung beseitigt nur die Wirksamkeit des Sicherungsbeschlusses und dessen Folgen. Das Vollziehungsverfahren und insbesondere ein bereits vorgenommener Pfändungsakt wird dadurch nicht ipso iure eingestellt bzw. aufgehoben.[1227] Dies erfolgt nach den Regeln zur Aussetzung und Einstellung des Vollstreckungsverfahrens (Art. 818 ff, Art. 743 § 1 KPC).

Grundsätzlich stellt der Gerichtsvollzieher ein Vollstreckungsverfahren auf Antrag ein, wenn dem Vollstreckungstitel die Vollstreckbarkeit durch

---

1224 Appellationsgericht Posen, Beschl. v. 27.4.2011 – I ACz 535/11.

1225 Zedler, in: Gudowski/Weitz, S. 923, 926 f; Uliasz, S. 93; vgl dazu auch Jagieła, PPE 7-9/2004, 27, 43.

1226 Romańska/Leśniak, Teil I B. 6, S. 159; Uliasz, S. 93 f; Ereciński/Ereciński, Band 3, Art. 754(1) KPC Rn. 3.

1227 DKB/Jagieła, Band 3, Art. 744 KPC Rn. 4; Ereciński/Ereciński, Band 3, Art. 754(1) KPC Rn. 7; Wengerek, Art. 742 KPC Nr. 13; Jagieła, PPE 7-9/2004, 27, 45; Zedler, in: Gudowski/Weitz, S. 923, 943; vgl. auch Zawistowski, Art. 742 KPC Nr. 10.

rechtskräftige Entscheidung entzogen wurde (Art. 825 Nr. 2 KPC). Die Vorschrift findet im Sicherungsverfahren sowohl dann (zumindest analoge Anwendung), wenn der Sicherungsbeschluss auf Antrag aufgehoben wurde, als auch wenn die Sicherung ex lege entfallen ist.[1228] Mit Einstellung des Vollziehungsverfahrens entfallen zugleich sämtliche vorgenommenen Vollziehungshandlungen, somit auch die vorläufige Pfändung (Art. 826 S. 1 KPC i.V.m. Art. 743 § 1 KPC). Es tritt der Rechtszustand ein, der vor der Pfändung bestand, so dass der Schuldner wieder frei über sein Kontoguthaben verfügen kann.[1229] Eine vom Gläubiger geleistete Sicherheitsleistung wird davon aber nicht berührt; sie wird im Verfahren nach Art. 746 § 3 KPC erstattet.[1230]

III. Geltungsdauer der einstweiligen Pfändung nach der EuKpfVO

Die Geltungsdauer der Pfändung, die auf Grundlage eines europäischen Pfändungsbeschlusses vorgenommen wurde, regelt Art. 20 EuKpfVO. Wie die Bezugnahme der Vorschrift auf das Vollstreckungsobjekt deutlich macht, sind damit die vollstreckungsrechtlichen Wirkungen, die durch die Ausführung des Beschlusses hervorgerufen wurden, gemeint. Nur durch Ausführung bzw. Vollstreckung des Beschlusses ist eine Pfändung der „Gelder" möglich. Der Beschluss selbst wird zudem bereits an anderer Stelle aufgehoben (durch Widerruf oder Beendigung ex lege).[1231]

Die Verordnung knüpft in Art. 20 EuKpfVO nicht an starre zeitliche Grenzen, sondern an bestimmte Ereignisse an. Die Pfändung bleibt solange bestehen, bis der Beschluss widerrufen wird (Art. 20 lit. a EuKpfVO), die Vollstreckung des Beschlusses beendet ist (Art. 20 lit. b EuKpfVO) oder eine Maßnahme zur Vollstreckung eines Hauptsachetitels erwirkt wurde (Art. 20 lit. c EuKpfVO).

Im Einzelnen betrifft lit. a den Wegfall des vollstreckungsfähigen Titels aufgrund eines Widerrufs. Die Vorschrift bewirkt ein automatisches Entfallen der Pfändungswirkungen. Ein Widerruf kommt in Betracht, wenn der Gläubiger die Hauptsache nicht rechtzeitig einleitet (Art. 10 Abs. 2 EuKpfVO) und ein dahingehender Rechtsbehelf des Schuldners (Art. 33 EuKpfVO) oder sonstiger Rechtsbehelf des Gläubigers oder des Schuldners (Art. 35 EuKpfVO) hiergegen

1228 Uliasz, S. 95; Romańska/Leśniak, Teil I B. 6, S. 161; DKB/Jagieła, Band 3, Art. 754(1) KPC Rn. 12; Jagieła, PPE 7-9/2004, 27, 63.

1229 Gołaczyński /Brulińska, Art. 826 KPC Nr. 1.

1230 Uliasz, S. 96.

1231 Für die Regelung eines automatischen Außerkrafttretens bereits: Max Planck Working Group, ECFR 2007, 252, 292 f.

erfolgreich ist. Der europäische Kontenpfändungsbeschluss kann auch von Gesetzes wegen durch Beendigung entfallen (vgl. Art. 10 Abs. 2 EuKpfVO). Dieser Fall ist in Art. 20 EuKpfVO zwar nicht ausdrücklich geregelt, es kann hierfür allerdings nichts anderes gelten. Die Aufhebung ex lege muss daher ebenso die Pfändungswirkungen entfallen lassen wie ein Widerruf.[1232]

Die Pfändungswirkungen entfallen zudem, wenn die Vollstreckung des Beschlusses beendet ist (Art. 20 lit. b EuKpfVO). In Abgrenzung zu Art. 20 lit. c EuKpfVO kann hier nur die Beendigung im Rechtsbehelfsverfahren (vgl. Art. 34 Abs. 1 lit. b, Abs. 2, 35 Abs. 3, 38 Abs. 1 lit. b EuKpfVO) gemeint sein.

Schließlich entfallen nach Art. 20 lit. c EuKpfVO die Pfändungswirkungen mit Erwirkung einer Vollstreckungsmaßnahme aus dem Hauptsachetitel. Hier ist die Hauptsacheforderung nicht mehr gefährdet. Der Zweck der vorläufigen Sicherung durch eine vorläufige europäische Kontenpfändung ist damit erreicht. In dieser Alternative schlägt sich die Akzessorietät des einstweiligen Verfahrens nieder.

Art. 20 EuKpfVO ordnet das Entfallen der Pfändungswirkungen mit Widerruf des Beschlusses ebenso an wie seine Beendigung kraft Gesetzes, die Beendigung der Vollstreckung sowie die Bewirkung einer einzelstaatlichen Vollstreckungsmaßnahme aufgrund des Hauptsachetitels in dieselbe Forderung. Den konkreten Zeitpunkt stellt damit entweder die Bekanntgabe der jeweiligen gerichtlichen Entscheidung oder das Wirksamwerden der Beendigung des Beschlusses bzw. der Hauptsachevollstreckung kraft Gesetzes dar.[1233] Problematisch erscheint dies, wenn gegen den Widerruf oder die Beendigung Rechtsbehelf offensteht. So sieht etwa Art. 37 EuKpfVO gegen Entscheidungen nach Art. 33-35 EuKpfVO zwingend die Möglichkeit eines Rechtsmittelverfahrens vor.[1234] Ebenso kann etwa gegen eine Widerrufsentscheidung wegen nicht rechtzeitiger Einleitung der Hauptsache ein Rechtsbehelf offenstehen. In Deutschland ist nach § 953 Abs. 1, 3 ZPO eine sofortige Beschwerde innerhalb einer Monatsfrist ab Zustellung des Widerrufs(-beschlusses) statthaft. Insbesondere in Mitgliedstaaten mit einem System, das den Pfändungsrang nach der zeitlichen Begründung des Pfandrechts bestimmt, wäre eine weitere Überprüfung aber erheblich entwertet, wenn der Gläubiger bereits im Vorfeld diese priorisierte Stellung verlieren würde. Um die rangwahrende Wirkung der Sicherungsmaßnahme zu schützen,

---

1232 Rauscher/Rauscher/Wiedemann, Art. 20 EU-KPfVO Rn. 3.

1233 Auf die Kenntnisnahme durch den Drittschuldner kommt es dabei nicht an: BT-Drs. 18/7560, S. 43.

1234 Dazu § 7 C.

wäre es daher erforderlich, die Pfändungswirkungen gemäß Art. 20 lit. a und b EuKpfVO bis zum Ablauf der Rechtsbehelfsfrist aufrechtzuerhalten, sofern diese Wirkungen durch eine Entscheidung beseitigt werden sollen, gegen die ein Rechtsbehelf offensteht. Dennoch darf die Rechtskraft der Entscheidung keine Berücksichtigung bei der Bestimmung des konkreten Zeitpunkts finden, zu dem die Wirkungen der Pfändung entfallen. Bei einer derartigen Handhabung der Vorschrift wäre der Schuldner unverhältnismäßig stark benachteiligt. Bedenkt man etwa die Monatsfrist zur Einlegung der sofortigen Beschwerde gemäß § 956 Abs. 2 ZPO sowie die 21-tägige Entscheidungsfrist über den Rechtsbehelf nach Art. 33-35 EuKpfVO (vgl. Art. 36 Abs. 4 EuKpfVO), hätte der Schuldner über einen langen Zeitraum keine Möglichkeit, den Zugriff auf sein Vermögen zurückzuerlangen. Dies wiegt umso schwerer, als sich der Schuldner gegen die Anordnung dieser Zwangsmaßnahme nicht in einem gerichtlichen Verfahren wehren konnte. Das Entfallen der Pfändungswirkungen i.S.v. Art. 20 EuKpfVO muss daher stets an die Bekanntgabe des Widerrufs bzw. der Beendigung geknüpft sein, sofern die Wirkungen nicht schon wegen Art. 20 lit. c EuKpfVO eintreten.[1235] Dementsprechend sieht Art. 36 Abs. 5 EuKpfVO auch zwingend die sofortige Vollstreckbarkeit der Rechtsbehelfsentscheidungen vor.

IV. Vergleich

Trotz des Mischcharakters des europäischen Kontenpfändungsbeschlusses ist die Reichweite seiner Aufhebung mit den nationalen Maßnahmen durchaus vergleichbar. Das deutsche Arrest- und das polnische Sicherungsverfahren weisen eine deutliche Trennung von erkenntnisverfahrensrechtlicher und vollstreckungsverfahrensrechtlicher Ebene auf, indem sie die Wirkung der Aufhebung eines Arrestbefehls bzw. Sicherungsbeschlusses beschränken und die darauf beruhende Vollstreckungsmaßnahme unberührt lassen. Zwar werden die Vollziehungsmaßnahme und ihre Wirkungen im deutschen Recht im Anschluss daran von Amts wegen aufgehoben, doch erfolgt dies erst mit Rechtskraft der Entscheidung über die Aufhebung des Arrestbefehls.[1236] Im polnischen Recht erfolgt die Aufhebung dagegen erst auf Antrag des Schuldners. Damit endet auch die Wirkung der Pfändung. Eine vergleichbare Trennung sieht auch die EuKpfVO vor. Die Verordnung trennt zwischen der Aufhebung des Beschlusses an sich, der Beendigung der Vollstreckung hieraus und der Aufhebung seiner der

1235 Hiervon geht offenbar auch das Bundesministerium der Justiz und für Verbraucherschutz aus, vgl. BT-Drs. 18/7560, S. 43.

1236 Str. i.R.d. § 926 ZPO bzgl. Zeitpunkt; siehe dazu bereits § 4 A VI 3.

Wirkungen auf das Vollstreckungsobjekt (zusätzlich entfallen die Pfändungswirkungen, wenn der Gläubiger eine Vollstreckungsmaßnahme in dieselbe Forderung aus dem Hauptsachetitel erwirkt, vgl. Art. 20 EuKpfVO). Sie ordnet das Entfallen der Pfändungswirkungen auch dann an, wenn ein Rechtsbehelf offensteht und die Frist zur Einlegung noch nicht verstrichen ist.

E. Pfändungsinformationen

I. Pfändungsinformationen über Pfändung in Deutschland

Gemäß § 840 Abs. 1 ZPO ist die Bank auf Verlangen des Pfändungsgläubigers innerhalb von zwei Wochen (ab Zustellung des Pfändungsbeschlusses) zur Abgabe einer Drittschuldnererklärung verpflichtet.[1237] Dieser Anspruch steht auch dem Gläubiger einer Arrestpfändung zu, da die Überweisung der Forderung keine Voraussetzung der Auskunftspflichten ist.[1238] Die Erklärungspflicht des Drittschuldners besteht aber nicht, wenn der Arrestbefehl bisher allein mittels Vorpfändung vollzogen wurde;[1239] hierauf muss der Gerichtsvollzieher hinweisen, soweit der Gläubiger eine derartige Erklärung verlangt.[1240] Eine einfache Aufforderung durch die Person des Gläubigers genügt nicht; sie ist an den Gerichtsvollzieher zu richten und wird dann dem Drittschuldner von diesem zugestellt (vgl. 840 Abs. 3 S. 1 ZPO). Da der deutsche Gerichtsvollzieher im grenzüberschreitenden Verkehr innerhalb der EU nicht zu Auslandszustellungen nach der EuZVO befugt ist, muss das Arrestgericht mit der Zustellung der Aufforderung beauftragt werden.[1241] Richtet sich die Aufforderung an eine Bankfiliale, muss diese keine Auskunft über Konten des Pfändungsschuldners bei anderen Filialen erteilen.[1242] Inhaltlich muss der Drittschuldner angeben: Anerkennung und ggf. Höhe der Forderung sowie die eigene Zahlungsbereitschaft (Nr. 1), Ansprüche anderer Personen an die Forderung (Nr. 2), anderweitige Pfändungen (Nr. 3), Anordnung der Unpfändbarkeit des Kontos nach § 850l ZPO innerhalb der letzten 12 Monate (Nr. 4) und ob es sich um ein P-Konto handelt (Nr. 5). Die Erklärung ist eine reine Wissenserklärung und begründet aus sich heraus noch keine

---

1237 Schimansky/Bunte/Lwowski/Bitter, § 33 Rn. 7 ff.

1238 Schimansky/Bunte/Lwowski/Bitter, § 33 Rn. 15.

1239 BGH NJW 1977, 1199; WM 1962, 525, 526; OLG Frankfurt NZG 2006, 914; aA Prost, NJW 1958, 485.

1240 Schuschke/Walker/Schuschke, § 845 ZPO Rn. 4; Musielak/Voit/Becker, § 845 ZPO Rn. 4; Wieczorek/Lücke, § 845 ZPO Rn. 20.

1241 Zur Zustellungsproblematik s. oben § 4 A IX 1 c).

1242 AG Leipzig NJW-RR 1998, 1345; MüKoZPO/Smid, § 840 ZPO Rn. 12.

unmittelbare Zahlungspflicht.[1243] Der Drittschuldner muss (auch bei Ablehnung der Anerkennung einer Forderung) die Erklärung weder begründen[1244] noch mit Nachweisen belegen.[1245] Der Anspruch auf Drittschuldnerauskunft ist nicht einklagbar.[1246] Dennoch steht die Auskunft nicht zur Disposition der Bank. Denn neben dem Gläubigerinteresse erfüllt sich darin auch eine dem öffentlichen Recht zuzuordnende und aus den allgemeinen staatsbürgerlichen Pflichten des Drittschuldners abzuleitende Obliegenheit[1247] des Drittschuldners.[1248] Ein Verstoß dagegen begründet daher einen Schadensersatzanspruch nach § 840 Abs. 2 S. 2 BGB.

II. Pfändungsinformationen über Pfändung in Polen

Weder das polnische Vollstreckungsrecht noch die Vorschriften zur vorläufigen Sicherung sehen eine standardisierte Drittschuldnererklärung der Bank im Fall der (vorläufigen) Kontopfändung vor. Der Gerichtsvollzieher unterrichtet den Gläubiger zunächst nur, indem er ihm eine Abschrift der Pfändungsbenachrichtigung zuschickt, die er zuvor an die Bank zugestellt hat (Art. 889 § 2 KPC). Daraus kann der Gläubiger aber nicht ersehen, ob und in welchem Umfang die Pfändung erfolgreich war. Eine entsprechende automatische Informationspflicht der Bank besteht nur dann, wenn einer Überweisung des gepfändeten Betrages an den Gerichtsvollzieher Hindernisse entgegenstünden. Art. 889 § 1 KPC verpflichtet sie, dem Gerichtsvollzieher hierüber innerhalb von sieben Tagen Auskunft zu erteilen.

Im Umkehrschluss trifft die Bank keine Pflicht, über die Wirksamkeit dieser Pfändung zu informieren, soweit einer Überweisung nichts im Wege stünde. Wann ein Hindernis i.S.v. Art. 889 § 1 KPC vorliegt, schreibt das Gesetz nicht vor. Zu den Hauptanwendungsfällen zählen etwa, wenn die Mittel auf dem Schuldnerkonto zumindest teilweise nicht für die Sicherung genügen, das Kontoguthaben bereits durch andere Gläubiger gepfändet wurde (gleichgültig durch

---

1243 BGH NJW 1978, 44; LG Darmstadt BeckRS 2013, 02166; aA OLG München NJW 1975, 174.

1244 OLG München NJW 1975, 174, 175; LG Darmstadt BeckRS 2013, 02166.

1245 BGH NJW 1983, 687; LG Darmstadt BeckRS 2013, 02166; Stein/Jonas/Brehm, ZPO § 840 ZPO Rn. 9.

1246 BGH NJW-RR 2006, 1566 Rn. 11; NJW 1984, 1901; OLG Stuttgart BeckRS 2011, 21205; OLG Jena BeckRS 2011, 06703.

1247 BGH BeckRS 2006, 07355 Rn. 13; NJW 1987, 64.

1248 BGH NJW 1999, 2276, 2278; OLG Stuttgart JurBüro 2011, 443 Rn. 35; OLG Stuttgart NJW-RR 1990, 448; LG Mönchengladbach JurBüro 2009, 273, 274.

welchen Gerichtsvollzieher) und die gepfändeten Beträge insgesamt nicht zur Befriedigung der Gläubiger ausreichen, ein Konkurrenzverhältnis zum verwaltungsrechtlichen Vollstreckungsverfahren besteht oder das Bankkontoverhältnis aufgelöst wird, etc.[1249] Die siebentägige Frist beginnt mit Zustellung der Benachrichtigung an die Bank; erfährt diese erst später von Hindernissen, läuft die Frist erst mit Kenntnisnahme an.[1250] Die Informationspflicht der Bank stellt keinen klagbaren Anspruch dar.[1251] Auch wenn der Bank darüber hinaus keine automatische Erklärungspflicht obliegt, kann zumindest der Gerichtsvollzieher Auskunft im Verfahren nach Art. 761 KPC begehren.[1252]

Eine Besonderheit besteht bei Gesellschaften bürgerlichen Rechts.[1253] Wird ein Konto gepfändet, dessen Inhaber Mitgesellschafter sind, setzt der Gerichtsvollzieher diese über die Pfändung in Kenntnis, auch wenn sie keine Schuldner sind (Art. 889^1 § 2 KPC). Im Umkehrschluss werden andere Mitinhaber eines Gemeinschaftskontos nicht über die Pfändung benachrichtigt.[1254] Weitergehende Pflichten, etwa zur Benachrichtigung aller Gläubiger, die aus der gepfändeten Forderung ihre Zwangsvollstreckung betreiben, folgen erst, wenn ein Gläubiger Zahlungsklage gegen die Bank erhebt (Art. 893, 887 § 2 KPC). Dazu wird es im Sicherungsverfahren indes nicht kommen, da der Gläubiger durch die vorläufige Pfändung gerade noch nicht zur Befriedigung berechtigt wird.

III. Pfändungsinformationen über Pfändung nach der EuKpfVO

Die Verordnung sieht in Art. 25 Abs. 1 UAbs. 1 S. 1 EuKpfVO eine Erklärungspflicht der Bank vor. Sie umfasst die Angaben, ob und in welcher Höhe die Pfändung erfolgte und an welchem Tag der Beschluss ausgeführt wurde. Die Erklärung muss die Bank innerhalb von drei Tagen, bzw. ausnahmsweise bei Vorliegen außergewöhnlicher Umstände innerhalb von acht Tagen, ausstellen. Empfänger der Erklärung sind sowohl der Gläubiger als auch das Gericht, das den Beschluss erlassen hat. Ist der Vollstreckungsstaat zugleich Erlassstaat, kann eine Übermittlung unmittelbar an diese erfolgen (Art. 25 Abs. 2 EuKpfVO). Fallen Erlass- und Vollstreckungsstaat auseinander, wird die Übermittlung an

1249 Osowy, S. 63 f; Jankowski/Cieślak Art. 889 KPC Rn. 11; Zręda, Pr.Bank 2/2000, 57, 59.
1250 DKB/Sychowicz, Band 3, Art. 889 KPC Rn. 11.
1251 Walasik, PS 7-8/2004, 65, 76 ff.
1252 Feliga, MoP 4/2010, 213, 219; zum Verfahren nach Art. 761 KPC: § 9 B.
1253 Für andere Gesellschaftsformen gilt dies nicht, vgl. Jędrejek, PPC 2/2011, 52, 56.
1254 Kritisch dazu: Sikorski, S. 114 f.

die Vollstreckungsbehörde zwischengeschaltet, d.h. sofern die Erklärung nicht selbst ausgestellt wird, muss die Bank diese an die zuständige Vollstreckungsbehörde richten (Art. 25 Abs. 3 UAbs. 1 EuKpfVO). Die Behörde übermittelt die Erklärung anschließend unverzüglich (Art. 25 Abs. 1 UAbs. 2 EuKpfVO) an die Gläubiger und das Erlassgericht (Art. 25 Abs. 3 UAbs. 2 EuKpfVO). Sämtliche Übermittlungsvorgänge in Zusammenhang mit der Erklärung i.S.v. Art. 25 EuKpfVO erfolgen entweder per Einschreiben mit Rückschein oder durch gleichwertige elektronische Mittel.[1255] Zuständige Stelle nach Art. 25 Abs. 3 EuKpfVO ist in Deutschland das Amtsgericht, in dessen Bezirk das Vollstreckungsverfahren stattfinden soll oder stattgefunden hat (§ 952 Abs. 1 Nr. 1 ZPO).

Eine unmittelbare Zustellung der Erklärung an den Schuldner ist nicht vorgesehen. Er erhält diese erst mittelbar durch das Gericht (vgl. Art. 28 EuKpfVO). Die erfolgreiche Übermittlung der Drittschuldnererklärung an Erlassgericht und Gläubiger setzt allerdings die Frist für die Zustellung an den Schuldner nach Art. 28 EuKpfVO in Gang. Ihr kommt damit eine wesentliche Rolle im System des Schuldnerschutzes nach der EuKpfVO zu. Ergänzend dazu kann die Bank bzw. die zuständige Vollstreckungsbehörde die Einzelheiten des europäischen Pfändungsbeschlusses dem Schuldner gegenüber offenlegen; sofern der Schuldner dies beantragt, ist sie hierzu sogar verpflichtet (Art. 25 Abs. 4 S. 1, 2 EuKpfVO). Damit wird sichergestellt, dass der Schuldner möglichst rasch die Ursache einer tatsächlichen Sperrung erfahren kann.

Verstößt die Bank gegen ihre Erklärungspflicht, etwa durch falsche Angaben, verspätete bzw. unterlassene Abgabe der Drittschuldnerklärung oder auch unterlassene Offenlegung der Einzelheiten des Pfändungsbeschlusses trotz Schuldnerantrag, sieht die Verordnung hierfür keine unmittelbare Sanktion vor. Ein Schadensersatzanspruch kann sich lediglich aus nationalem Recht des Vollstreckungsmitgliedstaats ergeben (Art. 26 EuKpfVO).

IV. Vergleich

Sowohl das deutsche Arrestverfahren (nicht aber die Vorpfändung), als auch die EuKpfVO verpflichten die Bank zur Abgabe einer Drittschuldnererklärung, aus der sich insbesondere der Erfolg und die Höhe der Pfändung ergeben müssen. Der genaue Inhalt der Erklärung ist jeweils standardisiert. Im Unterschied zur EuKpfVO muss die Erklärung im deutschen Recht allerdings nur auf Verlangen des

1255 Kritisch hinsichtlich der unterschiedlichen Standards der elektronischen Übermittlung: Max Planck Working Group, ECFR 2007, 252, 285 f.

Gläubigers erstellt werden. Das europäische Recht verpflichtet die Bank dagegen ausnahmslos und ohne weitere Aufforderung zur Abgabe. Auch den zeitlichen Spielraum zur Abgabe der Erklärung zieht die EuKpfVO deutlich enger. Nur drei Tage, bei außergewöhnlichen Umständen acht Tage, sind hierfür vorgesehen, während § 840 ZPO Drittschuldnern hierfür zwei Wochen zugesteht. Im Verhältnis zum deutschen Recht müssen die Banken also ihre Organisation auf ein deutlich schnelleres Agieren umstellen. Das zweistufige Verfahren, das die EuKpfVO für den Fall vorsieht, in dem Ursprungs- und Vollstreckungsstaat auseinanderfallen, erscheint unnötig verlängert. Insbesondere da die Benachrichtigung des Schuldners über die Pfändung an diese Drittschuldnererklärung anknüpft, wäre hier eine direkte Zustellung vorzugswürdig. Auf diese grenzüberschreitende Übermittlung findet die EuZVO keine Anwendung (Art. 48 lit. a EuKpfVO).
Einen anderen Weg geht das polnische Recht. Dort muss die Bank nur dann eine Erklärung abgeben, wenn die Pfändung zumindest teilweise erfolglos blieb. Hierfür gesteht ihr der Gesetzgeber eine Erklärungsfrist von sieben Tagen ab Zugang der Benachrichtigung des Gerichtsvollziehers zu.

F. Abwendungsbefugnis

I. Abwendungsbefugnis im Rahmen der ZPO

Gemäß § 934 Abs. 1 ZPO erhält der Schuldner die Möglichkeit, die Arrestpfändung (nicht den Arrest selbst)[1256] aufheben zu lassen, wenn er den im Arrestbefehl festgelegten Geldbetrag (Lösungssumme, § 923 ZPO) hinterlegt. Der entsprechende Beschluss (§ 934 Abs. 3 ZPO) erfordert einen Antrag des Schuldners an das Arrestgericht als Vollstreckungsgericht, dem ein Hinterlegungsnachweis durch öffentlich beglaubigte Urkunde beizufügen ist.[1257] Durch die Sicherheitsleistung ist der Gläubiger hinreichend gesichert und bedarf des Schutzes aus der Arrestvollziehung nicht mehr.[1258] Art und Höhe der Sicherheitsleistung bestimmt das Arrestgericht von Amts wegen.[1259] Hinsichtlich der Höhe wird dabei auf die zu sichernden Forderung (ggf. inkl. Zinsen und Kosten des Hauptsacheverfahrens)[1260] abgestellt.[1261] Für die Hinterlegung gilt § 108 ZPO.

1256 RGZ 15, 405, 409.
1257 Schuschke/Walker/Schuschke, § 934 ZPO Rn. 2; Wieczorek/Schütze/Thümmel, § 934 ZPO Rn. 4, 6; vgl. auch Stein/Jonas/Grunsky, § 934 ZPO Rn. 4.
1258 MüKoZPO/Drescher, § 934 ZPO Rn. 1.
1259 Schuschke/Walker/Walker, § 923 ZPO Rn. 3.
1260 OLG München MDR 1957, 238.
1261 Walker, Rn. 508; MüKoZPO/Drescher, § 923 ZPO Rn. 2.

Über den Wortlaut hinaus kann der Schuldner nicht nur die Geldsumme hinterlegen, es genügt grundsätzlich auch eine andere Form der Sicherheitsleistung, insbesondere die Hinterlegung von Wertpapieren oder das praktisch besonders wichtige Beibringen einer Bankbürgschaft.[1262]

II. Abwendungsbefugnis im Rahmen des KPC

Die polnische Rechtsordnung gestattet dem Schuldner, die Sicherung ex lege durch Hinterlegung der Sicherheitsleistung zu Fall zu bringen (Art. 736 § 4, 742 § 1 S. 2 KPC).[1263] Diese Summe kann höchstens den geltend gemachten Hauptsacheanspruch nebst Zinsen und Kosten der Durchführung der Sicherung sowie die voraussichtlichen Kosten des Hauptsacheverfahrens beinhalten (vgl. Art. 736 § 3 KPC). Zu diesem Zweck kann er sich auch der gepfändeten Forderung bedienen (Art. 752^2 § 3 KPC). Die Leistung erfolgt weder an den Gläubiger noch an den Gerichtsvollzieher, sondern auf ein Depositenkonto desjenigen Gerichts, welches den Sicherungsbeschluss erlassen hat; sie kann auch bei der Gerichtskasse eingezahlt werden.[1264] Dort wird die Summe gesondert und verzinst angelegt (Art. 742 § 5, 752 § 2 KPC), bleibt aber Bestandteil des schuldnerischen Vermögens.[1265] Das Entfallen der Sicherung gem. Art. 742 § 1 S. 2 KPC tritt erst ein, wenn die vollständige Sicherungssumme einbezahlt wird; hinterlegt der Schuldner nur einen Teil, erfolgt kein entsprechend hohes Teilerlöschen.[1266] Eine Zustimmung des Gerichts für die Hinterlegung ist nicht erforderlich. Allerdings muss der Schuldner bei einem bereits vollzogenen Sicherungsbeschluss die Zustimmung des Gerichtsvollziehers einholen, da die Bank andernfalls an das Auszahlungsverbot aus Art. 889 § 1 KPC gebunden ist.[1267]

1262 BGH MDR 1975, 750 (zur Prozessbürgschaft); RG JW 1911, 55 (zur Verständigung über andere Sicherheitsleistung); OLG Darmstadt JW 1935, 1345; Walker, Rn. 510; MüKoZPO/Drescher, § 923 ZPO Rn. 3; Stein/Jonas/Grunsky, § 923 ZPO Rn. 6; Wieczorek/Schütze/Thümmel, § 923 ZPO Rn. 7.

1263 Gemeint sind nur die unmittelbaren Wirkungen des Sicherungsbeschlusses, vgl. dazu bereits § 6 D I.

1264 Jagieła, PPE 7-9/2004, 27, 35; bezüglich des zuständigen Gerichts: Ereciński/Ereciński, Band 3, Art. 752 KPC Rn. 3.

1265 Gołaczyński/Stangret-Smoczyńska/Pękalski, Art. 889 KPC Nr. 26; DKB/Jagieła, Art. 752 KPC Rn. 2; Jankowski/Muliński, Art. 736 KPC Rn. 3.

1266 Zedler, in: Gudowski/Weitz, S. 923, 936.

1267 DKB/Jagieła, Band 3, Art. 752(2) KPC Rn. 8; Ereciński/Ereciński, Band 3, Art. 752(2) KPC Rn. 9.

Das Gesetz sieht in Art. 736 § 4, 742 § 1 S. 2 KPC lediglich die Möglichkeit vor, das Erlöschen ex lege durch Einzahlung oder Überweisung eines festgelegten Geldbetrages zu erreichen. Eine solche Leistung gilt als beste und zugleich für den Gläubiger einfachste Form der Sicherheit.[1268] Alternativen dazu sieht das polnische Recht in diesem Zusammenhang nicht vor. Eine Regelung wie Art. 807 KPC, die eine Sicherheitsleistung etwa durch Hinterlegung von Wertpapiere gestattet, fehlt gerade. Kann dem Sicherungsbedürfnis des Gläubigers allerdings auf anderem Wege beigekommen werden, so wird dies letztlich zum Entfallen des Sicherungsinteresses führen. Dem Schuldner steht dann zumindest die Möglichkeit offen, eine Aufhebung der Sicherung nach Art. 742 § 1 S. 1 KPC zu erreichen.

III. Abwendungsbefugnis im Rahmen der EuKpfVO

Nach Art. 38 Abs. 1 lit. a EuKpfVO kann das Gericht, das den Pfändungsbeschluss erlassen hat, auf Antrag des Schuldners die Freigabe der vorläufig gepfändeten Gelder anordnen. Alternativ kann das Gericht im Vollstreckungsmitgliedstaat bzw. die dortige Vollstreckungsbehörde die Vollstreckung aus dem Beschluss beenden (Art. 38 Abs. 1 lit. b EuKpfVO, in Deutschland das Vollstreckungsgericht, § 955 ZPO). Erforderlich ist in beiden Fällen die Leistung einer Sicherheit für den Schuldner. Sie kann in Form einer Kaution, einer Bankgarantie oder eines Grundpfandrechts erteilt werden (ErwG 35 EuKpfVO). Daneben eröffnet die Regelung hinsichtlich der Form einen Rückgriff auf die jeweilige lex fori. Zulässig sind demnach alle national zulässigen Sicherheitsformen.

Der Unterschied in der Rechtsfolge (Freigabe der Beträge im Gegensatz zur Beendigung der Vollstreckung) folgt aus der fehlenden Territorialgewalt des Gerichts im Ursprungsmitgliedstaat (wenn nicht zugleich Vollstreckungsmitgliedstaat), Vollstreckungsakte anderer Mitgliedstaaten auf deren Hoheitsgebiet unmittelbar aufzuheben. Das Gericht kann lediglich die Freigabe anordnen und diese Anordnung gemäß Art. 38 Abs. 2 EuKpfVO anschließend durch das Gericht im Vollstreckungsmitgliedstaat vollziehen lassen (nach den Art. 23, 24 EuKpfVO, also grundsätzlich nach nationalem Vollstreckungsrecht, das punktuell durch europäische Vorschriften überlagert wird).

Hinsichtlich der Höhe ist nach den Gerichten zu unterscheiden, bei denen der Antrag gestellt werden kann. Richtet der Schuldner diesen an das Gericht im Ursprungsmitgliedstaat, das den Beschluss erlassen hat, ist die dort festgeschriebene Summe entscheidend (Art. 38 Abs. 1 lit. a EuKpfVO). Begehrt er dagegen

1268 Uliasz, S. 27.

Beendigung durch das Vollstreckungsgericht (bzw. eine Vollstreckungsbehörde), beschränkt sich die Höhe der Sicherheitsleistung auf die in Höhe des in diesem Mitgliedstaat vorläufig gepfändeten Betrags bzw. Wertes (Art. 38 Abs. 1 lit. b EuKpfVO). Dementsprechend erschöpft sich die Beendigung der Vollstreckung aus dem Beschluss ausschließlich auf die Vermögenswerte im Vollstreckungsstaat. Diese Systematik ist wiederum Ausfluss des Territorialitätsgedankens. Die unmittelbare Beendigung/Aufhebung der Vollstreckung ist nur dann und nur soweit möglich als die zuvor erlassene Vollstreckungsmaßnahme sich auf das jeweilige Hoheitsgebiet erstreckt.

IV. Vergleich

Allen drei Rechtsordnungen gleich ist die Möglichkeit des Schuldners, die Pfändung durch Sicherheitsleistung zu beseitigen oder die gepfändeten Gelder freizugeben. Hierfür muss jeweils ein entsprechender Geldbetrag bei einer vom Gesetzgeber festgelegten Stelle hinterlegt werden. EuKpfVO und die ZPO knüpfen jeweils an den Vollstreckung- bzw. Vollziehungssakt an, d.h. sie beseitigen die Vollstreckungsmaßnahme und deren Wirkungen oder geben die gepfändeten Beträge frei. Die zugrunde liegende Entscheidung (Arrestbefehl oder europäischer Pfändungsbeschluss) bleibt also unberührt. Dagegen werden im polnischen Recht die unmittelbaren Wirkungen des Sicherungsbeschlusses selbst aufgehoben. Das Vollstreckungsverfahren und damit die bereits vollzogene Beschlagnahme der Forderungen müssen zusätzlich auf Antrag des Schuldners beseitigt werden.

Unterschiede können sich ferner hinsichtlich der Form der möglichen Sicherheitsleistung ergeben. Die EuKpfVO ermöglicht neben einer Geldleistung als Kaution auch, eine Bankgarantie beizubringen oder ein Grundpfandrecht zu bestellen. Daneben gestattet die Verordnung zudem, auf sämtliche Formen von Sicherheiten zurückzugreifen, die nach dem jeweiligen nationalen Recht eröffnet sind. So ist in Deutschland etwa auch die Hinterlegung von Wertpapieren zulässig. Das polnische Recht ist an dieser Stelle merklich strenger und lässt allein die Einzahlung des Geldbetrages auf das Gerichtskonto zu. Andere Formen der Sicherheitsleistung führen nicht zum Entfallen der Sicherung ipso iure, sie können aber zu einer Aufhebung des Sicherungsbeschlusses führen, soweit das Gericht eine hinreichende Sicherung des Gläubigers annimmt.

§ 7 Rechtsbehelfe

A. Rechtsbehelfe der ZPO

In Deutschland wird streng zwischen den Rechtsbehelfen und Rechtsmitteln gegen die Arrestentscheidung und solchen gegen deren Vollziehung unterschieden. Grundsätzlich finden in beiden Fällen die allgemeinen Rechtsmittel/Rechtsbehelfe Anwendung, die auch für das Verfahren in der Hauptsache gelten; diese werden aber teilweise überlagert und ergänzt durch speziellere Vorschriften des einstweiligen Rechtsschutzes.[1269]

I. Rechtsbehelfe gegen die Arrestentscheidung

Die Rechtsbehelfe gegen einen Arrestbefehl folgen einer verschachtelten Systematik.[1270] Zunächst stellt sich die Frage, ob der Rechtsbehelf gegen die ursprüngliche Arrestentscheidung gerichtet wird, diese also schon nicht hätte ergehen dürfen, oder gegen den Fortbestand des Arrestbefehls, also die Voraussetzungen einer getroffenen Arrestentscheidung inzwischen entfallen sind bzw. der Gläubiger nachträglich nicht alle Verpflichtungen eingehalten hat.

1. Rechtsbehelfe gegen die ursprüngliche Arrestentscheidung oder Ihre Ablehnung

Wird mit dem Rechtbehelf der ursprüngliche Arrestbefehl angegriffen, unterteilt sich die Systematik weiter nach der Entscheidungsform. Wurde über den Arrestantrag durch Beschluss entschieden, ist der Inhalt der Entscheidung maßgeblich. Gegen einen zurückweisenden Beschluss kann mit der Beschwerde, gegen einen stattgebenden Beschluss mittels Widerspruch vorgegangen werden. Im Falle eines Arresturteils stellen die Berufung und – soweit durch Versäumnisurteil entschieden wurde – der Einspruch die statthaften Rechtsbehelfe dar.

1269 Berger/Heiderhoff, Kap. 8 Rn. 1 u. Kap. 9 Rn. 66.

1270 Vgl. zur Systematik Dunkl/Dunkl, Teil A Rn. 244 f.

a) Entscheidung durch Beschluss

aa) Widerspruch

Gegen einen stattgebenden Arrestbeschluss steht dem Antragsgegner der Widerspruch gemäß § 924 Abs. 1 ZPO zu. Dritten oder dem Antragsteller (etwa weil dem Antrag nur teilweise stattgegeben wurde) steht kein Widerspruchsrecht zu.[1271] Der Rechtsbehelf bezweckt, das bisherige ex parte Verfahren in ein kontradiktorisches Verfahren überzuleiten.[1272] Er kann sich sowohl gegen erstinstanzliche Entscheidungen als auch gegen Beschlüsse in der Berufungsinstanz richten.[1273] Der Widerspruch entfaltet weder einen Devolutiv- noch einen Suspensiveffekt.[1274] Örtlich und sachlich zuständiges Gericht bleibt weiterhin ausschließlich (§ 802 ZPO) dasjenige, welches den Beschluss erlassen hat.[1275] Anderes gilt dagegen, wenn der Beschluss vom Beschwerdegericht erlassen wurde; zuständig bleibt dann das erstinstanzlichen Gericht.[1276] Die Vollziehung des Arrestbeschlusses wird zwar nicht automatisch gehemmt (§ 924 Abs. 3 S. 1 ZPO), das Gericht kann sie aber nach § 707 ZPO einstellen (§ 924 Abs. 3 S. 2 ZPO). Zeitlich ist der Widerspruch solange möglich, wie der Arrestbefehl besteht; er wird weder durch eine Einlegungsfrist noch durch die Erledigung der Hauptsache[1277] oder die Vollziehung der Arrestentscheidung beschränkt.[1278] Die vorherige Zurücknahme steht einer erneuten Einlegung grundsätzlich nicht entgegen.[1279] Einer Begründung bedarf der Widerspruch nicht;[1280] er muss lediglich schriftlich oder zu Protokoll der Geschäftsstelle eingelegt werden (§ 924 Abs. 2 ZPO). Vor den Landgerichten herrscht Anwaltszwang.[1281]

1271 Stein/Jonas/Grunsky, § 924 ZPO Rn. 16.

1272 Mädrich, S. 17; Teplitzky, DRiZ 1982, 41, 42, spricht dem Widerspruchsverfahren eine rechtsstaatlich notwendige Korrektivfunktion zu.

1273 Berger/Heiderhoff, Kap. 8 Rn. 15; Mädrich, S. 17.

1274 Berger/Heiderhoff, Kap. 8 Rn. 15; Wieczorek/Schütze/Thümmel, § 924 ZPO Rn. 1.

1275 Hinsichtlich Erlasses durch unzuständiges Gericht, s. Dunkl/Dunkl, Teil A Rn. 271.

1276 OLG Hamm MDR 1987, 593; OLG Düsseldorf MDR 1984, 324.

1277 Dazu Mädrich, S. 18 ff.

1278 Stein/Jonas/Grunsky, § 924 ZPO Rn. 24; allerdings kommt u.U. eine Verwirkung in Betracht: OLG Saarbrücken NJW-RR 1989, 1512; LG Düsseldorf BeckRS 2012, 10334.

1279 OLG Frankfurt NJW-RR 2013, 703; OLG München MDR 1997, 1067.

1280 Berger/Heiderhoff, Kap. 8 Rn. 21.

1281 MüKoZPO/Drescher, § 924 ZPO Rn. 9; Berger/Heiderhoff, Kap. 8 Rn. 21.

Über den Widerspruch wird grundsätzlich nicht selbst entschieden; Gegenstand des kontradiktorischen Verfahrens ist die Aufhebung, Abänderung oder Bestätigung der Arrestentscheidung durch Urteil.[1282] Den maßgeblichen Beurteilungszeitpunkt hierfür bildet die letzte mündliche Verhandlung des Widerspruchverfahrens, insbesondere nicht der Erlass des Arrestbefehls.[1283] Wirksam wird die Entscheidung bereits mit ihrer Verkündung.[1284]

bb) Beschwerde

Wird der Arrest ohne mündliche Verhandlung in erster Instanz durch Beschluss zurückgewiesen, ist die sofortige Beschwerde gemäß § 567 Abs. 1 Nr. 2 ZPO statthaft.[1285] Die Beschwerde muss binnen einer Notfrist von zwei Wochen beim Gericht, das den ablehnenden Beschluss erlassen hat, oder beim Beschwerdegericht eingelegt werden (§ 569 Abs. 1 S. 1 ZPO). Den Inhalt der Beschwerdeschrift regelt § 569 Abs. 2 ZPO. Eine mündliche Verhandlung ist vor Erlass der Entscheidung zwar möglich, aber nicht zwingend, so dass die Beschwerdeentscheidung je nachdem entweder durch Urteil oder durch Beschluss ergeht.[1286] Ein Anwaltszwang für das Beschwerdeverfahren vor dem Landgericht wird von der (wohl noch) herrschenden Meinung gemäß §§ 569 Abs. 3 Nr. 1, 78 Abs. 5 ZPO abgelehnt, da für Erlass des Arrests ebenfalls kein Anwaltszwang besteht (§ 920 Abs. 3 ZPO).[1287]

1282 Wieczorek/Schütze/Thümmel, § 924 ZPO Rn. 2; Dunkl/Dunkl, Teil A Rn. 291 ff; zugleich kann Herabsetzung der Lösungssumme gefordert werden: Stein/Jonas/Grunsky, § 924 ZPO Rn. 9.

1283 OLG München, NJW 1971, 1756; Mädrich, S. 24 f.

1284 Teplitzky, DRiZ 1982, 41, 46.

1285 Zur einschränkenden Besonderheit eines ablehnenden Beschlusses durch das LG und OLG vgl. OLG Hamm MDR 1987, 942.

1286 Berger/Heiderhoff, Kap. 8 Rn. 88.

1287 OLG Köln BeckRS 2010, 23936; OLG München BeckRS 2010, 29647; OLG Celle NJW-RR 2009, 977; OLGR Karlsruhe 1998, 130; OLG Celle NdsRpfl 1996, 124; OLG München BauR 1995, 875; OLG Karlsruhe NJW-RR 1993, 1470; KG GRUR 1991, 944, 945; OLG Köln NJW-RR 1988, 254, 255; Dunkl/Dunkl, Teil A Rn. 252; Stein/Jonas/Grunsky, § 922 ZPO Rn. 8; MüKoZPO/Drescher, § 922 ZPO Rn. 15; Wieczorek/Schütze/Thümmel, § 922 ZPO Rn. 10; Schuschke/Walker/Walker, § 922 ZPO Rn. 31 (nur für die Einlegung, vgl. Rn. 2); Musielak/Weth, § 78 ZPO Rn. 24; Zöller/Vollkommer, § 922 ZPO Rn. 13; vgl. auch BGH NJW 1984, 2413; aA.: OLG Frankfurt a.M. GRUR-RR 2011, 31 m. Anm. Böckenholt, GRUR-Prax 2010, 404; OLGR Hamm 2008, 257; OLGR Frankfurt a.M. 2004, 221; OLG Frankfurt a.M. MDR 1999, 186; OLG Saarbrücken NJW-RR 1998, 1611, 1612; OLG Hamm NJW-RR 1997, 763;

b) Entscheidung durch Urteil

Ist die Arrestentscheidung in Urteilsform ergangen (§ 922 ZPO) oder hat das Gericht auf den Widerspruch des Schuldners hin ein Endurteil (§ 925 ZPO) erlassen, ist die Berufung nach §§ 511 ff ZPO statthaft. Gegen ein Berufungsurteil ist allerdings kein weiteres Rechtsmittel mehr statthaft (vgl. §§ 542 Abs. 2 S. 1, 567 Abs. 1, 574 Abs. 1 S. 2 ZPO).

Für die Berufung gelten die allgemeinen Voraussetzungen, insbesondere muss die Berufungssumme von 600 € (§ 511 Abs. 2 Nr. 1 ZPO) erreicht sein und ein Berufungsgrund (§ 513 ZPO) vorliegen. Wegen des besonderen Eilcharakters gelten die Besonderheiten des Arrestverfahrens, etwa geringere Anforderungen an die Zulässigkeit des Vortrags neuen Prozessstoffs.[1288] Ob das Verhalten einer Partei ihr etwa als nachlässig angelastet werden kann, wird im Lichte des Zwecks eines einstweiligen Verfahrens, das eine schnelle und effektive Sicherung bedrohter Rechte gewährleisten soll, zurückhaltender als im Hauptsacheverfahren zu bewerten sein.[1289] Zudem genügt auch im Berufungsverfahren die Glaubhaftmachung.[1290] Gegenstand des Berufungsverfahrens ist die Rechtmäßigkeit des vorherigen Arrests (bzw. dessen Ablehnung) zum Zeitpunkt des Schlusses der letzten mündlichen (Berufungs-)Verhandlung.[1291]

Eine Besonderheit besteht zudem, wenn die Arrestentscheidung durch Versäumnisurteil ergeht. Dann ist der Einspruch gemäß § 338 ZPO statthaft. Neben den allgemeinen Verfahrensregeln ist hier wiederum die Besonderheit des Eilverfahrens zu beachten.[1292]

2. Rechtsbehelfe gegen den Fortbestand der Arrestentscheidung

Der Antragsgegner kann sich nicht nur gegen den ursprünglichen Arrestbefehl richten, sondern ebenso gegen den Fortbestand der Entscheidung. Auf die Entscheidungsform des Arrests kommt es dabei nicht an.

OLG Düsseldorf OLGZ 1983, 358; OLG Frankfurt a.M. MDR 1983, 233; MüKoZPO/Touissant, § 78 ZPO Rn. 45; Saenger/Bendtsen, § 78 ZPO Rn. 19.

1288 Dunkl/Dunkl, Teil A Rn. 304; Stein/Jonas/Grunsky, § 922 ZPO Rn. 30.

1289 Vgl. OLG Hamburg GRUR-RR 2003, 135, 136.

1290 Walker, Rn. 377; Berger/Heiderhoff, Kap. 8 Rn. 10.

1291 Vgl. Mädrich, S. 37.

1292 Berger/Heiderhoff, Kap. 8 Rn. 14.

a) Verstoß gegen Klageerhebungsfrist (926 Abs. 2 ZPO)

Um die Dauer der einstweiligen Maßnahme zu begrenzen, ist es dem Schuldner gestattet, beim Arrestgericht die Anordnung einer Frist zur Klageerhebung seitens des Arrestgläubigers zu beantragen (§ 926 Abs. 1 ZPO). Lässt der Gläubiger die vom Gericht gesetzte Frist fruchtlos verstreichen, kann der Schuldner die Aufhebung der Arrestentscheidung schriftlich – hierfür herrschaft Anwaltszwang[1293] – oder beim Amtsgericht zu Protokoll der Geschäftsstelle beantragen (§ 926 Abs. 2 ZPO). Die Aufhebung darf bereits vor Ablauf der Frist beantragt werden.[1294] Zuständig ist das Gericht, durch welches der Gläubiger zur Erhebung der Hauptsacheklage verpflichtet wurde und das die Arrestentscheidung getroffen hat.[1295] Als Beweismaß genügt die Glaubhaftmachung.[1296]

Die Entscheidung ergeht durch Endurteil, welches entweder die Aufhebung der Eilmaßnahme anordnet oder den Antrag zurückweist.[1297] Durch das aufhebende Urteil entfällt der Arrestbefehl ex tunc mit der Verkündung der Entscheidung.[1298] Es wird von Amts wegen für vorläufig vollstreckbar erklärt (§ 708 Nr. 6 ZPO).[1299] Dementsprechend sind die entsprechenden Arrestmaßregeln sofort gemäß § 776 ZPO aufzuheben.[1300]

b) Veränderte Umstände

§ 927 ZPO sieht einen weiteren Rechtsbehelf speziell für das Eilverfahren vor, mit dem der Schuldner die Arrestentscheidung wegen veränderter Umstände angreifen kann. Anders als im Widerspruchsverfahren ist nicht der Anspruch des Gläubigers auf Erlass des Arrests, sondern der Anspruch des Schuldners auf

---

1293 Berger/Heiderhoff, Kap. 8 Rn. 47; Dunkl/Dunkl, Teil A Rn. 324.

1294 Mädrich, S. 65.

1295 Mädrich, S. 66; Walker, Rn. 557; Dunkl/Dunkl, Teil A Rn. 323, das erstinstanzliche Gericht ist dabei auch zuständig, wenn das Verfahren in der Berufungsinstanz anhängig ist.

1296 Wieczorek/Schütze/Thümmel, § 926 ZPO Rn. 22.

1297 Stein/Jonas/Grunsky, § 926 ZPO Rn. 18; Schuschke/Walker/Walker, § 926 ZPO Rn. 24; Mädrich, S. 72.

1298 Berger/Heiderhoff, Kap. 8 Rn. 54; Dunkl/Dunkl, Teil A Rn. 341.

1299 Für das zurückweisende Endurteil gilt § 708 Nr. 11 ZPO bzw. § 709 S. 1 ZPO, Wieczorek/Schütze/Thümmel, § 926 ZPO Rn. 23.

1300 Stein/Jonas/Grunsky, § 926 ZPO Rn. 18; Zöller/Vollkommer, § 926 ZPO Rn. 27; MüKoZPO/Drescher, § 926 ZPO Rn. 23; aA Schuschke/Walker/Walker, § 926 ZPO Rn. 24; Walker, Rn. 561, danach sollen bereits durchgeführte Vollstreckungsmaßnahmen bis zur Rechtskraft der Entscheidung nicht aufgehoben werden.

Beseitigung der erlassenen Entscheidung Gegenstand des Verfahrens.[1301] Damit soll die Wirkungsdauer und das Potential für Fehlentscheidungen hinsichtlich der Eilmaßnahme begrenzt werden.[1302] Das Aufhebungsverfahren ist Ausfluss des einstweiligen Charakters der Maßnahme, welche nur unter der „clausula rec in stantibus" ergeht.[1303] Seiner Funktion nach nimmt § 927 ZPO im Eilverfahren die Aufgaben der prozessualen Gestaltungsklagen nach §§ 323, 767 ZPO im Hauptsacheverfahren wahr.[1304] Zuständig ist das Gericht, das den Arrestbefehl erlassen hat, solange die Hauptsache noch nicht anhängig ist; danach entscheidet das Hauptsachegericht über die Aufhebung (§ 927 Abs. 2 ZPO).[1305] Inhaltlich muss der Schuldner veränderte Umstände vortragen, die den Arrestbefehl nunmehr unbegründet erscheinen lassen. Diese können sich sowohl auf den Arrestanspruch als auch auf den Arrestgrund beziehen.[1306] Typische Fälle sind etwa die rechtskräftige Klageabweisung in der Hauptsache, das Verstreichen der Vollziehungsfrist nach § 929 Abs. 2 ZPO oder die Sicherheitsleistung nach § 923 ZPO.[1307] Zeitlich müssen die Gründe zwar grundsätzlich nach dem Erlass der Arrestentscheidung eingetreten sein, darunter fällt aber auch, wenn der Schuldner lediglich nachträglich Kenntnis über einen objektiv im Zeitpunkt der Arrestentscheidung bestehenden Umstand erlangt,[1308] sofern seine Unkenntnis unverschuldet ist.[1309]

Hinsichtlich der Wirkung gilt zunächst das zu § 926 Abs. 2 ZPO Gesagte.[1310] Anders als bei § 926 ZPO wird die sofortige Aufhebung der durchgeführten Zwangsmaßnahme nach § 776 ZPO allerdings bis zur Rechtskraft mehrheitlich abgelehnt.[1311] Zudem wirkt die Entscheidung nur ex nunc, so dass nicht über die Rechtmäßigkeit des ursprünglichen Arrestbefehls entschieden wird.[1312]

1301 Mädrich, S. 38; Teplitzky, JuS 1981, 435, 436; Schlüter, ZZP 80 (1967), 447, 455.

1302 Walker, Rn. 542.

1303 Baur, Studien, S. 92; Mädrich, S. 38; Walker, Rn. 543 f; Schlüter, ZZP 80 (1967), 447, 454.

1304 Schlüter, ZZP 80 (1967), 447, 454.

1305 Anders in der Revisionsinstanz: BGH WM 1976, 134.

1306 Walker, Rn. 547.

1307 Näher dazu Berger/Heiderhoff, Kap. 8 Rn. 67 ff.

1308 OLG Frankfurt a.M. NJOZ 2005, 2556, 2558; Mädrich, S. 52 f; Baur, Studien, S. 92.

1309 Burgard/Fresemann, DRiZ 2000, 195, 198.

1310 Vgl. Berger/Heiderhoff, Kap. 8, Rn. 72 ff; Walker, Rn. 561.

1311 Dunkl/Dunkl, Teil A Rn. 380; Stein/Jonas/Grunsky, § 927, Rn. 18; Schuschke/Walker/Walker, § 927 ZPO Rn. 25; MüKoZPO/Drescher, § 927 ZPO Rn. 18; aA Wieczorek/Schütze/Thümmel, § 927 ZPO Rn. 16.

1312 Vgl. BFH NJW 2004, 2183, 2184.

3. Konkurrenz

Liegen die Voraussetzungen für die jeweiligen Aufhebungsverfahren vor, kann der Schuldner zwischen ihnen frei wählen.[1313] Praktisch wirkt sich die Wahl nur auf die Kostenfragen aus, da bei § 927 ZPO nicht über die ursprünglichen Kosten des Arrestverfahrens mitentschieden wird.[1314]

II. Rechtsbehelfe gegen die Vollziehung

Die Rechtsbehelfe gegen die Vollziehung einer Arrestentscheidung entsprechen weitgehend denjenigen gegen die Vollstreckung der Hauptsacheentscheidung.[1315] Grundsätzlich sieht die ZPO ein zweispuriges Rechtsbehelfssystem im Vollstreckungsrecht vor. Es unterscheidet zwischen formellen Einwendungen, die sich auf die prozessuale Zulässigkeit sowie das Vollstreckungsverfahren beziehen, und materiellen Einwendungen, die sich gegen die Richtigkeit der zur Vollstreckung stehenden Forderung (Hauptsacheforderung) und die Zugehörigkeit der gepfändeten Forderung zum Vermögen des Schuldners richten.[1316]

1. Formelle Einwendungen

Schuldner und Drittschuldner können formelle Einwendunge gegen Vollziehung des Arrestes mittels Erinnerung[1317] gemäß § 766 ZPO vorbringen. Der Rechtsbehelf richtet sich gegen die Art und Weise der Zwangsvollstreckung sowie gegen das Verfahren der Vollstreckungsorgane.[1318] Unter das Verfahren fällt dabei nicht nur der Vollstreckungsablauf, sondern auch die Zulässigkeit der Zwangsvollstreckung.[1319] Die Erinnerung ist sowohl bei Vollstreckung durch Pfändungsbeschluss, als auch bei der Vorpfändung statthaft.[1320] Eine Feststellungsklage auf Unwirksamkeit der Pfändung ist unzulässig, solange § 766 ZPO offensteht.[1321]

Mit der sofortigen Beschwerde gemäß § 793 ZPO sieht die ZPO einen weiteren Rechtsbehelf vor, mit dem der Schuldner (u.U. auch der Drittschuldner)

1313 Gaul/Schilken/Becker-Eberhard, § 77 Rn. 35; Mädrich, S. 87 ff; Dunkl/Dunkl, Teil A Rn. 266 ff.

1314 Stein/Jonas/Grunsky, § 924 ZPO Rn. 4.

1315 Berger/Heiderhoff, Kap. 9 Rn. 66.

1316 Gaul/Schilken/Becker-Eberhard, § 36 Rn. 6 ff; Stöber, Rn. 709.

1317 OLG München, NJW 1954, 1772; OLG Frankfurt RPfleger 1980, 485.

1318 Gaul/Schilken/Becker-Eberhard, § 37 Rn. 9; Berger/Heiderhoff, Kap. 9 Rn. 67.

1319 Gaul/Schilken/Becker-Eberhard, § 37 Rn. 9.

1320 OLG Düsseldorf NJW-RR 1993, 831.

1321 BGH NJW-RR 1989, 636, 637; NJW 1977, 1881.

formelle Einwendungen gegen die Arrestvollziehung geltend machen kann.[1322] Die sofortige Beschwerde richtet sich aber nur gegen Entscheidungen und nicht gegen Vollstreckungsmaßnahmen eines Vollstreckungsorgans.[1323] Die Unterscheidung richtet sich danach, ob vorher eine Anhörung der Parteien erfolgte (dann Entscheidung) oder ob die Vollstreckungsgewalt ohne vorherige Anhörung ausgeübt wurde (Vollstreckungsmaßnahme).[1324] Die Beschwerde muss innerhalb einer Frist von zwei Wochen ab Zustellung der Entscheidung eingelegt werden (§ 569 Abs. 1 S. 1, 2 ZPO).

Nachrangige Gläubiger können gegen die Pfändung mit der Erinnerung nach § 766 ZPO vorgehen.[1325]

Auf der anderen Seite kann sich der Gläubiger gegen die Zurückweisung des Pfändungsantrags mittels sofortiger Beschwerde wehren, da es sich hierbei um eine echte Vollstreckungsentscheidung und nicht nur um eine einseitige Vollstreckungsmaßnahme handelt.[1326]

2. *Materielle Einwendungen*

Im Unterschied zur Vollstreckung im Hauptsacheverfahren kann der Schuldner die Arrestvollziehung nicht mit einer Vollstreckungsgegenklage nach § 767 ZPO angreifen. Die materiellen Einwendungen, die damit geltend gemacht werden könnten, sind bereits von den spezielleren §§ 924, 926, 927 ZPO abgedeckt. Ein Rückgriff auf § 767 ZPO scheidet daher aus.[1327]

Dritten steht dagegen die Möglichkeit offen, materielle Einwendungen im Rahmen der Drittwiderspruchsklage (§ 771 ZPO) sowie der Klage nach § 805 ZPO geltend zu machen, soweit sie an der gepfändeten Forderung eigene Rechte geltend machen wollen.

1322 Stein/Jonas/Grunsky, § 924 ZPO Rn. 14.

1323 Gaul/Schilken/Becker-Eberhard, § 38 Rn. 6; Stöber, Rn 729 f.

1324 Gaul/Schilken/Becker-Eberhard, § 37 Rn. 24 ff.

1325 BGH NJW-RR 1989, 636, 637.

1326 OLG Koblenz NJW-RR 1986, 679; RPfleger 1973, 65, 66; RPfleger 1978, 226, 227; MDR 1983, 413, 414.

1327 OLG München FamRZ 1993, 1101 Rn. 4; OLG Koblenz GRUR 1986, 94, 95; OLG Karlsruhe GRUR 1979, 571; Musielak/Voit/Huber, § 924 Rn. 2.

B. Rechtsbehelfe des KPC

I. Rechtsbehelfe gegen den Sicherungsbeschluss

Als Rechtsbehelfe gegen einen Sicherungsbeschluss sieht das polnische Verfahrensrecht sowohl die Beschwerde als auch ein Aufhebungs- und Änderungsverfahren vor. Zu einem Konkurrenzverhältnis kommt es dabei nicht. Die Beschwerde ist statthaft, bevor der Sicherungsbeschluss in (beschränkte) Rechtskraft erwächst, anschließend kann der Sicherungsbeschluss nur noch im Aufhebungs- und Änderungsverfahren angegriffen werden. Allerdings ist das Gericht zur inhaltlichen Auslegung des jeweiligen Antrags verpflichtet, ohne dass es auf die konkrete Bezeichnung durch den Schuldner ankommt (Art. 130 § 1 i.V.m. Art. 13 § 2 KPC). Es muss daher unter Umständen einen Änderungsantrag vor Rechtskraft des Beschlusses als Beschwerde behandeln.[1328]

Die Beschwerde gegen den erstinstanzlichen Beschluss ist in Art. 741 KPC geregelt. Beschlüsse des Gerichts zweiter Instanz sind dagegen nicht beschwerdefähig.[1329] Die Beschwerde steht sowohl dem Antragsteller als auch dem Antragsgegner offen und kann sich entweder gegen den Beschluss im Ganzen richten oder nur auf einen Teil beschränkt werden.[1330] So können sich die Beteiligten z.B. gegen die Höhe der Sicherheitsleistung oder die festgelegte Vollstreckungsart werden.[1331] Die Beschwerde muss innerhalb einer Woche ab Zustellung des Beschlusses erhoben werden (Art. 394 § 2 i.V.m. Art. 13 § 2 KPC). Zuständig ist das Gericht zweiter Instanz (Art. 394 § 1 i.V.m. Art. 13 § 2 KPC). Inhaltlich muss der Vorwurf an die Zulässigkeit und/oder die Begründetheit der Sicherung geknüpft sein. Der Antragsgegner kann also nicht unmittelbar die Existenz der zu sichernden Forderung bestreiten, denn diese festzustellen ist nicht Gegenstand des Sicherungsverfahrens. Er muss vielmehr vorbringen, der Antragsteller habe diesen Anspruch nicht hinreichend glaubhaft gemacht.[1332] Der Beschwerdeführer ist bei seinem Vorbringen nicht auf Gründe beschränkt, die bereits vor Erlass des Beschlusses bestanden. Er kann sich ebenso auf nachträgliche Ereignisse/Änderungen berufen (Art. 394 § 3 KPC i.V.m. Art. 13 § 2 KPC).

1328 DKB/Jagieła, Band 3, Art. 741 KPC Rn. 6; Uliasz, S. 89; Jankowski/Muliński, Art. 741 KPC Rn. 3.

1329 Uliasz, S. 64; Ereciński/Ereciński, Band 3, Art. 741 KPC Rn. 2.

1330 Jankowski/Muliński, Art. 741 KPC Rn. 1.

1331 Ereciński/Ereciński, Band 3, Art. 741 KPC Rn. 3.

1332 DKB/Jagieła, Band 3, Art. 741 KPC Rn. 4; Ereciński/Ereciński, Band 3, Art. 741 KPC Rn. 7.

Die Beschwerde entfaltet keine rechtshemmende Wirkung.[1333] Der Beschluss bleibt gemäß Art. 360 KPC vollstreckbar. Der Schuldner kann allenfalls eine Aussetzung der Vollstreckung gemäß Art. 396 S. 1 i.V.m. Art. 13 § 2 KPC beantragen.[1334] Über einen solchen Antrag entscheidet das Gericht sodann in nichtöffentlicher Sitzung (Art. 396 S. 2 i.V.m. Art. 13 § 2 KPC).

Nach Ablauf der einwöchigen Frist (Art. 394 § 2 i.V.m. Art. 13 § 2 KPC) kann der Beschluss auf Antrag nur noch gemäß Art. 742 § 1 S. 1 KPC aufgehoben oder geändert werden, soweit dessen Grundlage nachträglich weggefallen ist oder sich geändert hat. Umstände, die vor der Rechtskraft des Sicherungsbeschlusses mit der Beschwerde hätten vorgebracht werden können, sind damit präkludiert. Antragsberechtigt ist nur der Antragsgegner; dem Antragsteller bleibt ab diesem Zeitpunkt nur noch die Möglichkeit, einen neuen Antrag zu stellen.[1335] Eine gesetzliche Regelung der Zuständigkeit für das Änderungs- und Aufhebungsverfahren sieht das Gesetz nicht vor. Es wird das Gericht für zuständig erachtet, bei dem sich die Verfahrensakte befindet.[1336] Es entscheidet immer erst nach mündlicher Verhandlung (Art. 742 § 3 KPC). Inhaltlich müssen tatsächliche Umstände vorgetragen werden, die zu einem Entfallen des Sicherungsanspruchs oder des Sicherungsinteresses geführt haben.[1337] Gegen den Aufhebungs- oder Änderungsbeschluss steht dem Gläubiger wiederum die Beschwerde zu. Diese hemmt die Durchführung des angegriffenen Beschlusses (Art. 742 § 3 KPC). Die Aufhebung tritt erst mit Rechtskraft der Entscheidung über den Antrag ein. Der Beschluss ist daher erst mit Rechtskraft vollstreckbar.[1338]

II. Rechtsbehelfe gegen die Vollziehung

Das polnische Vollstreckungsrecht kennt sowohl formelle als auch materielle Rechtsmittel bzw. Rechtsbehelfe. Formelle Fehler richten sich gegen den unrechtmäßigen Verfahrensablauf der Vollstreckung und können etwa mit der Klage gegen die Handlungen des Gerichtsvollziehers bei der Vollziehung oder

1333 Zembrzuski, Rejent 5/2010, 81.

1334 Ausführlich dazu Zembrzuski, Rejent 5/2010, 81 ff.

1335 Ein Änderungsantrag des Gläubigers wird deshalb auch als neuer, eigenständiger Sicherungsantrag ausgelegt, vgl. Oberster Gerichtshof, Urt. v. 29.07.1954 – 2 C 757/53, OSN 1955, Pos. 36; Wengerek, Art. 742 KPC Nr. 5; Ereciński/Ereciński, Band 3, Art. 741 KPC Rn. 2.

1336 DKB/Jagieła, Band 3, Art. 742 KPC Rn. 5; Jankowski/Muliński, Art. 742 KPC Rn. 6; aA Uliasz, S. 89, stellt generell auf das nach Art. 734 KPC zuständige Gericht ab.

1337 Uliasz, S. 89 f.

1338 DKB/Jagieła, Band 3, Art. 742 KPC Rn. 7.

im Verteilungsverfahren angegriffen werden. Materielle Vorwürfe dagegen werden durch Vollstreckungsabwehrklagen vorgebracht. Sie richten sich gegen die Zulässigkeit und Begründetheit der Vollstreckung allgemein sowie die Einbeziehung bestimmter Vermögensteile.[1339]

1. Formelle Einwendungen

Gegen die Handlungen des Gerichtsvollziehers steht den Beteiligten und dritten Personen, die ein rechtliches Interesse daran haben,[1340] die Klage gemäß Art. 767 § 1, 2 KPC zu. Das Verfahren ist nicht nur im Exekutionsverfahren statthaft, sondern kommt auch bei der Sicherungspfändung zur Anwendung.[1341] Die Klage ist binnen einer Woche ab Benachrichtigung über die vorläufige Pfändung beim Amtsgericht einzureichen, das nach den allgemeinen Grundsätzen zuständig ist (Art. 767 § 1, 4 KPC). Bleibt eine Benachrichtigung aus, ist auf den Zeitpunkt abzustellen, in dem der Kläger Kenntnis von der Handlung erlangt, Art. 767 § 4 S. S 1. Bei Unterlassungen des Gerichtsvollzieher ist die Klage ebenfalls statthaft (Art. 767 § 1 S. 2 KPC), so etwa wenn er den Schuldner nicht über die Einleitung der Zwangsvollstreckung unterrichtet oder eine Einstellung von Amts wegen versäumt.[1342] Der Gläubiger kann damit aber nicht die Untätigkeit des Gerichtsvollziehers i.S. einer Verfahrensverzögerung beanstanden.[1343] Letzteres ist nur mittels verwaltungsrechtlicher Aufsichtsklage zum Präsidenten des Gerichts möglich, dem der Gerichtsvollzieher zugeordnet ist.[1344] Inhaltlich können mit der Klage gemäß Art. 767 § 1 KPC lediglich formelle Mängel im Vollstreckungsverfahren geltend gemacht werden, also die Nichtbeachtung allgemeiner oder besonderer Verfahrensvorschriften.[1345] Materielle Einwände, etwa die Zugehörigkeit der beschlagnahmten Forderung zum Vermögen eines Dritten, sind im Rahmen dieses Verfahrens ausgeschlossen.[1346]

1339 Romańska/Leśniak, Teil II B. 8.1, S. 741.

1340 Vgl. dazu Oberster Gerichtshof, Beschl. v. 28.2.1992 - III CZP 5/92, OSNC 1992, Nr. 9, Pos. 159.

1341 Weitz, in: Kengyel/Harsági, S. 181, 193 f; vgl auch Zawistowski, Art. 743 KPC Nr. 10.

1342 Gołaczyński/Woźniak, Wybrane Zagadnienia, S. 31 f.

1343 Oberster Gerichtshof, Urt. v. 14.6.1973 – I CR250/73, OSNC 1974, Nr. 6, Pos. 110.

1344 Gołaczyński/Woźniak, Wybrane Zagadnienia, S. 32.

1345 Cieślak, PS 11-12/2003, 106, 107 f.

1346 Romańska/Leśniak, Teil II B. 8.2.5, S. 749; Gołaczyński/Woźniak, Wybrane Zagadnienia, S. 40; ausführlich zu den einzuhaltenden Verfahrensvorschriften und den Folgen ihrer Nichtbeachtung: Cieślak, PS 11-12/2003, 106, 108 ff; zur umstrittenen Konkurrenz mit Art. 841 KPC bei Treuhandkonten: Wierzbicki, Pr.Bank 2006, 54, 60 ff.

Die Klage gegen die Handlung des Gerichtsvollziehers ist unstatthaft, wenn das Gesetz ein spezielleres Rechtsmittel gegen die Tätigkeit vorsieht. So ist es im Fall des Art. 1027 § 2 KPC bei der Rüge des Verteilungsplans.[1347]

2. *Materielle Einwendungen*

Grundsätzlich kann der Vollstreckungsschuldner mittels einer Vollstreckungsabwehrklage gemäß Art. 840 § 1 KPC materielle Einwendungen geltend machen, die Umstände, auf denen die Vollstreckungsklausel beruht, bestreitet oder eine zwischenzeitliche Erfüllung der geforderten Pflicht nachweist. Im Sicherungsverfahren ist dem Schuldner indes der Weg über eine Vollstreckungsabwehrklage gemäß Art. 840 § 1 KPC verwehrt.[1348] Er muss sich hinsichtlich seiner materiellen Einwendungen vielmehr an die spezielleren Rechtsbehelfe zum Sicherungsverfahren halten, insbesondere also eine Beschwerde oder einen Änderungs- bzw. Aufhebungsantrag stellen.

Dritten ist eine solche Möglichkeit im Sicherungsverfahren nicht eröffnet. Wie im Exekutionsverfahren können sie aber mit einer Vollstreckungsabwehrklage gegen die Vollziehung vorgehen und die Befreiung der beschlagnahmten Forderung verlangen, soweit sie hierdurch in ihren Rechten verletzt sind (Art. 841 § 1 KPC).[1349] Eine solche Klage muss innerhalb eines Monats ab Kenntniserlangung von der Rechtsverletzung eingelegt werden (Art. 841 § 3 KPC).

C. Rechtsbehelfe der EuKpfVO

Die EuKpfVO statuiert ein eigenständiges Rechtsbehelfssystem. Anders als noch der Kommissionsentwurf unterteilt sie dabei nicht mehr primär nach Ursprungs-, Vollstreckungs- und Wohnsitzmitgliedstaat (so noch Art. 34 ff EuKpfVO-E),[1350] sondern orientiert die Rechtsbehelfe grundsätzlich an Verfahrensabschnitten, trennt also kategorisch solche gegen die Anordnung und gegen den Vollzug des Pfändungsbeschlusses (vgl. Kapitel 4, insbesondere Art. 33 ff EuKpfVO).[1351] Letztlich ist damit allerdings keine Abkehr von dem bereits aus anderen Verordnungen bekannten System zu sehen, wonach Einwendungen gegen den Erlass des Beschlusses im Ursprungsmitgliedstaat und solche gegen

1347 Gołaczyński/Brulińska, Art. 767 KPC Nr. 1.
1348 Romańska/Leśniak, Teil II B. 9.1.1, S. 770.
1349 DKB/Jagieła, Band 3, Art. 743 KPC Rn. 8.
1350 Dazu Domej, FS Simotta, S. 129.
1351 Hierfür bereits im Vorfeld: Hess, FS Kropholler, S. 795, 803.

die Vollstreckung im Vollstreckungsmitgliedstaat überprüft werden (vgl. etwa Art. 18 u. 22 EuGFVO, Art. 16 u. 22 EuMVVO, Art. 10 u. 21 EuVTVO). Anders als noch der Entwurf (vgl. Art. 35 Abs. 2, 3 (i) EuKpfVO-E) sieht die endgültige Fassung der EuKpfVO keine Möglichkeit der Gerichte im Vollstreckungsmitgliedstaat vor, den Beschluss eines Gerichts aus einem anderen Mitgliedstaat aufzuheben. Die direkte Einwirkung auf ausländische Gerichtsakte ist damit, ebenso wie in anderen europäischen Verordnungen, weiterhin ausgeschlossen.[1352] Dementsprechend musste auch die spezielle Rechtsbehelfszuständigkeit im Wohnsitzmitgliedstaat eines Verbrauchers, Versicherungsnehmers und Arbeitnehmers (Art. 36 EuKpfVO-E) entfallen. Diese Personengruppen konnten nach der Entwurfsfassung sämtliche Rechtsbehelfe sowohl gegen den Beschluss als auch gegen dessen Vollstreckung in ihrem Wohnsitzmitgliedstaat geltend machen.

Die Gebühren des Rechtsbehelfs überlässt die EuKpfVO den nationalen Gesetzgebern, begrenzt sie der Höhe nach aber auf die Gebühr für einen Rechtsbehelf gegen einen gleichwertigen nationalen Beschluss (Art. 42 EuKpfVO).

I. Eigenes Rechtsbehelfssystem

1. Rechtsbehelfe gegen Anordnung und Ablehnung des Pfändungsbeschlusses

Die EuKpfVO enthält in Art. 33 die Rechtsbehelfe des Schuldners gegen den Beschluss zur vorläufigen Pfändung. Daneben existieren in Art. 35 Abs. 1 und 3 EuKpfVO weitere „sonstige“ Rechtsbehelfe, auf die sich sowohl der Gläubiger als auch der Schuldner berufen können. Hiervon abgetrennt finden sich schließlich in Art. 21 EuKpfVO die Rechtsbehelfe des Gläubigers gegen eine ablehnende Entscheidung über den Pfändungsantrag.

a) Rechtsbehelfe des Schuldners

In welchen Fällen der Schuldner sich gegen den stattgebenden Pfändungsbeschluss wenden kann, regelt zunächst Art. 33 Abs. 1 EuKpfVO in einer enumerativen Aufzählung. Dies ist nach dem dortigen Katalog der Fall, wenn Bedingungen oder Voraussetzungen dieser Verordnung nicht erfüllt sind (lit. a), dem Schuldner der Beschluss oder wesentliche Schriftstücke nicht rechtzeitig

1352 Domej, FS Simotta, S. 129, 131, spricht hierbei von der letzten Bastion der nationalen Souveränität im Prozessrecht und befürwortet einen solchen grenzüberschreitenden Eingriff.

zugeleitet (lit. b), oder die Sprachanforderungen nicht eingehalten wurden (lit. c), eine Überpfändung nicht rechtzeitig freigegeben (lit. d), die Hauptsacheforderung erfüllt wurde (lit. e), eine abweisende Entscheidung im Hauptsacheverfahren ergangen ist (lit. f) oder ein bereits bestehender Hauptsachetitel aufgehoben oder annulliert wurde (lit. g). Zusätzlich sieht Art. 33 Abs. 2 EuKpfVO einen Rechtsbehelf auf Überprüfung der Sicherheitsleistung vor.

Für all diese Rechtsbehelfe sind die Gerichte des Ursprungsmitgliedstaats zuständig. Anders als bei den sonstigen Rechtsbehelfen in Art. 35 Abs. 1 EuKpfVO, bei denen das Gericht zuständig ist, das den Pfändungsbeschluss erlassen hat, spricht die Verordnung im Rahmen von Art. 33 Abs. 1 EuKpfVO nur vom „zuständigen" Gericht im Ursprungsmitgliedstaat. Dabei muss es sich nicht zwingend um das Gericht handeln, das den Beschluss erlassen hat (vgl. Art. 50 Abs. 1 lit. l EuKpfVO). Die Bestimmung des „zuständigen" Gerichts ist dem nationalen Gesetzgeber überlassen. Damit kann dem Rechtsbehelf auch ein Devolutiveffekt zukommen, sofern das nationale Recht dies vorsieht.

Wurde der europäische Kontenpfändungsbeschluss im Inland erlassen, entscheidet in Deutschland das Erlassgericht über Rechtsbehelfe nach Art. 33 Abs. 1, 2 EuKpfVO, vgl. § 954 Abs. 1 ZPO.

aa) Bedingung oder Voraussetzung nicht erfüllt

Bedingungen oder Voraussetzungen dieser Verordnung i.S.v. Art. 33 Abs. 1 lit. a EuKpfVO sind zunächst alle hinsichtlich des Erlasses des Pfändungsbeschlusses zwingenden Vorschriften der Verordnung. Hierunter fallen Fehler oder Unzulänglichkeiten hinsichtlich der Zulässigkeit und der Begründetheit des Pfändungsbeschlusses, so etwa, wenn der Beschluss von einem unzuständigen Gericht erlassen wurde, gar kein grenzüberschreitender Fall vorliegt, die Frist zur Einleitung des Hauptsacheverfahrens nicht eingehalten wurde sowie wenn Erlassanspruch oder Erlassgrund fehlen (vgl. ErwG 32 EuKpfVO). Erfasst werden nur solche Fehler, die sich im Beschluss niedergeschlagen haben, also bereits ursprünglich vorhanden waren. Entfallen oder ändern sich die Bedingungen nachträglich, ist Art. 33 Abs. 1 lit. a EuKpfVO nicht eröffnet.[1353] Nachträgliche Änderungen werden erst durch Art. 35 Abs. 1 EuKpfVO erfasst. Darüber hinaus ist die Reichweite zweifelhaft. Insbesondere zu den nachfolgenden Rechtsbehelfsgründen des Katalogs stellen sich Abgrenzungsfragen.

1353 Rauscher/Rauscher/Wiedemann, Art. 33 EU-KPfVO Rn. 5.

bb) Abgrenzung zum Verstreichenlassen der Zustellungsfrist

Gemäß Art. 33 Abs. 1 lit. b EuKpfVO soll dem Schuldner ein Rechtsbehelf zustehen, wenn ihm der Beschluss und die wesentlichen Schriftstücke nicht innerhalb von 14 Tagen nach Kontopfändung zugestellt wurden. Problematisch daran könnte das Zusammenspiel mit Art. 28 EuKpfVO sein. Auch dort ist eine Fristenregelung getroffen (vgl. Art. 28 Abs. 2 und 3 EuKpfVO). Die Zustellung des Beschlusses und der wesentlichen Schriftstücke muss bis zum Ende des dritten Tages nach Erhalt der Drittschuldnererklärung i.S.v. Art. 25 EuKpfVO veranlasst werden. Es stellt sich die Frage, ob und wie ein Verstoß hiergegen beachtlich ist. Über lit. b kann sich der Schuldner wegen eines Verstoßes gegen die 3-Tage-Frist angesichts des klaren Wortlauts nicht wehren. Dieser Weg steht ihm erst mit Verstreichen der 14-Tage-Frist zu. In Betracht kommt allenfalls Art. 33 Abs. 1 lit. a EuKpfVO. Die Vorschrift müsste dann nicht nur die Bedingungen und Voraussetzungen des Beschlusserlasses umfassen, sondern sämtliche zwingenden Vorschriften hinsichtlich des Pfändungsbeschlusses. Eine solche Auslegung wird durch Erwägungsgrund 32 EuKpfVO unterstützt. Dieser spricht in diesem Zusammenhang generell von Anforderungen, welche die Verordnung aufstellt. Dass solche nur auf Erlass und nicht etwa auch auf Wirksamkeit des Beschlusses bezogen werden sollen, folgt weder aus Art. 33 EuKpfVO noch aus Erwägungsgrund 32.

Allerdings könnte ein solcher schuldnerischer Rechtsbehelf im Umkehrschluss zu Art. 33 Abs. 1 lit. b EuKpfVO ausgeschlossen sein, soweit hierdurch die Nachprüfbarkeit der Zustellungsfrist eine endgültige (speziellere) Regelung erfährt. Dann müsste der Schuldner das Verstreichen der 14 tägigen Frist abwarten, auch wenn er (etwa am achten oder neunten Tag nach Zustellung der Drittschuldnererklärung an den Gläubiger) gesicherte Kenntnisse hätte, dass die Zustellung nicht veranlasst wurde und sie daher nicht rechtzeitig erfolgen wird. Wegen der möglicherweise weitreichenden Folgen für den Schuldner und der elementaren Bedeutung der Zustellung für dessen Verteidigung erscheint es ihm nicht zumutbar, die Frist abzuwarten. Es muss dem Schuldner gestattet sein, den Rechtsbehelf wegen verspäteter Zustellungsveranlassung auf Art. 33 Abs. 1 lit. a EuKpfVO zu stützen.

Nach diesem Verständnis wäre in Art. 33 Abs. 1 lit. b EuKpfVO nur die Höchstfrist für die tatsächliche Zustellung geregelt. Diese steht funktionell neben der Veranlassungsfrist in Art. 28 Abs. 2 und 3 EuKpfVO und ergänzt diesen Schutz.

Hierfür spricht auch die Heilungsvorschrift des Art. 33 Abs. 3 EuKpfVO. Danach können Zustellungsmängel unter gewissen Voraussetzungen geheilt werden, wenn eine ordnungsgemäße Zustellung bzw. deren Veranlassung innerhalb von 14 Tagen nach Unterrichtung des Gläubigers über den Rechtsbehelf des Schuldners erfolgt (Art. 33 Abs. 3 UAbs. 1 EuKpfVO). War von Amts wegen zuzustellen, so gilt ein Fehler als geheilt, wenn der Gläubiger die Zustellung in diesem Zeitraum beantragt (Art. 33 Abs. 3 UAbs. 2 lit. a EuKpfVO) oder der Schuldner in seinem Rechtsbehelf angegeben hat, dass er damit einverstanden ist, die Schriftstücke beim Gericht des Ursprungsmitgliedstaats abzuholen (Art. 33 Abs. 3 UAbs. 3 lit. b EuKpfVO). Im Parteibetrieb dagegen muss der Gläubiger nachweisen, alles Erforderliche zur Bewirkung der ursprünglichen Zustellung unternommen zu haben (Art. 33 Abs. 3 UAbs. 4 EuKpfVO). Dazu muss er aber auch die 3-Tage-Frist aus Art. 28 Abs. 2 und 3 EuKpfVO beachtet haben. Alles Erforderliche für die ursprüngliche Zustellung hätte der Gläubiger also nur dann getan, wenn er eine ordnungsgemäße Zustellung innerhalb dieser Frist veranlasst hätte und die tatsächliche Zustellung im Anschluss dennoch nicht innerhalb der 14 tätigen Frist des Art. 33 Abs. 1 lit. b EuKpfVO erfolgt wäre.

Dem stehen auch die für den Gläubiger möglicherweise besonders schwerwiegenden Folgen aufgrund der (auch nur wenig) verspäteten Zustellungsveranlassung (z.B. Aufhebung des Pfändungsbeschlusses wegen Veranlassung erst am vierten Tag, obwohl die Zustellung dann doch vor Ablauf der 14-tägigen Frist erfolgte) nicht entgegen. Zum einen hat es der Gläubiger im Parteibetrieb selbst in der Hand, wann er die Zustellung veranlasst; dies darf insbesondere im Verhältnis zu Mitgliedstaaten mit Amtsbetrieb nicht zu einer Besserstellung des Gläubigers auf Kosten des Schuldners führen. Andernfalls wären die zahlreichen Beschleunigungsbemühungen der Verordnung wirkungslos. Im Amtsbetrieb ist der Gläubiger zudem hinreichend durch die Möglichkeit geschützt, die fehlende Zustellung durch einen entsprechenden Zustellungsauftrag gemäß Art. 33 Abs. 3 UAbs. 1, 2 lit. a EuKpfVO zu heilen. Zum anderen verwirklicht sich hierdurch auch ein gewisser Sanktionscharakter, der das strikte ex parte-Verfahren kompensiert und dem Rechtsbehelfssystem der Verordnung keineswegs fremd ist. Im Rahmen von Art. 33 Abs. 1 lit. d EuKpfVO kommt eine solche Intention des Gesetzgebers deutlicher zu Tage. Demnach kann der Pfändungsbeschluss gänzlich aufgehoben werden, wenn der Gläubiger es unterlässt, Beträge, die der Höhe nach die Summe im Beschluss übersteigen, rechtzeitig freizugeben. Die Verordnung ermöglicht nicht nur, gegen den vollstreckungsrechtlichen Fehler vorzugehen, sondern zugleich, den ganzen Titel zu Fall zu bringen.

Ein ausschließender Charakter kann dem Rechtsbehelf gemäß Art. 33 Abs. 1 lit. b EuKpfVO und der darin enthaltenen 14 tägigen Frist daher zumindest in Bezug auf die Möglichkeit des Schuldners, einen Verstoß gegen die in Art. 28 Abs. 2 und 3 EuKpfVO festgelegten Fristen mittels des Rechtsbehelfs nach Art. 33 Abs. 1 lit. a EuKpfVO zu beanstanden, nicht zugemessen werden. Ebenso wenig wird ein Rechtsbehelf nach Art. 33 Abs. 1 lit. a EuKpfVO wegen Verstoßes gegen die in Art. 28 Abs. 2 und 3 EuKpfVO festgelegten Fristen dadurch ausgeschlossen, dass dem Schuldner gegen die fehlende Einhaltung der Sprachanforderungen an Schriftstücke, die ihm gemäß Art. 28 zugestellt wurden, der Rechtsbehelf gemäß Art. 33 Abs. 1 lit. c EuKpfVO zusteht. Hierauf findet die Heilungsvorschrift in Art. 33 Abs. 4 EuKpfVO Anwendung, die ihrerseits wiederum weitgehend auf die Heilung von Zustellungsmängeln verweist.

cc) Weitere Gründe

Ferner kann der Schuldner den Beschluss beseitigen, wenn die Hauptsacheforderung beglichen (lit. e)[1354] oder im Hauptsacheverfahren abgewiesen wurde (lit. f) sowie, wenn der Hauptsachetitel aufgehoben oder annulliert wird. Die Begleichung der Forderung und die Abweisung der Forderung im Hauptsacheverfahren wurden noch in Art. 40 EuKpfVO-E als Beispiele für veränderte Umstände aufgeführt.[1355] Auch war die Aufhebung des Beschlusses zuvor allein durch die Gerichte des Vollstreckungsmitgliedstaats vorgesehen, wenn der Gläubiger sich auf einen zugrunden liegenden Hauptsachetitel berief und dieser im Ursprungsmitgliedstaat aufgehoben oder seine Vollstreckung im Ursprungsmitgliedstaat ausgesetzt wurde (Art. 35 Abs. 3 EuKpfVO-E).[1356] Art. 33 Abs. 1 lit. g EuKpfVO verortet solche Rechtsbehelfe jetzt im Ursprungsmitgliedstaat.

dd) Sonstige Rechtsbehelfe nach Art. 35 EuGVO

Daneben steht dem Schuldner (wie auch dem Gläubiger, dazu sogleich) der Rechtsbehelf des Art. 35 Abs. 1 EuKpfVO zu. Die Vorschrift ist nicht wie Art. 33 Abs. 1 lit. e bis g EuKpfVO auf einen bestimmten Sonderfall beschränkt, sondern findet für eine Vielzahl von Konstellationen Anwendung, etwa auch dann, wenn die Hauptsacheforderung zwar nicht beglichen wurde, aber auf sonstige Weise entfallen ist, z.B. durch Verzicht. Es muss sich aber stets um Umstände handeln, die sich nachträglich geändert haben und Grundlage des Beschlusses waren. Einen darüber hinausgehenden Auffangtatbestand schafft die Vorschrift nicht.[1357] Sieht der Ursprungsmitgliedstaat eine entsprechende Regelung vor,

---

1354 Ein Rechtsbehelf wegen nachträglicher Erfüllung war noch im Kommissionsentwurf überhaupt nicht berücksichtigt; deshalb kritisch: Domej, FS Simotta, S. 129, 134.

1355 Nach Domej, FS Simotta, S. 129, 135 Fn. 34 muss dies auch für die nachträgliche Aufhebung des Titels oder die Aussetzung seiner Vollstreckbarkeit gelten.

1356 Kritisch zur damaligen Regelung: Domej, FS Simotta, S. 129, 134.

1357 Rauscher/Rauscher/Wiedemann, Art. 35 EU-KPfVO Rn. 1 f.

kann das Gericht wegen veränderter Umstände von Amts wegen tätig werden (Art. 35 Abs. 2 EuKpfVO). Der deutsche Gesetzgeber hat von dieser Möglichkeit keinen Gebrauch gemacht; es verbleibt bei dem Antragserfordernis des § 927 Abs. 1 ZPO.[1358] Sofern Art. 33 Abs. 1 lit. e bis g EuKpfVO einschlägig sind, liegen zugleich zwar auch veränderte Umstände vor. In diesen Fällen verbietet sich aber ein Rückgriff auf Art. 35 Abs. 1, 2 EuKpfVO. Andernfalls könnte das Antragserfordernis in Art. 33 Abs. 1 EuKpfVO ausgehöhlt werden.

Schließlich kann der Schuldner gemeinsam mit dem Gläubiger bei dem Gericht, das den Beschluss erlassen hat, Widerruf oder Abänderung verlangen, wenn er sich mit dem Gläubiger über die Erfüllung der Hauptsacheforderung geeinigt hat (Art. 35 Abs. 3 EuKpfVO).

In Deutschland fällt die Zuständigkeit für Rechtsbehelfe nach Art. 35 Abs. 3 EuKpfVO dem Vollstreckungsgericht zu (§ 954 Abs. 3 S. 1 ZPO), wenn sie im Vollstreckungsmitgliedstaat eingelegt werden. Die Entscheidung ergeht entgegen § 927 Abs. 2 ZPO durch Beschluss, auch sofern nach Art. 35 EuKpfVO das Gericht zuständig ist, das den europäischen Pfändungsbeschluss erlassen hat (§ 954 Abs. 3 S. 2 ZPO).[1359]

b) Rechtsbehelfe des Gläubigers

Wurde der Pfändungsantrag durch Beschluss ganz oder teilweise abgelehnt, so richtet sich der Rechtsbehelf des Gläubigers nach Art. 21 Abs. 1 EuKpfVO. Er kann sich gegen diese Ablehnung innerhalb von 30 Tagen ab Mitteilung der Entscheidung wehren (Art. 21 Abs. 2 EuKpfVO). An einem neuen Antrag zur Sicherung derselben Forderung wird der Gläubiger durch die ablehnende Entscheidung nicht gehindert. Allerdings muss er den Antrag dann auf neue Fakten oder neue Beweismittel stützen können (ErwG 22 EuKpfVO). In Deutschland ist die sofortige Beschwerde (§ 567 ff. ZPO) der statthafte Rechtsbehelf gegen die (auch nur teilweise) Ablehnung (§ 953 Abs. 1 ZPO). [1360] Sie kommt nur gegen Entscheidungen, die im ersten Rechtszug ergangen sind, in Betracht, vgl. § 567 Abs. 1 ZPO.

Die sofortige Beschwerte steht dem Gläubiger ferner gegen den Widerruf des Beschlusses zur vorläufigen Kontenpfändung (Art. 10 Abs. 2 EuKpfVO i.V.m. § 949 Abs. 1 ZPO) zu, soweit dieser durch das Gericht des ersten Rechtszuges erfolgt ist, vgl. § 953 Abs. 1 ZPO (zum Widerruf bereits unter § 6 D. III.).

1358 BT-Drs. 18/7560, S. 45.

1359 BT-Drs. 18/7560, S. 45.

1360 BT-Drs. 18/7560, S. 44.

Die Rechtsbeschwerde ist (wegen des provisorischen Charakters und der zeitlich begrenzten Wirkung des europäischen Kontenpfändungsbeschlusses)[1361] in Verfahren zur grenzüberschreitenden vorläufigen Kontenpfändung stets ausgeschlossen (§§ 957 ZPO, 574 Abs. 1 S. 2 ZPO).

Wurde dem Pfändungsantrag stattgegeben, kann sich der Gläubiger ebenso wie der Schuldner auf die sonstigen Rechtsbehelfe berufen, also veränderte Umstände (Art. 35 Abs. 1 EuKpfVO), insbesondere die Einigung über die Erfüllung (Art. 35 Abs. 3 EuKpfVO, allerdings nur gemeinsam mit dem Schuldner) geltend machen.

c) Rechtsbehelfe Dritter

Rechtsbehelfe Dritter, namentlich der Bank als Drittschuldnerin, gegen den Pfändungsbeschluss sieht die Verordnung, nicht vor. Lediglich die internationale Zuständigkeit gibt die Verordnung vor. Diese liegt bei den Gerichten des Ursprungsmitgliedstaats (Art. 39 Abs. 3 lit. a EuKpfVO). Im Übrigen verweist sie diesbezüglich auf die Vorschriften im Ursprungsmitgliedstaat (Art. 39 Abs. 1 EuKpfVO).

2. Rechtsbehelfe gegen die Vollstreckung

Rechtsbehelfe, die sich gegen die Vollstreckung des Beschlusses richten, sind in Art. 34 und Art. 35 Abs. 3, 4 EuKpfVO geregelt. Die Vorschrift knüpft dabei sowohl an Fehler im Vollstreckungsverfahren selbst als auch an Gründe der Anerkennungsverweigerung des Hauptsachetitels an. Die Reichweite dieser Rechtsbehelfe ist stets auf den entsprechenden Mitgliedstaat beschränkt, in dem der Rechtsbehelf eingelegt wird (Art. 34 Abs. 1, 2 EuKpfVO).

a) Rechtsbehelfe des Schuldners

Auf Art. 34 EuKpfVO kann sich allein der Schuldner berufen. Absatz 1 der Regelung unterscheidet zwischen Einschränkung (lit. a) und Beendigung der Vollstreckung (lit. b). Eine Einschränkung soll nach der Verordnung möglich sein, wenn Freibeträge geltend gemacht werden oder diese nicht richtig bei der Ausführung berücksichtigt wurden. Der Rechtsbehelf ist auf den Vollstreckungsmitgliedstaat beschränkt, da sich die Höhe der Freibeträge nach dem Recht dieses Staates und nicht nach dem Wohnsitzmitgliedstaat des Schuldners bestimmt. So werden die Gerichte und Vollstreckungsbehörden jedenfalls von der Schwierigkeit befreit,

1361 BT-Drs. 18/7560, S. 46.

die Pfändungsfreigrenzen eines anderen Mitgliedsstaats ermitteln zu müssen. Dazu konnte es noch nach der Regelung des Kommissionsentwurfs kommen, wenn der Schuldner einer der besonders schutzwürdigen Personengruppe (Verbraucher, Versicherungsnehmer, Arbeitnehmer) zuzuordnen war. Eine solche Ermittlungspflicht stünde der Beschleunigung und Effektivierung des Verfahrens entgegen, die der Gesetzgeber beabsichtigt, indem er hinsichtlich des Pfändungsschutzes nicht auf die Regeln im Wohnsitzstaat, sondern im Vollstreckungsmitgliedstaat abstellt.[1362]

Beendet wird die Vollstreckung, wenn (i) das Konto schon gar nicht von der Verordnung erfasst wird (vgl. Art. 2 Abs. 3, 4 EuKpfVO). In diesen Fällen ist bereits der Anwendungsbereich der Verordnung nicht eröffnet. Ein Rechtsbehelf kann auch vor den Gerichten des Ursprungsmitgliedsstaats eingelegt werden (Art. 33 Abs. 1 lit. a EuKpfVO). Aus der Zusammenschau folgt, dass der fehlende Anwendungsbereich der EuKpfVO im Übrigen ausschließlich vor den Gerichten des Ursprungsmitgliedsstaats geltend gemacht werden kann.[1363] Die eingeschränkte oder ausgeschlossene Nachprüfbarkeit des Anwendungsbereichs durch die Gerichte im Vollstreckungsmitgliedstaat entspricht im Übrigen auch der Regelung in anderen europäischen Verordnungen, wie der EuMVVO[1364] oder der EuGFVO[1365].

Zur Beendigung kann es auch kommen, wenn der Hauptsachetitel im Vollstreckungsstaat nicht vollstreckbar ist, weil die Vollstreckung verweigert (ii) oder ausgesetzt (iii) wurde. Im Anwendungsbereich der novellierten EuGVO wird die Anerkennung nur noch auf Antrag des Schuldners versagt (Art. 46 ff EuGVO) und/oder ausgesetzt (Art. 51 EuGVO).[1366] Auf ein Tätigwerden des Gläubigers ist der Schuldner also nicht angewiesen.

Zudem können auch die bereits in Art. 33 Abs. 1 lit. b, c, d, e, f oder g EuKpfVO genannten Gründe zur Aufhebung führen (iv). Hierdurch kann es zu parallelen Verfahren vor Gerichten unterschiedlicher Mitgliedstaaten kommen. Solche Kollisionen müssen dann nach Art. 28 ff EuGVO gelöst werden.[1367] Art. 34 Abs. 1 lit. b (iv) EuKpfVO verweist nicht auch auf Art. 33 Abs. 1 lit. a EuKpfVO. Materielle Einwendungen gegen den Beschluss sollen nach dem Willen

1362 Domej, FS Simotta, S. 129, 137.

1363 So auch Rauscher/Rauscher/Wiedemann, Art. 34 EU-KPfVO Rn. 3; aA Domej, FS Simotta, S. 129, 138.

1364 Dazu MüKoZPO/Ulrici, Art. 22 VO (EG) 1896/2006 Rn. 24.

1365 Dazu Rauscher/Varga, Band 2, Art. 22 EG-BagatellVO Rn. 10.

1366 Zur Aussetzung: Saenger/Dörner, Art. 51 EuGVVO Rn. 2.

1367 Hess/Raffelsieper, IPRax 2015, 46, 51.

des europäischen Gesetzgebers nur im Ursprungsmitgliedstaat vorgebracht werden können. Eine Ausnahme hiervon sieht lediglich Art. 35 Abs. 3 vor (dazu sogleich). Die Verordnung vermeidet damit, die Gerichte des Vollstreckungsmitgliedsstaats mit einer möglichen (aufwendigen) Prüfung des ausländischen materiellen Rechts zu belasten und so eine Verzögerung der Rechtsbehelfsentscheidung zu riskieren. Zugleich ist eine Nachprüfung der Zuständigkeit zum Erlass eines europäischen Kontenpfändungsbeschlusses im Vollstreckungsmitgliedstaat ausgeschlossen.

Zuständig für die Rechtsbehelfe nach Art. 34 Abs. 1 EuKpfVO sind die Gerichte des Vollstreckungsmitgliedstaats (bzw. die zuständige Vollstreckungsbehörde, je nachdem, ob auf nationaler Ebene die Zuständigkeit einer solchen vorgeschrieben ist). Die örtliche, sachliche und funktionelle Zuständigkeit regelt das jeweilige mitgliedstaatliche Recht. Das Verfahren setzt einen entsprechenden Antrag des Schuldners voraus.

Einen Auffangtatbestand bietet zudem Art. 34 Abs. 2 EuKpfVO. Verstößt die Vollstreckung im Vollstreckungsmitgliedstaat offensichtlich gegen den ordre public, wird sie auf Antrag des Schuldners beendet. Der Einwand ist ausschließlich auf die Vollstreckung bezogen und kann sich nicht gegen die Anerkennung des Hauptsachetitels richten.[1368] Zuständig sind ebenfalls die Gerichte bzw. Vollstreckungsbehörden des Vollstreckungsmitgliedstaats. Schließlich kann der Schuldner gemeinsam mit dem Gläubiger bei einem Gericht (oder ggf. der entsprechenden Behörde) im Vollstreckungsmitgliedstaat gemäß Art. 35 Abs. 3 EuKpfVO die Einschränkung oder Beendigung der Vollstreckung verlangen, wenn sie sich hinsichtlich der Erfüllung der Forderung geeinigt haben. Mit einer solchen materiellen Einwendung darf sich der Schuldner ausnahmsweise auch im Vollstreckungsmitgliedstaat wehren. Dennoch birgt die Vorschrift kein Verzögerungspotential, denn die Gerichte im Vollstreckungsmitgliedstaat werden auch hier weitgehend nicht aufgefordert das ausländische materielle Recht zu prüfen.

In Deutschland entscheidet das Vollstreckungsgericht über die Rechtsbehelfe des Schuldners gegen die Vollziehung des Beschlusses nach Art. 34 EuKpfVO (§ 954 Abs. 2 S. 1 ZPO). Die Verweisung auf die §§ 850k Abs. 4 und 850l ZPO in § 954 Abs. 2 S. 2 ZPO erlaubt dem Vollstreckungsgericht, einen von dem – bereits nach Artikel 31 Abs. 2 EuKpfVO in Verbindung mit § 850k Abs. 1 ZPO durch das Pfändungsschutzkonto geschützten – pfändungsfreien Betrag abweichenden Schutzbetrag festzusetzen oder Kontoguthaben auf dem Pfändungsschutzkonto

1368 Rauscher/Rauscher/Wiedemann, Art. 34 EU-KPfVO Rn. 9.

für unpfändbar zu erklären.[1369] Auch die Zuständigkeit für Rechtsbehelfe im Vollstreckungsmitgliedstaat nach Art. 35 Abs. 3 EuKpfVO liegt in Deutschland beim Vollstreckungsgericht (§ 954 Abs. 3 ZPO).

b) Rechtsbehelfe des Gläubigers

Anders als für den Schuldner sieht die Verordnung hinsichtlich der Rechtsbehelfe des Gläubigers keinen eigenen Artikel vor. Gemeinsam mit dem Schuldner kann er die Vollstreckung einschränken oder beenden lassen, wenn sich die Parteien hinsichtlich der Erfüllung geeinigt haben (Art. 35 Abs. 3 EuKpfVO).

Ein eigener Rechtsbehelf ist für den Gläubiger nur in Art. 35 Abs. 4 EuKpfVO (s. dazu § 954 Abs. 3 ZPO) vorgesehen. Werden bei der Vollstreckung die Freibeträge im Vollstreckungsmitgliedstaat (Art. 31 EuKpfVO) beachtet, kann der Gläubiger eine Anpassung dieser Beträge verlangen, wenn der Schuldner bereits durch andere Freistellungen in hinreichender Höhe auf einem seiner in- oder ausländischen (nur EU-Ausland) Konten hinreichend geschützt ist. Hierin liegt ein Anrechnungsmodell, das eingreift, wenn die Vollstreckung in mehreren Mitgliedstaaten betrieben wird (vgl. ErwG 36 EuKpfVO).[1370]

Andere Rechtsbehelfstatbestände zugunsten des Gläubigers sind in der Verordnung nicht vorgesehen. Diesbezüglich muss auf nationales Recht zurückgegriffen werden.[1371]

c) Rechtsbehelfe des Drittschuldners

Wie auch schon hinsichtlich der Rechtsbehelfe Dritter gegen den Pfändungsbeschluss sieht die Verordnung auch keine eigenen Rechtsbehelfe Dritter gegen die Vollstreckung vor. Lediglich die jeweilige internationale Zuständigkeit folgt aus Art. 39 Abs. 3 lit. a, b EuKpfVO. Der Gesetzgeber weicht aber auch bei den Rechtsbehelfen Dritter nicht von seiner bisherigen Systematik ab. Die Verordnung verweist auf die Vorschriften im Ursprungsmitgliedstaat, sofern der Dritte sich gegen Beschluss wendet (Art. 39 Abs. 1 EuKpfVO), und auf den Vollstreckungsmitgliedstaat, soweit er die Vollstreckung anfechten will (Art. 39 Abs. 2 EuKpfVO). Um eine Regelungslücke zu vermeiden, muss unionsautonom ausgelegt werden, gegen welchen Verfahrensabschnitt sich die Einwendung richtet.[1372]

1369 BT-Drs. 18/7560, S. 45.

1370 Dazu bereits § 6 C III 3.

1371 Vgl. § 6 B IV 2.

1372 Rauscher/Rauscher/Wiedemann, Art. 39 EU-KPfVO Rn. 4.

Mit dieser Aufspaltung weicht die Verordnung vom Kommissionsentwurf ab. Danach sollte Dritten ein Wahlrecht zukommen, ob sie ihre Einwände im Vollstreckungs- oder Ursprungsmitgliedstaat geltend machen (Art. 39 EuKpfVO-E). Dadurch sollte der Drittschuldner, der zum Erlassstaat regelmäßig keine Verbindung hat, vor einem unverhältnismäßigen Aufwand geschützt werden.[1373]

II. Verfahren für die Rechtsbehelfe

Das Verfahren für sämtliche Rechtsbehelfe der Verordnung (mit Ausnahme des Art. 21 EuKpfVO) ist einheitlich in Art. 36 EuKpfVO geregelt. Für sämtliche Anträge gilt demnach ein strikter Formularzwang (Art. 36 Abs. 1 EuKpfVO). Anders als Art. 21 Abs. 3 EuKpfVO sieht Art. 36 Abs. 2 EuKpfVO zwingend vor, den Rechtsbehelfsantrag der Gegenpartei zur Kenntnis zu bringen. Zugleich soll das Rechtsbehelfsverfahren regelmäßig als kontradiktorisches Verfahren ausgestaltet sein (Art. 36 Abs. 3 EuKpfVO). Anderes gilt nur dann nicht, wenn der Schuldner geltend macht, dass betroffene Konto schon gar nicht in den Anwendungsbereich der Verordnung (Art. 34 Abs. 1 lit. a EuKpfVO) fällt oder der Antrag gemeinsam von Gläubiger und Schuldner wegen Erfüllung der Hauptsacheforderung gestellt wurde (Art. 35 Abs. 3 EuKpfVO). Im Rahmen des zweiseitigen Verfahrens können sich die Parteien aller geeigneten und zulässigen Kommunikationsmittel bedienen, die in irgendeinem der beteiligen Mitgliedstaaten zur Verfügung stehen. Eine Beschränkung auf die Mittel im Vollstreckungsstaat findet damit nicht statt. Umgekehrt muss das Rechtsbehelfsverfahren keine mündliche Verhandlung beinhalten. Es genügt, wenn die Parteien sich schriftlich äußern können.[1374] Ob das Gericht eine mündliche Verhandlung anberaumt, liegt in seinem Ermessen.[1375]

Eine Frist zur Einlegung der Rechtsbehelfe sieht die Verordnung nicht vor. Die 45-tägige Höchstfrist des Verordnungsentwurfs (Art. 34 Abs. 2, 35 Abs. 4 EuKpfVO-E) ist ersatzlos entfallen. Diese Lücke könnte nunmehr durch nationale Fristenregelungen zu schließen sein.[1376] Ob der europäische Gesetzgeber mit der Streichung ein solches Einfallstor eröffnen wollte, erscheint zweifelhaft. Art. 36 Abs. 1 S. 2 EuKpfVO lässt Rechtsbehelfsanträge ausdrücklich „jederzeit“ zu. Gleiches ergibt sich aus Art. 50 EuKpfVO. Der europäische Gesetzgeber

1373 Max Planck Working Group, ECFR 2007, 252, 278, 295.

1374 Vgl. BT-Drs. 18/7560, S. 45.

1375 Vgl. BT-Drs. 18/7560, S. 45.

1376 Dafür Hess/Raffelsieper, IPRax 2015, 46, 50; aA Rauscher/Rauscher/Wiedemann, Art. 36 EU-KPfVO Rn. 5, die eine Beschränkung auf nationaler Ebene ablehnen.

fordert darin die Mitgliedstaaten auf, bestimmte Informationen zur einzelstaatlichen Durchführung der Verordnung bereitzustellen. In diesem Zusammenhang spricht das Gesetz allein im Rahmen der Rechtsmittel (Abs. 1 lit. m), nicht aber bei den Rechtsbehelfen (Abs. 1 lit. l) von einer Frist, die von den Mitgliedstaaten mitzuteilen ist. Die Öffnung für nationale Fristenregelungen auch bei Rechtsbehelfen erscheint im Umkehrschluss ausgeschlossen. Diese Angaben werden von der Kommission veröffentlicht (Art. 50 Abs. 2 EuKpfVO). Einer rechtssuchenden Partei wäre dadurch der Eindruck vermittelt, lediglich die Rechtsmittel seien innerhalb einer einzelstaatlich festgelegten Frist einzulegen. Aus Sicht der Rechtssicherheit kann dementsprechend eine Fristenregelung auch nur im Rahmen der Rechtsmittel i.S.v. Art. 37 EuKpfVO zulässig sein.

Gemäß Art. 36 Abs. 4 S. 1 EuKpfVO ist die Entscheidung über den jeweiligen Rechtsbehelf unverzüglich zu erlassen; die Vorschrift sieht hinsichtlich des Erlasses zugleich eine Höchstfrist von 21 Tagen vor. Durch die Vereinheitlichung soll der Schuldner vor einer überlangen Sperrung seines Kontos geschützt werden.[1377] Allerdings ist für Fristüberschreitung keine konkrete Sanktion vorgesehen. Die Frist beginnt erst, wenn dem Gericht alle entscheidungserheblichen Informationen vorliegen. Sie wird beiden Parteien zur Kenntnis gebracht (Art. 36 Abs. 4 S. 2 EuKpfVO) und ist sofort vollstreckbar (Art. 36 Abs. 5 UAbs. 1 EuKpfVO).

Bei der Durchführung der Entscheidung ist das nationale Recht desjenigen Staates anzuwenden, in dem sich das betroffene Bankkonto befindet (Art. 36 Abs. 5 UAbs. 3, 4 EuKpfVO). Absatz 5 regelt sowohl die Durchführung der Entscheidung über den Widerruf und die Abänderung des europäischen Pfändungsbeschlusses, als auch über die Beendigung oder Einschränkung der Vollstreckung hieraus (vgl. Art 36 Abs. 5 UAbs. 1 EuKpfVO). Wie sich aus Art. 20 EuKpfVO ergibt, entfallen mit dem Widerruf bzw. der Beendigung des Pfändungsbeschlusses sowie der Beendigung seiner Vollstreckung auch die Pfändungswirkungen.[1378] Die Rechtsbehelfe nach Art. 33 ff EuKpfVO müssen aber zunächst durchgeführt werden. Die Entscheidung über einen Rechtsbehelf ist jedenfalls sofort vollstreckbar (Art. 36 Abs. 5 UAbs. 1 EuKpfVO). Eine Entscheidung im Ursprungsmitgliedstaat wird dazu von Amts wegen an die entsprechenden Behörden im Vollstreckungsmitgliedstaat weitergeleitet (Art. 36 Abs. 5 UAbs. 2 S. 1 EuKpfVO, in Deutschland das Amtsgericht, in dessen Bezirk das Vollstreckungsverfahren stattfinden soll oder stattgefunden hat, § 954 Abs. 4 S. 1

1377 Domej, FS Simotta, S. 129, 139.

1378 Dazu § 6 D III.

ZPO). Art. 36 Abs. 5 UAbs. 2 S. 2 EuKpfVO gebietet dabei der Behörde im Vollstreckungsmitgliedstaat, die sofortige Ausführung der Entscheidung über den Rechtsbehelf sicherzustellen. Die Vollstreckung aus dem Pfändungsbeschluss muss in diesen Fällen von Amts wegen eingestellt werden. Die Einstellung oder Beschränkung wird formal also durch eine nationale Stelle bewirkt und nicht durch das ausländische Gericht. Die Mitgliedstaaten können hieran keine weiteren Voraussetzungen knüpfen. Dementsprechend muss gemäß § 954 Abs. 4 S. 2 ZPO in Deutschland das zuständige Amtsgericht (§ 954 Abs. 4 S. 1 ZPO) den Beschluss der Bank zustellen.

Für Fälle, in denen die Rechtsbehelfsentscheidung – sei es eine Entscheidung über den Sicherungsbeschluss oder dessen Vollstreckung – durch ein Gericht im Mitgliedstaat ergeht, in dem sich auch das gepfändete Konto befindet, eröffnet die Verordnung die Anwendung nationalen Rechts (vgl. Art. 36 Abs. 5 UAbs. 3, 4 EuKpfVO). Die Durchführung des Rechtsbehelfs regelt dann die lex fori im jeweiligen Mitgliedstaat.

Ob für das Rechtsbehelfs- oder Rechtsmittelverfahren ein Anwaltszwang besteht, richtet sich nach dem Recht des jeweiligen Mitgliedstaats, in dem das Verfahren geführt wird.

Der Rechtsbehelf des Gläubigers in Art. 21 EuKpfVO sieht eine eigenständige Regelung vor. Hier ist eine Beteiligung des Schuldners am Rechtsbehelfsverfahren bei einer vollumfänglichen Ablehnung des Antrags ausgeschlossen und darf auch nicht angeordnet werden, wenn das Gericht dies für nötig hält (Art. 21 Abs. 3 i.V.m. Art. 11 EuKpfVO). Nur so kann der Überraschungseffekt gewahrt werden. Im Umkehrschluss kann der Schuldner bei einer teilweisen Ablehnung des Antrags am Rechtsbehelfsverfahren beteiligt werden. Ob dies zwingend ist oder im Ermessen des Gerichts steht wird aus der Verordnung nicht ersichtlich. Die Frage muss nach der jeweiligen nationalen Verfahrensordnung des Mitgliedstaats, bei dem der Antrag gestellt wurde, geklärt werden (vgl. Art. 46 Abs. 1 EuKpfVO). Anlässlich der grundsätzlichen Entscheidung für ein ex parte-Verfahren und zum Schutz des Überraschungseffektes im Rahmen des einstweiligen Rechtsschutzes muss eine solche Beteiligung restriktiv gehandhabt werden, soweit dem Gericht ein Ermessensspielraum in dieser Frage eingeräumt wird. Das Gericht, bei dem ein solcher Rechtsbehelf eingelegt werden kann, teilt jeder Ursprungsmitgliedstaat der Kommission mit (Art. 50 Abs. 1 lit. d EuKpfVO).

III. Rückgriff auf nationale Rechtsbehelfe

Die EuKpfVO sieht im Rahmen des Vollstreckungsrechts einen weitgehenden Rückgriff auf die nationalen Prozessrechte vor (vgl. Art. 23 Abs. 1 EuKpfVO).

Der Gesetzgeber knüpft damit zunächst an das Regelungsmodell zahlreicher anderer Verordnungen an, vgl. Art. 20 EuVTVO, Art. 21 EuMVVO, Art. 21 EuGFVO. Die Reichweite des Rückgriffs umfasst grundsätzlich das gesamte Vollstreckungsrecht in all seinen Stadien, soweit die Verordnung selbst keine anderweitige Regelung aufstellt. Unter einer derart weitgehenden Verweisung wird im Rahmen bisheriger Verordnungen auch die Anwendung nationaler Rechtsbehelfssysteme gefasst.[1379]

Wieweit die nationalen Prozessordnungen in diesem Bereich geöffnet sein sollen, erscheint angesichts der Systematik zweifelhaft. Die EuKpfVO untergliedert systematisch nach Rechtsbehelfen gegen den Erlass des Pfändungsbeschlusses und gegen dessen Vollstreckung sowie nach Rechtsbehelfen des Schuldners, des Gläubigers und des Drittschuldners. Während für Schuldner und Gläubiger ein weitgehender Katalog aufgestellt wird, unter welchen Bedingungen ein Rechtsbehelf eingelegt werden kann, sieht die Verordnung hinsichtlich des Drittschuldners explizit eine Ausfüllung durch die nationale Verfahrensordnung vor. Dieses Zusammenspiel von enumerativer Aufzählung hinsichtlich zweier Verfahrensbeteiligter einerseits und einer ausdrücklichen Verweisung auf nationales Recht hinsichtlich des dritten Verfahrensbeteiligten andererseits veranlasst zu der Annahme, es handele sich in ersteren Fällen um ein abgeschlossenes Rechtsbehelfssystem ohne Rückgriffsmöglichkeit. Dies kann indes nicht uneingeschränkt gelten. Die Verordnung enthält zahlreiche Regelungslücken, die durch das nationale Rechtsbehelfssystem geschlossen werden müssen. Dem steht der grundsätzlich abgeschlossene Charakter der Rechtsbehelfe hinsichtlich Schuldner und Gläubiger nicht entgegen. Hieraus kann nur ein Anwendungsvorrang des europäischen Systems folgen, soweit eine Regelung vorgesehen ist. Gesetzeslücken müssen auch in einem abgeschlossenen Rechtsbehelfssystem zu einem Rückgriff auf nationales Recht führen.[1380] Betrachtet man die Ausgestaltung des europäischen Rechtsbehelfssystems in der EuKpfVO, so sucht man etwa vergebens nach einer Möglichkeit, Verfahrensfehler im nationalen Prozessrecht, welches durch die Rückgriffsklausel des Art. 23 Abs. 1 EuKpfVO eröffnet ist, geltend zu machen. Gleiches gilt im Erkenntnisverfahren etwa für Einwendungen gegen die örtliche, sachliche oder funktionelle Zuständigkeit. Im Umkehrschluss würde dies eine

---

1379 Vgl. Rauscher/Varga, Band 2, Art. 21 EG-BagatellVO Rn. 2; MüKoZPO/Ulrici, Art. 21 VO (EG) 1896/2006 Rn. 5; MüKoZPO/Adolphsen, Art. 20 VO (EG) 805/2004 Rn. 7 ff.

1380 So im Rahmen der EuGVO Hess, § 6 Rn. 225.

Unbeachtlichkeit der nationalen Verfahrensnormen bedeuten und damit einen Widerspruch in sich, wollte man hier nicht auf nationalen Recht zurückgreifen.

Auch kann sich der Gläubiger nach dem System der EuKpfVO zwar gegen eine ablehnende Entscheidung hinsichtlich seines Pfändungsantrags wehren (Art. 21 EuKpfVO), doch steht ihm nach der Verordnung keine Möglichkeit offen, die unterbliebene, verspätete oder fehlerhafte Pfändung im Vollstreckungsverfahren geltend zu machen. Dementsprechend müssen neben den Rechtsbehelfen der Verordnung auch nationale Rechtsbehelfe Anwendung finden.[1381] Dies gilt nur soweit, als die Verordnung einen Rechtsbehelf nicht bereits selbst vorsieht oder ein nationaler Rechtsbehelf dem System der Verordnung nicht entgegensteht. Insbesondere hinsichtlich Letzterem muss hier beachtet werden, dass aus dem abgeschlossenen enumerativen System der Rechtsbehelfe auch ein Umkehrschluss auf Unbeachtlichkeit bestimmter Verfahrensfehler folgen kann.

Aus der gewählten Systematik der Verordnung folgt darüber hinaus eine Beschränkung der nationalen Rechtsbehelfe, soweit diese durch die EuKpfVO nicht gesperrt sind. Der Gesetzgeber ist durchgängig bemüht, die Souveränität der einzelnen Mitgliedstaaten zu achten und Rechtsbehelfe an denjenigen Mitgliedstaat zu koppeln, in dem der jeweilige Verfahrensabschnitt durchgeführt wurde. Auch nationale Rechtsbehelfe, die sich gegen den Beschluss richten, müssen daher im Ursprungsmitgliedstaat, solche, die sich gegen die Vollstreckung richten, im Vollstreckungsstaat geltend gemacht werden.

IV. Rechtsmittel gegen die Entscheidung im Rechtsbehelfsverfahren

Gegen die Rechtbehelfsentscheidungen der Art. 33 bis 35 EuKpfVO können die Parteien unter Verwendung des entsprechenden Formblattes Rechtsmittel einlegen (Art. 37 EuKpfVO). Eine weitere Ausgestaltung sieht die Verordnung hierüber nicht vor. Hier wird einmal mehr auf die lex fori des jeweiligen Mitgliedstaats abzustellen sein, dessen Gericht die Rechtsbehelfsentscheidung erlassen hat (vgl. Art. 46 Abs. 1 EuKpfVO).[1382] Die Mitgliedstaaten können die Frist zu Einlegung des Rechtsmittels eigenständig festlegen (vgl. Art. 50 Abs. 1 lit. m EuKpfVO).

In Deutschland findet gegen die Entscheidungen des Vollstreckungsgerichts und des Gerichts des ersten Rechtszugs nach §§ 954, 955 ZPO die sofortige Beschwerde statt (§ 956 Abs. 1 S. 1, 2 ZPO). Die Rechtsmittelfrist beträgt (mit Rücksicht auf die grenzüberschreitende Prozesssituation)[1383] einen Monat ab

1381 Rauscher/Rauscher/Wiedemann, Art. 33 EU-KPfVO Rn. 7.

1382 Rauscher/Rauscher/Wiedemann, Art. 37 EU-KPfVO Rn. 2.

1383 BT-Drs. 18/7560, S. 46.

Zustellung der Entscheidung (§ 956 Abs. 2 ZPO). Die Rechtsbeschwerde ist ausgeschlossen (§ 957 ZPO).

D. Vergleich

Das System der Rechtsbehelfe ist in den unterschiedlichen Rechtsordnungen vergleichbar aufgebaut. Das Rechtsbehelfsverfahren dient insbesondere dazu, ein vorher einseitiges in ein streitiges Verfahren überzuleiten.

Unterschieden wird zwischen Rechtsbehelfen, die sich gegen die einstweilige Entscheidung des Gerichts richtet, und solchen, die sich gegen den Vollzug/Vollstreckung der Entscheidung richten. Der Schuldner kann sich insbesondere gegen den ursprünglichen Beschluss wenden oder die Veränderung von Umständen geltend machen, um die einstweilige Entscheidung zu Fall zu bringen. Dabei kommt es durch die Einlegung des Rechtsbehelfs weder im deutschen noch im polnischen Recht zur Hemmung der Vollstreckbarkeit der einstweiligen Entscheidung. Der Schuldner kann aber eine einstweilige Einstellung der Vollstreckung beantragen. Materielle Einwendungen gegen die Vollstreckung kann er weder im deutschen noch im polnischen Verfahren mit einer Vollstreckungsgegenklage geltend machen. Beide Rechtsordnungen sehen hierfür speziellere Rechtsbehelfe im einstweiligen Verfahren vor.

Weder im deutschen noch im polnischen Recht bewirkt die Aufhebung der Arrest- bzw. Sicherungsentscheidung ein automatisches Entfallen der Zwangsmaßnahme. Die Vollstreckung muss vielmehr eingestellt und diese ggf. aufgehoben werden. Während nach der ZPO die Aufhebung von Amts wegen erfolgt, ist nach dem KPC hier ein weiterer Antrag des Schuldners an den Gerichtsvollzieher erforderlich.

Auch die EuKpfVO kennt diese Trennung nach Verfahrensabschnitten. Der Gesetzgeber entschied sich damit zwar primär nicht für eine Aufteilung der Rechtsbehelfe nach Ursprungs- und Vollstreckungsmitgliedstaat. Diese Kategorisierung wurde aber nicht aufgegeben, sondern wurde lediglich dem jeweiligen Verfahrensabschnitt untergeordnet. Rechtsbehelfe gegen die Anordnung der Pfändung, also gegen die Entscheidung im Erkenntnisverfahren, sind im Ursprungsmitgliedstaat, solche gegen die Vollstreckung im Vollstreckungsmitgliedstaat geltend zu machen. Damit versucht die Verordnung, ihr ursprünglich gesetztes Ziel umzusetzen.[1384] Wie schon im Kommissionsentwurf (ErwG 18 EuKpfVO-E) gefordert, sollte die Zuständigkeit für die Nachprüfung bei

1384 Vgl. Erwägungsgrund 35 EuKpfVO.

dem Gericht liegen, das den Beschluss erlassen hat; reine Vollstreckungsaspekte dagegen sollten im Vollstreckungsstaat überprüft werden können. Die eigentliche Regelung im Entwurf setzte diesen Erwägungsgrund aber nur teilweise um. Sowohl in Art. 35 Abs. 2 als auch in Abs. 3 (i) EuKpfVO-E war ein „echter" grenzüberschreitender Rechtsbehelf vorgesehen. Danach konnte das Gericht eines Mitgliedstaates die Entscheidung des Gerichts eines anderen Mitgliedstaates unmittelbar aufheben.

Eine solche direkte Einwirkungsmöglichkeit wäre im europäischen Verfahrensrecht ein Novum.[1385] Der Gesetzgeber hat von einer derart weitgehenden Wirkung ausländischer Hoheitsakte wohl im Hinblick auf das Territorialitätsprinzip abgelassen. Anders als die nationalen Prozessrechte in Deutschland und Polen hält die EuKpfVO die Trennung nach Pfändungsbeschluss und Vollstreckung nicht durchgängig ein. In Art. 34 Abs. 1 lit. b (iv) EuKpfVO verweist sie bezüglich der Beendigung der Vollstreckung weitgehend auf Gründe, die bereits zur Aufhebung des europäischen Pfändungsbeschlusses führen.[1386] Die Verweisungstechnik vermischt dabei die jeweiligen Aufhebungs- und Beendigungsgründe, ohne sie an der richtigen Stelle zu verorten. So lässt sie gleich mehrfach Fehler aus dem vollstreckungsrechtlichen Verfahren als Aufhebungsgründe des Pfändungsbeschlusses zu (vgl. Art. 33 Abs. 1 lit. b, c, d EuKpfVO) und verweist hierauf im Rahmen der Beendigung der Vollstreckung. Mag man in der Zustellung des Beschlusses trotz der Stellung des Art. 28 EuKpfVO noch einen Teil des Erkenntnisverfahrens sehen, kann dies für die Zustellung der Drittschuldnererklärung sicherlich nicht angenommen werden. Die Aufhebung der einstweiligen Entscheidung wird hier wegen eines Fehlers im Vollstreckungsverfahren zugelassen, etwa der nicht rechtzeitigen Zustellung der Drittschuldnererklärung (Art. 33 Abs. 1 lit. b EuKpfVO) oder einer nicht hinreichenden Übersetzung derselben (Art. 33 Abs. 1 lit. c EuKpfVO). Gleiches gilt bei Art. 33 Abs. 1 lit. d EuKpfVO, wenn die überpfändeten Beträge nicht rechtzeitig freigegeben wurden.

Damit setzt sich die Verordnung zwar zu ihren Erwägungsgründen in Widerspruch. Anders als noch der Kommissionsentwurf gestattet sie dadurch aber keinen unmittelbar grenzüberschreitenden Eingriff auf einen ausländischen Hoheitsakt. Denn es wird dem Ursprungsgericht gerade nicht ermöglicht, die Vollstreckungsmaßnahme und deren Wirkung aufzuheben, die in einem

1385 Domej, FS Simotta, S. 129, 131.

1386 Hess/Raffelsieper, IPRax 2015, 46, 51, spricht bezüglich der Vorschrift von einem Systembruch.

anderen Mitgliedstaat (zumindest formal) vom dortigen Vollstreckungsorgan bewirkt wurde. In die territoriale Souveränität wird somit nicht eingegriffen.

Ab wann die Vollstreckung eingestellt bzw. die Vollstreckungsmaßnahme aufgehoben werden darf, wenn das Gericht den Arrestbefehl oder den Sicherungsbeschluss aufhoben hat, ist unterschiedlich zu beantworten. Während in Polen stets die Rechtskraft des Beschlusses abzuwarten ist, wird in Deutschland zwischen dem Widerspruch und der Beschwerde unterschieden. Allein beim Widerspruch muss der Schuldner die Rechtskraft nicht abwarten, bevor die Vollstreckungsmaßnahme aufgehoben wird. Die EuKpfVO regelt dies eigenständig. Rechtsbehelfsentscheidungen sind sofort vollstreckbar. Mit dem Widerruf des Beschlusses und/oder der Beendigung der Vollstreckung endet zugleich die Wirkung der Pfändung (vgl. Art. 20 EuKpfVO). Auf die Rechtskraft der zugrundliegenden Entscheidung kommt es dementsprechend nicht an.

Anders als das deutsche Recht ist mit der Beschwerde in Polen ein Devolutiveffekt verbunden. Zuständig ist das Gericht der zweiten Instanz. Da zweitinstanzliche Sicherungsbeschlüsse – im Unterschied zur ZPO – nicht beschwerdefähig sind, ist die Zuständigkeit einer höheren Instanz ausgeschlossen. Die EuKpfVO legt sich diesbezüglich nicht fest. Sie regelt nur die internationale Zuständigkeit und gestattet den Mitgliedstaaten dadurch, einen Devolutiveffekt an die Rechtsbehelfe zu knüpfen.

§ 8 Haftung

A. Haftung des Gläubigers gegenüber dem Schuldner

I. Schadensersatz nach deutschem Recht

Die Haftung des Gläubigers regelt im Wesentlichen § 945 ZPO. Die Vorschrift soll zum einen die Schwächen des einstweiligen Verfahrens ausgleichen, andererseits Schäden kompensieren, die im Zuge jeder vorläufigen Vollstreckung entstehen können.[1387] Daneben kommen für den Antragsgegner auch Ansprüche aus allgemeinen Schadensersatzansprüchen (§§ 823 ff BGB) in Betracht, insbesondere für Schäden, die von § 945 ZPO nicht umfasst werden.

Mit § 945 ZPO steht dem Antragsgegner ein spezieller Schadensersatzanspruch zu, der das allgemeine Schadensersatzrecht ergänzt.[1388] Er unterliegt der dreijährigen Regelverjährung nach §§ 195, 199 BGB.

1. Voraussetzungen

§ 945 ZPO sieht grundsätzlich drei Fallgruppen vor, in denen der Anspruch entstehen kann. Auch wenn die genaue dogmatische Einordnung nicht vollends geklärt ist,[1389] steht zumindest fest, dass er nicht von einem Verschulden des Gläubigers abhängt.[1390] Hinsichtlich der Voraussetzungen der Haftung ist grundsätzlich zwischen den Fallgruppen zu unterscheiden.

1387 Materialien zu den Reichs-Justizgesetznovellen 1897–1898, Bd. 1, 1898, S. 270 zu § 822a des Entwurfs einer ZPO-Novelle; BGH NJW 1993, 1076, 1078; NJW 1992, 2297; NJW 1990, 2689, 2690; NJW 1990, 122, 124; NJW 1986, 1107; NJW 1985, 1959; NJW 1974, 642; NJW 1970, 1459; Hellwig/Oertmann, System des Deutschen Zivilprozessrechts, § 353, S. 452; zuletzt OVG Münster BeckRS 2014, 54411; Ahrens, FS Piper, S. 31 f; Walker, Rn. 441.

1388 Vgl. Berger/Becker-Eberhard, Kap. 10 Rn. 1.

1389 Darauf soll es angesichts der Einigkeit über die Konsequenzen nicht ankommen, vgl. Wieczorek/Schütze/Thümmel, § 945 ZPO Rn. 2; Stein/Jonas/Grunsky, § 945 ZPO Rn. 2; Schuschke/Walker/Walker, § 945 ZPO Rn. 3; Saenger, JZ 1997, 222, 224; vorgebracht werden die Einordnungen als Garantie-, Gefährdungs-, Risiko-, Aufopferungshaftung und Haftung aus unerlaubter Handlung im weiteren Sinne, vgl. zur Übersicht Walker, Rn. 440 m.w.N.; Berger/Becker-Eberhard, Kap. 10 Rn. 6.

1390 BGH NJOZ 2010, 896 Rn. 3; NJW-RR 1992, 998; NJW 1970, 1459; OVG Münster BeckRS 2014, 54411; Löwer, ZZP 75 (1962), 232, 239; Münzberg, FS Lange, 599, 605.

a) Anfänglich ungerechtfertigte Anordnung

Nach § 945 Var. 1 ZPO steht dem Antragsgegner ein Schadensersatzanspruch zu, wenn sich die Anordnung eines Arrestes als von Anfang an ungerechtfertigt erweist.

aa) Tatsächliche Anordnung der einstweiligen Maßnahme

Der Schadensersatzanspruch aus § 945 ZPO kommt grundsätzlich bei allen Arrestarten zum Tragen. Erforderlich ist, dass der Arrest auch tatsächlich angeordnet worden ist; ob dies durch Beschluss oder Urteil geschieht, spielt keine Rolle.[1391] Leistet der Schuldner allein zur Vermeidung einer einstweiligen Maßnahme, kann er keinen Anspruch aus § 945 ZPO herleiten.[1392]

Die Vorschrift ist allerdings auf einstweilige Maßnahmen deutscher Gericht beschränkt. Auf ausländische einstweilige Entscheidungen lässt sie sich dagegen nicht anwenden.[1393] Zu stark ist die Anbindung an die nationalen Spezifika des einstweiligen Verfahrens, um § 945 ZPO auf ausländische Maßnahmen zu übertragen.[1394]

bb) Ursprünglich fehlender Arrestanspruch oder -grund

Wann von einer ursprünglich ungerechtfertigten Anordnung auszugehen ist, ergibt sich aus dem Gesetz nicht. Hier stellen sich Fragen nach der Beachtlichkeit von Fehlern und dem Prüfungsmaßstab des Gerichts.

Als beachtliche Fehler kommen das Fehlen eines hinreichenden Arrestanspruchs oder -grundes sowie Mängel bei der Glaubhaftmachung und bei den Prozessvoraussetzungen in Betracht. Sie werden größtenteils unterschiedlich beurteilt. Die Beweislast für die Rechtfertigung trägt der Antragsteller.[1395] Eine besondere Eilbedürftigkeit liegt diesem Verfahren nicht zugrunde, so dass auf das verminderte Beweismaß des Arrestverfahrens nicht abgestellt werden darf; der Gläubiger ist vielmehr zum Vollbeweis verpflichtet.[1396]

1391 Wieczorek/Schütze/Thümmel, § 945 ZPO Rn. 7.

1392 Gaul/Schilken/Becker-Eberhard, § 80 Rn. 4; MüKoZPO/Drescher, § 945 ZPO Rn. 6; Stein/Jonas/Grunsky, § 945 ZPO Rn. 3.

1393 OLG Nürnberg BeckRS 1992, 31338106; Freitag, IPRax 2002, 267 ff.

1394 Berger/Otte, Kap. 18 Rn. 129.

1395 BGH NJOZ 2010, 896 Rn. 5; NJW-RR 1992, 998, 1001; NJW 1988, 3269, 3261; Gehrlein, MDR 2000, 687.

1396 Wieczorek/Schütze/Thümmel, § 945 ZPO Rn. 8.

Eine Arrestanordnung ist unstreitig dann ungerechtfertigt, wenn der Arrestanspruch ursprünglich fehlte und sie somit in Widerspruch zur materiellen Rechtslage ergangen ist.[1397] Grund hierfür kann sowohl im Fehlen der tatsächlichen Anspruchsvoraussetzungen (insbesondere, wenn Anspruch trotz Glaubhaftmachung letztlich nicht nachweisbar ist) als auch in einer unrichtigen rechtlichen Beurteilung liegen.[1398] Dem Zweck nach soll § 945 ZPO auch das allgemeine Risiko eines Vollstreckungszugriffs aus einer nicht endgültigen Entscheidung (s.o.) dem Gläubiger aufbürden, wie es auch in § 717 Abs. 2 ZPO zum Ausdruck kommt. Daher fehlt ein Anordnungsanspruch auch, wenn sich die bisherige Rechtsprechung nachträglich ändert.[1399] Auf ein Vertrauen des Schuldners hinsichtlich einer bestimmten Rechtsprechung oder auf seine Gutgläubigkeit kommt es nicht an.[1400] Etwas anderes kann nur dann gelten, wenn das Gericht bereits an die bisherige Rechtsprechung gebunden ist (dazu sogleich).[1401]

Beachtlich ist ferner der Wegfall der angewandten Normen, auf die sich der Anspruch stützt, wenn das BVerfG diese wegen Verfassungswidrigkeit für nichtig erklärt.[1402] Wie von Anfang an ungerechtfertigt ist der Fall zu behandeln, in dem der Schuldner wegen eines ex parte Verfahrens noch keine Gelegenheit hatte, seine Einreden vorzubringen oder rechtsvernichtende Gestaltungsrechte auszuüben, dies aber unverzüglich nach Kenntniserlangung nachholt; hier verwirklicht sich gerade das typische Risiko des einstweiligen Rechtsschutzverfahrens.[1403] Im Übrigen begründet ein späteres (auch rückwirkendes) Entfallen der Anspruchsgrundlage den Schadensersatzanspruch aus § 945 ZPO nicht.[1404]

1397 BGH NJW 1988, 3268, 3269; Walker, Rn. 443; Baur, Studien, S. 104; Schilken, FG BGH, S. 593, 604; Wieczorek/Schütze/Thümmel, § 945 ZPO Rn. 9; Bruns, ZZP 65 (1952), 67, 69.

1398 BGH NJW 1988, 3268, 3269; Schilken, FG BGH, S. 593, 604.

1399 Berger/Becker-Eberhard, Kap. 10 Rn. 34; Schilken, FG BGH, S. 593, 604, 613; MüKoZPO/Drescher, § 945 ZPO Rn. 9; Stein/Jonas/Grunsky, § 945 ZPO Rn. 19; kritisch Wieczorek/Schütze/Thümmel, § 945 ZPO Rn. 9.

1400 BGH NJOZ 2010, 896 Rn. 3; KG ZInsO 2005, 1323; Schilken, FG BGH, S. 593, 604.

1401 BGH NJOZ 2010, 896 Rn. 3; Ahrens, FS Piper, S. 31, 34.

1402 BGH NJW-RR 2006, 621; NJW 1970, 1459; MüKoZPO/Drescher, § 945 ZPO Rn. 9; Walker, Rn. 446 f.

1403 Berger/Becker-Eberhard, Kap. 10 Rn. 34; Walker, Rn. 444 f; Stein/Jonas/Grunsky, § 945 ZPO Rn. 19; MüKoZPO/Drescher, § 945 ZPO Rn. 9; aA Wieczorek/Schütze/Thümmel, § 945 ZPO Rn. 13.

1404 Stein/Jonas/Grunsky, § 945 ZPO Rn. 19; MüKoZPO/Drescher, § 945 ZPO Rn. 9; Gaul/Schilken/Becker-Eberhard, § 80 Rn. 5.

Umgekehrt kann sich der Gläubiger nicht darauf berufen, den ursprünglich fehlenden Anspruch nachträglich erworben zu haben.[1405]

Das Fehlen des Arrestgrundes wird überwiegend wie ein fehlender Arrestanspruch behandelt.[1406] Entscheidend ist, ob ein solcher aus Sicht eines objektiven Beobachters im Zeitpunkt der Arrestentscheidung durch ausreichende tatsächliche Anhaltspunkte gerechtfertigt war.[1407]

Ob die Anordnung ungerechtfertigt war, entscheidet das Gericht grundsätzlich frei nach eigener Überzeugung. Etwas anderes gilt aber, wenn in der Hauptsache bereits ein rechtskräftiges Sachurteil (auch Versäumnisurteil) ergangen ist. Die materielle Rechtskraft der Entscheidung (§ 322 Abs. 1 ZPO) bindet dann auch den Richter im Schadensersatzprozess.[1408] Dies gilt wegen Art. 79 Abs. 2 S. 1 BVerfGG selbst dann, wenn die zugrunde liegenden Normen inzwischen vom Verfassungsgericht aufgehoben wurden.[1409] Eine Bindungswirkung auch der Arrestentscheidung selbst wird heute nach wohl überwiegender Auffassung abgelehnt.[1410]

1405 Walker, Rn. 443; Gaul/Schilken/Becker-Eberhard, § 80 Rn. 5.

1406 Vgl. BGH NJW-RR 1992, 733, 736; NJW 1990, 122, 123 f; OLGR Rostock 2007, 86; Schilken, FG BGH, S. 593, 605 f; Fischer, FS Merz, 81, 90; Saenger, JZ 1997, 222, 226; Gaul/Schilken/Becker-Eberhard, § 80 Rn. 5; Berger/Becker-Eberhard, Kap. 10 Rn. 35; Münzberg, FS Lange, S. 599, 603; Baur, Studien, S. 104; Wieczorek/Schütze/Thümmel, § 945 ZPO Rn. 11; Stein/Jonas/Grunsky, § 945 ZPO Rn. 20; ausführlich zum Streitstand Walker, Rn. 448 ff; aA Ahrens, FS Piper, S. 31, 38 f; Bruns, ZZP 65 (1952), 67, 71.

1407 Wieczorek/Schütze/Thümmel, § 945 ZPO Rn. 11; Walker, Rn. 448.

1408 BGH NJW 1993, 2685; NJW-RR 1992, 998, 999; NJW 1988, 3268; Gaul/Schilken/Becker-Eberhard, § 80 Rn. 6; Ahrens, FS Piper, S. 31, 34; Fischer, FS Merz, S. 81; Baur, Studien, S. 105; Gehrlein, MDR 2000, 687; Bruns, ZZP 65 (1952), 67, 69; Teplitzky, NJW 1984, 850.

1409 Walker, Rn. 447; Wieczorek/Schütze/Thümmel, § 945 ZPO Rn. 10.

1410 OLG Frankfurt WRP 2004, 1196; OLG Stuttgart WRP 1992, 518, 520; OLG Karlsruhe GRUR 1984, 156, 157; Gaul/Schilken/Becker-Eberhard, § 80 Rn. 7; Berger/Becker-Eberhard, Kap. 10 Rn. 45 ff; Walker, Rn. 462 ff; Baur, Studien, S. 105 ff; Ahrens, FS Piper, S. 31, 36 ff; Schilken, FG BGH, S. 593, 599 ff; Mädrich, S. 142 ff; Bongen/Renaud, NJW 1991, 2886, 2887 f; Wieczorek/Schütze/Thümmel, § 945 ZPO Rn. 17; Stein/Jonas/Grunsky, § 945 ZPO Rn. 29; MüKoZPO/Drescher, § 945 ZPO Rn. 16 f; Musielak/Voit/Huber, § 945 ZPO Rn. 5; Teplitzky, NJW 1984, 850 f; offengelassen in BGH WM 1971, 1129, 1130; aA (bei negativer Entscheidung im einstweiligen Verfahren) BGH NJW 1992, 2297; NJW 1980, 189, 191; WM 1974, 489; Fischer, FS Merz, S. 81, 84 ff.

cc) Weitere Mängel

War die Anordnung der einstweiligen Maßnahme hinsichtlich Arrestanspruch und -grund von Anfang an gerechtfertigt, kommt es auf sonstige Mängel nicht an. Der Schuldner kann sich i.R.d. § 945 ZPO insbesondere nicht darauf stützen, die Arrestanordnung hätte wegen fehlender Prozessvoraussetzungen[1411] nicht ergehen dürfen oder die Glaubhaftmachung[1412] des Antrags sei unzureichend gewesen. Die Haftung nach § 945 Var. 1 ZPO kann nur dann eingreifen, wenn die erwirkte Eilmaßnahme aufgrund der mit den Mitteln des Beweisverfahrens gewonnenen besseren Erkenntnis nicht der gegebenen Rechtslage entsprach.[1413]

Eine Ausnahme hiervon wird bei fehlender internationaler Zuständigkeit angenommen. Dies ist auf die vergleichbare Sachlage zum Arrestgrund zurückzuführen; denn bei fehlender internationaler Zuständigkeit wäre überhaupt kein deutsches Gericht zur Anordnung der Maßnahme befugt gewesen.[1414]

b) Aufhebung der Maßnahme gemäß §§ 945 Alt. 2, 926 Abs. 2 ZPO

Neben dem Schadensersatz wegen ursprünglich ungerechtfertigter Anordnung kommt ein solcher auch wegen Verstoßes gegen § 926 Abs. 2 ZPO in Betracht (§ 945 Alt. 2 ZPO). In diesen Fällen unterlässt der Antragsteller trotz entsprechender gerichtlicher Anordnung (§ 926 Abs. 1 ZPO) die Erhebung der Hauptsacheklage. Der Arrest ist dann gemäß § 926 Abs. 2 ZPO aufzuheben. Wegen der formalen Bindung des § 945 Alt. 2 ZPO an die Aufhebungsentscheidung steht dem Schuldner ein Schadensersatzanspruch zu, ohne dass es auf die materielle Berechtigung der ursprünglichen Arrestanordnung ankäme.[1415] Das Gericht darf im Schadensersatzprozess daher keine eigene Prüfung der Rechtmäßigkeit der Aufhebung mehr durchführen.[1416] Eine Bindung an die Aufhebungsentscheidung

---

1411 OLGR Rostock 2007, 86, 87; OLG Karlsruhe BB 1984, 1389, 1390; Schilken, FG BGH, S. 593, 607; Baur, Studien, S. 104 f; Gaul/Schilken/Becker-Eberhard, § 80 Rn. 5.

1412 BGH NJW-RR 1992, 998, 1001; Bruns, ZZP 65 (1952), 67, 72; Schilken, FG BGH, S. 593, 607; Wieczorek/Schütze/Thümmel, § 945 ZPO Rn. 12; MüKoZPO/Drescher, § 945 ZPO Rn. 12; Gaul/Schilken/Becker-Eberhard, § 80 Rn. 5; Baur, Studien, S. 105.

1413 BGH NJW-RR 1992, 998, 1001.

1414 Wieczorek/Schütze/Thümmel, § 945 ZPO Rn. 12.

1415 BGH NJW-RR 1992, 998, 999; OLG Karlsruhe GRUR 1984, 156, 158; Gaul/Schilken/Becker-Eberhard, § 80 Rn. 8; Berger/Becker-Eberhard, Kap. 10 Rn. 56; Schilken, FG BGH, S. 593, 608 f; Mädrich, S. 146 f; Baur, Studien, S. 103; Teplitzky, NJW 1984, 850, 852; MüKoZPO/Drescher, § 945 ZPO Rn. 18; Wieczorek/Schütze/Thümmel, § 926 ZPO Rn. 18; Stein/Jonas/Grunsky, § 945 ZPO Rn. 33; aA Walker, Rn. 465 f.

1416 Teplitzky, NJW 1984, 850, 852.

gilt selbst dann, wenn der Schuldner im Hauptsacheprozess obsiegt.[1417] Über den direkten Anwendungsbereich hinaus darf die Vorschrift nicht entsprechend auf andere Aufhebungsfälle – etwa bei Vollziehungsfrist (§ 929 Abs. 2 ZPO) oder Zustellungsfrist (§ 929 Abs. 3 S. 3 ZPO) – ausgeweitet werden, da es angesichts der strengeren Haftungsregel bereits an einer planwidrigen Regelungslücke fehlt.[1418]

2. *Ersatzfähiger Schaden*

Sind die Voraussetzungen des § 945 ZPO erfüllt, muss der Gläubiger denjenigen Schaden ersetzen, der durch die Vollziehung der Arrestentscheidung oder durch Sicherheitsleistung zur Abwendung oder Aufhebung der Vollziehung entstanden ist. Liegt weder eine Vollziehung noch eine Sicherheitsleistung vor, besteht auch kein ersatzfähiger Schaden. Auf einen Schaden durch die bloße Anordnung des Arrests ist § 945 ZPO anerkanntermaßen nicht anwendbar.[1419] Eine Kompensation kann der Schuldner hierfür allein über das allgemeine Schadensersatzrecht (§§ 823 ff BGB) suchen.[1420] Insbesondere § 823 BGB setzt erschwerend aber ein Verschulden des Antragstellers und die Verletzung eines absoluten Rechts (§ 823 Abs. 1 BGB) bzw. eines Schutzgesetzes (§ 823 Abs. 2 BGB) voraus.[1421]

Hinsichtlich des Umfangs des Ersatzanspruchs ist auf die allgemeinen Regeln der §§ 249 ff BGB zurückzugreifen.[1422] Ersatzfähig ist demnach jeder Schaden, der eine mittel- und unmittelbar adäquat kausale Folge der Vollziehung oder der Sicherheitsleistung ist.[1423] Bei der Forderungspfändung etwa fallen hierunter Schäden, die aus der mangelnden Nutzbarkeit der gepfändeten Forderungen

---

1417 MüKoZPO/Drescher, § 945 ZPO Rn. 18; Gaul/Schilken/Becker-Eberhard, § 80 Rn. 8; aA Walker, Rn. 465 f; Berger/Becker-Eberhard, Kap. 10 Rn. 57

1418 BGH NJW-RR 1992, 998, 999; MDR 1964, 224; Schilken, FG BGH, S. 593, 609; Stolz, S. 92 ff; Berger/Becker-Eberhard, Kap. 10 Rn. 60.

1419 BGH NJW-RR 1998, 1039; NJW 1993, 1076; NJW 1990, 122; NJW 1988, 3268; NJW 1983, 232; Stolz, S. 102 f; Münzberg, FS Lange, S. 599 ff; Saenger, JZ 1997, 222, 225.

1420 Walker, Rn. 476; Gaul/Schilken/Becker-Eberhard, § 80 Rn. 9; Dunkl/Dunkl, Teil A Rn. 459; Gehrlein MDR 2000, 687, 688.

1421 Vgl. zum Ganzen Berger/Becker-Eberhard, Kap. 10 Rn. 90 ff m.w.N.

1422 BGH NJW 2006, 2767 Rn. 30; NJW 2006, 2557 Rn. 23; NJW 1993, 2685, 2687;

1423 BGH NJW 1986, 1107, 1108; ausführlich zur Frage, was durch die Vollziehung verursacht ist Münzberg, FS Lange, S. 599, 610; zur Abgrenzung zum Anordnungsschaden Walker, Rn. 478 f.

(einschließlich entgangenem Gewinn) folgen oder auch Kosten, die anlässlich der Pfändung für eine Fremdfinanzierung aufgewendet wurden.[1424]

Aus der Geltung der allgemeinen Regeln folgt ferner, dass sich der Schuldner ein etwaiges Mitverschulden über § 254 BGB anrechnen lassen muss, wenn sein schuldhaftes Verhalten dem Gläubiger zur Ausbringung des Arrestes Anlass gegeben hatte.[1425] Für die Annahme eines solchen Anlasses kann bereits sprechen, dass der Antragsgegner es unterlässt, gepfändete Forderungen zinsgünstig anzulegen,[1426] ebenso wenn er keinen Einspruch gegen ein Versäumnisurteil eingelegt hat, obwohl ein solcher aussichtsreich gewesen wäre;[1427] gleiches muss zumindest bei einem unterlassenen Einspruch gegen einen Arrestbeschluss im ex parte-Verfahren gelten. Aufgrund der gesetzgeberischen Entscheidung hinsichtlich der Risikoverteilung sind an ein überwiegendes Mitverschulden des Schuldners aber besonders hohe Anforderungen zu stellen.[1428]

II. Schadensersatz nach polnischem Recht

Auch in Polen birgt die Beschleunigung und Vereinfachung des Verfahrens zur (einstweiligen) Kontopfändung zugunsten des vermeintlichen Gläubigers ein erhöhrtes Maß an Fehleranfälligkeit in sich. Selbst wenn das Gericht alle gesetzlichen Vorgaben des Sicherungsverfahrens wahrt, kann sich in der Hauptsache herausstellen, dass ein Anspruch überhaupt nicht besteht und die Sicherung damit materiell unzulässig war.[1429] Diesen Makel soll ein spezieller Schadensersatzanspruch ausgleichen. Das allgemeine Schadensersatzrecht wird als unzureichend erachtet, die Besonderheiten einstweiligen Verfahrens hinreichend zu berücksichtigen.[1430] Im Rahmen des Sicherungsverfahrens sieht das Gesetz daher eine Schadensersatzpflicht des Antragstellers nach Art. 746 KPC vor, die der Antragsgegner in einem gesonderten, eigenständigen Verfahren geltend machen muss.[1431]

1424 Wieczorek/Schütze/Thümmel, § 945 ZPO Rn. 22; Berger/Becker-Eberhard, Kap. 10 Rn. 70.

1425 BGH NJW 2006, 2767 Rn. 30; NJW 2006, 2557 Rn. 23, 25; NJW 1993, 2685, 2687; NJW 1990, 2689, 2690; NJW 1978, 2024, 2025.

1426 BGH NJW 1990, 2689 f.

1427 BGH NJW 2006, 2557 Rn. 27.

1428 Saenger, JZ 1997, 222, 227; vgl. auch, NJW 1990, 2689, 2690.

1429 Dazu Jakubecki, FS Dalki, S. 39, 40.

1430 Jakubecki, FS Dalki, S. 39, 41.

1431 Ereciński/Ereciński, Band 3, Art. 746 KPC Rn. 10.

1. Voraussetzungen

Art. 746 § 1 S. 1 KPC zählt abschließend[1432] alternative prozessuale Ereignisse auf, die eine Schadenersatzpflicht auslösen können: wenn der Antragsteller die Hauptsacheklage nicht fristgerecht erhebt (es sei denn, der Antragsgegner hat bereits eine negative Feststellungsklage erhoben)[1433], die Klage abgelehnt oder vom Antragsteller zurückgenommen wird, die Klageschrift zurückgewiesen wird, sowie wenn das Hauptsacheverfahren eingestellt wird und in Fällen des Art. 744 § 2 KPC (Erlöschen der Sicherung ex lege bei Nichtgeltendmachung des ganzen Anspruchs im Hauptsacheverfahren oder Geltendmachung eines anderen Anspruchs).

Mit Ausnahme der rechtzeitigen Einleitung des Hauptsacheverfahrens handelt es sich generell um Konstellationen, in denen der Sicherungsbeschluss nicht durch ein entsprechendes Urteil im Hauptsacheverfahren bestätigt wird. Allerdings läuft auch bei verspäteter Einleitung des Hauptsacheverfahrens der Anspruch leer, sofern der Antragsteller im Hauptverfahren obsiegt.[1434] Die Haftung ist damit an das Schicksal des Hauptsacheverfahrens geknüpft.

Kommt es zu einer Entscheidung über den Hauptsacheanspruch des Antragstellers, genügt bereits eine teilweise Klageabweisung.[1435] Dementsprechend kann der Antragsgegner seinen Schadensersatzanspruch nicht allein darauf stützen, der Sicherungsbeschluss sei fehlerhaft ergangen, solange er im (rechtzeitig eingeleiteten) Hauptsacheverfahren vollständig unterliegt. Dies gilt auch dann, wenn der Sicherungsbeschluss aufgrund einer Beschwerde (Art. 741 KPC) oder im Verfahren nach Art. 742 § 1 S. 1 KPC aufgehoben oder geändert wird.[1436]

Allen Alternativen gemein ist die Ausgestaltung als Risikohaftung.[1437] Der Anspruch entsteht ohne Rücksicht auf ein schuldhaftes Verhalten des Antragstellers.[1438] Ein etwaiges Verschulden beider Seiten kann aber dennoch im

---

1432 Kubas, TPP 3-4/2006, 53, 59; Bączyk, in: Gudowski/Weitz, S. 2105, 2109 f, darüber hinaus kommt allein ein Schadensersatzanspruch nach allgemeinem Haftungsrecht in Betracht.

1433 Wengerek, Art. 746 KPC Nr. 2.

1434 Romańska/Leśniak, Teil I B. 7, S. 163.

1435 Kubas, TPP 3-4/2006, 53, 61; Romańska/Leśniak, Teil I B. 7, S. 164.

1436 DKB/Jagieła, Band 3, Art. 746 KPC Rn. 11; Kubas, TPP 3-4/2006, 53, 60.

1437 Jankowski/Muliński, Art. 746 KPC Rn. 1; Gołaczyński/Woźniak, Art. 746 KPC Nr. 2; Jakubecki, FS Dalki, S. 39, 44 ff; ablehnend: Kubas, TPP 3-4/2006, 53, 61 ff; Bączyk, in: Gudowski/Weitz, S. 2105, 2116.

1438 Oberster Gerichtshof, Urt. v. 25.2.2010 – V CSK 293/09, OSNC 2010, Nr. 11, Pos. 148.

Rahmen der kausalen Mitverursachung des Schadens Berücksichtigung finden (dazu sogleich).

Der Anspruch ist innerhalb eines Jahres geltend zu machen; andernfalls erlischt er (Art. 746 § 1 S. 2 KPC). Die Frist beginnt mit Entstehung des Anspruchs (Art. 746 § 1 S. 2 KPC) und in Fällen einer Kassationsklage mit Rechtskraft der Entscheidung (Art. 746 § 1^1 KPC). Allerdings muss ein Gläubiger zugleich die Frist in Art. 746 § 3 KPC beachten. Danach gibt das Gericht die vom Gläubiger geleistete Kaution auf dessen Antrag hin zurück, wenn der Schuldner nicht innerhalb eines Monats ab Beginn der Jahresfrist in Art. 746 § 1 S. 2 eine entspreche Klage erhebt.

Die Jahresfrist in Art. 746 § 1 S. 2 KPC gilt für sämtliche Schadensersatzansprüche des Geschädigten; hat der Antragsteller aber durch die Sicherung zugleich einen Vermögensvorteil erlangt, kann der Antragsgegner diesen auch nach Ablauf dieser Frist im Wege der unberechtigten Bereicherung (Art. 410 ff KC) kondizieren.[1439] Bereicherungsrechtliche Ansprüche stehen grundsätzlich neben Schadensersatzansprüchen und kollidieren mit diesen nicht (Art. 414 kc). Art. 746 § 3 KPC schließt an den Fristbeginn in den §§ 1 und 1^1 eine weitere Monatsfrist an. Erhebt der Geschädigte in diesem Zeitraum keine Klage, kann der Antragsteller nach Fristablauf seine Kaution zurück verlangen, wodurch dem Geschädigten die Möglichkeit entzogen wird, sich hieraus zu bedienen.

Die Beweislast für sämtliche Anspruchsvoraussetzungen liegt beim Anspruchsteller, d.h. dem geschädigten Antragsgegner.[1440]

2. *Ersatzfähiger Schaden*

Die Haftung aus Art. 746 KPC erfasst ausschließlich Schäden, die adäquat kausal (vgl. Art. 361 § 1 KC) auf die Vollziehung der Sicherung zurückzuführen sind, nicht aber solche, die aus dem bloßen Sicherungsbeschluss resultieren.[1441] Das Gericht muss im Schadensersatzprozess also feststellen, ob und wieweit der Sicherungsbeschluss vollzogen wurde.[1442]

Der Kausalität der Vollziehung für den Schadenseintritt steht nicht entgegen, dass sie u.U. nur eine von mehreren (Mit-) Ursachen war. Der Anspruch wird hierdurch weder ausgeschlossen noch beschränkt, solange die Vollziehung des

1439 DKB/Jagieła, Band 3, Art. 746 KPC Rn. 2; Ereciński/Ereciński, Band 3, Art. 746 KPC Rn. 9.
1440 Ereciński/Ereciński, Band 3, Art. 746 KPC Rn. 6.
1441 Bączyk, in: Gudowski/Weitz, Aurea Praxis Aurea Theoria, S. 2105, 2110.
1442 Szczurek/Julke/Knypl, Art. 746 KPC Nr. 4; Wengerek, Art. 746 KPC Nr. 5.

Sicherungsbeschlusses ein unerlässliches Element der Kausalitätskette darstellt.[1443] Durch die Pfändung verursachte Schäden können daher etwa erhöhte Zinsen oder Kosten für teurere Finanzierungsinstrumente sein, die der Antragsgegner infolge seiner durch die Pfändung verminderten Kreditwürdigkeit aufbringen muss oder Verzugszinsen, die er infolge der Verfügungsbeschränkung leisten muss; ebenso kann der Antragsgegner durch das Verfügungsverbot am Abschluss von Verträgen oder Handlungen gehindert sein, die seine Vermögenslage verbessert hätten.[1444]

Die Schadenshöhe wird nach dem allgemeinen Schadensrecht bestimmt und umfasst sowohl tatsächliche Verminderung des vorhandenen Vermögen, den sog. positiven Schaden (damnum emergens), als auch den entgangenen Gewinn (lucrum cessans).[1445] Weist der vermeintliche Schädiger aber nach, dass der Schaden durch den Antragsgegner oder einen Dritten verschuldet wurde bzw. auf höhere Gewalt zurückzuführen ist, ist er nicht zum Ersatz verpflichtet.[1446] So etwa, wenn der Antragsgegner es unterlässt, prozessual gegen einen Sicherungsbeschluss vorzugehen.[1447] Wird dem Antragsgegner nur ein Teilverschulden angelastet, kann das Gericht gemäß Art. 362 kc die Höhe des Entschädigungsanspruchs entsprechend dem Verhältnis der Schuldbeiträge von Antragsteller und Antragsgegner vermindern.[1448]

III. Schadensersatz nach der EuKpfVO

Die Verordnung regelt die Haftung des Gläubigers gegenüber dem Schuldner durch eine eigenständige materiell-rechtliche[1449] Anspruchsgrundlage in Art. 13 EuKpfVO. Damit geht sie entschieden weiter als es noch der Kommissionsentwurf vorsah. Dieser wollte schadensersatzrechtliche Fragen gänzlich dem autonomen Recht der Mitgliedstaaten überlassen und enthielt dementsprechend keine vergleichbare Regelung (vgl. Erwägungsgrund 15 EuKpfVO-E). Schon

1443 Kubas, TPP 3-4/2006, 53, 58 f.

1444 Kubas, TPP 3-4/2006, 53, 59; Bączyk, in: Gudowski/Weitz, S. 2105, 2115.

1445 Jakubecki, FS Dalki, S. 39, 47; DKB/Jagieła, Band 3, Art. 746 KPC Rn. 2; Jankowski/Muliński, Art. 746 KPC Rn. 1; Ereciński/Ereciński, Band 3, Art. 746 KPC Rn. 6.

1446 Ereciński/Ereciński, Band 3, Art. 746 KPC Rn. 1; Zawistowski, Art. 746 KPC Nr. 1.

1447 Bączyk, in: Gudowski/Weitz, S. 2105, 2119.

1448 Wengerek, Art. 746 KPC Nr. 4; DKB/Jagieła, Band 3, Art. 746 KPC Rn. 1.

1449 Hess/Raffelsieper, IPRax 2015, 46, 51; Rauscher/Rauscher/Wiedemann, Art. 13 EU-KPfVO Rn. 4; die materiell-rechtliche Qualifikation führte bereits im Gesetzgebungsverfahren zu Zweifeln an der Vereinbarkeit mit Art. 81 AEUV, vgl. Rat der EU, Vermerk der polnischen Delegation vom 24.5.2013, 10022/13, S. 3.

damals wurde zum Schutz des Schuldners ein eigenständiger Haftungstatbestand auf europäischer Ebene[1450] oder zumindest eine Anordnungsbefugnis[1451] des Prozessgerichts gefordert.

1. Voraussetzungen

Der Gesetzgeber hat sich in Art. 13 Abs. 1 S. 1 EuKpfVO nunmehr zwar für einen Schadensersatzanspruch entschieden, gestaltet diesen aber nicht als Gefährdungshaftung aus, sondern knüpft an ein schuldhaftes Verhalten des Gläubigers an. Das Verschulden muss sich auf den unberechtigten Erlass des Pfändungsbeschlusses oder eine Verletzung gegen Obliegenheiten beziehen, die ihm aus der Verordnung erwachsen.[1452] Dem Wortlaut nach stellt die Verordnung dabei zwar nicht auf einen „unberechtigten" Erlass des Beschlusses ab, doch wird dies durch das Verschuldenselement impliziert. Die Verordnung sanktioniert damit sowohl jeden Verstoß gegen die zwingenden Vorschriften der EuKpfVO als auch gegen einzelstaatliche Voraussetzungen zum Erlass eines europäischen Kontenpfändungsbeschlusses, soweit die EuKpfVO einen Rückgriff auf das nationale Recht vorsieht. Eine Haftung greift aber nur, wenn der Pfändungsbeschluss bereits erlassen wurde. Die Beweislast für das Vorliegen der Anspruchsvoraussetzungen liegt beim Schuldner (Art. 13 Abs. 1 S. 2 EuKpfVO).

Gleichzeitig stellt die Regelung in Absatz 2 eine abschließend enumerative Aufzählung von Obliegenheitsverstößen vor, in denen das Verschulden des Gläubigers widerlegbar vermutet wird. Der Gläubiger kann sich hier nur exkulpieren, wenn er das Gegenteil beweist. Die Vermutung greift ein, wenn er die fristgerechte Einleitung der Hauptsache (lit. a), oder den Freigabeantrag für überpfändete Beträge verpasst (lit. b), der Gläubiger die Vorschrift zu Parallelanträgen in Art. 16 EuKpfVO nicht beachtet hat und der Beschluss bei Beachtung nicht oder nur für einen niedrigeren Betrag erlassen worden wäre (lit. c) sowie bei Widerruf des Beschlusses oder Vollstreckungsbeendigung, soweit diese jeweils auf Pflichtverstöße des Gläubigers im Bereich Zustellung und Übersetzung von Schriftstücken zurückzuführen sind (lit. d).

1450 BR-Drs. 426/1/11, S. 4 Nr. 8; Max Planck Working Group, EFCR 2007, 252, 297; Domej, ZEuP 2013, 496, 501.

1451 Hess, FS Kaissis, S. 399, 409.

1452 Rauscher/Rauscher/Wiedemann, Art. 13 EU-KPfVO Rn. 12.

2. *Ersatzfähiger Schaden*

Art. 13 Abs. 1 S. 1 EuKpfVO umfasst Schäden, die durch den Beschluss zur vorläufigen Pfändung entstehen (vgl. auch ErwG 19 EuKpfVO). Umfasst werden damit alle adäquat kausal verursachten Schäden, einschließlich reiner Vermögensschäden.[1453] Die Vorschrift betrifft sowohl Schäden durch die Anordnung des Pfändungsbeschlusses als auch solche, die aus dessen Vollstreckung resultieren.[1454] Eine Beschränkung auf reine Anordnungsschäden könnte angesichts des Wortlauts „durch den Beschluss" (und nicht auch durch dessen Vollstreckung) zwar vermutet werden. Allerdings wird im Rahmen der Vermutungstatbestände auch auf Vollstreckungskonstellationen abgestellt (vgl. lit. b und d). Es wäre sinnlos, das Verschulden bei einem Fehler des Gläubigers im Vollstreckungsverfahren zu vermuten, den Vollstreckungsschaden dann aber nicht als ersatzfähig anzusehen. Zumal werden Schäden durch die Vollstreckung selbst die Regel sein. Umgekehrt kann angesichts des Wortlauts auch nicht von einer Beschränkung auf reine Vollstreckungsschäden geschlossen werden.[1455] Ein Schaden „durch den Beschluss" ist auch ein solcher, der bereits durch die Anordnung des Beschlusses entsteht.

3. *Kollisionsnorm und Anwendung nationalen Rechts*

Die unionsrechtliche Haftungsvorschrift regelt nur einen Mindeststandard des Haftungstatbestands (vgl. ErwG 19 EuKpfVO). Darüber hinaus verbleibt der materiell-rechtliche Anspruch unionsrechtlich unreglementiert. Soweit Art. 13 Abs. 1, 2 EuKpfVO keine eigenständige Regelung treffen, müssen etwaige Lücken daher durch Anwendung nationalen Rechts geschlossen werden (Art. 13 Abs. 3 S. 2 EuKpfVO). So etwa hinsichtlich der internationalen Zuständigkeiten, der Kausalität oder der Schadensberechnung.[1456] Die einzelstaatlichen Regelungen dürfen dabei nicht in Widerspruch zur Zielsetzung der Verordnung stehen, wonach der Haftungsanspruch ein Kernelement zur Kompensation des einseitigen Verfahrens darstellt.

Art. 13 Abs. 4 EuKpfVO enthält zur Bestimmung des anwendbaren Rechts eine eigenständige Kollisionsnorm. Abzustellen ist auf das Recht des Vollstreckungsmitgliedstaats (Art. 13 Abs. 4 S. 1 EuKpfVO). Fällt die Vollstreckung in

---

1453 Rauscher/Rauscher/Wiedemann, Art. 13 EU-KPfVO Rn. 10.

1454 So auch Rauscher/Rauscher/Wiedemann, Art. 13 EU-KPfVO Rn. 10, 13.

1455 Für eine Beschränkung auf Vollstreckungsschäden im Gesetzgebungsverfahren: Rat der EU, Vermerk der polnischen Delegation vom 24.5.2013, 10022/13, S. 3 f.

1456 Hess/Raffelsieper, IPRax 2015, 46, 51.

mehrere Mitgliedstaaten ist primär auf den Vollstreckungsmitgliedstaat abzustellen, in dem der Schuldner seinen gewöhnlichen Aufenthalt hat (Art. 13 Abs. 4 S. 2 lit. a EuKpfVO). Dabei soll es auf die Definition des gewöhnlichen Aufenthalts in Art. 23 Rom II-VO ankommen. Art. 23 Rom II-VO enthält selbst aber keine Definition dieses Begriffs, sondern legt ihn nur für bestimmte Rechtspersonen und berufstätige natürliche Personen fest.[1457] Im Rahmen des Art. 23 Rom II-VO wird deshalb auf eine allgemeine Definition des Staatsvertragsrechts zurückgegriffen, wonach eine natürliche Person ihren gewöhnlichen Aufenthalt in dem Staat hat, in dem der Schwerpunkt ihrer Lebensverhältnisse liegt.[1458] Nichts anderes kann für Art. 13 Abs. 4 S. 2 lit. a EuKpfVO gelten. Liegt der gewöhnliche Aufenthalt dagegen außerhalb eines der Vollstreckungsmitgliedstaaten, muss auf den Mitgliedstaat mit der engsten Verknüpfung zum Fall abgestellt werden (Art. 13 Abs. 4 S. 2 lit. b EuKpfVO). Hierbei kann sich das Gericht an der Höhe der Beträge orientieren, die in den verschiedenen Vollstreckungsmitgliedstaaten vorläufig gepfändet wurden (ErwG 19 EuKpfVO). Sofern ansonsten keine Anknüpfungsmöglichkeiten bestehen, wird man hierin das Hauptentscheidungsmerkmal sehen müssen.

4. *Autonome Haftungstatbestände*

Trotz der eigenständigen Regelung sperrt Art. 13 Abs. 1 S. 1 EuKpfVO nicht den Rückgriff auf nationale Haftungstatbestände. Nach Art. 13 Abs. 3 S. 1 EuKpfVO steht es den Mitgliedstaaten frei, andere Haftungsgründe und -arten sowie Beweislastregeln beizubehalten oder aufzunehmen. Die Vorschrift bezieht sich nur auf alternative autonome Haftungstatbestände; die Regelungen des Art. 13 Abs. 1, 2 EuKpfVO können dadurch nicht eingeschränkt oder verändert werden.[1459] Der Vollstreckungsmitgliedstaat kann also im Falle einer auf Art. 13 EuKpfVO gestützten Leistungsklage nicht etwa die Beweislast aus Art. 13 Abs. 1 S. 2 EuKpfVO komplett dem Gläubiger aufbürden. Dem Staat steht es aber offen, für unzulässige Kontopfändungen nach der EuKpfVO einen nationalen Haftungstatbestand einzuführen (oder den bestehenden darauf anzuwenden),

---

1457 MüKoBGB/Junker, Art. 23 VO (EG) 864/2007 Rn. 1; Baetge, FS Kropholler, 2008, S. 77, 87 f; Heiss/Loacker JBl 2007, 613, 626; Junker, JZ 2000, 477, 480 f.

1458 MüKoBGB/Junker, Art. 23 VO (EG) 864/2007 Rn. 16; Heiss/Loacker JBl 2007, 613, 626; Junker, JZ 2000, 477, 480 f; Spickhoff, IPRax 1995, 185; ausführlich zum gewöhnlichen Aufenthalt: Kegel, FS Rehbinder, 2002, S. 699 ff; vgl. auch BGH NJW 1975, 1068.

1459 Vgl. Skamel/Wilhelm ZInsO 2014, 1789, 1796.

der eine derartige Beweislastverteilung vorsieht. Auch muss dieser Tatbestand nicht auf eine Verschuldenshaftung beschränkt bleiben, sondern kann etwa als Gefährdungstatbestand ausgestaltet sein (ErwG 19 EuKpfVO). Die Verordnung begrenzt mit der gewählten Regelung die Möglichkeit der haftungsrechtlichen Inanspruchnahme des Gläubigers nach rein nationalen Vorschriften nicht. Sie schafft lediglich eine alternative europarechtliche Anspruchsgrundlage als Mindeststandard für derartige Schadensersatzansprüche des Schuldners.

Der deutsche Gesetzgeber hat diese Möglichkeit genutzt und mit § 958 S. 1 ZPO einen Haftungstatbestand geschaffen, der dem Schuldner einen verschuldensunabhängigen[1460] Schadensersatz zugesteht, sofern der Beschluss im Inland vollzogen worden ist und sich seine Anordnung als von Anfang an ungerechtfertigt erweist. Auf Rechtsfolgenseite ist dieser Haftungsanspruch auf Vollziehungsschäden begrenzt. Ersatzfähig ist daher der Schaden, der aus der Vollziehung des Beschlusses oder dadurch entsteht, dass der Gläubiger Sicherheit leistet, um die Freigabe der vorläufig gepfändeten Gelder oder die Beendigung der Vollstreckung zu erwirken (§ 958 S. 1 ZPO). Für Anordnungsschäden muss sich der Schuldner auf den unionsrechtlichen Schadensersatzanspruch aus Art. 13 EuKpfVO stützen (vgl. § 958 S. 2 ZPO). Gleiches gilt, soweit der europäische Pfändungsbeschluss nach Art. 10 EuKpfVO aufgehoben wird, weil der Gläubiger das Hauptsacheverfahren nicht rechtzeitig eingeleitet hat.[1461]

IV. Vergleich

Wesentlicher Bestandteil jedes Sicherungsverfahrens ist die Haftung des Gläubigers. Die einstweiligen Verfahren gewähren dem Gläubiger vorläufig Schutz, ohne in der Sache über dessen Anspruch zu entscheiden. Dies geht zu Lasten des Schuldners, insbesondere dann, wenn er zum Zwecke eines Überraschungseffekts nicht am Verfahren beteiligt wurde. Um diesen Nachteil auszugleichen, muss er durch einen effektiven Haftungsanspruch abgesichert sein.

Alle drei Rechtsordnungen sehen spezielle Haftungsansprüche vor, die sich von den allgemeinen Schadensersatzansprüchen unterscheiden und die Eigenheiten des einstweiligen Verfahrens berücksichtigen. Zwar stellt die EuKpfVO hierfür nur einen ausfüllungsbedürftigen Rahmen auf, der ein Mindestmaß an Sicherheit gewährleisten soll, doch kann auch dieser für den Schuldner im Einzelfall von Vorteil sein. Daneben gestattet die Verordnung aber auch weitere

1460 BT-Drs. 18/7560, S. 46.
1461 BT-Drs. 18/7560, S. 46.

nationale Haftungstatbestände, auch wenn diese günstiger für den Schuldner sind und die Voraussetzungen des eigenen Haftungsanspruchs aufweichen.

So sehen ZPO als auch KPC eine verschuldensunabhängige Haftung des Gläubigers in den nationalen Haftungsansprüchen vor. Die EuKpfVO dagegen erfordert vom Schuldner den Nachweis eines schuldhaften Verhaltens des Gläubigers und erleichtert diesen Nachweis nur in ausgewählten Fällen durch eine Verschuldensvermutung. Das hindert die Mitgliedstaaten nicht, ihre nationalen Haftungsvorschriften auch auf den europäischen Kontenpfändungsbeschluss anzuwenden.

Bezüglich der Haftungsgründe bestehen ebenfalls Gemeinsamkeiten. Während das Gericht nach deutschem Recht prüft, ob Arrestanspruch oder -grund ursprünglich fehlten, knüpft das polnische Recht an enumerativ aufgezählte Gründe an, die weitgehend das Schicksal des Hauptsacheverfahrens betreffen. Beide sehen aber einen eigenen Haftungsgrund im Verstreichenlassen der Frist zur Erhebung der Hauptsacheklage. Allerdings bestehen hierbei Unterschiede bezüglich des Verhältnisses zum Hauptsacheverfahren. Anders als im polnischen Recht ist dessen Ausgang für den Anspruch aus § 945 ZPO unerheblich. Dagegen läuft der Haftungsanspruch nach dem KPC ins Leere, soweit sich der Schuldner auf das Fristverstreichen beruft und der Gläubiger in der Hauptsache später obsiegt. Auch die EuKpfVO begründet die Haftung mit einem unbegründeten Erlass des Pfändungsbeschlusses oder einer Verletzung gegen Obliegenheiten aus der Verordnung.

Hinsichtlich der Frist, in der ein Haftungsanspruch geltend gemacht werden muss, weichen die Rechtsordnungen voneinander ab. Der KPC statuiert eine einjährige Frist mit Entstehung des Anspruchs. Danach erlischt dieser. Derartiges sieht die ZPO nicht vor. Die Schadensersatzklage wird lediglich durch die dreijährige Verjährungsfrist eingeschränkt. Verjährungsregelungen finden sich auf europäischer Ebene dagegen nicht. Hier wird auf die lex fori abzustellen sein (vgl. Art. 13 Abs. 4 EuKpfVO).

Ersatzfähig sind sowohl in Deutschland als auch in Polen nur Vollziehungsschäden. Beide erfassen (wie auch die EuKpfVO) auch den Ersatz für entgangenen Gewinn. Resultiert der Schaden aus der Anordnung des Arrests bzw. der Sicherung, kann er nicht mittels des verschuldensunabhängigen Schadensersatzanspruchs geltend gemacht werden. Hier kann allenfalls auf die allgemeinen Schadensersatzvorschriften zurückgegriffen werden. Die EuKpfVO geht weiter und ermöglicht zudem reine Anordnungsschäden zu ersetzen. Einen Schaden wegen eines Kredits, der dem Schuldner durch die Anordnung einer europäischen Kontenpfändung versagt wurde, kann er nur über den europäischen Haftungstatbestand verfolgen.

B. Haftung des Drittschuldners

I. Schadensersatz nach deutschem Recht

Die Bank haftet dem Gläubiger in Deutschland, sofern sie der Verpflichtung zur Drittschuldnererklärung nicht nachkommt (§ 840 Abs. 2 S. 2 ZPO). Dazu muss die Erklärung schuldhaft unvollständig, unrichtig, irreführend oder verspätet erteilt worden sein.[1462] Die Erklärung muss selbst dann richtig und vollständig sein, wenn der Drittschuldner zu deren Abgabe gar nicht verpflichtet war (sie aber dennoch erteilte), etwa weil nur eine Vorpfändung vorliegt oder ein Formmangel bestand; der Gläubiger soll sich auf das Erklärte verlassen dürfen.[1463] Der Drittschuldner muss stets nur erklären, ob er die Forderung als begründet anerkennt, nicht aber, ob die Forderung begründet ist.[1464]

Der Schadensersatzanspruch ist verschuldensabhängig i.S.v. § 276 BGB.[1465] Er gilt auf der Rechtsfolgenseite nicht unbegrenzt für jeden denkbaren Schaden. Es gilt zwar grundsätzlich § 249 BGB, Inhalt und Ausmaß werden aber durch den Normzweck des § 840 ZPO beschränkt.[1466] Ersatzfähig ist nur ein solcher Schaden, der durch den Entschluss des Gläubigers verursacht ist, die gepfändete Forderung gegen den Drittschuldner geltend zu machen oder davon abzusehen, nicht aber ein Schaden, der durch Unterlassen einer Pfändung aus weiteren Titeln des Gläubigers entstanden ist.[1467] Ein Ersatz kommt damit etwa hinsichtlich unnötig aufgewendeter Prozesskosten bei einem späteren Vorgehen gegen den Drittschuldner[1468] in Betracht oder wenn dem Gläubiger durch den Auskunftspflichtverstoß die Vollstreckungsmöglichkeit in andere Vermögenswerte des Schuldners entgeht, die er – im Vertrauen auf die Pfändung – zunächst unberücksichtigt ließ[1469]. Die Beweislast für fehlendes Verschulden trägt der Drittschuldner.[1470]

1462 BGH NJW 2010, 1674 Rn. 11; Stöber, Rn. 648.

1463 OLG Stuttgart, NJW 1959, 581; Musielak/Voit/Becker, § 840 Rn. 12; Schuschke/Walker/Schuschke, § 845 ZPO Rn. 4; Stein/Jonas/Brehm, § 840 ZPO Rn. 32.

1464 BGH NJOZ 2013, 1541 Rn. 7; NJW 2010, 1674 Rn. 12.

1465 BGH NJW 1987, 990; Linke, ZZP 87 (1974), 307.

1466 BGH BeckRS 2006, 07355 Rn. 14.

1467 BGH NJW 1987, 64; OLG Koblenz WM 2013, 1025.

1468 OLG Stuttgart JurBüro 2011, 443 Rn. 36; Stöber, Rn. 649; vgl. auch BGH BeckRS 2006, 07355 Rn. 14.

1469 Vgl. BGH MDR 1983, 308; NJW 1978, 44, 45; OLGR Düsseldorf 1996, 34, 35; s. dazu auch Behr, JurBüro 1994, 257 f.

1470 BGH NJW 1981, 990.

Daneben kann sich ein weitergehender Schadensersatzanspruch aus §§ 823 ff BGB, insbesondere aus 826 BGB ergeben.[1471] Letzterer setzt aber mit dem Merkmal der Sittenwidrigkeit der Schädigung eine hohe Hürde und findet in der Praxis daher regelmäßig keine Anwendung.[1472]

II. Schadensersatz nach polnischem Recht

Kommt die Bank ihren vollstreckungsrechtlichen Pflichten im Rahmen der (vorläufigen) Kontopfändung nicht nach, haftet sie für den hieraus entstehenden Schaden gemäß Art. 892 § 1 KPC. Die Vorschrift ist über den Verweis in Art. 743 KPC auch im Sicherungsverfahren anwendbar.[1473] Als Pflichtverletzung kommt jede fehlende oder ungenügende Ausführung der ihr gemäß Art. 889-894 KPC auferlegten Pflichten in Betracht, allen voran die fehlerhafte Auszahlung der gepfändeten Beträge für laufende Lohnzahlungen i.S.v. Art. 890 § 2 KPC sowie fehlerhafte bzw. fehlende Benachrichtigung über Vollstreckungshindernisse, wie etwa fehlende Deckung des Kontos und bereits vorliegende Pfändungen.[1474]

Ersatzfähig ist nur der Schaden, der kausal auf die Pflichtverletzung zurückzuführen ist. Im Sicherungsverfahren, das grundsätzlich nicht zur Befriedigung des Gläubigers führen darf (Art. 731 KPC), kann ein solcher Schaden darin bestehen, dass eine Vollstreckung aus dem gepfändeten Konto im späteren Hauptsacheverfahren nicht oder nur verspätet möglich ist.[1475] Gleiches gilt hinsichtlich Aufwendungen, die der Gläubiger später vergeblich für den Einzug der Forderung aufgebracht hat.[1476] Auf ein Verschulden seitens der Bank kommt es dabei nicht an.[1477] Die Beweislast für sämtliche Anspruchsvoraussetzungen liegt beim Gläubiger.[1478] Er muss den Schadensersatzanspruch mittels Klage gegenüber der Bank erheben.[1479]

Neben der Haftung der Bank nimmt die hM auch eine unmittelbare verschuldensabhängige Haftung des jeweiligen Mitarbeiters der Bank aus Art. 415 KC

1471 BGH NJW 1987, 64.

1472 Insbesondere kommt dies bei einer Kollusion in Betracht, dazu MüKoZPO/Smid, § 840 ZPO Rn. 26.

1473 Walasik, PS 7-8/2004, 65, 96.

1474 Sikorski, S. 146; Walasik, PS 7-8/2004, 65, 87 f.

1475 Walasik, PS 7-8/2004, 65, 96.

1476 Walasik, PS 7-8/2004, 65, 96.

1477 DKB/Sychowicz, Band 3, Art. 892 KPC Rn. 3.

1478 DKB/Sychowicz, Band 3, Art. 892 KPC Rn. 3; Romańska/Leśniak, Teil II B.13.3, S. 857.

1479 Sikorski, S. 146. Weitz, in: Kengyel/Harsági, S. 181, 193.

an.[1480] Dabei handelt es sich aber lediglich um eine subsidiäre Anspruchsgrundlage. Dem Mitarbeiter kommt die arbeitsrechtliche Haftungserleichterung aus Art. 120 § 1 KC zugute. Der Gläubiger muss sich mit seinem Schadensersatzanspruch daher primär an die Bank als Arbeitgeberin des Mitarbeiters halten.[1481] Ein Durchgriff auf den Arbeitnehmer kommt erst in Betracht, wenn dieses Vorgehen fruchtlos bleibt.[1482] Gemäß Art. 892 § 2, 886 KPC kann gegen den Mitarbeiter dennoch eine Geldbuße verhängt werden, wenn er rechtswidrig gegen das Auszahlungsgebot verstößt.[1483] Dies gilt selbst dann, wenn dem Gläubiger kein Schaden entstanden ist.[1484]

III. Schadensersatz nach der EuKpfVO

Die Haftung des Drittschuldners regelt die EuKpfVO nur, indem sie auf autonomes Recht der Mitgliedstaaten zurückgreift (Art. 26 EuKpfVO). Verstößt die Bank gegen eine Verpflichtung aus dieser Verordnung, so können sich Schadensersatzansprüche gegen sie nur aus nationalem Recht ergeben. Eine Verpflichtung der Bank, deren Verletzung einen Schadensersatzausspruch auslösen könnte, sieht die Verordnung hinsichtlich der Ausführung des Beschlusses gemäß Art. 24 EuKpfVO, der Erklärungspflicht gemäß Art. 25 EuKpfVO und bei der Freigabe überschüssig gepfändeter Beträge gemäß Art. 27 Abs. 2 UAbs. 2 EuKpfVO, vor.

Der Anwendungsbereich der Verweisungsvorschrift kann dabei erheblich variieren. Er kann sich etwa auf Schadensersatzansprüche hinsichtlich Unzulänglichkeiten der Drittschuldnererklärung beschränken oder gar die vollständige Kompensation für den Verstoß gegen das Auszahlungsverbot beinhalten.

Kollisionsrechtlich ist dabei auf das Recht des Vollstreckungsmitgliedstaats abzustellen. Da es sich dabei nicht um eine Sachnormverweisung handelt, richtet sich auch die Qualifikation der Haftungsnorm nach dem Recht des Vollstreckungsmitgliedstaats.[1485] Eine vom Vollstreckungsmitgliedstaat abweichende

1480 Sikorski, S. 147.

1481 Gołaczyński/Stangret-Smoczyńska, Wybrane Zagadnienia, S. 233; DKB/Sychowicz, Band 3, Art. 892 KPC Rn. 11.

1482 Oberster Gerichtshof, Urt. v. 28.8.1980 – IV PR 252/80, OSNCP 1981, Nr. 4 Pos. 65; Beschl. v. 12.6.1976 – III CZP 5/76, OSNCP 1977, Nr. 4 Pos. 61; Beschl. v. 7.6.1975 – III CZP 19/75, OSN 1976, Nr. 2 Pos. 20.

1483 Dies soll über den Wortlaut hinaus auch gelten, wenn der Mitarbeiter gegen Informationspflichten verstößt vgl. unter Rückgriff auf Art. 761, 762 KPC: Romańska/Leśniak, Teil II B.13.3, S. 857.

1484 Gołaczyński/Stangret-Smoczyńska, Art. 892 KPC Nr. 3; Sikorski, S. 147.

1485 Rauscher/Rauscher/Wiedemann, Art. 26 EU-KPfVO Rn. 1.

Rechtsordnung kann nur zur Anwendung kommen, wenn die Norm materiellrechtlich qualifiziert wird. Dann folgt das anzuwendende Recht aus der allgemeinen Kollisionsnorm in Art. 4 Rom II-VO.[1486]

IV. Vergleich

Soweit es die Haftung der Bank betrifft, verweist die EuKpfVO auf nationale Haftungstatbestände. In Deutschland kommt insbesondere die Drittschuldnerhaftung aus § 840 ZPO in Betracht. Diese knüpft an ein schuldhaftes Verhalten der Bank bezüglich der Verpflichtung zur Drittschuldnererklärung an. Dagegen sieht das polnische Recht eine verschuldensunabhängige Haftung der Bank für alle Verstöße gegen die an sie gerichtete Sicherungsanweisung vor. Die Reichweite des Schadensersatzes ist in beiden Fällen beschränkt. Im Wesentlichen handelt es sich um Schäden, die aus dem Unterlassen anderer Pfändungsmaßnahmen oder nutzlos aufgewendeter Rechtsverfolgungskosten entstanden sind.

1486 Rauscher/Rauscher/Wiedemann, Art. 26 EU-KPfVO Rn. 1.

§ 9 Transparenzregelungen – Auskunftsverfahren über Kontoinformationen

Die Möglichkeit, das Vermögen des Schuldners aufzudecken, ist für die Effektivität des Gläubigerschutzes von elementarer Bedeutung. Ohne sie wäre die Zwangsvollstreckung in vielen Fällen praktisch ausgeschlossen, ein bereits ergangenes Urteil wäre wertlos. Die Effektivität ist aber Messgrad eines jeden Zwangsvollstreckungsrechts.[1487] Das Recht des Gläubigers auf Vermögensauskunft gehört zum rechtsstaatlich garantierten fair-trial-Prinzip.[1488] Umgekehrt kann die Schutzwürdigkeit des Gläubigers den Schuldner nicht sämtlicher Rechte entledigen und ihn zum „gläsernen Bürger" machen. Das Auskunftsrecht kollidiert mit dem Recht auf informationelle Selbstbestimmung.[1489]

A. Transparenzvorschriften in Deutschland

Gesonderte Regeln für die Sachaufklärung im einstweiligen Rechtschutzverfahren existieren in Deutschland nicht. Der Sinn und Zweck der Sachaufklärungsvorschriften lässt sich jedoch ohne weiteres auf den Arrestvollzug übertragen.[1490] Auch zur bloßen Sicherung der späteren Zwangsvollstreckung muss der Gläubiger die Möglichkeit haben, das Schuldnervermögen aufzudecken. Über § 928 ZPO muss daher auf die allgemeinen Vorschriften zur Sachaufklärung zurückgegriffen werden.

Das deutsche Recht zur Sachaufklärung wurde jüngst durch die Reform der Sachaufklärung[1491] mit Wirkung zum 1.1.2013 modernisiert, um es an moderne Herausforderungen anzupassen. Zur Ermittlung des schuldnerischen Vermögens sieht das Gesetz nunmehr ein duales System in den §§ 802a ff ZPO vor. Der Schuldner kann demnach verpflichtet werden, eine Vermögensauskunft zu erteilen und deren Richtigkeit sowie Vollständigkeit an Eides statt zu versichern (§ 802c ZPO). Neben der Selbstauskunft des Schuldners sieht das Gesetz unter

---

1487 Würdinger, JZ 2011, 177, 180 f.

1488 Würdinger, JZ 2011, 177, 178;

1489 BVerfG NJW 2007, 2464.

1490 Vgl. OLG Düsseldorf NJW 1980, 2717; Holzapfl, S. 74 f.

1491 Gesetz zur Reform der Sachaufklärung in der Zwangsvollstreckung, BGBl. I 2009, 2258.

bestimmten Voraussetzungen nunmehr auch eine Drittauskunft, insbesondere in Form eines automatisierten Kontenabrufverfahrens, vor (§ 802l ZPO). Daneben besteht auch weiterhin die Auskunft über das Schuldnerverzeichnis (§§ 882b ff ZPO).[1492]

I. Voraussetzungen der Vermögensauskunft beim Schuldner

1. Zuständigkeit

Für das Auskunftsverfahren samt Abgabe einer eidesstattlichen Versicherung ist örtlich und funktionell der Gerichtsvollzieher bei dem Amtsgericht zuständig, in dessen Bezirk der Schuldner seinen Wohnsitz oder in Ermangelung eines solchen seinen Aufenthaltsort hat (§ 802e Abs. 1 ZPO). Ist auch der Aufenthalt des Schuldners unbekannt, besteht keine Zuständigkeit des Gerichtsvollziehers am letzten Wohnort.[1493] Dem Gläubiger bleibt nur eine Aufenthaltsermittlung nach § 755 ZPO.[1494]

Aufgrund der Doppelfunktionalität der Vorschriften über die örtliche Zuständigkeit dient § 802e Abs. 1 ZPO auch zur Bestimmung der internationalen Zuständigkeit des deutschen Gerichtsvollziehers. Die Vorschrift wird nicht durch die Normen der EuGVO verdrängt.[1495] Hat der Schuldner seinen Wohnsitz im Ausland, kommt eine inländische Zuständigkeit in Betracht, wenn sich der Aufenthaltsort des Schuldners innerhalb der Bundesrepublik befindet.[1496] Hierfür genügt bereits eine nur vorübergehende kurzfristige Anwesenheit des Schuldners, etwa in Form einer Durchreise.[1497]

2. Allgemeine und besondere Vollstreckungsvoraussetzungen

Das Verfahren zur Sachaufklärung ist eine Maßnahme der Zwangsvollstreckung. Als solches setzt es das Vorliegen der allgemeinen Vollstreckungsvoraussetzungen voraus.[1498] Dementsprechend ist ein Auskunftsbegehren nicht

---

1492 Hierüber lassen sich allerdings keine Konten auffinden, s. Jungbauer, JurBüro 2012, 629, 630; ferner zum Schuldnerverzeichnis: Wasserl, DGVZ 2013, 85.

1493 AG Neustadt a. Rbge DGVZ 2009, 17.

1494 Näher dazu Steinert/Theede/Knop, Kap. J Rn. 7 ff; Schmidt, JurBüro 2013, 453.

1495 BGH NJW 2008, 3288 Rn. 13.

1496 OLG Frankfurt JurBüro 1978, 131.

1497 BGH NJW 2008, 3288 Rn. 15; ebenso bei Wohnsitz des Schuldners im Ausland und inländischer Arbeitsstelle: LG Saarbrücken DGVZ 2009, 15, 16.

1498 Brox/Walker, Rn. 1137; Wilhelm, in: Seibel, Zwangsvollstreckungsrecht aktuell, S. 21, 35.

in jeder Verfahrensphase zulässig. Es steht dem Gläubiger nur offen, wenn er bereits einen (zumindest) vorläufig vollstreckbaren Titel gegen den Schuldner erwirkt hat. Hierfür genügt auch eine einstweilige Entscheidung, insbesondere ein Arrestbefehl.[1499] Auf das Auskunftsrecht kann der Gläubiger daher schon vor Einleitung eines Verfahrens in der Hauptsache zurückgreifen.

Die zulässigen Sachaufklärungsmaßnahmen, zu denen der Gerichtsvollzieher im Rahmen der Geldvollstreckung befugt ist, sind in einer enumerativen Aufzählung in § 802a Abs. 2 S. 1 ZPO abschließend aufgeführt. Der Gerichtsvollzieher ist befugt, eine Vermögensauskunft des Schuldners gemäß § 802c ZPO (§ 802a Abs. 2 S. 1 Nr. 2 ZPO) und Auskünfte Dritter über das Vermögen des Schuldners gemäß § 802l ZPO (§ 802a Abs. 2 S. 1 Nr. 3 ZPO) einzuholen. Zu welcher bzw. welchen Maßnahmen er den Gerichtsvollzieher beauftragt, muss der Gläubiger zwingend in einem Vollstreckungsauftrag benennen (§ 802a Abs. 2 S. 2 ZPO).[1500]

Daneben erfordert die Vermögensauskunft das Vorliegen besonderer Vollstreckungsvoraussetzungen und das Fehlen von Vollstreckungshindernissen. Der Schuldner ist nicht unbeschränkt verpflichtet, immer wieder Auskünfte über sein Vermögen zu erteilen. Die einmal erteilte Vermögensauskunft sperrt diese Verpflichtung für zwei Folgejahre. Nur ausnahmsweise kommt eine erneute Abgabe innerhalb dieser Sperrfrist in Betracht, wenn der Gläubiger konkrete Tatsachen glaubhaft macht,[1501] die auf eine wesentliche Veränderung der Vermögensverhältnisse des Schuldners schließen lassen (§ 802d Abs. 1 S. 1 ZPO). Solche können etwa im Erwerb von Vermögenswerten, im Wechsel des Arbeitgebers oder einer beruflichen Veränderung liegen.[1502] Selbst Hinweise in sozialen Netzwerken, die auf einen gewandelten Lebensstil des Schuldners schließen lassen, kommen in Betracht.[1503] Kann der Gläubiger diesem Erfordernis nicht nachkommen, wird ihm nur ein Ausdruck des letzten Vermögensverzeichnisses zugeleitet (§ 802d Abs. 1 S. 2 ZPO).

1499 BGH NJW-RR 2006, 996 Rn. 8; OLG Stuttgart, NJW 1980, 1698.

1500 Harnacke, DGVZ 2012, 197, 198; die umstrittene Frage, ob eine Vermögensauskunft auch mit einem bedingten Pfändungsantrag verbunden werden kann, spielt bei der Kontenpfändung keine Rolle, da für die Pfändung das Arrestgericht zuständig ist; vgl. zum Streit: Seip, DGVZ 2015, 75. Relevant kann der Streit allerdings bei der Verknüpfung mit einer Vorpfändung werden.

1501 Eine bloße Vermutung genügt nicht, vgl. BGH NJW-RR 2007, 1007.

1502 AG Lahr DGVZ 2015, 39, 40.

1503 Goebel, S. 86.

Im Unterschied zur alten Rechtslage ist ein zuvor fehlgeschlagener Sachpfändungsversuch nicht mehr nötig. Die Sachaufklärung wurde durch die Novellierung an den Beginn des Vollstreckungsverfahrens gesetzt. Dadurch hat der Gesetzgeber die überkommene Vorstellung einer Sachpfändung als Idealbild des Vollstreckungsverfahrens abgelegt.[1504]

II. Zusätzliche Voraussetzungen der Drittauskunft

Über die Selbstauskunft hinaus hat der Gesetzgeber mit der Sachaufklärungsreform die Informationsquellen ausgeweitet und erstmals die Möglichkeit eröffnet, Auskünfte von Dritten einzuziehen (§ 802l ZPO). Hierfür sieht die Vorschrift im Wesentlichen drei Voraussetzungen vor. Es muss eine geeignete Verfahrenssituation vorliegen, das Gesuch muss zur Vollstreckung erforderlich sein und eine Bagatellgrenze überschreiten.

Wann bzw. in welcher Situation eine Drittauskunft eingeholt werden kann, folgt aus § 802l Abs. 1 S. 1 ZPO. Entweder ist der Schuldner seiner Pflicht zur Vermögensauskunft nicht nachgekommen (Nr. 1) oder die im Vermögensverzeichnis angegebenen Vermögenswerte lassen eine vollständige Befriedigung des Gläubigers nicht erwarten (Nr. 2).

Beide Alternativen setzen ein durchgeführtes Auskunftsverfahren nach §§ 802c, 802 f ZPO voraus. Der Gläubiger muss dieses zwar nicht selbst betrieben haben. Es genügt, wenn die Vermögensauskunft auf Betreiben eines Dritten erteilt wurde.[1505] Dementsprechend soll selbst ein isolierter Antrag auf Drittauskunft an sich zulässig sein.[1506] Den Nachweis, dass eine vollständige Befriedigung des Gläubigers anhand des bereits erstellten Vermögensverzeichnisses nicht erwartet werden kann, wird der Gläubiger damit in aller Regel aber nicht führen können. Faktisch muss ihm hierfür ein Vermögensverzeichnis des Schuldners vorliegen.[1507]

Eine Weitergabe der Daten direkt vom Drittgläubiger, der das Verzeichnis erwirkt hat, bzw. dessen Rechtsvertretern ist aufgrund der Zweckbindung

---

1504 Vgl. BT-Drs. 16/10069, S. 20; Würdinger, JZ 2011, 177, 181 f.

1505 LG Oldenburg JurBüro 2014, 664; Goebel, S. 127.

1506 LG Koblenz DGVZ 2015, 111, 112; LG Oldenburg JurBüro 2014, 664; AG Euskirchen DGVZ 2015, 94 f; AG Berlin-Schöneberg DGVZ 2014, 241; aA AG Fürth DGVZ 2014, 225; AG Esslingen DGVZ 2013, 195.

1507 LG Koblenz DGVZ 2015, 111, 112; AG Euskirchen DGVZ 2015, 94, 95 m. Anm. der Schriftleitung; Mroß, DGVZ 2013, 69, 70; aA AG Bonn BeckRS 2015, 13015.

ausgeschlossen.[1508] Die Angaben aus einem Vermögensverzeichnis dürfen vom Gläubiger nur zu Vollstreckungszwecken genutzt werden und sind nach Zweckerreichung zu löschen (§§ 802d Abs. 1 S. 3, 802f Abs. 6 S. 2 Hs. 2 ZPO). Ob eine mehrfache Verwendung der Daten durch ein und denselben Gläubiger aufgrund eines anderen Vollstreckungstitels in Betracht kommt,[1509] erscheint zweifelhaft. Der Gesetzgeber will einen Kontenabruf ohne Wissen des Betroffenen gerade verhindern.[1510] Auch wenn eine erneute Vermögensauskunft nach § 802d ZPO daher versperrt ist, bleibt dem Gläubiger regelmäßig nichts anderes übrig, als dieses Auskunftsinstrument in Anspruch zu nehmen und einen Ausdruck der bereits erteilten Vermögensauskunft einzuholen, bevor er sich auf die Drittauskunft berufen kann. Das Verfahren nach § 802l ZPO ist damit grundsätzlich subsidiär zur Vermögensauskunft des Schuldners.[1511]

Die strittige Frage, ob ein Gerichtsvollzieher die nach § 802l Abs. 1 S. 1 ZPO erhobene Daten auch weiteren Gläubigern übermitteln darf, hat der Gesetzgeber nunmehr in § 802l Abs. 4 ZPO geklärt. Demnach ist eine Weitergabe der Daten, die innerhalb der letzten drei Monate bei dem Gerichtsvollzieher eingegangen sind, zulässig, wenn die Voraussetzungen für die Datenerhebung auch bei dem weiteren Gläubiger vorliegen. Der weitere Gläubiger ist über den Umstand, dass die Daten aus einem anderen Auskunftsverfahren stammen, zu informieren (§ 802l Abs. 4 S. 2). Er kann allerdings (bereits vorsorglich im ursprünglichen Vollstreckungsauftrag)[1512] die Einholung einer erneuten Auskunft verlangen, wenn Anhaltspunkte dafür vorliegen, dass seit dem Eingang der Auskunft eine Änderung der maßgeblichen Vermögensverhältnisse eingetreten ist (§ 802l Abs. 4. S. 3 ZPO).

In jedem Fall muss das Ersuchen oder die Datenerhebung nach § 802l Abs. 1 S. 1 ZPO zum Zwecke der Vollstreckung erforderlich sein (§ 802l Abs. 1 S. 2 ZPO). Die Drittauskunft ist auch dann erforderlich, wenn der Schuldner bereits Angaben zu seinem Vermögen getätigt hat. Sie hat nur zu unterbleiben, wenn

1508 Mroß, DGVZ 2014, 256 f; ders., AnwBl 2013, 16, 20; Goebel, S. 88, 102; Musielak/Voit/Voit, § 802d ZPO Rn. 6; BeckOK ZPO/Fleck, § 802d ZPO Rn. 8; aA Abel, RDV 2013, 66, 67.

1509 So Musielak/Voit/Voit, § 802d ZPO Rn. 6; BeckOK ZPO/Fleck, § 802d ZPO Rn. 8 (danach darf der Gläubiger die Daten aber nicht auf Vorrat vorhalten); aA Mroß, DGVZ 2014, 256 f; ders., AnwBl 2013, 16, 20; Goebel, S. 88, 102.

1510 Dadurch soll den Anforderungen des Verhältnismäßigkeitsprinzips genügt werden, BT-Drs. 16/10069, S. 32.

1511 BT-Drs. 16/10069, S. 31.

1512 BT-Drs. 18/7560, S. 38.

bereits sicher ist, dass die Auskunft zu keinen neuen Informationen führen wird.[1513] Der Gläubiger muss jedoch keine Anhaltspunkte vorlegen, wonach die abgegebene Vermögensauskunft des Schuldners unrichtig oder unvollständig ist.[1514]

Daneben setzt die Drittauskunft einen vollstreckbaren Anspruch voraus(§ 802l Abs. 1 S. 2 ZPO). Die in die Kritik[1515] geratene Bagatellgrenze von 500 € in § 802l Abs. 1 S. 2 ZPO a.F. ist mit der Neufassung der Regelung aufgrund des Gesetzes zur Durchführung der Verordnung (EU) Nr. 655/2014 sowie zur Änderung sonstiger zivilprozessualer, grundbuchrechtlicher und vermögensrechtlicher Vorschriften und zur Änderung der Justizbeitreibungsordnung (EuKoPfVODG) vom 21.11.2016 (BGBl. I S. 2591) ersatzlos entfallen.

Die Drittauskunft nach § 802l ZPO sieht keine eigenständige Zuständigkeitsregelung vor. Da die Abfrage gänzlich ohne Beteiligung des Schuldners in einem elektronischen Vorgang abläuft, könnte jeder Gerichtsvollzieher zuständig sein.[1516] Aus dem Fehlen einer Zuständigkeitsregelung kann ein solcher Rückschluss allerdings nicht gezogen werden. Die Maßnahme knüpft inhaltlich an die vorrangige Selbstauskunft des Schuldners an. Dementsprechend erscheint es vorzugswürdig, die Zuständigkeit nach § 802e ZPO auch auf die Drittauskunft durchschlagen zu lassen.[1517] § 802l ZPO spricht in diesem Zusammenhang auch nicht von „einem“ oder „jedem“, sondern beschränkt sich auf die Formulierung „der“ Gerichtsvollzieher. Unklar wäre andernfalls, woraus sich eine internationale Zuständigkeit ergeben soll und anhand welcher Anknüpfungspunkte diese zu bestimmen wäre. Aus Sicht der Forderungspfändung folgt aus dem Auseinanderfallen der Zuständigkeiten für die Drittauskunft (Gerichtsvollzieher) und

---

1513 BeckOK ZPO/Fleck, § 802l ZPO Rn. 4.

1514 LG Aachen DGVZ 2015, 113 f; LG Magdeburg DGVZ 2014, 224, 225; AG Nürnberg DGVZ 2015, 132; AG Hamburg DGVZ 2014, 267 f; AG Hagen DGVZ 2014, 103; AG Bremen BeckRS 2014, 15192; AG Hof Beschl. v. 2.9.2014, Az.: 1 M 2071/14; Harnacke/Bungardt, DGVZ 2013, 1, 8; Goebel, FoVo 2015, 27, 29; BeckOK ZPO/Fleck, § 802l ZPO Rn. 4; Musielak/Voit, § 802l ZPO Rn. 4; aA LG Nürnberg, DGVZ 2013, 243 mit ablehnender Anm. Seip; AG Altötting DGVZ 2014, 268; AG Kenzingen DGVZ 2014, 133; MüKoZPO/Wagner, § 802l ZPO Rn. 15.

1515 Dazu: Hess, Die Neuorganisation, S. 101 f; Goebel, S. 135 f; Fischer, WuM 2007, 239, 243; Würdinger, JZ 2011, 177, 184.

1516 So Goebel, S. 32 f; Vollkommer, NJW 2012, 3681, 3685.

1517 Mroß, DGVZ 2013, 69, 72; Harnacke/Bungardt, DGVZ 2013, 1, 4 f.

Forderungspfändung (Vollstreckungsgericht bzw. Rechtspfleger) eine weitere Verzögerung.[1518]

Um die Anreize zu einer richtigen Selbstauskunft zu steigern und dem Gläubiger keine weiteren Informationsquellen abzuschneiden, ist die Drittauskunft auch innerhalb einer laufenden zweijährigen Sperrfrist (§ 802d ZPO) zulässig.[1519] Der zwingend benötigte Antrag auf Auskunft nach § 802l ZPO ist zeitlich nicht an die Selbstauskunft geknüpft. Die einzelnen Maßnahmen stehen selbstständig nebeneinander und können unabhängig voneinander beantragt werden. Insbesondere ist der Gläubiger nicht gezwungen den Auftrag zur Drittauskunft mit demjenigen zur Einholung der Vermögensauskunft zu verbinden.[1520]

III. Verfahren und Inhalt der Sachaufklärungsmaßnahmen

1. Vermögensauskunft des Schuldners

Nach Eingang des Antrags auf Vermögensauskunft prüft der Gerichtsvollzieher zunächst, ob der Schuldner innerhalb der letzten zwei Jahre bereits eine Vermögensauskunft abgegeben hat (vgl. § 802k Abs. 1 S. 2 ZPO). Liegt keine Sperrfrist nach § 802d ZPO vor, setzt der Gerichtsvollzieher dem Schuldner eine zweiwöchige Zahlungsfrist (§ 802f Abs. 1 S. 1 ZPO) und bestimmt für den Fall der fruchtlosen Fristverstreichung einen Termin zur Vermögensauskunft, zu dem er den Schuldner lädt (§ 802f Abs. 1 S. 2 ZPO).[1521] Bleibt der Schuldner dem Termin fern, muss er u.U. mit einem Erzwingungshaftbefehl (§ 802g Abs. 1 ZPO), der Drittauskunft (§ 802l Abs. 1 S. 1 ZPO) und der Eintragung ins Schuldnerverzeichnis (§ 882c Abs. 1 Nr. 1 ZPO) rechnen. Einer Zahlungsfrist bedarf es allerdings nicht, wenn der Gerichtsvollzieher den Schuldner in demselben Vollstreckungsverfahren bereits zuvor zur Zahlung aufgefordert hat – etwa im Rahmen des Versuchs, eine gütliche Einigung herbeizuführen, oder vor einem Pfändungsversuch – und seit dieser Aufforderung zwei Wochen verstrichen sind, ohne dass der Schuldner dieser Aufforderung nachgekommen ist (§ 802f Abs. 1 S. 4).[1522]

1518 Kritisch: Hess, Die Neuorganisation, S. 105; dem Gläubiger kommt demnach unnötigerweise die Rolle eines Briefträgers zwischen den Vollstreckungsorganen zu.

1519 BT-Drs. 16/10069, S. 26; Vollkommer, NJW 2012, 3681, 3685.

1520 AG Berlin-Schöneberg DGVZ 2014, 241, 242; Goebel, FoVo 2015, 27, 28 f.

1521 Näher zum Verfahren: Goebel, S. 94 ff; Wilhelm, in: Seibel, Zwangsvollstreckungsrecht aktuell S. 21, 4 ff.

1522 BT-Drs. 18/7560, S. 37.

Alternativ zum fruchtlosen Verstreichen der gesetzten Zahlungsfrist kann der Gläubiger die Abnahme einer Vermögensauskunft im Anschluss an eine (erfolglose) Fahrnispfändung beantragen (§ 807 ZPO).

In beiden Fällen wird dem Schuldner damit der anstehende Vollstreckungszugriff in sein (angegebenes) Vermögen deutlich werden.[1523]

Der Schuldner hat im Rahmen der Vermögensauskunft alle ihm gehörenden Vermögensgegenstände anzugeben und insbesondere hinsichtlich seiner Forderungen auch Grund und Beweismittel zu bezeichnen (§ 802c Abs. 2 S. 1, 2 ZPO). Das hieraus erstellte elektronische Vermögensverzeichnis (vgl. dazu §§ 802c Abs. 3, 802f Abs. 5 S. 2 ZPO) hinterlegt der Gerichtsvollzieher von Amts wegen beim zentralen Vollstreckungsgericht (§ 802k Abs. 1 ZPO) und leitet dem Gläubiger einen Ausdruck zu (§ 802f Abs. 6 ZPO).

Ist der Schuldner zu einer Vermögensauskunft aufgrund § 802d ZPO nicht verpflichtet, erhält der Gläubiger das zuletzt vorgelegte Vermögensverzeichnis (§ 802d Abs. 1 S. 2 ZPO), ohne dass es auf eine Fristsetzung ankommt (§ 802f Abs. 1 ZPO).[1524] Der Schuldner wird hierüber in Kenntnis gesetzt (§ 802d Abs. 1 S. 4 ZPO) und über eine drohende Eintragung ins Schuldnerverzeichnis gemäß § 882c Abs. 1 ZPO belehrt. Der praktische Nutzen einer solchen Auskunft aus einem bereits bestehenden Verzeichnis ist gering. Häufig wird sich hieraus kaum mehr Vermögen ergeben, das einen erfolgreichen Vollstreckungszugriff gewährt.[1525]

2. *Drittauskunft mit automatisiertem Kontenabruf*

Liegen die Voraussetzungen des § 802l Abs. 1 ZPO vor, ist der Gerichtsvollzieher ermächtigt, bestimmte Daten bei ausgewählten Dritten einzuholen, insbesondere Kontodaten i.S.d. §§ 93b Abs. 1 AO, 24c Abs. 1 KWG beim Bundeszentralamt für Steuern abzurufen (§§ 802l Abs. 1 S. 1 Nr. 2 ZPO, 93 Abs. 8 AO). Alle in der Bundesrepublik eröffneten Konten müssen dem Bundesamt für Steuern von den Kreditinstituten gemeldet werden. Konten, die bei einer ausländischen Niederlassung geführt werden, fallen nicht hierunter.[1526] Technisch erfolgt die Auskunft über die Kontendaten über ein automatisiertes Datenabrufsystem.[1527]

1523 Goebel, S. 75 f.

1524 Vollkommer, NJW 2012, 3681, 3684; aA Harnacke, DGVZ 2012, 197, 201 f.

1525 Goebel, S. 86 f.

1526 Schwennicke/Auerbach/Döser, § 24c KWG Rn. 13; Boos/Fischer/Schulte-Mattler/Achtelik, § 24c KWG Rn. 6.

1527 Näheres dazu: Zubrod, WM 2003, 1210, 1212 f; Schwennicke/Auerbach/Döser, § 24c KWG Rn. 32 ff.

Bei den abrufbaren Daten handelt es sich konkret um die Kontonummer, den Tag der Errichtung (und ggf. Auflösung) des Kontos, den Namen des Inhabers, der Verfügungsberechtigten sowie den Tag der Geburt bei natürlichen Personen. Dagegen erfährt der Gläubiger nichts hinsichtlich der Erfolgsaussichten eines späteren Vollstreckungszugriffs. Weder werden Kontostände oder Kontobewegungen übermittelt,[1528] noch erfasst die Drittauskunft die Angabe, ob es sich dabei um ein P-Konto handelt.[1529] Sichere Kenntnis hierüber kann er erst im Anschluss an den zugestellten Pfändungsbeschluss durch die Drittauskunft gemäß § 840 ZPO erhalten.

Aus verfassungsrechtlicher Perspektive kollidiert die Drittauskunft mit dem Recht des Schuldners auf informationelle Selbstbestimmung. Dieses in Art. 2 Abs. 1 i.V.m. Art. 1 Abs. 1 GG verankerte Recht erlaubt es jedem Einzelnen, über die Preisgabe und Verwendung seiner persönlichen Daten zu bestimmen.[1530] Durch die Voraussetzungen in § 802l Abs. 1 ZPO greift der Gesetzgeber die Anforderungen des BVerfG an den automatisierten Kontenabruf auf.[1531] Rasterabfragen sowie Abfragen „ins Blaue hinein" sollen dadurch vermieden werden.[1532] Durch die Subsidiarität des Drittauskunftsverfahrens wird die Verhältnismäßigkeit für die besonders problematischen heimlichen Eingriffsmaßnahmen gewährleistet.[1533]

Über das Ergebnis des Sachaufklärungsverfahrens wird der Gläubiger stets unverzüglich informiert. Sofern ein Vermögensverzeichnis erstellt wurde, erhält er hiervon eine Abschrift (§ 802f Abs. 6 ZPO). Daten aus der Drittauskunft übermittelt der Gerichtsvollzieher ihm aber nur insoweit als sie zur Vollstreckung relevant sind.[1534]

Der Schuldner wird gemäß §§ 802d Abs. 1 S. 4 ZPO, 802l Abs. 3 S. 1 ZPO spätestens vier Wochen nach Abruf der Daten bzw. gemäß § 802l Abs. 5 ZPO nach deren Übermittlung an einen weiteren Gläubiger informiert.

1528 Reischauer/Kleinhans/Becker, Erg.-Lfg. 3/10, § 24c KWG Rn. 2.

1529 Harnacke, DGVZ 2012, 197, 203; Sturm, FPR 2013, 547, 550; anders noch im Gesetzesentwurf: BT-Drs. 16/10069.

1530 BVerfG NJW 2012, 1419 Rn. 122; NJW 2005, 1917, 1918; NJW 1984, 419.

1531 BVerfG NJW 2007, 2464 Rn. 82 ff; ausführlich zur Verfassungsmäßigkeit des § 24c KWG: Glück, § 24c KWG und das Recht auf informationelle Selbstbestimmung; vgl. ferner zur rechtspolitischen Problematik: Brender, ZRP 2009, 198.

1532 BT-Drs. 16/10069, S. 32.

1533 BVerfG NJW 2007, 2464 Rn. 134, 140 f; BT-Drs. 16/10069, S. 32; Goebel, S. 133.

1534 Vgl. AG Leipzig DGVZ 2015, 41; AG Hamburg DGVZ 2014, 20.

B. Transparenzvorschriften in Polen

In Polen obliegt es grundsätzlich dem Gläubiger, alle Informationen beizubringen, die zur Vollstreckung des Titels erforderlich sind (Art. 797 KPC). Die Kenntnis der genauen Vollstreckungsobjekte, bei der Kontenpfändung also der jeweiligen Bankverbindung, ist für den Gläubiger daher von entscheidender Bedeutung. In seinem Antrag soll er nicht nur die genaue Vollstreckungsart, sondern auch das Vollstreckungsobjekt bezeichnen. Regelmäßig ist der Gläubiger dazu außerstande. Um ihn nicht schutzlos zu stellen, entbindet ihn der Gesetzgeber dann von der Pflicht, die konkrete Kontonummer anzugeben.[1535] Oftmals wird dem Gläubiger darüber hinaus jegliche Information über die Vermögensverhältnisse des Schuldners fehlen. Um etwa dessen kontoführende Bank zu ermitteln, eröffnet das polnische Verfahrensrecht eine Reihe unterschiedlicher Aufklärungsmöglichkeiten. Die Transparenzinstrumente des polnischen Zivilverfahrensrechts lassen sich unterschiedlich kategorisieren. Bezüglich der Informationsquelle unterteilen sie sich in Selbst- und Drittauskunftsverfahren, bezüglich der Informationsreichweite wiederum in beschränkte und vollumfängliche Vermögensauskünfte.

I. Auskunftsverfahren nach Art. 801 KPC

Ein Selbstauskunftsverfahren findet sich sowohl in Art. 801 KPC, als auch in den Art. 913 ff KPC. Der wesentliche Unterschied liegt zunächst im Umfang der Informationen, die hieraus geschöpft werden können. Kann der Gläubiger die Vollstreckungsobjekte nicht im Vollstreckungsantrag bezeichnen, weil er sie nicht kennt, soll der für die Zwangsvollstreckung zuständige Gerichtsvollzieher den Schuldner gemäß Art. 801 KPC auffordern, die Gegenstände anzugeben, die der Befriedigung des Gläubigers dienen können. Inhaltlich ist diese Auskunft eingeschränkt. Er kann nur solche Auskünfte verlangen, die für die beantragte Vollstreckungsmethode erforderlich sind.[1536] Beschränkt sich der Vollstreckungsauftrag des Gläubigers etwa auf eine Sachpfändung, kann der Gerichtsvollzieher vom Schuldner keine Informationen über dessen Bankverbindungen verlangen. Hierfür müsste der Gerichtsvollzieher zur Kontenpfändung beauftragt worden sein. Im Rahmen eines Sicherungsverfahrens wird die Vollziehungsart bereits vor der Vollziehung durch den Gläubiger benannt und durch das Gericht nach

---

1535 Dazu auch § 6 A II 3.

1536 Romańska/Leśniak, II. Teil A, Art. 801 KPC Nr. 2, S. 268; Weitz, in: Kengyel/Harsági, S. 181, 195.

Verhältnismäßigkeitsgesichtspunkten festgelegt (vgl. Art. 730[1] § 3 KPC). Die Erforderlichkeit ist hierauf beschränkt. Den genauen Inhalt, der durch die Auskunft erlangt werden kann, legt die Vorschrift allerdings nicht fest. Ihr kommt diesbezüglich ein generalklauselartiger Charakter zu.[1537] Welche Information der Gerichtsvollzieher für erforderlich hält, konkretisiert er im jeweiligen Einzelfall selbst.[1538]

Lehnt der Schuldner eine Selbstauskunft ab, droht ihm gemäß § 762 KPC ein Bußgeld von bis zu 2.000 PLN.

II. Auskunftsverfahren nach Art. 761 KPC, 2 Abs. 5 UKSE, 105 Nr. 2 lit. ł PR.BANK

Über die Befragung des Schuldners (Art. 801 KPC) hinaus trifft den Gerichtsvollzieher keine weitergehende Verpflichtung zur Ermittlung des schuldnerischen Vermögens. Etwas anderes gilt lediglich, wenn das Gesetz eine Ermittlung von Amts wegen anordnet, so etwa in Unterhaltssachen (Art. 1086 KPC). In den übrigen Fällen kann der Gerichtsvollzieher zwar tätig werden, er ist dazu gemäß Art. 797[1] KPC aber lediglich auf Antrag des Gläubigers gezwungen.[1539] Zur Erfüllung der Pflicht kann er sich aller ihm zur Verfügung stehender Befugnisse bedienen, wobei Art. 761 § 1 KPC im Mittelpunkt der Auskunftsinstrumente steht.[1540] Die Vorschrift ermächtigt den Gerichtsvollzieher von allen Verfahrensbeteiligten und bestimmten Nichtbeteiligten, etwa Banken und Steuerorganen, die für die Zwangsvollstreckung erforderlichen Auskünfte einzuholen. Im Verhältnis zu Art. 761 KPC wird Art. 801 KPC als konkretisierende Norm angesehen.[1541] Der Gerichtsvollzieher greift folglich nur dann hierauf zurück, wenn die erforderlichen Informationen nicht bereits durch die Schuldnersauskunft zu erreichen waren.[1542] Zugleich wird der Schuldner verpflichtet, den Gerichtsvollzieher über jeden Aufenthaltswechsel zu benachrichtigen, der länger als einen Monat andauert (Art. 761 § 3 KPC).

1537 Feliga, MoP 4/2010, 213, 217 bzgl. der vergleichbaren Formulierung in Art. 761 KPC.

1538 Szczurek, S. 156 f; Feliga, MoP 4/2010, 213, 217; näher zu den erforderlichen Informationen sogleich unter § 9 B II.

1539 Romańska/Leśniak, II. Teil A, Art. 761 KPC Nr. 12, S. 184; Gołaczyński/Brulińska, Art. 761 KPC Nr. 7.

1540 Weitz, in: Kengyel/Harsági, S. 181, 195.

1541 Szczurek, S. 158; Gołaczyński/Brulińska, Art. 761 KPC Nr. 8.

1542 Szczurek, S. 159; Romańska/Leśniak, II. Teil B 6.2.1, S. 689.

Was zur Vollstreckung erforderlich ist, definiert der Gesetzgeber nicht und vertraut diese Entscheidung damit grundsätzlich dem Gerichtsvollzieher an. Dieser muss im Rahmen einer Einzelfallprüfung festlegen, welche Informationen er für unabkömmlich erachtet, um die vom Gläubiger gewählte (und bei Sicherungsverfahren vom Gericht zugelassene) Vollziehungsart durchzuführen.[1543] Die Vorschrift des Art. 761 § 1 KPC steht aber in engem Zusammenhang mit Art. 2 Abs. 5 UKSE[1544]. Letztere wurde anlässlich der unzureichenden Beschreibung der Auskunftsrechte durch Art. 761 § 1 KPC erlassen.[1545] Anders als Art. 761 KPC begrenzt sie den Adressatenkreis, der zur Auskunftserteilung verpflichtet werden kann, auf bestimmte (juristische) Personen. Beide Vorschriften schränkten die Reichweite auf die zur Vollstreckung erforderlichen Informationen ein. Die Auskunftspflicht im Rahmen des Art. 761 § 1 KPC und Art. 2 Abs. 5 UKSE ist auf solche Informationen begrenzt, die unmittelbar mit dem Charakter und dem Tätigkeitsfeld der befragten Person bzw. Institution zusammenhängen.[1546] Der Gerichtsvollzieher kann (wie im Rahmen des Art. 801 KPC) also nicht das gesamte Schuldnervermögen aufdecken, sondern nur soweit es der beantragten Vollstreckungsart unterfällt und zur Durchführung benötigt wird. Allerdings umschreibt Art. 2 Abs. 5 UKSE den zulässigen Inhalt der Auskunft darüber hinaus näher anhand einer beispielhaften Aufzählung.[1547] Nichts anderes kann für Art. 761 KPC gelten.[1548] Demnach gehören insbesondere der Vermögensstand und die Angaben zur Identifikation der Bestandteile des Schuldnervermögens zu diesen erforderlichen Informationen. Die Bank muss dem Gerichtsvollzieher dementsprechend auf Aufforderung hin Auskunft über die Anschrift des Schuldners, seinen Arbeitgeber, bestehende Kontoverbindungen samt Kontostand und Benennung der ein- und ausgehenden Transfers[1549], etwaige Kreditabreden, etc. erteilen (freilich wird im Rahmen der reinen Kontenpfändung die Angabe von Zahlungsein- und -ausgängen oder Kreditabreden schon nicht erforderlich sein).[1550] Die Bank kann sich insoweit nicht auf ihre

---

1543 Szczurek, S. 160; Feliga, MoP 4/2010, 213, 220.

1544 Die systematische Stellung der Vorschrift wird in der Literatur kritisiert; Feliga, MoP 4/2010, 213, 215 sieht darin eine prozessuale Norm, die im KPC zu verorten gewesen wäre.

1545 Romańska/Leśniak, II. Teil A, Art. 761 KPC Nr. 11, S. 184.

1546 Romańska/Leśniak, II. Teil B 6.2.1, S. 690.

1547 Zum Verhältnis vgl. Szczurek, S. 160.

1548 Feliga, MoP 4/2010, 213, 217.

1549 Einschränkend: Chudykowski, MoP 2/2010, 88, 90.

1550 Feliga, MoP 4/2010, 213, 218 ff.

Verschwiegenheitspflicht aus dem Bankgeheimnis berufen (Art. 105 Abs. 1 Nr. 2 lit. ł PR.BANK), sondern muss etwa die sonst gegenüber Dritten geschützten Angaben über bestehende Schuldnerkonten dem Gerichtsvollzieher anzeigen.[1551] Diese bankenrechtliche Vorschrift wird oftmals auch als lex specialis zu den übrigen Auskunftsrechten angesehen und als alleinige Anspruchsgrundlage für Daten erachtet, die den Schutz des Bankgeheimnisses genießen.[1552]

Von welchen Banken der Gerichtsvollzieher diese Informationen einholen soll, regelt das Gesetz nicht. In Betracht kommen etwa alle Banken am Schuldnerwohnsitz bzw. solche, bei denen eine gewisse Wahrscheinlichkeit besteht, dass der Schuldner bei ihnen ein Konto führt.[1553] Dem Gerichtsvollzieher ist im Rahmen des Auskunftsverfahrens nach Art. 761 KPC, 2 Abs. 5 UKSE allerdings untersagt, generell Auskunft bei sämtlichen Banken einzuholen, ohne dass diese in einem funktionellen Zusammenhang mit der betriebenen Vollziehung stehen. Ein solches „abstraktes" Abgreifen von Daten ist unzulässig.[1554] In diesem Maßstab lassen sich nur Informationen mittels eines Offenbarungsverfahrens nach Art. 913 ff KPC erlangen (dazu sogleich).

Ein Formerfordernis für die Erteilung der Auskunft statuiert das Gesetz nicht. Sie soll daher selbst in mündlicher Form zulässig sein.[1555]

Wie sich unzweifelhaft aus Art. 2 Abs. 5 UKSE und Art. 105 Abs. 1 Nr. 2 lit. ł PR.BANK ergibt, kann der Gläubiger den Gerichtsvollzieher nicht nur im Vollstreckungsverfahren, sondern auch bei der Vollziehung des Sicherungsbeschlusses mit dem Auskunftsverfahren beauftragen.[1556] Dies folgt für Art. 761 KPC auch bereits aus der Verweisung des Art. 743 § 1 KPC bezüglich der Vollziehung eines Sicherungsbeschluss auf das Vollstreckungsrecht.[1557] Die Aufklärung nach Art. 761 § 1 KPC und Art. 2 Abs. 5 UKSE ist aber stets auf die Verfahrensphase der Vollstreckung bzw. Vollziehung beschränkt.[1558] Erforderlich ist ein entsprechender vollstreckbarer Titel. Das Instrument ist daher vor Einleitung und während des Hauptsache- bzw. Sicherungsverfahrens gesperrt. Zulässig ist die

1551 Ausführlich zum Verhältnis von Art. 761 KPC, 2 Abs. 5 UKSE und 105 Abs. 1 Nr. 2 lit. ł PR.BANK und zur Reichweite des Bankgeheimnisses: Feliga, MoP 4/2010, 213 ff; vgl. auch Fojcik-Mastalska/Bączyk, Art. 104 PR.BANK Nr. 7, S. 446.

1552 Chudykowski, MoP 2/2010, 88, 93 f.

1553 S. dazu § 6 A II 3.

1554 Feliga, MoP 4/2010, 213, 220 f.

1555 Gołaczyński/Brulińska, Art. 761 KPC Nr. 2.

1556 Dazu auch Chudykowski, MoP 2/2010, 88, 89 f.

1557 Szczurek, S. 166.

1558 Vgl. Szczurek, S. 167.

Auskunft nach Art. 761 KPC i.V.m. Art. 2 Abs. 5 UKSE zudem nur, wenn die Vollstreckung bereits eingeleitet wurde, d.h. nach Benachrichtigung des Schuldners gemäß Art. 805 § 1 KPC über einen entsprechenden Vollstreckungsantrag. In der Praxis verzichten die Gerichtsvollzieher indes auf die vorherige Benachrichtigung und ersuchen die Banken direkt um Auskunft.[1559]

Wird der Auskunftsaufforderung nicht Folge geleistet oder wird die Auskunft vorsätzlich falsch erteilt, kann der Gläubiger – ungeachtet weiterer strafrechtlicher Konsequenzen, vgl. Art. 762 § 5 KPC – ein Bußgeld bis zu 2.000 PLN gegen die natürliche Person bzw. bei juristischen Personen unmittelbar gegen den zuständigen Angestellten gemäß Art. 762 § 1, 2 KPC verhängen.

Soweit der Schuldner über die Datenerhebung nicht im Vorfeld benachrichtigt wurde, ist er über im Anschluss an die Maßnahme zu unterrichten (Art. 763 KPC).

III. Offenbarungsverfahren nach Art. 913 ff KPC

Neben den Hilfsmitteln[1560] im Vollstreckungsverfahren (Art. 801, 761 § 1, 797^1 KPC sowie Art. 2 Abs. 5 UKSE) enthält das polnische Zivilverfahrensrecht ein weiteres Informationsinstrument in den Art. 913 ff KPC.

Das Verfahren zur Vermögensoffenbarung nach den Art. 913 ff KPC erfolgt auf Antrag des Gläubigers beim Gericht des allgemeinen Gerichtsstands des Schuldners (Art. 914 § 1 KPC). Es handelt sich um ein kontradiktorisches Verfahren zu dem beiden Parteien geladen werden müssen (Art. 915 § 1 KPC). Gibt das Gericht dem Gläubigerantrag statt, wird der Schuldner zur Vorlage eines Verzeichnisses seines ganzen Vermögens verpflichtet, dessen Richtigkeit und Vollständigkeit er an Eides statt zu versichern hat (Art. 913 § 1 KPC). Werden Verzeichnis und eidesstattliche Versicherung nicht unmittelbar im Anschluss an die gerichtliche Entscheidung abgenommen, gewährt das Gericht hierfür eine Frist von bis zu einer Woche (Art. 915 § 2 KPC). Kommt der Schuldner der Aufforderung zur Vermögensoffenbarung ungerechtfertigterweise nicht nach, kann gegen ihn ein Bußgeld bis zu 5.000 PLN (Art. 163 § 1 KPC) verhängt oder Zwangsvorführung sowie Haft bis zu einem Monat angeordnet werden (Art. 916 § 1 KPC). Die Anordnung der Vermögensoffenbarung ist allerdings ausgeschlossen, wenn der Schuldner innerhalb des Zeitraums von einem Jahr

1559 Feliga, MoP 4/2010, 213, 216.

1560 So Weitz, in: Kengyel/Harsági, S. 181, 196; Romańska/Leśniak, II. Teil B 6.2.1, S. 688 f.

bereits eine solche Offenbarung abgegeben hat oder gegen ihn Zwangsmittel aufgrund der Nichtabgabe angeordnet wurden (Art. 918[1] KPC).

Anders als durch die Art. 801, 797[1], 761 KPC wird der Schuldner verpflichtet sein, gesamtes Vermögen anzugeben und nicht nur die Vermögensgegenstände, die zur Durchführung des beantragten Vollstreckungsverfahrens erforderlich sind. Das Offenbarungsverfahren nach Art. 913 ff KPC ist damit inhaltlich umfassender. Dies ist auch Ausdruck der Rollenverteilung der unterschiedlichen Organe. Der Gerichtsvollzieher ist primär Vollstreckungsorgan und soll nicht (bzw. nur soweit hierfür erforderlich) das schuldnerische Vermögen ermitteln.[1561] Auch dürfen die Maßnahmen der Zwangsvorführung oder Haft nur hier verwendet werden, um den Widerstand des Schuldners zu brechen.[1562] Im Verhältnis zu den übrigen Informationsvorschriften steht es folglich in keinem Konkurrenzverhältnis.[1563] Umgekehrt beschränkt sich das Offenbarungsverfahren nach den Art. 913 ff KPC auf eine (sanktionsbewährte) Selbstauskunft des Schuldners. Drittauskünfte, wie bei Art. 761 KPC i.V.m. Art. 2 Abs. 5 UKSE, gestattet das Verfahren dagegen nicht.

Die Art. 913 ff KPC erfordern stets das Vorliegen eines Vollstreckungstitels (vgl. Art. 914 § 2 KPC). Der Gläubiger kann das Verfahren daher nicht allein auf Grundlage eines Sicherungsbeschlusses betreiben.[1564] Zeitlich ist die Vermögensoffenbarung nicht auf ein laufendes Vollstreckungsverfahren beschränkt, sondern kann auch vor dessen Einleitung durchgeführt werden. Die Voraussetzungen unterscheiden sich je nach Verfahrensstadium. Vor Einleitung des Vollstreckungsverfahrens muss der Gläubiger glaubhaft machen, dass eine vollständige Befriedigung aus dem ihm bekannten Schuldnervermögen oder den wiederkehrenden laufenden Leistungen, die dem Schuldner für den Zeitraum von sechs Monaten zufallen, nicht zu erlangen sein wird (Art. 913 § 2 Nr. 1 KPC). Zusätzlich dazu muss er den Schuldner nach Erlangung des Vollstreckungstitels

---

1561 Śladkowski, MoP 11/2013, 613.

1562 Gołaczyński/Woźniak, Art. 913 KPC Nr. 2.

1563 Ereciński/Pietrzkowski, Band 4, Art. 801 KPC Rn. 1; das Zusammenspiel zwischen Art. 801, 761 und 913 ff KPC ist aber durchaus nicht unproblematisch, vgl. dazu Feliga, MoP 4/2010, 213, 220 f; der Gesetzgeber sah bereits vor, die Vorschrift des Art. 801 KPC zu streichen, da der Regelungsgehalt bereits in den anderen beiden Normen aufgehe, s. Parlament der Republik Polen, Begründung zum Gesetzesentwurf vom 14.6.2011, Druk nr. 4332, S. 34 f; für einen Vorrang der Art. 913 ff KPC in bestimmten Fällen: Bek, MoP 10/2013, 556, 557 f.

1564 Etwas anderes kann nur in Unterhaltssachen gelten, wenn der Schuldner zu einer Verfügung verpflichtet wird, Romańska/Leśniak, II. Teil B 22.1, S. 1052.

zur Zahlung der titulierten Forderung per Einschreiben mit Empfangsbestätigung aufgefordert haben und der Schuldner darf die Leistung nicht innerhalb von 14 Tagen nach Zustellung der Zahlungsaufforderung erbracht haben (Art. 913 § 2 Nr. 2 KPC).[1565]

Wurde das Vollstreckungsverfahren dagegen bereits in Gang gesetzt, ist eine Vermögensoffenbarung zulässig, wenn das in der Exekution gepfändete Schuldnervermögen keine Aussicht auf Befriedigung verspricht oder wenn der Gläubiger nachweist, infolge der bisher geführten Vollstreckung die vollständige Befriedigung seiner Forderung erlangt zu haben (Art. 913 § 1 KPC). Auch wenn der Wortlaut etwas anderes vermuten lässt, muss der Gläubiger hier keine höhere Hürde überwinden als bei der Glaubhaftmachung im Vorfeld der Zwangsvollstreckung.[1566] Im laufenden Vollstreckungsverfahren stehen zumindest Schätzwerte für die bekannten Vermögenswerte bereits fest.

Wie sich aus der systematischen Stellung der Art. 913 KPC ergibt, soll bei einer Bewertung der Befriedigungsaussichten das unbewegliche Vermögen des Schuldners außer Acht gelassen werden.[1567] Ein dem Gläubiger bekanntes Grundstück etwa hat daher keinen Einfluss auf die Voraussetzungen eines Offenbarungsverfahrens nach Art. 913 ff KPC.

Gegen die Verpflichtungsentscheidung zur Offenbarung kann der Schuldner mittels Beschwerde vorgehen. Dieser kommt allerdings nur ausnahmsweise auf Befinden des Gerichts ein Suspensiveffekt zu (Art. 915 § 3, 396 KPC).

Erwächst der Beschluss hingegen in Rechtskraft, wird der Schuldner auf dieser Grundlage in ein Register über insolvente Schuldner eingetragen.

C. Transparenzvorschriften der EuKpfVO

I. Verfahren

Auch nach der EuKpfVO sollen es dem Gläubiger grundsätzlich möglich sein, sich die für den Pfändungsantrag erforderlichen Angaben zum Schuldnerkonto (Name, Anschrift der Bank, IBAN, BIC oder eine andere Banknummer zur Identifizierung der Bank) zu beschaffen. Die Förderung einer unionsweiten Vermögenstransparenz zur Vollstreckungserleichterung wurde als Vorstufe zur

---

1565 Bei Art. 913 § 2 Nr. 1, 2 KPC handelt es sich um kumulative Voraussetzungen: Romańska/Leśniak, II. Teil A Art. 913 Nr. 2, S. 391 f.

1566 Gołaczyński/Woźniak, Art. 913 KPC Nr. 4.

1567 Gołaczyński/Woźniak, Art. 913 KPC Nr. 6.

EuKpfVO gefordert.[1568] Bestrebungen zur unionseinheitlichen Regelung der Vermögenstransparenz sind bisher weitgehend nicht über das Stadium eines Grünbuchs hinausgegangen.[1569] Lediglich im Unterhaltsrecht konnte eine europäische Regelung aufgestellt werden (vgl. Art. 49 ff EuUnthVO). Gläubiger sind daher im Übrigen auf die nationalen Transparenzvorschriften beschränkt, die inhaltlich erheblich voneinander abweichen und ausländischen Gläubigern dementsprechend Schwierigkeiten bereiten.[1570] Auch wenn das einzelstaatliche Recht eine sehr weitgehende Transparenzregelung aufweist, muss der Schuldner hierüber erst Kenntnis erlangen und die Sprachbarriere überwinden.[1571]

Die Verordnung sieht in Art. 14 EuKpfVO deshalb ein Instrument zur Einholung von Kontoinformationen vor. Der Gläubiger kann beim Erlassgericht die Einleitung eines Informationsverfahren der Auskunftsbehörde im Vollstreckungsmitgliedstaat beantragen, um Auskunft über die zur Identifizierung benötigten Daten zu erhalten (Art. 14 Abs. 1 EuKpfVO).

Wie die nationale Auskunftsbehörde die erforderlichen Informationen beschafft, hängt von der einzelstaatlichen Umsetzung ab. Es handelt sich also um ein zweistufiges Verfahren. Die Verordnung stellt den Mitgliedstaaten hierzu mehrere Methoden zur Wahl,[1572] von denen mindestens eine umzusetzen ist (Art. 14 Abs. 4 EuKpfVO). Sie können entweder eine Offenlegungspflicht aller Banken statuieren (Art. 14 Abs. 5 lit. a EuKpfVO), ein zentrales Register mit den erheblichen Daten einrichten bzw. der Auskunftsbehörde hierauf Zugriff gewähren (Art. 14 Abs. 5 lit. b EuKpfVO), den Schuldner durch gerichtliche Entscheidung zur Offenlegung verpflichten, soweit dabei ein in personam wirkendes Verfügungsverbot einhergeht (Art. 14 Abs. 5 lit. c EuKpfVO) oder eine sonstige ebenso wirksame und effiziente Methode einführen (Art. 14 Abs. 5 lit. d EuKpfVO). Ein grenzüberschreitender Informationszugang einer Behörde, etwa auf ein ausländisches Register oder durch Aufforderung ausländischer Banken zur Offenlegung, ist mit der EuKpfVO nicht vorgesehen.

1568 Europäischer Wirtschafts- und Sozialausschuss, Stellungnahme vom 29.4.2012, ABl. C 191/57, Ziff. 3.10; Stamm, IPRax 2014, 124, 126.

1569 Zum Grünbuch zur Vermögenstransparenz: Hess, DGVZ 2010, 45, 49 ff.

1570 Hess, Study, S. 43 ff; vgl. auch Würdinger, JZ 2011, 177, 186 f.

1571 In Slowenien etwa ist die Anzahl der Girokonten einer juristischen Person samt einer etwaigen Sperrung öffentlich einsehbar: Galič, in: Kengyel/Harsági, S. 347, 350.

1572 Für die Wahlmöglichkeit vgl.: Europäische Kommission, SEC (2011), 937 final, S. 46 ff.

1. Ursprüngliche Umsetzungsmöglichkeiten

In der ersten Variante müssen die Banken auf Ersuchen der Auskunftsbehörde sämtliche Konten des Schuldners melden. Eine solche Offenbarungspflicht aller potentiellen Drittschuldner ist nicht unproblematisch. Die Einzelabfrage würde einen enormen Aufwand für die Banken nach sich ziehen. Die Möglichkeit wird deshalb als kaum oder praktisch nicht durchführbar angesehen.[1573] Die Kommission rechnet für eine Abfrage mit Kosten zwischen 30-100 €, je nach Komplexität des Falls.[1574] Mit einer Drittschuldnererklärung i.S.v. § 840 ZPO lässt sich dies nicht gleichstellen.[1575] Die Anfrage richtet sich nach Art. 14 Abs. 5 lit. a EuKpfVO an alle Banken im jeweiligen Mitgliedstaat. Die beiden Informationsinstrumente haben eine grundlegend verschiedene Reichweite und dienen unterschiedlichen Zielen. Während eine Drittschuldnerauskunft nach Vorbild des § 840 ZPO Informationen über den Erfolg einer bereits durchgeführten Pfändung liefern soll, bereitet Art. 14 Abs. 5 lit. a EuKpfVO eine solche erst vor. Letzteres liefert dem Gläubiger keinerlei Auskunft über die Deckung des Schuldnerkontos, sondern dient ausschließlich der Ermittlung, ob ein solches überhaupt besteht.

Bei der Variante in Art. 14 Abs. 5 lit. b EuKpfVO müssen die Mitgliedstaaten ihrer staatlichen Auskunftsbehörde Zugang zu einem zentralen nationalen Register gewähren, aus dem die relevanten Konteninformationen ersichtlich werden. Eine grenzüberschreitende Einsicht in das Register ist nicht vorgesehen.[1576] Der Zugriff von Vollstreckungsbehörden auf Datenbanken zur Informationsbeschaffung ist in der EU zwar durchaus verbreitet,[1577] doch führen zahlreiche Mitgliedstaaten kein oder nur sehr eingeschränkt ein Register über Konteninformationen.[1578] Der Gesetzgeber hat hier vorwiegend Steuerregister als mögliche Informationsquelle ausgemacht.[1579] Auf solche können Behörden häufig zur Bekämpfung von organisiertem Verbrechen Zugriff nehmen.

1573 Cranshaw, DZWIR 2012, 399, 406 f; Domej, ZEuP 2013, 496, 503; Nunner-Krautgasser, in: Hess, Die Anerkennung, S. 125, 140; vgl. auch BVerfG NJW 2007, 2464 Rn. 123.

1574 Europäische Kommission, SEC (2011), 937 final, S. 47.

1575 So aber Hess/Raffelsieper, IPRax 2015, 46, 49.

1576 Vgl. zu einer solchen Möglichkeit: Harsági, in: Kengyel/Harsági, S. 369, 371 f; Galič, in: Kengyel/Harsági, S. 347, 348; Heiderhoff, in: Hess, Die Anerkennung, S. 149, 169.

1577 Hess, Study, S. 40.

1578 So etwa Österreich, vgl. dazu Oberhammer/Domej, Vermögenstransparenz – Landesbericht Österreich, S. 25 ff, 37 f, abrufbar unter http://www2.ipr.uni-heidelberg.de/studie/nationalrep.htm (14.08.2016); ebenso Polen, vgl. oben.

1579 Europäische Kommission, SEC (2011), 937 final, S. 47.

In einigen Mitgliedstaaten ist der Zugriff sogar nur zu diesem Zweck möglich.[1580] Die EuKpfVO orientiert sich hier stark an der Regelung in Art. 61 Abs. 1, 2 lit. c EuUnthVO.[1581]

2. *Erweiterte Umsetzungsmöglichkeiten*

Neben diesen beiden Varianten enthielt der Kommissionsentwurf keine weiteren Optionen zur Informationsbeschaffung (Art. 17 EuKpfVO-E). Diese Informationsverfahren können aber in einigen Mitgliedstaaten in Konflikt mit einem verfassungsrechtlich geschützten Bankgeheimnis stehen.[1582] Eine Offenbarungsverpflichtung der Bank, wie sie lit. a vorsieht, kann vielfach nur durch ein Einverständnis des Schuldners überwunden werden,[1583] eine Option, die im Rahmen der EuKpfVO angesichts der angestrebten Einseitigkeit des Verfahrens ausscheidet. Dieselben Schwierigkeiten bestehen für lit. b. Die Begründung zum Verordnungsentwurf zieht hinsichtlich des Registerzugangs zwar den Vergleich zu der bereits bestehenden Regelung in Art. 61 Abs. 1, 2 lit. c EuUnthVO. Auch dort wird es den Behörden gestattet, Einsicht in öffentliche Register zur Kontenermittlung zu nehmen. Dieser Vorschrift liegt jedoch eine andere gesetzgeberische Motivation zugrunde. Die EuUnthVO zielt auf die Sicherung von Unterhaltsansprüchen ab. An deren Erfüllung hat der Staat ein gesteigertes öffentliches Interesse. Anders ist es dagegen bei Forderungen nach der EuKpfVO. Hier beruht das Vorgehen auf einem lediglich privaten Interesse an der Forderungsdurchsetzung.[1584] Die Ausgangslage der Informationsbegehren lässt sich daher nur schlecht vergleichen. Der Vorschlag rief folglich unterschiedliche Reaktionen in den Mitgliedstaaten hervor. Teilweise wurde gefordert, auf

1580 Rat der EU, Vermerk der österreichischen Delegation vom 27.8.2012, 13140/12 ADD 2, S. 8.

1581 Vgl. Europäische Kommission, Begründung, KOM (2011) 445, S. 8.

1582 So etwa in Österreich: Nunner-Krautgasser, in: Hess, Die Anerkennung, S. 125, 140; Oberhammer/Domej, Vermögenstransparenz – Landesbericht Österreich, S. 43, abrufbar unter http://www2.ipr.uni-heidelberg.de/studie/nationalrep.htm (14.08.2016).

1583 Hess, Study, S. 29 f.

1584 Bundesrat, BR-Drs. 426/11 (Beschluss), S. 4; Rat der EU, Vermerk der irischen Delegation vom 5.9.2012, 13140/12 ADD 9, S. 6; Rat der EU, Vermerk der Delegation des Vereinigten Königreichs vom 13.8.2012, 13140/12, S. 11; Harbeck, in: Seibel, Zwangsvollstreckungsrecht aktuell, S. 259, 273; Cranshaw, DZWIR 2012, 399, 407.

die jeweiligen nationalen Maßnahmen zurückzugreifen.[1585] Eine Vereinheitlichung auf europäischer Ebene wäre damit ausgeschlossen. Insbesondere für kleinere Mitgliedstaaten, die noch kein entsprechendes Register führen, wurde ein unverhältnismäßig hoher Errichtungsaufwand befürchtet.[1586]

Dementsprechend sieht Art. 14 Abs. 5 lit. c, d EuKpfVO eine Erweiterung der Informationsbeschaffungsmöglichkeiten vor. Die Möglichkeit, den Schuldner zu Offenlegung seiner Kontoverbindungen zu verpflichten, ist ein weit verbreitetes Transparenzinstrument in den einzelnen Mitgliedstaaten.[1587] Art. 14 Abs. 5 lit. c EuKpfVO geht über die Offenlegungspflicht allerdings hinaus und lässt eine solche nur genügen, wenn damit ein gerichtlicher Beschluss in personam einhergeht, der dem Schuldner Verfügungen über das Kontoguthaben verbietet.

Daneben gestattet Art. 14 Abs. 5 lit. d EuKpfVO jede andere effiziente und wirksame Methode zur Informationsbeschaffung, soweit deren finanzieller und zeitlicher Aufwand nicht unverhältnismäßig ist. Als vergleichbar effizient kann eine bloße Vermögensauskunft des Schuldners ohne ein vergleichbares Verfügungsverbot nicht angesehen werden. Der Schuldner wäre durch die Aufforderung vorgewarnt und könnte sein Vermögen beiseiteschaffen.[1588] Der angestrebte Überraschungseffekt wäre dadurch ausgehöhlt.

3. *Suche in beantragten Mitgliedstaaten*

Erfüllt das Informationsgesuch alle Anforderungen (dazu sogleich), so übermittelt es das Gericht weiter an die zuständige Auskunftsbehörde im Vollstreckungsmitgliedstaat. Besteht dabei der Verdacht auf Konten in mehreren Mitgliedstaaten, so wird das Ersuchen an die Auskunftsbehörden aller möglichen Vollstreckungsmitgliedstaaten geleitet. Die grenzüberschreitende Übermittlung an die Behörden erfolgt gemäß Art. 14 Abs. 3, 29 EuKpfVO. Bei rein innerstaatlichen Sachverhalten ist das europäische Informationsverfahren ausgeschlossen. Dies muss auch dann gelten, wenn der Gläubiger weitere Konten außerhalb dieses Mitgliedstaats vermutet und deren Aufklärung begehrt, die

---

1585 Rat der EU, Vermerk der österreichischen Delegation vom 27.8.2012, 13140/12 ADD 2, S. 8; Rat der EU, Vermerk der niederländischen Delegation vom 27.8.2012, 13140/12 ADD 3, S. 7, die sich für die gänzliche Streichung der Vorschrift aussprach.

1586 Rat der EU, Vermerk der deutschen Delegation vom 28.8.2012, 13140/12 ADD 6, S. 4; Nunner-Krautgasser, in: Hess, Die Anerkennung, S. 125, 140; Galič, in Kengyel/Harsági, S. 347.

1587 Hess, Study, S. 35 ff.

1588 Vgl. Heiderhoff, in: Hess, Die Anerkennung, S. 149, 155, bzgl. vorgelagertem schriftlichem Verfahren im deutschen Recht.

Aufklärung die Staatsgrenze damit zumindest teilweise überschreitet. Das Informationsverfahren in Art. 14 EuKpfVO ist ausschließlich ein Hilfsinstrument, mit dem die europäische Kontenpfändung ermöglicht bzw. erleichtert werden soll. Die Information kann sich nicht auf solche Konten erstrecken, die schon gar nicht mittels der EuKpfVO gepfändet werden dürfen (vgl. Art. 3 EuKpfVO). Erforderlich ist also ein grenzüberschreitender Bezug für jedes einzelne (vermutete) Konto. Da der grenzüberschreitende Bezug aber schon durch den Wohnsitz des Gläubigers in einem anderen Mitgliedstaat begründet wird, kann das Informationsverfahren auch zur Auffindung von Konten im Ursprungsmitgliedstaat herangezogen werden. Art. 29 EuKpfVO regelt die Zustellung dementsprechend auch in rein innerstaatlichen Konstellationen.[1589]

Selbst in diesen Fällen wird der Gläubiger durch die Möglichkeit eines nationalen Sachaufklärungsverfahrens nicht am Informationsverfahren nach Art. 14 EuKpfVO gehindert. Einzelstaatliche Regelungen können die unionsrechtliche Vorschrift nicht verdrängen. Umgekehrt wird das einzelstaatliche Sachaufklärungsverfahren durch die EuKpfVO nicht ausgeschlossen. Art. 14 EuKpfVO ermöglicht lediglich die Auffindung von Bankkonten, nicht aber anderer Vermögenswerte.

II. Voraussetzungen

1. Verfahrensphase

Der Kommissionsentwurf sah in Art. 10 EuKpfVO-E die Möglichkeit eines Informationsantrags noch in allen Verfahrensphasen vor. Demnach wäre es möglich gewesen, schon vor Einleitung des Hauptsacheverfahrens auf das Instrument zur Vermögenstransparenz zuzugreifen. Ein solch tiefschürfender Eingriff in die Privatsphäre des Schuldners war mit den mitgliedstaatlichen Datenschutzbestimmungen nicht zu vereinbaren und konnte sich nicht durchsetzen. Der bestehende Datenschutzstandard in den einzelnen Mitgliedstaaten könnte durch das Instrument umgangen werden, indem es zur Ausforschung missbraucht wird, ohne dass damit zugleich ein ernsthaftes Bestreben nach einer Kontopfändung einhergeht.[1590] Anlässlich dieser Bedenken schränkt Art. 14 Abs. 1 EuKpfVO die Möglichkeit des Informationsverfahrens auf die Verfahrensphase ein, in welcher der Gläubiger bereits einen entsprechenden Titel gegen den Schuldner erwirkt hat.

1589 Rauscher/Rauscher/Wiedemann, Art. 29 EU-KPfVO Rn. 3 f.

1590 Rat der EU, Vermerk der französischen Delegation vom 13.9.2012, 13140/12 ADD 13, S. 15; Bundesrat, BR-Drs. 426/11 (Beschluss), S. 4.

Ähnlich sieht auch Art. 61 EuUnthVO eine Informationsbeschaffung nur dann vor, wenn ein entsprechender Titel ergangen ist.[1591] Ein bloßer Arrestbefehl nach deutschem Recht oder ein Sicherungsbeschluss nach polnischem Recht genügen hierfür nicht. Die bloße einstweilige Sicherung stellt keinen hinreichenden Entscheidungsinhalt dar. Der Titel muss auf die Erfüllung der Gläubigerforderung gerichtet sein (vgl. Art. 14 Abs. 1 S. 1 EuKpfVO).

Im Unterschied zur EuUnthVO muss der Titel im Rahmen des Art. 14 EuKpfVO allerdings nicht bereits vollstreckbar sein. Liegt eine Vollstreckbarkeit noch nicht vor, stellt die Vorschrift lediglich strengere Anforderungen an das Informationsgesuch (Art. 14 Abs. 1 UAbs. 2 EuKpfVO). Eine solche Möglichkeit ist nicht in allen mitgliedstaatlichen Rechtsordnungen vorgesehen. Einige Staaten lassen Vollstreckungsorgane erst dann zur Informationsbeschaffung hinsichtlich der schuldnerischen Vermögenslage tätig werden, wenn eine endgültige rechtskräftige Entscheidung vorliegt.[1592]

Im Rahmen der Verordnung muss die zu pfändende Forderung vor Vollstreckbarkeit des Titels ihrer Höhe nach erheblich sein, der Gläubiger die Gefahr der Vollstreckungsvereitelung nachweisen und infolgedessen eine wesentliche Verschlechterung der finanziellen Lage des Gläubigers drohen. Soweit Art. 14 Abs. 1 UAbs. 2 EuKpfVO hier von Beweismitteln spricht, „die das Gericht zu der berechtigten Annahme veranlassen, dass die Kontoinformationen dringend erforderlich sind, da sonst die spätere Vollstreckung der Forderung des Gläubigers gegenüber dem Schuldner wahrscheinlich gefährdet ist", folgt hieraus keine eigenständige Voraussetzung. Es wird lediglich inhaltsgleich das Erfordernis eines Erlassgrundes wiedergegeben. Das Informationsgesuch ist aber zwingend an den Antrag auf Erlass eines europäischen Kontenpfändungsbeschlusses gebunden und kann nicht isoliert gestellt werden (Art. 14 Abs. 2 EuKpfVO). Das Gericht darf die Auskunftsbehörden auch erst dann mit der Informationsbeschaffung beauftragen, wenn der Pfändungsantrag im Übrigen zulässig und begründet ist sowie eine gegebenenfalls erforderliche Sicherheitsleistung erbracht wurde (Art. 14 Abs. 3 EuKpfVO). Im Pfändungsantrag ist der Gläubiger zum Nachweis des Erlassgrundes selbst dann verpflichtet, wenn er bereits einen vollstreckbaren Hauptsachetitel erlangt hat. Die Verschärfung in Art. 14 Abs. 1 UAbs. 2 EuKpfVO beschränkt sich daher auf zwei Voraussetzungen: die erhebliche Höhe der zu pfändenden Forderung und die Gefahr einer wesentlichen

1591 Dazu Rauscher/Andrae, Vor Artt. 61 EG-UnthVO, Rn. 15 ff.

1592 So etwa Frankreich und Spanien, Hess Study, S. 34 f.

Verschlechterung der finanziellen Lage des Gläubigers.[1593] Wann die Forderungshöhe erheblich ist, regelt die Verordnung nicht. Zwar muss dieser Begriff unionsautonom ausgelegt werden, doch wird dem Gericht hier ein Beurteilungsspielraum eingeräumt.

2. *Begründeter Verdacht*

In allen Fällen muss der Gläubiger begründen, weshalb er ein Konto des Schuldners ist einem bestimmten Mitgliedstaat vermutet. Erwägungsgrund 20 UAbs. 2 S. 2 EuKpfVO enthält hierzu eine exemplarische Aufzählung von Sachverhalten, die eine solche Annahme rechtfertigen. Es genügt, wenn der Schuldner dort beruflich tätig ist oder über Eigentum verfügt. Letzteres ist in dieser unbeschränkten Form problematisch. Das Informationsverfahren ist geeignet, in verfassungsrechtlich geschützte Rechte einzugreifen, sei es das Recht auf informationelle Selbstbestimmung oder ein Bankgeheimnis. Wollte man hier jeglichen Vermögensgegenstand genügen lassen, könnte das Begründungserfordernis unter Umständen umgangen werden, indem der Gläubiger sich auf kleinste Vermögenswerte stützt. Nicht jedem Gegenstand im Eigentum des Schuldners kann pauschal die Qualität zugesprochen werden, um eine Vermutung zu begründen. Vergisst der Schuldner etwa bei einer Auslandsreise im Hotel sein Ladegerät, ist nicht ersichtlich, weshalb hieraus auf ein Konto im jeweiligen Mitgliedstaat zu schließen wäre. Gleiches muss für Fälle gelten, in denen der Gläubiger einen relevanten Gegenstand des Schuldners selbst in einen bestimmten Mitgliedstaat verbringt, um dort ein Informationsverfahren durchzuführen. Angesichts des Spannungsverhältnisses der Transparenzvorschrift mit dem Schuldnerschutz darf das unionsrechtliche Begründungserfordernis nicht durch eine pauschale Vermutung entwertet werden. Das Eigentum in einem Mitgliedstaat sollte daher nicht geeignet sein, einen Rückschluss auf Konten im jeweiligen Mitgliedstaat zuzulassen. Umgekehrt dürfen die Anforderungen hieran nicht zu streng gezogen werden. Der Gläubiger hat einen verfassungsrechtlich geschützten Justizgewährungsanspruch. Steht ihm kein adäquates staatliches Instrument zur Sachaufklärung zur Verfügung, wird er auf private Informationsbeschaffungsmaßnahmen zurückgreifen.[1594] Eine Gleichbehandlung der Gläubiger und eine

---

1593 Dementsprechend sieht der zugrundeliegende Vermerk ebenso nur zwei Punkte vor: Rat der EU, Vermerk der belgischen, französischen, deutschen, italienischen, luxemburgischen und spanischen Delegation vom 6.2.2014, 6192/14, S. 2.

1594 Diese Gefahr sieht Domej, ZEuP 2013, 496, 503 zumindest auch für die EuKpfVO-E gegeben.

Effektivierung des Vollstreckungsverfahrens lassen sich durch solche Maßnahmen allerdings nicht erreichen.[1595]

Die Vermutung sollte auch dann begründet sein, wenn der Gläubiger ein Konto des Schuldners in einem Mitgliedstaat nachweisen kann, auch wenn dieses nicht gedeckt ist. Ein Verbot, wonach das Informationsverfahren in einem Mitgliedstaat ausgeschlossen sein soll, in dem der Gläubiger schon von einem Konto sichere Kenntnis hat, besteht nicht. Existiert ein Konto des Schuldners, liegt es nicht weniger nahe, dort noch weitere Konten anzunehmen als bei Belegenheit von Eigentum in diesem Mitgliedstaat.

3. Erheblichkeit der Daten und Übermaßverbot

Das Informationsverfahren unterliegt gemäß Art. 47 Abs. 1 Hs. 1 EuKpfVO dem Verhältnismäßigkeitsgrundsatz. Personenbezogene Daten dürfen demnach nur dann erhoben, verarbeitet und übermittelt werden, wenn sie für die vorläufige Kontenpfändung erheblich sind. Zugleich darf die Datenerhebung nicht über das erforderliche Maß hinausgehen. Kennt der Gläubiger bereits ein Konto des Schuldners, das aufgrund der Deckungshöhe ein hinreichendes Sicherungsobjekt darstellt, darf ein Informationsverfahren nach Art. 14 EuKpfVO nicht mehr beschritten werden.[1596] Regelmäßig wird der Gläubiger allerdings keine Kenntnis bezüglich der Deckungshöhe des schuldnerischen Kontos haben. Nur wenn feststeht, dass durch das Informationsverfahren keine (weiteren) Konten des Schuldners ermittelt werden können oder die Sicherung bereits aus einem bekannten Konto möglich ist, wird es an der Erforderlichkeit für ein Verfahren nach Art. 14 EuKpfVO mangeln.

Die Anwendung der Datenschutz-RL 95/46 EG ist hinsichtlich Art. 14 Abs. 8, 47 EuKpfVO ausgeschlossen (Art. 48 lit. d EuKpfVO).

III. Verfahren und Inhalt der Aufklärung

1. Benachrichtigung des Gerichts

Das Ergebnis des Informationsverfahrens teilt die Auskunftsbehörde des Vollstreckungsmitgliedsstaats dem Erlassgericht unverzüglich mit (Art. 14 Abs. 6, 7 S. 1 EuKpfVO). Die Übermittlung erfolgt auch grenzüberschreitend nach Art. 29 EuKpfVO. Auf die Regeln der EuZVO ist dabei nicht zurückzugreifen (Art. 48 lit. a EuKpfVO).

1595 Würdinger, JZ 2011, 177, 181.

1596 Rauscher/Rauscher/Wiedemann, Art. 47 EU-KPfVO Rn. 2.

Der Übermittlungsvorgang muss mit geeigneten Mitteln vorgenommen werden. Dies ist dann der Fall, wenn der Inhalt des empfangenen Dokuments mit dem des übermittelten Dokuments genau übereinstimmt und sämtliche enthaltenen Angaben mühelos lesbar sind (Art. 29 Abs. 1 EuKpfVO). Inhaltlich entspricht die Regelung Art. 4 Abs. 2 EuZVO, der die Übermittlung von Dokumenten zwischen Übermittlungs- und Empfangsstelle regelt. In Betracht kommt demnach auch eine Übermittlung als Telefax oder E-Mail, sofern hierfür die rechtlichen und tatsächlichen Möglichkeiten bei der empfangenden Behörde vorhanden sind.[1597]

2. Benachrichtigung des Gläubigers

Der Gläubiger wird über das Ergebnis des Informationsverfahrens nicht gesondert unterrichtet (vgl. ErwG 21 EuKpfVO). Er erfährt vom (Miss-)Erfolg des Auskunftsbegehrens nur durch die gerichtliche Entscheidung über den Pfändungsbeschluss.

Blieb die Ermittlung eines Schuldnerkontos erfolglos, wird das Gericht den Antrag ablehnen und eine bereits erbrachte Sicherheitsleistung des Gläubigers freigeben (Art. 14 Abs. 7 S. 2 EuKpfVO). Die konkrete Kontonummer wird selbst dann nicht in den anschließenden Pfändungsbeschluss mitaufgenommen, wenn ein Konto durch das Verfahren ermittelt werden konnte. Der Beschluss enthält nur einen Hinweis auf ein durchgeführtes Auskunftsverfahren und die Möglichkeit der Bank, die Nummer von der Auskunftsbehörde zu erlangen, sofern sie ausnahmsweise selbst zu deren Ermittlung nicht in der Lage ist (Art. 19 Abs. 2 lit. f EuKpfVO). In keinem Fall darf diese Information aber an den Gläubiger weitergegeben werden.[1598] Ebenso wenig wird ihm mitgeteilt, ob das Konto hinreichend gedeckt ist. Der konkrete Kontostand wird im Verfahren nach Art. 14 EuKpfVO nicht abgerufen.[1599] Auskünfte über die Deckung eines Kontos sind ausschließlich im Rahmen der Erklärung der Bank nach Art. 25 Abs. 1 UAbs. 1 S. 1 EuKpfVO vorgesehen. Der Gläubiger wird im Beschluss aber über die

---

1597 Vgl. hierzu im Rahmen der EuZVO: Rauscher/Heiderhoff Art. 4 EG-ZustVO 2007 Rn. 6 f.

1598 Dies war ein besonderes Anliegen mehrerer Delegationen im Gesetzgebungsverfahren, vgl. etwa: Rat der EU, Vermerk der tschechischen Delegation vom 23.8.2012, 13140/12 ADD 1, S. 5; Rat der EU, Vermerk der spanischen Delegation vom 27.8.2012, 13140/12 ADD 4, S. 19; Rat der EU, Vermerk der rumänischen Delegation vom 3.9.2012, 13140/12 ADD 7, S. 4.

1599 Vgl. in Deutschland: MüKoZPO/Wagner,§ 802l ZPO Rn. 22.

Anschrift der kontoführenden Bank in Kenntnis gesetzt (vgl. Art. 19 Abs. 2 lit. d EuKpfVO).

3. Benachrichtigung des Schuldners

Wurden im Verfahren nach Art. 14 EuKpfVO Informationen über schuldnerische Konten offengelegt, die bei Behörden oder bei der öffentlichen Verwaltung in Registern gespeichert sind, wird der Schuldner nach den jeweiligen nationalen Vorschriften benachrichtigt (vgl. ErwG 46 EuKpfVO). In Hinblick auf die anwendbaren datenschutzrechtlichen Bestimmungen ist damit die Rechtsordnung des Vollstreckungsmitgliedstaats gemeint, also des Staats, in dem das Konto geführt wird, und nicht diejenige des Wohnsitzmitgliedstaats. Die Verordnung ergänzt die nationalen Regeln nur durch Art. 14 Abs. 8 EuKpfVO. Die Mitteilung an den Schuldner wird danach um 30 Tage aufgeschoben. Dieser „Aufschub" ist allerdings nicht als Verlängerung einer nationalen Frist um 30 Tage zu verstehen. Sieht etwa eine mitgliedstaatliche Regelung die Benachrichtigung innerhalb von fünf Tagen nach der Offenlegung vor, darf diese gemäß Absatz 8 erst nach 30 Tagen (und nicht nach 35 Tagen) erfolgen. Die Verordnung will den frühesten Zeitpunkt der Benachrichtigung einheitlich festlegen, um den Überraschungseffekt des Pfändungsbeschlusses nicht zu gefährden (vgl. Art. 14 Abs. 8 EuKpfVO).

IV. Umsetzung in Deutschland

In Deutschland wird Art. 14 Abs. 4, 5 EuKpfVO durch § 948 ZPO umgesetzt. Die Vorschrift bedient sich der zweiten Methode (Art. 14 Abs. 5 lit. b EuKpfVO) zur Durchführung der Verordnung. Sie knüpft an §§ 93 Abs. 8, 93b Abs. 1 AO an. Zuständige Auskunftsbehörde ist das Bundesamt für Justiz (vgl. § 948 Abs. 1 ZPO). Die Auskunftsbehörde darf gemäß § 948 Abs. 2 ZPO das Bundeszentralamt für Steuern ersuchen, bei den Kreditinstituten die in § 93b Abs. 1 AO bezeichneten Daten abzurufen, d.h. die Kontonummer, den Tag der Errichtung (und ggf. Auflösung) des Kontos, den Namen des Inhabers, der Verfügungsberechtigten sowie den Tag der Geburt bei natürlichen Personen (vgl. § 24c Abs. 1 KWG). Die Transparenzregelung ähnelt damit der Durchführungsvorschrift des § 17 Abs. 1 S. 2 Nr. 3 AUG zu Art. 61 Abs. 1 Abs. 1, 2 lit. c EuUnthVO. Allerdings sieht § 17 AUG eine vorherige Auskunftsverweigerung des Schuldners und eine Androhung der Auskunftseinholung vor. Mit der EuKpfVO wäre es dagegen nicht vereinbar, dem Schuldner die Möglichkeit zur Selbstauskunft zu gewähren. Dies wäre nur mit einem zeitgleichen Gerichtsbeschluss in personam durchführbar, der dem Schuldner die Verfügung über das Kontoguthaben verbietet. Andernfalls liegt keine gleichsam wirksame und effiziente Maßnahme vor (vgl.

oben). Dementsprechend sieht § 948 ZPO eine solche Informationsbeschaffung vom Schuldner selbst nicht vor.

Die nach Artikel 14 Abs. 6 EuKpfVO übermittelten Kontoinformationen darf das Gericht im Rahmen des Erlassverfahrens zweckgebunden verarbeiten (§ 947 Abs. 2 S. 1 ZPO), muss die Informationen aber unverzüglich sperren oder löschen, soweit diese für den Erlass des Beschlusses zur vorläufigen Kontenpfändung nicht erforderlich sind (§ 947 Abs. 2 S. 2, 3 ZPO). Dies soll insbesondere für solche Fälle gelten, in denen die ausländische Auskunftsbehörde auf Grund des für sie geltenden Rechts über die Identifikation des Kontos hinausgehende personenbezogene Daten übermittelt.[1600]

D. Vergleich

Bisher ist die Vermögenstransparenz auf europäische Ebene nur sporadische geregelt.[1601] Ein Gläubiger bleibt weitgehend gezwungen, auf die nationalen Maßnahmen zurückzugreifen. Die Möglichkeit, Auskunft über das Vermögen des Schuldners zu erhalten, ist grundsätzlich in allen drei Rechtsordnungen eröffnet. Allerdings unterscheiden sich die Regelungen in vielerlei Hinsicht, insbesondere den Voraussetzungen, dem Verfahren, den Informationsquellen sowie der Reichweite der Transparenzregelungen.

Welche Informationsquellen zur Verfügung stehen, hängt vom jeweiligen Verfahren ab. Alle Rechtsordnungen kennen grundsätzlich eine Form der Drittauskunft sowie auch die Selbstauskunft des Schuldners. Allerdings kann der Zugriff auf bestimmte Informationsquellen je nach Verfahren oder Verfahrensordnung ausgeschlossen sein. Das polnische Offenbarungsverfahren etwa beschränkt sich auf die Selbstauskunft, ohne dem Gläubiger die Möglichkeiten zur Auskunft seitens der Bank zu eröffnen. Im polnischen Auskunftsverfahren kann sich der Gerichtsvollzieher dagegen sowohl an den Schuldner als auch unmittelbar an die Bank wenden. An die Bank soll sich der Gerichtsvollzieher aber erst wenden, wenn die Selbstauskunft unergiebig war. Ebenso muss sich der Gläubiger in Deutschland vorrangig an den Schuldner wenden und eine Selbstauskunft von diesem einholen. Eine unmittelbare Drittauskunft ist unzulässig. Etwas anderes kann sich nur ergeben, wenn der Schuldner wegen einer bestehenden Sperrfrist keine neue Selbstauskunft erteilen muss. Die EuKpfVO wiederum stellt kein einzelnes zwingendes Verfahren auf. Sie überlässt den Mitgliedstaaten die Auswahl

1600 BT-Drs. 18/7560, S. 42.

1601 Dazu: Hess, Study, S. 31 ff; Würdinger, JZ 2011, 177, 186.

aus mehreren Auskunftsmethoden und öffnet darüber hinaus die Möglichkeit, ein hierzu gleichwertiges Verfahren zu schaffen. Letzteres muss sich allerdings an den zwingenden Voraussetzungen der anderen Methoden orientieren. Die Mitgliedstaaten haben so die Wahl zwischen einer Drittauskunft bei Banken, Behörden oder aus öffentlichen Registern sowie einer Selbstauskunft, die zwingend mit einem Verfügungsverbot verbunden sein muss. Eine Subsidiarität der Drittauskunft besteht hier nicht. Eine Vorwarnung des Schuldners bezüglich des Zugriffs auf seine Informationen ist der EuKpfVO nach nicht zwingend. Sowohl bei der Einholung der Auskunft von den Banken als auch beim Abgreifen von Daten bei Behörden oder öffentlichen Registern erfährt er lediglich im Nachhinein von der Datenübermittlung. Nachdem sich Deutschland bei der Umsetzung der Verordnung für einen automatisierten Datenabruf von Kontodaten entschieden hat, kann der Gläubiger so etwa die im nationalen Recht hierbei vorrangige Selbstauskunft über die EuKpfVO umgehen. Die deutsche Umsetzung erscheint insbesondere hinsichtlich verfassungsrechtlicher Vorgaben problematisch. Heimliche Datenabrufe, also solche ohne vorherige Androhung der Drittauskunft, sind zwar nach deutschem Recht ausnahmsweise zum Schutz des Gläubigers zulässig; sie erfordern aber stets eine Einzelfallprüfung.[1602] Dabei muss das Gläubigerinteresse mit dem Recht des Schuldners auf informationelle Selbstbestimmung abgewogen werden. Die gewählte Umsetzungsmethode gewichtet dagegen den effektiven Rechtsschutz pauschal höher als das informationelle Selbstbestimmungsrecht.

Ein Überraschungsmoment dürfte dennoch in allen Rechtsordnungen praktisch ausgeschlossen sein. Keine der Rechtsordnungen gewährt dem Gläubiger Informationen über das Vermögen des Schuldners ohne zugleich einen gegen diesen gerichteten Titel vorauszusetzen. Die Informationsverfahren dienen der Durchsetzung oder Sicherung privater Vollstreckungsansprüche.[1603] Da die Anforderungen an diesen Titel verschieden sind, ergeben sich unterschiedliche Verfahrensphasen, in denen der Gläubiger die Instrumente in Anspruch nehmen kann. So erfordern die deutsche Sachaufklärung und das polnische Auskunftsverfahren zwar einen vollstreckbaren Titel, lassen hierfür aber auch einstweilige Entscheidungen wie den Arrest und Sicherungsbeschluss genügen.

1602 BVerfG NJW 2007, 2464 Rn. 141; verfassungsrechtlich ebenso problematisch erscheint die fehlende Subsidiarität der Drittauskunft innerhalb der deutschen Umsetzungsvorschriften, vgl. BT-Drs. 16/10069, S. 32.

1603 Darin kann nach deutschem Recht ein legitimer Zweck der Auskunft liegen, vgl. BT-Drs. 16/10069, S. 32.

Der Gläubiger muss hier nicht erst das Hauptsacheverfahren abwarten, um das jeweilige Informationsverfahren einleiten zu können. Die EuKpfVO lässt einen solchen Titel nicht genügen. Zwar erfordert sie nicht zwingend die Vollstreckbarkeit des Titels (hieran werden lediglich geringere Voraussetzungen geknüpft). Jedoch muss der entsprechende Titel auf die Erfüllung der Forderung gerichtet sein. Eine einstweilige Entscheidung mit Sicherungswirkung wie der Arrest oder der Sicherungsbeschluss genügen hierfür nicht. Ebenso verlangt auch das polnische Offenbarungsverfahren, mit dem der Gläubiger eine vollständige Vermögensauskunft erlangen kann, einen nicht nur einstweiligen Titel. Allerdings muss es sich hierbei ausnahmslos um einen vollstreckbaren Titel handeln. Der Schuldner wird von einem drohenden Zugriff bereits dann ausgehen müssen, wenn der Gläubiger einen entsprechenden Titel gegen den Schuldner erwirkt. Dementsprechend wird ein Gläubiger seine Entscheidung, für welches Informationsverfahren er sich entscheidet und insbesondere, ob er doch auf ein nationales Verfahren zurückgreift, vielmehr am erwirkten Titel und den hieran geknüpften nationalen Erfordernissen ausrichten müssen als an der Intention eines Überraschungseffekts.

Auch die unterschiedlichen Voraussetzungen der Transparenzvorschriften beeinflussen die Wahl des Gläubigers. Die Einholung von Kontoinformationen nach der EuKpfVO ist streng an das Vorliegen der für den europäischen Pfändungsbeschluss erforderlichen Voraussetzungen geknüpft. Der Gläubiger muss nach der Verordnung damit insbesondere den Erlassanspruch und Erlassgrund für die einstweilige Maßnahme nachweisen. Die Hürde für eine Auskunft ist dadurch deutlich höher als in den nationalen Verfahren in Deutschland und Polen, die sich weitgehend nur auf die Prüfung von Formalia beschränken. Darüber hinaus muss der Gläubiger für Verfahren nach Art. 14 EuKpfVO den Verdacht eines oder mehrerer Konten in einem bestimmten Mitgliedstaat begründen. Auch wenn die Voraussetzungen hierfür nicht hoch sind, ist er dadurch verpflichtet, einen gewissen Sachzusammenhang des Schuldners zu dem jeweiligen Mitgliedstaat aufzuzeigen. Die pauschale Suche nach schuldnerischen Konten in allen Mitgliedstaaten wird daher regelmäßig ausgeschlossen sein. Dies erinnert an das polnische Auskunftsverfahren. Die Drittauskunft darf dort nur bei den in Betracht kommenden Bank(en) erfolgen. Erforderlich ist also eine gewisse Wahrscheinlichkeit, dass der Schuldner ein Konto bei der jeweiligen Bank führt. Eine Aufforderung an alle polnischen Banken „ins Blaue" hinein ist ebenso unzulässig wie die unionsweite Aufdeckung nach der EuKpfVO. Der Gläubiger kann solche Konten nur mittels Offenbarungsverfahrens direkt vom Schuldner aufdecken. Vergleichbarer Verdachtsmomente bedarf es auf nationaler Ebene in Deutschland nicht.

Eine Bagatellgrenze für Drittauskünfte, wie sie noch in § 802l Abs. 1 S. 2 ZPO a.F. vorgesehen war, existiert numehr weder in Deutschland noch in Polen. Die EuKpfVO sieht eine derartige Einschränkung nur bei noch nicht vollstreckbaren Titeln vor (vgl. Art. 14 Abs. 1 UAbs. 2 EuKpfVO). Der Anspruch auf effektiven Rechtsschutz genießt damit weitgehend sowohl im Rahmen der Verordnung als auch in den beiden mitgliedstaatlichen Prozessordnungen Vorrang und gebietet es, das Informationsverfahren selbst dann zu eröffnen, wenn nur eine Bagatellforderung gesichert werden soll.[1604]

Nicht weniger erheblich sind die unterschiedlichen Reichweiten der jeweiligen Verfahren. Art. 14 EuKpfVO gewährt dem Gläubiger nur Zugang zu Informationen bezüglich der kontoführenden Bank. Die Kontonummer darf ihm dabei nicht mitgeteilt werden. Erst recht gilt dies für Informationen über die Deckung des Kontos oder getätigte Transaktionen. Dies gilt ebenso für das deutsche Recht, wonach die Deckung des Kontos und damit der Erfolg der Maßnahme erst durch die Drittschuldnererklärung ermittelt werden kann. Das polnische Auskunftsverfahren dagegen ist diesbezüglich weitgehend unreglementiert. Der Gerichtsvollzieher darf alle zur Vollstreckung erforderlichen Informationen auf informelle Art einholen. Welche das im konkreten Fall sind, entscheidet er in einer Einzelfallprüfung selbst. Als erforderliche Informationen sind hierbei auch die Höhe des Kontoguthabens und getätigte Transaktionen anerkannt. Durch letzteres kann der Gläubiger etwa auch den Arbeitgeber des Schuldners in Erfahrung bringen, um anschließend eine Lohnpfändung zu betreiben.

Nachdem die EuKpfVO auf Kontopfändungen beschränkt ist, bleiben auch weitere Vermögenswerte des Schuldners im Informationsverfahren verdeckt, gleich mittels welcher Methode die Verordnung umgesetzt wird. Möchte der Gläubiger auch andere Vermögensbestandteile des Schuldners in Erfahrung bringen, muss er die nationalen Maßnahmen hierfür in Anspruch nehmen. Zur Offenbarung des gesamten Vermögens bedarf es sowohl in Deutschland als auch in Polen des fruchtlosen Verstreichens einer zweiwöchigen Zahlungsfrist. Der Schuldner kann so den drohenden Zugriff auf seine Daten abwenden. Allerdings ist diese Zahlungsfrist in Polen lediglich für das Offenbarungsverfahren vorgesehen. Beschreitet der Gläubiger lediglich das Auskunftsverfahren zur Aufdeckung von Informationen, die zur Durchführung der Zwangsvollstreckung erforderlich sind, bedarf es dessen nicht.

Umgekehrt kann die Reichweite der Informationsmethoden nach der EuKpfVO auch Vorteile beinhalten. Insbesondere wenn ein Mitgliedstaat das

1604 Vgl. zur EuKpfVO: Bruns, ZEuP 2010, 809, 820.

Verfahren durch Selbstauskunft umsetzt, erfährt der Gläubiger eine weitere Sicherung durch das zwingende, in personam wirkende Verfügungsverbot, das eventuell an Selbstauskünfte nach mitgliedstaatlichem Recht (so etwa in Deutschland und Polen) nicht geknüpft wird. Auch wenn sich Mitgliedstaaten für ein anderes Verfahren der Selbstauskunft entscheiden, müssen sie eine gleichwertige Sicherung des Gläubigers gewährleisten.

§ 10 Zusammenfassung und Fazit

Die europäische Kontenpfändungsverordnung reiht sich weitgehend in die bisherigen Bestrebungen zur Schaffung eines einheitlichen europäischen Rechtsraums ein. Sie eröffnet Gläubigern ein Verfahren mit einer gerichtlichen Entscheidung, die grenzüberschreitend ohne Exequatur anerkannt und vollstreckt werden kann. In der Literatur wird der EuKpfVO angelastet, sie lasse sich nicht eindeutig in das deutsche Verfahrenssystem einordnen.[1605] Die europäische Kontenpfändung entspreche vor Erwirkung eines vollstreckbaren Titels der Arrestpfändung und sei nach Erwirkung eines vollstreckbaren Titels mit einer Vorpfändung oder einem schlichten Pfändungsbeschluss vergleichbar.[1606] Dem kann nicht gefolgt werden.

Der deutsche Pfändungsbeschluss und die Vorpfändung sind reine Vollstreckungsmaßnahmen. Dagegen ergeht der europäische Kontenpfändungsbeschluss in allen Verfahrenssituationen nach einer Prüfung des behaupteten (Sicherungs-) Rechts. Selbst in den Fällen, in denen der Gläubiger bereits einen Titel erwirkt hat, ist über die bloße Vollziehung des Titels hinaus auch eine Risikoprüfung nach Art. 7 Abs. 1 EuKpfVO durchzuführen.[1607] Zwar muss ein Erlassanspruch, d.h. die Hauptsacheforderung, nicht nachgewiesen werden, doch verbleibt es bei der Prüfung des Erlassgrundes. Die EuKpfVO schafft einen einstweiligen Titel, der selbst noch vollstreckt werden muss. Die europäische Kontenpfändung nimmt in keiner Konstellation die Funktion einer reinen Vorpfändung oder eines Pfändungsbeschlusses wahr. Sie ist vielmehr eine europäische einstweilige Maßnahme, wie das Arrestverfahren mit anschließender Arrestpfändung. Der europäische Kontenpfändungsbeschluss ist insoweit keine europäische grenzüberschreitende Vollstreckungsmaßnahme. Aus Vereinfachungsgründen stellt der deutsche Gesetzgeber dagegen (nur) im Kostenrecht die Fälle, in denen der Gläubiger bereits einen (zumindest vorläufig) vollstreckbaren Titel erwirkt hat (Art. 5 lit. b EuKpfVO), den Beschluss zur vorläufigen Kontenpfändung nach der EuKpfVO mit einer (bloßen) Forderungspfändung gleich, da hier keine Anspruchsprüfung erfolgt und sich die Wirkung des

---

1605 Stamm, IPRax 2014, 124, 126.

1606 Häcker, WM 2012, 2180, 2182; Rauscher/Rauscher/Wiedemann, Art. 1 EU-KPfVO Rn. 2 f; Müller, RIW 2012, 151, 154.

1607 Vgl. BT-Drs. 18/7560, S. 41.

Beschlusses auf die mit der Sicherungsvollstreckung nach § 720a ZPO vergleichbare vollstreckungsrechtliche Komponente beschränkt.[1608]

Die Verfahrensstruktur unterscheidet sich zwar zunächst deutlich von nationalen Arrest- und Sicherungspfändungen im deutschen und polnischen[1609] Recht. Auch wenn die nationale Behörde rein formal die Vollstreckung vornimmt, so wird im Beschluss selbst bereits ein Befehl gegenüber dem Drittschuldner ausgesprochen, das Konto des Gläubigers in entsprechender Höhe zu sperren. Ebenso enthält der Beschluss bereits eine Überweisungsermächtigung der Bank, von der sie unter bestimmten Voraussetzungen Gebrauch machen darf. Diese Unterschiede lassen sich jedoch weitgehend auf eine Zusammenfassung der einstweiligen Entscheidung und der dazugehörigen Vollstreckungsmaßnahme zurückführen. Da bereits die einstweilige Entscheidung das Vollstreckungsobjekt – vergleichbar mit der Beschränkung auf eine Vollstreckungsart im polnischen Sicherungsverfahren – einengt, können die vollstreckungsrechtlich relevanten Anordnungen bereits in diesen Beschluss miteinbezogen werden. Die EuKpfVO verschiebt dabei auch die Anforderungen an einen deutschen Pfändungs- bzw. einen polnischen Sicherungsantrag in das (summarische) Erkenntnisverfahren. Dadurch wird das Verfahren von weiteren Prüfungen auf vollstreckungsrechtlicher Ebene weitgehend befreit. Ähnlich ist auch im deutschen Verfahren eine Zusammenfassung von Arrestbefehl und Pfändungsbeschluss möglich, wobei aber beide ihre rechtliche Selbstständigkeit behalten. Wie ein Blick auf die Rechtsbehelfe, die Vollstreckungsvorschriften oder etwa die Geltungsdauer der Pfändungswirkungen deutlich macht, behält auch der europäische Kontenpfändungsbeschluss dieses Trennungsprinzip im Grunde bei.

Im Übrigen sind das Verfahren und die Voraussetzungen für den Erlass in den drei Rechtsordnungen vergleichbar. Ob ein Gläubiger künftig das europäische Rechtsinstrument in Anspruch nimmt, bleibt abzuwarten. In jedem Fall sollte er die Vor- und Nachteile gegenüber einer rein autonomen einstweiligen Maßnahme abwägen. Diesbezüglich steht ihm in Zukunft ein Wahlrecht zu. Die europäische Kontenpfändung tritt lediglich neben die gleichwertigen nationalen Verfahren und verdrängt diese nicht.

1608 BT-Drs. 18/7650, S. 48 ff.

1609 Diesen Unterschied stellte schon die polnische Regierung zum Kommissionsentwurf fest: Regierung der Republik Polen, Entwurf der Stellungnahme zum Kommissionsentwurf KOM(2011) 445, S. 5, online abrufbar unter: http://orka.sejm.gov.pl/SUEVIkad.nsf/7bfa211dcbf982c7c12578630035da9e/f82155eb5d49d3acc12578f0007e6f0d/$FILE/Projekt%20stanowiska%20RP_2011_445_ostateczny.docx

Der Anwendungsbereich der EuKpfVO entspricht im Wesentlich dem der EuGVO. Vor dem Hintergrund der Abschaffung des Exequaturverfahrens liegt der zentrale Vorteil, den die EuKpfVO schafft, in der Verfahrensphase, bevor der Gläubiger einen vollstreckbaren Hauptsachetitel erwirkt hat.

Will der Gläubiger die spätere Vollstreckung durch eine einstweilige Maßnahme in Form einer vorläufigen Kontenpfändung sichern, muss er bisher bestimmte Voraussetzungen erfüllen, wenn diese Maßnahme im Ausland anerkannt und vollstreckt werden soll. Neben der internationalen Zuständigkeit des Gerichts nach dem Zuständigkeitsregime der EuGVO erfordert die EuGVO entweder die Anhörung des Schuldners im Verfahren oder dessen vorherige Benachrichtigung des Schuldners von einer gegen ihn gerichteten einstweiligen Maßnahme, bevor vollstreckt wird. Nur solche Entscheidungen genießen grenzüberschreitende Freizügigkeit. Der Schuldner wird in jedem Fall vor dem anstehenden Zugriff gewarnt. Diesen – aus Sicht des Gläubigers – bestehenden Makel der EuGVO im Bereich einstweiliger Entscheidungen versucht die EuKpfVO zu beseitigen. Im Mittelpunkt steht daher die Gewährleistung eines Überraschungseffekts des vorläufigen Vollstreckungszugriffs. Die EuKpfVO statuiert hierzu ein striktes ex parte-Verfahren, von dem weder auf Wunsch des Gläubigers noch bei Zweifeln des Gerichts abgewichen werden darf. Praktisch relevant dürfte vor allem Letzteres sein. Der Gläubiger kann in diesem Verfahren eine Beteiligung des Schuldners bis zum Vollstreckungszugriff wirksam ausschalten. Dies hat zum einen den Vorteil, dass der Schuldner keine Gelegenheit erhält, ungerechtfertigte Einwendungen gegen die Hauptsacheforderung vorzubringen, die das Gericht im Eilverfahren als solche nicht erkennt oder zu deren Prüfung es weiterer Zeit bedarf. Zum anderen wird der Schuldner nicht vor einem drohenden Vollstreckungszugriff gewarnt. Er hat dementsprechend keine Zeit, das betroffene Bankguthaben abzuheben oder auf ein anderes Konto zu verschieben. Ein vergleichbarer Effekt ist im grenzüberschreitenden Raum der Union mit einer nationalen Maßnahme nicht zu erreichen. Der Gläubiger kann dies nur umgehen, wenn er auch die einstweilige Entscheidung im Vollstreckungsmitgliedstaat erwirkt. Allerdings muss ein ex parte-Verfahren nach der dortigen lex fori überhaupt zulässig sein. Das nationale Arrest- bzw. Sicherungsverfahren in Deutschland und Polen schließt zwar nicht pauschal aus, den Schuldner vor Erlass der einstweiligen Entscheidung zu hören. Eine solche Anhörung ist möglich und kann auch die Regel bilden, doch steht es den Gerichten hierauf zurückzugreifen. Neben der Vorwarnung kann aus Sicht des Gläubigers die gerichtliche Entscheidungsgrundlage dementsprechend nachteilig verschoben werden.

Auswirkungen hat die Verordnung insbesondere auf Mitgliedstaaten, die keine Kontopfändung durch ihre Gerichte zulassen, sofern die zu pfändende Forderung bei einer Bank geführt wird, die ihren Sitz im Ausland hat. Das Territorialitätsprinzip beschränkt die Vollstreckungsgewalt der jeweiligen staatlichen Organe auf das eigene Staatsgebiet. Forderungen sind keine physischen Gegenstände, die sich eindeutig einem Belegenheitsort zuordnen ließen. Für ihre Lokalisierung besteht keine völkerrechtlich anerkannte Regelung. Entscheidend sind deswegen einzelstaatliche Vorschriften. Sie können von sich aus den Zugriff ihrer Vollstreckungsorgane beschränken. Das polnische Recht gestattet so nur Pfändung in Konten, die bei einer Bank mit Sitz in Polen geführt werden. Ein grenzüberschreitender Zugriff bedarf dann einer ausländischen Vollstreckungsmaßnahme.

Das Erfordernis, einstweilige Maßnahmen im Ausland zu erwirken oder zu vollstrecken, hat für den Gläubiger auch abseits des fehlenden Überraschungseffekts nachteilige Auswirkungen. Er ist gezwungen, sich mit den einzelstaatlichen Voraussetzungen und Vollstreckungsmodalitäten auseinanderzusetzen. Je nach Mitgliedstaat können strengere Anforderungen an den Erlass der einstweiligen Maßnahme geknüpft sein, z.B. hinsichtlich des Beweismaßstabs oder der Gründe, die den Schluss auf eine Gefährdung der späteren Hauptsachevollstreckung gestatten. Anders als das polnische Recht, rechtfertigt der drohende Vollstreckungszugriff anderer Gläubiger weder eine Arrestpfändung nach der ZPO noch eine vorläufige Kontenpfändung nach der EuKpfVO. Darüber hinaus muss der Gläubiger auch eigenständig die einzelnen Verfahren koordinieren, wenn er in mehreren Mitgliedstaaten gegen den Schuldner vorgeht. Die EuKpfVO gestattet dem Gläubiger, eine Entscheidung zu erwirken, die in allen Mitgliedstaaten an die gleichen Voraussetzungen geknüpft ist, an denselben Maßstäben gemessen werden muss und weitgehend nach einem vereinheitlichten Verfahren vollstreckt wird, aber die einzelstaatlichen Vollstreckungswirkungen hervorruft. Auch wenn formal eine nationale Vollstreckung erfolgt, wird ihm dadurch praktisch ein grenzüberschreitender unionsrechtlicher Zugriff eröffnet. Dabei stellt die Verordnung einen zwingenden Rahmen an Transparenzvorschriften, der im Einzelfall erhebliche Vorteile nicht nur in Mitgliedstaaten bieten kann, in denen eine Offenlegung von Kontodaten ansonsten gegen das Bankgeheimnis verstößt.

Die unionsrechtliche Vereinheitlichung kann zugleich aus zeitlicher Sicht den Rechtsschutz effektivieren. Zum einen legt die Verordnung straffe Entscheidungsfristen fest, die in Mitgliedstaaten mit langer Verfahrensdauer eine zeitnahe Entscheidung garantieren werden. Zum anderen kann dies resultieren aus der beschriebenen Vereinheitlichung und der Standardisierung des Verfahrens sowie dessen zumindest praktischer Konkretisierung mittels Ausspruch eines Verfügungsverbots an den Drittschuldner durch ein einziges Gericht resultieren. Es bedarf keiner weiteren Vollstreckungsentscheidungen auf nationaler Ebene, die gesondert eine Pfändung statuieren.

Hat der Gläubiger dagegen bereits einen Hauptsachetitel erwirkt, der grenzüberschreitend anerkannt wird und vollstreckbar ist, bedarf die ausländische Vollstreckung keiner weiteren Exequatur. Der Gläubiger kann zugleich auf alle Sicherungsmaßnahmen des Vollstreckungsmitgliedstaats zurückgreifen. Doch auch hier bietet die EuKpfVO Vorteile, wie eben schon genannt in Form einheitlicher Voraussetzungen, der Verfahrenskoordination und zeitlich fixierter Entscheidungsfristen.

Insbesondere die Möglichkeit, vollstreckungsrechtliche Wirkung einer nationalen Maßnahme zu erwirken und damit dem europäischen Kontenpfändungsbeschluss keine originäre einheitliche Wirkung zu verleihen, wirft allerdings Schwierigkeiten auf. Trotz der Vereinheitlichung bleibt der Gläubiger gezwungen, die einzelstaatliche Wirkung der europäischen Kontenpfändung festzustellen, um die Wertigkeit der Sicherung bemessen zu können. Gerade die Pfändung mehrerer Konten in unterschiedlichen Mitgliedstaaten wird oftmals zu einer Überpfändung führen. Nach Erhalt der Erklärung der Bank über den Pfändungserfolg ist der Gläubiger verpflichtet, die Freigabe innerhalb von drei Tagen zu beantragen. Welche der gesicherten Forderungen er freigibt, hängt davon ab, welchen Rang ihm die Sicherung verleiht. Hier kann es zu gravierenden Unterschieden kommen, wie schon aus dem Vergleich des deutschen und polnischen Rechts folgt. Der Arrest bewirkt ein zeitlich priorisiertes Pfändungspfandrecht, während der Rang nach dem KPC von der Hauptsacheforderung (materiellrechtliche Einordnung, dingliche Sicherung, eingeleitete Vollstreckung, etc.) abhängt. Angesichts der kurzen Entscheidungsfrist zur Freigabe werden sich solche Gläubiger bereits im Vorfeld mit den einzelstaatlichen Rechtswirkungen der vorläufigen Pfändung auseinandersetzen müssen.

Die Wirkung nach den Regeln des Vollstreckungsstaats stellt auch das größte Manko der Verordnung dar. Der europäische Gesetzgeber hat es versäumt, mit der EuKpfVO die lang ersehnte Lösung der Frage nach einer Anerkennung einer Vollstreckungsmaßnahme zu liefern. Anstatt einen europäischen Vollstreckungsakt oder zumindest dessen Wirkungen grenzüberschreitend anzuerkennen, beschränkt sich die Verordnung auf einen lokalen Vollstreckungszugriff, der konkret auf den Vollstreckungsmitgliedstaat zugeschnitten ist. Die Wirkung der Zwangsmaßnahme bleibt zunächst auf das eigene Staatsgebiet begrenzt. Da die vorläufige europäische Kontopfändung dieselben Wirkungen hervorruft wie eine nationale Maßnahme, bestimmt sich die Frage, ob ein anderer Mitgliedstaat die Vollstreckung bzw. die Wirkungen der Pfändung anerkennt, auch weiterhin nach dessen einzelstaatlichem Recht.

Auch darüber hinaus dürften einzelstaatliche Maßnahmen auch künftig eine ernsthafte Option in grenzüberschreitenden Sachverhalten bleiben. So etwa, wenn nationale Vorschriften geringere Voraussetzungen aufstellen, aber auch wenn ein Gläubiger zur Verfahrensbeschleunigung die Gerichte am Belegenheitsort anrufen möchte, weil sich die Prüfung der Zuständigkeit zu komplex und zeitaufwendig darstellt. Problematisch erscheint zudem, dass eingehende Beträge weitgehend von den Pfändungswirkungen unberührt bleiben. Möchte der Gläubiger auch auf spätere Zuflüsse auf das Schuldnerkonto zugreifen, ist dies nur nach einzelstaatlichem Recht möglich. Ferner kann dem Gläubiger etwa an der Pfändung anderer Vermögenswerte liegen.

Letztlich erleichtert die EuKpfVO die Rechtssicherung und damit auch die Rechtsdurchsetzung des Gläubigers, indem sie die Palette um ein Instrument erweitert, das im grenzüberschreitenden Verkehr Hürden abbaut und Mindeststandards festlegt. Leider konnte sich der europäische Gesetzgeber nicht dazu bewegen, ein echtes Instrument auf dem Gebiet des europäischen Vollstreckungsrechts zu erlassen. Die stets gleiche, zweistufige Lösung grenzüberschreitender Konstellationen belegt, mit welcher Zurückhaltung dem geltenden Territorialitätsprinzip begegnet wird. Die zwischengeschaltete nationale Behörde nimmt weitgehend die Funktion einer Poststelle an, die lediglich die erhaltenen Dokumente weiterleitet. Das Verfügungsverbot und eventuelle Ausnahmen hierzu sind bereits im europäischen Pfändungsbeschluss enthalten. Die Prüfung der Pfändungsfreigrenzen wäre auch durch die Ursprungsgerichte möglich gewesen, insbesondere, wenn man zugleich etwa eine europäische elektronische Datenbank aller Freigrenzen geschaffen hätte, auf die alle Gerichte zugreifen könnten. Die einzelnen Freibeträge für einen Mitgliedstaat könnten durch eine ausgewählte Behörde dieses Staats eigenständig und innerhalb kürzester Zeit für alle anderen nachvollziehbar aktualisiert werden. Zu groß erscheint aber wohl das Misstrauen gegenüber einer ausländischen Entscheidung, um dem entscheidenden Gericht auch die Vollstreckungsgewalt zu gewähren. Dabei wäre gerade bei Forderungen, die ihrer Natur nach keine physische Manifestation erfahren, zumindest denkbar gewesen, einen verbindlichen Belegenheitsort zu bestimmen, um einen grenzüberschreitenden Vollstreckungszugriff definitorisch auszuschließen. Allerdings wären dann jedenfalls originäre Pfändungswirkungen in der EuKpfVO nötig. Wenn aber bereits Forderungen strikt dem Territorialitätsprinzip untergeordnet werden, erscheint der Weg zu einer europäischen Vollstreckung über die Grenze in körperliche Gegenstände in weiter Ferne. Zumindest anlässlich des Ausspruchs einer Vollstreckungsmaßnahme durch ein ausländisches Gericht – mag diese Maßnahme auch erst im Vollstreckungsmitgliedstaat durch die nationale Behörde mit Wirkungen ausgefüllt werden – erscheint die EuKpfVO als richtiger Schritt zu einem europäischen Vollstreckungsraum.

Literaturverzeichnis

Abel, Ralf, Reform der Sachaufklärung in der Zwangsvollstreckung, RDV 2013, S. 66.

Abramenko, Andrik, Der einstweilige Rechtsschutz in Wohnungseingentumssachen, ZMR 2010, S. 329.

Adolphsen, Jens, Europäisches Zivilverfahrensrecht, 2. Auflage, Berlin 2015.

Adamczyk, Mariusz, Zajęcie rachunku bankowego a umowa kredytu w rachunku bankowym, MoP 16/2010, S. 886.

Ahrens, Martin, Neues zur Annahmeverweigerung im europäischen Zustellungsrecht, NJW 2008, S. 2817.

Ahrens, Martin, Das neue Pfändungsschutzkonto, NJW 2010, S. 2001.

Ahrens, Hans-Jürgen, Der Schadensersatzanspruch nach § 945 ZPO im Streit der Zivilsenate, in: Festschrift für Henning Piper, München 1996, S. 31.

Alio, Tarec, Die Neufassung der Brüssel I-Verordnung, NJW 2014, S. 2395.

Amort, Matthias, BGH lässt erstmals Klage gegen ausländische Ratingagentur zu, NZG 2013, S. 859.

Andenas, Mads/Hess, Burkhard/Oberhammer, Paul, Enforcement agency practice in Europe, London 2005.

Arnold, Anne Kathrin, Lex fori als versteckte Anknüpfung, Berlin 2009.

Arnold, Stefan, Zur Trennung des öffentlichen vom privaten Recht – Vollstreckung von Ordnungsgeldern im europäischen Justizraum, ZEuP 2012, S. 315.

Bączyk, Mirosław, Odpowiedzialność za skodę wyrządzoną wykonaniem zabezpieczenia w postępowaniu zabezpieczającym, in: Gudowski, Jacek/Weitz, Karol, Aurea praxis aurea theoria – Księga pamiątkowa ku czci profesora Tadeusza Erecińskiego, Bd. 2, Warschau 2011, S. 2105–2123.

Baetge, Dietmar, Auf dem Weg zu einem gemeinsamen europäischen Verständnis des gewöhnlichen Aufenthalts, in: Festschrift für Jan Kropholler zum 70. Geburtstag, Tübingen 2008, S. 77.

Baumbach, Adolf/Hopt, Klaus J., Handelsgesetzbuch, 37. Auflage, München 2016.

Baumbach, Adolf/Lauterbach, Wolfgang/Albers, Jan/Hartmann, Peter, Zivilprozessordnung, 74. Auflage, München 2016.

Baumgärtel, Gottfried, Die Verteilung der Glaubhaftmachungslast im Verfahren des einstweiligen Rechtsschutzes nach der ZPO, in: Festschrift für Hans Friedhelm Gaul zum 70. Geburtstag, Bielefeld 1997, S. 27.

Baumgärtel, Gottfried, Rezension zu: Fritz Baur, Studien zum einstweiligen Rechtsschutz, AcP 168 (1968), S. 401.

Baur, Fritz, Studien zum einstweiligen Rechtsschutz, Tübingen 1967.

Behr, Johannes, „Vollstreckungsblitzlichter", JurBüro 1994, 257.

Bek, Tomasz, Ustalenie udziału dłużnika we wspólnym rachunku w egzekucji sądowej, MoP 10/2013, S. 556.

Berger, Christian, Haftungsrechtliche Verteilungsprinzipien an der Schnittstelle von Einzelzwangsvollstreckung und Insolvenz, ZZP 121 (2008), S. 407.

Berger, Christian/Becker-Eberhard, Ekkehard, Einstweiliger Rechtsschutz im Zivilrecht - Handbuch, Berlin 2006.

Berglund, Mikael, Cross-Border Enforcement of Claims in the EU, Alphen aan den Rijn 2009.

Bergmann, Jan/Bauer, Ina/Kanein, Werner/Renner, Günter, Ausländerrecht, 11. Auflage, München 2016.

Bertele, Joachim, Souveränität und Verfahrensrecht, Tübingen 1998.

Bieżuński, Paweł, Skutki zajęcia rachunku bankowego dłużnika w toku egzekucji sądowej, RP 3/2011, S. 6.

Bitter, Georg, Das neue Pfändungsschutzkonto (P-Konto) - eine Zwischenbilanz, ZIP 2011, S. 149.

Bitter, Georg, Pfändung des Dispositionskredits?, WM 2001, S. 898.

Bitter, Georg, Das Pfändungsschutzkonto - Ein untaugliches Konstrukt - Kritische Anmerkungen zum Regierungsentwurf eines Gesetzes zur Reform des Kontopfändungsrechts, WM 2008, S. 141.

Bittighofer, Andreas M., Der internationale Gerichtsstand des Vermögens - Eine rechtsvergleichende Studie zur Zuständigkeit deutscher Gerichte aufgrund inländischer Vermögensbelegenheit, Frankfurt am Main/New York 1994.

Bläsi, Martin, Das Haager Übereinkommen über Gerichtsstandsvereinbarungen - Unter besonderer Berücksichtigung seiner zu erwartenden Auswirkungen auf den deutsch-amerikanischen Rechtsverkehr, Frankfurt am Main/New York 2010.

Błaszczak, Łukasz/Markiewicz, Krystian/Rudkowska-Ząbczyk, Ewa/Flejszar, Radosław, Dowody w postępowaniu cywilnym, Warschau 2010.

Blomeyer, Jürgen, Die Unterscheidung von Zulässigkeit und Begründetheit bei der Klage und beim Antrag auf Anordnung eines Arrestes oder einer einstweiligen Verfügung, ZZP 81 (1968), S. 20.

Bongen, Wolfgang/Renaud, Werner, Zur materiellen Rechtskraft antragsabweisender Beschlüsse und Urteile im Arrestverfahren, NJW 1991, S. 2886.

Boos, Karl-Heinz/Achtelik, Olaf Christoph, Kreditwesengesetz, München 2012.

Borck, Hans-Günther, Das rechtliche Gehör im Verfahren auf Erlaß einer einstweiligen Verfügung, MDR 1988, S. 908.

Borck, Hans-Günther, Zur Glaubhaftmachung des Unterlassungsanspruches, WRP 1978, S. 776.

Brannekämper, Kurt, Wettbewerbsstreitigkeiten mit Auslandsbeziehung im Verfahren der einstweiligen Verfügung, WRP 1994, S. 661.

Brender, Markus, Rechtspolitische Problematik des automatisierten Kontenabrufs, ZRP 2009, 198.

Brögelmann, Jens, Automatischer Pfändungsschutz durch das P-Konto, NJ 2010, S. 407.

Brokamp, Arno, Das Europäische Verfahren für geringfügige Forderungen, Tübingen 2008.

Brox, Hans/Walker, Wolf-Dietrich, Zwangsvollstreckungsrecht, 10. Auflage, München 2014.

Bruns, Alexander, Das Grünbuch Effiziente Vollstreckung gerichtlicher Entscheidungen in der Europäischen Union – empfehlenswerte Erleichterungen des Zwangsvollstreckungszugriffs durch Transparenz des Schuldnervermögens?, ZEuP 2010, S. 809.

Bruns, Rudolf, Schadensersatz und Rechtskraftfragen des § 945 ZPO, ZZP 65 (1952), S. 67.

Büchel, Andreas, Das neue Pfändungsschutzkonto in der Insolvenz des Schuldners, ZInsO 2010, S. 20.

Burgard, Jens/Fresemann, Thomas, In welchen Fällen kann ein Aufhebungsantrag gemäß § 927 ZPO auf Umstände gestützt werden, die bereits bei Erlaß der einstweiligen Verfügung oder des Arrestes vorlagen?, DRiZ 2000, S. 195.

Calliess, Christian/Ruffert, Matthias, EUV/AEUV, Das Verfassungsrecht der Europäischen Union mit Europäischer Grundrechtecharta, 5. Auflage, München 2016.

Canaris, Claus-Wilhelm, Inhaberschaft und Verfügungsbefugnis bei Bankkonten, NJW 1973, S. 825.

Carl, Dieter, Die Pfändung in Girokonten, DStR 1988, S. 765.

du Carrois, Michael, Das P-Konto und seine Auswirkungen im Insolvenzverfahren, ZInsO 2009, S. 1801.

Chudykowski, Michał, Wybrane aspekty tajemnicy bankowej – ochrona historii rachunku bankowego Wybrane aspekty tajemnicy bankowej – ochrona historii rachunku bankowego, MoP 2/2010, S. 88.

Cieśliński, Mikołaj, Kilka Uwag na Temat Interesu Prawnego w Udzieleniu Zabezpieczenia, in: Gudowski, Jacek/Weitz, Karol, Aurea praxis aurea theoria – Księga pamiątkowa ku czci profesora Tadeusza Erecińskiego, Warschau 2011, S. 845.

Ciepła, Helena/Zawistowski, Dariusz/Żyznowski, Tadeusz/Dolecki, Henryk/Wiśniewski, Tadeusz, Kodeks postępowania cywilnego, 2. Auflage, Warschau 2014.

Cieślak, Sławomir, Skutki procesowe niezachowania wymagań prawnych czynności egzekucyjnych komornika sądowego, PS 11–12/2003, S. 106.

Cieślak, Sławomir/Góra-Błaszczykowska, Agnieszka, Kodeks postępowania cywilnego – Art. 1-729, Warschau 2013.

Coester-Waltjen, Dagmar, Internationales Beweisrecht, Ebelsbach 1983.

Consolo, Claudio, Avoiding the Risk of Babel after Van Uden and Mietz: Perspectives and Proposals, ZZPInt 6 (2001), S. 49.

Cranshaw, Friedrich L., Der europäische Beschluss zur vorläufigen Kontenpfändung, DZWIR 2012, 399.

Cranshaw, Friedrich L., Insolvenz- und finanzrechtliche Perspektiven der Insolvenz von juristischen Personen des öffentlichen Rechts, insbesondere Kommunen, Berlin 2007.

de Cristofaro, Marco, Verbesserung der Effektivität der grenzüberschreitenden Vollstreckung in der Europäischen Union, in: Kengyel, Miklós/Harsági, Viktória, Grenzüberschreitende Vollstreckung in der Europäischen Union, München 2011, S. 301.

Dalhuisen, J. H., Creditor´s Remedies and the Conflict of Law in the European Community, in: Jayme, Erik/Kegel, Gerhard/Lutter, Marcus (Hrsg.), Ius Inter Nationes – Festschrift für Stefan Riesenfeld, Heidelberg 1983, S. 1.

Damian, Helmut, Staatenimmunität und Gerichtszwang – Grundlagen und Grenzen der völkerrechtlichen Freiheit fremder Staaten von inländischer Gerichtsbarkeit in Verfahren der Zwangsvollstreckung oder Anspruchssicherung = State immunity and judicial coercion, Berlin [u.a.] 1985.

Damrau, Jürgen, Fortdauer der Internationalen Zuständigkeit trotz Wegfalls ihrer Voraussetzungen?, in: Festschrift für Friedrich Wilhelm Bosch zum 65. Geburtstag, S. 103.

Dauses, Manfred A., Handbuch des EU-Wirtschaftsrechts, München 2016.

Dethloff, Nina/Hauschild, Luise, Familienrecht im Rahmen der justiziellen Zusammenarbeit in Zivilsachen – Das besondere Gesetzgebungsverfahren gem. Art. 81 III AEUV, FPR 2010, 489.

Deutsch, Volker, Die Schutzschrift in Theorie und Praxis, GRUR 1990, S. 327.

Dittmar, Rolf, Der Arrestgrund der Auslandsvollstreckung, NJW 1978, S. 1720.

Ditzen, Christa, Sicherung des Zugewinnausgleichs durch Arrest?, NJW 1987, S. 1806.

Dohm, Christian, Die Einrede ausländischer Rechtshängigkeit im deutschen internationalen Zivilprozessrecht, Berlin 1996.

Dolecki, Henryk, Postępowanie cywilne – Zarys wykładu, 3. Auflage, Warschau 2007.

Dölling, Birger, Eid und eidesstattliche Versicherung, NZFam 2014, S. 112.

Domej, Tanja, Das Rechtsbehelfsverfahren bei der europäischen vorläufigen Kontenpfändung, in: Festschrift für Daphne-Ariane Simotta, Wien 2012, S. 129.

Domej, Tanja, Die Neufassung der EuGVVO, RabelsZ 78 (2014), S. 508.

Domej, Tanja, Ein wackeliger Balanceakt – Die geplante Verordnung über die Europäische vorläufige Kontenpfändung, ZEuP 2013, S. 496.

Domej, Tanja, Rechtshängigkeit und in Zusammenhang stehende Verfahren, Gerichtsstands- Vereinbarungen, einstweilige Massnahmen, in: Andrea Bonomi/Christina Schmid, Revision der Verordnung 44/2001 (Brüssel I), Genève 2011, S. 105.

Drescher, Jochen, Zur Pfändung einer offenen Kreditlinie, EWiR 2007, S. 159.

Dunkl, Hans, Handbuch des vorläufigen Rechtsschutzes – Einstweiliger Rechtsschutz in allen wichtigen Verfahrensarten, 3. Auflage, München 1999.

Düsterhaus, Dominik, Anmerkung zu einem Urteil des EuGH vom 19.12.2012 (C-325/11; NJW 2013, 443) – Zur Frage der unionsrechtswidrigen Zustellungsfiktion an eine ausländische Partei durch Niederlegung der Schriftstücke in die Gerichtsakte, NJW 2013, S. 445.

Duszka-Jakimko, Hanna, Jurysdykcja krajowa w sprawach cywilnych i handlowych w polskim systemie prawnym i w prawie europejskim, Opole 2006.

Eichel, Florian, AGB-Gerichtsstandsklauseln im deutsch-amerikanischen Handelsverkehr – Zugleich ein Beitrag zum Einfluss des Haager Übereinkommens über Gerichtsstandsvereinbarungen vom 30.6.2005, Jena 2007.

Eilers, Anke, Maßnahmen des einstweiligen Rechtsschutzes im europäischen Zivilrechtsverkehr – Internationale Zuständigkeit, Anerkennung und Vollstreckung, Bielefeld 1991.

Einhaus, David, Qual der Wahl: Europäisches oder internationales deutsches Mahnverfahren?, IPRax 2008, S. 323.

Eisermann, Franziska, Einstweilige Maßnahmen auf dem Gebiet der Brüssel I-VO, Hamburg 2011.

Emde, Raimond, Zulässigkeit von Direktzustellungen ausländischer Prozessbevollmächtigter an deutsche Parteien nach Art. 14 EuZVO, NJW 2004, S. 1830.

Ereciński, Tadeusz/Gudowski, Jacek, Kodeks postępowania cywilnego, Band 3, 4. Auflage, Warschau 2012, Band 5, 4. Auflage, Warschau 2012, (zit. Ereciński/Bearbeiter, Band).

Ereciński, Tadeusz/Ciszewski, Jan, Międzynarodowe postępowanie cywilne, Warschau 2000.

Erman, Walter/Westermann, Harm Peter/Aderhold, Lutz, Bürgerliches Gesetzbuch, Band 1, 14. Auflage, Köln 2014.

Fawzy, Oliver, Der Europäische Beschluss zur vorläufigen Kontenpfändung – eine zögerliche Pionierleistung, DGVZ 2015, S. 141.

Feliga, Przemysław, Procesowe aspekty tajemnicy bankowej w cywilnym postępowaniu egzekucyjnym, MoP 4/2010, S. 213.

Felke, Klaus, Die Pfändung der „offenen Kreditlinie" im System der Zwangsvollstreckung – unter Berücksichtigung der Schuldrechtsreform, WM 2002, S. 1632.

Fischer, Gero, Hat das im einstweiligen Rechtsschutz ergangene rechtskräftige Urteil Bedeutung für den Schadensersatzanspruch aus § 945 ZPO?, in: Festschrift für Franz Merz zum 65. Geburtstag am 3. Februar 1992, Köln 1992, S. 81.

Fischer, Nikolaj, Welche prozessualen und materiellen Neuregelungen zur Vermeidung und Verminderung von Mietausfällen sind rechtsstaatlich sinnvoll?, WuM 2007, S. 239.

Foerste, Ulrich, Vollstreckungsvorsprung durch einstweiligen Rechtsschutz, ZZP 106 (1992), S. 143.

Fohrer, Katja/Mattil, Peter, Der „grenzüberschreitende" dingliche Arrest im Anwendungsbereich des EuGVÜ (seit 1. 3. 2002 ersetzt durch die Verordnung [EG] Nr. 44/2001), WM 2002, S. 840.

Fojcik-Mastalska, Eugenia/Bączyk, Mirosław, Prawo bankowe, 4. Auflage, Warschau 2005.

Försterling, Thomas, Zum Begriff demnächst im Sinne von § 167 ZPO bei Anwendbarkeit der EuZVO, IPRax 2005, S. 124.

Freitag, Robert, Anwendung von EuGVÜ, EuGVO und LugÜ auf öffentlich-rechtliche Forderungen, IPRax 2004, S. 305.

Freitag, Robert, Schadensersatzansprüche gemäß § 945 ZPO nach einstweiligem Rechtsschutz im Ausland?, IPRax 2002, S. 267.

Fricke, Martin, Neues vom Vermögensgerichtsstand?, NJW 1992, S. 3066.

Friedl, Markus J., Beweislastverteilung unter Berücksichtigung des Effizienzkriteriums, Frankfurt am Main 2003.

Fuchs, Gisbert, Die Darlegungs- und Glaubhaftmachungslast im zivilprozessualen Eilverfahren, Bonn 1993.

Furtak, Oliver, Die Parteifähigkeit in Zivilverfahren mit Auslandsberührung, Heidelberg 1995.

Galič, Aleš, Verbesserung der Effektivität der grenzüberschreitenden Vollstreckung in der Europäischen Union, in: Kengyel, Miklós/Harsági, Viktória, Grenzüberschreitende Vollstreckung in der Europäischen Union, München 2011, S. 347.

Gampp, Edda, „Perpetuatio fori internationalis" im Zivilprozeß und im Verfahren der freiwilligen Gerichtsbarkeit, Frankfurt am Main 2010.

Garber, Thomas, Einstweiliger Rechtsschutz nach der EuGVVO, Wien 2011.

Gaul, Hans Friedhelm, Rechtsverwirklichung durch Zwangsvollstreckung aus rechtsgrundätzlicher und rechtsdogmatischer Sicht, ZZP 112 (1999), S. 135.

Gaul, Hans Friedhelm/Schilken, Eberhard/Becker-Eberhard, Ekkehard/Lakkis, Panajotta, Zwangsvollstreckungsrecht, 12. Auflage, München 2010.

Gehrlein, Markus, Schadensersatz aus § 945 ZPO in Wettbewerbssachen, MDR 2000, S. 687.

Geimer, Reinhold, Anerkennung ausländischer Entscheidungen in Deutschland, München 1995 (zit. Geimer, Anerkennung).

Geimer, Reinhold/Schütze, Rolf, Europäisches Zivilverfahrensrecht, 3. Auflage, München 2010.

Geimer, Reinhold, Internationales Zivilprozessrecht, 7. Auflage, Köln 2015 (zit. Geimer, IZPR, Rn.).

Geimer, Reinhold/Schütze, Rolf, Internationaler Rechtsverkehr in Zivil- und Handelssachen, Loseblatt-Handbuch, 52. Auflage, München 2016.

Geimer, Reinhold, Zur Rechtfertigung des Vermögensgerichtsstandes, JZ 1984, S. 979.

Geimer, Reinhold, Öffentlich-rechtliche Streitgegenstände – Zur Beschränkung des Anwendungsbereichs der EuGVVO bzw. des EuGVÜ/LugÜ auf Zivil- und Handelssachen, IPRax 2003, 512.

Gernhuber, Joachim, Oder-Konten von Ehegatten, WM 1997, S. 645.

Glück, Oliver, 24c KWG und das Recht auf informationelle Selbstbestimmung – Eine Untersuchung der Verfassungsmäßigkeit des automatisierten Abrufs von Kontoinformationen, Frankfurt am Main 2005.

Goebel, Frank-Michael, Die Reform der Sachaufklärung – Sachpfändung und Vermögensauskunft (Offenbarungsverfahren) unter neuen Bedingungen, Bonn 2012.

Goebel, Frank-Michael, Wer kann wann die Vermögensauskunft Dritter unter welchen Voraussetzungen beantragen?, FoVo 2015, S. 27.

Gołaczyński, Jacek, Kodeks Postępowania Cywilnego – Postępowanie Zabezpieczające i Egzekucyjne, Warschau 2012.

Gołaczyński, Jacek, Wybrane zagadnienia egzekucji z rachunku bankowego, Rejent 10/2003, S. 26.

Gołaczyński, Jacek/Brulińska, Małgorzata, Wybrane zagadnienia egzekucji sądowej, Warschau 2008.

Gottwald, Peter, Die internationale Zwangsvollstreckung, IPRax 1991, S. 285.

Gottwald, Peter, Grundfragen der Anerkennung und Vollstreckung ausländischer Entscheidungen in Zivilsachen, ZZP 103 (1990), S. 257.

Grabinski, Klaus, Zur Bedeutung des EuGVÜ und des LugÜ in Rechtsstreitigkeiten über Patentverletzungen, GRURInt 2001, S. 199.

Graf, Ulrike, Die Anerkennung ausländischer Insolvenzentscheidungen, Tübingen 2003.

Gronstedt, Sebastian, Grenzüberschreitender einstweiliger Rechtsschutz, Frankfurt am Main 1994.

Grunsky, Wolfgang, Grundlagen des einstweiligen Rechtsschutzes, JuS 1976, S. 277.

Grunsky, Wolfgang, Konkurrenz anderer Gläubiger als Arrestgrund, NJW 1976, S. 553.

Grunsky, Wolfgang, Zum Arrestgrund des § 917 AbS. 2 ZPO bei der Vollstreckung ausländischer Urteile, IPRax 1983, S. 210.

Habscheid, Walther J./Gaul, Hans Friedhelm/Mikat, Paul, Festschrift für Friedrich Wilhelm Bosch zum 65. Geburtstag, 2. Dezember 1976, Bielefeld 1976.

Häcker, Birke, Die geplante EU-Verordnung zur grenzüberschreitenden vorläufigen Kontopfändung, WM 2012, S. 2180.

Hailbronner, Kay, Asyl- und Ausländerrecht, 3. Auflage, Stuttgart 2014.

Hanten, Mathias/München, Andrea, Rechtsfragen der Bankenabgabe, WM 2011, S. 1925.

Harbeck, Nils, Ein Entwurf!, ZinsO 2012, S. 805.

Harbeck, Nils, Vorläufige Kontenpfändung im Ausland – Zum Vorschlag einer Europäischen Verordnung zur vorläufigen Kontenpfändung in grenzüberschreitenden Verfahren, in: Seibel, Mark, Zwangsvollstreckungsrecht aktuell, 2. Auflage, Baden-Baden 2013, S. 259.

Harnacke, Rainer, Das neue Vollstreckungsrecht – Die Modernisierung der Gerichtsvollzieherzwangsvollstreckung durch das Gesetz zur Reform der Sachaufklärung in der Zwangsvollstreckung, DGVZ 2012, S. 197.

Harnacke, Rainer/Bungardt, Hans-Peter, Das neue Recht – Probleme über Probleme, Rechtliche Probleme bei der Umsetzung des Gesetzes zur Reform der Sachaufklärung in der Zwangsvollstreckung – dargestellt anhand von Beispielsfällen, DGVZ 2013, S. 1.

Harsági, Viktória, Koordinierung der Offenlegung des Schuldnervermögens im Europäischen Justizraum, in: Kengyel, Miklós/Harsági, Viktória, Grenzüberschreitende Vollstreckung in der Europäischen Union, München 2011, S. 369.

Hartmann, Peter, Neue Schutzschriftregeln – Fragen über Fragen, GRUR-RR 2015, S. 89.

Hascher, Ralph/Lammers, Carsten, Bestandsschutz und Wirksamkeit der Vorpfändung nach § 845 ZPO, DGVZ 2009, S. 92.

Häuser, Franz, Die Reichweite der Zwangsvollstreckung bei debitorischen Girokonten, ZIP 1983, S. 891.

Hausmann, Rainer, Zur Anerkennung und Vollstreckung von Maßnahmen des einstweiligen Rechtsschutzes im Rahmen des EG-Gerichtsstands- und Vollstreckungsübereinkommens, IPRax 1981, S. 79.

Heiderhoff, Bettina, Vermögenstransparenz zwischen Gläubigerinteresse und Datenschutz, in: Hess, Burkhard, Die Anerkennung im Internationalen Zivilprozessrecht – Europäisches Vollstreckungsrecht, Bielefeld 2014, S. 149.

von Hein, Jan, Die Neufassung der Europäischen Gerichtsstands- und Vollstreckungsverordnung (EuGVVO), RIW 2013, S. 97.

von Hein, Jan, British, French and German Reactions towards the Commission's Plans to Europeanize the Attachment of Bank Accounts – A Tentative Synopsis, ECFR 2007, S. 301.

Heinze, Christian, Choice of Court Agreements, Coordination of Proceedings and Provisional Measures in the Reform of the Brussels I Regulation, RabelsZ 75 (2011), S. 581.

Heinze, Christian, Einstweiliger Rechtsschutz im europäischen Immaterialgüterrecht, Tübingen 2007.

Heinze, Christian, Europäische Urteilsfreizügigkeit von Entscheidungen ohne vorheriges rechtliches Gehör, ZZP 120 (2007), S. 303.

Heinze, Christian, Internationaler einstweiliger Rechtsschutz, RIW 2003, S. 922.

Heinze, Christian, Keine Zustellung durch Aufgabe zur Post im Anwendungsbereich der Europäischen Zustellungsverordnung, IPRax 2013, S. 132.

Heiss, Helmut/Loacker Leander, Die Vergemeinschaftung des Kollisionsrechts der außervertraglichen Schuldverhältnisse durch Rom II, JBl 2007, S. 613.

Hellwig, Konrad, System des deutschen Zivilprozeßrechts, Leipzig 1919.

Henckel, Wolfram, Stein-Jonas - ein Großkommentar zur Zivilprozeßordnung, JZ 1992, S. 645.

Herédi, Erika/Király, Lilla, Recommandations on Assets Declaration and European Garnishment Order from Hungarian Perspective, in: Kengyel, Miklós/Harsági, Viktória, Grenzüberschreitende Vollstreckung in der Europäischen Union, München 2011, S. 375

Heropolitańska, Izabela/Borowska, Elżbieta, Kredyty i gwarancje bankowe, Warschau 1992.

Hess, Burkhard, Amtshaftung als „Zivilsache" im Sinne von Art. 1 Abs. 1 EuGVÜ, IPRax 1994, S. 10.

Hess, Burkhard, Der Vorschlag der EU-Kommission zur vorläufigen Kontenpfändung - Ein weiterer Integrationsschritt im Europäischen Zivilverfahrensrecht, in: Festschrift für Athanassios Kaissis zum 65. Geburtstag, München 2012, S. 399.

Hess, Burkhard, Der Vorschlag der EU-Kommission zur vorläufigen Kontenpfändung - Ein wichtiger Integrationsschritt im Europäischen Zivilverfahrensrecht, DGVZ 2012, S. 69.

Hess, Burkhard, Die Europäische Kontenpfändung aus der Perspektive eines Europäischen Vollstreckungsrechts, in: Festschrift für Jan Kropholler zum 70. Geburtstag, Tübingen 2008, S. 795.

Hess, Burkhard, Die begrenzte Freizügigkeit einstweiliger Maßnahmen im Binnenmarkt II - weitere Klarstellung des Europäischen Gerichtshofs, IPRax 2000, S. 370.

Hess, Burkhard, Die Neuorganisation des Gerichtsvollzieherwesens in Deutschland, Baden-Baden 2006.

Hess, Burkhard/Bittmann David-Christoph, Die Verordnungen zur Einführung eines Europäischen Mahnverfahrens und eines Europäischen Verfahrens für geringfügige Forderungen – ein substantieller Integrationsschritt im Europäischen Zivilprozessrecht, IPRax 2008, S. 305.

Hess, Burkhard, Europäisches Zivilprozessrecht, 2010 (zit. Hess, S.).

Hess, Burkhard, Europäisches Zwangsvollstreckungsrecht: Herausforderungen und rechtspolitische Perspektiven, DGVZ 2010, S. 45.

Hess, Burkhard, Effektuierung der Forderungspfändung: Der BGH erleichtert Verdachtspfändungen, NJW 2004, S. 2350.

Hess, Burkhard, Noch einmal: Direktzustellung nach Art. 14 EuZVO, NJW 2004, S. 3301.

Hess, Burkhard, Rechtspolitische Überlegungen zur Umsetzung von Art. 15 der Europäischen Zustellungsverordnung – VO (EG) Nr. 1393/2007, IPRax 2008, S. 477.

Hess, Burkhard, Study No. JAI/A3/2002/02 on making more efficient the enforcement of judicial decisions within the European Union: Transparency of a Debtor's Assets, Attachment of Bank Accounts, Provisional Enforcement and Protective Measures, Stand vom 18.02.2004 (zit. Hess, Study).

Hess, Burkhard, Urteilsfreizügigkeit nach der VO Brüssel-Ia: beschleunigt oder ausgebremst?, in: Festschrift für Peter Gottwald zum 70. Geburtstag, München 2014, S. 273.

Hess, Burkhard/Raffelsieper, Katharina, Die Europäische Kontenpfändungsverordnung: Eine überfällige Reform zur Effektuierung grenzüberschreitender Vollstreckung im Europäischen Justizraum, IPRax 2015, S. 46.

Hess, Burkhard/Vollkommer, Max, Die begrenzte Freizügigkeit einstweiliger Maßnahmen nach Art. 24 EuGVÜ, IPRax 1999, S. 220.

Hinz, Werner, Im Überblick: Einstweiliger Rechtsschutz im Mietprozess, NZM 2005, S. 841.

Hirtz, Bernd, Darlegungs- und Glaubhaftmachungslast im einstweiligen Rechtsschutz, NJW 1986, S. 110.

Heuer, Stefan/Schubert, Björn, Vorläufiger Rechtsschutz durch Eilverfahren: Arrest und einstweilige Verfügung, JA 2005, S. 202.

Holzapfl, Carolin, Sachaufklärung und Zwangsvollstreckung in Europa, Baden-Baden 2009.

Hornung, Uwe, Auswirkungen der Einschränkung des Vermögensgerichtstands auf die internationale Zuständigkeit im dinglichen Arrestverfahren, ZVglRWiss 95 (1996), S. 305.

Hök, Götz-Sebestian, Die grenzüberschreitende Forderungs- und Kontopfändung, MDR 2005, S. 306.

Ignaczewski, Jacek/Uliasz, Marcin, Komentarz do spraw z zakresu postępowania zabezpieczającego i egzekucyjnego, Warschau 2013.

Jaeckel, Fritz, Die Reichweite der lex fori im internationalen Zivilprozessrecht, Berlin 1995.

Jagieła, Józef, Jurydykcja krajowa w postępowaniu zabezpieczającym, PiP 2003, S. 67.

Jagieła, Józef, Sądowe postępowanie zabezpieczające w praktyce komorniczej po zmianach w przepisach kodeksu postępowania cywilnego, PPE 7–9/2004, S. 27.

Jakubecki, Andrzej, Dochodzenie rosczenia o naprawienie szkody wyrządzonej wykonaniem zabezpieczenia (ART. 746 K.P.C.) - Zagadnienia wybrane, in: Zbignie Szczurek (Hrsg.), Księga pamiątkowa profesora Sławomira Dalki, 2011, S. 39.

Jarass, Hans, Charta der Grundrechte der Europäischen Union, 2. Auflage, München 2013.

Jankowski, Janusz/Barańska, Anna, Kodeks postępowania cywilnego - Art. 730 - 1088, Warschau 2013.

Jestaedt, Bernhard, Sortenschutz und einstweilige Verfügung, GRUR 1981, S. 153.

Jędrejek, Grzegorz, Wierzytelność ze wspólnego rachunku bankowego jako przedmiot egzekucji, PPC 2/2011, S. 52.

Jodłowski, Jerzy, Kilka kwestii z teorii międzynarodowego postępowania cywilnego, PiP 2/1974, S. 95.

Jülicher, Friedrich, Erlaß eines Vorbehaltsurteils bei Anrufung des Bundesverfassungsgerichts nach Art. 100 Abs. 1 GG?, ZZP 86 (1973), S. 197.

Julke, Grzegorz/Szczurek, Zbigniew, Egzekucja sądowa w Polsce, Sopot 2007.

Jungbauer, Sabine, Zentrale Vollstreckungsgerichte und Auskunft aus dem Schuldnerverzeichnis ab 1.1.2013, JurBüro 2012, S. 629.

Junker, Abbo, Das Internationale Unfallrecht nach der IPR-Reform von 1999, JZ 2000, S. 477.

Katzenstein, Matthias/Hüftle, Ilka, Vermieterpfandrecht - Schutz durch Selbsthilfe und gerichtlichen Eilrechtsschutz, MDR 2005, S. 1027.

Kazimierczak, Kamil, O europeizacji cywilnego postępowania zabezpieczającego, PPE 8/2010, S. 5.

Kegel, Gerhard, Was ist gewöhnlicher Aufenthalt, in: Festschrift für Manfred Rehbinder, München 2002, S. 699.

Kengyel, Miklós, Vorläufige Pfändung von Bankkonten, in: Kengyel, Miklós/Harsági, Viktória, Grenzüberschreitende Vollstreckung in der Europäischen Union, München 2011, S. 361.

Kienle, Christopher Julian, Arreste im internationalen Rechtsverkehr, Tübingen 1991.

Kieser, Timo/Sagemann, Mirka, Vollstreckung von Unterlassungsverfügungen in EU-Staaten: Bestrafungsverfahren in Deutschland wird attraktiver, GRUR-Prax 2012, S. 155.

Kindl, Johann/Meller-Hannich, Caroline/Wolf, Hans-Joachim/Bendtsen, Ralf, Gesamtes Recht der Zwangsvollstreckung, 3. Auflage, Baden-Baden 2016.

Knoche, Joachim/Biersack, Cornelia, Das zwangsvollstreckungsrechtliche Prioritätsprinzip und seine Vereitelung in der Praxis, NJW 2003, S. 476.

Kowalska, Magdalena, Zbieg egzekucji sądowej – zagadnienia prawa i praktyki, PPE 1–3/2006, S. 91

Krauskopf, Bernd/Steven, Christine, Krauskopf/Steven: Immunität ausländischer Zentralbanken im deutschen Recht, WM 2000, 269.

Kropholler, Jan/v. Hein, Jan, Europäisches Zivilprozessrecht, 9. Auflage, Frankfurt a.M. 2011.

Kropholler, Jan/Hartmann, Claus Hinrich, Die Europäisierung des Arrestgrundes der Auslandsvollstreckung, in: Festschrift für Ulrich Drobnig zum siebzigsten Geburtstag, Tübingen 1998, S. 337.

Koch, Harald, Anerkennungsfähigkeit ausländischer Prozessvergleiche, in: Festschrift für Ekkehard Schumann zum 70. Geburtstag, Bd. 1, Tübingen 2001, S. 267.

Kofmel Ehrenzeller, Sabine, Der vorläufige Rechtsschutz im internationalen Verhältnis, Tübingen 2005.

Kohler, Jürgen, Festellende einstweilige Verfügungen?, ZZP 103 (1990), S. 184.

Kotrschal, Hanna/Stalberg, Niels, Die grenzüberschreitende Vollstreckung von Pfändungs- und Überweisungsbeschlüssen in Geldforderungen ausländischer Drittschuldner, insbesondere in ausländische Bankguthaben, BKR 2009, S. 38.

Kormann, Johannes Maximilian, Das neue europäische Mahnverfahren im Vergleich zu den Mahnverfahren in Deutschland und Österreich, Jena 2007.

Kreuzer, Karl, Habent sua fata horologia – Zur Vorfrage der Anerkennung fremdstaatlicher Steuervollstreckungsakte, IPRax 1990, S. 365.

Kubas, Andrzej, Odpowiedzialność za szkodę wyrządzoną wykonaniem zabezpieczenia (Art. 746, 1182 K.P.C.), TPP 3–4/2006, S. 53.

Kunze, Axel/Otto, Dirk, Internationale Zwangsvollstreckungszuständigkeit, rechtliche Grenzen und Gegenmaßnahmen, IPRax 2010, S. 557.

Lange, Jérôme, Internationale Rechts- und Forderungspfändung, Berlin 2004.

Lange, Frank-Holger, Treuhandkonten in Zwangsvollstreckung und Insolvenz, NJW 2007, S. 2513.

Leible, Stefan/Freitag, Robert, Forderungsbeitreibung in der EU, München 2008.

Leiner, Wolfgang, Rechtsschutz binnen Wochenfrist – Die Eilentscheidung nach § 36 AsylVfG, NVwZ 1994, S. 239.

Leipold, Dieter, Lex fori, Souveränität, Discovery, Heidelberg 1989.

Lindacher, Walter F., Europäisches Zustellungsrecht, ZZP 114 (2001), S. 179.

Linke, Hartmut, Die Erklärungspflicht des Drittschuldners und die Folgen ihrer Verletzung, ZZP 87 (1974), S. 284.

Linke, Hartmut/Hau, Wolfgang, Internationales Zivilverfahrensrecht, 6. Auflage, Köln 2015.

Lorenz, Stephan/Unberath, Hannes, Der Bürgenregress im Vertragsgerichtsstand – „Mutation" durch Gläubigerwechsel?, IPRax 2004, 298.

Löser, Arne, Zuständigkeitsbestimmender Zeitpunkt und perpetuatio fori im internationalen Zivilprozess, Jena 2009.

Löwer, Kurt, Der Anspruch des im Hauptprozeß obsiegenden Arrestbeklagten auf Erstattung der Kosten des Widerspruchverfahrens, ZZP 75 (1962), S. 232.

Lubiński, Kazimierz/Szafrański, Stanisław, Egzekucja sądowa świadczeń pieniężnych w Polsce, Sopot 2002.

Ludwig, Daniel, Neuregelungen des deutschen Internationalen Insolvenzverfahrensrechts – Eine Untersuchung unter vergleichender Heranziehung der Europäischen Insolvenzverordnung, Frankfurt am Main/New York 2004.

Lüke, Wolfgang, Zu den Anforderungen an den Inlandsbezug eines Rechtsstreits zur Begründung der internationalen Zuständigkeit deutscher Gerichte, ZZP 105 (1992), S. 321.

Mädrich, Joachim, Das Verhältnis der Rechtsbehelfe des Antragsgegners im einstweiligen Verfügungsverfahren, Köln u.a. 1980.

Magnus, Ulrich/Mankowski, Peter, The Proposal for the Reform of Brussels I, ZVglRWiss 110 (2011), S. 252.

Mankowski, Peter, Änderungen im Internationalen Verbraucherprozessrecht durch die Neufassung der EuGVVO, RIW 2014, S. 625.

Mankowski, Peter, Bestimmung der Insolvenzmasse und Pfändungsschutz unter der EuInsVO, NZI 2009, S. 785.

Mankowski, Peter, Der Arrestgrund der Auslandsvollstreckung und das Europäische Gemeinschaftsrecht, NJW 1995, S. 306.

Mankowski, Peter, Entwicklungen im Internationalen Privat- und Prozessrecht 2003/2004 (Teil 2), RIW 2004, S. 587.

Mankowski, Peter, Grenzüberschreitender Umzug und das center of main interests im europäischen Internationalen Insolvenzrecht, NZI 2005, S. 368.

Mankowski, Peter, Vollstreckungsakte im Ausland – Zur Wirkung gegen im Inland beschäftigten und dort ansässigen Arbeitnehmer, EWiR 1996, S. 1055.

Mankowski, Peter, Zum Arrestgrund der Auslandsvollstreckung in § 917 Abs 2 ZPO, RIW 1991, S. 181.

Mankowski, Peter, Zur Anerkennung ausländischer Eilentscheidungen, EWiR 2007, S. 329.

Mankowski, Peter/Kerfack, Ralf, Arrest, Einstweilige Verfügung und die Anwendung ausländischen Rechts, IPRax 1990, S. 372.

Marciniak, Andrzej, Zbieg egzekucji i zabezpieczenia roszczeń w postępowaniu cywilnym, PPE 9–10/2003, S. 5.

Mark, Jürgen/Ziegenhain, Hans-Jörg, Der Gerichtsstand des Vermögens im Spannungsfeld zwischen Völkerrecht und deutschem internationalen Prozeßrecht, NJW 1992, S. 3062

Marquordt, Gerhard, Das Recht der internationalen Forderungspfändung, Köln 1975.

Marszałkowska-Krześ, Elwira, Postępowanie cywilne, Warschau 2013.

Martiny, Dieter, Die Entwicklung des Europäischen Internationalen Familienrechts – ein juristischer Hürdenlauf, FPR 2008, S. 187.

Martiny, Dieter/Waehler, Jan Peter/Wolff, Martin K., Handbuch des Internationalen Zivilverfahrensrechts, Band III/2, Anerkennung nach multilateralen Staatsverträgen, Tübingen 1984.

Marx, Reinhard, AsylVfG, 8. Auflage, Köln 2014.

Mathäser, Johanna, Der Arrestgrund – Eine Einführung, JuS 1995, S. 442.

Mazur, Leszek, Prawo bankowe, Warschau 2008.

Mazurkiewicz, Jacek, Księga dla naszych kolegów – Prace prawnicze poświęcone pamięci doktora Andrzeja Ciska, doktora Zygmunta Masternaka i doktora Marka Zagrosika, Wrocław 2013.

Max Planck Institut, Working Group, Comments on the European Commission's Green Paper on Improving the Efficiency of the Enforcement of Judgments in the European Union: The Attachment of Bank Accounts, ECFR 2007, S. 252.

Meller-Hannich, Caroline, Die Sicherung der Zwangsvollstreckung durch Arrest wegen küntiger Forderungen, ZZP 115 (2002), S. 161.

Meng, Werner, Extraterritoriale Jurisdiktion im öffentlichen Wirtschaftsrecht, Berlin 1994.

Mennicke, Petra, Berücksichtigung einer Schutzvorschrift des Antragsgegners bei der Entscheidung über die Vollstreckbarerklärung nach EuGVÜ, IPRax 2000, S. 294.

Mertins, Wolfgang, Der dingliche Arrest, JuS 2008, S. 692.

Minnerop, Manfred, Materielles Recht und einstweiliger Rechtsschutz, Köln 1973.

Morbach, Bertram, Einstweiliger Rechtsschutz in Zivilsachen, Frankfurt am Main 1988.

Mroß, Stefan, Rechtliche Lösungen für die Anwendungen des Gesetzes zur Reform der Sachaufklärung in der Zwangsvollstreckung, DGVZ 2013, S. 69.

Mroß, Stefan, Anwälte müssen umlernen: Neue Möglichkeiten in der Zwangsvollstreckung, AnwBl 2013, S. 16.

Müller, Michael, Der Kommissionsvorschlag für einen Europäischen Beschluss zur vorläufigen Kontenpfändung, RIW 2012, S. 151.

Münchener Kommentar zum Bürgerlichen Gesetzbuch, hrsg. v. *Säcker, Franz Jürgen/Rixecker, Roland/Oetker, Hartmut/Limperg, Bettina*, Band 11, 6. Auflage, München 2015 (zit. MüKoBGB/Bearbeiter).

Münchener Kommentar zum Handelsgesetzbuch, hrsg. v. *Schmidt, Karsten*, Band 5, 3. Auflage, München 2013 (zit. MüKoHGB/Bearbeiter).

Münchener Kommentar zur Zivilprozeßordnung, hrsg. v. *Rauscher, Thomas/Krüger, Wolfgang*, Band 1, 5. Auflage, München 2016, Band 2, 5. Auflage, München 2016, Band 3, 4. Auflage, München 2013 (zit. MüKoZPO/Bearbeiter).

Münzberg, Wolfgang, Der Schutzbereich der Normen §§ 717 AbS. 2, 945 ZPO, in: Festschrift für Hermann Lange zum 70. Geburtstag am 24. Januar 1992, Stuttgart 1992, S. 599.

Musielak, Hans-Joachim/Voit, Wolfgang/Ball, Wolfgang, Zivilprozessordnung, 15. Auflage, München 2016.

Nagel, Heinrich/Gottwald, Peter, Internationales Zivilprozessrecht, 7. Auflage, Köln 2013.

Nunner-Krautgasser, Bettina, Der geplante Rechtsakt zur europäischen Kontenpfändung, in: *Hess, Burkhard*, Die Anerkennung im Internationalen Zivilprozessrecht – Europäisches Vollstreckungsrecht, Bielefeld 2014, S. 125.

Oetker, Hartmut/Bergmann, Andreas, Kommentar zum Handelsgesetzbuch (HGB), 4. Auflage, München 2015 (zit. Oetker/Bearbeiter).

Ofiarski, Zbigniew, Prawo bankowe, Warschau 2013.

Osowy, Piotr, Egzekucja z rachunku bankowego, Warschau 2000.

Otte, Karsten, Beschränkte Nachprüfbarkeit internationaler Zuständigkeiten im Arrestverfahren, ZIP 1991, S. 1048.

Otte, Karsten, Rezension zu: Kleinstück, Till, Due Process, Beschänkungen des Vermögensgerichtsstandes durch hinreichenden Inlandsbezug und Minimum Contracts, ZZP 110 (1997), S. 119.

Palandt, Bürgerliches Gesetzbuch, *bearb. v. Bassenge, Peter/Ellenberger, Jürgen/Grüneberg, Christian*, 75. Auflage, München 2016.

Pfeiffer, Max Christoph, Grenzüberschreitende Titelgeltung in der Europäischen Union – Die Wirkungen der Anerkennung, Vollstreckbarerklärung und Vollstreckbarkeit ausländischer Entscheidungen und gemeinschaftsweiter Titel, Berlin 2012.

Pfeiffer, Thomas, Europa als einheitlicher Vollstreckungsraum, BauR 2005, S. 1541.

Piasecki, Kazimierz/Marciniak, Andrzej/Czech, Bronisław, Kodeks postępowania, Band 3, 5. Auflage, Warschau 2012, Band 4, 5. Auflage, Warschau 2013, (zit. DKB/Bearbeiter, Band).

Pietrzkowski, Henryk/Ereciński, Tadeusz, Kodeks postępowania cywilnego: Postępowanie egzekucyjne – Komentarz, 4. Auflage, Warschau 2012.

Pörnbacher, Karl/Thiel, Sophie, Kostensicherheit in Schiedsverfahren, SchiedsVZ 2010, S. 14.

Prost, Gerhard, Die Stellung des Drittschuldners bei fehlerhaften Vollstreckungsakten, NJW 1958, S. 485.

Prütting, Hanns/Gehrlein, Markus, Zivilprozessordnung, 8. Auflage, Köln 2016.

Pullen, Julia, Die Immunität von Staatsunternehmen im zivilrechtlichen Erkenntnis- und Vollstreckungsverfahren, Frankfurt am Main 2012.

Radwański, Zbigniew/Panowicz-Lipska, Janina/Budzinowski, Roman, System prawa prywatnego, Band 8, Warschau 2004.

Rauscher, Thomas, Europäisches Zivilprozess- und Kollisionsrecht, Band 1, 4. Auflage, Köln 2016, Band 1, 3. Auflage, Köln 2011, Band 3, 4. Auflage, Köln 2015, (zit. Rauscher/Bearbeiter).

Rehbinder, Eckard, Extraterritoriale Wirkungen des deutschen Kartellrechts, Baden-Baden 1965.

Reinicke, Dietrich, Die zweckentfremdete Aufrechnung, NJW 1972, S. 793.

Reichel, Hans, Internationale Forderungspfändung, AcP 1929 (131), S. 293.

Reischauer, Friedrich/Kleinhans, Joachim/Becker, Egon, Kreditwesengesetz, Loseblattwerk, Berlin 1963.

Rellermeyer, Klaus, Der Europäische Vollstreckungstitel für unbestrittene Forderungen, RPfleger 2005, S. 389.

Rengeling, Hans-Werner u.a., Handbuch des Rechtsschutzes in der Europäischen Union, 3. Auflage, München 2014.

Riebold, Julia, Die Europäische Kontopfändung, Tübingen 2014.

Ritter, Christian, Zum persönlichen Sicherheitsarrest nach §§ 918, 933 S. 1, 1. Alt. ZPO, ZZP 88 (1975), S. 126.

Rogoń, Dominika, Debet na rachunku bankowym – konstrukcja prawna i skutki, Pr. Bank. 5/2003, S. 39.

Romańska, Marta/Leśniak Olga, Postępowanie Zabezpieczające i Egzekucyjne, 2. Auflage, Warschau 2013.

Roth, Herbert, Rezension zu: Haimo Schack, Internationales Zivilverfahrensrecht, JZ 2003, S. 201.

Roth, Herbert, Die Reichweite der lex-fori-Regel im internationelen Zivilprozeßrecht, in: Festschrift für Walter Stree und Johannes Wessels zum 70. Geburtstag, 1993, S. 1045.

Roth, Herbert, Wer ist im Europäischen Prozessrecht ein Verbraucher?, in: Festschrift für Bernd von Hoffmann zum 70. Geburtstag am 28. Dezember 2011, Bielefeld 2011, S. 715.

Roth, Herbert, Vollziehung von Arrestbefehlen gegen ausländische Schuldner (§ 929 AbS. 2, 3 ZPO), IPRax 1990, S. 161.

Ruge, Ulrich, Asylverfahrensgesetz 1993 – Bewährung in der verwaltungsgerichtlichen Praxis?, NVwZ 1995, S. 733.

Saenger, Ingo, Zur Schadensersatzpflicht bei vorzeitigen Vollstreckungsmaßnahmen des materiell berechtigten Gläubigers, JZ 1997, S. 222.

Saenger, Ingo, Zivilprozessordnung, 6. Auflage, Baden-Baden 2015 (zit. Saenger/Bearbeiter).

Sala, Rosa Miquel, Grenzüberschreitende Vollstreckung in Europa, in: Kengyel, Miklós/Harsági, Viktória, Grenzüberschreitende Vollstreckung in der Europäischen Union, München 2011, S. 275.

Schack, Haimo, Internationale Zuständigkeit und Inlandsbeziehung, in: Festschrift für Hideo Nakamura zum 70. Geburtstag am 2. März 1996, Tokyo 1996, S. 491.

Schack, Haimo, Zur Anerkennung ausländischer Forderungspfändungen, IPRax 1997, 318.

Schack, Haimo, Internationales Zivilverfahrensrecht, 6. Auflage, München 2014 (zit. Schack, IZVR, Rn.)

Schack, Haimo, Internationale Zwangsvollstreckung in Geldforderungen, RPfleger 1980, S. 175.

Schack, Haimo, Subrogation und Prozeßstandschaft, Ermittlung ausländischen Rechts im einstweiligen Verfügungsverfahren, IPRax 1995, S. 158.

Schack, Haimo, Vermögensbelegenheit als Zuständigkeitsgrund, ZZP 97 (1984), S. 46.

Schaffer, Wolfgang, Die Gefahren des § 929 AbS. 2 ZPO, NJW 1972, S. 1176.

Schilken, Eberhard, Gläubigerkonkurrenz als Arrestgrund, in: Festschrift für Dieter Leipold zum 70. Geburtstag, Tübingen 2009, S. 159.

Schilken, Eberhard, Grundfragen zum Schadensersatzanspruch nach § 945 ZPO, in: 50 Jahre Bundesgerichtshof, Band 3, München 2000, S. 593 (zit. Schilken, FG BGH).

Schimansky, Herbert/Bunte, Hermann-Josef/Lwowski, Hans-Jürgen, Bankrechts-Handbuch, 4. Auflage, München 2011.

Schimrick, Martin, Die unmittelbar grenzüberschreitende Forderungsvollstreckung im internationalen und europäischen Rechtsraum – Aus dem Blickwinkel des deutschen und des französischen Rechts, Hamburg 2012.

Schlichte, Johannes, Die Grundlage der Zwangsvollstreckung im polnischen Recht, Tübingen 2005.

Schlosser, Peter, Die Durchsetzung von Schiedsprüchen und ausländischen Urteilen im Urkundenprozeß und mittels eines inländischen Arrests, in: Festschrift für Karl Heinz Schwab, München 1990, S. 435.

Schlosser, Peter, Einschränkung des Vermögensgerichtsstandes, IPRax 1992, S. 140.

Schlosser, Peter/Hess, Burkhard, EU-Zivilprozessrecht, 4. Auflage, München 2015.

Schlüter, Wilfried, Die Erfüllung der Forderung als Erledigungsgrund im Arrestverfahren, ZZP 80 (1967), S. 447.

Schmidt, Holger, Parteizustellung im Ausland durch Einschreiben mit Rückschein – Ein gangbarer Weg?, IPRax 2004, S. 13.

Schmidt-von Rhein, Georg, Die Vollziehung der auf Unterlassung gerichteten einstweiligen Verfügungen, NJW 1976, S. 792.

Schmidt, Bernd, Ermittlung des Aufenthaltsorts des Schuldners (§ 755 ZPO), JurBüro 2013, S. 453.

Schmitt-Gaedke, Gernot, Der Referentenentwurf zur Schutzschriftenregisterverordnung (SRV), GRUR-Prax 2015, S. 161.

Schneider, Egon, Antrag auf Prozeßkostenhilfe statt Klageerhebung nach § 926 ZPO, MDR 1982, S. 721.

Schneider-Addae-Mensah, David, Anerkennung und Vollstreckbarkeit ausländischer Titel bei nicht kontradiktorischen Verfahren, DZWIR 2008, S. 242.

Schoch, Friedrich, Das neue Asylrecht gemäß Art 16a GG, DVBl 1993, S. 1161.

Schreiber, Christoph, Die Haftung des Vollstreckungsgläubigers im internationalen Zivilrechtsverkehr, Berlin 2008.

Schulz, Andrea, Einstweilige Maßnahmen nach dem Brüsseler Gerichtsstands- und Vollstreckungsübereinkommen in der Rechtsprechung des Gerichtshofs der Europäischen Gemeinschaften (EuGH), ZEuP 2001, S. 805.

Schulz, Andrea, The Relationship between the Judgements Project and Other, Hague Conference on Private International Law, Preliminary Document No 19 of December 2003 for the attention of the Special Commission of April 2004 on General Affairs and Policy of the Conference, 2003.

Schumann, Ekkehard, Aktuelle Fragen und Probleme des Gerichtsstands des Vermögens (§ 23 ZPO), ZZP 93 (1980), S. 408.

Schürmann, Thomas/Hartmann, Wulf/Wittig, Arne/u.a., Die zivilrechtliche Umsetzung Der Zahlungsdiensterichtlinie – Finanzmarktkrise und Umsetzung der Verbraucherkreditrichtlinie: Bankrechtstag 2009, Berlin/ New York 2010.

Schuschke, Winfried/Walker, Wolf-Dietrich, Vollstreckung und vorläufiger Rechtsschutz, 5. Auflage, Köln 2011 (zit. Schuscke/Walker/Bearbeiter).

Schütz, Wilhelm, Vorpfändung und endgültige Pfändung, NJW 1965, S. 1009.

Schütze, Rolf A., Die Geltendmachung von Einwendungen gegen die Klauselerteilung nach dem EG-Zuständigkeits- und Vollstreckungs-Übereinkommen durch eine Schutzschrift, in: Festschrift für Arthur Bülow zum 80, Köln 1981, S. 211.

Schütze, Rolf A., Das internationale Zivilprozessrecht in der ZPO, Berlin 2011.

Schütze, Rolf A., Deutsches internationales Zivilprozessrecht unter Einschluss des europäischen Zivilprozessrechts, 2. Auflage, Berlin 2005 (zit. Schütze, Einfluss).

Schütze, Rolf A., Einstweilige Verfügungen und Arreste im internationalen Rechtsverkehr, insbesondere im Zusammenhang mit der Inanspruchnahme von Bankgarantien, WM 1980, S. 1438.

Schwampe, Dieter, Arrest von Versicherungsforderungen gegen Versicherer von Seeschiffen, VW 2010, S. 999.

Schwennicke, Andreas/Auerbach, Dirk/Adelt, Petra, Kreditwesengesetz (KWG), 3. Auflage, München 2016.

Schwerdtner, Peter, Zur Dogmatik des Arrestprozesses, NJW 1970, S. 222.

Seip, Theo, Erledigung eines bedingten Pfändungsauftrages, der in Verbindung mit dem Auftrag zur Vermögensauskunft erteilt wird, DGVZ 2015, S. 75.

Seip, Theo, Zum Entwurf eines Gesetzes zur Reform der Sachaufklärung in der Zwangsvollstreckung, DGVZ 2006, S. 1.

Sikorski, Grzegorz, Egzekucja z rachunków bankowych, 2. Auflage, Sopot 2011.

Skamel, Frank/Wilhelm, Aljona, Der Europäische Beschluss zur vorläufigen Kontenpfändung im Vergleich mit Maßnahmen des einstweiligen Rechtsschutzes im deutschen und spanischen Recht, ZInsO 2014, S. 1789.

Śladkowski, Mariusz, Wyjawienie majątku w praktyce sądowej, MoP 11/2013, S. 612.

Soltész, Ulrich, Der Begriff der Zivilsache im Europäischen Zivilprozeßrecht, Frankfurt a.M. 1998.

Sommerlad, Klaus/Schrey, Joachim, Die Ermittlung ausländischen Rechts im Zivilprozeß und die Folgen der Nichtermittlung, NJW 1991, S. 1377.

Sonnabend, Lucie, Der Einziehungsprozess nach Forderungspfändung im internationalen Rechtsverkehr, Jena 2007.

Spellenberg, Ulrich, Internationale Zuständigkeit, JA 1978, S. 1.

Spellenberg, Ulrich/Leible, Stefan, Anmerkung zu EuGH ZZPInt 4 (1999), 205, ZZPInt 4 (1999), S. 221.

Spickhoff, Andreas, Grenzpendler als Grenzfälle: zum „gewöhnlichen Aufenthalt" im IPR, IPRax 1995, S. 185.

Spyra, Tomasz, Egzekucja ze wspólnych rachunków bankowych, Pr.Bank 5/2001, S. 39.

Stadler, Astrid, Erlaß und Freizügigkeit einstweiliger Maßnahmen im Anwendungsgebiet des EuGVÜ, JZ 1999, S. 1089.

Staudinger, Julius/Strätz, Hans-Wolfgang/Repgen, Tilman, J. von Staudingers Kommentar zum Bürgerlichen Gesetzbuch mit Einführungsgesetz und Nebengesetzen, Recht der Schuldverhältnisse, §§ 675c – 676c (Zahlungsdiensterecht), Band 2,675, Berlin 2012.

Stamm, Jürgen, Plädoyer für einen Verzicht auf den Europäischen Beschluss zur vorläufigen Kontenpfändung – Zehn gute Gründe gegen dessen Einführung, IPRax 2014, S. 124.

Stein, Friedrich/Jonas, Martin/u.a., Kommentar zur Zivilprozessordnung, Band 8, 22. Auflage, Tübingen 2004, Band 9, 22. Auflage, Tübingen 2002, (zit. Stein/Jonas/Bearbeiter).

Stolz, Thomas, Einstweiliger Rechtsschutz und Schadensersatzpflicht – Der Schadensersatzanspruch nach § 945 der Zivilprozessordnung, Köln 1989.

Stöber, Kurt, Forderungspfändung, 16. Auflage, Bielefeld 2013.

Stroschein, Birka Vanessa, Parteizustellung im Ausland – Eine systemvergleichende Untersuchung des Gemeinschafts- und Staatsvertragsrechts unter Einbeziehung des deutschen, französischen, englischen und US-amerikanischen Zustellungsrechts, Frankfurt am Main/ New York 2008.

Sturm,Claudia, Die Voraussetzungen der Vermögensauskunft in der Zwangsvollstreckung und deren Folgen bei Nichtabgabe der Vermögensauskunft, FPR 2013, 547.

Stürner, Michael, Zur Rechtskraftsfähigkeit von Entscheidungen im einstweiligen Rechtsschutzverfahren, ZZP 125 (2012), S. 3.

Stürner, Rolf, Comparative studies on enforcement and provisional measures, Tübingen 2011.

Sudergat, Lutz G., Kontopfändung und P-Konto, Köln 2010.

Sujecki, Bartosz, Die reformierte Zustellungsverordnung, NJW 2008, S. 1628.

Sujecki, Bartosz, Europäisches Mahnverfahren – Geänderter Verordnungsvorschlag, ZEuP 2006, S. 124.

Sujecki, Bartosz, Grenzüberschreitende Kontenpfändung in der EU, EWS 2011, S. 414.

Szczurek, Zbigniew/Julke, Grzegorz, Kodeks postępowania cywilnego – Postępowanie zabezpieczające i egzekucyjne: komentarz, 4. Auflage, Sopot 2013.

Szczurek, Zbigniew, Egzekucja Sądowa w Polsce, Sopot 2007.

Teplitzky, Otto, Arrest und einstweilige Verfügung, JuS 1981, S. 122 und 435.

Teplitzky, Otto, Die „Schutzschrift" als vorbeugendes Verteidigungsmittel gegen einstweilige Verfügungen, NJW 1980, S. 1667.

Teplitzky, Otto, Schutzschrift, Glaubhaftmachung und „besondere" Dringlichkeit bei § 937 AbS. 2 ZPO, WRP 1980, S. 373.

Teplitzky, Otto, Streitfragen beim Arrest und bei der einstweiligen Verfügung, DRiZ 1982, S. 41.

Teplitzky, Otto, Zur Bindungswirkung gerichtlicher Vorentscheidungen im Schadensersatzprozeß nach § 945 ZPO, NJW 1984, S. 850

Thomas, Heinz/Putzo, Hans, Zivilprozessordnung, 37. Auflage, 2016.

Thorn, Karsten, Gerichtsstand des Erfüllungsorts und intertemporales Zivilverfahrensrecht, IPRax 2004, S. 354.

Thümmel, Roderich C., Einstweiliger Rechtsschutz im Auslandsrechtsverkehr, NJW 1996, S. 1930.

Thümmel, Roderich C., Inlandsvermögen – Achillesferse des Arrestgrundes der Auslandsvollstreckung, in: Festschrift für Dieter Rothoeft zum 65. Geburtstag, München 1994, S. 97.

Thümmel, Roderich C., Zum Gerichtsstand im Arrestverfahren, NJW 1985, 472

Tschütscher, Birgit/Weber, Martin, Die Verordnung zur Einführung eines Europäischen Mahnverfahrens, ÖJZ 2007, 303.

Tsikrikas, Dimitrios, Internationale Zuständigkeit zum Erlass einstweiliger Maßnahmen nach den Regeln der EuGVO, ZZPInt 17 (2012), S. 293.

Tsikrikas, Dimitrios, Probleme der grenzüberschreitenden Vollstreckung von Maßnahmen des einstweiligen Rechtsschutzes in der Europäischen Union, ZZP 124 (2011), S. 461.

Ulrich, Gustav-Adolf, Die Beweislast in Verfahren des Arrestes und der einstweiligen Verfügung, GRUR 1985, 201.

Vogel, Frank, Schutzschriften auch im Zwangsvollstreckungsverfahren?, NJW 1997, 554.

Vollkommer, Gregor, Die Reform der Sachaufklärung in der Zwangsvollstreckung – Ein Überblick, NJW 2012, 3681.

de Vries, Tina, Sicherung von Ansprüchen im Zivilverfahren, WiRO 2008, S. 53.

Wagner, Eberhard, Interventionsrecht des Kontomitinhabers gegen die Zwangsvollstreckung in Oder-Konten?, WM 1991, S. 1145.

Wagner, Eberhard, Pfändung der Deckungsgrundlage – ungeklärte Fragen bei der Zwangsvollstreckung in Girokonten, ZIP 1985, S. 849.

Wagner, Rolf, Der Wettstreit um neue kollisionsrechtliche Vorschriften im Unterhaltsrecht, FamRZ 2006, S. 979.

Wagner, Rolf, Die Brüssel Ia-Verordnung, Praktisch bedeutsame Unterschiede zur Vorfassung, TranspR 2015, S. 45.

Wagner, Rolf, Zur Vereinheitlichung des Internationalen Privat- und Zivilverfahrensrechts sieben Jahre nach In-Kraft-Treten des Amsterdamer Vertrags, EuZW 2006, S. 424.

Walasik, Marcin, Odpowiedzialność odszkodowawcza dłużnika wierzytelności zajętej w postępowaniu cywilnym, PS 7–8/2004, S. 65.

Walker, Wolf-Dietrich, Der einstweilige Rechtsschutz im Zivilprozeß und im arbeitsgerichtlichen Verfahren, Tübingen 1993.

Wannenmacher, Kathrin, Einstweilige Maßnahmen im Anwendungsbereich von Art. 31 EuGVVO in Frankreich und Deutschland, Frankfurt am Main 2007.

Wasserl, Uwe, Reform der Sachaufklärung, DGVZ 2013, S. 85.

Wefelscheid, Moritz, Vollstreckungsimmunität fremder Staaten, Frankfurt a.M. 2013.

Weinert, Mirko, Vollstreckungsbegleitender einstweiliger Rechtsschutz, Tübingen 2007.

Weitz, Karol, Der Europäische Sicherungstitel, in: Kengyel, Miklós/Harsági, Viktória, Grenzüberschreitende Vollstreckung in der Europäischen Union, München 2011, S. 327.

Weitz, Karol, Jurysdykcja krajowa w postępowaniu cywilnym, Warschau 2005.

Weitz, Karol, O jurysdykcju krajowej w postępowaniu zabezpieczającym w świetle konwencji lungańskiej i prawa wspólnotowego, PS 10/2003, S. 11.

Weitz, Karol, Probleme der Vollstreckung aus polnischer Sicht, in: Kengyel, Miklós/Harsági, Viktória, Grenzüberschreitende Vollstreckung in der Europäischen Union, München 2011, S. 181.

Wehlau, Andreas/Kalbfus, Björn, Beschlussverfügung und rechtliches Gehör – zur Notwendigkeit einer europaweiten Anerkennung der Schutzschrift, GRUR Int 2011, S. 396.

Weller, Matthias, Der Kommissionsentwurf zur Reform der Brüssel I-VO, GPR 2012, S. 34.

Weller, Matthias, Völkerrechtliche Grenzen der Zwangsvollstreckung – vom Botschaftskonto zur Kunstleihgabe -, RPfleger 2006, S. 364.

Welter, Reinhard, Zwangsvollstreckung und Arrest in Forderungen, insbesondere Kontenpfändung, in Fällen mit Auslandsberührung, Frankfurt a.M. 1988.

Wengerek, Edmund/Romańska, Marta, Postępowanie zabezpieczające i egzekucyjne – Komentarz do części II i III k.p.c, 4. Auflage, Warschau 2009.

Wenzel, Leonhard, Grundlinien des Arrestprozesses, MDR 1967, S. 889.

Werner, Peter, Zweckentfremdete Aufrechnung?, NJW 1972, S. 1697.

Wieczorek, Bernhard/Schütze, Rolf A., Zivilprozessordnung und Nebengesetze, Band 10/1, 4. Auflage, Berlin 2015, Band 11, 4. Auflage, Berlin 2014

(zit. Wieczorek/Schütze/Bearbeiter).

Wierzbicki, Przemysław, Zakaz zajęcia egzekucyjnego środków na bankowym rachunku powierniczym, Pr.Bank 2006, S. 54.

Wilczyńska, Aleksandra, Interes prawny i jego granice w postępowaniu cywilnym, Palestra 9-10/2010, S. 31.

Wilhelm, Marcus, Die erweiterte Sachaufklärung in der Zwangsvollstreckung, in: Seibel, Mark, Zwangsvollstreckungsrecht aktuell, 2. Auflage, Baden-Baden 2013, S. 21.

Wilke, Felix M., The impact of the Brussels I Recast on important "Brussels" case law, JPIL 2015, S. 128.

Willeitner, Volker, Vermögensgerichtsstand und einstweiliger Rechtsschutz im deutschen, niederländischen und europäischen Internationalen Zivilverfahrensrecht, Frankfurt am Main 2003.

Wolf, Christian, Konturen eines europäischen Systems des einstweiligen Rechtsschutzes, EWS 2000, S. 11.

Wolf, Christian/Lange, Sonja, Das Europäische System des einstweiligen Rechtsschutzes – doch kein System?, RIW 2003, S. 55.

Wollenschläger, Peter, Zum Merkmal des hinreichenden Inlandsbezugs in § 23 ZPO – Auslegungsdifferenzen in den verschiedenen Verfahrensarten der Zivilprozeßordnung?, IPRax 2002, S. 96.

Würdinger, Markus, Die Sachaufklärung in der Einzelzwangsvollstreckung, JZ 2011, S. 177.

Würdinger, Markus, Europäisches Verbraucherprozessrecht im Visier der Juristischen Methodenlehre, in: Festschrift für Peter Gottwald zum 70. Geburtstag, S. 693.

Zawiślak, Karol, Przesłanki formalne postępowania zabezpieczającego, PS 3/2002, S. 17.

Zawistowski, Dariusz, Kodeks Postępowania Cywilnego – Postępowanie Zabezpieczające, 2. Auflage, Warschau 2013.

Zedler, Feliks, Interes prawny jako podstawa zabezpieczenia roszczeń w postępowaniu cywilnym, in: Jędrzejewska, Maria/Ereciński, Tadeusz, Studia z prawa postępowania cywilnego – Księga pamiątkowa ku czci Zbigniewa Resicha, Warschau 1985, S. 321.

Zedler, Feliks, Upadek Zabezpieczenia, in: Gudowski, Jacek/Weitz, Karol, Aurea praxis aurea theoria – Księga pamiątkowa ku czci profesora Tadeusza Erecińskiego, Warschau 2011, S. 923.

Zembrzuski, Tadeusz, Udzielenie zabezpieczenia a wstrzymanie wykonalnośći postanowienia do czasu rostrzygnięcia zażalenia, Rejent 5/2010, S. 81.

Zerr, Christian, Prozesstaktik bei Arrestverfahren innerhalb Europas nach der Neufassung der EuGVVO, EuZW 2013, S. 292.

Zhou, Cui, Einstweiliger Rechtsschutz in China und im europäischen Justizraum, Baden-Baden 2008.

Zöller, Richard/Geimer, Reinhold, Zivilprozessordnung, 31. Auflage, Köln 2016.

Zręda, Wojciech, Zajęcie rachunku bankowego, Pr. Bank. 2/2000, S. 57.

Zubrod, Andreas, Automatisierter Abruf von Kontoinformationen nach § 24c KWG – Rechtliche Voraussetzungen und Grenzen, WM 2003, S. 1210.

Schriften zum Verfahrensrecht

Herausgegeben von Jens Adolphsen, Christoph Althammer, Peter Gottwald und Ulrich Haas

Band 1 Matthias Rauscher: Die neue Berufung in Zivilsachen. 2002.

Band 2 Jörn-Christian Schulze: Grenzen der objektiven Schiedsfähigkeit im Rahmen des § 1030 ZPO. Eine Betrachtung des Rechts der Schiedsfähigkeit nach der Schiedsverfahrensrechtsform. 2003.

Band 3 Roman Rodloff: Das vereinfachte Verfahren zur Festsetzung von Kindesunterhalt nach §§ 654 ff. ZPO. Zugleich ein Beitrag zur Unterhaltsannexklage nach § 653 ZPO und zum vereinfachten Abänderungsverfahren nach § 656 ZPO. 2003.

Band 4 Helia-Verena Daubach: Kammer oder Einzelrichter? Ist die Kammer ein Qualitätselement des Zivilprozesses? 2003.

Band 5 Thomas Gemmeke: Beweisverwertungsverbote im arbeitsgerichtlichen Verfahren. 2003.

Band 6 Wolfgang Kreißig: Der Sportverein in Krise und Insolvenz. 2004.

Band 7 Alexander M. Krämer: Leasingverträge in der Insolvenz. 2005.

Band 8 Timo Christian Walther: Das Verfahren bei Masseunzulänglichkeit nach den §§ 208 ff. InsO. 2005.

Band 9 Henning Müller: Die Lebensversicherung in der Zwangsvollstreckung. 2005.

Band 10 Oliver Hilsbos: Die Mitwirkungspflicht von Personenstandsbehörden in Nachlassverfahren. 2006.

Band 11 Matthias Holla: Der Einsatz von Schiedsgerichten im organisierten Sport. 2006.

Band 12 Matthias Hofmann: Die Eigenverwaltung in der Insolvenz. Darstellung eines Rechtsinstituts unter besonderer Berücksichtigung der Gesellschaftsinsolvenz. 2006.

Band 13 Christian Schindler: Rechtskraft und Innenbindung von Beschlüssen nach der ZPO-Reform. 2006.

Band 14 Carola Reimann-Dittrich: Die Finanzierungsfolgenverantwortung des Gesellschafters. 2006.

Band 15 Viktoria Kress: Internationale Zuständigkeit für elterliche Verantwortung in der Europäischen Union. Das neue europäische Familienverfahrensrecht in Fragen der elterlichen Verantwortung im Kontext der Haager Abkommen. 2006.

Band 16 Frank Martin Herget: Die internationale Zuständigkeit im Electronic Commerce in der Europäischen Union. 2006.

Band 17 Cornelia Drenckhahn: Urkundsvorlagepflichten im Zivilprozess und im arbeitsgerichtlichen Verfahren nach der ZPO-Reform unter besonderer Berücksichtigung der Neufassung des § 142 ZPO. 2007.

Band 18 Walter Boeckh: Beschwerde und Rechtsbeschwerde im Zivilverfahren. 2007.

Band 19 Gökçe Nazar Uzar: Rechtsmittel gegen Schiedssprüche nach dem neuen deutschen und türkischen Schiedsverfahrensrecht. 2007.

Band 20 Christa Kraemer: Eigenkapitalersatz und Insolvenz. Klassische und moderne Fallgruppen. 2007.

Band 21 Martin Beckmann: Statutarische Schiedsklauseln im deutschen Recht und internationalen Kontext. 2008.

Band 22 Ulf Pechartscheck: Entgeltansprüche aus Altersteilzeitarbeit in der Arbeitgeberinsolvenz. Analyse gegenwärtiger Sicherungsmodelle in Deutschland. 2008.

Band 23 Thomas Baumann: Patentstreitigkeiten vor Schiedsgerichten. Eine rechtsvergleichende Betrachtung ausgewählter Probleme nach deutschem und schweizerischem Recht. 2008.

Band 24 Désirée Cimmino: Das UNCITRAL-Modellgesetz über internationale ADR-Verfahren in Wirtschaftsstreitigkeiten. 2008.

Band 25 Ralf Burkhard: Der Einfluss der Schuldrechtsreform auf von § 103 InsO erfasste Kaufverträge. 2010.

Band 26 Stefan Roßkopf: Die Aufrechnung im deutschen und englischen Insolvenzrecht. Eine rechtsvergleichende Untersuchung. 2008.

Band 27 Thomas Rothammer: Die insolvenzrechtliche Restschuldbefreiung – Probleme und Lösungen. 2008.

Band 28 Franziska Schmalenberg: Anerkennung von Patenten in Europa. 2009.

Band 29 Michael Schaumann: Reform des Eigenkapitalersatzrechts im System der Gesellschafterhaftung. Unter Berücksichtigung der Änderungen durch das MoMiG. 2009.

Band 30 Hengliang Shen: Das Absonderungsrecht in der Insolvenz. Erfahrungen aus Deutschland und die Praxis in China. 2009.

Band 31 Alexander Panier: Der Grundsatz der Schadenseinheit. 2009.

Band 32 Ming-Sheng Liu: Die richterliche Hinweispflicht. Dogmatik und Rechtskultur. 2009.

Band 33 Lothar Czaja: Umsetzung der Kooperationsvorgaben durch die Europäische Insolvenzverordnung im deutschen Insolvenzverfahren. 2009.

Band 34 Stefanie Reiche: Die prozessualen Folgen eines Betriebsübergangs nach § 613a BGB. 2009.

Band 35 Christoph Stieber: Der gesicherte Geld- und Warenkredit in der Insolvenz. Das Insolvenzverwalterwahlrecht nach § 103 InsO und dessen Wirkungen auf die Sicherungsübereignung und den Eigentumsvorbehalt. 2009.

Band 36 Miguel Teixeira de Sousa: Die Zulässigkeitsprüfung im Zivilprozess. 2010.

Band 37 Michael Schulze: Das Besteuerungsverfahren der Personengesellschaft bei Insolvenz. 2010.

Band 38 Ulrich Hönle: Die deliktische Grundanknüpfung im IPR und IZVR. Auswirkungen der Kollisionsrechtsvereinheitlichung auf europäischer Ebene. 2011.

Band 39 Hilke Schapp: Die Präklusion von Gestaltungsrechten nach § 767 Abs. 2 ZPO. Eine kritische Untersuchung der Rechtsprechung unter besonderer Berücksichtigung der Rechtskraft und der materiellen Rechtslage. 2011.

Band 40 Moritz Büchele: Eingriff in Gesellschafterrechte im Insolvenzplan. 2011.

Band 41 Markus Wimmer: Unternehmenssanierung mittels Transfergesellschaften. 2011.

Band 42 Christoffer Bortz: Urheberrechtliche Lizenzen in nationaler und internationaler Insolvenz. 2012.

Band 43 Martin Wigand: Verzicht, Vergleich und sonstige Haftungsbeschränkungen im Gesellschaftsrecht. 2012.

Band 44 Michael Schick: Die Zwischenfeststellungsklage des § 256 Abs. 2 ZPO. 2013.

Band 45 Olaf Benning: Internationale Prinzipien für grenzüberschreitende Insolvenzverfahren. 2013.

Band 46 Gero von Jhering: Die Wirkung von Schiedsvereinbarungen, Schiedsklauseln und Schiedssprüchen im Gesellschaftsrecht. Eine Zusammenführung von Schiedsverfahrens- und Gesellschaftsrecht. 2013.

Band 47 Anne Hoßfeld: Die Abtretung schieds- und gerichtsstandsgebundener Forderungen. 2013.

Band 48 Fabian Camek: Das Schutzschirmverfahren nach § 270b InsO und seine Funktionalität im internationalen Rechtsvergleich. 2014.

Band 49 Silvio Kupsch: Grenzüberschreitende Insolvenzverfahren in Südafrika. 2014.

Band 50 Martina Daus: Die insolvenzrechtliche Einordnung der betrieblichen Altersversorgung in der Insolvenz des Arbeitgebers. 2014.

Band 51 Fabian J. Hohl: Die richterliche Unabhängigkeit bei der Auswahl des (vorläufigen) Insolvenzverwalters nach dem ESUG. Vereinbarkeit mit Art. 97 GG und Auswirkung auf die Justiziabilität der Auswahlentscheidung. 2015.

Band 52 Carmen Schauberger: Die Partizipation Minderjähriger im Verfahren der freiwilligen Gerichtsbarkeit. Eine Analyse der Beteiligung und der Verfahrensfähigkeit in Familien- und Erbrechtsverfahren. 2015.

Band 53 Tobias Waldmann: Annexverfahren im Europäischen Insolvenzrecht. 2015.

Band 54 Maximilian Riedel: Insolvenz in nationalen und internationalen Schiedsverfahren. 2016.

Band 55 Konrad-Tassilo Heßel: Das vorinsolvenzliche Sanierungsverfahren. Bedarf und Ausgestaltungsmöglichkeiten eines vorinsolvenzlichen Sanierungsmechanismus. 2016.

Band 56 Dominik Pauw: Sanierung geschlossener Publikumsfonds. 2016.

Band 57 Sebastian Fuchs: Die Auflösung und Abwicklung gesetzlicher Krankenkassen im Spannungsfeld zwischen dem SGB V und der Insolvenzordnung. 2016.

Band 58 Sebastian Dirmeier: Der Konzern in der Insolvenz. Aktuelle Rechtslage und Reformüberlegungen auf nationaler und europäischer Ebene. 2016.

Band 59 Mark A. Lye: Der gutgläubige Erwerb der streitbefangenen Sache. Inhalt und Auslegung des § 325 Abs. 2 ZPO. 2017.

Band 60 Felix Konold: Konzerninsolvenz. Zuständigkeitskonzentration zur Bewältigung von Insolvenzen innerhalb einer Unternehmensgruppe. 2018.

Band 61 Hermann Dahlitz. Kostentragungspflicht im deutschen und englischen Zivilprozessrecht. Plädoyer für eine Neuregelung der Unterliegenshaftung in der Zivilprozessordnung. 2018.

Band 62 Thomas Lukas Sikorski: Vorläufige Kontopfändungen. Europäisches, deutsches und polnisches Recht im Vergleich. 2018.

www.ingramcontent.com/pod-product-compliance
Ingram Content Group UK Ltd.
Pitfield, Milton Keynes, MK11 3LW, UK
UKHW021829290926
8980IPUK00004B/339

9 783631 773857